도시와 로컬리티 공간의 지형도

Morphologies of Urbanity and Locality Space

• 이 저서는 2014년 정부(교육부)의 재원으로 한국연구재단의 지원을 받아 수행된 연구입니다.
(NRF2014S1A6 A4026246)

• 이 도서의 국립중앙도서관 출판예정도서목록(CIP)은 서지정보유통지원시스템 홈페이지(http://seoji.nl.go.
kr) 와 국가자료공동목록시스템(http://www.nl.go.kr/kolisnet)에서 이용하실 수 있습니다.
CIP제어번호: CIP2018006116 (양장), CIP2018006114 (반양장)

도시와 로컬리티 공간의 지형도

Morphologies of Urbanity
and Locality Space

장세룡 지음

한울
아카데미

차 례

공간적 전환과 공간 이해

공 간 적 전 환 의 조 건

이 책은 급변하는 현대의 시공간timespace에 대해 역사가로서 이해하고 성찰하려 한 저술이다. 역사학은 시공간의 규정을 받는 존재인 인간과 사물의 변화를 일상과 사건, 구조와 관념의 틀 안에서 탐색하고 그 내용을 배열한다. 일반적인 역사 연구에서 공간은 생성과 해체를 반복하는 자연적 여건이자 배경적 존재로 받아들여질 뿐이며, 기본적으로 비공간적aspatial 관점을 유지한다. 그런 역사학이 최근 사회학과 인류학이 제공한 지평을 넘어 인문지리학을 '전유'하며 공간을 성찰하는 경향을 보여준다. 이유가 무엇일까? 이는 문화와 물질이 공간에서 만나 만들어내는 '의미의 중층성'을 발견해 세계에 대한 이해를 심화하려는 시도로 진단할 수 있다. 지난 세기말, 역사가들은 사회적 존재의 연속적 생성과 과학적 역사발전을 신뢰하던 역사주의의 몰락을 목격하고 다양한 대안적 전망을 모색했다. 이때 페르디낭 드 소쉬르Ferdinand de Saussure 의 구조주의와 후기 루트비히 비트겐슈타인Ludwig Wittgenstein 의 '언어게임' 이론에 기반을 둔 언어학적 방법론을 사상·사회 이해에 도입한 '언어적 전환linguistic turn'이 지적 유용성을 자극했다. 이어서 문화의 생성과 변화를 중심에 두면서 사회를 다층적이고 치밀하게 묘사하려는 '문화적 전환cultural turn'이 서술 방법론으로 급부상했다. 이 방법론들은 후기구조주의와 탈근대주의 등의 지적 조류와 연동하여 지식의 본질에 대해 인식론적 회의주의와 불가지론으로 접근하면서 토대를 새롭게 정초할 필요성을 강조했다. 이런 상황에서 공간espace, space 과 장소lieu, place 를 앞에서 거론한 방법론들과 결합시켜 재해석하며 존재론적으로 사유하는 '공간적 전환spatial turn'이 지리학, 사회과학, 매체철학, 문화학 등 다양한 분야에서 상당히 긴밀하게 통일된 지형도morphology 들을 형성하며 부상했다.[1] 이러한 분위기에서 역사 서술도 공간을 재사유하여 역사 인식론의 물적 토대를 더욱 풍부하게 만드는 데 고심하도록 요청받는다.

그렇다고 공간과 장소가 새롭게 출현한 주제라는 말은 결코 아니다. 동양 사상에서는 이미 천문지리, 풍수지리, 『주역周易』의 상수학象數學, 음양오행설 등이 공간과 장소의 사유와 깊은 관련이 있다. 서구 사상사에서 공간은 본래 '국지적' 장소를 의미했다. 플라톤Platon 의 『티마이오스Timaios』에서 코라chōra 는 국지성locality 을 뜻했다.[2] 아리스토텔레스Aristoteles 는 진공상태를 적극 부정하면서 물체만이 깊이가 있고, 공간은 부피와 깊이가 없으며 사물의 표면에 불과하다고 규정한 바 있다. 중세는 텅 빈 무한공간의 실재를 두고 오랜 논쟁을 전개했던 시기이기도 하다. 근대에도 공간의 절대성과 상대성을 두고 17세기에는 피에르 가상디Pierre Gassandi 와 아이작 뉴턴Issac Newton 이 존 로크John Locke 와 고트프리트 라이프니츠Gottfried Leibniz 에게 각각 맞서며 벌어진 철학적 논쟁의 역사가 있지만, 기본적으로 공간 개념이 우위를 차지했다. 18세기 말에 공간 논의는 이마누엘 칸트Immanuel Kant와 피에르시몽 라플라스Pierre-Simon Laplace에서 보이듯 이론적 담론의 수준에서 절정의 지위에 올랐다.[3] 그와 동시에 이 시기에는 점차 인간의 몸과 장소의 관계가 자각되면서 공간이 슬며시 퇴위당하는 은밀한 사건들이 발생했다. 19세기의 현실에서는 국민국가와 계급 형성을 둘러싸고 공간의 급격한 변화가 전개되었지만, 이는 도리어 새로운 시간을 요구하는 관념을 자극하고 발생시켰다. 시간은 세계를 성찰하는 개념적 도구의 중심축으로 자리 잡았으며, 이때 역사학은 시간 개념과 결합해 세계 이해의 방법론을 완전히 평정했다. 그럼에도 물리적·사회적 공간은 인간 삶의 기본 토대로서 모든 학문 분야에 항상 그 위상이 전제되어온 것 또한 사실이다.

공간과 장소를 둘러싼 관심은 전 지구화가 전개되는 당대사에 대한 관심과 밀접하게 결합되어 있다. 필립 에팅턴Philip Ethington은 지금까지 역사학은 '죽은' 인간을 다루면서 시간에 초점을 두었지만, 이제 '살아 있는' 인간의 시간에는 장소와 공간에 초점을 맞추어 접근해야 할 것이라며 방점을 이동시켰다. 에팅턴은 공간을 사유하는 역사학이 '대화적 이성'을 '보편적이고 지도 만들기가 가능한 비판 기준'으로 고정시켜 '탈토대론적·보편'이라는 형용모순에 도달하는 것을 목표로 삼자고 권유한다.[4] 여기서 궁금증이 생긴다. 왜 하필이면 '탈토대론적' 전망에서 공간적 전환을 요청했을까? 근대 역사학이 국민국가와 계급국가를 정당화하면서 역사의 기념비적 시간을 강조하는 시간 중심 인식에 매몰되었던 것을 반성하기 때문이다. 그러나 우리는 보편적 시간관에 익숙하며, 기껏해야 로컬 시간, 국가 시간, 전 지구적 시간 정도로 구분이 가능한 시간과 달리, 공간은 층위가 매우 복잡해 지적 인식 체계로 포섭하기가 쉽지 않다. 공간은 개인의 신체·재산·가정과 같은 단순한 촉감공간에서 출발해, 개별 삶의 미시적이고도 중층적인 일상의 구체공간으로서 장소를 거쳐, 이웃과 공동체로 구성된 국가공간, 나아가 전 지구적 추상공간으로 확장된다. 물론 우리는 무한 사이버 공간에서 가상공간, 심지어 우주 공간과 우주 바깥 공간까지도 상상하고 열거할 수 있을 것이다.[5] 공간에 관심을 둔 참여자들은 무엇보다 공간의 명칭이 다양한 것에 부담스러울 테지만, 필자는 감히 독자의 지적 인내심을 요청한다. 그동안 역사가들은 시간에서는 자연적 변화를 반복해 측정하는 것이 가능하므로 존재의 변화 역시 그러하다고 판단했다. 그러나 이제 변화의 추동력이 시간은 물론 공간에서 담론성과 물질성, 이종성과 차이성, 갈등과 모순의 착종으로부터 비롯되는 점을 지각하게 되었다. 그 결과, '역사학은 공간을 사유해야 한다'는 자각이 새롭게 대두했다.[6] 이는 시간과 공간을 결합해 경험의 관계성·상징성을 부각시켜 공간의 내용과 의미를 더욱 확장하고, 물질적이며 위계적이고 중심화된 관계를 넘어 담론적이고 해체적이며 탈중심화된 관계를 내포한 새로운 공간 인식의 가능성을 모색한다.

현대사를 특징짓는 전 지구화 시대의 공간 이해에서 가장 유용한 주제는 무엇인가? 필자는 일단 도시 행정구역city 과 거주장소urban 야말로 현대사회의 모든 요소가 집약적으로 갈등하면서 존재하는 핵심 공간이라고 평가한다. 이 책은 현대사의 중심 동력으로서 자본의 강력한 역할을 인정하고, 그것이 국가와 제국 또는 전 지구화 공간에서 변신을 거듭하며 연관성을 맺는 세계도시world city, global city를 중심으로 탐색한다. 그리고 자본의 구체적인 활동 현장으로서 지방 또는 지역이 국가 및 전 지구 차원과 연계된 로컬local 로서 상호 작용하며 생성하는 로컬리티를 포착하고, 그것에 대한 이해와 설명을 시도한다. 세계도시의 이해는 일단 잘 알려진 사스키아 사센Saskia Sassen 의 세계도시론을 논의 전개의 출발점으로 삼는다. 20세기 말 전 지구적 신자유주의 질서가 관철되는 가운데 현대사의 가장 중요한 현상 중 하나로서 각 지역의 국지적 경제가 하나의 세계경제 체계로 통합된 점을 사센이 잘 지적했다고 판단하기 때문이다. 흔히 전 지구화의 적극적 지지자ultra globalist들은 전 지구화가 진행되면서 자본의 초이동성과 정보통신 및 컴퓨터 기술의 발달로 추동되는 세계경제의 상호 연계성이 장소의 의미를 약화시켜 도시의 해체를 초래할 것으로 예견했다. 대표적 인물인 마누엘 카스텔Manuel Castell은 '정보도시' 명제에서 IT와 접목된 자본·정보·서비스의 초이동성 흐름과 결절지node 생성 등의 현상에 착안해, 이를 핵심 소재로 삼아 무장소성placelessness과 초이동성footlooseness으로 대변되는 포스트모던 도시공간의 특성을 "장소의 공간에서 흐름의 공간으로"라는 전망으로 설명했다.[7]

　　그러나 사센은 『세계도시론The Global City』[8]에서 뉴욕, 런던, 도쿄와 같은 세계도시의 부와 권력이 증가하고 있으며, 대량 생산과 대량 소비를 목표로 삼은 포드주의 시대의 전통적 산업도시는 경제적인 쇠퇴를 경험하고 있다고 지적했다. '세계도시'는 과거의 일국적 대표 도시로서 '세계도시world city'와 달리 전 지구적 차원에서 규정되며, 몰역사적 개념이 아니라 신자유주의적 전 지구화라는 현대 자본주의의 특성을 지닌 도시를 지칭한다. 강력한 세계도시에 은행·금융·기업의 기획과 관리 부문이 더욱더 집중되면서 전 세계적 부와 권력의 분포 또한 급격히 변화하고, 세계적으로 도시 체계의 구조와 기능, 도시의 사회적 삶의 본질에 엄청난 영향을 미친다. 거기서 포착되는 현상이 핵심 노동자와 주변 노동자, 첨단 기업과 전통 기업, 중산층 거주공간과 하층 노동자의 거주공간, 여피yuppie 문화와 근대적 계급 문화 사이에 심화되는 양극화이다. 포드주의 시대에 경제활동의 지리적 분산은 이윤과 기업 소유의 분산을 초래했지만, 세계도시는 경제력의 집중과 더불어 관리·통제의 집중화가 더욱 필요해진 한편, 첨단산업의 혁신을 주도하는 생산의 장소이자 소비의 장소로서 역할을 감당한다. 또한 세계경제활동의 운영과 관리에 필요한 고차적인 서비스 활동과 원격 통신 시설이 집중된 장소로서 다국적기업들의 본사가 집적하며, 경제활동의 지리적 분산과 체제 통합 및 세계화의 진행으로 계속되는 경제활동의 통제점이 된다.[9] 그 결과, 도시는 후기 산업사회의 선도 산업인 금융업과 전문화 서비스업의 생산 장소이며, 기업·정부가 금융 상품과 전문화된 서비스 활동을 구매하는 곳으로서 정보산업과 초국적 관계망 서비스의 시장 역할을 집중적으로 수행한다. 세계도시는 자본주의 전 지구화의 모순이 극명하게 드러나는 장소이며, 전 지구적 관계망이 초지역적 공동체와 정체성을 형성해 새로운 정치 지형의 생성을 초래하거나 요구하는 공간이다. 그와 동시에 여전히, 마누엘 카스텔의 견해와는 달리 영토성territoriality과 장소성placeness이 중요한 공간이다.[10]

필자가 사센의 관점에서 주목하는 지점은 바로 이 영토성과 장소성에 관련된 부분이다. 즉, 신자유주의 전 지구화가 특정 지역이나 도시에 세계경제체제의 지배를 일방적으로 관철하는 과정이 아니라, 전 지구화glabalization와 지방화localization라는 상이한 공간 차원의 모순적 생산을 작동시키는 점이다. '글로컬화glocalisation'라는 용어로 전 지구적 차원과 지방적 차원이 겹치는 사회적 공간을 드러내며, 단순히 국가의 한 부분으로서 지방이 아니라 전 지구 및 국가와 연결된 국지성인 '로컬'에 대한 관심을 촉구한 것이다.

> 한 주권국가의 영토에 자리 잡은 국가의 작동 과정이나 구성 요소의 실체가 반드시 국가적 과정이나 실체를 의미하지는 않는다. 이는 전 지구화의 국지화나 국가적인 것의 탈국가화 사례로 볼 수 있을 것이다. 대부분의 그런 실체들과 과정들이 국가적인 것으로 보일지라도, 물질성부터 상상력에 이르기까지 그렇지 않은 사례들을 확립하려는 경험적 연구의 필요성이 점증하고 있다. 오늘날 우리가 국가적이라고 계속 해독하는 것들도, 정확히 보면 지방화(localization), 달리 말하면 탈국가화(denationalization)의 사례일 것이다.[11]

자본이 추동하는 '전 지구화'가 가속화되면서 지구촌이라는 보편적 공간 의식의 증대와 함께, 그에 상응해 '장소place'로서 '로컬'에 대한 관심 역시 증가했다.[12] 로컬에 대해서는 기본적으로 자본 생산과 이동성의 결절지 도시를 중심으로 분석하고 사유를 확장하지만, 특히 광역도시권metropolitan, 도시집결체urban assemblages 등 다중 공간규모multi-scalar의 도시공간이 생성되는 점에 착안한다. 여기서 '글로컬'이나 '로컬'이라는 용어가 얼핏 국가적 차원을 배제하는 것처럼 보일 수 있다. 그러나 비록 전 지구화가 '탈국가화' 과정이라 해도, 여전히 국가가 조절·작동하는 제도와 관계망은 이 책이 목표로 삼는 전 지구화 시대 로컬공간의 지형도를 이해하는 데 중요하다. 이 관점에는 국민국가공간을 중심으로 전 지구화 공간과 로컬공간이 시차를 둔 재편성을 급속하게 진행하며 영토화와 탈영토화를 거듭하는 현실이 작용했다.

도린 매시Doreen Massey가 '로컬' 공간은 항상 '전 지구적' 힘들의 생산물이었다고 지적한 점은, 전 지구화가 로컬의 경제·문화를 회유와 폭력을 결합해 포섭하거나, 로컬이 이에 맞서 비틀기와 저항을 시도하는 양상에 주목한 것이다. 이런 양상을 두고 매시는 로컬 장소를 기본적으로 차이, 특히 성별gender, 인종 또는 계급을 표명하는 구성물로 규정하는 사회구성주의 입장에서 상징적 가치들과 특수한 공간·장소들을 주도적 담론들과 더 폭넓은 문화적 맥락에서 발견하도록 강조했다.[13] 마이클 스미스Micheal Smith는 도린 매시의 견해를 전유해 로컬공간과 장소를 담론과 문화적 맥락에서 발견하고, 그 요소들을 로컬리티locality라고 호명했다. 로컬리티는 담론적 실천으로 생산·유지되는 매우 유동적인 공간이다. 이런 속성은 사센이 말한 세계도시뿐 아니라 나름의 고유성을 지닌 작은 도시들에서도 로컬과 전 지구화의 상호작용으로 공간의 변화가 진행되면서 출현한다.[14]

이와 맞물려 탈식민주의적 입장에서 사센의 세계도시 개념을 서구 도시 중심의 경제주의, 종족 중심주의, 특히 발전주의의 천명에 지나지 않는다고 비판하며, 이를 넘어 도시들의 다양성multiplicity을 강조하는 입장이 출현했다. 이들은 도시 세계의 복잡한 시공간 순환과 다양성·우연성으로 점철된 삶의 상호 연관성으로 구성된 도시들의 성격을 강조해 이를 '일반도시들ordinary cities'이라고 호명한다.[15] 이 입장은 모든 도시의 독자적 개별성과 다양성을 강조하며, 전 지구화가 관철되는 도시의 층위와 내부의 균열을 구분하는 것을 과잉 표상이라고 거부한다. 이는 도시의 고유성·정체성 강조와 연관이 있으며, 사센의 전 지구적 세계도시 이론을 넘어 소도시와 광역대도시를 막론하고 전 지구적 도시화의 기본 구성 요소에 대해 역사적 차이, 즉 정체성에 주목한 이론화를 요구하는 것이 '일반도시들' 이론의 핵심이다.[16] 필자는 이 경우에 개별 도시들을 나름의 정체성을 담지한 다중 공간규모의 로컬로 이해하고 도시성l'urbain, urbanity을 로컬리티로 설명하면서 다양한 공간규모를 로컬공간과 로컬리티의 정체성 담론과 문화적 맥락으로 성찰할 가능성이 열린다고 판단한다. 그러나 자칫하면 도시공간 또는 로컬에서 정체성을 구성하는 요소에만 집중하고, 다중 공간에서 작동하는 권력 집중과 통제·명령하는 공간의 편차와 층위, 모순과 갈등을 제대로 드러내지 못할 수 있다는 문제점이 있다.[17]

필자는 포스트마르크스주의적 세계도시 개념이 과학기술공학에 기반을 둔 발전 전략에 입각해 장소 만들기, 도시 브랜드화, 상업적 교류의 강화와 같은 도시 정책을 관철하는 과정에서 로컬의 내부적 층위와 갈등·균열을 드러내는 측면을 여전히 중요하게 인정한다.[18] 그와 동시에 탈식민주의 '일반도시들' 개념이 도시 삶의 역사적 차이와 다양성을 강조하며 협상하는 개별성을 강조한 것은 다양한 구체성을 지닌 로컬공간과 로컬리티 개념을 끌어내는 데 유용한 측면을 인정한다.[19] 그러면 이들 '세계도시' 이론과 '일반도시들' 이론을 상호 대립적이라고 볼 것인가? 아니면 상호 보완 관계로 볼 것인가? 필자는 '일반도시들' 이론이 도시 내부에서 작동하는 갈등과 균열을 차이와 다양성으로만 이해하는 것은, 탈식민주의적 접근이 본래의 취지와 무관하게 식민주의를 긍정하도록 귀결된 한계와 흡사하므로 이를 극복하는 관점이 필요하다는 입장이다. 이는 로컬리티 연구가 차이의 '정체성'이나 '정체성의 정치' 개념을 디딤돌로 삼되, '차이의 정치'를 넘어 이를 극복하는 '인정의 정치'를 모색해야 하는 것과 궤를 같이한다. 따라서 필자는 '일반도시들' 이론을 제3세계 도시 연구에 원용하되, 제3세계에서도 홍콩, 상하이, 서울, 싱가포르, 상파울루, 부에노스아이레스처럼 세계도시화하는 도시들을 이해하려면 세계도시 이론에 대한 이해가 필요하다고 판단한다. 그런 점에서 두 이론을 상호 보완 개념으로 수용할 참이다.

이 책의 목표는 역사학이 장소와 공간의 조건을 물질적 환경이나 배경으로만 이해하던 것에, 인간 행위자와 담론적 비물질성까지 포함시켜 새로운 의미를 부여하는 문화지리적인 '공간적 전환'을 시도[20]하는 것이다. 여기서 먼저 용어 문제를 짚고 넘어갈 필요가 있다. 도시공간, 로컬공간 또는 장소성을 말할 때 '공간'과 '장소'는 어떤 개념적 차이가 있는가? 사실 공간과 장소는 일반적으로 큰 구분 없이 상호 교환해 사용하는 경우가 많다. 좀 더 엄격히 구분하자면, 공간은 일정한 공간규모와 추상성, 형상의 다양성을 지닌 '객관적' 영역을 가리키고, 장소는 비교적 한정된 '주관적' 구체공간을 말한다.[21] 최근에 가속화되는 전 지구화가 차이와 다양성을 내세우면서도 실제로는 공간의 내용을 획일화해 평평히 만드는 가운데, 여성주의 물질론이 차이공간의 존재를 거부하면서 '장소'와 '장소성' 개념이 더 널리 사용되는 경향을 목격한다. 심지어 '공간적 전환'을 넘어 장소를 중심에 두는 '위상학적 전환topological turn'을 더 강조하는 경향도 있다.[22] 거기에는 장소가 지각과 태도에서 더욱 애착을 제공한다는 심리적 관점까지도 작용한다.[23] '장소'를 강조하는 철학자 에드워드 케이시Edward Casey는 역사적 지식을 '장소의 지도 만들기'로 규정한 에딩턴에 동의하고, 그것을 '장소 발견', '장소 선택',

'장소 만들기'로 더 세분화해 접근하도록 요청했다.[24] 장소는 유동적이며 생성하는 장소, 신체와 장소, 사건의 텍스트로서 공간성과 연관시켜 이해가 가능하다. 이는 역사적 지식이 상이한 규모에서 활동하며 맥락화 · 일반화 · 개별화하는 데서 지도 제작자의 지식과 비슷하다는 존 루이스 개디스 John louis Gaddis 의 견해를[25] 상기시킨다. 그렇다고 공간과 장소 개념이 고정된 것은 결코 아니다. 연구 주제를 보는 관점에 따라 상호적이며 맥락적인 이해와 설명의 대상이다. 로컬공간과 장소 관련 주제는 이미 산업도시, 해항도시, 식민도시, 문화도시, 생태도시, 관문도시, 세계도시, 초국적 도시 등으로 다양하게 호명되는 온갖 도시 연구에서 노동 현장과 이주 공간, 자본의 공간 분할과 배치, 공간 갈등과 저항, 지정학과 경계, 환경과 생태, 심지어 여성 연구 등의 분야에 여러 형식으로 수용되었다. 이 책의 제목 '도시와 로컬리티 공간의 지형도'는 이런 현상에 착안한 산물이며, 도시와 로컬리티 공간의 지표 형태와 인문 현상을 상호적 · 맥락적으로 드러내는 것을 목표로 삼는다.

책 의 문 제 의 식 과 구 성

장소와 공간에 관한 논의에는 기본적으로 사회철학적 성찰이 크게 작용했다. 현대에 장소와 공간을 성찰한 주요 철학자는 특히 의식과 사회적 경계선을 넘어 상호 작용하는 이방인의 공간에 주목하는 사회지리학적 공간성 이론을 표명했던 게오르그 짐멜Georg Simmel, 시간과 공간의 관계를 해명한 마르틴 하이데거Martin Heidegger 를 원천으로 삼는다.[26] 그러나 비록 오토 프리드리히 볼노Otto Friedrich Bollnow 가 인간 삶의 공간성을 온갖 내용으로 확인시켰고, 역사가 라인하르트 코젤렉 Reinhart Koselleck 도 늦게나마 '공간'에 관심을 표명했지만,[27] 공간이 치열한 관심 주제로 승격된 데는 프랑스 학문의 전통이 크게 기여했다. 19세기 후반의 지리학자 폴 비달 드 라 블라쉬Paul Vidal de la Blache의 제자 뤼시앵 갈루아Lucien Gallois, 역사가로서 이들의 영향을 받았으며 통칭 아날학파로 불리는 뤼시앵 페브르Lucien Febvre와 페르낭 브로델Fernand Braudel, 에마뉘엘 르 루아 라뒤리Emmanuel Le Roy Ladourie 등이 '공간'과 '장소'에 대한 관심을 크게 진작시켰다. 특히 사회철학에서 근대 공간을 해체하고 새로운 유목민의 공간과 여성의 공간을 모색한 질 들뢰즈Gilles Deleuze, 펠릭스 가타리Félix Guattari, 자크 데리다Jacques Derrida, 미셀 드 세르토 Michel de Certeau, 뤼스 이리가레Luce Irigaray 등의 사유는 '공간적 전환'을 뒷받침하는 유용한 준거 사유로 삼을 수 있다. 그 가운데 어떤 학문 분야에서든 늘 성찰의 실마리로 소환되는 인물이 있다. 다름 아닌 앙리 르페브르Henri Lefebvre와 미셀 푸코Michel Foucault이다. 이들은 새로운 공간 인식, 예컨대 주변부와 외부성, 타자성과 소수성을 사유하며 장소와 공간을 새롭게 성찰할 계기를 제공했다. 여기에는 영미권 학자들도 대거 가담해 논의를 정교화하고 있다. 대표적 인물로, 르페브르를 계승한 데이비드 하비David Harvey의 방대한 저술은 사회과학과 인문학을 넘나들며 쉽사리 빠져 나오기 힘들 정도의 깊이로 다양한 지적 자극을 제공한다. 한편 미셀 푸코의 공간적 사유는 더욱 다양한 형식으로 해석되고 지극히 광폭으로 '전유'되어, 후속 연구자들에게 끼치는 자극은 일일이 열거하기조차 힘들다.

앙리 르페브르는 공간 개념을 이해하는 정통적인 출발점이다. 그는 『공간의 생산La production de l'espace』(1974)에서 '사회적 공간생산' 명제를 근거 삼아 고대에서 현대에 이르는 공간화의 역사를 서술하고, 『국가론』(1976~1978)에서는 현대 국가공간의 본성을 야심차게 설명한다.[28] 이 저술의 출발점에 공간생산론이 자리 잡고 있다. 르페브르에게 모든 사회적 관계는 공간적이며, 공간은 생산된다. 공간생산론의 요점은 다음과 같다. 첫째, 모든 사회와 생산양식은 자신의 공간을 생산한다. 각 생산양식은 생산수단의 소유와 관리를 둘러싼 생산관계뿐 아니라 공간에 대한 집단적 생산과 관리를 수행한다. 공간은 지배 관계의 재생산에 이용되고 사회적 관계들을 함축하므로 새로운 생산양식의 출현은 기존의 사회관계뿐 아니라 공간의 전복까지 요청한다. 둘째, 사회적 공간은 생산물이다. 공간생산은 자연법칙이나 역사법칙만으로 설명할 수 없다. 공간의 생산에는 중개자로서 '사회적 집단', 지식과 이념 및 표상 속의 이성이 개입한다. 사회적 공간은 '인간 행위'와 '구조의 규정성' 간의 변증법적 관계, '집단적 사상이나 의지'와 '생산력' 간의 변증법적 관계를 통해 '생산된' 공간이다. 공간생산 개념은 행위와 구조를 통합적으로 묶으려는 시도이다. 셋째, 사회적 공간은 분리된 공간들의 단순한 집합이 아니라 다양하고 중층적이며 상호 침투적인 공간이다. 예컨대 지역, 국가, 전 지구의 관계는 단순한 형식 논리적 통합이 아니라 변증법적 상호작용의 관계이다. 끝으로, 사회적 공간은 '구체적 추상'의 공간이다. 구체적 추상 개념은 좀 더 길게 설명해야 한다.

필자가 르페브르의 공간생산 기획에서 설득력을 인정하는 부분은, 그것이 현대성의 영토 가운데 불안정성을 폭발시키는 전 지구적 모순공간에서 유색인, 빈민, 노동자, 농민, 이민자, 여성, 아동의 '차이의 권리'를 인정하는 평등한 세계를 새롭게 구현하는 공간화를 모색한 점이다. 이는 모순공간에서 배제된 비주류 소수자의 협력과 연대로 성취해낸 풍부한 창발성이 구체적 대안을 발전시켜, '차이의 정치'를 실현하는 '차이공간'을 확보하는 것이 목표다. 르페브르는 공간적 실천에서 저항의 상징 및 왜곡된 형식에 주목하고, 그 현실을 자본주의 합리성이 국민국가를 방패 삼아 생산한 '생산 공간'에서 찾는다. 이 공간은 인간의 욕망을 억압한 결과, 여가를 누리기 위해서 힘들게 노동하는 역설의 '여가공간'을 생산한다. 여가공간은 욕망의 배출공간으로 변화하지만, 르페브르는 욕망의 '향유' 혹은 놀이의 역설적인 혁명적 잠재력에 주목한다. 우리는 욕망이 역사 진보와 사회적 상호작용의 배후에 있는 궁극적 추동력이자 정치경제학의 토대인 '리비도 경제'라고 주장하는 장프랑수아 리오타르Jean-François Lyotard, 거기에 '생산력으로서 욕망'을 주장하는 질 들뢰즈와 펠릭스 가타리의 포스트모더니즘 사이 접경지대에서 서성이는 그를 발견한다.

그 가운데서도 르페브르가 역사가로서 관심을 쏟는 주제는 공간화의 역사이다. 공간화의 역사는 『공간의 생산』에서 절반에 가까운 4~6장을 차지하는 대주제이다. 여기서 르페브르는 고대도시, 중세도시, 근대국가, 자본주의 제국 및 세계화mondialisation의 양상을 추상화해 설명한다. 도시ville는 르페브르의 공간 과학 구상에서 핵심 요소이다. 산업화와 더불어 농업을 흡수한 제2의 자연으로서 도시는[29] 사회적 상호작용과 교환의 탁월한 터전으로서 '사회적 중심성'을 구현하며, 모든 사람이 살 권리와 변혁적 공간을 '실천'할 장소이다. 르페브르는 자본주의의 변동하는 사회적 관계나 경제적 요인이 도시공간에 대한 주체의 접근·참여의 질적 수준에 끼치는 구체적 모순을 과학적 추상을 통해 반복적으로 분석한다. 도시의 스펙터클한 경관이나 소비 주체의 행위를 탐구하는 데 머물지 않고, 개인이 사회집단과 관계를 맺으며 소외되지 않고 자기결정권을 행사하는 '자기실현의 사회적 양식'을 실현할 수 있는 방식에 대해 거듭 질문한다. 일상이 영위되는 도시공간의 성격 규명은 르페브르가 모색하는 변혁론의 출발점이다. 여기서 반드시 염두에 둘 것이 있다. 그의 공간변혁론은 '불가능한 가능'과 '가능한 불가능'을 변증법적으로 사유하는 '가능성주의possibilisme'에 입각한다는 점이다.[30] 그러므로 이때의 도시는 "예정된 현실이기보다는 경향·지향·가상현실을 언급"하는 '도시성'의 탐색 대상이다.[31] '도시성'이란 무엇인가? 도시의 밀집된 '중심성'에서 개별적으로 분리된 많은 사회적 상호작용이 결합해서 동시에 발생하는 양상을 말한다. 그 핵심 성질은 재화와 정보, 그리고 사람을 끌어들이는 동시에 분산시키는 것이다. 르페브르는 자본주의 도시환경에서 변화하는 사회적 관계와 경제적 요소의 충격을 분석했다. 도시는 인구, 지리적 규모, 건물의 집합, 생산의 집적소, 선박 운송지, 생산 중심지에 그치지 않고, 재화·정보·사람의 상호작용과 교환이 성립되는 장소이며, 자본주의적 착취와 지배의 양상이 교차하는 사회적 중심지이자 다중 공간이다.[32]

르페브르는 이렇게 선언한다. "'세계사'는 도시와 더불어, 도시의, 도시 안에서 태어난 역사이다."[33] 그는 먼저 카를 마르크스Karl Marx 의 '생산양식의 역사' 개념을 '공간화 양식의 역사'로 대체하고, 다시 시대별로 각 생산양식의 공간화를 서술한다. 각 시대구분에서 공간의 표상은 다음과 같다. 공간의 역사는 자연의 '절대공간'과, 이어서 부족사회가 출현하는 원형적 '순수공간' 논의에서 출발한다. '황무지'로 표현된 절대공간에서는 인간의 육체가 '사회적 육체'이며, 원시적 사냥의 무리와 최초 발생한 농업 촌락의 일상적 식량 조달이 결합한다. 촌락은 최초의 도시국가로 전화하고, 신성을 표상한 고대도시의 정치공간은 '신성공간'이다.[34] 신성공간화는 미지의 자연을 종교로서 굴복시키기 위해 인간과 자연의 대립 관계를 설정하는 점이 고유한 특징이며, 정치적 도시로서 주변의 시골 지역을 조직하고 지배한다. 자연, 곧 절대공간은 압도·전위되어 현상학적으로 폐쇄된 내부 공간으로 사라졌다.[35] 그 결과, 출현하는 '역사적 공간'은 원시축적이 진행되면서 생존과 생산의 분리와 노동의 재생산이 진행되는 단계이다.[36] 자본주의 공간인 '추상공간'은 동종성과 파편화가 동시에 표현되는 공간이다.[37] 이것이 사유재산화의 출발점이다. 파편화된 공간은 누구나 잠재적으로 합법적인 토지 소유자가 될 가능성을 발생시킨다. 토지는 교환가치의 측면에서 공간을 추상적으로 동종화해 사유재산 개념을 상징하는 근거가 된다. 그러나 문제가 생긴다. 대다수 구성원은 토지로의 귀환이 원천 봉쇄되고, 사회 전반에 임노동자의 재생산이 팽창한다. 사유재산 관념은 하나의 가족과 가옥 및 토지·필지라는 일관된 문화적 형식으로 가부장제의 토대를 구조화한다. 사유재산이 계급·종족·연령·성별을 넘어 근대 도시공간화의 근본 원리로 작용한 결과, 공간을 경계선 사이의 텅 빈 공간 또는 '가능성의 공간'으로 축소시키는 합리적이고 가시적 편향은 추상공간 체제의 고유한 경향이 되었다.[38] 이 공간의 본질은 권력 국가의 새로운 통합·질서·동종성을 생산하기 위해 파편화하고 분리하면서 부분의 분열과 전체의 통합을 시도하는 것이다. 새로운 공간화는 근본적으로 가시적 논리로 지배된다. 견고한 것은 심상과 시뮬레이션, 주거는 임시 거처, 공간은 도시계획의 대상으로 축소된다. 결과적으로 공간은 불가피하게 속성의 변화를 겪는다.

> 사유재산의 사회적 관계, 상호 교환이 가능한 파편화의 요구, 항상 더 거대한 수준에서 공간을 취급하는 과학적이고 기술공학적인 능력에 의해 풍비박산 난다.[39]

르페브르가 제시하는 공간화의 역사를 이해하는 데 가장 구체적이고 설명력 있는 주제는 도시재생 régénération urbaine 과 관련된 설명이다. 자본주의는 세계시장을 확장하고 경쟁적으로 공간을 탈영토화·재영토화하며 재생산을 추구해왔다. 르페브르는 그런 사례로서 고전 도시의 공간을 자본이 재영토화하는 과정에 주목한다. 본래 고전 도시들은 기념비적 제례 의식의 장이며, '전제적' 통치 권력의 과시용 무대로서 이용 가치를 지닌 '작품'이었다. 20세기 들어 자본주의 도시들은 고전 도시(작품)의 잔재를 부동산 투기의 신상품 영토로 전환시켰다. 자본주의 생산관계의 재생산은 성장의 논리인 (토지구획)계획의 원인이자 도구이며, "역사의 시간으로부터 발생했든 아니든 다양한 모순이 야기되는 공간에 위치한다." "신자본주의가 점유한 공간은 균일한 구역으로 절단되고, 권력이 착좌하는 좌석이 된다."[40] 그 결과,

옛 도시의 중심성은 새로운 경제적 의사결정 조직인 전 지구적 자본주의 체제의 관계망에 흡착해 기생하기에 이른다. 역사적 변화가 '교환가치'를 증대시킨 도시 '로마'처럼, 토지 부동산의 상품화 과정에서 옛 도시의 기념비적이고 축제적인 양상들은 근본적 변화를 겪었다. 베네치아와 피렌체처럼 역사적 박물관의 장소가 되거나, 디즈니랜드처럼 소비자의 심상에 전유되어 재생산된다.[41] 필자는 이 주제의 발상에서 르페브르에게 크게 공감하지만, 한계 또한 발견한다. 르페브르가 상정한 도시재생은 기본적으로 고전도시라고 부른 옛 도시의 재구성에 초점을 두기 때문이다. 유럽에서 산업혁명 이후 급격하게 건설된 공업도시 또는 20세기에 번영을 구가한 상공업도시, 그 가운데서도 인구 50만 전후의 중규모 도시가 자원 감소와 환경문제, 생산 비용 증가와 소비자 기호 변화 등의 이유로 활력을 상실한 경우, 재활성화를 목표로 삼은 공간의 재구성 정책과 실천이야말로 필자의 관심사이다. 여기에는 한때 선도적인 내륙 공업도시였던 필자의 고향 경북 구미시가 당면한, 공단과 거주 지역의 도시재생이 불가피해진 현실이 작용한다. 사실 옛 도시든 현대 공업도시든 공통점이 작동한다. 바로 자본주의 생산관계에서 공간은 상품으로 끊임없이 재주형된다는 점이다. 도시 문화와 도시 사회가 탈소외disalienation를 성취할 방도를 모색해야 한다는[42] 관점이 이 책의 출발점이다. 공간화의 역사에서 각 시대의 공간에는 이전 시대의 공간화가 지속된다. 이런 명제는 변증법적 '지양'을 내포하는 동시에 '연대기적 시간chronos'을 공간의 궁극적 질서 체계로 제시하는 측면도 목격된다. 이는 세 권의 『일상생활 비판Critique de la vie quotidienne』(1947~1981)을 통해 르페브르가 일상공간에서 상대적으로 미시적인 투쟁을 강조했으나, 점차 정치경제적 구조라는 거시적 주제로 관찰 지점의 방점을 전환해 양자를 상호 보완하는 지점으로 이동시킨 것이라고 판단할 수 있다. 그러나 온갖 이름으로 호명되는 공간의 분류 체계에 대한 정확성 여부를 두고 의문을 제기하는 것도 누구나 가능하며, 당연히 그래야 한다.[43] 무엇보다 그가 제시한 공간화의 역사는 유럽중심주의적 진보 관념에 입각하므로 '전유'에는 신중한 검토가 필요하다. 도시재생의 문제도 그러하다. 구도심과 신도심의 조화를 비교적 유지하며 도시공간을 재배치한 서구의 주요 도시들과, 자연발생적 확장으로 성장하여 역사적 요소가 더 강력하게 작동하는 비서구 세계의 일반도시들을 동일한 관점에서 검토할 수 없다. 그런가 하면 비록 도시공간의 재구성이 문화도시를 지향한다 해도 공간의 상품화 작업에 그치는 측면이 있는데, 이를 인정하면서도 한편으로는 사유공간을 공유재commons로 변신시키거나 쇄락한 도시에 의기소침해진 시민들에게 심리적 자부심과 시민교육의 계기를 제공한다는 긍정적 측면도 결코 무시할 수 없다. 르페브르와 사센의 포스트마르크스주의적 도시와 로컬리티 이론에 탈식민주의적 차이와 정체성, 그리고 다문화주의와 인정의 정치가 함께 작용해야 한다고 보는 이유가 여기 있다. 이 책의 주제를 설명하면서 크게 아쉬운 점은 필자의 전공 분야가 한정된 탓에 주로 서구 세계에 집중해 설명하는 한계를 내포한 점이다.

이 책은 서론과 결론 그리고 총 4부의 본문으로 구성된다. 제1부는 '자본의 변신과 공간생산 전략', 제2부는 '직접행동과 공간정치', 제3부는 '이동성과 연결망 공간의 생성', 제4부는 '공간의 가변성과 기억의 정치'이다.

제1부는 문화가 점차 생산과 소비, 노동과 놀이까지 포섭해 자율적인 수용과 전유를 통해서 창조력을 재생산하는 '신개척지'로 평가받는 현실에 착안한다. 그리고 자본이 일상에서 문화도시 또는 기업주의 도시 등의 이름으로 도시공간을 재구성하거나 도시 브랜드를 생성하는 양상을 검토했다. 그 과정 가운데 국가와 로컬의 공간규모 재구성 관계에서 자본의 이윤을 최대화하는 방향으로 이끌며 문화 주도 재구성 전략을 선택하는 도시재생의 양상을 평가한다. 제1장은 전 지구적으로 많은 도시들이 문화도시 전략을 선택하도록 이끈 계기가 된 유럽연합의 유럽문화수도European Capital of Culture

정책에 착안한다. 문화도시 정책은 도시건축과 일상적 문화를 다양한 미시적 문화 영역과 지식기반경제knowledge-based economy 담론으로 섬세화되었다. 문화 주도 도시재생culture-led urban regeneration 전략을 선택한 스코틀랜드 글래스고와 스페인 빌바오의 정책 집행이 문화·예술의 기호와 담론에 물질성을 결합한 신물질론적 문화의 정치경제학으로 표현되는 현실을 검토한다. 제2장은 자유무역과 기업 활동의 규제 완화 또는 탈규제를 강조하며 국가 역할을 축소시키고 고용과 성장에 최고의 정책 목표를 두는 도시 협치governance 양식인 기업주의 도시(기업도시주의) 정책을 검토한다. 도시성장동맹urban growth coalitions이 주도하는 도시재생, 장소 마케팅, 문화도시 전략 등으로 상징되는 기업주의 도시 정책은 한국 사회에서도 지방행정과 도시정책을 이해하는 데 필수적이므로 기업주의 도시 정책의 배경과 그것이 생산한 도시재생 공간의 구체적 사례로서 영국의 대표적 공업도시인 맨체스터의 성공과 실패를 소개한다. 제3장은 국가하위subnational 차원에서 국가의 직접적 역할이 감소하는 대신, 지방 정치에 시민 참여와 경제성장을 독려하는 로컬거버넌스local governance가 전 지구화 시대의 새로운 공동체 전략으로 부각되는 현실에 주목한다. 무엇보다 로컬거버넌스가 국가-로컬 연계 차원에서 다중 공간규모의 공간규모 재조정multi-scalar rescaling을 자극했고, 그것이 국가-로컬의 영토규모 재조정, 곧 다양한 종류와 형식의 행정구역 재조정 등과 연관되는 사실에 주목할 것이다.

제2부는 도시공간의 일정한 장소에서 인간 활동에 초점을 두고 행위자들이 정치적 의미를 재현·표현하는 양상을 서술한다. 먼저 장소성 탐구의 일환으로 협동조합이라는 조직 활동에 참여한 구성원들이 지역의 로컬리티와 맺는 관계를 탐색한다. 나아가, 비교적 개방되었으나 한정된 장소인 도시공원에서 대규모 광장으로 공간규모의 초점을 이동하며 검토한다. 제4장은 스페인 북부 바스크Basque, Vasco 지방 소도시 몬드라곤Mondragon의 '몬드라

곧 협동조합'의 사례를 통해 로컬리티에 근거해 조직된 협동조합에서 조합원의 활동 방향과 전 지구화에 직면해 선택한 글로컬화의 결과를 탐색할 것이다. 제5장은 2011년 뉴욕 월가를 비롯해 전 지구적으로 전개된 '점령하라 occupy' 운동의 사건 전개 과정에 관심을 두면서 출발한다. 그러나 사건 자체를 물신화하지 않고, 도시공간의 중요한 속성으로서 점거 행위자와 직접행동 집단이 구현하는 공간의 유동하는 잠정적 성격을 탐구하며, 그것이 내포한 가능성과 한계를 성찰한다. 제6장은 2008년과 2016~2017년에 우리가 목격한 촛불시위 공간에서 주체적 이성이 감성을 공유하며 만들어내는 공간의 성격을 드러내려 한다. 집단지성의 활동으로 평가하는 자율주의 autonomia 관점보다는 인간의 몸과 행위를 중심에 두고 그것이 만들어내는 공간성을 실증적 · 비판적으로 검토하는 미셸 푸코의 '헤테로토피아 Heterotopia' 공간 개념에서 주제를 착안한다. 그리고 신자본주의 지배공간의 경계에서 저항을 실천하는 변혁적 유토피아 공간의 성립을 모색하는 앙리 르페브르의 '헤테로토피아' 공간 개념이 적용될 수 있는지 시론할 참이다.

제3부는 현대의 과학기술공학을 이용한 이동 도구와 인간 행동의 연결망이 공간의 정체성을 변화시키고 새로운 의미를 창출하는 지점이 되어가는 양상에 주목한다. 제7장은 현대 세계의 사회경제적 삶을 지탱하는 토대로서, 끊임없이 창출되는 새로운 유동성이 인간 삶의 본질이 된 현실에 착안했다. 이동 주체로서 인간, 이동 대상으로서 물류와 지식 정보는 운송 도구와 결합해 연결망으로 작동된다. 이러한 양상을 설명하는 도구로서 브뤼노 라투르Bruno Latour 의 '행위자-연결망 이론Actor-Network Theory'에 착안한다. 라투르는 사회를 선험적 실재가 아니라 끊임없는 '협상'과 '번역'의 산물이자 이종적 행위자들의 일상적 '실천', 곧 행위자인 행위소actant 의 행위성agency 을 주관성과 의도성, 심지어 도덕성까지 보유한 '번역' 행동으로 관찰하면서 부단히 유동하는 의미의 양상에 주목한다. 제8장은 일정한 공간에서 시

간의 경과에 따라 전개된 사회문화적 경험과 이해를 역동성을 띤 이종적 요소들로 인식하는 리듬분석을 시도한다. 리듬분석은 시간의 흐름과 인적·물적 이동성, 그리고 '공간의 시간화', 곧 장소와 공간의 물질성을 시간과 연관시켜 이해하는 것이 핵심 과제이다. 발터 벤야민Walter Benjamin, 기 드보르 Guy Debord, 특히 앙리 르페브르가 사회적 공간에서 개인·집단·물질·도시의 생물적·물리적 운동 리듬을 시공간의 경험과 운동성·장소성과 연관지어 중요한 구성 요소로 성찰한 리듬분석 개념을 현실의 쇼핑센터와 기차역에 적용할 수 있는지 탐색한다. 제9장은 일상의 공간과 달리 공간의 재조정이 급속도로, 때로는 파국적으로 전개되는 전쟁공간을 설명하려는 시도이다. 21세기에도 전쟁과 테러는 계속되고 있으며, 전쟁공간은 현대의 삶을 이해하는 데 핵심적인 장場이다. 그 귀결로서 전쟁공간 논의가 현대의 기술공학 지식과 군사적 권력을 성찰하는 지적 원천으로 새롭게 부상하고 있다. 폴 비릴리오Paul Virilio는 군사적 인간이 총력전la guerre totale을 빌미로 전쟁공간에서 전체주의적 파시즘을 강화시켜 정치적 민주주의를 위기로 내몰고, 정치를 소멸시켜 인간의 생존 자체를 위협할 가능성을 경고한다. 전쟁 권력에 맞서는 혁명적 저항은 어떻게 가능한가?

제4부에서 '기억의 장소' 개념은 '신체와 권력'이 역사적 기억의 유산과 결합한 공간의 이해를 모색한다. 결과적으로 공간생산론에서 '자본주의 지배공간의 영토화', '지배공간의 역사적 전개' 개념과 더불어 '전유'할 만한 중요 주제로 삼으려 한다. '기억의 정치'는 끊임없이 유영하는 기억을 정당성의 근거로 삼고 정치 활동에 내재한 경제적 이익관계를 밝히거나, 또는 정치적 입장을 표명하는 활동의 근거로 삼는다. 기억의 장소와 정치는 만들어지고 있다. 미국-멕시코 국경을 넘는 과정에서 겪은 고통스러운 생존의 기억을 품고 트라우마에 시달리는 국경지대 밀입국자들의 양상을 검토한다. 제10장은 기억의 문제가 주로 정체성의 정치 담론, 특히 국민 공동체 정체

성의 형성·유지와 그 변형 방식에 초점이 맞추어지는 경향을 검토한다. 기억이 개인과 공동체의 정체성 형성에서 수행하는 역할을 조명하고, 집단 기억의 형성을 이론화하는 방식에 다양한 의문을 제기하며, '과거' 기억의 정치적 역할과 역사의식, 정치적 정체성과 권력 사이에서 기억의 장소가 로컬 기억과 국민국가 기억의 경쟁 속에서 지니는 층위 관계를 다시 사고할 참이다. 제11장은 '기억의 정치'가 국민국가의 형성이 특수한 또는 실패한 이탈리아에서 남부 문제와 북부 문제의 심층부에 '내생적인 로컬'과 로컬리티, '외생적인 유럽연합'과 전 지구화가 함께 작용하는 양상에 착안한다. '남부 문제'에 전자의 요소가 강하게 작용했다면, '북부 문제'는 로컬리즘-지역주의-국민국가-유럽연합-전 지구화로 공간규모를 확장하며 상호 영향을 끼치는 양상에 주목한다. 제12장은 전 지구화 시대에 이주migration의 일반화로 인간·재화·기술의 월경이 관심을 끌고 국경과 국경지대가 새로운 지정학Geopolitic적 의미를 부여받는 현실에 착안한다. 미국-멕시코 국경지대는 국경이 성장과 개발의 중심축으로 등장하면서 새로운 지정학적 의미를 부여받고 있다. 최근 도널드 트럼프Donald Trump 미국 대통령의 미국-멕시코 국경 장벽 건설 공약에서 보듯, 국제정치와 경제가 멕시코라는 국가의 성격과 멕시코 국민의 생존 자체에 지극히 과격한 영향을 끼치는 양상에 주목한다.

이 책은 지난 10여 년간 부산대학교 한국민족문화연구소 '로컬리티의 인문학' 연구단의 공동연구에 참여한 산물이다. 인문학은 물론 사회과학과 공학까지 여러 분야의 전문가들로 구성된 20명 이상의 연구진과 폭넓은 전공·경력을 지닌 나라 안팎의 저명한 학자들이 내놓는 많은 발표를 듣고 토론을 거치며 책을 구상했다. 그 과정에서 연구단장인 부산대학교 사학과 김동철 교수님과 연구단 구성원의 전폭적 배려를 받았기에 깊은 감사를 드린다. 무엇보다 기존에 발표한 논문들을 수정을 거쳐 게재하도록 흔쾌히 허락

해주신 관련 학회와 기관에 깊이 감사드린다. 각 장은 정도의 차이는 있지만 기존에 필자가 발표한 논문들을 수정 또는 재구성한 것이며, 구체적인 서지사항은 다음과 같다.

- 서론:「앙리 르페브르와 공간의 생산: 역사이론적 '전유'의 모색」,《역사와 경계》, 58집(2006), 293~325쪽;「앙리 르페브르의 국가론: 국가주의 생산양식론을 중심으로」,《대구사학》, 85집(2006), 189~224쪽;「도시이론과 로컬리티 연구의 계보학적 관계」, 장세룡 외 지음,『로컬리티 담론과 인문학』(소명출판사, 2017).
- 제1장:「신문화사의 공간적 전환: 로컬리티 연구와 연관시켜」,《역사와 문화》, 23호(2012), 139~170쪽;「신문화사의 공간과 문화의 정치경제학」,《역사와 문화》, 27호(2014), 109~141쪽.
- 제2장:「기업주의 도시 로컬리티의 타자성: 미셸 푸코의 '통치성' 개념과 연관시켜」,《인문연구》, 58호(2010), 883~928쪽;「기업주의 도시 맨체스터의 로컬리티(1984-현재)」,《대구사학》, 100집(2010), 561~595쪽.
- 제3장:「국가-로컬의 사회적 공간 관계의 연구 동향 검토: 영국의 공간규모 재조정 논의를 중심으로」,《로컬리티 인문학》, 5호(2011), 199~236쪽;「1990년대 이후 영국 노동당 정부의 로컬거버넌스 정책: 헤게모니 문제와 시민참여민주주의 평가」,《역사학 연구》, 43권(2011), 141~184쪽.
- 제4장:「스페인 몬드라곤 협동조합 복합체의 로컬리티와 글로컬리티」,《역사학 연구》, 39집(2010), 149~190쪽.
- 제5장:「도시공간점거와 직접행동 민주주의: 2011년 9월 뉴욕 월가 '점령하라' 운동에 관한 성찰」,《역사와 경계》, 99집(2016), 251~296쪽.
- 제6장:「헤테로토피아; (탈)근대 공간 이해를 위한 시론」,《대구사학》, 95집(2009), 285~317쪽;「공간 점거에서 수행성과 (비)재현 공간 행동주의」, 서울연구원 엮음,『희망의 도시』(한울, 2017).

- 제7장: 「공간과 이동성, 이동성의 연결망: 행위자-연결망 이론과 연관시켜」, ≪역사와 경계≫, 84집(2012), 271~303쪽; 「이동성과 이주공간의 변화 그리고 로컬리티의 생성」, ≪로컬리티의 인문학≫, 7호(2012), 133~170쪽.
- 제8장: 「일상의 리듬분석: 쇼핑센터와 기차역을 중심으로」, ≪역사학 연구≫, 46호(2012), 213~245쪽.
- 제9장: 「폴 비릴리오의 전쟁론에서 로컬 공간 회복의 전망」, ≪역사와 경계≫, 75집(2010), 347~380쪽.
- 제10장: 「로컬 기억과 기억의 정치: 폴란드 예드바브네 유대인 학살 기억의 사례」, ≪대구사학≫, 98집(2010), 243~281쪽.
- 제11장: 「이탈리아 '북부 문제'와 지역주의: 로컬 경제와 유럽연합의 지역 정책과 연관시켜」, ≪대구사학≫, 107집(2012), 347~383쪽.
- 제12장: 「멕시코 오아하카(Oaxaca)주 원주민의 남캘리포니아 이주와 트랜스 로컬 연대」, ≪인문연구≫, 67호(2013), 245~288쪽; 「미국-멕시코 국경지대와 밀입국자: '생명정치' 개념과 연관시켜」, ≪역사와 경계≫, 91집(2014), 313~151쪽.

제1부

자본의 변신과
공간생산 전략

제 1 장

문화도시와 문화의 정치경제학

글래스고와 빌바오의 문화도시 정책

문 화 도 시 의 구 상

이 장은 이 책에서 서술하는 주제들이 전체적으로 어떻게 얽혀 있는지 보여주는 데 목적이 있다. 핵심 내용은 도시공간의 문화연구나 신문화사적 접근이 '공간'을 크게 두 방향으로 탐색하고 전유하는 경향을 드러내는 것이다. 첫째, 문화 개념을 정치적 시민권이나 사회적 소수자의 권리 등과 연관시켜 일상공간에서 '저항'의 실천을 탐구하는 '문화의 공간정치cultural politics of space'이다. 둘째, 전 지구화를 추동한 자본이 도시, 로컬, 커뮤니티, 건축, 디자인, 스포츠 등 일상공간에서 '문화'를 심상으로 내세워 이해관계를 관철시키는 양상을 설명하는 '문화의 정치경제학cultural political economy'이다. 전자가 특정한 심상의 생산과 소비, 현실 공간의 점유와 사용, 소수자와 타자의 '정치적 실천의 수행'에 주목한다면, 후자는 문화의 정치성을 논의의 기반으로 삼되, 기호와 문화라는 담론적 요소가 공간의 물질성을 토대로 '경제'와 관계 맺는 양상을 보편화한다.[1] 이 명제들은 실제로 지금까지 공간의 물질성 안에서 직관적 이해와 가설 수립의 영역이던 일상성, 미시성, 혼질성, 가치 다원성, 상상력 등을 기호와 문화 담론으로 표상하는 개념들의 수립을 목표로 삼는다는 점에서 거의 동일하다. 따라서 같은 양상의 두 측면인 경우가 많다.

현실에서 '문화의 공간정치'와 '문화의 정치경제학'은 서로 결합하거나 연동해서 작동하는 경우가 많다. 가장 일반적으로 접촉하는 스포츠 문화의 경우, 일상적인 기호의 생산과 소비가 동시에 공존하면서 집단·지역·국가의 '정체성의 정치'와 연관되는 경우가 많아 문화의 공간정치가 밀접하게 작동한다. 또한 스포츠 시설은 기업주의적 문화자본[2]으로서 문화도시 건설이나 도시재생, 랜드마크 경기장의 건설 같은 장소 만들기place-making를 통해 상징과 기호의 역할과 연관되는 경우가 많다는 점에서 문화의 정치경제학이 작동하는 대표적 공간이다.[3] 미술관, 박물관, 박람회장, 오페라하우스나 문화예술회관 등도 마찬가지로 문화의 공간정치를 중심에 두고 건설된다. 그 설립과 건축의 배경에는 역시 문화도시 전략 등이 작동하며, 지배 집단과 자본이 결탁해 포스트포드주의 경제 또는 창의도시creative city 담론 등을 기호학적으로 표상하는 문화의 정치경제학을 목격한다.[4] 이 현상들을 좀 더 창조적 해석으로 접근하면, '문화의 공간정치'에서 표현된 다양한 형식의 이데올로기 비판과 지배권 비판herrschaftkritik[5]이 '문화의 정치경제학'을 통해 더욱 선명해지는 경우 또한 발견할 수 있다.

이 장은 헤게모니 담론은 물론 반反헤게모니 담론 기획까지도 창조·유지하는 정책 패러다임을 모색하고, 제도적 형식과 정치적 표상 체계의 기호학적 재구성을 현장에 기반을 둔 장소 지각과 공간 생성의 맥락성·역사성을 감안해[6] 설명하는 데 목표를 둔다. 그 구체적 사례로 유럽연합이 1985년부터 시작한 유럽문화수도ECoC 정책에 주목한다.[7] 지금까지 독특한 문화유산을 지닌 많은 도시가 유럽문화수도로 선정되었고, 릴(2004), 리버풀(2008), 빌뉴스(2009), 에센(2010), 마르세유(2013) 등의 문화도시 전략은 특별한 관심을 끌었다. 그 가운데서도 1990년에 유럽문화수도로 선정된 글래스고는 도시 재구성 정책에서 문화를 경제적 자원으로 끌어낸 문화도시 전략의 선구적 견본이다. 동시에 그 성과를 역사적으로 평가하는 작업이 가능한 시공간성을 적절히 내포한 도시라는 평가도 가능하다. 글래스고는 19세기말 제국 제2의 도시였으나, 1939년 113만 인구를 정점으로 1970년대까지 침체기를 겪었으며, 1980년대 이후 경제개발계획을 수립하고 도시 쇄신, 투자와 혁신이라는 기업주의 도시 정책을 활발하게 추진했다. 1982년에는 기업주의 도시 정책을 넘어 문화도시 전략을 채택하며 도시 침체로 방치된 건축물들을 주거용으로 바꾸고, 도시의 공적 기능 회복을 목표로 대규모 쇼핑센터와 회의 시설을 건립하며 문화행사와 축제를 개최했다. 1990년대에도 지역개발기구를 확대·정비하고, 기존에 비슷한 업무를 맡아온 조직기구인 스코틀랜드 개발청을 재편한 스코틀랜드 개발기구Scottish Enterprise를 설립했다. 아울러 왕립콘서트홀과 쇼핑센터 건립, 문화행사와 축제 유치, 서비스업 발전을 자극하는 정책들을 강화했다.[8] 1990년에는 열렬한 도시성장주의boosterism 추진자들의 모임이자 로컬 기업들의 조직체인 글래스고 행동Glasgow Action의 적극 지원을 받아, 오랜 전통의 문화도시로 평판받는 스코틀랜드의 수도 에든버러를 제치고 유럽문화수도로 선정되어 대대적인 축전을 열었다. 2005년 4월에 설립한 '글래스고 도시마케팅국'은 글래스고를 유럽에서 가장 역동적이고 다양성을 지닌 도시 가운데 하나로 자리매김시켰다. 2007~2016년에는 '스코틀랜드 스타일의 글래스고'라는 새로운 관광전략을 세우고 도시 진보와 창의경제를 인정받았으며, 2009년에는 론리플래닛이 선정한 세계에서 방문하기 좋은 10개 도시에 뽑혔다.[9]

한편 살라망카(2002), 산세바스티안(2016)과 달리 유럽문화수도로 선정되지는 않았지만, 스페인 북부 바스크의 주도 빌바오Bilbao는 건축물을 통한 문화도시 전략을 선택했던 견본 도시로 많은 관심을 끈 대표적 사례이다. 현재 중심 도시의 인구 37만 명에 광역권 인구 95만 명인 빌바오는 과거 영국과 프랑스를 연결하는 교역 창고였고, 산업혁명기를 거치며 철강과 제철의 중심지로 자리 잡았다. 20세기 초에는 조선 산업으로 스페인에서 가장 부유한 공업항 도시였지만, 1970년대부터 철강 자원 고갈과 중공업 위축으로 산업 전반이 침체되었다. 1983년에는 100년 만의 대홍수로 도시를 가로지르는 네르비온Nervion강이 범람해 산업 활동이 크게 위축되고 말았다. 당시 실직자가 8만 명(실업률 30%)에 이르렀을 뿐 아니라 활발했던 산업 활동이 네르비온 강 주변 환경을 크게 오염시켜 수변공간을 불모지로 만들었다. 도시빈민화와 도시공동화 문제에 직면해 시 당국은 1980년대 후반부터 도시의 공적 기능과 공동체 삶의 회복을 목표로 한 도시재생 장기 기획과 문화도시 전략을 수립했다. 특히 1997년에 건축된 구겐하임 미술관Guggenheim Museum Bilbao은 문화를 통한 공공 가치 추구 전략의 핵심 산물이며, 시민들이 창의도시의 요체라고 자평하는 기반이다. 빌바오의 자부심을 표상하는 구겐하임 미술관은 글래스고의 문화도시 전략의 산물들과 함께 의미와 역할에서 줄기찬 비교와 평가의 대상이다.[10]

글래스고나 빌바오의 성장동맹이 주도하는 문화도시 전략에서 보듯, 자본의 재생산을 목표로 삼는 경제 체계를 문화적 일상공간의 정치·경제 세계로 연역하는 것이 가능할까? 나아가, 문화 자체보다 문화를 활용한 도시 성장을 모색하는 창의도시의 성취는 어느 정도로 가능할까?[11] 마침 기존의 분과 학문을 넘어post-disciplinary 정치경제학의 '문화적 전환'을 모색하는 관점들은 설명에 유용한 시사점을 제공한다.[12] 이 관점은 비판적 실재론에 입각하여 경제 영역과 정치 영역에서 발생하는 사건·절차에서 담론성과 물질성을 상호 연관시켜 일원론적 신물질론으로 통합하는 기호학적 표상의 제시를 시도한다.[13] 이 장은 다양한 공간규모로 기획되는 도시 브랜드 전략, 곧 재산 주도, 기업 주도, 도시 지속성, 문화산업, 건강 웰빙, 공동체 주도 사회적 경제 등을 의제 삼아 추진되는 도시재생[14] 사업이 기업주의 도시, 문화도시, 생태도시 등으로 재현하는 자본의 유연한 공간 변신술과 축적 전략에 관심을 둔다. 특히 문화의 공간정치를 넘어 문화의 정치경제학으로 설명할 수 있는 지속 가능한 도시재생 정책의 설명 가능성에 관심이 있다.

문 화 정 치 에 서 문 화 의 공 간 정 치 로

유럽문화수도에 선정된 도시는 유럽연합의 지원을 받고 문화시설과 교통시설을 비롯한 공공사업과 도시재생 사업을 추진한다. 글래스고는 1990년 유럽문화수도 선정과 그에 따른 일련의 축전 행사가 성공적이었다는 자평과 더불어, 전 지구화를 지향하는 도시 재구성에 첨병 역할을 했다는 긍정적인 외부 평가를 받았다.[15] 이런 평가에 고무된 글래스고 시 당국은 스코틀랜드 지방의 으뜸 도시라는 장소성을 강조하면서 전통을 살리는 문화도시라는 '장소 마케팅'을 강화했다.[16] 1991년에 산하조직 글래스고 개발청 Glasgow Development Agency을 설립하고 활기찬 글래스고Glasgow's Alive 캠페인을 시작했다. 1996년에는 지방정부를 재편해 글래스고를 단일 형태의 지방정부로 바꾸었으며, 1997년에는 시市 로고를 제작·보급했고, 1998년에는 44개 지역계획을 단일 계획 지구로 만드는 통합 기획에 착수했다. 도시재생과 건축 사업을 계속해 글래스고 로열 콘서트홀Glasgow Royal Concert Hall(1990), 스코틀랜드 최대 규모의 쇼핑센터인 뷰캐넌 갤러리스Buchanan Galleries Shopping Centre(1999)를 개관하고, 영국 건축·디자인 도시 축제Britain's UK City of

Architecture and Design(1999)를 성대하게 개최했다. 그 결과, 한때의 상공도시가 문화와 교통, 물류 서비스업이 활발하고 탈근대주의를 내면화한 '창의적' 지역 거점도시로 변화했다는 평가를 받았다.[17]

한편 빌바오는 1985년 법률가와 건축가 등 15명의 전문가로 구성된 빌바오 도시재생협회SURBISA를 설립했다. 이 기구는 역사보존 지구를 설정하고, 구역에 포함된 건물을 개축하는 데 필요한 비용의 20~60%를 지원하는 비상대책기구 역할을 부여받았다. 1989년에 은행, 행정, 기업 등 각계 대표 120명이 참여하는 민간 전문가 협의체 '빌바오 메트로폴리 30'이 구성되었으며, 1992년 중앙정부와 지방정부가 50%씩 출자해 '빌바오리아 2000' 개발공사를 설립하고 도시재생 산업을 전담시켰다. 1987년에 수립된 도시재생 기본계획은 과거의 주력 산업에 연연하지 않고 금융, 하이테크, 문화 등 다양한 가능성을 고려했으며, 문화산업을 신성장 동력으로 삼기로 결정했다. 그 결과로 탄생한 것이 시민 95%의 반대를 무릅쓰고 1억 달러를 투자해 1997년에 건축한 구겐하임 미술관이다. 옛 조선소 부지에 미국인 프랭크 게리Frank Gehry가 설계한 철골조의 현대미술관은 건물의 독특한 외양이 널리 알려지면서 외국인 관광객도 대거 유치해 '구겐하임 효과Guggenheim effect'라는 신조어를 만들어낼 정도가 되었고, 문화도시 빌바오를 상징하는 으뜸 기호로 작용한다.[18] 빌바오 공항도 날아오를 듯한 날렵한 외관에 기둥 없는 내부 공간으로 주목받는다. 그 밖에도 스페인 건축가 콜바레우Coll-Barreu가 설계한 바스크 건강관리국 본사는 유리를 사용해 다양한 각도로 만들어져 빛의 방향과 계절 그리고 각도에 따라 다채로운 매력을 뽐낸다. 여기서 작동하는 미학은 빌바오가 도시 기업주의적 실천을 전개한 산물이다.[19] 시내의 지상에는 노먼 포스터Norman Foster가 디자인한 트램tram, 지하에는 1995년 스페인에서 네 번째로 개통한 지하철이 운행된다. 지하철 입구의 유리와 강철로 만든 곡선형 캐노피canopy 또한 뛰어난 디자인의 전형으로 알려져 있다. 바스크 출신들로만 구성되는 빌바오 축구클럽의 본거지인 산 마메스 San Mames 축구장과 가까운 버스 터미널에 연결된 지하철역은 운행과 정차 소리가 마치 음악당에 들어선 듯 낯선 즐거움을 제공한다. 이와 같은 성과 는 130여 개 민간 기업과 공기업의 일관된 계획 추진이 가져온 산물이다.

유럽문화수도로 선정된 도시는 물론이고, 문화도시 정책을 수행하는 도 시들은 그 과정에서 일차적으로 유럽의 문화적 다양성과 통합성을 표출하 는 문화정치를 작동시키도록 권유받는다. 문화정치란 무엇인가? 문화정치 에서 정치와 문화는 인간 행위의 산물이라는 공통점이 있다. 하지만 전자가 세력과 집단의 경쟁 · 갈등의 산물이라면, 후자는 다양한 개인과 집단이 예 술 · 건축 · 사유의 창조 행위를 통해 정신을 고양하고 삶의 가치를 높이려 는 작업이라는 점에서 차이가 있다. 본래 문화는 문학 · 예술 · 종교의 영역 이었지만, 20세기 후반에 문화연구가 그동안 정치의 공식 영역이었던 정 당 · 노동조합 · 의회 · 정부 등의 국가정책과 로컬거버넌스의 영향을 크게 받거나, 일상의 실천에서 이미지 생산과 소비, 세대와 성별 간 대화, 수용과 전유, 포섭과 저항, 변용과 왜곡 가운데 정치성을 발견하면서 '문화는 정치 적'이라는 관점이 설득력을 확보했다.

이런 논의의 선두에 영국 학계의 이론가들이 있다. 문화 개념을 '창조적 작업'에서 '전체적인 삶의 방식'으로 확장해 '일상의 창조성'과 '공동의 문화' 및 그것들에 근거한 '교양 있는 참여 민주주의'를 지향했던 레이먼드 윌리 엄스Raymond Williams 의 문화유물론, 문화적 마르크스주의자 프레드릭 제임 슨Frederic Jameson 의 포스트모더니즘 비판, 안토니오 그람시Antonio Gramsci 와 루이 알튀세르Louis Althusser 를 소환해 미디어의 이데올로기적 역할을 강조 한 스튜어트 홀Stuart Hall 의 문화주의와 구조주의를 넘어서는 비환원론적 마 르크스주의 문화이론 등이 공통적으로 새로운 저항의 길로서 문화정치 개 념을 제시했다.[20] 프랑스에서도 문화와 정치를 결합하려는 시도가 프랑수아 미테랑François Mitterant 대통령 집권기(1981~1995)의 문화정책에서 활발히 전개되었으며 관련 논의가 증가했다.[21] 그러나 1990년대에 들어 이들은 공통적으로 신자유주의의 대대적인 공세 앞에서 관점의 전환을 요청받았다. 그 결과, 심지어 저항의 문화조차 상품화의 길을 걷거나 가상 실재의 서사화에 포섭되어 갔다.

문화정치 관념은 기본적으로 첫째, 모든 사회관계에는 지배적인 기호적 실천이나 의미 생산을 두고 권력관계가 작용한다는 관점, 둘째, 사사로운 것들의 정치적 성격을 강조했다. 노동자·여성·소수민족·청소년·성 소수자·에이즈 환자 같은 소수자가 매체에서 재현되는 방식을 비롯해, 욕망과 기억으로 점철된 하위문화와 사이버문화, 문화산업과 문화정책과 관련되는 문화적 실천에 내재한 정치성의 발견은 지극히 중요한 성과로 부각시켜 평가해야 한다. 그것이 현실에서 가치와 규범, 이데올로기와 욕망 등에 대해 기호·언어·표상·(컨)텍스트·담론 등의 실천적 구성과 의미 생산으로 상징적 작용과 행위가 집중되는 상징체계의 기제를 가치적으로 표현한 점에서 뛰어나기 때문이다. 우리는 그 과정에서 의도적이든 비의도적이든 문화정치가 공간과 장소에 관한 여러 형식의 사유를 요청하고, 그 사유의 전유를 시도한 것을 볼 수 있다. 그런 사례로, 후기구조주의와 결합한 탈식민주의는 호미 바바Homi Bhaba에서 보듯 경계선 사이에 '양가성', '모방', '협상', '혼질성'의 공간을 요청했고, 가야트리 스피박Gayatri Spivak은 '국민 서사', '하위주체' 개념이 지닌 제3세계 여성에 관한 에피스테메épistémê적 '폭력의 공간'을 폭로했다. 한편 윌 킴리카Will Kymlicha, 찰스 테일러Charles Taylor 등의 다문화주의 담론은 '타자성', '소수성', '혼질성'을 강조하는 문화의 공간정치로 귀결되었다.[22] '정체성의 정치' 또는 '스타일의 정치'가 정치적 시민권을 획득한 것도 바로 이와 같은 문화정치 연구의 괄목할 만한 성과와 연관이 있다.

그 결과, '탈식민적 정체성'이든 아니면 '소수자 정체성'이든 탈식민주의
는 '정체성의 정치' 또는 그것을 비판하는 '차이의 정치'로 표상되었고, 나아
가 다문화주의가 요청하는 '인정의 정치politics of recognition'로 추상화되었
다.[23] 이에 맞서 탈식민주의나 다문화주의 등이 '인정' 그 자체의 획득을 목
적으로 삼을 뿐 사회의 내부 모순과 동학에 대한 분석과 설명을 소홀히 한
다는 지적도 동시다발적으로 제기되었다. 나아가 그것이 생산과 노동보다
는 여가와 소비에 초점을 맞추며 정치와 문화의 불평등한 권력관계를 정당
화하는 이데올로기로 구실할 뿐 아니라, 자발적으로 기존 질서의 유지에 기
여하고 사회적 실천에 대한 무관심을 확산한다는 비판도 있다. 포스트마르
크스주의 여성주의자로서 '문화적 전환'을 긍정하는 미셸 바렛Michele Barett
의 경우, "문화정치는 의미에 대한 투쟁"[24]이라고 선언하면서도 이를 자율
적 실천과 독자성을 띤 담론으로 선뜻 인정하길 꺼려하며, 사회적 총체성의
일부로 보고자 모색했다. 이런 관점은 많은 연구자가 내용과 형식에서 여러
진폭으로 변주시키며 반복해 표명했다. 그런가 하면 '문화정치' 개념이 정
작 중요한 정치적 사항의 탐색을 외면하는 공허한 방법론이라는 날선 비판
도 제기되었다. 곧, 기호적 실천과 의미 생산의 소유구조나 지배구조, 이미
지 유통의 이해관계, 그것의 산업적 측면에서 전용을 소홀히 취급한다는 비
판이다. 그 결과, 심지어 탈식민주의와 다문화주의 또는 정체성이라는 이름
으로 전 지구적 자본주의의 모순을 은폐하고, 신자유주의적 가치를 정치와
사회, 교육 등의 영역에서 내면화한다는 신랄한 비판도 받았다.

역사가 아리프 딜릭Arif Dirlik은 문화를 앞세운 다문화주의나 탈식민주의
비평이 실제로는 전 지구적 자본주의 질서를 공고화하는 '반혁명'에 부역한
다는 혐의까지 너무나 과감하게 부여했다.[25] 그는 심지어 이런 것들이 마르
크스주의와 사회주의로부터 퇴각한 급진주의자들이 사회정치적 급진주의
를 '문화'로 환치해놓고 안도감을 얻으려는 술책이며, 나약한 지식인의 자

기위안 과정의 산물일 뿐이라고 통렬하게 까발린다. 아리프 딜릭이 '문화정치'의 관점과 전망에 반혁명 부역 혐의까지 덧씌운 것은 좀 지나치다고 말할 수 있다. '문화정치'의 '공간적 전환'인 '문화의 공간정치'가 기존의 정치연구가 주목한 정당, 대의제도, 노동조합 같은 공식 정치 영역의 탐구에 그치지 않고, 가내 공간에서 TV 채널 설정, 종교적 또는 비종교적 제례 의식ritual, '점령하라occupy' 공간의 점유와 같은 다양한 집회 형식(제6장 참조), SNS 같은 일상공간의 문화적 실천에서 권력관계의 작용을 발견하는 데도 상당한 역량과 장점을 내보였기 때문이다. '문화의 공간정치'는 더 나아가 '기억의 장소'처럼 역사적 사건과 관련되는 도시·유적지·관광지와 같은 공간 심상의 생산과 소비, 거기서 '기억의 정치'가 작동하는 과정(제10장 참조), 건물이나 거리 같은 구체적 공간에 대한 점유·사용과 그에 따른 여러 양식의 공간생산 및 장소투쟁, 그것의 다양한 변용에 주목한다(제5장 참조). 인간상실, 문화상실, 소통상실의 시대를 넘어서려는 모색에서 공간과 장소성의 기획, 곧 '장소 만들기'가 핵심적 자극을 제공할 것으로 기대되기 때문이다.

'문화의 공간정치'는 무엇을 지향하는가? 이는 추상성의 한계를 지적받은 문화, 곧 기호와 의미를 탐색하는 실천에 물질적인 '장소 기반의 대안들place-based alternatives을 제공해 구체성을 확보하려는 시도로 평가할 수 있다. 이러한 문화정치의 '공간적 전환'이 공간의 물질성에 주목하는 이유는 미셸 푸코 또는 미셸 드 세르토가 공간을 '의미'보다는 '전략'과 '전술'이 수행되는 장site의 관점에서 생각한 것과 같은 이유이다. 즉, 언어와 문화로 표현되는 비물질성이 부여한 (문화)공간들은 단순히 해체하고 저항하는 자유만을 강조하는 데 그치며, 새로운 서사구조가 작동하는 복합적 양상의 토대를 만들어내기에는 소홀하거나 역부족이라는 평가에서 출발한다.[26] 문화연구가 문화정치를 넘어 '문화의 공간정치'에 주목하는 것은 공간의 차원에서 기호와 예술, 문화와 과학기술공학을 포섭해 주제를 확장하고, 정치적 행동에 관해서 더욱 섬세하고 정교한 설명력을 심화하려는 의도에서 비롯한다. 이를 확립하는 과정에서 우리는 사고의 새로운 원천을 발굴할 기회가 생긴다. 예컨대 과학기술공학이 속도를 가속화해 공간을 소멸시키고, 불안정을 강화하며, 전 지구적 탈영토화를 추동, 곧 경제적 생활공간을 편재하는 도시유목생활nomadisme omnipolitain로 이끄는 도정성trajectivité에 주목했던 폴 비릴리오의 관점을 원용할 수 있다(제9장 참조).[27] 그런가 하면 질 들뢰즈와 펠릭스 가타리가 비릴리오의 다양한 개념들[28]을 전유해, 운동은 '외연적'(연장적)이고 속도는 '내포적'(강밀도적)[29]이라고 지적한 것은 이동성(운동과 속도) 관련 주제를 공간의 문화연구로 사유할 기회를 제공한다.[30] 특히 국가의 장악을 끊임없이 벗어나고자 문제를 제기하는 전쟁기계가 로고스적이고 정주적이며 '홈이 파인' 국가 영토 바깥에서 만들어내는 노모스적이고 유목적인 '매끈한' 공간을 차지한 유목민[31]에게 주목한다. 그리하여 그들이 또 다른 삶과 또 다른 삶의 영토, 그리고 또 다른 사유와 가치를 실현하는 저항의 기회가 도래할 '임계점'을 맞는 순간, 즉 저항의 순간을 포착하려 자유로운 '이동성의 공간'의 장악을 모색하는 양상에도 충분히 주목할 수 있다(제7장 참조).[32]

이는 다름 아닌 경계와 경계지대에 대한 관심을 넘어 그 지정학적 위치에도 관심을 기울이기를 요청하는 것이다(제12장 참조). 과연 경계지대 지정학 문화라는 주제가 성립될 수 있는가? 우리의 과제는 단순히 특정 공간·장소에서 사용된 문화적 상징과 은유에 대한 서술·묘사를 주제로 삼는 데 그치지 않는다. '누가' '그런' 방식으로 상징과 은유를 '왜' 사용했는지 밝혀야 한다.[33] 그러나 '문화의 공간정치'에서 '장소 만들기'를 전개하는 공간과 장소성의 기획이 반드시 투명한 합리적 공간의 생성을 목표로 삼거나, 반드시 선명하게 성취해내는 것도 아니다. 도리어 샌프란시스코의 그라피티Graffiti 금지정책이었던 '제로 그라피티' 정책에서 보듯 억압과 배제의 반反공

간을 생성하는 측면도 내포하며,[34] 모순으로 갈등하는 사회적 의미의 수탁
소로 작용할 수도 있다(제6장 참조). 문화연구가 공간을 문화적으로 이해하
려 나설 때, 무엇보다 먼저 정치적 상징공간에 관한 '공간적 은유'가 문제로
제기되는 이유가 여기 있다.

도시재생과 정치경제학의 문화적 전환

유럽문화수도 글래스고의 문화도시 정책의 중심 요소인 문화·서비스산
업에 바탕을 둔 경제는 점차 사회공간적 갈등을 표출시켰으며, 고용의 악화
와 사회적 불평등의 심화로 이어졌다. 이를 극복하고자 시 당국은 도시재정
비 전략의 목표를 부유층과 하층민이 공존하는 사회적 혼합social mix 공간 조
성에 두고 공영주택 개발에 소비자가 능동적으로 참여하는 협치 기술을 발
휘했다.[35] 골발스Gorbals 지구 크라운Crown 대로 도시재생 기획을 통해 800
가구를 건설하면서 상업 활동과 커뮤니티의 쾌적성 실현을 혼합하고 개인
투자를 유도했다. 초미의 관심사는 노동계층의 주거지를 재개발하는 고급
주택화gentrification 사업이었다. 시 당국은 사회적 자본을 투입한 공영주택의
유형과 보유에서 선택조건을 다양화해 부유층 가구의 이주를 막고자 노력
했다. 공영주택을 단계적으로 개인 소유로 이양하는 데 저항이 제기되었지
만, 관리와 소유권을 다양화해 임차인의 점유권을 정당화했다.[36] 니콜라스
로즈Nikolas Rose는 이를 두고 '(문화적 특질을 지닌) 인종정치ethnopolitic'를 구
현했다는 평가까지 부여한다.[37] 문화와 환경에 대한 관심이 대폭 증가한 것
은 이런 현상과 연관이 있다. 그러나 이것이 도심고급화enbourgoisement, 문화
충돌, 문화격차divide, 소외감을 불러일으킨 글래스고의 극심한 사회적 불평
등을 해소한 것은 결코 아니다. 특히 아동빈곤율이 높아 일부 지역은 아동

의 98%가 빈곤선상에 있다.[38]

　문화도시 전략을 선택해 지역주의에 기댄 도시재생을 도모한 글래스고
가, 심화되는 빈부 격차에도 불구하고 탈산업화 도시이자 런던을 잇는 '제2
급 도시'의 견본으로 선전되는 것이 과연 타당한가?[39] 문화수도 축전 행사
가 시정부와 지역 기업인의 파트너십을 강화한 것은 사실이지만, 더 크게
보면 마거릿 대처 Margaret Thatcher 정부 이래로 영국 정부가 추진하는 신자유
주의 정책의 정당성을 홍보하는 데 이용당했을 뿐이지 않은가?[40] 물론 비록
갈등은 있었지만 골발스 크라운대로 도시재생 사업의 사회적 주택 혼합 정
책에서 보듯 '제3의 길'로서 덕virtous 의 공동체를 실현하는 신도덕정치 기획
이었다는 평가도 있다. 그러나 데이비드 하비는 문화도시 기획의 모순과 불
일치를 강조한다. 그는 유럽문화수도로 표상되는 문화도시 개념이 세수 증
대와 문화 자산 확보를 명분으로 삼지만, 실제로는 지주들과 정치적 동맹자
들이 장소와 희소성을 구실 삼아 평균 이상의 지대 이윤인 '독점 지대'를 획
득하려는 시도에서 비롯되었을 뿐이라고 비판한다.[41] 한편 엘리엇 트레터
Eliot Tretter 는 로컬에서 문화적 자원은 항상 독점이나 독점적 경쟁관계 아래
있으므로, 도시를 이끄는 '성장동맹'이 왜 문화 투자에 초점을 맞추는지를
독점 지대와 도시 경쟁 개념만으로 설명하기는 미흡하다고 반론한다. 아울
러 '노동자 도시' 캠페인을 전개한 집단의 열린 대안 제시, 문화 독점에 맞선
엘스페스 킹Elspeth King 과 같은 유력 인물의 항의가 일방통행 도시 정책을
견제했다고 반론한다.[42] 또한 가장 가치 있는 문화유산은 1990년 이래 문화
주도 재생 전략의 산물과 도시의 본래 구성 조직인 다른 요소들이 서로 얽
힌 것[43]이라는 평가도 있다.

　이는 일상적 활동공간의 장악을 두고 공간·주체·권력의 상호작용에
주목하며 '공간의 문화정치'의 평가를 둘러싸고 벌어진 일련의 논쟁인 셈이
다. 글래스고에서 벌어진 문화도시 전략이 실행된 공간은 어떤 공간성을 표

상하는가? 이 문제는 앙리 르페브르, 특히 데이비드 하비 등이 경제활동 과정에 대해, 자본이 주도하는 공간의 생산과 이에 맞서는 공간 투쟁이 정체성 담론, 노동 문화, 경제활동의 사회적·문화적 결합으로 구성된다는 견지에서 생활세계의 양상을 강조한 것과 직결시켜 이해를 시도할 수 있다.[44] 그것은 소비공간, 공간의 소비, 스펙터클의 정치, 공간의 상징, 심상과 스타일의 정치, 공간의 물리적 재구성, 공간 점거투쟁, 추방, 특히 장소 상품화가 전개되는 사회적 공간이다. 글래스고에서 개최된 2014년 영연방경기대회Britain Commonwealth Games가 도시재생을 명분으로 조르조 아감벤Giorgio Agamben이 말한 '예외상태'를 만들어내며 추방을 전개했다는 평가는 이와 연관된 비판이다. 그리고 다양성, 여분성redundancy, 표준성modularity, 연관성, 효율성의 요소를 준거로 볼 때 골발스 구역 마스터플랜은 회복탄력성resilience이 미흡하다는 비판[45]도 받는다. 과도한 소비주의와 도심지 중심 개발, 도시 주변부 개발 소외는 다양한 가치관의 충돌을 불러일으키고 있다.

유럽문화수도이든 아니든, 문화도시 전략을 모색할 때 한 지역사회의 구성에서 문화는 최소한 정치 및 경제와 삼각 편대로 작동한다.[46] 이들을 결합시켜 사유할 때 무엇을 매개로 평가하는 것이 바람직한가? 신그람시주의자 밥 제숍Bob Jessop은 신자유주의 축적의 조절체계를 이해하려면 국가의 공간규모 조직을 전략관계적 접근Strategical-Relational Approach으로 재구성해 로컬(도시)거버넌스의 장소들을 기호와 담론을 매개 삼아 평가하기를 요청한다(제3장 참조). 이렇게 설명하다 보니 문화도시 전략을 중심에 두고 '문화의 정치경제학'을 성찰하는 것은 얼핏 '트랜스 역사적transhistorical'이라는 인상을 준다. 솔직히 그런 측면이 있다. 그러나 무엇보다도 제도진화적 역동성 안에서 '역사'와 '제도'를 두 축으로 삼고 거기서 작동하는 경제와 정치의 기호·담론을 검토하는 데서 유용성을 착안한다. 그리고 문화가 광범한 사회적 관계에서 정치경제적 의미 생산과 실천을 거치며 자본의 이해관계를 관철시키거나 제도적으로 생산하는 관계에 주목한다.

이와 연관시켜 또 다른 질문도 가능하다. 이미 문화의 공간정치가 일상 공간의 문화정치적 주제들을 광폭으로 추적하는 성과를 내고 있는데, 구태여 정치경제학을 '문화의 정치경제학'으로 설명할 필요가 있을까? 심지어 문화연구가 자본이 주도하는 기호와 의미 생산의 정치경제적 지배구조를 전복하는 실천적 저항과 거리가 먼 말놀음에 불과하다는 비판도 있었다.[47] 문화가 이미 강력한 포괄적 규정력으로 작용하는 후기자본주의 현실에서 문화정치와 정치경제학을 나눌 필요가 있을까? 더구나 두 용어가 장소와 공간에서 기호의 실천, 의미 생산, 의미에 대한 저항과 투쟁에 관심을 기울이는 점을 감안하면 더욱 그렇다. 그러나 자본주의 공간화가 관철된 공간, 앙리 르페브르가 비판적으로 평가한 도시주의urbanism 공간에서, 기술관료정의 '공간정치'가 엄격한 계획과 '상징·정보·놀이'의 억압 과정을 통해 생산과 재생산을 둘러싼 중층적 관계들이 동종성을 부과하는 양상을 이해하려면 공간의 문화정치 개념만으로는 설명할 수 없다(제2장 참조). 문화의 정치경제학에 관심을 두는 이유가 여기에 있다.

그러나 기존의 이른바 정통 정치경제학은 이론적 탐구 대상을 거시적으로 구체화된 요소, 예컨대 토지·화폐·노동 분업·생산·재생산·소비·정보 등의 제도화로 받아들여 설명했다. 반면 '문화의 정치경제학'은 기술공학과 경제를 '이동성'의 공간과 같이 사회적으로 구성되며, 역사적으로 특수하고, 더 폭넓은 사회적 관계와 제도적 총체의 광범한 관계망 가운데서 사회적 전유와 변환으로 구현된 모든 미시적 경제활동의 '혼돈적 총합'으로 이해한다. 이처럼 행위자의 비구조화되고 우연성이 작용하는 복잡한 경제활동의 총체성은 근대성을 표상하는 계산·경영·지도의 대상이 아니다. 도리어 브뤼노 라투르의 '행위자-연결망 이론'처럼 끊임없이 조직되지만 제도적으로는 고정된 경제 체계들에서 행위자actant와 행위소agency가 담론적으로 개입해 번역을 수행하며 그것들을 전체의 한 부분, 곧 리좀rhizome 의 한 부분으로 만들어가는 특수한 테크놀로지 형식의 역할을 조명하기를 요청한다(제7장 참조). 이런 관점은, 분석 무대를 로컬공간으로 옮겨 전 지구적 신자유주의 축적이 실현되는 특수한 맥락의 조직에서 공간규모의 구성요소를 이론적으로 체계화할 계기를 제공한다. 곧, 로컬거버넌스 자체를 광범한 부분들과 전체가 상호 작용하며 다중 공간규모화multi-scaling 기획을 실천하는 정치경제적 거버넌스의 일부로 인식하는 것이다. 그것은 물질화된 공간규모를 지닌 국가의 "수정 가능한 주어진 시공간의 전략적 맥락을 가진 요소들"의 결합부분들conjunctures 을 둘러싸며,[48] "한 사건의 다중 인과성에도 불구하고 여러 사건들이 같은 결과를 가져오는" 헤게모니적 거버넌스 기획에서 공간규모 재조정의 '기호와 담론'이 지닌 구성적 역할에 주목한다.

> 그것은 복잡성 안에서 세계를 실시간으로 모두 파악할 수는 없기 때문에 기호
> 를 사회적 세계의 필수적인 특징, 곧 그것의 토대로 간주한다. 이는 기호가 다
> 른 범주들과 행위 유형 못지않게 경제적 범주들과 경제적 행위에도 구성적이
> 라는 점을 함축한다.[49]

그 이유는, 공간적 경험을 물질성에 근거해 접근하더라도 어떤 공간도 투명하게 지도 그릴 수 없다는 것, 공간의 모호하고 익명적인 대상에 관한 복잡하고 관계적 성질을 항상 염두에 두는 것이 필요한 데 있다. 비록 '공간적 전환'이 장소와 위치, 공간과 권역, 국가 등 물질성에 근거한 다양한 공간규모를 논의의 출발점으로 삼지만, 텍스트와 컨텍스트, 언어행위와 재현, 더 나아가 비재현적 수행성까지 수용하는 '언어적 전환'의 방법론과 관계 맺는 계기도[50] 여기에 있다(제4장 참조). 심지어 일상의 정상성을 거스르고 비틀기까지 하는 역설과 모순의 '존재론적 전환ontological turn'의 공간도 상정

할 수 있으므로 기호와 담론에 관한 논의가 가능하다. 따라서 이렇게 말할 수 있다. '문화의 정치경제학'은 기본적으로 공간적 존재의 역설과 모순, 갈등과 투쟁 같은 실제로 존재하는 경제의 카오스적 조건을 사유하는 태도를 전제로 한다. 곧, 정상성의 이름으로 강요되는 동종화와 합리성에 '저항과 경계 넘기'로 맞서며 발생적 차이를 '통합'하는 공간, 다시 말해 "대비, 대립, 겹쳐놓음, 병렬이 분리와 시공간적 거리를 대체하는",[51] 심지어 계산과 경영, 거버넌스와 활동 지도조차 불가능할 만큼 압도적으로 복잡한 사회 활동에서 중심의 창조·파괴가 연속되는 잠재력의 공간이 생성되는 과정의 사유를 요청한다. 이 기획은 기호와 담론뿐 아니라 관련된 다양한 정보가 공적 공간에서 아날로그 방식을 넘어 디지털 '구조화'하는 양상 역시 다양한 변형·선택·유지·보존의 공진화coevolution가 전개되는 기제라는 조건에서 탐색한다.[52]

그러면 경제적 상상력의 토대를 이루는 기호학적 질서란 무엇인가? 이는 주어진 사회적 장, 제도적 질서, 혹은 더 넓은 사회구성체 안에서 주어진 사회적 실천들의 관계망을 기호학적 계기로서 구성하는 질서이다. 요약하면 세 가지 요소, 곧 '장르', '담론', 또는 '스타일'의 특수한 구성체이다. '장르'는 특수한 기호학적 양상에서 보이는 움직임과 상호작용, 그리고 그러한 상호작용을 규제하는 데 기여하는 방식이다. 예컨대 콜센터call center에 비치된 사례별 대응 요령을 기술한 각본의 경우가 있다. '담론'은 사회적 세계에서 특정 지위를 통해 물질적 세계 못지않게 사회적 실천을 표현한다. '제3의 길' 등이 그것이다. '스타일'은 특정 기호학적 양상에 존재하고 정체성을 나타내는 방식이다. 신新경영, 가족 경영, 전문가 경영, 재벌총수 경영 스타일 등이 그것이다(제3장 참조). 그러나 이들 세 요소는 서로 얽혀 있으며, 상호 자극과 지원을 제공한다. 예컨대 지식기반경제를 선언할 때 이는 새로운 경제 전략과 국가 기획 및 헤게모니적 전망을 둘러싸고 다양한 제도적 질서와 생활세계에 영향을 끼치는 장르·담론·스타일을 구별해 (재)표명하는 기호학적 질서로 볼 수 있다.[53] 도시재생(담론)을 두고도 우리는 로컬거버넌스(장르)와 직접민주주의(스타일)로 구별해 표명할 수 있다. 이와 같은 질서는 기호학에 한정되지 않고, 기호학 범위 바깥의 맥락과도 연관시켜 검토해야 한다.[54] 그렇지 않으면 문화의 정치경제학은 기호학 연역주의 또는 기호학 제국주의의 우산 아래 자족하게 될 것이다. 그럼에도 물질적 변환을 기호학적으로 설명하려는 시도는 멈출 수 없다.

정치경제학을 왜 기호학적 상상력으로 이해하기를 멈출 수 없는가? 다름 아닌 국가나 도시(로컬)에 독특한 위상과 역할을 부여한 것과 관련이 있다. 즉, 국가 그리고 국가의 구성 요소로서 도시는 일관된 자기 동일성, 곧 고정된 형태가 주어진 주체가 아니다. 게다가 거기서 작동하는 어떤 것이 자본의 논리인지에 대한 정확한 평가 기준도 없다. 그러므로 국가와 도시를 단순히 자본주의 재생산 제도로만 보는 것도 과잉 진술이다. 도리어 국가와 도시의 자본축적 전략은 언제든지 실패 가능하다는 점에서 결코 선험적 결정 요소가 아니다. 물리적 힘과 상상력이 작용하는 특수성과 역사성이, 안토니오 그람시가 말한 헤게모니적 관계로서 작용하는 '우연의 산물'일 뿐이다.[55] 이때 물리적 힘과 상상력의 관계는 다음과 같다.

> 물리적 힘은 내용이고 상상력은 형식이다. 물리적 힘은 형식 없이 역사적으로 생각할 수 없고, 상상력은 물리적 힘이 없이는 개인적 환상이 되고 말 것이다.[56]

물질적 변환이 기호학적 성찰을 벗어난 영역에 계속 머물도록 놔두는 것이 바람직하지 않은 이유는 무엇인가? 안정성과 변화에 관한 설명은 객관적 필연성과 주관적 우연성 사이에서 동요할 위험이 커지기 때문이다. 이런 공간규모에서 "기호적 실천과 초기호적 절차들의 귀납적 순환의 선택은 부적절한 변수로 축소되거나 경제적 활동의 구조적 일관성을 지지하는 다양성의 요구(단순한 균일성보다는 억제된 이종성)를 보장하는 경향"이 있다. 사실 다양한 기능적 체계와 삶의 세계 안에서 안정된 기호적 질서, 담론적 선택성, 사회적 지식의 습득, 경로의존성, 권력관계, 패턴을 띤 상보성들, 그리고 물질적 선택성들이 더욱 의미심장해진다. 그리고 횡단을 감행하면서 물질적 상호 의존 또는 공간적이고 상호 시간적인 표명이 더욱 증가하는 양상을 목격할 수 있을 것이다.

예컨대 교육·문화공간에서는 포스트포드주의 지식기반경제의 잠정적이고 불안정한 지식의 기호학이 설정되고 있다. 실용주의 기업 논리가 지식체계 운영에서 주도권을 장악하고, 경쟁 논리를 절대화하며, 생존 논리로서 창조성을 강조한다. 자본주의 일상에 전 지구적 생산과 소비의 가치가 철저히 주입되면서 직업뿐 아니라 교육과 생활 스타일까지 비슷하게 공유하는, 이른바 창조계급이라 불리는 '초국가적 계급'이 만들어진다.[57] 그 와중에 고등교육 공간의 양상도 변화했다. 통상 제3세계에서 제1세계 엘리트 학교로 유학이 증가하는 것이 아니라, 제1세계에서 제3세계로 교육 과정과 캠퍼스 공간을 직접 수출하는 양상이 증가한다.[58] 물론 그 자체는 20세기 전반 기독교의 선교활동에서 많이 목격했기에 아주 새로운 현상은 아니지만 내포한 의미가 달라졌다. 전 지구적 생산관계망을 주도하는 기업의 직접 활동이나 영향력 아래에서 전개될 뿐 아니라, 그 견본 자체가 기업 경영의 논리를 적극 추종하는 것을 목격한다. 그 결과, 시장화로 표상되는 교육의 경영 테크놀로지가 강조되면서 기업이 전략적 부분을 담당하고 교육기구들, 곧 교육제도, 교육 컨설턴트, 교육 관련 도서의 출판사가 그런 활동을 직접 지휘한다는 점에서 차이가 있다.[59] 정보사회, 창의산업, 지적재산권 등의 이름으로 자본주의를 정당화하는 지식 공유성의 맥락에서 문화적 '차이를 경영'

하는 교육제도가 확산되는 현상이 어떤 결과를 불러올까?[60] 이는 문화의 정치경제학이 탐색할 핵심 주제 중 하나이다.

문화도시와 정치경제학의 기호학적 상상력

'문화의 정치경제학'은 정치경제학의 문화적 전환을 시도하는 '경제적 상상력'을 핵심 개념으로 삼고, 그것의 담론적·구조적·기술공학적·행위자적 요소를 탐색한다. 그리고는 전 지구화 시대에 국가의 역할을 설명하면서 상상력 개념을 받아들여, 처음에 관심을 기울인 조절이론적 접근(경제적 축적 전략에 주목하는)을 넘어 과감하게 진군한다. 사회과학의 '문화적 전환'을 수용해 '경제적 상상력'을 핵심 개념으로 삼는 이 문화의 정치경제학의 목표는 무엇인가? 그것은 '관념'이 아니라 '의미'의 '상호 주체적 이해와 생산'을 목표로 삼고 언어·수사·담론·서사·기호현상을 탐구해 경제활동과 경제 체계를 '일상의 경제적 상상력'으로 설명하는 데 있다.

일상의 경제적 상상력이란 무엇을 말하는가? 이는 다양한 시공간의 맥락과 지평을 가진 장site과 공간규모에서 기호현상을 신푸코주의 관점으로 읽는 것이다. 곧, 실제로 존재하는 경제의 구조와 체계의 핵심 양상 자체보다는 경제에서 소홀히 다루어져 미처, 또는 아예 말해지지 않는 것들, 요컨대 모순·난관·역설·초경제적인 것, 그런 것들의 폭과 리듬에 주목한다. 그러한 상상력들이 개별 행위자 차원에서, 또는 부모로부터 타고난 의식, 개인 경험과 습득한 지식, 집단의 차원에서 의사소통하며 '생활 경험'의 공유가 가능한 다양한 사회 세력들, 곧 소집단·관계망·사회운동·조직의 이해관계 등 인지적·정서적 활동과 연관된다. 경쟁과 조절, 그것이 표명하는 전략·기획, 전망하는 경제활동의 주체와 장, 예컨대 정치적 당파, 싱크탱크, 세계은행, IMF 등의 국제경제기구, 기업 결사 조직, 노동조합, 사회운동, 엘리트와 대중을 동원하는 대중매체의 활동에서 말해지지 않는 것들이 국가와 로컬 차원에서 연동해 작용하는 양상이 관심의 대상이다. 심지어 위기crisis 서사, 한마디로 마르크스주의자의 오랜 '로망'이자 실제로 반복적으로 출현했고, 불안정하며 상시화된 위기적 경향의 틀frame과, 이처럼 여러 틀을 촉진하고 재생산하는 사회적·물질적 배경과 토대를 탐색한다.[61] 아울러 위기의 진단과 관리를 둘러싼 온갖 이론·담론을 동원한 (아전인수적) 해명과 논쟁의 중간 층위meso 및 거시적 접근 또한 기호학적인 창조적 이해의 대상이다. 경제적 상상력은 기존의 체계론적 관점에서는 개연성이 없어 보이는 것조차 제도적·조직적 실천을 통해 물질적으로 재생산되는 복합적 양상을 나타내는 일상의 담론이다. 그러나 개인의 접근과 거시경제체제적 접근을 가리지 않고 설명·해석·구성하려는 시도이다.[62] '경제적 상상력'은 시공간의 맥락에서 깨어지기 쉽고, 유연하며 복잡한 사회질서의 기호학적·물질적 자원의 실천을 구조적·담론적·기술공학적·행위자적으로 설명하거나 구성하며, 제도와 조직적 실천을 통해 물질적으로 재생산한다.

필자는 도시의 사회경제적 위기와 도시재생을 통한 위기 극복 담론과 연관된 정치경제학의 기호학적 상상력을 하나의 영토로 잘 보여주는 사례로서 무엇보다 빌바오 구겐하임 미술관을 꼽는다. 현재 전 세계에서 문화도시 전략을 채택한 도시들 가운데 구겐하임 미술관만큼 문화도시재생의 강력한 기호로 작용한 사례는 많지 않다고 할 정도이다.[63] 그런 점에서 전 세계적으로 유행하는 도시 브랜드 전략의 산물이며, '문화의 정치경제학'이 관심을 기울이기에 적합한 사례이다. 문화도시를 비롯해 '생태도시', '기업도시', '창의도시' 등의 브랜드 도시 담론과 연결되는 도시고급화나, 고급주택화를 비롯한 도시재생·재구성을 도모하는 '전략적 도시주의'에 입각한 공간과 장소로서 대표적인 탐색 대상이다.[64] 곧, 담론성과 물질성이 변증법적으로 재생산되는 과정을 주목하는 데 적합하다. 그러나 경제적 상상력은 늘 끊임없이 경쟁하므로 그들을 물질적으로 제도화하려는 경제적 노력과, 그들 각자의 경제적·초경제적 선행 조건을 명세화하려는 작업은 불가피한 불완전성을 내포한다. 그런 탓에 제각각 상상된 경제는 항상 부분적으로만 구성된다. 어떤 배치, 또는 더 폭넓은 경제 질서를 확인·지배·관리·안정화하려는 모든 시도에는 늘 틈새의, 잔여적이고 주변적인, 부적절하며 불분명한 모순적 요소들이 잠복해 있기 때문이다.[65] 그럼에도 상대적으로 성공적인 경제적 상상력은 물질세계에서 그 자신의 독자적인 수행적·구성적 힘을 가진다. 이때 경제적 상상력은 경제적 관계의 총체성으로 일부의 경제활동을 확인하고, 특권을 부여하며, 안정화를 추구하고, 관찰·계산·거버넌스의 대상으로 변환시킨다. 대표적 사례로서 유럽문화수도 행사 집행 과정을 보면, 근본적으로 갈등하는 다양한 상상력이 각축하는 복합적 공간성의 영역에서 '국가'는 '담론적 절차들'로 연결망의 행위자 역할을 하면서 예술의 가치를 평가하고 관리·통제하는 경우도 나타난다.[66]

'구겐하임 효과'로 표상되는 기호는 빌바오를 도시재생의 긍정적 견본으로 삼는 견해를 일반 상식의 수준으로 확산시킨 동시에, 끊임없는 재평가도 불러 일으켰다. 긍정적 평가로는 구겐하임 미술관의 건축이 잠재적으로 사회경제적·물리적 고립과 높은 범죄율·실업률로 말미암아 '젠트리피케이션gentrification' 현상으로 귀결될 처지에 놓였던 1만 5000명 인구의 이웃 구역 라 비에하La Vieja까지도 사업·고용 기회의 창출을 통해 재생시키는 효과를 가져왔고, 투자를 귀환시키며, 도시 심상 만들기로 관광객을 불러 모은 창의도시라는 것이다. 물론 구겐하임 미술관이 제도와 인적 자원 및 정책에서 전 지구적 지위에 걸맞은 로컬과 지역적 연결망 문제를 고심하고, 도시의 예술 풍경 또는 예술가들을 지원하는 활동을 요청했는지에 대해서는 반성적 성찰도 제기된다. 그 배경으로 구겐하임 미술관이 외국 관광객에게는 호소력 있는 건축과 유럽의 추상주의, 미국의 추상표현주의, 큐비즘, 일본의 망가manga풍 냄새까지 풀풀 나는 현대미술 중심의 전시공간이지만, 막상 지역민의 예술 향유 욕구와 지역 예술 발전에는 기여를 소홀히 했다는 자성과 맞물린다.[67] 구겐하임 미술관은 누가 뭐라 해도 미국발 프랜차이즈 문화기획이라는 비판도 가능하다는 점에서 로컬리티 내부에 갈등 요소를 포함한다.

본래 건축물은 부동산으로서 최종 가치를 지니는 투기적인 것이며, 도시의 브랜드를 계속 재생산하지는 않는다. 그럼에도 '구겐하임 효과'라는 용어는 고도로 심리적인 것이어서 스페인의 '대서양 축 수도'를 지향하는 빌바오시민과 바스크인들에게 문화적 자존심을 흠뻑 제공한 것도 사실이다. 게다가 미술관을 바스크의 저력인 몬드라곤 협동조합 소속 건축회사가 지었다는 점은 바스크인들에게 또 다른 자부심을 제공했다. 무엇보다 공공성의 실현 문제에서 사유지이자 공장 부지였던 아반도이바라Abandoibarra 지구가 컨벤션센터와 음악당까지 들어서는 문화 지구이자 공유지로 전환되어 공유재commons로 변신하는 계기로 작용한 것은 수변공간 도시재생에서 매우 긍정적인 사례로 평가받아야 한다. 현재 빌바오의 문화도시 전략은 구겐하임 미술관이라는 기호에 대한 과도한 의존을 넘어서야 하는 단계에 도달했다. 은행, 보험, 하이테크, 전문 상업에서 고급 서비스를 제공해 도시의 이미지와 의사소통을 변화시키고, 전략 목표를 분명히 설정하도록 요청받고 있다.[68] 이는 빌바오의 문화도시 전략에는 긍정적 측면 못지않게 깊은 그늘이 있다는 것을 말한다. 예컨대 관광객이 안토니 가우디Antoni Gaudi의 성가족 성당, 즉 사그라다 파밀리아Sagrada Famillia로 대표되는 바르셀로나를 향해 이동하는 양상은 도시재생 견본에 대한 관심이 변화하는 모습도 보여준다.[69] 곧, 미국적인 탈근대주의 현대건축에서, 유럽 또는 스페인을 표상하는 건축이나 람블라La Ramblas 대로 옆 고딕 지구 라발El Raval 거리처럼 문화유산을 유지한 장소로 관심이 변화하는 양상은 문화도시 전략에서 기호의 상상력이 내포한 유동성과 영토의 불안정성을 잘 보여준다. 또한 관광업 중심 도시로 바뀌자 계절별로 고용 실태가 불안정해 고용 안정 측면에서 많은 한계를 내포한다.[70] 구겐하임 미술관은 지금까지 700만 방문객을 맞았고(60%가 외국인), 주로 교통, 호텔, 레스토랑, 바, 카페, 소매점에서 4500개의 직업을 창출하며 2억 유로의 세수를 확보했다고 알려진다. 그러나 빌바오는 2000년 이후 도시의 극빈자가 33% 증가했다. 이는 도시 가구의 11.5%에 해당하며, 바스크 지방 평균의 배가 된다. 아울러 자주 지적받는 요소로, 문화도시 전략의 집행 과정에서 로컬민주주의와 공적 참여 문제와 관련해 공적 토론과 주민 참여가 결핍되었다는 특징이 있다. 이는 빌바오가 문화 동력을 자체적으로 생성하지 못하고 외부에서 끌어왔다는 한계에서 비롯한 측면이 있다. 최근 도시의 장소 만들기에서 지역에 기반을 둔 기획과 실행과 관련해 숙의민주주의의 필요성을 강조하는[71] 관점은 도시재생 사업을 재평가한 산물이다.

이쯤에서 이제 이렇게 물을 수 있다. 문화의 정치경제학은 단순히 경제와 정치에 문화를 덧붙이거나, 문화이론을 정책 분석에 적용한 존재론적 문화적 전환에 불과하다고 할 문화주의의 위험에 노출된 것이 아닌가? 그보다는 공간성으로서의 국가와 구체적 로컬거버넌스 공간에서 객관적 물질성에 근거한 모든 사회적 관계를 일상의 경제적 상상력으로 이해하고, 그 기호학적·담론적 본성의 독해를 감히 추천한 것으로 평가가 가능하다.[72] 그러나 이 말이 사회적 관계에 관한 담론적 설명을 모두 물질적으로 구성하려 한다는 뜻은 아니다. 그 시도의 성공 여부는, 사회적 공간에서 현실을 객관적으로 구성하는 물질들의 속성에 부응하는 설명 방식의 생성 방법에 의존한다. 이는 '담론성과 물질성의 변증법'과 정치경제학의 상호 삼투적 '재생산'에 관한 충분한 고찰을 중요시한다. 예컨대 문화를 비계급적 정체성인 젠더, 인종, 종족, 민족 같은 정체성과 차이, 의미망, 물질, 합리성의 한계, 윤리적인 것 등으로 기호화하고, 이 현상을 물질세계의 변증법적 상호작용과 연관시켜 재개념화를 모색한다.[73]

그런 재개념화의 한 가지 사례로, 요즘 문화의 정치경제학에서 부상 중인 담론적 기호이자 '창의경제' 또는 '창의산업'이라는 말로 논의되어온 지식기반경제 개념을 들 수 있다. 창의경제는 기존의 경계선, 곧 국가, 직업, 산업, 조직, 학문 분야, 사회문화적 집단화, 방법론, 인식론과 합리성을 넘어 문화에 관한 공적 추구를 증진하는 사회적 창조성의 문제로 확장되었다.[74] 창의경제를 실현하는 창의도시 의제가 강조되면서 2009년 유네스코 음악창의도시로 선정되어 스코틀랜드 음악 수도를 자처하는 글래스고와, 현대미술 관련 산업을 적극 지원하는 빌바오에서는 창조성이 공통 목표로 설정되고 있다.[75] 이는 예술과 문화적 상상력을 경제적 상상력으로 전환한 산물이며, 그 토대는 결국 사회정치적 상상력의 문제와 연관성이 있다. 광고, 건축, 예술, 컴퓨터 · 비디오 게임, 디자인, 패션 디자인, 영화, 비디오, 음악, 출판, 소프트웨어, 텔레비전, 라디오 등 상상력과 영감을 강조하는 창의경제란 일반적으로 재능 있는 예술가나 예술가 집단의 장인적 노동에서 비롯되는 문화적 산물인 경우가 대부분이다. 그러나 창의성의 미학이 인정된 개별적 또는 집단적 문화 작업은 실제로는 숱한 실패 가운데 드문 성공의 사례로서 엘리트주의적 노동의 산물인 경우가 태반이다. 그 결과, 창조성의 특수성을 곧 상실해 일상적 삶을 위한 기업 활동의 대상이 되기 어렵거나, 불안정 고용에 불평등과 착취가 자행되는 열악한 노동조건을 강요받을 가능성이 커진다.[76] 물론 창의산업 개념은 진화론적 전망에서 보면 여러 요소가 다양한 경로의존성으로 작용하므로 일률적으로 정리해 말하기 어려운 것도 사실이다. 그러나 먼저 개념화를 시도한 영국의 사례에서 보듯, 실제로 지식기반경제에서 창의성의 관념과 가치는 신자유주의적 사회-시장의 무한 경쟁 패러다임을 정치적으로 표현한 경우가 일반적[77]이라서, 이것이 로컬 주민들의 문화적 상상력과 충돌할 경우 재조정해야 하는 문제와 직면한다.

지식기반경제는, 좀 더 구체적으로 거론하면 스마트 기계smart machine, 전문가 시스템, 지식 이전, 창의산업, 지적재산권IPRs, 평생교육, 스마트 무기smart weapon, 정보사회, 사이버 커뮤니티 등이 중요 주제이다.[78] 이러한 요소가 특정 로컬(도시)공간에서 기호학적으로 전위, 경쟁, 재정치화, 의미의 전복과 의미의 복구를 위한 투쟁으로서 경쟁적 생산과 소비 대상이 되는 양상을 정치경제적으로 성찰하는 것이 지식기반경제론의 목표이기도 하다. 이는 기본적으로 신자유주의적이지만, 신코포라티즘neo-coporatism, 신국가주의, 신공동체주의 등의 모습으로도 나타난 결과, 문화적 상상력의 시야를 다양하게 확장시킨다. 예컨대 앞에서 말한 요소들뿐 아니라 도시의 가로 · 공원 · 도서관 · 박물관 · 미술관 · 음악당 · 체육관이나 스포츠 집단시설과 같이 지식에 기반을 두고 일상의 문화를 표현하는 공적 공간의 기호학적 의미가 다중 공간규모에서 중층적으로 표상되는 작업을 '일상적인 경제적 상상력'에 입각해 성찰할 수 있다.[79] 또한 지속 가능한 발전을 목표로 삼는 도시재생에서도 도시 체계를 기술공학과 결합하는 스마트시티smart city 전략을 선택할 수 있다. 이때 각 공간에서 생명지역주의라 부를 수 있는 환경에 입각한 설계에 따라 하이테크high-tech는 물론 로테크low-tech까지도 적용하는 선택이 작용한다.[80]

문 화 연 구 의 공 간 적 전 환

이 연구는 20세기 말부터 영국을 비롯한 서구에서 도시재생 사업의 일환으로 문화도시 전략을 수행한 사례에 착안해, 이를 설명할 이론 도구로서 문화의 정치경제학을 검토했다. 곧, 문화를 내세운 경제활동의 일상공간과 장소의 내부 동학·모순을 탐색하고, 비판적 정치경제학과 비판적 기호학의 분석을 결합해 그 기획의 진행을 평가했다. 즉, 기존의 정치경제학이 공간의 기호와 일상의 담론에 주목하며 미시적 문화의 영역으로 섬세화되는 양상들을 검토한 것이다. 그 배경에는 문화 그 자체가 점차 생산과 소비, 노동과 놀이까지 포섭해 자율적 수용과 전유를 통하여 창조력을 재생산하는 '신개척지'로 평가받고, 문화는 곧 정치라는 간결한 선언을 통해 지적 '전위성'을 넘어 '일반성'까지도 인정받는 '문화적 전환'이 작용한다. '문화적 전환'은 학제 간 경계를 넘어 새로운 정치인식의 지형도까지 제출할 것이라는 기대감마저 불러일으켰고, '공간적 전환'과 맞물려 담론의 문화정치를 넘어 공간을 성찰하는 '문화의 공간정치' 영역을 열었다. 심지어 사회학과 경제학의 문화적 전환까지 자극해, 물질적 현실을 기호적 또는 초기호적인 것과 연관시켜 경제적 상상력으로 이해를 도모하는 '문화의 정체경제학' 전망을 수립하는 데도 기여했다.

그러나 '문화의 정치경제학' 개념을 비판하는 목소리도 적지 않다. 경제체계를 일상 세계로 연역하는 논리 구성 작업의 한계를 지적하는 비판은 일찍이 제기되었다. 비판적 실재론의 존재론적 성찰이 실제로는 상대주의적 인식론의 다른 말에 불과하고, '전략관계적 접근' 방법은 포드주의-케인스주의 축적·조절의 메커니즘을 변화시키는 것이 아니라, 도리어 심층 수준에서 고착화하는 국가중심주의라는 의심도 제기되었다. 지식기반경제의 개념 비판조차 여전히 조절이론에 바탕을 둔 마르크스주의적 자본축적론(경제주의)이 아니던가?[81] 특히 문화의 정치경제학이 정치경제학 분야에서 전개되는 사건과 과정, 경향과 구조를 기호학으로 설명하는 것은, 경제와 정치의 물질성을 기호의 차원으로 축소시키는 기호의 제국에서 경제와 정치의 관계를 분절시키고 문화주의로 빠져들지는 않을까?

글래스고와 빌바오를 사례로 든 문화도시 전략은 정치경제학이 기존의 자본의 축적과 조절에 관한 보편적·실증적·연역적 이해 방식을 넘어 '문화적 전환'을 감행한 문화의 정치경제학을 잘 표상한다. 문화의 정치경제학은 여전히 구성 중에 있는 이론이고, 문화도시 전략도 현재진행형이다. 문화도시 전략은 국가와 도시 또는 로컬이 합리성을 전략적으로 계산하는 양식과, 그것을 제도로서 실천하는 기능적·전문직업적 기술들과 이해관계의 연관성에 대해 해명을 요청한다. 이것은 국가가 다중 공간규모의 조직을 생산하면서 공간을 물질적으로 조절하는 양식에 대해 제도(논리)·역사(사실)에 기반을 두는 접근과, 비국가적 행위자가 선택하는 조절, 즉 여기서는 도시 정책 입안자들이 문화(기호)를 정치 및 경제와 분리시키지 않고 기호학적으로 표상하는 활동의 의미를 탐색하기를 요청한다. 문화도시 전략에서 문화의 정치경제학 기획이 기호와 담론에만 관심을 쏟지는 않는다. 기호와 구조화가 서로 결합해 표명하는 권력관계, 경로의존성, 구조적으로 새겨진 선택성을 다양한 변형·선택·유지보존의 진화적 메커니즘과 함께 탐색했다. 문화도시 전략에서 문화를 인간 중심으로만 보는 한계를 넘어 물질 공간 자체의 존재론적 현실에 관심을 기울인 것은 도시공간의 물질성에서 다양한 형식, 곧 예술과 건축 형식으로 출현한 기호학적 양상의 문화적 의미를 탐색할 계기를 제공한다. 그 결과, 새로 생성되는 재현과 물질의 통합적 영향력으로 시야를 확장해 담론성·물질성의 결합과 물질성을 거쳐 표명되는 문화적 재현의 양상을 성찰하는 신물질론에 대한 관심을 촉구한다.

제 2 장

공업도시의 기업주의 도시 정책

맨체스터의 도시재생

기 업 주 의 도 시 정 책

2016년 6월 23일 국민투표에서 영국의 유럽연합 탈퇴를 결정한 브렉시트Brexit를 목격하며 신자유주의 정책의 선도국가 영국에서 벌어진 사태에 대한 관심이 증폭되었다. 찬성률이 높은 지역이 주로 과거의 주요 공업도시들인 데서 잉글랜드 북서부 세계 최초의 공업도시이자 축구팀 '맨유(맨체스터 유나이티드Manchester United)'로 잘 알려진 맨체스터가 직면한 현실에 대한 궁금증이 깊어진다.[1] 20세기 후반 스코틀랜드의 글래스고를 비롯해, 특히 잉글랜드의 8개 핵심 공업도시로서 인구 50만 전후의 맨체스터, 뉴캐슬어폰타인(뉴캐슬), 브리스틀, 버밍엄, 리버풀, 노팅엄, 리즈, 셰필드 등은 인구 감소와 도시 축소 위기에 직면했고, 도시 재구성의 일환으로 도시재생 정책의 집행이 불가피해졌다. 영국에서 도시 재구성 전략의 핵심 정책인 도시재생은 런던이 선도했으며, 관련 담론 역시 주도했다.[2] 맨체스터에 주목하는 것은 도시 축소 위기에 직면한 대표적 공업도시로서 기업주의 도시 이념에 입각한 다양한 도시 재구성 정책을 선도적으로 추진[3]했기 때문이다.

기업주의 도시(기업도시주의)[4]란 무엇을 말하는가? 이는 특정 도시가 지방행정에서 자유무역과 기업 활동의 규제 완화 혹은 탈규제를 강조하며 국가의 역할을 상대적으로 축소시키고, 고용과 성장에 최고의 정책 목표를 두는 도시 협치 양식이다.[5] 때로는 '도시성장동맹'이 주도하는 도시재생, 장소마케팅, 문화도시 전략 등으로도 상징된다. 기업주의 도시는 전 세계적 관심과 호응을 얻은 도시 정책이며, 한국에서도 '기업하기 좋은 도시'나 '창의도시' 등의 이름으로 지방행정과 도시 정책 집행의 필수 지침이 되었다. 왜 하필 '기업주의 도시'인가? 기업 활동 중심의 사고만을 모든 도시 거버넌스 평가의 척도로 삼기 때문이다. 그 배경에는 신자유주의 전 지구화에 발맞추어 사기업 경영자는 물론 공기업 경영자와 도시정부, 심지어 비정부기구 NGO 엘리트조차 오로지 투자와 성장을 주요 의제로 삼고, 주민 복지와 삶의 질 향상 또는 기술공학적 발명보다는 기술 혁신과 경제성장, 지역재개발이나 도시디자인에 전력투구하는 기업 중심 도시주의가 자리 잡고 있다. 영국 최초의 산업혁명 도시이자 오랫동안 노동당 지지 성향을 보인 맨체스터가 신자유주의를 적극 구현하는 기업주의 도시로 변신한 배경은 무엇인가? 물론 맨체스터가 과연 철저한 기업주의 도시인지에 의문도 없지 않다. 도시 정책이 신자유주의와 지속가능 발전주의가 뒤섞여 파편화되고 혼종적이며, 기업주의가 철저히 침투하지는 못하고 발전주의적인 지방자치 복지주의가 유지된다는 평가도 있다.[6]

영국에서 글래스고가 문화도시 전략을 채택한 견본이라면, 맨체스터는 2006년 노동당 토니 블레어Tony Blair 총리의 찬사까지 한 몸에 받은 기업주의 도시의 아이콘이다. 전성기에 1931년 76만 6400명이던 인구가 2001년

39만 2800명으로 대폭 감소한 맨체스터는 인구와 경제적 영향력에서 쇠퇴 일로를 걸었다. 맨체스터는 셰필드나 리즈와 마찬가지로 복지 관리주의 managerialism 또는 켄 리빙스턴 Ken Livingstone이 1981~1986년에 광역런던 시정부를 구성한 광역런던 시의회 Greater London Council 처럼 지방자치 사회주의 municipal socialism 도시였다.[7] 1982년 선거에서 런던은 물론 버밍엄, 맨체스터, 리버풀, 리즈, 셰필드, 뉴캐슬 같은 공업도시에서 노동당이 압승하며 이런 분위기가 고조되었다. 켄 리빙스턴은 좌파정치 혁신을 기치로 내걸며 '국가의 실패'를 부각시킨 마거릿 대처의 신우파 정부가 내세운 시장 만능 신자유주의 총공세에 맞섰다.[8] 그러나 1987년 맨체스터 도시정부 Town Hall 를 장악한 노동당 신도시좌파 지도자 그레이엄 스트링어 Graham Stringer(1984~1997년 재임)가 중앙정부 정책에 호응을 선언하며 신자유주의에 입각한 기업주의 도시 전략을 채택하는 일대 '전향'이 벌어졌다. 그 후 맨체스터 도시정부는 도시재생과 일자리 창출에서 일정한 성공을 거두어 실업률이 대폭 감소했다. 2006년에는 인구 45만 2000명을 기록하며 잉글랜드와 웨일스에서 세 번째로 빠른 인구 증가 도시로 공인되었고, 기업주의 도시 전략의 성공 담론에서 핵심 주제로 부각되었다. 그러나 부정적 평가도 제기된다. 즉, 여전히 과거 도시 축소 시기의 그늘에 머물러 있고, 도시 경쟁의 산물인 개발과 도시재생 사업의 성과는 제한적이며, 노동자들을 타자화하고 약자나 소수자를 사회적 공간에서 배제시킨 대표적 사례[9]라는 지적이다. 이 장은 공업도시 도시재생의 핵심 사례로 맨체스터 지방정부가 지방자치 사회주의에서 기업주의 도시 정책으로 전환하며 생산한 도시재생 공간에서, 비판적 도시 이론에 입각해 공간생산[10]의 양상을 둘러싼 이해의 폭을 확장하는 데 목표가 있다.

기업주의 도시 정책 선도 기획

1987년 맨체스터 시의회Manchester City Council의 수장 스트링어가 부시장 하워드 번스타인Howard Bernstein과 손잡고 선언한 기업주의 도시 정책은 1984년 시의회를 장악한 노동당 신도시좌파가 주도한 지방자치 사회주의 정책의 연속선상에서 발생했다.[11] 이는 후기 산업도시를 표방하며, 공사 파트너십public-private partnership으로 구성된 '성장동맹'이 주도하는 도시의 성장과 발전boosterism에 매진할 도시 브랜드 성취를 목표로 삼았다. '맨체스터 최고Manchester First'를 필두로 1991년 '도전 도시City Challenge', 1994년 '도시 자존심City Pride', 심지어 '영상매체 도시City of Drama' 같은 자못 야심찬 구호로 도시 경쟁을 벌이는 '경쟁적 지역주의'를 채택했다. 이는 후기 산업사회와 새로운 서비스 경제의 불일치 상태 해소를 목표 삼아 도시의 '장소 감각'을 회복시켜, 도시 전반에 퍼져 있는 의기소침한 심리적 조건을 개선하려는 장소의 문화정치를 목표로 설정한 것이었다. 또한 로컬의 기업 파트너들과 투자신탁 자본관리자들Stakeholders에게 시민의 문화적 동화 가능성에 대한 구체적 전망을 제공해, 기존의 도시운영 방식을 넘어서는 도시 브랜드의 성취를 목표로 삼았다.[12] '성장제일주의'를 도시발전 전략으로 채택해 도시재개발과 장소 마케팅 계획을 추진했다. 도심 공동화 현상의 방지, 스포츠의 자본화, 소비자 중심 문화 창조, 하이테크 기술 발전의 촉진, 공항의 확장과 역할을 강조했지만, 무엇보다 가장 돋보인 핵심 사업은 2000년 하계올림픽과 2002년 영연방경기대회 유치전에 돌입한 것이었다. 스트링어의 다음과 같은 말로 자신의 입장을 분명하게 선언했다.

도시는 단거리 육상선수와 같아서 결코 정지할 수 없다. 그것들은 진보하게 만들거나, 아니면 쇠퇴해야 한다. 중공업의 위대한 날은 다시 오지 않을 것이다. 우리는 나아갈 새로운 방식을 찾아야 한다. 올림픽 게임 유치가 바로 그런 방식이다. 그것은 맨체스터를 변화시킬 수 있는 계산된 움직임이다.[13]

이는 스포츠에 열광하는 맨체스터 시민의 성향을 정확히 간파한 선택이었다. 시민 4분의 3이 동의한다는 명분 아래 시정부는 복지 재원을 올림픽 대비용 건설 투자와 도시 성장에 배치하고, 복지 서비스와 일자리 '지키기'를 일자리 '만들기Making it Happen'로 바꾸었다. 그 결과, "직업 먼저, 복지는 나중에"라는 구호가 민주주의와 분배 문제를 대체했다.[14] 특히 "꿈을 향해 달리자Driving the Dream"를 구호로 내세운 올림픽 유치 운동은 비록 1993년 국제올림픽위원회IOC 투표에서 실패했지만, 도시 엘리트들의 합의 도출에 공헌했다.[15] 스트링어는 도시경영 대권을 로컬 정치와 기업 엘리트의 협력을 최우선시하는 새로운 경제 계획과 통합시켰다.

'장소 마케팅'의 성격을 띤 올림픽 게임은 도시재생 게임으로 전화되었다. 그는 올림픽을 계기로 국내외 자본을 도입해 대규모 도시재개발을 이끈 볼티모어, 특히 바르셀로나에 공감했다. 본래 맨체스터에는 공항 확장, 체스터필드 지역개발, 지하철 건설이 계획되고 있었다. 여기에 덧붙여 '밀레니엄 스타디움'이나 '브리지워터 콘서트홀' 건축 같은 선도flagship 기획을 통해 소수의 구체적인 목표를 달성하는 데 주력했다. 새로운 공적 공간과 기념비적 건물을 세우고 도시 심상을 쇄신하는 디자인 재구성을 통해 영국 제2 도시이자 북부 지역의 수도, 유럽의 주요 도시이자 지역 수도로서 투자와 성장의 중심 경제도시라는 평판을 받겠다는 목표를 세웠다. 거기에 '도시 맨체스터' 또는 '맨체스터 사람'이라는 도시민 정체성을 압도적으로 강조해, 누구도 섣불리 도전하거나 이견 제기가 불가능한 강력한 힘을 발휘하는 것을 시민 공통의 추상적 목표로까지 부각시켰다. 귄다프 윌리엄스Gwyndaf Williams는 이를 두고 심지어 지방자치 사회주의에서 쇼비니즘으로의 전환이

라고까지 평가했다.[16]

1997년에 재집권한 맨체스터 노동당은 내부 투자자 유치를 위한 기구인 'MIDAS'를 설립하고, 주택투자 계획, 교통 운송 계획, 경제발전 전략 등을 실천에 옮겼다. 가장 부각시킨 사업은 도심과 인접한 범죄·마약 소굴로 악명 높은 '이스트 맨체스터'에 대한 민간 기업 주도의 공영개발이다. 본래 '중앙 맨체스터 개발청Central Manchester Development Corporation'(1988~1996)을 비롯한 지역 정치인과 중앙정부는 도심 및 이웃 방치 지역brownfield[17]인 '솔퍼드 부두Salford Quays'와 '트래퍼드 파크Trafford Park'의 재개발을 계획했다. 올림픽 유치전 당시 도시 주변의 재개발을 시도했지만, '도전 도시' 프로그램은 도심 남쪽의 흄Hulme 구를 위한 7년 계획이었을 뿐 '이스트 맨체스터' 지역 대부분은 배제된 '주변부 공간'에 불과했다. 1995년 11월, 2002년 영연방경기 대회 개최가 결정되면서 로컬과 국가의 정치인과 정책 입안자들이 '이스트 맨체스터'에 각별히 주목했다. 도시정부는 '도시 프로그램'과 '방치된 토지 보조금Derelict Land Grant'이 '이스트 맨체스터 발기인 재단EMI'을 세워, 기존의 '이스트 맨체스터 도시계획 프레임'(1983)을 토대로 도시 전반의 "품격과 가치 상승을 도모"하는 재생 사업을 시작했다. 이미 1989년 1월에 발표한 '이스트 맨체스터 행동 프로그램'은 네 가지 주요 범주, 곧 산업/기업 기회, 거주의 기회, 상품 판매/여가 기회, 공적 공간 개방에 근거한 개발을 제안한 바 있다.[18] 1993년 올림픽 유치전에 들어서며 '이스트 맨체스터'에서 경제·기업 발전 촉진, 환경과 하부구조 개선, 주택공급 다양성 촉진, 훈련되고 자율적인 로컬 커뮤니티의 발전, 조직 경영과 구조의 제공이 강조되었고, 중앙정부로부터 3500만 파운드를 지원받은 사례가 있다. 결정적 계기는 영연방경기대회를 준비하면서 '스포츠 도시'를 선언한 맨체스터 도시정부가 이 지역을 '교육·건강·스포츠 행동 지대'로 선언하고 도시재생 사업에 돌입한 사건이다.

2000년 1월에 도시정부와 '잉글리시 파트너십' 그리고 '북서지역개발청 Northwest Development Agency' 등이 파트너십을 구성한 '뉴 이스트 맨체스터 도시재생회사NEM'가 설립되고, 그 밖에 '공동체를 위한 뉴딜NDC', '주택시장소생 개척자HRMP' 등이 참여했다. 리버풀과 셰필드에도 비슷한 성격의 도시재생회사가 있었지만, 이 회사는 이스트 맨체스터에서 작업 활동을 하는 다양한 기관·기업의 예산과 송금을 감독한다는 점이 독특했다. 상위 개발 지역과 하위 개발 지역으로 나누어 진행된 '이스트 맨체스터' 재개발은 두 가지 의미가 있다. 하나는 기업도시주의에 입각한 로컬 공동체 개발 전략의 견본인 점, 다른 하나는 정치적 전략으로서 '뉴 이스트 맨체스터'라는 명칭을 부여한 점이다. 즉, 낡고 실패한 '이스트 맨체스터'를 재개발해 도시경제의 불균등 발전을 교정했다는 의미의 전략이 아니라, 도리어 국가가 도시를 '성장기계growth machine'로 규정하고, 주변부에 지나지 않았던 '이스트 맨체스터'를 경제성장에 공헌하는 지역으로 변신시켰다고 홍보하는 수사학적 전략의 표현이었다.[19] 기본적으로 이는 도시정부에 다양한 '권리와 책임'을 부과하면서 로컬 공동체가 신자유주의 도시들과의 경쟁에서 경쟁력을 강화했다는 점을 안팎에 과시하는 전략이었다. 2002년 7월에 영연방경기대회 개막식이 '밀레니엄 스타디움'에서 거행되었고, 이곳은 2003년 9월부터 '맨체스터시 축구클럽' 홈구장으로 사용되었다. 이스트 맨체스터 재개발 구역 역시 여러 장소가 경기장으로 이용되었다. '이스트 맨체스터' 재개발은 도시정부 차원에서뿐 아니라 국가적으로도 의미가 큰 사건으로 강조되었다. 그 결과, 새로운 경제발전 담론은 '이스트 맨체스터'를 비롯한 다양한 재개발이 자발적·성공적으로 진행되어 공적 삶을 활성화시켰다는 긍정적 평가 일색으로 도배되었다. 심지어 중앙정부와 중산층·상류층의 압력으로 환경보호론이 도시 성장 정책에 강력한 영향을 끼쳐, 도시 기업주의 자체가 도시의 환경과 생태를 능동적으로 재생시키는 '지속 가능한 개발' 전략을 채택했다는, 지극히 낙관적이고 긍정적인 평가까지 나돌았다.[20] 결과적으로 '이스트 맨체스터' 도시재생은 맨체스터에서 성장 담론을 뒷받침하는 데 크게 기여했다. 실제로 도시의 스카이라인을 비롯한 경관이 크게 변화했다.

또한 부각되는 점은 근 150년이나 방치된 도심 구역을 도시재생 사업으로 크게 변화시킨 것이다. 여기에는 불행한 사건이 발생한 우연까지도 긍정적으로 작용했다.[21] 1996년 6월 15일 토요일, 아일랜드공화국군IRA이 도심에 3300파운드(1500kg)에 이르는 폭탄 테러를 감행했다. 다행히 사망자는 없었지만 220명이 다친 사건으로, 총 674개 기업이 자리를 옮기고 추정 금액 5억 파운드 이상의 손실을 끼쳤다. 한편 이 사건은 도심의 낡은 경관을 변화시키고자 암중모색 중이던 도시정부가 재개발계획을 가동할 계기로 삼는 호재로 작용했다. 지방정부는 끝없는 '선도' 개발로 내달렸다. 솔퍼드 부두는 극장이 들어선 로우리Lowry 부두와 함께 고급문화의 중심지로 변신했다. 옛 중앙역 건물에 지멕스G-MEX 전시센터를 입주시키고, 캐슬필드의 창고를 재개장하며, 피카딜리 빌리지에 주거 건물을 신축했다. 지하철 1호선, 밀레니엄 스타디움, 국립경륜장National Cycling Arena, 브리지워터 콘서트홀, ≪맨체스터 이브닝 뉴스Manchester Evening News≫ 신문사가 소재하고 BBC의 일부 서비스를 이전한 미디어 시티MediaCityUK 구역을 조성했으며, 2011년 제1 스테이지를 개장했다. 도시 예술 갤러리를 확장하는 우르비스Urbis(영어로 'of the city'를 뜻하는 라틴어) 박물관,[22] 제국전쟁 박물관, 47층 규모의 복합 이용 건물인 비트햄 타워Beetham Tower(2007) 등을 건설하면서 시 당국은 맨체스터가 진정한 세계시민적 문화도시로 재창조되었다고 자부했다. 예컨대 우르비스는 도시공간을 새롭게 이해하도록 고안된 신개념 박물관이었으며, 이는 맨체스터 도시재생 사업을 표상하는 랜드마크 역할의 효과를 가져왔다. 흔히 시티센터City Centre라고 불리는 도심으로 접근을 촉진해 이동성을 강화했다. 강변 주택을 개발해 도심에 새로운 고급 아파트를 건립하면서 신중산층의 소비 패턴과 관련된 아울렛, 카페, 레스토랑, 갤러리, 조제식품 판매점 등이 들어섰다. 이제 과거에는 몰락한 도심이었던 왕립증권거래소Manchester Royal Exchange와 '안데일 센터Arndale Centre' 뒤쪽에 있는 '세인트앤' 광장이 맨체스터의 중심이 되었다. 한편 맨체스터의 도심, 특히 북쪽 구역에는 이미 1980년대 말부터 '맨체스터 사운드Manchester Sound' 또는 '매드체스터 사운드Madchester Sound'[23]로 불리는 다양한 음악밴드가 활동했으며, '하시엔다Hacienda 클럽' 같은 난장 문화가 집중되어 있는 영국 청년문화 발전의 중심지였다. 매드체스터 사운드의 음악은 1990년대에 맨체스터에 소재한 세 개 대학의 학생 지원율을 25% 높였다고 평가받는다. 학생들로 북적거리는 도심은 날마다 더욱 새로워졌고, 새로운 거리에서는 축제와 페스티벌이 열리고 또 열렸다.[24]

맨체스터 도시재생과 재개발계획은 도시 엘리트들의 전폭적인 지원을 받았다. 맨체스터 법조인회, 상공회의소, 재정 포럼과 같은 전문 결사 조직이 지원했고, 켈로그, 코퍼레이티브 은행Co-operative Bank, 유나이티드 유틸리티즈United Utilities, 아멕스Amex, 필 홀딩스Peel Holdings 같은 기업도 지원했다. 그 외 빅토리아 시대에 설립된 협회, 예컨대 문학협회, 철학협회, 통계협회, 지리협회 등이 지원 역할을 수행했다. ≪맨체스터 이브닝 뉴스≫, '그라나다 TV' 등은 로컬의 정체성을 창조하는 과정에 참여했다.[25] 가장 핵심적 역할을 수행한 집단은 올림픽 유치위원회에 강력히 자리한, 세칭 '맨체스터 마피아'라고 불린 엘리트 네트워크였다.[26] 본래 도시정부는 도시재개발 문제에서 중앙정부가 지원하는 '중앙 맨체스터 개발청'과의 협력을 요구받았다. 그러나 '중앙 맨체스터 개발청'은 비교적 느슨한 규제력을 지닌 제도적 기관으로서 장기적·전략적 전망을 수립할 역량은 결여되어 있었다. 스트링어는 이 점을 이용해 자신의 계획과 의제를 관철시켰다. 그 과정에서 비공식적이고 클럽적인 분위기를 띤 기업계 구성원들이 항상 기획과 건설에 영향력을 행사했다.[27] 모든 재개발 단계마다 도시정부는 개발업자들과 맺은 고도의 파트너십, 예컨대 6개의 기업훈련위원회, 중앙 맨체스터 개발청, 이스트 맨체스터 파트너십, 홈 도시재생회사, 노스웨스트 비즈니스 리더십 팀, 올림픽 유치위원회 등과의 긴밀한 관계를 공고하게 유지했고, 지금도 역시 그렇다.

굳건한 노동당 지지 도시이자 한때 지방자치 사회주의 도시였던 맨체스터에서 신자유주의적 기업도시주의가 지방정부의 주도적 어젠다로 출현한 배경은 무엇일까? 우리는 먼저 자본의 상품생산방식이 포드주의에서 포스트포드주의로 전환되면서 기존의 중공업 중심 제조업이 몰락하고 새로운 도시화가 진행된 과정에 주목한다. 각 로컬 행정단위들은 자원을 재활성화하고, 공간을 재구성하며, 생산과 소비에서 새로운 도시 전략을 구상하도록 내몰렸다. 둘째, 자본의 과잉투자와 이윤율 하락에 따라 초과이윤 확보를 목표로 기업 혁신을 도모하는 기업주의 논리가 확산되었다. 셋째, 사회간접시설에 대한 민간투자 확대에서 보듯 기업과 지방정부가 과거의 관리·통제 관계에서 파트너 관계로 변화한 점이 작용했다.[28] 그 결과, 기업주의 논리가 지방정부에 깊숙이 흡수되어 이제 지방정부의 역할은 새로운 경제특구 인프라를 구축하고 규제를 완화해 국내외 기업의 자본 투자를 유도하는 데 두어졌다. 대규모 경기장과 컨벤션센터를 건립해 다양한 규모의 대회를 유치하고, 화려한 쇼핑센터가 도시 심상을 광고하며, 일자리 창출이 최고 목표가 되었다.[29] 지방정부가 수행해온 기존의 복지 관리행정 기능은 합리적 효율성과 경쟁력을 강조하는 기업주의 논리로 대체되었다.

도시 재구성과 지방정부의 역할

기업주의 도시 정책의 출현은 지방정부의 역할 변화와 어떻게 연관되는
가? 여기에는 신자유주의 전 지구화가 자유무역과 탈규제를 강조하면서 국
가의 역할이 상대적으로 축소된 점, 그리고 무엇보다 국가 자체도 지방행정
에서 복지 관리 기능의 수행 역량이 대폭 감소한 현실이 작용했다. 결과적
으로 국민국가 경제와 복지 관리의 하부 구성 요소였던 지방정부가 주체적
경제활동 행위자로서의 위상을 자발적으로, 혹은 거의 강제로 인정받기에
이르렀다. 지방정부는 도시재생이나 문화소비 같은 경제활동과 재정운용
의 혁신으로 자신의 활로를 모색해야 하는 절박한 현실에 직면했다. 이런
의미에서 최근 앤 M. 크로닌Anne M. Cronin과 케빈 헤더링턴Kevin Hetherington
이 강조하듯, 기업주의 도시가 직면한 문제는 세계의 많은 도시들이 직면한
과제와 공통되며,[30] 기본적으로 전 지구적 성격을 띤다. 지방정부가 국가의
경계를 넘어 다른 지방정부와의 협력이 불가피한 측면은 여기서 발생했다.
이는 자본주의 지배공간에서 자본가들의 패권이 작동하는 새로운 방식을
보여준다. 앙리 르페브르는 자본가들이 공간의 분리와 공간 디자인을 구조
화하며 국가의 개입을 '정상화'한다고 평가했다. 얼핏 보면 국가의 개입을
강조한 르페브르는 자본이 국가와 결탁해 지방, 곧 로컬을 호명할 사태는
미처 예견하지 못한 듯 보인다. 그러나 르페브르는 『자본주의의 생존La
survie du capitalisme』(1973)에서 자연공간을 정복해 영토화하는 역사적 공간화
가, 오늘날에는 공간의 분리와 공간 디자인을 구조화하며 국지화된 게토들
로 구성된 전 지구적 공간에서 투기자본화로 작동한다고 강조한 바 있다.[31]
국지화한 게토들은 로컬 도시로 부연 설명이 가능하다.

그렇다면 스카이라인에 점점이 떠 있는 크레인의 숫자를 도시 변화와 혁
신의 지표로 삼았던 맨체스터는 새로운 하이테크, 금융 서비스, 문화산업

경제로의 역동적 변신을 성취했는가? 사실 맨체스터가 후기 산업도시를 표방했지만, 다른 세계도시처럼 금융이나 전문 서비스직을 도시경제의 동력으로 삼은 것은 아니었다.[32] 맨체스터는 지방 경제발전 계획으로 스포츠와 결합한 개발계획을 이용하고, 폭탄 테러 사건을 기회로 삼아 도시의 면모를 일신했다. 올림픽이나 영연방경기대회 유치를 목표로 한 것이 현실을 잘 드러낸다. 기업주의 도시 정책 지지자들은 맨체스터가 금융과 문화산업 중심지로 재탄생함으로써 뿌리 깊은 도시 쇠퇴 과정이 정지되고, 심지어 역전되었다는 성공 서사를 주도하는 그룹을 형성했다. 뉴 이스트 맨체스터 도시재생 프로그램은 지금도 지속되고 있다. 2000년에 북서지역개발청과 '잉글리시 파트너십'은 영국 최초의 도시재생회사 'LEM'을 설립해 뉴 이즐링턴을 비롯한 7개의 밀레니엄 커뮤니티 지역의 도시재생을 추진했다. 뉴 이즐링턴 지구는 본래 프리드리히 엥겔스Friedrich Engels가 영국 노동계급의 상태를 연구한 앤코츠Ancoats 구역의 일부로, 이스트 맨체스터의 핵심 지역이다. 총괄 건축가 윌 알숍Will Alsop이 강력한 정책적 지원을 바탕으로 2003~2012년에 계획을 시행했고 주민 설득 역량을 인정받았으나, 사업은 아직도 현재진행형이다.[33] 지난 10년간 맨체스터의 선도 개발은 도시에 완전히 새로운 지역을 포함하는 마스터플랜을 따라 도시공간규모를 확장시켰다. 어웰Irwell 방면의 '스프링필드', 북부 방면의 'NOMA53'(8억 파운드를 들여 20에이커 부지 개발), 남쪽 방면의 '퍼스트스트리트'가 그것이다. 이는 새로운 복합 기능의 구역을 만들어 도심에 새로운 현대성의 심상을 투사함으로써 맨체스터를 전 지구적 경제수도로 만들겠다는 야심을 표현한다. 예컨대 스프링필드는 개발투자회사 얼라이드 런던Allied London과 맨체스터시 당국의 공동 기획으로, 파리 라 데팡스La Depense Paris 지구, 런던 동부 도클랜즈Docklands 도시재생 구역의 상징인 카나리 워프Canary Warf[34] 같은 수준의 북잉글랜드 경제 허브 또는 전 세계적 명성의 업무 지구를 표방한다. 한편 아스크Ask 개발은 시 당국과 파트너십을 맺고 7억 5000만 파운드를 들여 기업·레저·문화·창의 허브를 건설하고 있다. 첫 단계로 2010년 넘버원 빌딩, 2015년 복합문화공간 홈HOME을 개장했다.[35] 이 기획들은 공적 영역에서 새로운 이웃과의 활기찬 만남을 강조한다. 문제는 이런 기획들을 맨체스터의 산업적 과거와 무관하게 백지상태에서 건축한 점이다. 물론 일부 선도 개발, 곧 '지멕스'와 과학 및 산업 박물관은 산업유산을 보존했지만, 주택과 업무용 건축은 현대 공간으로 변형되었다. 부동산 개발회사 어반스플래시Urban Spalsh는 창고를 변형하고 역사적 유산에 현대 디자인을 덧입히는 작업에서 선구적 역할을 수행했다.[36] 한편 맨체스터 하역 선창과 다른 제조업 무역 관련 건물은 솔퍼드 부두의 수변공간으로 이전했다.

여기서 우리가 목격하는 것은 도시 쇠퇴와 축소의 경험에도 불구하고 기본적으로 새로운 도시 심상 만들기에 성장 지향 정책이 동원되는 사실이다. 이 문제는 기업주의 도시 '선도' 기획의 기본 성격, 나아가 지방통치, 즉 로컬거버넌스 문제에서 살펴볼 필요가 있다.[37] 그 기획은 지방정부와 기업 공동체가 결탁해 도시 성장을 통한 경제발전을 목표로 삼는 '성장동맹'의 재산 소유자가 주도한다. 이들은 도심재생 사업을 위해 위탁개발 또는 파트너십을 맺고 도시기반시설 건설을 주도하며 '성장기계'를 작동시킨다.[38] 이는 권력이 대표성 없는 소수 엘리트의 수중에 장악된 결과의 산물이다. 기업주의 도시 전략은 도시의 경제적 운명을 재산 주도 메커니즘에 따라 공사公私 파트너십을 맺은 로컬 엘리트의 행동 여부에 좌우되도록 만들었다.[39] 도시의 경제정책은 전 지구화 시대 경제주권의 한계를 인식하는 데 바탕을 두고, 국민국가의 강력한 개입 아래 도시의 경제적 토대의 구조와 균형을 변화시켜 자본과 노동을 새로운 로컬화 조건에 적합하도록 창조하는 데 목표를 두었다. 그러므로 막상 기업주의 도시 정책의 구상은 지방 정치인이나 지방정부 관료들이 도맡아 주도했고, 기업가 또는 시민이 의제를 설정해 기획한 사례는 그다지 많지 않았다. 이는 도시재생에 대해 시민들을 냉소주의로 이끈 측면이 있으며, 정책 접근의 변화를 요구받았다.

그 결과, 가능한 정책적 실천은 선택의 폭이 매우 협소했다. 감세 정책을 통해 재화와 용역의 증대로 고용증대를 도모하는 공급 중시supply-side 경제를 유지하며, 도시기반시설 구축, 장소 마케팅, 국내 또는 유럽에서 비슷한 위상을 지닌 다른 도시와의 노골적인 도시 브랜드 경쟁으로 내몰렸다. 정책 입안자들이 올림픽 유치전에서 홍보한 것도 해외투자 유치를 통해 '새로운 돈'을 맨체스터의 사적 부문으로 유입시킨다는 점이었다. 그러나 실제 목표는 1997년에 설립된 'MIDAS'의 활동에서 보듯 내부 투자를 유인하고, 특히 공적 정부 보조금 지원의 증가 방도를 고민하는 데 놓였다. 어떤 의미에서 로컬의 엘리트들은 미국식 '성장동맹'보다는 '보조금grant 동맹'에 더 가까웠다. 그 이유는 실제로 올림픽 유치가 도시 정치의 차원을 넘어서 국가 정치의 차원에서 진행된 사실, 그리고 중앙정부가 지닌 권력·영향력의 지방 이양devolution에 반대하면서도 행정의 탈중앙집권화를 경쟁적으로 표방한 '신지역주의new localism'에 내재된 한계와도 무관하지 않을 것이다.[40] 이를 스티븐 L. 엘킨Stephen L. Elkin과 클래런스 N. 스톤Clarence N. Stone에서 출발한 도시체제이론urban regime theory[41]의 차원에서 본다면, 지역사회의 권력이 다수의 실질적 이익집단에 속하는 지방통치연합이 아닌 도시정부 당국이 주도하는 공사 파트너십으로 결합된 소수의 엘리트 '맨체스터 마피아'에게 장악된 결과로 평가 가능하다. 도시체제이론은 계속 진화 중이므로 단정적으로 말할 수는 없지만, 기본적으로 공식적 정부의 권위가 불충분해 정부 혼자서 시장의 힘을 명령·조정할 수 없으므로 국가와 시장의 역할 분업이 불가피하다고 전제한다. 그리고 이들이 어떻게 공사 파트너십으로 결합해 거버넌스를 수행하는지의 문제에 초점을 맞춘다.[42] 맨체스터를 비롯한 영국의 사례에 도시체제이론을 적용할 수 있을까? 조너선 데이비스Jonathan Davies는 도시체제이론이 시장경제의 사적 이해 집단을 강조하고, 정치적 행위자로서 공공단체의 능력과 역할을 소홀히 하므로 영국 현실에는 설명력이 떨어진다고 평가한다. 영국에서는 지방정부가 도시재생이나 재개발 같은 시장 주도 성장을 지향하는 공공 부문 계획·규제 시행의 권력을 광범하게 행사하는 데다, 중앙정부가 주도하는 일련의 도시재생 사업도 함께 집행된다는 두 가지 요소가 결합한 탓이다.[43] 그러나 도시체제이론 자체가 사회적·정치적·경제적 환경을 반영하는 다양한 유형의 존재를 상정하므로 맨체스터의 사례에 부적합하다고만 볼 수는 없다.

그러면 공사 파트너십이 주도한 기업주의 도시 기획이 맨체스터를 부유하게 만들었는가? 맨체스터의 물리적 겉모습은 단기적으로 급변했다. 특히 도심의 놀라운 변신은 '풍요도시'로서 자부심을 가질 만하게 되었다. 재개발로 중산층 거주 지역이 된 곳으로서 로마시대, 조지 왕조 시대, 빅토리아 시대 역사적 유산을 도시유산공원Urban Heritage Park으로 공원화한 캐슬필드를 도시재생으로 재개념화한 사례를 들며, 새로운 장소와 공간의 '감각도시'가 탄생했다고 환호하는 평가[44]도 일리가 있다. 그러나 도심을 둘러싼 커뮤니티에는 범죄, 빈약한 위생과 빈약한 주거 조건이 구조화되어 있다. 거기에는 영국에서 경제적으로 가장 열악한 지역까지도 포함된다. 구체적으로 1990년대 말 33개 구 가운데 27개 구가 경제적으로 열악했으며, 실업률은 전국 평균의 배가 넘는 9.1%였다.[45] 구조적인 빈곤도시로서 사회 분열이 심화되는 가운데, 노동복지workfare 정책을 구현하고자 '자존심 도시'를 내세우며 시행한 뉴딜정책은 여전히 오래된 빈민 문제를 해결하지 못하고 있다. 실업과 불평등 및 사회적 배제가 심화되면서 도심재생에도 불구하고 도리어 빈민을 체계적으로 배제하는 '위선 도시'라는 심리적 저항의 시선까지 나온 상황이었다.[46] 이는 맨체스터 도시 재구성이 기본적으로 새로운 기술공학이나 창의적 분야보다는 금융 산업에 초점을 두는 데서 기인한 측면이 크다. 맨체스터도 신성장 동력을 모색하고 있다. 2011년부터 디지털 산업구조 전략을 세우고 디지털 산업혁신을 통합 디지털 포섭을 강조하며, 심지어 2020년에는 글로벌 디지털 '최고 지위premiership'에 오르고 말겠다는 야심을 표명한다.[47] 그 실현 가능성 여부를 떠나, 맨체스터가 사회적 배제와 불평등을 해결할 구상을 도시정부 차원에서 적극적으로 제안하고 있지는 않다.

그럼 선도 개발에 속했던 '이스트 맨체스터' 재개발은 기존의 거주민들에게 어떤 결과를 가져왔는가? 이미 피터 마르쿠제Peter Marcuse는 도시재정비와 재개발 방치가 주민의 '강제이주', 그리고 다른 장소에서 전위된 출현displacement을 초래하는 현상에 주목했는데, 이는 매우 타당하다.[48] 가두 행상이나 빈민이 대규모 행사를 빌미로 도시공간에서 추방당하는 것은 지극히 일반적인 현상이 되었다. 수지타산이 맞지 않는 대중교통 노선이 축소되거나 폐지되면서 대중교통의 공공성이 축소되고 공적 공간이 위축되는 결과를 가져왔다. 도시재생 사업은 복잡한 환경문제도 야기했다. 도시 관광과 국제회의가 중요한 도시 성장 정책으로 설정되면서 지속 가능한 개발과 환경오염 관련 쟁점이 특히 2002년 영연방경기대회 준비 과정에서 부각되었다. 공기 오염과 물 공급 문제가 심각하게 제기되었고, 이는 중앙정부가 1990년대 중반 이래로 추구한 오염 방지 및 청정 공기 확보 정책과 맞물려 진행되었다. 스트링어가 1996~1997년에 의장으로 있었던 '맨체스터 항공국'이 추진한 공항 확장 정책이 많은 반대와 거리 시위까지 야기했다면, 지하철 건설은 지속 가능한 개발을 담보하는 도시교통 운송 사례로서 시민들의 호응을 받았다. 그러나 2002년 '맨체스터 커뮤니티 전략' 초안을 작성한 시의회 관리들은 일방적인 강력한 녹색환경 정책이 비현실적이라고 진단했다.[49] 환경운동 그룹들 사이에는 여전히 지속 가능한 개발 문제가 충분한 주목을 받지 못한다는 불만도 높다.

교통망과 공적 공간의 축소는 민주주의의 위기를 초래하고, 빈민들이 도시에서 살 권리를 박탈한다. 행상인들이 공적 공간을 확보하려는 공간 투쟁이 '정의도시'를 실현하는 과제에서 중요한 역할을 맡게 된 이유가 여기 있다.[50] 대표적인 사례로, '중앙 맨체스터 개발청'이 1960년대 말부터 도심 촐튼 스트리트Chorlton Street 근처에 자리 잡은 '게이 촌Gay Village'을 재개발하려던 시도는 2011년 전국 평균(0.16%)보다 더 많은(0.23%) 성적 소수자 거주민을 타자화했다. 그러나 이는 지방 노동당 주류 바깥에 문화적 정체성과 다원주의의 정체성, 그리고 그것이 내포한 힘에 공감하는 새로운 노동당 조언자들이 출현하도록 이끌었다. 처음에는 이들에 대한 편견과 빈번한 경찰 물리력의 침입으로부터 운하Canal 거리 주변 게이들의 활동 무대를 완강히 방어한 것이 '게이 마을'의 재출현 공간을 만들었다. 이어서 게이 활동 무대의 상업화가 후기 맨체스터 클럽 활동 무대의 거대한 성공에 받침대를 제공했다.[51] 이것이 지금은 기업주의 도시의 거주지에서 비록 타자화된 공간이지만, 또 다른 지배적 에토스로 떠오른 '도시 안 마을'을 예시한다. 맨체스터는 또한 인종적으로도 다양성이 매우 큰 도시이다. 비백인이 2001년 영국 평균치인 5%를 넘어 12.9%를 차지했고, 2011년에는 영국 평균인 13%(900만)보다 훨씬 많은 33%에 이르렀으며, 런던 다음으로 큰 규모를 자랑하는 차이나타운이 있다. 동남아 및 인도-파키스탄 남아시아계 공동체가 때로는 파벌을 짓고 폭력까지 행사하는 독자적인 사회적 공간을 형성한다.[52] 유대인 공동체 또한 존재한다. 맨체스터는 세계시민도시를 표방하면서도 비백인을 타자화한 분리 거주segregation를 성립시켰다. 이는 맨체스터가 '백인도시'로서 공포를 유지한다는 표시이다.

도시재생과 공간의 분열

기업주의 도시 맨체스터에 도시 재탄생을 자화자찬하는 수사가 넘쳐났다. 과연 조화와 자율의 공간이 탄생했는가? 도시재생 공간은 이종적 요소들이 경쟁하는 역사적 생산물로서 장소이다. 자화자찬의 그늘에서는 금융업을 중심으로 판매 서비스 분야만 확장되는 후기 산업사회 노동시장이 고용시장의 기반을 부단히 출혈시키고 있다. 1959년에는 그레이터 맨체스터 Greater Manchester 거주 노동력의 절반 이상이 공장 노동자로 생계를 유지했지만, 제조업의 위축과 더불어 격감했다. 2000년대에는 공장 노동자가 고용 인구의 5분의 1에도 미치지 못하고, 5분의 4는 서비스업에 종사하는 상황으로 진행되었다. 서비스업 노동자 일부는 금융업에 종사했지만, 대부분 비교적 저임금 시간제 노동자가 많은 소매업, 회계원, 자영업 종사자였다. 노동시장 관련 통계자료에서는 공식적 경제에서 비교적 고수입인 직업들이 비공식 분야 비정규 시간제 노동의 불안정한 여성 직업으로 대체된 것을 목격한다. 경쟁과 변화를 강조하는 후기 산업사회 맨체스터에서 실현되는 '유연성'은 임시직 공급 산업의 증가로 표상된다. 도시재생 사업의 전개에 따라 장소의 전유는 공간의 정치적 통제를 가져오고, 경계가 설정된 공간규모는 역으로 장소 전유 능력에 영향을 끼치며 불평등을 생성시켰다. 르페브르는 경제가 정치에 통합된[53] 결과로 계급투쟁이 공간에 배치된다고 진단했지만, 계급투쟁만이 공간 투쟁의 요소는 아니다. 그것을 생산하는 요소는 계급투쟁의 요소보다 훨씬 더 복합적이다.

노동조건의 불안정은 장기적으로 맨체스터의 도시 역량을 제약한다. 맨체스터가 당면한 과제는 임금격차의 심화 현상이다. 첫째, 고임금 집단, 금융·전문직 및 과학 분야 종사자 비율이 잉글랜드 전 지역 평균보다 높다. 2013년 고용 조사 결과, 전자가 21.23%이고 후자가 13.66%이다. 단순직업 종사자도 14.83% 대 11.10%, 판매 및 고객 서비스직이 11.26% 대 8.42%이 며 미숙련노동자의 비율도 잉글랜드 평균보다 3.3% 높다. 이는 아동빈곤율 증가로 나타난다. 2011년 조사에서 16세 이하 아동의 36.6%는 빈곤 상태이 다.[54] 둘째, 여성 비정규직 노동이 급속히 증가했다. 1994년부터 맨체스터 의 전체 고용 인구에서 여성 저임금노동력이 과반수를 넘어서는 변화가 진 행되어, 1997년에는 남성 노동자 48.9% 대 여성 노동자 51.1%가 되었다.[55] 그럼에도 기업주의 도시 전략은 기본적으로 남성 중심주의적 의제를 설정 하는 경향성을 드러낸다. 그 결과로 남녀 차별, 곧 새로운 사회적 흑백 분리 라는 배제 현상을 초래했다.[56] 물론 여성주의자들의 활동이 없지는 않았지 만, 점차 개인의 직위 안전만 지향하는 순응 분위기가 확산되었다. 심지어 19세기 산업주의 시대 공장의 남성 고용 중심 작업현장에서 사회적·정치 경제적 요소가 결합해 생성된 용어인 '맨체스터 남자Manchester Man'를 내세 우는 조야한 남성우월주의machoism까지도 다시 복귀했다.[57]

둘째, 민주주의 실천 기반의 손상이다. 신자유주의 기업도시주의를 표방 한 맨체스터의 도시재생과 재개발 과정에서 가장 심각한 문제는 민주주의 를 가능하게 만드는 사회적 합의의 토대가 손상되는 것이었다. 스트링어는 전통적으로 시의회의 자문을 거쳐 진행되던 지방자치에 분열을 가져오고 민주적 절차에 손상을 초래했다. 심지어 정치적 입장이 강화될수록 노동당 내부의 반발뿐 아니라 관료의 방해를 극복하고 조직의 권력 토대를 장악한 다는 명분으로 정책 심의를 거부했으며, 지방정부 관료제의 행정적 위계에 서 개인의 카리스마적 권위를 강조하기에 이르렀다. 그러나 맨체스터 시의 회가 기업주의 도시 정책에 적극 호응하는 지배적 파트너라는 사실은 변함 이 없었다.[58] 왜 민주주의가 문제가 되었는가? 도시정부가 관료사회의 벽, 중앙정부의 압박, 거대한 시장의 힘에 맞서 정책을 추진하는 데 관건은 제 도정치의 형식적인 민주적 절차를 넘어서는 문제였다. 요컨대 시민이 자기

조직화하고, 자신의 요구를 정식화하며, 기득권 세력의 저항에 맞설 수 있는 급진민주주의가 실현되어야 했다.[59] 그러나 스트링어의 정책에서 시민 참여는 시의회의 형식적 동의를 받고 나면, 기업 후견인들과의 파트너십 관계로 형성한 엘리트들과의 합의가 대신했다. 그 결과, 도시 재구성 기획에 오로지 상업적 이익의 환수만이 기준으로 적용되어 개발자와 투기자에게 이익이 제공되는 재개발만이 추진되었다.[60] 특히 지역 주민의 필요나 선호를 적절히 고려하지 않고 지역공동체의 공간을 사무 지역, 고급주택, 호텔 또는 사적 레저시설로 전환시켜 나갔다. 이스트 맨체스터에서 보듯 주민들의 참여가 형식적 대화에 그치거나 구조적으로 억압되는 경우에는 사회적·경제적 협력의 토대로서 공동체가 보유한 공동체적 네트워크를 파괴했다.[61]

이것은 광역런던 시의회가 이스트엔드East End 의 템스강 부두 하역장인 도클랜즈Docklands 개발계획에 맞서 시민들에게 정보와 자료를 제공해 민중계획Popular Planning 이라는 대안 계획을 수립하고자 노력한 것(비록 마거릿 대처 보수당 정부의 묵살로 실현에는 실패했지만)과 비교하면 현저한 차이가 난다.[62] 결국 신자유주의 도시 맨체스터에서 진행된 기업주의 정책은 참여 민주주의를 훼손하는 방향으로 진행되었다. 그러나 부정적 측면만 강조할 수는 없다. 지역통화인 'Lets'의 발행에서 보듯,[63] 전 지구화와 기업주의 도시정책이 가져온 사회적 분열을 극복하고자 로컬 단위에서 새로운 동력으로 민주주의를 재상상하도록 자극한 것 또한 중요한 실험이기는 하다. 비록 성장동맹이 주도했지만, 이스트 맨체스터 도시재생 사업에서 지역 활동가의 참여가 공식적으로는 장려되었다. 그러나 빈민 지역의 주민들은 능동적인 참여 기회를 사회구조적으로 크게 제약받았으며, 심지어 박탈당했다. 코디네이터cordinator 로서 지역 활동가들의 역할이 중요하게 부각되면서 이들은 공식 기구 '뉴 이스트 맨체스터 도시재생회사'나 '공동체를 위한 뉴딜' 소속

위원회에 참여하는 경우도 많았지만, 주로 주민조정위원회Residents' Steering Group와 임차인 및 주민협회Tenants and Residents Association를 비롯한 다양한 조직들로 사회적 네트워크를 구성했다. 이들은 당국과 협력 관계를 유지한 경우 못지않게, 로컬의 목소리에 귀를 틀어막고 미리 결정된 계획을 억압적으로 집행하는 지방정부에 저항하는 주민들에게 동조하거나, 대안 제시 활동을 통해 소비자 시민이자 합리적 선택자의 역할을 수행하며 참여했다.[64] 이런 측면에서 활동가들은 '실제로 존재하는 민주주의'로서 풀뿌리 민주주의에 대한 관심을 유발하고 자극한 계기도 되었다.

셋째, 문제는 자본주의의 작동방식이다. 자본주의의 팽창은 단순히 산업적 전제나 소비를 통한 잠재적 노동력의 재생산만으로 성취될 수 없고, 전체 사회공간의 점유와 관리행정이 필요하다. 이를 위해 먼저 모든 비자본주의적 공간과 활동을 주변화하고, 사회적 총체성과 '공간'의 절합articulation 수준에서 모순을 창조한다. 이어서 대중 광고와 국가 관료 제도를 수단 삼아 공적·사적 소비를 조직하고 조장한다. 사회 행위자들에게 결핍의 조건을 선동하고 수요·공급의 이익 규칙에 굴복시켜, 예술·정보·건축 같은 비생산적이고 문화적인 여가의 영역에도 자본주의 관계를 확장시킨다. 이때 국가가 노동자들의 탈영토화는 방치하지만, 자본의 탈영토화가 사회운동가들의 재영토화 충동이나 사회주의적 생산과 상품화로 반격받을 경우 신속히 방어자 역할을 수행한다.[65] 이 과정에서 공간은 사회관계의 단순한 영토화나 조직의 도구가 아니라 자본주의 생산관계의 재생산을 위한 생산물이자 도구로 전락한다. 그 결과, 공간의 식민화가 침투해 도심고급화에 역설적 현상이 발생하거나 캐슬필드처럼 배제된 고립 지역[66]이 되기도 한다.

기업주의 도시 맨체스터의 문화도시재생 과정에서 중요한 역할을 수행한 요소가 또 있다. 다름 아닌 예술가들의 활동이다. 예술가들이 새로운 상징공간을 생산하고 반복적으로 재현하면서 주민들의 지리적 욕망을 자극하고 자본의 투자 동기를 촉발시켰다. 심지어 사회 활동가나 저항적 거주자들의 항의 운동이 도리어 해당 공간에 주목할 가치를 부여하고 상징자본을 축적시켜, 지대 격차를 노린 자본의 투자를 더욱 자극하는 모순과 역설의 현상도 발생했다.[67] 대항 운동의 취약성은 그것이 지배적 담론을 강화하기 때문이 아니라, 역전시키기 어려운 상징적 축적에 활력과 주목을 제공하는 뜻밖의 우연성을 제공했기 때문이었다. 많은 도시재생 사업에서 예술적 도시건축과 문화적 경관이 도시 재탄생을 자축하는 화려한 수사학의 수용을 고조시켰다. 문제는 그 사업을 성장동맹이 주도하면서 도시의 공적 공간을 사사화하는 현상부터, 외부자 출입을 통제하는 전자감시체계를 갖춘 '요새 도시' 공동체까지 등장시킨 것이다. 사회와 공간의 연계조직이 해체되거나 연대성이 제거되고, 특정 공간의 타자화가 심화되었다. 거기에 중간층 또는 상류층 부자들이 미학적 감각을 가지고 도시계획에 영향력을 끼치며 이윤을 추구하고, '창의도시'라는 명분 아래 새로운 공간 형성을 빌미로 공적 공간을 장악했다. 그 결과, 공적 생활의 감성을 풍부하게 누리는 '풍요도시'의 한 켠으로, 지금도 퇴거를 강요당하는 뉴 이즐링턴 항구 정박지 선상거주민들처럼[68] 미숙련 기능공 또는 신노동시장에서 경쟁력이 부족해 배제된 자들이 도시 주변과 내부 특정 지역에 모여들었다. 새로운 도시 식민지인 '박탈도시'가 극단적 형식으로 공존하는 '이중도시dual-city' 또는 '보복주의자 도시revanchist city'가 형성된 셈이다.[69]

도시재생 사업의 시행 결과, 그 대표적 양상으로 지대와 임대료가 상승하면서 도심 상권으로부터 배제된 자들이 '강제이주'를 강요당하는 '젠트리피케이션' 상황이 전개되었다. 도심고급화의 부작용은 이미 젠트리피케이션이라는 용어를 일반명사화할 정도로 상식이 되었다. 공적 공간의 축소는 민주주의의 위기를 초래하며 빈민들이 도시에서 살아갈 권리를 박탈한다. 이 경우, 빈민들이 공간의 전유를 두고서 공간을 지배하는 자들의 규제에 비형식적 방식으로 저항하거나, 지배적인 공간 가치 체계에 도전하는 집단적 공간 투쟁에 나선 많은 사례가 있다. 공적 공간을 확보하거나 복원하려는 투쟁은 '정의도시'[70] 실현에 중요한 과제이다. 공간 정의의 추구는 단순히 사회·경제·환경 정의 모색의 대안 제시를 넘어, 이 개념들을 새로운 이해와 정치적 실천 영역으로 확장시키는 것을 말한다. 사회와 공간의 변증법에서 사회적인 것은 곧 공간적이며, 공간적인 것은 사회적인 것을 포함한다.[71] 공간 투쟁은 상징자본, 문화자본, 생명정치적 자본이 자본축적에만 기여하는 것을 막고 사회적 분열을 극복하는 새로운 동력으로 민주주의를 재상상하도록 자극한다.

그럼에도 내파와 외파를 거듭하는 공간의 분열과 파편화는 자본주의의 본질적 현상이다. 돌이켜보면 르페브르는 중심부/주변부의 모순이 구성원을 합리적 생산과 소비의 이익사회관계망에서 도시화로 이끌고, 도시에 권력의 집중화가 발생하는 현상을 강조했다. 그런데 오늘날 그런 현상의 역류를 목격한다. 도시 주변에 특권적 형식의 '시골화'가 발생해 탈중심화하는 가운데, 도시가 고립된 위계를 지닌 사회적 게토로 분리된다. 교외 공간이 단순히 노동자의 게토가 아니라 엘리트의 게토, 부르주아의 게토, 이주 노동자의 게토, 아시아계·아프리카계·아랍계의 게토 등의 집결체가 되고, 이들 게토는 경제적·사회적 위계, 지배·복종의 영역에서 소외된 구성원을 공간적으로 표현한다.[72] 도시가 주변부로 시민을 분산시켜 주거 영역과 비주거 영역을 복잡한 위계로 격리시킨 결과, 개인들은 '사회화'되는 동시에 인공적 압력과 억압 때문에 통합과 복종, 선동과 약탈의 극단적 놀이 형태로 분리·고립·해체하는 게토의 배치물 assemblage 로 변화한다.[73] 자본은 그나마 잔존하던 모든 비자본주의적 생산관계를 흡수하며 노동과 일상의 장을 넘어 전 지구적 팽창을 거듭하고, 도시를 소비활동으로 잉여가치를 실현하는 장소로 만든다.

맨체스터의 '모순공간'은 이 과정에서 창조되었다. 자본과 노동이라는 생산 측면의 모순과 사용가치와 교환가치라는 소비 측면의 모순은, 모두 '공간의 모순들'로 변형되는 생산관계의 재생산이 지닌 고유한 모순에 포함된다. 이 추상적 공간화는 주체와 객체, 지배 중심부와 피지배 주변부의 분열을 포함한다. 모든 모순들은 공간화를 찢고, 추상공간은 질적으로 더욱 양극화된 모순공간이 된다. 그래서 감히 이렇게 말할 수 있다. 사회모순은 곧 공간의 모순이다. 이 모순은 일상에서 정치 · 미학 및 이론적인 것까지 모든 수준의 구분이 가능한 직접행동과, 양적인 것 대 질적인 것, 전 지구적인 것 대 국지적인 것, 그리고 사용가치 대 교환가치의 모순으로 요약된다. 모순공간은 추상공간이며, 그 역설로 항상 새로운 모순을 발생시킨다. 그 공간은 또한 탈인간화 · 동종화하는 '계획공간'에서 가시적 규칙으로 삶의 생생한 질적 경험을 억압한다. 제례적 · 감각적 · 남근 중심적으로 작동하는 모순공간에서 감각적인 것은 무의식적인 반성애적 '생식'으로 위축되고, 이성애적 생산은 소형 아파트 골방에서 주변화된 형식으로 영위될 뿐이다. 축적된 모순은 주변부 대중에게 고통을 주입하며 좌절과 반란을 잉태한다.

브 렉 시 트 찬 성 자 들

맨체스터에서 기업주의 도시 정책은 전 지구화 시대에 경제주권의 한계를 인식하고 국민국가의 역설적인 강력한 개입 아래 도시의 경제적 토대의 구조와 균형을 변화시켜 새로운 로컬화 조건에 적합한 자본과 노동의 창조를 목표로 삼았다. 이 정책은 20세기 전반 이후 산업구조의 변화로 지속적인 경제 침체와 인구 감소 및 실업률 증가를 겪는 가운데, 노동당 신도시좌파 지도자 스트링어의 지방정부가 1987년 이래로 시의회의 지지를 받으며 선택한 도시 전략이다. 흔히 영국에서 가장 성공적인 신자유주의 도시 창조 기획으로 평가받는 이 전략은, 복지 서비스와 경제주권 전략을 강조하는 지방자치 사회주의를 희생시키고 신자유주의에 투항하는 단절 형식으로 나타났다. 그러나 지방정부의 개입주의를 정당화한 측면에서는 일정한 정책적 연속성을 갖는다. 기업주의 도시 전략은 '도시 자존심'과 '도전 도시'를 구호로 삼고, 올림픽과 영연방경기대회 유치를 목표로 내세우며, 도시재생과 재개발로 도심, 특히 '이스트 맨체스터'에서 '선도' 기획으로 대규모 건축물들을 건립해 매우 인상적인 랜드마크로 삼았다. 도시재생 사업에서 개별 사례들은 다양한 협력적 관계들의 조성을 보여준다. 기본적으로 시 당국은 로컬 거버넌스를 명분 삼아 로컬 정부와 기업 공동체가 공사 파트너십으로 결탁해 도시 성장을 통한 경제발전을 목표로 삼고, '성장동맹'의 주도로 '성장기계'를 작동시켰다. 그 결과, 지방정부의 기업주의 도시 전략은 도시의 경제적 운명에 일반 시민의 참여를 가급적 배제하고, 공사 파트너십을 맺은 로컬 엘리트의 선택과 결정 여부에 좌우되도록 허용했다.

이는 도시 권력이 변화하면 공간의 형상 역시 새로운 자리 잡기nesting와 상호 관계의 조건, 공간의 이용 면적이 함께 변화[74]하는 모습을 보여준다. 장소를 전유하는 권력이 항상 경쟁하고 투쟁하듯, 사회집단이나 계급의 동맹이 장소의 전유와 통제 조건을 형성하고, 사회적 공간의 조건에 결정적 영향을 끼친 것을 볼 수 있다. 결과적으로, 공간규모 재편성과 재조직이 다양한 중간 기구와 도시재생 활동가를 앞세워 출현한다. 이는 통제와 권한의 부여, 특히 다양한 차원의 '혁신'을 목적으로 삼는 '공간 전략'과 이에 맞선 '공간 투쟁'[75]의 통합적 산물이다. 정치가 공간에서 계급적·인종적·성별적·문화적 투쟁을 추동해 연대의 대상을 늘리거나 줄이며 공간화를 작동시키는 기제를 닐 스미스Neil Smith는 '공간규모 도약jumping scales'이라고 이름 붙였다. 이 도약은 다양한 공간규모들의 능동적 협력과 경쟁, 동종화와

차이화, 권한 부여와 권한 박탈을 매개로 삼는다.[76]

물론 맨체스터 시정부는 신자유주의 도시의 자원 착취와 사회경제적 불평등을 완화시키고자 지속 가능한 발전 전략을 끊임없이 모색하고 있다.[77] 그러나 도시 기업주의는 도시 성장 발전주의자들이 자랑하는 표면상의 성공 지표에도 불구하고 사회 양극화의 심화를 막지 못했다. 서비스산업의 확장에 따른 비정규직 여성 노동의 증가를 가져온 고용 구조는 외견상 실업률을 감소시켰지만, 고용의 질 악화와 불안정을 도시의 핵심 조건으로 고착시켰다. 경제의 구조적 하락세, 빈곤의 증가와 실업의 지속이 결합한 사회적 배제가 불러온 사회적 위기, 도시의 로컬 엘리트 중심으로 운영되는 도시정부는 참여 민주주의와 사회적 통합의 가치를 손상시켰다. 기업주의 도시 맨체스터의 도시 정책을 이해하려면 유동적이고 다중적인 공간 개념의 수용과 체계화가 필요하다. 21세기 맨체스터는 세계시민적이며 혼종적인 양상이 날로 증가하는 후기 산업사회 도시로 변화했다. 그러나 인구 감소 시대에 파생된 문제들은 여전히 극복하지 못했으며, 불평등과 분열은 증가하고 있다. 노동자를 비롯한 변두리 시민들의 강퍅한 삶에 대한 불만은 신자유주의 정책을 추동하는 유럽연합에서 벗어나려는 절박감을 자극했다. 브렉시트를 향한 대폭적인 찬성은 그 절박감의 표출이었다.

제3장

지방분권과 로컬거버넌스
영국의 공간 재구성 정책

지 방 분 권 의 요 청

전 지구화 시대에 국가의 직접적 역할은 국가하위subnational 차원에서 감
소하는 것이 전반적 추세이다. 그와 함께 지방 정치에 독자성을 제공하고,
로컬리티 차원의 시민 참여와 민주주의, 경제성장과 자율적 복지를 독려하
는 로컬거버넌스local governance가 새로운 공동체 전략으로 부각되고 있다.
한국 사회에서도 국가권력의 과도한 중앙집권이 초래한 갈등 증폭과 지방
피폐화에 따른 폐해를 절감하고, 로컬 정부의 민주적 쇄신과 능동적 참여를
강조하는 지방분권devolution의 확립과 제도화를 요구하는 목소리가 드높다.
우리 사회에서도 장차 헌법 개정의 방향이 지방분권 강화로 귀결되어야 한
다는 국민적 공감대는 마련되어 있다. 이 장은 현대 영국의 사례를 중심에
두고 로컬거버넌스와 지방분권 문제를 검토해, 우리 사회의 논의에서 타산

지석으로 삼는 데 목표를 둔다. 영국은 이미 1990년대 들어서면서부터 유럽연합과 세계시장에서 신기술, 기업 생산성 증대, 의사소통 서비스, 엘리트 문화, 가상공간의 이용 가치를 강조하며 지방 정치 개혁을 핵심 의제로 삼았다. 1997년 5월 총선에서 토니 블레어의 '신노동당'이 현존하는 지역주의regionalism를 적극 긍정하는 한편, '지방정부 현대화'를 의제로 내걸고 압승(419/659)을 거둔 것은 결정적으로 중요한 사건이었다.[1] 1998년에는 그동안 역사적 배경에 입각해 자치정부 수립의 요구가 높았던 웨일스·북아일랜드·스코틀랜드의 지방정부 구축을 법적으로 완료했다. 특히 후자의 경우, 1999년 129명의 지역의원으로 지역의회를 구성하고, 런던의 하원과 입법권을 나누어 갖는 획기적인 정책의 시행에 돌입했다.[2] 노동당은 2001년 5월 총선에서도 지방분권 정책 확립과 자치정부 허용을 약속하며 연속 집권에 성공했고, 아울러 이는 로컬거버넌스[3] 개념과 실천이 출현·심화하는 데 결정적 계기로 작용했다.

로컬거버넌스 개념의 출현은 전 지구화 또는 유럽연합이 주도하는 포스트케인스주의, 곧 신자유주의 도시 경쟁에 대응하고자 제3부문 정책을 모색한 산물이다. 곧 국가의 공간정책이 도시나 도시권 중심의 집행을 넘어 다중 정체성의 광역도시권이나 도시집결체 같은 다중 공간규모에서 공간규모 재조정을 통해 주민 참여와 경제발전을 모색한 산물이다.[4] 그러나 실제의 로컬거버넌스는 미시적 장소뿐 아니라 준독립적 지방자치정부를 구성한 영국의 경우에서 보듯, 해당 공간의 규모scale와 참여 주민에 이르기까지 대상의 범위 자체가 너무나 다종 다기하다. 게다가 시간의 경과에 따른 정책 담당자와 정치 환경 변화가 정책의 운영과 집행에서 계속 변수로 작용하므로 실체를 파악하기가 쉽지 않다. 현재 영국은 집권 보수당이 더 스마트한 국가smarter state를 지향하면서 로컬거버넌스에 참여하는 인적 구성원을 축소하려는 당파적 경향과 핵심 가치를 보존하려는 경향이 교차하는 현실이므로 평가의 일반화는 매우 조심스럽다.[5] 그럼에도 2016년 1월 「도시 및 로컬 정부 지방분권 헌장」이 국왕의 재가를 받음으로써[6] 지방분권과 로컬거버넌스는 불가역적 현실이 되었다. 한편 브렉시트 이후의 영국, 나아가 현재 스페인 바르셀로나, 이탈리아 북부 롬바르디아Lombardia와 베네토Beneto가 요구하는 자치권 요구에서 보듯, 유럽연합-국가-로컬로 연관되는 다중 공간에서 생성·재구성되는 로컬리티locality와 새로운 로컬리즘을 어떻게 이해할지 여부를 둘러싼 복잡한 과제가 놓여 있다. 그런 점에서 이 장은 매우 시의적이되 지극히 잠정적인 논의가 될 수밖에 없다.

로컬거버넌스 관련 이론도 여러 가지다. 먼저 신자유주의에 기초해 민간 기업의 경영 기법과 가치를 공공 기관에 적극 원용하는 '신공공관리론new public management',[7] 공공과 민간, 비정부 조직 사이의 자율 조직적 관계망을 통한 상호 이해와 의견 교환, 신념의 공유와 유대 및 연계협력을 강조하는 '관계망 형성networking 거버넌스론'[8]이 있다. 또한 도시개발 정책의 결정에서 지역사회 권력구조(정부)와 도시의 정치경제(시장) 패러다임을 결합해 상이한 사회 영역, 곧 정부와 기업, 국가와 시장, 정치와 경제가 합의와 협력에 도달하는 방식을 '합리적 선택' 이론으로 검토하는 '도시체제urban regime이론'이 있다.[9] 한편 '조절이론regulation theory'은 정치경제적 조절 체제와 실천을 구성 요소로 삼고, 거버넌스 제도와 실천에 '행위자' 위치를 부여해 공간 규모의 관계적 전망이 정치적으로 구성되는 방식에 관심을 기울이는 계기를 제공했다. 그 결과, 도시 거버넌스 제도들이 자본의 축적과 재생산에 요구되는 사회적·정치적·경제적 조화를 보장 또는 조절하는 기획에 유용한 이론으로 호명되었다.[10] 특히 정치적·경제지리적 공간화에 초점을 두고 공간의 정치경제학을 제시한 점은 큰 공헌으로 평가받는다. 그러나 로컬거버넌스를 폭넓은 공간규모에서 정치적·경제적 성향들의 연역적인 구조적 부산물로 읽는 경향과, 도시를 조절적 과제를 관리하는 자명한 논리적 공간규모로 보는 경향은, 둘 다 전략적인 사회정치적 개입이 작동하는 공간규모 정치를 인식하는 데 실패했다는 비판도 받는다.[11]

이 장은 국가와 로컬의 관계를 기반으로 전개되는 전략적 공간 재구성 계획을 전 지구화 또는 유럽연합과 연관시켜 부단히 유동하고 우연적으로 자동 생성되는 양상을 부각시키는 데 목표를 둔다. 그 과정에서 지방분권과 로컬거버넌스의 운용을 모색하고, 조절이론에 근거해 헤게모니의 작동 관계로 파악하는 신그람시주의 전략관계적neo-gramscian strategic-relational 접근의 유용성을 탐색한다. '전략관계적 접근'은 앙리 르페브르와 데이비드 하비의 공간생산론을 기반으로 삼고 '공간적 전환spatial turn'을 넘어 '공간규모적 전환scalar turn'을 강조한다. 그것은 국가-로컬 관계 규정에 이어 국가·로컬 운영의 조절체계 수립 과정에서 공간 재구성, 특히 국가 영토의 재구조화와 국가하위 단위의 사회적 공간규모 재조정 기획에 주목한다. 노동의 공간규모 분업과 더불어 이종적이고 다중규모인 제도적 총체, 곧 로컬거버넌스의 핵심 행위자를 "국가의 복잡하고 사회공간적으로 불균등한 제도적 구조에서 하나의 역사적이고 지리적인 특수한 구성 요소"로 수용한다.[12] 이런 입장에서 탐색의 방향은 다음과 같다. 첫째, 로컬거버넌스에서 시민 참여와 비정부기구나 비정치기구NPO 들의 관계망 형성과 자율적 민주주의를 구현할 방도를 모색한다. 둘째, 전 지구화와 로컬을 연계하는 글로벌-국가, 글로벌-로컬, 국가-로컬의 관계 맺기에서 여전히 중요한 국가의 역할을 탐색한다. 셋째, 다양한 형식의 국가권한이양decentralization과 지방분권 정책의 집행에서 국가와 로컬의 다중 공간규모 재조정multi-rescaling 전략을 평가할 작정이다.

로컬거버넌스와 시민 참여 민주주의

로컬거버넌스는 주민이 정책 결정 과정에 능동적으로 참여하는 권력을 부여받고, 공간 계획을 비롯한 로컬 정책에서 자율적 참여와 운영을 확대하는 것으로 구성된다. 이는 기본적으로 신자유주의가 정치적으로 소비자와 생산자 사이의 집합적 의사결정에 공식적으로 법률제도 수준 이상의 위치를 부여해, 특정 조직이나 국가가 정치사회적으로 시장에 개입하는 양상을 차단하도록 기대된다. 그러나 신노동당의 로컬공간 거버넌스 모색에 신자유주의 정책만 관철된 것은 아니다. 필요한 경우에는 이해관계자들의 참여와 조정이 가능했고, 정부 역시 이해당사자로서 일시적으로 법률과 제도를 동원해 합법적 통제를 행사하는 것이 가능했다.[13] 이때 정부의 개입은 다양한 복지 서비스 공급자로서 정부의 역할을 감소시켜, 제3부문에 포드주의 기반의 케인스주의 복지국가공간과 대비되는, 슘페터주의 노동복지의 후기 국민국가 개념에 입각해 자율 조직 관계망과 레짐regime을 지닌 시민사회로 구성된 다중심 국가의 생성에 목표를 둔다.

1997년 이후 신노동당의 지방분권 개혁 전략은 하향식 접근, 곧 입법, 조사 시찰단, 백서 발간과 상향식 접근, 곧 다양한 형태의 특정 지구 설정, 로컬주의자의 경험과 선도자 중시를 동시에 강조했다. 그 결과, 중앙정부와 로컬 정부의 대화가 보수당 정권 시기보다 더 활발해졌지만, 정책적 영향력의 행사가 목표는 아니었다. 2001년에 백서 『강한 로컬 리더십Strong Local Leadership』은 장차 중앙정부의 정책 초점에 대해 서비스 투입, 절차, 그리고 로컬의 결정을 '통제'하는 방식을 자제하고, 국가적 기준과 회계 책임을 통해 서비스 배달을 '보증'하는 역할로 변경시킬 것을 공표했다.[14] 백서는 '획득된earned 자율성'의 체제, 곧 로컬 정부의 제약 조건을 넘어 재정적 제한을 완화하고 활동 환경을 개선해 높은 성적을 이룬 행정 당국에 대해 공통의 보상과 인센티브를 약속했다. 이를 두고 국가하위 기구의 개혁 의제가 '하향식 접근'과 '상향식 접근', 국민국가의 기준을 충족하려는 추동과, 로컬의 지식·혁신 격려와 집행부 지도력 강화 및 공공의 참여 촉진 사이에 긴장을 유발하는 현상이 지적되었다.[15] 낮은 투표율로 지방자치 민주주의가 고전을 겪으면서 '하향식' 국가가 '기강 잡힌 다원주의' 국가의 메타거버넌스로 변화했다는 비판적 평가도 받기에 이르렀다.

'시민 참여'의 제고는 주민 서비스의 질적 향상과 로컬민주주의 소생 과제에서 가장 부각된 정치적 의제였다. 보수당이 효율성 제고를 목표 삼아 '화폐가치'로 유인해 지방정부를 재구성한 것과 달리, 노동당은 로컬 행정 당국과 공동체의 연대에 따른 상호 활동과 교감 작용을 중시했다. 주기적 지방선거와 공적 참여를 로컬민주주의의 건강성을 측정하는 중요 지표로 삼고, 전통적인 공적 회합과 시민배심원, 시민패널, 로컬의 미래 전망 훈련 visioning exercise 같은 새로운 자문 방법이 출현했다. 보수당이 지향한 '시민 = 고객' 개념을 유지·발전시켜 서비스 배달 차원을 더욱 강조하는 동시에, 시민들의 행동을 변화시켜 더욱 많은 책임을 지도록 요청했다.[16] 다양한 자율 조직에 감사inspection 체제를 요구하고, 로컬이 국가적으로 우선시되는 정책의 배달을 요청한 이유도 여기 있다. 그러나 많은 정책적 노력과 혁신적 시도가 반드시 정책에 충격적 효과를 가져온 것은 아니었다. 무엇보다 신노동당이 강조한 참여가 '참여의 최대화'인지 '참여의 평등'인지 불확실했다. 비록 신노동당 정부가 로컬에 관심을 촉구하며 "당신의 지역, 당신의 선택: 영국의 지역들에 재활력을"이라는 구호를 내놓았지만, 신노동당의 공간 규모 재조정과 재구조화 전략 기획의 내부에는 신자유주의와 사회민주주의 사이의 긴장과 모순이 존재하고, 신자유주의적 중앙정부에 로컬이 종속되었다는 평가도 받는다.[17] 이것은 신자유주의가 시장의 탈규제, 개인의 권리와 자율성을 강조하는 한편, 경쟁 메커니즘이 초래하는 한계를 보완할 도구로서 신코포라티즘, 신국가주의, 신공동체주의라는 사회경제적 가치를 내재한 메타거버넌스 조직의 형성을 목표로 삼는 양면성에서 비롯한다.[18] 그 결과, 로컬거버넌스는 기존의 고전자유주의가 상상한 것보다 국가 개입주의 양상을 더 많이 띠게 되었다. 지방정부가 직면한 또 다른 과제는 유럽연합의 출현과 유럽화의 결과로, 국가의 중심-로컬 관계를 넘어 로컬과 유럽연합이라는 제3의 관계가 출현하면서 유럽 차원의 인정이 요구된 사실이다. 결과적으로 새로운 사회적 파트너십이 요구되면서 유럽 연합 자체는 물론 영국 중앙정부와 로컬 정부의 결합 수준이 더욱 복잡해졌다. 로컬거버넌스의 시행 수준, 진행 속도, 실현 방식이 복잡다기하게 진행되면서 다중 수준multi-level 거버넌스의 출현과 제도적 장치의 설정이 불가피했다.[19]

지방분권은 로컬 차원에서 중앙정부에 정치경제적 도전과 자립계획의 수립 공간을 제공하며, 시민 참여 민주주의에 근거해 경제발전을 비롯한 주민생활 향상을 목표로 삼아 로컬거버넌스를 현실화하는 표상이다. 하지만 그 결과가 동일하지는 않다. 주민들에게 자발적 참여와 서비스가 제공되어도 민주주의 실현과 보장은 여전히 취약하고, 과두제가 작동하는 경우도 많기 때문이다. 특히 중소 도시에서는 더욱 그런 경향이 두드러진다. 예컨대 '국가를 넘어선 거버넌스', '신지역주의' 또는 성공한 기업주의 도시로서 '북부의 최강자Northern Powerhouse'로 자부하는 맨체스터의 경우, 그레이터 맨체스터에서 10개 구역은 지방분권에 따른 혜택을 별로 보지 못했다. 도리어 주민들은 제도적으로 국가 차원에서 제공되는 보건복지 예산집행과 관련해 그레이터 맨체스터의 관할 기관이 더욱 증가하면서 공적 일에 참여하는 데 잠재적 긴장과 어려움을 겪는다. 또한 교통의 지방분권은 환경의 지속 가능성, 공중 보건, 사회적 포섭, 경제성장을 목표로 삼았지만, 그 중요성 탓에 여전히 중앙정부가 실질적으로 관장한다.[20] 또한 이미 '이스트 맨체스터' 도시재생에서 보았듯, 지역사회의 권력이 실질적 이익집단에 속한 지방통치

연합에 있지 않고, 도시정부가 주도하는 공사 협력체제로 결속된 소수 엘리트인 '맨체스터 마피아'에게 장악되어 있다. 우리는 이들이 장기적으로 건축·주택 사업자로 변신하는 모습도 목격한다. 다른 도시의 재생 사업에서도 경영 관리론 입장이 공사 파트너십의 민주적 성격을 더욱 약화시켰다.[21] 그 결과, 새로운 거버넌스 양식에 통합적 요소로서 시민 참여 활동이 확산되는 경향에도 불구하고 시민권력의 확립이 보장되지 않는 역설도 목격한다. 이를 두고 지방분권 의제들이 충분한 정보를 교환한 민주적 정착에 바탕을 둔 것이 아니었다는 의미심장한 비판을 듣는다. 이는 지방분권과 로컬 거버넌스가 민주주의적 정의와 형평의 보장이 아니라, 성장 정책의 추동자로서 지역 경제발전에 주민을 들러리로 삼는 전략 집행의 장site으로 머무는 측면이 강한 데서 비롯한다.[22] 또는 정치적 경쟁, 국가기업주의, 공공부문 근대화, 시민사회 행동주의, 로컬 현실에 관한 지식이라는 변수가 상호작용한 결과다.

이런 상황에서 미셸 푸코가 말한 '행위에 대한 행위'이자 '정상화하고 합의하는 기술'로서 '통치성gouvernementalité' 개념의 설명력, 즉 시민의 참여와 능력 계발을 강조하는 신자유주의 거버넌스 현실에 대한 설명력이 지적되었다. 그러나 이 개념은 '국가를 넘어선 거버넌스'로서 신자유주의 거버넌스의 일상 가운데 자기 능력 계발의 일환으로 자발적 참여와 민주주의를 자극하는 유용한 역할을 인정받는 동시에, 국가가 다양한 핑계로 로컬에 침투해 통제하는 양상을 자발적으로 수용하게 만드는 야누스적 이중성이 우려되었다.[23] 맨체스터를 비롯한 여러 도시에서는 경제발전의 추동자로서 다양한 공사 협력체제의 도시재생 전략이 주민의 공공참여를 표방했지만, 국가가 개입하는 고도로 능동적인 진로 조종을 당연시한 점도 숨길 수 없는 사실이다. 그러나 '이스트 맨체스터' 도시재생 사례에서 보듯, 각 사업구역에서 발생한 시민들의 항의와 시위가 2014년에는 '도시재생특별법'의 제정을 추동하고, 자율적·능동적 참여의 성공에 기여한 측면도 있다. 여기에 착안해서 자기계발과 자기지배를 강조하는 '통치성' 개념을 로컬거버넌스 개념에 결합하여, 참여 민주주의를 진작시키는 공동체 전략이 가능한 잡종 체제로 만들 가능성을 엿보는 평가도 있다.[24] 이는 로컬거버넌스가 사회운 동의 장에서 주민 참여라는 인간적 요소가 주도하는 자율적 거버넌스로 존 재할 때 그 동력을 확보할 수 있다는 지적으로 평가할 수 있다.

'신자유주의' 시공간에서 로컬거버넌스의 역동성을 담지하려는 시도 가 운데 참여와 민주주의에 대해서는 우선 두 가지 문제가 제기된다. 하나는 참여의 의미·잠재력과 그것이 내포한 함정의 문제이다. 다른 하나는 로컬 민주주의에서 대의제도와 참여 사이의 분열, 도시에서 참여·민주화·사회 운동 간 구분과 중복의 문제이다.[25] 사실 요즘 자주 거론되는 숙의deliberative 민주주의와 수평적 거버넌스 구조를 막론하고, 그것이 중산층과 엘리트의 이익에 유리한 조건을 보장하는 데 앞 순위가 주어진다면, 참여의 장치가 민주적 거버넌스를 촉진할 방도는 과연 무엇인가? 로컬거버넌스에서 문제 제기적인 권력관계가 로컬파트너십에 참여하는 비선출적 로컬 명사들의 영 향력으로 대표되는 엘리트주의적 참여를 구현한 결과 민주주의와 회계 책 임을 손상시켰다.[26] 물론 영국에서 인구의 8.3%나 되는 시민이 로컬거버넌 스 숙의 활동에 참여한다는 긍정적 평가도 있다. 하지만 90%의 주민이 정 책의 실체에 접근하는 데 장애로 작용하는 수사학적 장벽과 이미지 정치를 넘어, 도시의 가난하고 주변화된 공동체 또는 다중적 시민권 보유자들의 참 여를 진작시키고 민주주의의 가치를 심화하는 문제는 여전히 미해결 상태 에 있다.[27] 이는 경제적 역동성 못지않게 정치적 역동성의 문제이며, 지방 정부 시민권과 국가 시민권의 공동 보유자, 아울러 본국 시민권과 영국 시 민권, 지방정부 시민권 또는 로컬 시민권을 선택적으로 보유한 이주민들과 끊임없이 토론하는 민주적 협상 훈련을 요청한다.

지방분권과 로컬거버넌스 정책의 설명력 확장 문제에서 중요한 점은 거버넌스 당사자의 역량 문제이다. 초점은 두 가지에 주어진다. 첫째, 로컬의 거버넌스 역량뿐 아니라 국가가 합리성을 계산하는 전략적 양식과 그것을 제도적으로 실천하는 기술, 둘째, 정치적 주체가 다양한 규모로서 안정적으로 통치되는 양식의 틀과 관련된 담론을 생산하며 구성하는 능력, 바로 그것이다. 핵심 요소는 국가 활동이 로컬을 넘어 다중 공간규모 조직을 생산하며 공간을 물질적으로 조정함으로써, 헤게모니 또는 반헤게모니적 담론 기획을 창조하는 정책 패러다임과 제도적 형식 및 정치적 표상 체제를 만드는 것이다. 로컬거버넌스는 주민의 자율적 참여와 자치의 실현을 통해 참여 민주주의의 실현과 경제적 활력 제고의 최대화를 강조한다. 그것은 비판적 숙의민주주의를 도구적 장치로 삼아 제도적으로 계획된 구상의 교차성이 결합 · 작용하며 로컬거버넌스의 정당성을 확보하는 문제와 맞물린다.[28] 그 이유는 로컬거버넌스는 그 본성상 물질적 힘이며, 이념적 구성물인 국가가 로컬공간을 새로운 접근 형식으로 재조정 · 운용하고 이를 정당화하는 이론적 · 실천적 기획이라는 진단과 연관된다. 이는 로컬거버넌스 공간의 본성을 둘러싼 논쟁을 가열시켰다.

로 컬 거 버 넌 스 에 서 국 가 와 로 컬 의 관 계

로컬거버넌스 공간의 본성을 둘러싼 논쟁에서 참신한 관점을 제안한 인물은, '공간성'을 사회경제적 변화 과정에서 정치적 중립이나 방법론적 추상이 아니라 권력투쟁이 가져온 영토적 변환으로 성찰한[29] 밥 제숍이다. 그의 고찰에는 국가, 곧 국민국가를 구조와 사회 세력들의 관계적 접근과 전략적 선택이 수행되는 사회적 관계로 본 니코스 풀랑저스Nicos Poulantzas, '통치성'이라는 자못 자아심리적인 개념으로 국가권력의 작동기제를 통찰한 미셸 푸코 역시 지적 근원이다.[30] 그는 공간규모[31]에서 특정 거버넌스와 조절 과제를 제도화하는 필연성 논리 또는 결정적 요소를 찾는 경향을 완화시키고, 조절적 공간규모 재조정은 "자연적이거나 불가피한 것이 아니라 과거의 정치적 갈등이나 타협의 결과를 반영"한다는 '공간규모적 전환'의 성찰[32]의 궤적을 제공한다. 거기서 국가는 고립된 익명의 정책 결정자에 의해, 또는 정책 관행들이 일관되게 집행되는 영역이 아니라, 그 공간에 거주하는 자들의 사회적 힘들이 맺는 다양한 복합적 관계의 조직이다. 그 결과, 영토를 지닌 다중 공간규모의 제도적 총체로서 통합적 국가의 통치능력이라는 것도 상황에 따른 거시적 헤게모니뿐 아니라 미시적 헤게모니 또는 반헤게모니적 실천 과정에서 이루어진 '우연적' 실현[33]의 산물이다.

> [국가는] 단순히 제도적 총체일 뿐, 권력을 소유하지 않는다. 국가는 오직 그러한 권력을 매개하는 일단의 제도적 능력과 경향을 지닐 뿐이다; 국가권력은 국가 안에서 국가를 통해 행동하는 사회적 힘들의 권력일 뿐이다.[34]

이런 관점은, 분석 무대를 로컬로 옮겨 신자유주의적 전 지구화와 연관된 자본축적이 실현되는 특수한 맥락에서 공간규모의 구성 요소를 이론화할 계기를 제공한다. 즉, 로컬거버넌스 자체를 광범한 다중 공간규모화 기획을 실천하는 정치경제적 거버넌스의 일부로 인식한다. 이런 전략관계적 접근은, 물질화된 공간규모를 가진 국가의 결합부분들conjectures을 둘러싸고 "한 사건의 다중 인과성에도 불구하고 여러 사건이 같은 결과를 가져오는" 헤게모니적 거버넌스 기획에서 '기호와 담론'의 구성적 역할에 주목한다. 로컬거버넌스에서 문화 관련 요소와 문화도시 브랜드를 강조하며 경제적 상상력도 일상의 담론으로 설명하거나 도시 경쟁 내용을 구성하는 양상을 정책 논의의 출발점으로 삼는 이유가 여기 있다. 그것은 경제적 상상력이 경제적 활력 제고를 목표로 삼는 온갖 제도적·조직적 실천을 거쳐 물질적으로 재생산되는 양상을 이해하도록 요청한다. 곧, 담론성과 물질성이 변증법적으로 작용하는 정치경제학적 재생산과정에 주목하도록 이끈다.

전략관계적 접근은 로컬거버넌스에서 국가의 역할을 이해하는 데 어떻게 기여하는가? 첫째, 국가의 전략적 역할을 중심 단계에서 자본의 이익을 표명하는 '제도, 조직 및 여러 세력들의 복잡한 총체'라는 통합integral 개념으로 수용한다. 이는 그람시의 '통합국가' 개념, 즉 국가란 지배적 사회집단이 공적·사적 형식의 제도적 총체를 구성하고 권력을 행사하는 제도들이라는 관점을 긍정한 산물이다. 거기서 국가제도와 시민사회 사이에 경계의 유동성과 로컬거버넌스를 형성 또는 결합하는 국가 행위자와 비국가 행위자 간 연계 관계의 세심한 파악을 요청한다. 신자유주의 전 지구화의 산물인 소비주의와 개인주의가 국가를 로컬공간에서 사라지게 만들 것이라는 통념은 맞지 않다. 국민국가의 약화에도 불구하고 국가 영토 자체는 여전히 사회통합 기구로서 역할을 수행한다고 보기 때문이다.[35] 국가를 응집력이 약화된 분산된 공간규모로 보는 이런 인식은, 국가의 존재 조건으로 '공간성'을 통합국가 개념의 중심에 세운다는 점에서 어느새 상당히 탈근대적인 국가관으로 이끈다. 이때 국가는 공간적으로 여러 이종적 요소를 포함하는 느슨한 제도적 총체일 뿐, 통합성과 통치능력이 선제적으로 형성되거나 자본주의 논리가 필연적으로 보장되는 실체는 아니다. 국가 작동의 잠재적 우연성, 곧 우연적 요소가 부단히 작용하는 체계 안에서 조율 기능을 구축하는 로컬거버넌스의 자기조직능력autopoiesis은, 한 공간성에서 사회적·경제적·정치적 힘들이 특수한 경합 활동 과정을 거쳐 정치적으로, 좀 더 심하게 말하면 '우연적'으로 성취 가능하다.[36]

신그람시주의는 국가와 로컬의 관계에서 '담론 구성체'가 작동하는 헤게모니 기획을 설명하고, 지배적 이해관계 가운데서 그들의 사회구조적 기반을 표명한다. 그뿐 아니라 국가하위적인 사회적 이해관계에 행위자의 광범한 동의를 보장하는 상호작용과 협상에 주목한다.[37] 결과적으로 국가는 지배적 이익관계의 대상들이 담론을 통해 전략적으로 구성되거나, 고유하게 공간규모적으로 작동하는 특수한 구체적 행동 프로그램인 '사회공간적 관계'로 부각된다.[38] 국가를 근본적으로 통합성, 제도적 조직과 실천을 '우연적'으로 표명하는 '담론적 절차들'의 투쟁 영역으로 보는 접근은 로컬거버넌스가 국가통치는 물론 로컬통치local government도 아닌 이유를 설명해준다. 로컬거버넌스를 구성하는 다양한 요소들과 계기들은, 구조적이지만 주어진 것은 아니고, 전략적으로 선택적이며, 실천적으로 행동화하고, 담론적으로 추동된 산물이다. 곧, 도심재생 전략 선택, 지역 활동가 참여, 지속 가능한 생태도시 담론 등으로 추동된다. 물론 그것의 구성 형식이 로컬의 모든 사회적 힘들에 동등하게 작용하지는 않는다. 예컨대 스코틀랜드나 바르셀로나처럼 국가nation를 모색할 때 담론적 절차 투쟁 전략은 로컬거버넌스 차원을 크게 확장시킨다. 로컬거버넌스의 이해와 관련해 먼저 로컬리티에서 구조와 행위의 관계를 전제할 필요가 있다.

> 구조는 분석적으로 그들의 형식·내용·활동에서 전략으로 취급되고, 행위는 분석적으로 구조화되며 다소간의 맥락에 민감하지만 구조화가 진행 중인 것으로 취급된다.[39]

로컬거버넌스의 실행에서 구조는 어떤 역할을 하는가? 그것은 특정 유형의 정치적 행위자, 정체성, 전략, 시공간 지평의 표현에서 유리한 특권을 가지고, 이익 관계가 헤게모니 기획에 담론적 배열로 통합 가능한 특정 행위자들에게는 손쉽게 침투한다. 그와 달리, 이해관계가 불일치하는 행위자들의 정치적 담론을 표명할 공간의 제공은 '전략적·맥락적 분석'을 거쳐 차별화해 고찰해야 한다.[40] 결과적으로 어떤 이해관계, 정책 형식과 쟁점은 마치 기업주의 도시 맨체스터의 공사 파트너십 참여자처럼 헤게모니를 장악한 집단에게 상대적으로 유리하게 특권적으로 제도화된다. 그 결과, 거버넌스 능력이 행동화되는 특정 국면에서 정당성 확보와 제도적 변화를 명분 삼아 다수 행위자들, 예컨대 공적 행위자와 사적 행위자의 파트너십같은 전략적 결합이나 통합이 가능해진다. 로컬거버넌스의 정책 방향과 개입 형식은 헤게모니적 이익 관계에 유리한 특정의 제도적 기획과 전략을 추구하도록 전개된다.[41] 그뿐 아니라 "정치경제적 권력의 장들에 핵심 부문과 사회집단의 접근이 체계적으로 유리한" 표상 형식들, 예컨대 후기발전주의 시대에 적합한 담론으로서 로컬 차원의 지속 가능한 발전이니 대안 경제니 하는 명제들을 제안한다.[42] 전략관계적 접근이 로컬거버넌스를 물질적·담론적 활동 양식화하는 국가 구조 및 행위자의 전략적 선택성의 방식에 탐구의 초점을 맞추는 것은, 헤게모니 기획, 헤게모니 지지 블록 및 국가와 로컬의 관계에서 특정한 정치적 힘들의 잠정적 실천과 정렬·배치를 설명하는 담론 형식 생산의 이해에 요긴하다.

즉, 자본주의에서 헤게모니적·반헤게모니적 구성으로서 조절체계의 '문화적' 역동성을 탐색하는 데 유용하다. 특히 사회공간적으로 '공간화된' 조절적 접근은 도시 또는 로컬에서 신자유주의 축적과 조절 전략을 신경제, 기업주의, 주택조합, 엘리트 문화, 고등교육, 기업적 공공행정 등 갖가지 용어로 표상한다. 나아가 신도시경영, 공간 계획 기술, 통제와 감시 기술, 성문화된 민주적 절차, 시장과 공공 부문 결합 등 구조적이고 선택적인 제도화를 통해 전략적으로 중요한 공간규모를 형성하는 전략에 주목하도록 이끈다. 이는 우리가 요즘 흔하게 듣는 '세계도시', '혁신도시', '기업도시', '테크노폴리스', '국제자유도시', '문화도시', '청정도시', '다문화도시', '생태도시', '관문도시' 등의 표상적 도시 경쟁 담론을 이해할 길을 제공한다. 그러면 로컬거버넌스 담론에는 신자유주의에 동조하는 지역주의 표상만 존재하는가? 전혀 그렇지 않다. 신자유주의 기업주의에 대한 반헤게모니적 저항·협상과 상호 선택 담론의 표명 역시 인정한다. 예컨대 신코포라티즘에 입각한 주택·복지 조합, 사회적 주택, 대안 경제, 사회적 경제, 공유 경제, 공유도시, 신윤리주의, 인간적·민주적 신경제, 신사회적 기업주의 담론 등 또한 가능하다.

전략관계적 접근 담론의 한계를 발견하는 곳이 여기다. 로컬거버넌스를 구성하는 토대인 정치경제학적 체제는 실용주의가 크게 작동하므로, 헤게모니 담론으로 설명하기에는 한계가 있다. 특히 로컬거버넌스가 개별 로컬마다 고유하게 경로의존적인 경우가 압도적이므로 정책 결정 과정에서 대다수 주민을 소외자나 희생자로 만들어버릴 때 이에 대한 항의 목소리는 쉽게 파묻혀버린다. 사실 신자유주의 정책 자체가 실용성과 기회주의에 근거한 모순과 경쟁을 특징으로 한다. 그러므로 로컬거버넌스의 실제 정치체제들은, 헤게모니적 성장기계가 주도한다고 간단히 재단하기에는 아주 어려운 모순된 사회적 세력들과 도전적인 정치운동을 포함한다.[43] 로컬거버넌스가 알고 보면 제도, 전략 수행 기관, 발전 담론, 정책 의제, 거버넌스 관계들의 잡다한 누더기에 불과하다는 비판까지 받는 이유가 여기 있다. 이런 측면을 극복하려면 다양한 장소성에 기반을 둔 다차원적 로컬거버넌스의 인정이 불가피하다.

필자가 로컬거버넌스를 개별 사례가 아니라 담론적 실천으로 분석하는 이유가 여기에 있다. 이는 로컬의 공간규모에서 유통되면서도 벗어나는 우연적 정책 담론과 정치경제적 담론 사이에서 상호 담론적 연쇄들의 전략적 형상화를 관계적 관점으로 이해하는 데 목표가 있다. 밥 제솝은 로컬거버넌스의 장site에서 "주권국가의 공간규모 재조정이나 국민국가의 이익 추구와 또 다른 영역이 출현한 것"을 목격한다.[44] 그러나 이 접근은 문제점도 내포한다. 첫째, 로컬거버넌스의 능력을 도시공간규모에서 생산하는 다중 공간 규모적 상호 의존성과 연관시켜 파악하는 담론적 실천의 명제에만 주목하는바, 로컬공간규모를 정치적 구성물로 이해하는 방식이 제어받을 우려가 있다. 둘째, 로컬거버넌스에서 특수한 정치적 · 사회적 · 담론적 실천은 국가의 구조적 · 전략적 결정으로부터 출현한다. 신노동당의 거버넌스 근대화 작업에서도 전략성, 민주성, 효율성이라는 말은 조정, 통합, 조절이라는 테마와 함께 핵심 담론의 역할을 수행했다. 이것은 '신코포라티즘', 곧 경제성장, 환경보호 및 정책 집행 과정 · 결과에서 다양한 목소리를 포함하는 '3중의 밑바닥 노선'에 바탕을 둔 해결책을 모색하도록 이끌기는 했지만, 로컬거버넌스의 현실은 결국 제도적 장치의 토대가 허약했다. 예컨대 2001~2012년에 전개된 '영국 공동체를 위한 뉴딜English New Deal for Communities'의 도시재생 사업에서 도시조절공간인 공동체와 자발적 부문을 강조한 것은 사실이다. 그러나 비록 국가 주도 체계를 포스트국가 체계로 전환시키며 공동체 주도 사회적 기업을 지향하고 '인정'을 추구했지만, 여전히 산발적 개입을 진행하는 신자유주의 경향을 벗어나지 못하는 긴장을 내포했다.[45] 맨체스터의 도시재생 사업에서 로컬 전략 파트너십LSPs과 공동체를 위한 파트너십NDCs에 바탕을 둔 '공사 협력체계'가 바로 그런 긴장이 나타난 대표적 경우였다. 셋째, 그럼에도 로컬거버넌스의 실천적 성취에는 일련의 분산된 관계적 요소, 예컨대 정치적 이해관계, 합리성, 기술, 정책 개입 영역을 요구하고, 정체성과 관계가 일시적으로 고정되는 구체적 국면 혹은 '결절점'을 표명하는[46] 순간이 있다. 그러나 국가만이 공간의 통합성을 잠정적으로 실현하고 로컬거버넌스 능력의 활성화를 가능하게 만드는 중심 요소라는 전략관계적 관점은, 현실을 설명하는 데는 유용하지만 국가와 로컬 관계가 여전히 수직적이라는 관점을 벗어나지 못하는 한계를 품고 있어 그것을 넘어서는 현실적 도전에 대해서는 설명력이 취약하다.

로컬거버넌스에서 헤게모니의 작동과 공간규모 재조정

밥 제숍과 닐 브레너 Neil Brenner 는 '신지역주의'가 신자유주의 전 지구화 공간을 소홀히 하고, '신제도주의'가 국가나 로컬 정부 조직과 제도에만 집중했다고 비판하며, 전 지구화 자본이 로컬 차원에서 국가를 매개로 작동하는 양상을 파악하는 데 초점을 둔다.[47] 이들은 로컬거버넌스를 서로 맞물린 공간규모의 범위를 가로질러 동시 작동하는 행위자이며 제도이자, 정치경제적 힘들이 만든 정치적 구성물로 이해한다. 그러면 로컬거버넌스에서 공간규모 재조정 문제가 예민한 주제로 등장한 배경은 어디에 있는가? 이는 전 지구적 자본이 국가의 본성과 역할 변화를 추동하며 국가 이익을 로컬리티 차원에서 권한 양도와 자율의 형식으로 실현하는 방식으로 보는, 지극히 '정치적'인 정치경제학의 산물이다. 곧, 전 지구화와 연계되는 국가가 로컬 수준에서 재생산과 축적을 추동하면서 조절적·전략적 관계 행위를 담론으로 표명하는 양상을 설명하는 데 유용한 쟁점을 모색한 산물이다. 로컬거버넌스 정책의 수립에는 대부분 시민 참여, 경제성장, 도시 경쟁력, 교통 운송, 도시기반시설, 사회정의, 지속 가능한 환경, 지속 가능한 도시, 기후변화, 그리고 무엇보다 신속하고 적합한 정책 실현의 모색이 공통 명제로 녹아 있다.

일차적으로 그것은 영토의 재조정 형식으로 출현한다. 그러나 이 경우에도 공간규모 의제는 별도로 작동하기 때문에 사회복지와 환경 정책을 비롯한 구체적 정책 실행에서는 공간 재조정이 반드시 수렴성만을 강조하지는 않는다. 수렴과 분산이 정책과 행정 목표에서 사례별로 작동하고, 심지어 국가는 물론 초국가적 협력 형식조차 가능하다.[48] 그런가 하면 도시 체계 내부에 급격히 증가하는 이주민들의 위치를 부여하는 작업이 도시공간 재구성과 이주민 재배치 형식으로 전개된다.[49] 로컬거버넌스와 관련해 핵심은, 정치경제적으로 폭넓게 상호 의존적이면서도 우연적으로 연관되는 일단의 담론적 연관 관계를 다중 공간규모의 맥락에서 우연적 절합으로 생산·표명되는 실천들을 통해 탐색하고 분석하는 것이다. 조절의 우연한 정치적 실천, 특정한 제도 형식과 거버넌스의 메커니즘을 당대의 경향에 부합시켜 형성하고, 그것들이 도시공간규모를 통해 표명하는 다중 공간규모에서 결정된 특수한 사회적·정치적 실천을 수행하는 것이다. 그 결과, 기존 제도를 조정하고 새로운 정책 공간규모들을 배열하는 과정에서 조절과 통합을 넘어 새로운 공간규모 개입을 정책적으로 발생시키는 변화의 인식을 추동한다. 곧, 더욱 폭넓고 다중 공간규모화되는 정치경제적 관계와 체계의 구성 요소인 제도·관계·실천들이 자본주의 전 지구화의 축적과 조절의 영토 재조직 과정에서 동급의 공간규모에 집착하는 '공간규모적 고정scale fix'을 추적한다. 로컬거버넌스는 이 경우 도시공간규모를 조절해 제도화하는 과제를 거시적 또는 미시적 맥락, 전략과 구조 사이의 특수한 절합 관계를 표현하는 정치적 구성을 진행하며 만나는 우연적 과정의 산물이다.[50] 정치경제학적 공간을 형이상학적 자율체계의 공간이 아니라 변덕스러운 대립 전선을 지닌 구성적 담론공간으로 이해하기 때문이다.

우연성과 변덕스러움을 강조한다면 공간규모 재조정은 로컬거버넌스 또는 로컬리티 자체의 산물인가? 그럼에도 그것은 기본적으로 국가의 헤게모니 전략 기획 수립을 도모한 노선의 산물이다. 국가의 제도적 형식은 특정 시공간에서 광범한 사회적 동의라는 문화적 헤게모니를 성취할 수 있고, 지배적인 경제적·사회적·정치적 이익을 보편화하며 복지를 진전시킬 수 있다. 이들 이익이 바로 권력 블록bloc이고, 국가는 그것을 횡단해 정체성과 이익의 통합을 유지하는 중심 역할을, 그래도 수행한다. 한번 생성된 블록은 국가의 특정한 제도 형식과 공간규모 조직을 성취하고 유지하는 온갖 다양한 전략을 구사하며 헤게모니 장악 기획을 지지하는 사회적·문화적 기초를 제공한다.[51] 신그람시주의가 헤게모니 기획과 관련시켜 국가 형식의 성공적 구성이 우연적 선택의 산물이라고 강조하는 것은 거버넌스와 관련 공간의 실천 및 존재 형식의 역사성에 초점을 맞춘 것이다.

전 지구화가 포함한 것은 …… 사회적 관계로서 그리고 사회적 관계의 장으로서 공간규모의 창조 및/또는 재구조화이다. 이는 실제 경제활동의 본질적인 장으로서 더 작은 공간규모, 특히 도시, 경계선, 국가적 혹은 거시 지역적 규모의 연속적(비록 자주 변화하지만)인 의미에서 경제활동의 세계화, 전 지구적 도시화, 국제적 권역화 등과 같은 전 지구화로, 다른 공간규모들의 절합을 지향한다. 그리고 지역주의에 바탕을 둔 새로운 사회운동에서, 다양한 '부족주의' 혹은 소생하는 민족주의와 전 지구화에 대한 서로 다른 방식의 저항에서 명백하다.[52]

다시 점검해보면, 밥 제숍과 닐 브레너가 주목한 것은 신자유주의 전 지구화 공간에서 글로벌 자본이 로컬 수준에서 국가를 매개로 다층적 수준에서 생산의 재조정과 국가공간규모 재조정을 수행하며 '공간규모의 장'을 재형상화하는 역사적 현상이다. 전자는 특히 국민국가가 단순한 '제도' 역할에 그치지 않고, 시장관계를 매개하며 상이한 수준의 정부 사이에서 상호작용하는 사회적 관계의 '관계망 조직'으로 변신해 '공동선'을 위한 자기 재창조를 수행하며 다중규모 거버넌스 체계를 유연하게 구성·표명하는 변신에 주목한다.[53] 후자 역시 전 지구화가 공간규모 재조정으로 공간의 재영토화 전략을 수행하는 것은 인정하지만, 다만 국가중심주의를 넘어선 것은 아니라고 본다.[54] 그러나 어느 것이든 이들이 말하는 국가의 역할이란 공간의 생산과 재생산이 국민국가권력을 장악한 일차원적 국가공간의 형성을 뜻하지 않는다. 국가가 공간규모를 상대화하고 동원하며 새로운 제1위 규모의 공간을 건설하려는 전략에서 준거 절차는 다양하지만, 결과는 불확실하고 경쟁적이며 모순적이고 변화무쌍하다.[55] 국가는 제도적 조직, 규제적 경험과 정치적 전략의 다른 공간규모(글로벌·로컬·국가) 관계에서 일반화되어 새로 정의된다. 그것이 현재는 일단 신자유주의 안에서, 또는 그와 맞서며 대안의 정치를 모색하는[56] 작업이 될 것이다.

이렇게 되면 로컬거버넌스에서 국가의 성격 논의로 잠시 들어가보는 수밖에 없다. 닐 브레너의 신국가공간론은 밥 제숍의 방법론이 여전히 국가를 목적론적·실체론적·본질론적으로 판단한다고 비판한다. 그는 공간의 의미를 두고 투쟁하는 행위자인 실제 권력의 기하학과 제도화된 공간적 실천에서, 조건적이고 경쟁하며 궁극적으로 변화 가능한 후기 국민국가 개념의 복잡성을 강조한다.[57] 아울러 현재의 국가공간을 1970년대 이후 상호 공간규모적 관계들 사이에서 관리·조정과 연계된 행정적 탈중앙집중화와 그와 결합한 차이화된 사회경제활동의 산물로 평가한다.[58] 후기 국민국가는 특수한 맥락에서 제도적 변형과 정치투쟁의 산물로, 미완성이고 미확정적인 '다중 공간규모의 크기'로 형성된 재절합 지대이다. 또한 국가는 시민사회에서 경제조절이나 힘의 균형 수정을 목표로 삼는 '국가공간 기획'과 '국가공간 전략'이 경제와 사회에 광범하게 개입하며 불균등 발전을 전개하는[59] 역할을 긍정한다. 그러나 브레너는 이 둘을 예민하게 구분한다. 이는 국가권력의 협소한 조직적 의미와 광범한 통합적 의미 사이를 구분하는 것이다. '국가공간 기획'은 특정한 행동 노선 뒤에서 국가의 개인 및 행위자들의 동원에 기여하는 내부 활동으로, 공간규모 조건에서 중앙집권화와 지방분권화의 경향들, 영토적 조건에서 균일성이나 관행화 사이에 유발되는 긴장을 말한다. 한편 '국가공간 전략'은 국가가 광범한 정책 분야를 가로질러 경제 및 사회 발전 촉진 활동에서 사회와 상호작용을 말한다. 이는 특정 공간규모의 특권화나 책임의 더 폭넓은 분배, 그리고 공간을 가로질러 사회경제적 계정과 활동의 균등화나 집중의 추구 사이의 모순으로 구조화된다.[60] 이들의 공통점은 공간규모와 영토적 차원을 병합한다는 것이다. 결국 공간규모는, 영토가 서로 다른 위치·장소·지역을 가로질러 권력을 공간 차원에서 표명하는 것을 강조하는 정부의 서로 다른 수준들 간 권력 서열 질서를 말한다.

닐 브레너의 견해에서 주목할 점은, 공간규모 재조정 과정 또한 전통적인 국가공간 전략과 국가공간 기획이 '수직적인 위계 공간을 재편성'하는 현상을 넘어, '자본축적 공간 재조정'과 '도시화 과정 공간 재조정'뿐 아니라 '논쟁하는 정치적 공간 재조정'을 포함시킨 것이다.[61] 이 세 번째 재조정은 국가와 사회의 작동 과정에 연계되어 지역 갈등의 정치, 영토의 이용과 지역 푸대접 같은 복잡한 경험적 관계를 분류하며, 결정적으로 로컬거버넌스의 토대인 지방분권의 다양한 양상과 중요하게 연관된다. 국가하위공간 기획 전략인 지방분권은 낡은 것 위에 새로운 제도의 층을 놓는 것이 아니라, 국가의 조절적 경향과 로컬의 제도적 결과가 변증법적 양식으로 작동하며 새로운 거버넌스 주형을 모색하는 역동적 과정이다.

국가공간성을 확고하게 둘러싼 형상은 국가 조절 활동을 표명하는, 상대적으로 분할되고 차별화된 지리학을 제공한다.[62]

비록 정확한 개념화가 쉽지는 않지만 '지역적 공간' 또는 '지역주의 공간'을 생성시키는 지점이 바로 여기이다. 이 공간은 상대적으로 비구조화되고 무한히 다양한 개별성으로 특정 장site 에서 다수의 중복되고 얽히며 침투하는 힘들이 상호 작용하는 차별화된 공간규모scalar이다. 로컬거버넌스가 출현해 작동하는 지점도 바로 여기이다. 이 공간은 독자적 공간이 아니고 국가 구조와 사회 세력이 통합적 국가를 더욱 가변적이고 비결정적인 다중 공간규모적 제도의 위계에서 작동시키며 형성하는 과정에서 출현한다. 여기까지 보면 밥 제숍과 닐 브레너는 최근 로컬거버넌스로 표상되는 국가 재조직과 경제 재구조화에서 공간규모의 정치가 작동하는 양상과 의미를 성찰하며, 국가를 영토·공간·장소·관계망이 변증법적 상호 작용하는 모순·난관·긴장을 내포한 실체로 인식[63]을 수렴하는 경향을 보인다. 그러나 밥 제숍이 국가공간의 진화를 형성하는 공간화된 사회적 관계의 중요성을 강조한다면, 브레너는 국가 재구조화의 제도적 층위 형성 과정에서 행위자의 경로의존path-dependent 역할을 강조하고, 개별 도시를 비롯한[64] 서로 다른 공간규모에서 또는 공간규모를 횡단해 작동시키는 지극히 다양한 행위자들과 집단들의 연계 관계에 주목한다는 차이점이 있다.

닐 브레너는 국가-공간성 상상력을 통해 여과된 국가-로컬공간성이 사회 사상과 행동으로 생산되는 비구조화된 관계적 과정에 주목한다. 이는 브뤼노 라투르의 '행위자-연결망 이론ANT'에 바탕을 둔 사회 형식과 연관시킬 가능성을 엿보게 만들었다.[65] 브레너는 '행위자-연결망 이론'에 근거한 도시 이론에 대해, 공간이 관계적으로 중층 결정되는 수평적 재조정을 통한 국가, 시민제도 및 행위자들 사이의 '초국적 관계'에 주목하며, 규범적 존재론에 입각한 '집결체 도시주의assemblage urbanism'로 규정한다. 그리고 주어진 물질적 조건에 경험론적으로 초점을 맞추는 '집결체' 개념은 순진한 객관주의에 불과하므로, 다중 공간에서 변증법적으로 작동하는 국가-로컬 차원의 공간규모 재구성·조정을 탐색하는 비판사회학적 정치이론에 포함시키는 것은 이론적 오류라고 반론한다.[66] 그럼에도 브레너가 일단 비구조적이고 관계적인 공간규모를 통해, 그리고 관계망 이론이 사회생물학적 관계적 관계망의 산물로서 영토 개념을 통해 사유하는 측면에서 양자의 접근에는 분명한 교차점이 있다.[67] 로컬거버넌스가 트랜스로컬의 관계망을 지향해 국가 경계를 넘어서는 이론 장치가 필요할 때, 그리고 거버넌스 내부 관계에서 장소적 관계망을 지닌 시민 참여와 민주주의 검토에 '행위자-연결망 이론'이 유용하게 작용할 수 있다.[68] 그러나 '행위자-연결망 이론'이 이종적 관계망을 끊임없이 생성하는 경계지대를 강조함에도 불구하고, 그것을 로컬거버넌스에 적용할 때 로컬 내부의 차이와 모순에 주목하기보다는 공간을 수평화하는 측면이 있다. 수평적 공간론은 곧 신자유주의가 관철되어 차이를 생성하는 '차이공간'마저 지워지고, 개별 행위자와 장소만이 부단히 연결되어 경도와 위도에 따라 변화하며 존재하는 평평한flat 공간인 '존재론적 공간론'[69]과 친밀해진다. 필자는 수평적 공간론이 공간규모의 돌출과 변화를 분석하고 위계적 공간 조직의 바깥, 공간규모들 사이의 변화, 더 나아가 전 지구화 현상을 이해하는 데 부적합하다는 평가[70]에 동의한다. 전 지구적 트랜스trans 양상을 강조하는 과정 가운데 로컬에서 작동하는 개체적 존재의 고유한 가치 측면을 소홀히 취급할 가능성을 우려하기 때문이다.

공 간 규 모 재 조 정 전 략 의 목 표

지방분권과 로컬거버넌스의 핵심 요소로서 공간 재구성이 학문과 실천의 담론 영역에 폭넓게 밀고 들어왔다. 여기에는 전 지구화와 정보혁명이 시민사회와 국가의 관계를 변화시켜, 정부를 넘어서는 다양한 통치 질서의 역할과 그들의 관계를 재점검하도록 요구받는 현실이 중요한 계기로 작용했다. 밥 제숍과 닐 브레너의 비판적 메타이론인 신그람시주의 전략관계적 접근에 따르면 로컬거버넌스는 기존의 국가공간을 국가 차원에서, 그러나 국가의 영향력은 다중 공간규모적인 제도 위계에서 지극히 가변적·비결정적으로 작동하며 광범하게 재구성하는 공간 기획이다. 밥 제솝에게 신자유주의 로컬거버넌스 공간은 조절체계의 역동성, 특히 자본축적과 조절이 헤게모니적·반헤게모니적 구성으로서 작동하고, 핵심 기초인 국민국가공간은 결코 고정되지 않으며, 경쟁과 재정의 및 재구조화를 반복하는 다중 공간규모이다. 한편 닐 브레너의 신국가공간론은 국가 구조와 사회 세력이 통합국가를 주형하는 과정 가운데 국가공간의 재조직과 경제의 재구조화에서 공간규모의 정치가 작동하는 양상과 의미에 주목한다. 국가는 영토·공간·장소·관계망이 변증법적으로 상호 작용하며 모순·난관·긴장을 내포한 실체로서 자동 조정되는 존재로 수렴되는 경향이 있다. 이들의 공통점은 공간규모 재조정에서 담론적 헤게모니가 강력한 행위자인 전 지구적 자본과 국가권력뿐 아니라, 시민사회의 직접 참여나 일상적 의회민주주의 역시 구체적 삶의 환경에서 상상력이나 상징의 가치를 선택할 기회와 그것을 구성·확산할 계기를 제공한다는 점이다.

그러나 전략관계적 접근은 다음과 같은 한계도 지적받는다. 첫째, 특수한 행위자나 집단들의 정치적 정체성과 이해관계를 설명하고 참여를 기록하며 선택적으로 제도화해 특정 담론 전략에만 호의적이다. 둘째, 헤게모니적 국가 형식 출현을 정당화하는 특정 정책의 실천적 예시에만 주목하고 구체적 사례들을 배제시켜 로컬거버넌스의 자율성과 헤게모니 담론의 역할만 강조한 결과 정치경제적 실천의 양상을 설명하는 데 한계가 있다. 셋째, 국가-로컬의 헤게모니 관계는 제도적 형식·개입과 정치적 표현의 체제를 실천적으로 동원하는 방식에만 주목할 뿐, 실제로 헤게모니 전략관계로 작동하는 것이 타당한지는 의심의 여지가 있다.

필자는 이들의 관점에 대한 수렴과 비판을 거쳐 로컬거버넌스의 양상을 다음과 같이 일반론으로 정리한다. 로컬거버넌스는 비록 전 지구화라는 동력이 국가를 매개로 외부에서 추동하지만, 그것 자체는 공간규모·장소·관계망에서 참여자들이 복잡하고 다양한 사회운동 방식으로 끊임없이 상호 영향을 끼치며 경쟁하는 정치적 공간성의 장이다. 공간 재구성의 핵심 요소는 공간규모 재조정이다. 그것은 '자연적'인 필연적 결과물이 아니라 역사적으로 경쟁하고 생산된 정치적 성취물이다. 그와 동시에, 특정 전략에 봉사하는 거버넌스 형식과 공간규모를 구성하는 지배적인 사회정치적 힘 가운데서 집단적인 사회적 행동과 투쟁의 '우연적' 산물이다. 특히 자본이 주도하는 축적과 조절 전략은 로컬거버넌스에서 다양한 도시 경쟁을 비롯한 표상적 담론 경쟁을 촉발한다. 브랜드 도시의 공간규모 재조정은 능동적 정치적 구성물이자 구조적·선택적 제도화가 추구되는 전략적 공간규모로서 중요한 탐구 대상이다. 그러나 로컬거버넌스 담론에는 단일 표상만 존재하지 않으며, 그 기획의 성과에 긍정적 평가만 있는 것은 아니다. 신자유주의 패권에 대한 동조와 이에 맞서는 반헤게모니적 저항과 협상, 상호 선택 담론 역시 표명된다. 이는 정치적 역동성의 문제로서, 시민권 문제같이 끊임없이 토론하는 민주적 협상 훈련과도 연결되어 있다.

제2부

직접행동과
공간정치

제 4 장

협동조합 도시의 로컬리티

스페인 몬드라곤의 사례

몬 드 라 곤 의 꿈

바스크어로 '아라사테Arrasate'라고 불리는 몬드라곤은 피레네산맥 남쪽
대서양 연안 쪽 북부 해안에 위치한 바스크 지방 주요 도시 빌바오Bilbao와
산세바스티안San Sebastian 중간 안쪽, 빌바오에서 50km 남동쪽, 산세바스티
안에서 100km 남쪽 내륙 산악지대에 위치하는 인구 3만의 도시이다.[1] 바스
크의 주도인 빌바오시 외곽을 벗어나 끊임없이 계속되는 산악도로를 달려
몬드라곤으로 가다보면, 이같이 궁벽한 산골에서 어떻게 전 세계적으로 유
명한 협동조합 공동체가 성립되었을까 궁금해진다. 버스 정류장에서 내려
조금 걸으면 본부로 오르는 길 옆의 몬드라곤 대학교 제1교정에 몬드라곤
협동조합을 세운 호세 마리아 아리스멘디아리에타José María Arizmendiarrieta 신
부의 흉상이 놓여 있다. 몬드라곤 협동조합은 노동자이면서 자본의 소유자

인 조합원이 주도하는 기업 경영을 원칙으로 삼고 고용 안정을 최우선시한다. 곧, 노동을 통한 사회정의와 경제정의를 실현해 인간의 존엄성을 구현하고자 만인의 복지를 위한 민주적 참여와 '연대'의 원리를 강조한 산물이다. 그것은 노동인민금고La Caja Laboral Popular: CLP, 연구개발 기관 이케를란Ikerlan, 보험공제 협동조합 라군아로Lagun-Aro, 구겐하임 미술관 건축으로 잘 알려진 몬드라곤 건설, 스페인 매출 3위의 슈퍼마켓 기업 에로스키Eroski, 농업용 철골 생산으로 출발한 기계공작창 파고르 아라사테Fagor Arrasate 등이 주력기업이다. 그러나 한때 스페인 가전시장 점유율 30%를 자랑했고 폴란드, 중국, 프랑스 등으로 진출해 다국적기업으로 변신한 주력기업 파고르Fagor가 2005년 가전업체 브란트Brandt사를 인수해 프랑스에 진출하면서 난관에 직면했다. 프랑스 소재 파고르브란트FagorBrandt는 규모를 급속히 확대하면서도 노동자 350명의 구조조정 계획을 세웠지만, 강력한 저항에 부딪쳐 40명을 감축하는 선에서 마무리했다. 2008년 전 세계적 금융위기를 맞으며 기업은 회복 불능 상태에 빠졌고, 2013년 11월 파산을 선언했다. 그와 함께 몬드라곤 소재 파고르 가전회사Fagor Electrodomésticos 또한 파산을 선언했다. 그 결과, 몬드라곤 협동조합 전체가 최대 위기를 맞았고, 미래의 존립 가능성에 많은 관심이 쏠리고 있다.

2015년 3월 초 필자는 (재)아이쿱ICOOP 이규승 이사와 몬드라곤 대학에서 서울의 해피브리지몬드라곤Happy Bridge Mondragon 협동조합연구소로 파견된 후앙호 마르틴Juanjo Martin 교수의 소개를 받아 몬드라곤 대학을 방문했다. 빌바오에서 버스로 한 시간여를 달려 제1캠퍼스를 방문한 뒤, 다시 안내를 받아 버스로 30여 분 떨어진 오라네Oranje 소재 제2캠퍼스에서 사전에 방문을 예약한 교수들과 만났다. 이들과 파고르 파산 이후 몬드라곤 협동조합의 미래 구상과 예측, 협동조합과 지역 정치의 관계를 두고 대담을 나누었다. 그들은 공통적으로 첫째, 몬드라곤 협동조합 공동체는 정치적 참여를 철저히 거부하는 중립적인 사회경제 조직이라는 점, 둘째, 주력기업인 파고르의 파산에도 불구하고 노동자들을 다양한 형식으로 재교육해 협동조합 기업 내부에 재배치함으로써 해고가 결코 진행되지 않은 점을 강조했다. 그럼에도 오가는 길에 가동을 멈춘 파고르 공장을 바라보는 기분은 씁쓸했다. 전 지구화가 피레네산맥 궁벽한 산골에서 일어난 협동조합 기업을 무한 경쟁으로 내몰고, 결국은 임금 삭감, 공장 이전, 고용 축소 등의 신자유주의 경영의 선택을 강요했기에 과연 몬드라곤 협동조합이 지속적인 경쟁력을 유지할 수 있을지 질문을 곰곰이 되씹었다.

　20세기말 WTO 체제로 표상되는 신자유주의 경제체제는 자본의 이윤 극대화를 지상 명제로 삼는 질서를 성립시켰다. 기업은 노동의 유연화를 내세워 노동자를 자유롭게 해고했으며, 실업자의 증가는 양극화를 강화했다. 이제 자본의 이윤 추구는 인간 생존의 중심 목표가 되어, 오직 이윤 획득만을 존재 가치로 삼는 질서를 폭압적으로 작동시킨다. 이 체제에 제동을 걸 방법은 없는가? 누구도 선명한 전망을 내세우지 못하는 현실에서 협동조합 운동은 하나의 대안으로 주목받고 있다. 무한 경쟁을 요구하는 자본주의에 '노동자 소유권'이라는 대안을 제공할 뿐 아니라, 로컬 공동체의 사회경제적 발전[2] 전망에 입각한 장소적 속성까지 뚜렷이 천명하기에 더욱 그렇다. 협동조합의 역사는 19세기 초 유럽으로 소급되며, 세계 각지에 다양한 형식의 협동조합이 현존하지만 대부분은 농업 생산, 공예품 생산, 소비자 운동 등으로 한정하는 경우가 많다. 그러나 '몬드라곤' 협동조합 그룹[3]은 궁벽한 시골 소도시에서 로컬에 고유한 내재적 원리를 작동시켜 자본 집중적 생산과 소비 기업 경영은 물론, 노동의 존중과 신인간 계발을 지향하는 창의성을 발휘한 매우 귀중한 사례로 손꼽힌다.[4] 1956년에 5명으로 시작해 2007년 260여 개 협동조합 법인(협동조합 기업 106, 보조 기업 136, 기타 18)에 총매상 160억 3000만 유로, 순수익 7억 9200만 유로를 기록하며 4개 대륙에서 노동자 10만 명을 고용해 스페인 7대 기업으로까지 고도성장 했던 '몬드라곤'은 참으로 놀라운 사례이다.[5] 이제 '몬드라곤'은 창업 50년을 훌쩍 넘어서며 고객 만족, 고용 창출, 지속적 향상, 교육 진흥과 환경 보존, 혁신적인 사회적 부의 창출을 여전히 중요한 과제로 삼고 사회적 혁신을 도모하는 사회적 기업의 견본이다. 현재 몬드라곤 협동조합은 금융·소매·공업·지식 분야를 주축으로 자본주의 질서를 실천과 이론의 차원에서 재구성하고, 인간을 중심에 두는 전략의 일정한 성공 사례로서 관심을 끌며, 협동조합 이념을 세계적으로 확산시키는 데 기여한다.[6]

'몬드라곤' 협동조합은 자본주의 전 지구화의 거친 파고에 직면한 협동조합 운동의 미래에 관심을 둔 많은 이들의 경제적·경영적·인류학적·사회적·정치학적 연구 주제이다. 국내에도 협동조합의 역사가 오래되었지만 막상 진보 진영에서는 카를 마르크스가 초기 사회주의, 특히 피에르 조제프 프루동Pierre Joseph Proudhon 의 생산자 협동조합Association을 비판한 것과 19세기말 시드니 웨브Sidney Webb 와 비어트리스 웨브Beatrice Webb 부부가 협동조합을 실패한 사회운동으로 규정한 것[7]을 받아들여 협동조합을 친자본주의 이념과 실천으로 단정하는 경우가 많았다. 그러나 최근 '몬드라곤' 협동조합 사례가 알려지면서 협동조합 운동을 둘러싼 관심이 우리 사회에도 급증하고 있다.[8] '몬드라곤' 협동조합 그룹 연구를 특별히 로컬리티 연구와 관련시키는 이유가 무엇인가? 무엇보다 민족주의적 비밀 조직 ETA Euskadi Ta Askatasuna(바스크어Euskera 로 '바스크 조국과 자유')가 스페인 국민국가로부터 독립을 요구하며 유혈 테러를 불사해온 바스크 지방의 산물이라는 점에서 보편적 자본이 로컬에서 변형되는 양상을 잘 보여주는 사례로 판단하기 때문이다. 스페인 바깥의 기관으로서 몬드라곤 협동조합에 먼저 주목한 곳은 프랑스 사회과학고등연구원École Pratique des Hautes Études 협동조합연구소 Centre de Recherches Cooperatives 이다.[9] 로버트 오크쇼트Robert Oakeshott가 1973

년에 이 연구소의 조사 자료에 바탕을 둔 저술을 영미권에 내놓은 다음, 영국 방송 BBC가 다큐멘터리 필름으로 소개하면서 몬드라곤 협동조합에 대한 관심이 유럽에서 크게 확산되었다.[10]

흔히들 몬드라곤 협동조합은 바스크 지방의 정치문화에서 비롯된 산물이라고 평가한다. 스페인의 다른 지역과 달리 가톨릭 사제가 젊은 기업인들에게 영향을 끼쳤고, 공동체주의적 농민 문화가 기업 활동에도 작용했으며, 바스크 민족주의가 협동조합을 민족국가 건설 계획의 유용한 도구로 받아들였다는 것이다.[11] 반면 1975년부터 몬드라곤 협동조합에 주목한 코넬 대학교 사회학자 윌리엄 화이트William Whyte와 캐서린 화이트Kathleen Whyte 부부는 현지 조사를 통해 바스크 출신 지도자들의 독특한 인간 중심의 조직문화라는 개인적 요소를 더 중요하게 강조했다.[12] 한편 앞의 요소를 무시하지는 않지만, 지정학적 또는 인간적 요소보다는 1980년대에 산업적 위기가 도래하면서 취약한 스페인 경제가 강력하고 경쟁력 있는 유럽 시장에 통합된 환경적 요인을 강조하는 평가도 있다. 곧, 유럽 공동 시장과 우대협정을 체결한 점이 유리하게 작용했다는 것이다.[13]

이 장은 '국가 자본주의'에 대안으로 평가[14]받는 협동조합 도시 '몬드라곤'의 역사와 협동조합 경영 이념을 검토하는 데 목표가 있다. 첫째, '몬드라곤' 협동조합 운동이 자본의 일반성이나 보편성에 맞서 로컬의 정체성을 재편성하고 경계를 설정한 과정을 검토한다. 이는 협동조합 조직이 내부적으로는 자주관리autogestion 노동운동의 전개, 대외적으로는 기술 발전 요청에 직면했을 때 참여와 고용을 어떻게 해결할 수 있는지 검토한다. 둘째, 협동조합 운동이 좌파와 우파 양쪽으로부터 공격받는 상황에서 후기자본주의 시대의 작업장은 물론 로컬 자체의 민주적 정치 질서 생성에 어떤 방식으로 작용할 수 있는지 묻는다. 끝으로, '몬드라곤' 협동조합 그룹이라는 구체적인 로컬 경계를 둔 조직이 유럽 통합과 신자유주의 전 지구화라는 자본의 보편 운동 앞에서 전개하는 협동조합의 국제화가 과연 어떤 대안적인 글로컬 경영을 성취할 수 있는지 검토한다.

로컬 노동자의 자본 소유와 관리

'몬드라곤' 협동조합 그룹의 역사는 흔히 몇 단계로 나누어 설명한다. 팽창기(1956~1959), 계획적 발전기(1970~1984), 시장 적응기(1985~1990), 활동 영역 구분기(1990년 이후부터 현재) 또는 창업기(1956~1965), 영광의 시기(1965~1980), 후퇴와 재조직기(1980~1990), 전 지구화 단계(1990~현재)로 구분한다.[15] 공통적인 것은 '몬드라곤'이 1990년대 이후 자본의 전 지구화에 발맞추어 활동 영역을 재조정하며 글로컬화를 추진한다는 지적이다. 협동조합 '몬드라곤'은 결코 황무지에 건설되지 않았다. 바스크 지방에는 1870년대부터 소비자 협동조합, 생산자 협동조합, 어부조합, 주택조합 및 이들을 연계하는 상호부조 협동조합이 설립된 전사前史가 있으며, 그 전통은 몬드라곤 협동조합 출현의 밑바탕이 되었다. 몬드라곤 협동조합의 역사에서 중요한 계기는 1941년 2월 26세의 호세 마리아 신부[16]가 인구 8000여 명의 이 소읍에 부임해 교회 조직을 통해서 의료 진료소를 설립하고, 운동 경기장과 스포츠 리그를 조직한 사건이다.[17] 호세 마리아 신부[18]는 가톨릭의 사회적 교의를 로컬 환경에 적용하는 '가톨릭 행동 센터'를 기획했다. 나아가 독자적인 학교 설립 기성회를 발족하고, 청년들과 함께 학부모 연합회를 만들어 '민주적인 권력을 위해 사회화하는 지식'이라는 표어 아래 현지 기업의 기부를 받아 1943년 8월 10일 20명의 한 반으로 구성된 기술전문학교 Excuela politénica Professional를 설립했다. 이 기술전문학교가 오늘날 '몬드라곤' 그룹을 구성하는 협동조합 창설과 발전의 기반이다.[19]

1950년대 초 세라헤라 유니온Union Cerrajera이 새 주식을 발행해 회사 자본금 증자를 결정할 때, 호세 마리아 신부와 제자들은 노동자들도 회사에 투자할 기회를 제공하라고 회사의 고위 경영진에게 요청했으나 거부당했다. 이에 그들은 노동과 자본의 갈등을 해소하는 방도로서 노동자가 소유권에 참여하는 자주관리를 실현할 기업을 설립하는 데 합의했다. 핵심 인물 5인과 18명의 청년이 호세 마리아 신부의 지도 아래 4개 기업과 100여 명의 후원자들로부터 1100만 페세타(당시 환율로 362만 1604달러)를 모금해 회사를 설립했다. 처음 3년은 법적 정관이나 내규도 없이 운영하다가 24명의 노동자 회원이 협동조합 울고르ULGOR[20]를 설립했다. 노동자이자 자본의 소유자인 구성원이 주도하는 기업 경영을 원칙으로 내세운 이들은 노동을 통해 사회정의와 경제정의를 실현해 인간의 존엄성을 구현하고자 만인의 복지를 위한 민주적 참여와 '연대'의 원리를 강조했다.[21] 호세 마리아 신부가 강조한 협동조합 운동의 핵심은 '책임responsibility'과 '연대solidarity'였다.[22] '몬드라곤'에서 발행되는 월간지 제호가 '노동과 단결Trabajo y Unión'인 이유도 여기 있다. 연대 가운데서 이루어지는 삶과 노동은 '몬드라곤'이 인정하는 인간의 공통적 기원이고, 그 방향은 삶과 노동이 당면한 로컬 공동체에 깊이 뿌리박도록 만드는 것이다.[23] 이는 전체주의와 공산주의, 자유지상주의적 자본주의 질서를 넘어, 개인과 전체의 조화와 노동하는 인간 중심 기업을 협동조합주의 이념의 목표로 삼은 것이다. 1993년 몬드라곤 창립 회원 다섯 사람 가운데 한 사람인 호세 마리아 오르마에트세아José Maria Ormaetxea는 노동자 회원들에게 소유의 권리와 정보를 알 권리에 대한 기본적 평등[24]을 보장하는 것이 회사를 민주적 조직으로 만든다는 점을 강조했다. 그가 천명한 몬드라곤 협동조합의 기본 원리 10가지는 회원 가입의 개방, 민주적 조직, 노동자 주권, 자본의 종속성, 참여 경영, 임금 지불의 연대성, 상호 협동, 사회변화 추구, 보편성과 교육의 원리[25]이다.

'회원 가입의 개방'은 협동조합의 기본 원리에 동의하는 모든 사람에게 회원 자격이 개방되어 있다는 뜻이다. '민주적 조직'은 모든 회원이 소유자-노동자로서 협동조합의 동등한 구성원이라는 의미이다. 각자는 민주적으로 통제되는 기업의 총회에 참석해 권리를 행사하고, 다른 관리구조 구성원을 선출한다.[26] '노동자 주권'은 협동조합의 통제가 소유자-노동자의 수중에 있으며, 잉여의 배분에서 우선적 역할을 수행한다는 말이다. 이른바 '생산직' 노동자와 '비생산직 노동자' 사이의 구분이 없고, 협동조합 기업 안팎에서 잉여 배분 결정권을 보장받는다. '자본의 종속성'은 어떤 경우든 자본이 사람보다 아래에 있다는 뜻이다. 자본은 '기본적으로' 축적된 노동으로 표현되고, 이는 사업 발전과 저축에서 필수 요소이다.[27] 예컨대 협동조합이 신입 회원에게 중요한 개인적 투자를 요구할 때, 자본의 조건은 입회의 개방을 막는 작용을 할 수 없고, 자본이 강제명령이나 논리로서 독립적 실체가 될 수 없다. '참여 경영'은 노동자 집단이 기업의 정보 공유와 훈련에 자유롭게 접근하는 것을 말한다. 기업은 경영 관리직 내부 승진, 소유자-노동자에게 영향을 끼치는 모든 결정에 관한 자문과 협상에 바탕을 둔 모든 회원의 민주적 참여로 경영된다. '임금 지불의 연대성', 곧 임금은 각 협동조합 내부 노동자들 사이에, 협동조합들 사이에, 그리고 그 지역의 전통적 자본가 기업에서 노동자들과의 연대 원리에 따라 책정된다. 노동자의 노동 가운데 어느 정도 비율을 '필수적 노동'이라고 간주할 것인가? 이는 갈등하는 이익과 세력 사이의 균형을 추구하는 형평equilibrio의 윤리에 따라 결정한다. '상호 협동'은 협동조합 그룹에 소속된 개별 협동조합 가운데, 그리고 로컬로서 몬드라곤의 협동조합들 사이에서, 또한 전 세계적 협동조합 운동 가운데서 촉구된다. '사회변화 추구'는 협동조합 체계 안에서 고용 확장을 통해 바스크 사회가 더 자유롭고 공정하게 연대하도록 더 큰 사회경제적 재구성을 추구하는 것이다. '보편성'은 국제협동조합주의의 핵심적 양상인 평화와 정의, 그리고 발전 대상들을 옹호하며 '사회경제'의 모든 영역에서 경제적 민주주의를 위한 작업과 연대를 추구한다.[28] 끝으로 '교육의 원리'는 회원들, 특히 사회·경영 조직기구 직책에 선출된 자들과 미래의 협동조합 회원인 젊은이들에게 협동조합 원리를 교육하는 것이다.[29]

'몬드라곤' 협동조합 그룹의 회원 가입 자격에는 종교·정치·윤리·성별에 따른 차별이 없으며 내규에 따른다. 노동인민금고의 경우 법률과 내부 규정에 따라 선발하고, 협동조합원은 노동인민금고의 회원과 직원이 될 수 있다. 협동조합은 회원의 출자금과 가입금으로 운영되며 주식은 존재하지 않는다. 원칙상 실습이 끝난 노동자는 조합원이 되어 출자금과 출자금의 25% 한도에서 가입금을 의무로 지불한다. 비조합원 노동자도 고용할 수 있지만 전체의 10%를 넘을 수 없다. 각 조합원은 회사에 자기자본 구좌가 있으며, 1960~1965년까지는 이익금을 노동시간과 임금수준에 비례해 지급했다. 또한 매년 협동조합 제도 자체의 결정과 스페인 법률에 따라 이익금의 최소 10%는 교육·문화·자선을 비롯한 사회사업 기금에 충당하고, 이사회가 결정한 일정 비율을 회사 자본 재투자 적립금으로 삼는다. 처음에는 이익의 70%를 회원들에게 직접 분배했으나, 1966년부터 90% 이상이 사업 확장과 투자 자본으로 축적되고, 이익의 현금 지불은 점차 없어졌다. 조합원이 협동조합을 떠나려 할 경우 정년 이전이라면 심사를 거쳐 그동안 불입한 자본 구좌의 기금을 가져갈 수 있으나, 협동조합과 경쟁하는 회사에 들어가는 경우 조합원의 자본 구좌에서 20% 공제가 가능하다. 이런 점은 개인 생산자들이 몬드라곤 협동조합에게 권리를 양보한 것이므로, 노동자 자주관리 체제의 특징이라고 평가할 수 있다.[30]

'몬드라곤' 협동조합이 그룹으로 발전하는 과정에 설립된 개별 협동조합 중 가장 독특한 것은 1975년에 기술자와 물리학자와 화학자들이 설립한 협동조합 '이케를란'이고, 가장 중요한 것은 저축은행 노동인민금고이다. 노동인민금고는 노동자 생산협동조합과 기타 협동조합의 창설과 규모 확장에 자금과 기술 및 경영 관리 지식을 제공한다.[31] 기술 지원과 자금 대부, 기타 지원은 노동인민금고가 행사하는 영향력과 힘의 기초이다. 노동인민금고와 개별 협동조합 사이의 협정은 당사자뿐 아니라 연합한 협동조합의 주요 정책과 구조까지 규정한다. 각 회원 협동조합은 노동인민금고에 분담금을 내고 은행거래도 의무적으로 시행하고, 4년마다 사회적·기업적 관점에서 회계감사를 받아야 한다. 노동인민금고의 기업국은 협동조합 조직의 설립과 유지 정책을 심사·권고하는 조직으로서 강한 영향력을 행사한다.[32] 노동인민금고는 제2단계 협동조합, 예컨대 조합원과 조합원 가족의 생명과 안전을 위한 사회보장 협동조합 '라군아로'에 대래 재정 지원[33]과 자본 관리를 맡는다.

그런 측면에서 노동인민금고는 가장 중요한 조직이다. 하지만 노동에 종속된 도구 이상의 역할은 결코 부여받지 않는다. 따라서 노동에 정당한 보상을 제공하는 역할이 중요하다. 노동인민금고의 이윤 축적은 협동조합의 지속적 발전을 위한 목표로만 인정된다. 재정적 이익은 적립금을 확충했으며, 노동인민금고는 많은 조합원에게 파산을 모면하도록 재정적 도움을 주었다. 이 점에서 사회민주주의 운동이 분배정의를 강조하면서도 개인이 위험에 처했을 때 각자 수입으로 해결하도록 방치했다면, '몬드라곤' 협동조합은 노동인민금고를 통해 많은 지원을 제공했다. 몬드라곤 협동조합은 노동이야말로 자연·사회·인간 자체를 변화시키는 주요 요소로 규정한다. 그러므로 노동자의 고용 과정에서 구조조정을 거부하고, 노동자에게 조합 운영의 총체적 우선권을 부여한다. 1964~1974년에 협동조합들은 제2단계 협동조합 그룹인 울라르코Ularco로 재조직되었다.[34] 울라르코에는 개별 협동조합과 협동조합 그룹이 공존하며, 여기에 가입한 모든 조합원은 그룹 내 모든 회사의 이윤과 손실을 공동화한다는 원칙 아래 임금을 책정한 뒤 단계적으로 실시했다.[35] 협동조합 경영 원칙의 출발점은 소유자-노동자의 민주적인 기업 경영 참여를 보장하는 것이다. 이는 다시 참여를 위한 적절한 기제와 통로를 개발하고, ① 협동조합 경영에 관한 정보 공유의 자유, ② 경제적 경영 조직 및 노동 관련 의사결정에서 노동자 협동조합의 자문과 협상, ③ 조합원을 위한 사회적 · 전문적 훈련과 노동자의 전문화를 장려하는 내부 승진 원칙의 확립을 골격으로 한다. 경영에서는 '연대'의 원리에 입각한 보상의 원칙이 적용된다. 즉, 협동조합이 성장하면 보상도 주어진다. 노동의 보상은 '몬드라곤' 그룹의 가장 중요한 원리인 '연대'에 기초한다. 그 '연대'는 책임지는 직위에 따라 차이를 인정한다는 점에서 내적 연대이며, 바스크 지역 노동자들의 임금수준과 동일한 평균적 내부 보상을 제공한다는 측면에서 외적 연대를 지향한다.[36]

몬드라곤 협동조합은 1980년까지 많은 성장을 이루었다. 그 과정에서 불가피하게 지속적으로 변화하는 기술 발전과 경영 환경의 난관을 극복하는 문제와 직면했다. '경영 혁신'은 물론 몬드라곤 협동조합 자체가 기술전문학교를 모태로 삼는 만큼 '기술 혁신'도 늘 주요 관심사였다. 기술 혁신은 기본적으로 몬드라곤 개인-소유자 노동자나 기존의 숙련 기술에 위협이 되지 않도록 모색하는 것이 원칙이었다. 1992년에는 미국의 자동차 회사 제너럴모터스가 '올해의 유럽 협력체'로 꼽을 정도의 기술력을 보유하기에 이르렀다. 그러나 기술 혁신은 조합 구성원의 구조조정과 직무 재배치를 요구했다. 이 문제를 코페르치Coperci처럼 노동자들이 둥근 테이블에 둘러앉아 작업 공정 전체를 이해하도록 만들어 해결한 경우도 있지만, 테일러 시스템의 반복되는 단순작업을 고수한 작업장도 적지 않았다. 특히 몬드라곤 협동조합의 임금은 주변의 다른 기업 노동자의 임금보다 상대적으로 열악했고, 전문직과 경영진의 관료주의화가 일정하게 진행되는 측면이 발생했다. 그 결과, 노동자와 경영진 사이에 협동조합적 거버넌스가 약화되면서 협동조합

이념의 구현 방식에 심각한 논쟁을 야기했다.[37]

'몬드라곤' 협동조합 그룹에 주목하는 이유는, 그것이 로컬에 바탕을 두는 사회적 자본이면서도 지금까지 공동체적 가치에 바탕을 두고 끊임없는 경영·기술 혁신에 성공한 사실에 있다.[38] 기본적으로 '몬드라곤'은 자본을 소유한 집단이다. 그 자본은 상호 이익을 제공하는 조정과 협동을 용이하게 만드는 관계망, 규준, 신용과 같은 사회적 조직을 가진 '사회적 자본social capital'이다. 그 결과, 사회적 집단행동과 시민 참여를 촉구하며 상호 연관된 두 가지 목표를 성취하는 과제에 늘 직면해왔다. 첫째, 로컬 공동체에서 사회관계망을 유지하며 회원들의 봉사 능력을 개선하고 가입자들의 자율성을 강화할 필요, 둘째, 협동조합을 이해하고 경영하는 새로운 방식 탐색, 셋째, 경제적으로 존립 가능하고 혁신적이며 경쟁력 있는 기업으로 살아남는 데 요구되는 조건의 계발이었다.[39] 이와 같은 목표를 달성하고자 몬드라곤은 조직 혁신을 계속했지만, 오랫동안 크게 보면 지역regional 기반 협동조합들과 신용협동조합으로 이원 체제를 유지했다. 그러나 1992년 협동조합 복합체가 총회 아래 총재와 부총재 등 중심 직책을 신설하고, 그 밑에 지역 협동조합 그룹, 재정 협동조합 그룹, 산업 협동조합 그룹을 분리·배치했다.[40] 그 결과, 로컬의 사회적 자본이 축소되는 현상이 나타났으며, 이는 1990년 이후 몬드라곤 협동조합이 유럽 통합과 전 지구화 흐름에서 살아남고자 글로컬화를 명분 삼아 다국적기업화 하는 양상과 관련된다.

작업장 민주주의와 후기자본주의 정치

'몬드라곤' 협동조합은 후기자본주의 정치에 새로운 전망을 던진다. 자유와 평등, 개인과 공동체, 민주주의와 효율, 역동적 체계에서 작동하는 개인의 책임과 효율이라는 모순된 가치를 다른 방식으로 사고할 계기를 제공한다. 그럼에도 '몬드라곤'은 다양한 비판에서 자유롭지 않다. 먼저, 협동조합에서 과연 참여 경영 관리가 관철되고 있는가? 원칙적으로 협동조합 회원은 감독자나 관리자의 강요를 받지 않으며, 새로운 기술에 대해 유연하고 성공적으로 이용 가능한 역량을 요구한다.[41] 작업장에서 개인이나 작업 팀의 행동은 협동 규칙의 훈련된 내규를 정확히 엄수하며, 이를 어기면 일정한 벌금 등 처벌이 부과되었다. 그 결과, 자율관리로서 타당성 여부를 두고 작업장 민주주의 문제가 제기되었다.[42] 둘째, 협동조합 운동이 회원을 사회적·경제적 정의를 위한 광범한 투쟁으로부터 고립시켜 조직이기주의에 매몰시키지 않는가? 협동조합 기업이 노동자들을 조합이기주의에 매몰시킴으로써 자본주의를 더 공정한 사회로 변환하는 운동을 강화하기는커녕 계서제적 사회적 관계 체제를 지지하며 자신을 공화주의자나 중산층과 동일시하거나, 주로 위험한 또는 실패한 기업을 담당하며 기업가 의식에 근거해 노동기준을 낮추고 노동운동 바깥에서 분열을 조장한다는 비판이 그것이다.[43] 만일 몬드라곤의 생산자 협동조합이나 소비자 협동조합이 다른 소비자 협동조합으로부터 보이콧 당한다면 어떻게 대응할까? 셋째, 몬드라곤 협동조합이 '비정치 무당파'를 표방하면서 노동계급의 대의와 민주적 가치를 증진하는 데 참여하고 진전시키려는 의도적·지속적 노력이 결핍되었다는 비판이다.[44] 나아가, 해방의 기획에 필요한 것은 경제를 재정치화하는 것이라는 충고까지 받는다.

먼저 작업장 조직과 민주주의 문제를 검토해보자. 각 협동조합은 조직이 동일하지는 않지만, 다수의 선출된 평의회(노동조합 평의회, 경영 평의회)와 위원회(사회, 감독)를 구성해 연례 정기총회의 결정 사항을 두고 매일 협력하며 감시한다.[45] 조직의 구성은 사회 구성원에게 노동의 선택권을 확장하는 협동조합의 목표를 달성하는 데 초점이 주어진다.[46] 총회는 조합원의 의

지를 표현하는 최고 단체이다. 민주적으로 구성된 이사장general manager 이 총회 경영을 책임지고, 경영진인 이사회management council 는 총회의 위임을 받는다. 경영진 역시 노동자 조합원 기본 자격을 유지하지만, 조합별로 구성이 다르다. 소비자 협동조합 에로스키Eroski 의 경우, 노동자 조합원과 소비자, 사용자가 절반씩이고, 노동인민금고는 대부분 신용협동조합 조합원으로 구성된다. 교육 서비스 협동조합의 경우 조합원이 모두 노동자 조합원이며, 연구개발 협동조합에서는 연구개발 서비스 조합원이 노동자 조합원이다. 이에 몬드라곤은 노동자 조합원 중심 질서로서 협동조합적 민주주의를 실현했다는 평가와 함께 계서제적 구조가 상존한다는 비판을 받는다.[47]

협동조합 기업 운영에서 가장 권한이 강력한 위원회는 4년 임기의 감독위원회governing council 다. 소속된 각 위원은 매일 작업 직전에 정기 회합을 거치며 각자의 특수한 역할을 확인한다. 더 큰 협동조합의 경우, 고용된 최고경영자와 협동조합 이사들로 구성되어 독자적으로 분리된 경영자문 평의회에서 감독위원회가 인정한 정책과 계획을 공식화한다. 감사위원회는 협동조합의 재정 활동을 감시한다.[48] 경영자들은 일반 기업 경영자보다 훨씬 적은 보수를 받으므로 흔히 협동조합 내부에서 발탁하거나 참여를 열망하는 젊은 대학원생으로 충당한다. 심지어 일부 경영자는 전통적인 자본주의적 공장에서 빌려오기도 한다. 그러나 이런 경영자는 복귀를 예견해 실패를 두려워하지 않는다는 문제가 있다. 독특한 것은 이런 고용된 경영본부장이 한 사람일 때는 각 협동조합이 경영자문 평의회 회합에 전직 감독위원회나 사회위원회 구성원을 대표로 선임해 참석시킨다는 점이다. 이러한 이중 거버넌스-경영 구조는 조직에 활력과 민주적 정보 공유를 확대시키도록 기대된다.[49] 이와 같은 소유자-노동자의 경영과 개인적 권리 및 집단적 책임을 강조하는 독특한 조건은 작업장 민주주의에 근거한 노동자 자주관리 경영체제를 성립시킨다. 몬드라곤 협동조합의 조합원 노동자의 경영 참여 작업장 민주주의가 조직 민주주의 발전의 이론과 실천에 기여할 가능성은 많은 연구자들의 각별한 관심사이다.[50] 이러한 경영 체제는 다음과 같은 평가를 받았다. 첫째, 고도의 혁신과 이익 가능성에 도달하는 데 더 큰 효과와 혜택을 제공한다. 둘째, 민주적 문화를 창조한 노동자 소유권과 권력은 결사에 바탕을 둔 유기적 조직 구조를 고안한다. 셋째, 조직은 경제적 · 사회적 · 환경적 · 개인적 목표를 성립시키는 장기적 가치를 창조할 수 있다는 확신을 가진다.[51] 그러나 필자는 도리어 사린 카스미르Sharryn Kasmir가 몬드라곤에서 특히 육체노동자들은 회사가 자기 소유라는 의식이 별로 없으며, 계서제적 수직구조에 들어 있다고 느낀다는 지적[52]은 검토할 가치가 있다고 본다.

두 번째 비판의 뿌리는 매우 깊다. 본래 저항조직 '바스크 조국과 자유 ETA'는 몬드라곤 협동조합을 평가하는 관점이 통일되지 않았다. 일부는 협동조합을 자본주의의 위장된 형태로서 프롤레타리아 혁명의 장애물로 보았고, 일부는 사회주의 체제의 기반이라고 여겼다. 1971년 4월에 ETA의 한 당파는 협동조합주의가 바스크 노동계급의 양심을 비인격화하며 해체시킨다고 선언하며, 협동주의자로 자처하는 기술관료 계급에 맞선 노동 봉기를 촉구했다. 1972년 11월에 ETA의 마오주의자들 역시 몬드라곤 협동조합 운동이 노동, 스포츠, 교육, 지방 정치 등 대중 생활의 모든 부문을 지배한다고 비난했다. 그리고 몬드라곤이 모든 형태의 사회적 대립이 존재하는 환경을 고의로 무시하며, 평화와 협동을 빙자한 고립된 섬에 불과하다고 비난했다. 이들은 협동조합 운동이 노동계급의 이익을 옹호한다는 사실을 부정하며, 단지 사업가적 모험에 가득찬 집단일 뿐이라고 공격했다.[53]

1970년대 몬드라곤은 노동자 3500명의 '울고르'에서 심각한 노동쟁의를 겪었다. 본래 울고르 이사회는 스페인 전체 차원에서 동조 파업과 같은 노동운동은 지지했지만, 내부 문제로서 파업은 규약을 제정해 금지했다. 내부 파업은 소유자-노동자로서 경영에 참가하는 작업장 민주주의를 근간으로

한 협동조합 자체에 대한 공격으로 여겨졌고, 해고를 포함한 처벌 대상으로 규정되었다. 1971년 울고르의 한 공장에서 소수집단이 직무 평가방식의 변경을 요구하는 파업 조직을 시도했으나, 대중의 지지를 획득하는 데 실패했으며 해고도 없었다. 그러나 ETA의 일부 좌파 그룹이 몬드라곤 협동조합의 사회위원회와 노동조합 평의회를 집중적으로 공격하는 예민한 상황에서 울고르를 재편한 울라르코 그룹은 가장 민감한 영역인 급여체계 개혁에 착수했다. 이 작업은 협동조합의 평등적 가치관과 정책이 반영되어야 하는 매우 복잡한 과정이었다. 대부분의 다른 작업장과 달리 울고르만 해도 22%의 직무를 낮게 평가해 많은 노동자들이 연대와 형평이 실현되지 않았다고 불평했고, 1974년에 파업이 발생했다.[54]

울고르의 이사진은 조합 평의회 특별회의를 소집해, 내부 문제를 빌미로 삼은 파업은 협동조합 규칙을 위반한 행위이므로 파업 가담자는 해고 처분을 받을 것이며, 해고 처분자는 총회에 호소할 권리가 있다고 고지했다.[55] 이때 ETA는 물론 가톨릭도 협동조합주의를 공식적으로 공격했다. 생산자 협동조합주의에 대해 좌파는 물론 우파를 대표하는 가톨릭교회까지도 수상한 협동조합 운동이 파업권을 금지시켰다고 비난함으로써, 좌파와 우파가 연대해 협동조합주의를 공격하는 결과를 가져왔다. 그러나 울고르와 울라르코 경영부서는 협동조합은 분쟁을 해결할 수 있는 매우 개방된 구조이므로 파업은 협동조합의 기본 성격을 부정하는 행동이라고 반박했다. 한편 이 사태를 거울삼아 연구한 울라르코의 연구 집단은 1985년에 협동조합이 노동운동의 발전과 노동해방이라는 가치를 실현하는 데 내부의 의사소통을 비롯한 구체적 진보가 요구된다는 자체 반성을 제기하고, 장차 기업의 구성원은 약 500명 정도가 적합하다는 평가에 도달했다. 이는 협동조합 운동이 지닌 변함없는 한계를 극복하려는 시도였지만, 노동자의 경영 참여를 빙자해 통제를 실현한다는 비판[56]은 여전히 꺼지지 않은 불씨이다. 그러나 파업은 몬드라곤 협동조합이 유연한 자기비판을 통해 분열의 원천을 발견하고, 새로운 사회적 이념과 경영 원리를 모색하며, 내부의 갈등을 극복해나갈 역량을 보여준 계기로서 중요한 사건이었고, 노동조합의 강화가 노동자들의 소외와 분열을 극복하는 방도임을 알려주었다.[57]

　최근의 가장 심각한 쟁점은 조합원 비율의 하락 문제이다. 1990년대에 협동조합이 바스크 지방 바깥이나 세계시장에서 팽창주의 정책을 수행하는 공격적 전략은 작업장의 계약 노동자나 비조합원 고용자를 증가시켰다.[58] 1976년에 90%였던 조합원은 1997년부터 점차 하락세로 바뀌어 현재는 40~50% 정도이다. 그 결과, 협동조합 기업의 수가 대폭 증가하면서 협동조합의 정신이 약화되었다는 진단과 함께, 직업 창조, 직접민주주의, 지역 생산 재화의 우선 취급이라는 본래의 진정한 이상(직접민주주의, 모든 기업의 협동조합 조직화, 무임금노동)이 상실되거나 실현이 지연된다는 비판을 받는다. 1990년 울고르의 최초 설립자 가운데 한 사람인 오르마에트세아는 새로운 공학기술의 급속한 변화가 생산자 조합이 처음 발족했을 때보다 더 많은 투자를 요구해 노동자 협동조합 설립이 점점 어려워진다고 진술했다. 이는 몬드라곤에서 협동조합 자체와 협동조합적 사회라는 이원 체제의 형성이 진행되었다는 뜻으로 이해가 가능하다. 이것은 결국 경영 · 기술 혁신과 효율성efficiency 문제와 연관이 있다. 몬드라곤 협동조합은 1960~1985년에는 무한한 시장에서 능률화, 다양화, 대규모 장기적 생산을 강조했으나, 1986~1990년 경기후퇴 시기에는 소규모의 단기적 유연 생산과 생산과정 합리화 및 지식기반생산의 가치를 강조했다. 1991~2000년에는 국제화를 진행하며 자본회사에서 이익을 추구하고, 그룹의 산업적 판매와 분배의 외형적 성장, 전문 기술을 이용한 생산과 생산과정 혁신을 추구하며 전체적 품질과 효율성을 강조했다. 1990년대에는 몬드라곤에서도 '효율'과 같은 자본가의 '표준적인' 사고가 계속 성장했다. 피터 테일러Peter Taylor는 이미

1990년대 중반에 '효율성'이라는 수사가 구조조정을 빌미로 몬드라곤에서 협동조합을 더욱 경쟁에 내모는 현실을 지적했다. 이는 협동조합이 집단적으로 지향해온 상대적 평등, 직업 안정, 유리한 작업 조건과 같은 조직적 목적을 점차 전위시키는 것이 용이하도록 만들 뿐, 결국 정책 결정 과정에서 노동자 조합원의 정당한 참여를 제한하고, 목적의 적절성을 확인하는 광범한 통제를 약화시킨다고 지적했다.[59]

이는 결과적으로, 특히 산업 협동조합에서 진행되는 혁신의 성격 문제와 연관된다. 협동조합이 혁신에 유리한 점은 다음과 같다. 첫째, 회사의 의사결정과 자본 투자 및 시행 결과를 노동자 참여로 이끌며, 직업을 창조하고 유지하는 사회적 약정 행위를 통해 장기적 전망을 획득하는 것이 가능하다. 둘째, 미약한 계서제를 지닌 수평적 조직과 공정한 보수, 상호 협력, 팀워크 및 노력의 결합이 지속적 혁신의 가능성을 제공한다. 그러나 한편 협동조합 기업에는 핵심을 제약하는 요소도 많다. 모든 조합 구성원의 자문을 받아야 하므로 의사결정 과정이 길고 복잡해 시간이 급박한 사안이나 외부적 위협에 대응하는 능력이 떨어지고, 사회적 자본이자 기업이라는 이중성격이 연대와 효율이라는 모순된 목표 사이에서 표류하며 모순을 발생시킨다. 심지어 이 모순을 해결하려는 노력이 회사 내 소수에게 정보와 권력을 집중시키고 다수를 배제하는 결과를 초래한다.[60]

1998년에는 가장 오래된 주력기업인 파고르가 당시의 몬드라곤 협동조합 복합체MCC가 원칙에서 벗어났다는 비판을 제기했다. 새로운 임금체계가 경영자와 노동자의 격차를 증가시키는 측면[61]부터 시작해, 조합원이 아닌 임시직 노동자가 10% 상한선을 넘어 전체 노동력의 30%에 달하는 점, 자원이 산업적 사업에서 부동산과 금융으로 흘러가고 사기업과 공동 벤처 사업 경영에 지원되는 점, 의사결정권이 조직의 최고위층에 집중되는 점이 비판의 핵심이었다. 이에 사회위원회는 경영자·재정관리자들과 노동자 사이의 수입 불형평을 시정하고, 임시직 노동자를 조합원으로 입회시켜 그 비율을 감소시키며, 생산적 산업 분야를 강화할 것을 권고했다.[62] 그러나 2006년에 이미 50% 이상이 비조합원이었으며, 그 비율이 계속 증가한다고 평가받았다. 몬드라곤의 민주적 구조는 그만큼 반감되고, 협동조합 체제가 통제적이라는 비판이 계속 제기되었다. 그러나 협동조합은 자유로운 가입과 탈퇴가 가능하다는 점에서 다른 자본주의 기업의 통제·관리와는 차원이 다르다. 몬드라곤이 지향하는 자주관리적 가치가 소유자로서 노동자의 책임을 강조하며 다양성과 민주주의를 손상시킨다는 지적도 일리가 있지만, 적어도 호세 마리아 신부가 지향한 다원주의적 사회의 이상, 특히 작업장 민주주의 구현의 전망은 이런 손상을 견제한다.

협동조합 활동가의 내심은 미래 사회가 경제를 포함한 모든 조직에서 다원주의적이어야 한다는 관념이다. …… 모든 활동의 본성, 모든 공동체의 진화와 발전의 수준은, 만일 우리가 인간을 사랑하고 그의 자유·정의·민주주의를 믿는다면 하나의 조직 형식에 한정되지 않는 특별한 취급을 요구할 것이다.[63]

이러한 전망은 에르네스토 라클라우-Ernesto Laclau의 구조적인 비결정적 다원주의 전망과도 상통한다.[64] 21세기 들어 몬드라곤 협동조합의 혁신은 경제활동의 전 지구화로 경영, 정보, 의사소통에서 혁신을 강조하는 거시적 측면과, 개별 기업이 혁신 전략, 조직, 절차, 문화, 측정·보상 지수를 미시적 수준에서 강화하는 차이를 유지하는 상호 보완 전략을 채용한다.[65] 마지막으로 몬드라곤 협동조합이 정치에 무관심하다는 비판을 검토해보자. 적어도 협동조합은 영미의 추상적 경제이론의 기제에 집착하지 않고, 공동체를 위한 회사 발전과 작업장 윤리 및 사회윤리 의식을 강조하는 데 있어 경제적·정치적 탁월성으로 노동과 사회를 결합시켰다. 그 결과, 구체적·역사적 공동체에서 노동자 기업과 공동체의 관계를 작업장 민주주의, 기업 경제, 공동체 발전과 결합시킬 수 있었다. 한편 몬드라곤 협동조합이 정치 참여에 소홀하다는 비판을 어떻게 평가할까? 우선 몬드라곤 협동조합이 실현하는 '작업장 민주주의'는 시민 참여적 삶을 로컬 공동체를 넘어 다른 공동체로 확장시켜, 더 큰 차원에서 선구적·제도적 견본 역할을 수행한다. '몬드라곤' 그룹이 사업 수익의 10%를 로컬 공동체에 자유롭게 기부하는 점은 공동체를 경제체제에 종속시키지 않고 정치적으로 계발하는 공동체 경제활동으로 평가할 수 있다.[66] 많은 로컬에서 기업의 소멸과 실업이 증가하고 있지만, '몬드라곤' 그룹 기업 내부에는 실업이 없으며 스페인 평균 실업률 12%에 훨씬 못 미치는 3% 실업률로 바스크 지방 사회를 안정시키고 있다. 이것은 분리주의 운동으로 동요하는 바스크의 현실에서 치안·사법·교육·수송을 비롯한 부문에 사회적으로 안정된 하부구조를 제공한다. 심지어 2004년 당시에는 몬드라곤이 소재한 알토 데바Alto Deba 계곡의 9개 도시의 시장 중 7명이 몬드라곤 협동조합 출신이었던 데서[67] 사회민주주의를 실현하는 역할을 수행한다고 볼 수 있다.

지금까지 몬드라곤 협동조합이 로컬을 자유·정의·연대에 바탕을 둔 사회로 변화시키는 데 관심을 기울인 사실은 의문의 여지가 없다. 이들은 최소한 바스크 지방에 동질적인 사회노동 시스템을 확산시키고자 노력했다. 처음 기업을 설립할 때 로컬 또는 스페인에서 제조되지 않는 소비재를 생산하려는 전략을 추구한 결과, 스페인이 1986년 유럽경제공동체에 가입할 때까지 산업수입품 고율 관세로 보호를 받았다. 이는 경제적 침체기와 정치적 고립기에 매우 유리하게 작용했다.[68] 협동조합은 낮은 가격, 건강하고 환경친화적인 생산물 제조를 목표로 삼아 이윤을 로컬 차원에서 통합하고자 노력했다. 이는 고용 증가를 유발해 협동조합을 확산시키고, 로컬의 공동선을 증진하기 위한 민주적 제도원리와 경영 방법의 확산으로 귀결되었다. 기본 목표는 경영의 순이익을 로컬로 재투자·환원해 연대를 통한 발전을 시도하는 것이다.[69] 예컨대 사회복지 기금으로 지역사회개발을 지원하고, 사회보장 정책을 지원하며, 바스크 지역 경제사회제도, 특히 노동자들이 지지하는 기구와 협동을 중요 의제로 설정하고 있다. 특히 바스크 지방의 문화 발전에 관심을 두고 바스크의 언어와 문화를 재건하는 데 많은 힘을 기울인다.[70] 그러나 현재 몬드라곤 그룹의 총생산량에서 바스크가 차지하는 비중이 급속히 감소하고, 스페인 전역 또는 해외 생산량이 증가하고 있다. 이런 현실은 '몬드라곤'을 로컬리티와 연관 짓는 설명의 틀이 완화되도록 이끄는 동시에, 협동조합 운동의 전 지구적 보편성 차원을 좀 더 강조하도록 이끈다. 몬드라곤 그룹이 반드시 협동조합 체제의 전범은 아니다. 협동조합의 구성은 조건과 환경에 따라서 가변적이다. 최근 격변하는 현실에 대응하는 효율적인 경영을 위해 조직을 단일 목적이나 사업 노선에 한정하지 않고 더욱 기업 경영형으로 변화시킨 협동조합도 나타난다.[71] 그러나 현재 로컬에 바탕을 둔 협동조합과 작업장 민주주의를 거론할 때, '몬드라곤'의 경험은 항상 준거와 영감의 원천으로 작용한다.[72]

전 지 구 화 와 몬 드 라 곤 의 글 로 컬 화

경영 관리의 측면에서 몬드라곤 협동조합이 직면한 위기의 역사는 결코 단순하지 않다. 1973년 석유위기로 몇 년간 수익이 크게 감소하면서, 협동조합 지도자들이 당면 목표를 생산비 보전에 둘 정도였다. 1980년대에 상황이 호전되고 1990년대에는 투자가 대폭 증가하며 임금도 상승했다. 1976년에는 총생산의 10%가 수출되었는데, 1997년에는 46.1%를 수출에 할당했다. 그러나 이들은 지금 새로운 도전에 직면해 있다. 유럽 시장에서의 경쟁과 전 지구화가 바로 그것이다. 이에 대응해서 당시 몬드라곤 협동조합 복합체는 협동조합적 기업 경영을 훈련시키는 기관Saiolan을 조직해 협동조합 이념의 확산에 노력하며, 스페인의 다른 지역과 유럽 및 전 세계 협동조합 운동체와 협의체를 개발하고자 노력했다.[73] 그리고 전 지구화 전략의 일환으로 1990년부터 기업합병, 공동 벤처, 연구개발 파트너 확보에 적극 나서고, 2007년에는 전 세계적으로 69개의 생산시설을 갖추었으며, 영국, 프랑스, 중국, 폴란드, 루마니아, 이집트, 포르투갈, 우루과이, 네덜란드, 인도, 멕시코, 브라질, 체코, 모로코, 아르헨티나, 태국 등 각국에서 1만 4000명 이상의 종업원을 고용했다.

이런 상황을 어떻게 볼 것인가? 먼저 전 지구화에 직면해 협동조합주의가 퇴락한다는 현상 분석과, 새로운 길을 개척하리라는 희망이 혼합된 예언이 자본주의 진영과 반자본주의 진영 양쪽에서 동시에 제기되었다. 이들은 협동조합주의가 자본주의 질서에 적응해 불가피하게 흡수될 것으로 예단한다. 좌파와 우파 모두 협동조합주의를 자신들의 이론적 정당성을 방해하는 눈엣가시로 여긴다는 점이 다시 확인되는 순간이다. 그러나 전 지구화 시대에 역습으로서 '대안 전 지구화'를 모색하는 것은 불가피하며, 그 전제 조건으로서 협동조합이 복합적 변화에 상응하는 작업장 민주주의를 실현하고 로컬 경제에 착근을 성취할 경우, 여전히 전 지구적 자본주의에 맞설 중요한 대안이 될 것이라는 신협동조합주의 전망도 강력하다.[74] 이제 몬드라곤에는 두 가지 길이 앞에 놓여 있는데, 곧 신자유주의 전 지구화에 투항해 협동조합주의의 기회주의적 속성을 확인하는 역사적 증거로 남든지, 아니면 대안 전 지구화를 통한 글로컬한 신협동조합주의를 실현하는 것이다. 과연 어느 방향이 열려 있는 것일까?

'몬드라곤' 협동조합 최초의 글로벌 투자로서 해외 공장은 1982년부터 구상되어, 스페인 시장을 세계무역기구 질서에 개방하기로 결정한 1989년에 설립되었다. 여기에는 무역 시장의 국제화와 다국적기업의 성장으로 표현되는 신자유주의 전 지구화가 제공한 자극 못지않게, 반도체칩과 전자제품의 기술 혁신이 중요한 자극을 제공했다.[75] 1963년 설립한 가정용 백색가전 제품 제조회사 코프레치Coprecis가 미국 고객을 목표로 멕시코에 공장 설립을 요청했고, 또다시 미국 고객을 겨냥해 중국에 공장을 열었다. 가전회사가 전 지구화에 가장 앞장선 이유는 제품이 수출되는 해당 지역 고객의 기호를 충족하는 한편, 제품의 일정한 표준화를 요청받은 데 있다. 몬드라곤은 상하이 인근 네 개의 보조 기업이 존재하는 쿤산昆山에 30만 평방미터의 산업공단 부지 설립을 추진했다. 600명 정도의 노동자를 고용한 멕시코 공장은 아직 협력기업으로 유지되지만, 이제 코프레치의 생산품은 중국의 생산 공장에서 나온다.[76]

조지 체니George Cheney가 지적하듯, 이러한 팽창은 설립자들이 예상하지 못한 실험인 것이 분명하다.[77] 일단은 로컬적 특수성을 띤 '몬드라곤' 협동조합 그룹이 협동조합의 보편성 원칙에 입각해 평화와 정의 및 도덕적 개발을 지향하는 경제민주화를 위한 글로컬한 연대인 다국적 협동조합multi-national corporations 운동을 유지하려는 노력으로 평가할 수 있다. 이 다국적 협동조합 운동은 정치경제학적 식민주의 형태를 벗어나지 못한 전 지구화에 맞서는 대안 전 지구화 기획으로서 몬드라곤뿐 아니라 제3세계의 생존과 발전에 기여하는 견본을 제시할 것인가?[78] 지금까지 '몬드라곤' 그룹의 성공은 바스크 로컬 공동체와 시민과 소비자를 희생시키지 않고 성취되었다. 그러나 로컬과 글로벌 차원에서 새로운 난관이 계속 발생해도 과연 그들이 공표해온 경제정의의 규모와 범위를 로컬 차원에서 계속 온전히 유지할 수 있을까? 해외 공장의 성공이 도리어 협동조합의 고유한 가치를 손상시키지 않을까?[79] 현재 '몬드라곤' 그룹은 협동조합만으로 구성되지 않았으며 다양한 법적 형식을 지닌 비협동조합과 혼합체인바, 이 상황은 두 가지 근본 문제와 직면한다. 첫째, 해당 지역 법률이 협동조합을 설립할 수 없는 곳(예를 들면 중국에 설립된 기업의 경우)에서 신규 회사를 설립할 때 필수적 요구 조건인 '조합원의 참여'라는 협동조합 철학을 어떻게 유지할 것인가? 둘째, 바스크에 소재한 협동조합들이 해외에 신설되는 회사들과 결합하지 않고도 로컬 발전과 일자리 만들기에서 평등과 사회적 책임을 강조하는 협동조합 원리와 일치할 수 있을까? 이는 현재진행형의 당면 과제이다.

몬드라곤 그룹의 글로컬화는 국제협동조합 운동 이념을 준수해 진행된 것일까? 도리어 과세 문제의 해결책이거나,[80] 신자유주의 전 지구화에 대응하는 저임금과 미숙련 혹은 반숙련노동력을 찾아 나선 국제적 산업공장 이전 과정은 아니었을까? 앞에서 열거한, '몬드라곤'이 진출한 국가들이 주로 브릭스BRICs 국가들이고 이들 나라 협동조합 보조 기업들이 모회사에 공급되는 생산품과 비슷한 것을 생산한다는 점에서, 협동조합 국제주의의 구현이라는 가치의 실현보다는 낮은 생산원가와 성장 시장을 목표로 이전한 것이라는 판단도 설득력이 있을 것이다. 그렇다면 '몬드라곤' 협동조합의 전 지구화 과정은 과연 노동자의 고용과 경영 참여 및 지역 발전에서 참여라는 협동조합의 가치를 구현하는가? 협동조합 기업의 국제적 배치는 로컬에 근거한 자율적 직장과 협동조합적 고용을 목표로 삼는 본래의 전략과는 어떤 상응 관계가 있는가?

2005년 6월 당시, 스페인 3위의 가전 브랜드이자 '몬드라곤' 협동조합 복합체의 주력기업인 파고르 가전은 프랑스 2위 브랜드 가전업체 브란트를 60억 유로에 인수·합병했다.[81] 그러나 2008년 글로벌 경제 위기를 맞으며 관광업과 부동산 및 건축 중심의 스페인 경제가 위기를 맞고 지불유예moratorium 를 선언하면서, 이와 맞물려 건축 내장 설비를 생산하는 가전업계도 큰 위기를 맞았다. 당장 파고르의 매출이 85% 격감했다. 2007년 스페인 본사는 원가절감과 경쟁력 제고를 목표로 삼고 프랑스 리옹Lyon 과 라로슈

쉬르용·La Roche-sur-Yon 소재 공장 노동자들의 구조조정 계획을 세운다. 이 과정에서 협동조합체의 일원이 되지 못한 프랑스 노동자들이 제기한 문제는 몬드라곤 외부에서 발생하는 노사 갈등관계를 잘 드러내준다.[82] 이때의 전개 과정을 찍은 다큐멘터리 〈파고르의 사람들과 브란트의 사람들〉은 프랑스와 바스크 지역을 오가며 양 기업의 노동자와 경영진을 인터뷰하고, 프랑스 노동자들의 투쟁 과정을 통해서 파고르의 입장과 합병된 기업 비협동조합 노동자들의 상황을 대비시키며 '몬드라곤' 협동조합 복합체의 이중성을 고발했다.[83] 결국 파고르의 계열사에 속하지만 협동조합원이 될 수 없는 수많은 계열사의 직원들은 자신들의 처지가 후기자본주의 다국적기업의 하청업체 노동자와 다른 점이 무엇인지 되묻지 않을 수 없었다. 2008년 금융위기에 파고르는 인원 감축 없이 1~2년을 버텼지만, 한계에 직면해 50%의 인원을 감축하고 급여를 20% 삭감했다. 그러나 위기가 계속되면서 2013년 본사는 6000만 유로를 긴급 지원했고, 다시 몇 개월 지나지 않아 4000만 유로 지원 요청에 직면하자 몬드라곤 본사는 가전 부문 포기를 선언하며 2013년 몬드라곤 소재 본사 파고르 가전제품의 파산을 선언했다. 먼저 프랑스의 파고르브란트 파산 선언, 그리고 몬드라곤 소재 파고르 본사의 파산 선언이 이어졌으니 전자의 파산이 후자의 원인이 된 것을 알 수 있다. 몬드라곤 협동조합이 창립 이래 최고의 위기에 직면한 것이다.[84]

앞에서 보듯 전 지구화는 산업공장들의 국민적 구조, 또는 몬드라곤의 경우에는 로컬적 구조를 깨트려버렸다. 산업자본 기업들은 원가절감과 시장 확대를 위해 해외 공장 설립에 성공하면, 경쟁에 대처하는 전략적 대안으로서 모기업의 규모를 축소하거나 폐쇄하는 것이 일반적 특징이다. 기업의 탈로컬화 현상은 그 산물이다. 그러나 현재 기업 활동과 고용의 로컬화를 주요 가치로 삼는 '몬드라곤' 그룹은 바스크 지방에 설립한 모母협동조합들을 그대로 유지하고 있다. 그들은 글로벌화가 몬드라곤에 가져올 '불고용'으로부터 로컬 공동체를 방어하는 해결책으로 국제적 다수 로컬화multi-localization를 지향했고, 해외직접투자Foreign Direct Investment를 채택했다. 문제는 여기서 발생했다. 해외 진출 기업에서는 주식회사 체제 아래 완전한 비조합원 노동자 집단이 형성된 것이다. 이는 몬드라곤 그룹 전체에서 협동조합 회원의 증가를 정체시키고, 협동조합의 주변부에 임시 노동자라는 서로 다른 비조합원 노동자 집단이 증가하는 계기를 제공했다.[85] 몬드라곤 자체의 큰 변화 가능성을 함축하는 이러한 현상을 두고 더러는 신협동조합주의의 불가피한 현상이라고 말하지만, 협동조합주의의 정신이 몰락하면서 엘리트 수중에 통제와 관리가 집중된다는 진단[86]이 나올 빌미를 주는 것은 사실이다.

이론적으로 협동조합 국제주의는 한 나라의 협동조합과 다른 나라의 협동조합 사이에서 전개되는 것이다. 이런 점에서 현재 협동조합 조직과 비협동조합 조직 사이에서 진행되는 몬드라곤 협동조합주의는 협동조합 이념의 존립을 시험하는 교차로에 서 있다. 그렇다면 협동조합주의의 민주적 원리는 신자유주의 자본주의 체제에서 존립이 불가능한 것인가? 그러면 과연 해외직접투자를 통해 다수 로컬화를 모색한 '몬드라곤'의 글로컬 기업은 현지에서 협동조합주의를 실현하고 바스크에 소재한 모협동조합에 안정과 발전을 가져다주었는가? 지금까지는 '몬드라곤'의 국제주의와 글로컬화가 성장과 이익의 전략에서 긍정적 평가를 받는다. 몬드라곤 협동조합 복합체가 선택한 다수 로컬화 전략은 해외에 새로운 공장을 설립하는 것이 반드시 바스크 지방 모협동조합 기업의 폐쇄를 수반하지는 않는다는 점에서, 단순히 자본의 전통적 수단인 탈로컬화나 재로컬화라고 평가할 수는 없다. 현지 회사의 노동자 경영 참여, 이익 배분, 그리고 모협동조합과의 협력 관계에 대한 검토가 진행 중이므로 장담하기는 이르지만, 산업의 로컬화 전략과 해외직접투자는 해당 로컬의 사회경제적 발전과 빈곤 감소에 공헌했다고 평가받는다.[87] 현재 유럽을 비롯한 다수의 자본 선진국에서 기업의 '탈로컬화' 현상은 초미의 관심사이다. 탈로컬화 현상의 후유증을 우려하면서 점차 장소성을 유지하는 사회경제적 발전의 중요성이 강조되고, 그것을 보장하는 공동체 기업과 산업 노동자 협동조합에 대한 관심이 증대하고 있다. 이런 점에서 바스크 지방의 로컬리티를 일정하게 담지하는 가운데 민주적 다국적기업을 지향하며 진행되는 '몬드라곤' 그룹의 해외 진출은, 전 지구적 자본 운동의 탈로컬화를 해결하기 위한 대안을 제시할 가능성을 엿보게 만든다.

문제는 전 지구화 과정이 로컬 공동체에 바탕을 둔 민주적 · 사회적 협동조합 기업체 구조에 큰 영향을 끼친다는 사실이다. 일반적으로 전통적인 노동자 협동조합 기업의 구조는 전 지구적 자본시장과의 경쟁에 적합하지 않다. 무한 경쟁 시대에 불가피하게 '탈상호 협력화'와 '협동조합 잡종화 과정'이 진행되면서, 그 결과 새로운 협동조합 기업 구조를 지향하는 신협동조합주의의 출현 또는 협동조합 운동의 중단이라는 파괴적 현실이 다가오게 만든다. '몬드라곤' 협동조합 그룹의 다수 로컬화와 해외직접투자 전략은 과연 바람직한 대안인가? 이는 먼저 두 가지 가능성에 직면해 있다. 곧, 협동조합을 '저임금 국가에서 활동하는 전통적 자본가 고용주'로 행동하도록 이끌어, 전통적인 협동조합 이념과의 거리두기를 강요받을 가능성이 커진다. 둘째, 자회사 기업이 성장하면서 모기업의 정신을 따라, 곧 '몬드라곤' 협동조합 그룹의 '민주적인 다국적기업'으로 성장할 가능성이 열려 있다.[88] 2007년 현재 '몬드라곤' 다국적 협동조합회사 글로벌쿱스Globalcoops는 전체 그룹 총판매의 56.7%를 감당했다. 그것이 '몬드라곤'을 한때 스페인의 제7대 기업, 지금은 10대 기업의 위상을 제공한 원동력인 것도 사실이다.

그럼에도 몇 가지 지적할 요소가 있다. 1990년대에 '몬드라곤' 협동조합 복합체 시기에 추진한 국제화 단계는 전략적 계획이나 전 지구화에 대한 치열한 토론 없이 진행되었다. 당시 협동조합 복합체의 국제부 담당 이사는 그 결정이 도리어 미래에 로컬 고용자들을 방어하려는 목표에 입각했다고 말한다. 그런데 문제는 앞서 멕시코와 중국에 진출한 코프레치 협동조합 기업의 경우처럼 국제적인 다수 로컬화가 경쟁에 취약하지 않을까라는 질문에 선뜻 대답하지 못한다는 점이다. 현재 몬드라곤 소재 모협동조합의 노동자 임금은 동유럽의 5~8배, 중국과 인도의 20~25배이다. 북구와 미국 같은 고임금 국가에서 공장폐쇄와 규모 감축에 따른 고용 불안을 해소하고자 전 지구화가 절박하게 요청된 것은 사실이다. 경영자들의 핵심 모토는 해외에서 얼마나 많은 일자리를 창조하고 국내에서는 일자리를 얼마나 유지할 것인가 하는 점이다. 그러나 이미 바스크 소재 협동조합 기업의 임노동자는 20% 이상이 비조합원인 데다, 그룹 전체의 비조합원 비율이 증가하고, 협동조합 기업의 설립보다는 참여하는 보조 기업의 숫자를 증가시켜 2007년 현재 260분의 136으로 50%가 넘도록 만든 몬드라곤의 글로컬화는 두 방향으로 열려 있다. 곧, 협동조합주의를 상실할 위험에 직면해 혼합형 협동조합의 글로컬 기업을 유지하며 자본주의의 대안을 모색하는 측면과, 로컬공간에서 여전히 협동조합 경영 견본을 확장하며 포스트포드주의적 생산으로서 전 지구적 자본주의를 실천하고 그 가능성을 검증할 과정을 제공하는 이중 측면을 내포한다.[89] 이런 상황에서 '몬드라곤' 그룹이 신자유주의적 자본주의의 공격에 맞서 대안 전 지구화 또는 글로컬화를 성취하는 사례로 인정받으려면 무엇이 필요할 것인가? 그것은 공공선을 회복시키고 분배를 통제하며, 보편적인 최소 임금을 보장하고, 협동조합 관계망에서 민주적 계획을 입안하며, 생산현장에서 사용자와 생산자 간 직접적 의사소통을 실현하는 작업장 민주주의를 실천하고, 협동조합의 가치를 실현하는 데 달려 있을 것이다.

위기의 시대 대안인가?

피레네산맥의 작은 도시 '몬드라곤'의 실험은 샤를 푸리에Charles Fourier 의 팔랑스테르, 로버트 오언Robert Owen 의 뉴하모니와 뉴 라나크 같은 유토피아 사회주의 운동에다, 마르크스와도 충돌한 프루동의 생산자 협동조합 운동의 전통을 계승한다. 아울러 20세기 스페인 내전에서 인민전선의 한 축이었던 아나키스트 운동, 그리고 진보적인 가톨릭 사회사상과도 연결시킬 수 있다. 여기에는 우익에 반대하지만 좌파는 분열된 채로 승산이 없어 보이는 민족 독립과 새로운 세상을 꿈꾸는 바스크 지방의 로컬리티도 서로 맞물려 있다. '몬드라곤'의 기본 가치는 인간과 사회 발전, 자치와 자주관리, 경제발전을 목표로 삼는 평등, 연대, 노동의 존엄 및 참여이다. 형평에 입각한 책임과 연대는 조합원 사이에서 공생의 원칙을 실현하는 기본 토대이며, 협동조합들 사이, 또는 단위 협동조합과 지원 기관 사이에도 공평하게 적용된다.

현재 '몬드라곤'은 1990년대 이래로 전 지구화에 맞서 새로운 도전을 시도했다. 기업합병, 공동 벤처, 연구개발 파트너 찾기에 적극 나서고, 2007년에는 전 지구적으로 직접투자를 하거나, 보조 기업으로서 69개의 생산시설을 갖추고 1만 4000명 이상의 종업원을 고용했다. '몬드라곤' 협동조합의 글로컬화는 대안 전 지구화를 통해 자본주의의 대안을 모색하는 측면과, 로컬공간에서 포스트포드주의적 생산으로서 전 지구적 자본주의를 실천하고 그 가능성을 검증할 과정을 제공하는 이중적 측면을 내포한다. 그러나 '몬드라곤'의 글로컬화는 해외 진출 기업에 비조합원 노동자를 증가시켜 협동조합의 의미를 퇴색시켰다. 2005년 프랑스 가전업체 브란트사를 인수해 설립한 파고르브란트가 규모 확장에도 불구하고 노동자 350명의 구조조정 계획을 세웠다가 강력한 저항에 직면해 140명의 인력을 감축하는 선에서 마무리했는데, 협동조합 기업의 평판은 큰 손상을 입었다. 거기에다 2008년 전 세계적 금융위기를 맞아 회복 불능 상태에 빠지며 2013년 11월 파산을 선언한 사건은 파고르의 파산과 총자산 규모의 위축을 초래했다. 그 결과, 협동조합 기업의 대응 능력에 회의를 불러일으켰고, 전 지구화 시대에 협동조합주의가 퇴락한다는 분석이 자본주의 진영과 반자본주의 진영 양쪽에서 제기되었다.

그러나 전 지구화 시대에 대한 역습으로서 대안 전 지구화의 모색이 불가피하다는 전제 아래, 협동조합주의를 미래에도 중요한 실험으로 인정하는 희망과 혼합된 예언이 여전히 유지되고 있다. 그 전제 조건으로서 협동조합이 복합적 변화에 상응하는 작업장 민주주의와 로컬 경제에 대한 착근을 성취하는 것이 중요하다는 신협동조합주의 전망도 출현하고 있다. 이는 곧 특정 노동자와 기업 형태를 중심에 두고 자유시장경제를 넘어 '계획된 생산과 교역' 활동이 필요하다는 관점이다. 이런 상황에서 몬드라곤이 신자유주의적 자본주의의 공격에 맞서 대안 전 지구화의 사례를 성취할 방도는 무엇일까? 그것은 공동선을 회복시키고 분배를 통제하며, 비조합원 고용을 줄이고 보편적인 최소 임금을 보장하며, 협동조합 관계망에서 민주적 계획을 입안하고, 생산현장에서 사용자와 생산자의 직접적인 의사소통을 실현하는 작업장 민주주의를 실천하도록 요청받는다. 결국, 협동조합 체제의 내외부 간 불균형을 극복할 수 있으며, 효율적 기업 경영을 위한 실용주의pragmatisme와 노동자들의 신뢰confiance 회복 사이의 거리를 좁힐 수 있는 공간정치학적 해결책을 발견할 수 있는지 여부에 작은 도시 몬드라곤에서 시작된 위대한 실험의 미래가 달려 있다.

제 5 장

공간 점거와 수행성의 정치

2011년 9월 뉴욕 월가 '점령하라' 운동

' 우 리 는 9 9 % '

도시를 가장 도시답게 만들고 인간에게 희망을 제공하는 도시의 역할은
무엇인가? 도시의 공간규모와 성격에 따라 다르지만 도시공간에서 지속적
으로 벌어지는 정치 활동, 그 가운데서도 정치적 '저항' 행위와 그것의 가장
중요한 방식으로서 공간 점거와 시위에 주목한다. 그 사례로 필자는 2011
년 9월 금융자본 종사자들이 사사화privatize 한 공간, 뉴욕 월가Wall Street 주코
티 파크Zucoti Park를 비롯해 디트로이트, 더블린, 런던, 마드리드, 오클랜드,
시애틀, 워싱턴 등 전 지구 주요 도시의 금융 중심지를 포함한 1500여 장소
에서 '점령하라occupy'라는 구호 아래 벌어진 점거와 시위 사건에 집중한다.
이들은 1%에 불과한 전 지구적 금융자본가 계급이 행하는 박탈에 맞서
99%의 연대와 공간 재소유를 선언하고 '사건적 장소'[1]를 조직했다. 사건의

직접적 배경은 흔히 신자유주의 '카지노' 금융자본이 초래한 2008년 서브프라임 사태를 꼽는다. 참여자들은 경제적 · 사회적 · 문화적 자본이 결핍된 저임금 과잉노동 서비스 분야의 노동자들을 프레카리아트precariat 계급화하는[2] 체제 기득권자들에게 '우리는 99%'라는 구호로 분노를 표시했다. 여기에 많은 시민들이 돈과 책, 옷과 음식을 기부하며 호응했지만, 11월 15일 시민 참여와 언론의 관심이 약화된 틈을 타 뉴욕 경찰이 200여 명의 항의자들을 체포하면서 2개월에 걸친 점거는 일단락되었다.

'점령하라' 운동처럼 신자유주의 정치에 도전한 행동주의는 이미 1999년 11월 30일 반WTO '시애틀 전투' 이래로 세계 도처에서 발생했으며, 투쟁 전술과 지향점을 두고 논쟁이 벌어졌다.[3] 일반적 선입견과 달리 '점령하라' 운동은 지도자가 없고 강령이 없으며, 조직 체계가 없고 운동의 방향이 설정되지도 않았다. 그러므로 사건 전개의 이해에서 특별히 더 비중 있는 준거로 삼아야 할 증인이 있는 것도 아니고 모두 역할의 중요성이 동등하다. 있다고 한다면 참가자들을 마르크스주의 좌파 수직론자verticalist가 아닌 아나키스트 수평론자horizontalist라고 자평한 참여 관찰자 데이비드 그래버David Graeber를 대변인 격으로 꼽을 수 있을 정도이다.[4] 이들은 자본과 국가를 향해 구체적인 요구 사항을 표명하지도 않았고, 선거 참여나 정당 결성도 모색하지 않았다. 오직 서구 민주주의가 전 지구적인 경제적 필요성의 압력, 기술공학적 전문가에 대한 맹목적 복종, 반복적이고 피상적인 여론조사 정치공학의 관철로 '탈정치화'되면서 자유민주주의 대의정치체제가 실패한 사실을, 주디스 버틀러의 말을 빌리자면, '수행적performative'으로 '표현'했을 뿐이다.[5] '점령하라' 운동이 일어난 것과 거의 동시에 사건의 발생과 경과를 소개하는 저술들이 발간되었다. 첫째는 사건 그 자체에 대해 참여자 개인의 장소 경험을 언론 인터뷰와 저술로 소개하는 형식으로서 운동의 활동을 분석하는 방향이었다. 둘째는 당시에도 일부 학자들이 시도했고 최근 다시 논의되는 바와 같이 사건을 추상화해 운동의 본질을 사유하는 성찰적 방향이다.[6] 이 장은 '점령하라' 운동의 사건 전개 과정에 관심을 두지만 사건 자체를 물신화하지 않고, 도시공간의 중요한 속성으로서 점거 행위자와 직접행동 집단이 구현하는 공간의 성격을 탐구하며, 그것이 내포한 의미와 가능성 및 한계를 성찰하는 데 목표를 둔다.

논의의 출발점은 사건 자체의 발생 원인과 경과에 대한 구체적 분석이 아니다. 그 당시 현장에 참여했거나 현장을 예의 주시한 슬라보이 지제크 Slavoj Žižek, 노엄 촘스키 Noam Chomsky, 주디스 버틀러, 자크 랑시에르 Jacques Rancière, 안토니오 네그리 Antonio Negri 등이 '점령하라' 사건을 추상적으로 평가한 성찰들이다. 곧, 정치적 사건으로서 '점령하라' 운동에 대해 '사건'을 넘어 '사상적 성찰'로 접근한 것이다. 당시 슬라보이 지제크는 '점령하라' 운동 자체가 조직과 전투적 기강이 결여되었기에 사회정치적 변화를 위한 최소한의 긍정적 프로그램으로도 변화될 수 없는 치명적 약점이 있다고 비판했다.[7] 필자는 운동의 구체적 성과와 연관시킨 지제크의 비판을 일단 수긍하지만, 무엇보다 당시에 새로운 공간이 출현했다는 자각이 제시된 사실[8]에 주목한다. 물론 당시에도 도시 이론가 피터 마르쿠제가 '점령하라' 운동이 공간을 물신화하고, 심지어 경찰과의 대결을 물신화했으며, 미래의 대안 사회를 예시 prefigure 하는 데 몰두하느라 정작 실현해야 할 사회정의의 목표를 비롯한 운동의 광범위한 당면 목표들을 희생시켰다고 비판했던[9] 점도 염두에 둔다. 그러나 필자는, 조지프 스티글리츠 Joseph Stiglitz 가 '점령하라' 운동이 선거 절차에 관한 좌절을 표현하는바, 적어도 '길거리'의 강력한 압력이 없다면 민주주의적 선거 과정을 정당하게 설정하지 않을 것이라는 판단에서 운동이 비롯되었다는 진단[10]에 주목한다. 이는 자크 랑시에르가 민주주의를 정치체제나 구성 유형 또는 사회 형식이 아니라 '구성적 권력'으로 규정하고, 대의민주주의라는 형용모순어 '형식' 뒤에서 정치가 자본의 경영과 절대 동일시되며 정당성을 확보하는 현실을 고발한 것과[11] 같은 맥락이다. 안토니오 네그리와 마이클 하트Michael Hardt 역시 '점령하라' 운동을 '다중'의 정치적 분노와 열망, '진정한 민주주의'를 위한 투쟁의 '표현'으로 평가했다.[12] 아울러 '점령하라'의 반엘리트주의 수사에 주목하고, 엘리트 통치를 자각한 시민들이 이를 자율적 의사결정으로 대체하려 하는 반정치운동으로 평가한다.[13] 그런 점에서 '점령하라' 공간은 '표현의 정치politics of expression'가 작동했다. 참여자와 지지자는 '표현' 방식으로서 활동 상황을 온라인 관계망을 통해 전 세계에 확산시키며 전 지구적 영토 의식을 고조하는, 모바일 공학을 이용한 리좀적 관계망 저항운동으로 큰 주목을 받았다.[14] 그러나 대척점에 선 티파티Tea Party 운동도 모바일 공학을 적극 이용하므로[15] 이를 독자적 양상으로 꼽기는 어렵다. 필자는 '점령하라' 운동에서 국경과 문화를 넘어서는 연대의 공동체를 새롭고도 낯설게 표명하는 무정형적인 '액체 저항'의 갈등과 협력의 행동주의가 실현되는 가운데,[16] "전 지구적 차원에서 사고하고 로컬 차원에서 행동하라"는 로컬리티 연구의 선언적 명제를 구성적 헤게모니 공간에서 실천한 점에 착안한다. 그것은 뉴욕 월가야말로 전 지구성을 표상하는 대표적 공간이지만, '점령하라'를 통해 새로운 '로컬리티' 공간을 생성하고 상호 연동해 영향을 끼치는 과정을 잘 보여준다고 판단하기 때문이다. 그 과정에서 필자는 공간과 자본의 '박탈적 축적'이 가져오는 윤리 문제, 직접행동과 행위자 공간, 후기자본주의 정치의 양상에 관심을 기울이는 '공간의 정치지리학'으로부터 다양한 지적 자극을 받아[17] 다음의 주제에 관심을 기울인다.

첫째, '점령하라' 운동이 특정 장소에서 고도로 집중성intensification을 유지한 점은 민주주의하의 공적 공간 점거 활동이라는 사건적 주제로 관심을 전환하는 계기를 제공했다.[18] 점거자들은 지배계급의 사적 공간을 점유해 대안적 공유공간을 생성시키고, 상호 간 견해차를 소집단 회의나 총회에서 조율하며 유대감을 확인했다. 이러한 양상을 앙리 르페브르의 사회적 공간생산 개념과 연계시켜, 점거공간이 생성되는 양상과 그것이 정당성을 확보하는 이론적 배경을 검토한다.

둘째, 주디스 버틀러는 일정한 장소에서 우연적 행위 또는 권력의 수행적 표명이 반복적 재현representation과 비재현non-representation 과정을 거치는 가운데 장소성locationality을 형성하고 의미화를 가져오는 지점에 착안했으며, 그 연장선에서 '점령하라' 운동이 공간을 생성하는 양상을 긍정했다.[19] '점령하라' 운동은 조직과 권력을 유지하는 데 필요한 동원 구조의 지속적 확보보다는 수행성performativity의 극적 순간에 관심을 더 기울인 측면이 두드러진다.[20] 점거 행위자들이 구호와 기호로서 차이와 반복을 수행하며 새로운 사회적 장소성placeness과 공간성spatiality을 생산하는[21] 정치적 수행성의 지리학을 성찰한다.

셋째, '점령하라' 운동은 촘스키나 네그리가 강조하듯 '진정한 민주주의' 실현을 축약된contraction 목표로 삼았다. 그러나 조직·지도력과 이념적 방향이 결핍되고 실천적 개혁의 천명에 실패했을 뿐 아니라, 내부적으로 인종과 종족, 계급과 성별에서 분열 공간을 생산했다. 점거공간에서 활동가들의 비판과 저항, 이념과 실천 행동을 검토해, 일상과 정치적 행위에서 실천 규범의 반복이 민주주의적 주권과 정치적 주체성을 생성하는 방식에 대해 탐색할 실마리를 발견하는 것을 마지막 목표로 삼는다.

공적 공간의 점거와 공간생산

전 지구적으로 전개된 '점령하라' 운동의 주요 공간 가운데 특별히 주코티 파크에 주목하는 이유는 무엇인가? 물론 세계 금융자본의 중심지인 월가에 소재한다는 점이 첫째로 중요하지만, 공간 조직과 그 표상에 관한 분석에서 개인·기업이 소유하는 생산과 소비의 공간인 사적 공간의 확장이 공적 공간을 퇴위시키는 양상을 둘러싼 논쟁과도 연관이 있다. 주코티 파크는 본래 사기업에게 건축 증축을 허가하는 조건으로 공적 공간의 확보를 요구한 용도 변경 지구로, 사유지를 공적 공간화한 경우이다. 주로 금융 지구 직장인들이 출퇴근 통로로 사용했고, 개성이라곤 없는 추상공간이며, 사설 안전요원을 채용해 뉴욕 시장의 통제와 규제를 회피하는 공간이기도 했다. 경찰이 이 공간에 대해 진압을 위한 습격을 미룬 것도 법적 침해가 저지되는 사유재산 공간이라는 혼종성에서 비롯했다.[22] 주코티 파크 점거자들은 모바일 공학을 이용한 새로운 의사소통 방식으로써 부유한 국가의 계급지배에 항의하는 내용을 확산시키며, 찰스 틸리Charles Tilly가 말한 '상징적 지리학의 공간'을 생성해 전 지구적 반향을 불러일으켰다.[23] '점령하라' 운동 또한 공적 인간이 공적 공간을 점거한 정치적 행위의 전술을 넘어, 공간의 점거가 저항의 수단인 동시에 운동 정체성의 구성 요소가 된다는 점에서 독특한 복합적 의미를 전개한다.[24] 점거자들은 공적 공간의 공적 이용권을 주장하며, 경찰 당국이 담화와 공적 의사소통의 권리를 저지해 민주주의 실천 원리를 위반한다고 비판했다. 공적 공간이란 무엇인가? 앤디 메리필드Andy Merrifield의 설명을 들어보자.

서로 말하고 서로 만나 공적 대화를 할 수 있을 때, 아주 축자적으로 말해서 공적 담론이 가능할 때 공적 공간이 된다. 사람들이 단순히 도시 중심의 개방된 장소에 있어서가 아니라, 이 사람들이 그들 도시 안에서 서로 만남으로써 공적으로 된다.[25]

그러면 '점령하라' 공간은 과연 어떤 공간규모scale를 말하는가? 일차적으로 공개적 점거 행동에 돌입한 청중들이 발언자의 말을 직접 들을 수 있는 공간을 중심으로 유동하는 지점들, 이차적으로는 그 지점들을 중심에 두고 이루어진 도시를 말한다.[26]

> 공간이 운동에 의해 점거될 때, 그것은 운동에 물리적 현존, 위치적 정체성, 방문자들이 올 수 있고 추종자들이 만날 수 있는 운동과 동일시될 수 있는 장소를 제공한다. …… 또한 두 번째 기능으로서 다른 형식의 자치를, 공간의 경영을 시도할 기회를 제공하고, 특히 물리적 점유가 밤새워 계속되면 서로 같이 어울려 살게 된다.[27]

'점령하라'의 결과, 주코티 파크는 그 공간의 성격이 급변했다. 특히 과거의 사회운동과 달리 비폭력을 '강조한'[28] '지도자 없는 운동'으로서, 참석자가 실제 목소리 발언을 입에서 입을 거쳐 전달하는 '민중 확성기people's mic'로 공개 총회의 의결을 도출하는 독특한 청취 공간으로서 해방된 공적 공간을 창조했다.[29] 그렇다고 점거공간 내부에 구분이 없었던 것은 아니다. 언덕 높은 곳에는 총괄 조직기구가 있었고 총회가 열렸다. 중간 지점은 활동 공간으로서 숙소인 천막과 보건 진료소가 있었으며, 주방도 있었지만 화재 위험 탓에 조리는 금지되었다. 가장 아래쪽에는 드럼 밴드가 자리 잡았고, 점거자들은 작업단들을 구성해 법률적 쟁점을 자문하며 의료 처치 등을 수행했다. '점령'은 일상적 삶과 유기적 관계로 진행되었고, 이는 항의 활동의 진행과 사회적 생산 행위는 모두 일상생활을 유지할 필요가 있다는 사회운동 전략에 바탕을 둔다. 그 결과, 기존의 익숙한 '현실 정치'로부터 이탈을 감행한 것이 대중적 호소력과 광범한 지지를 끌어냈고, 참가자들에게 크나큰 안도감을 제공했다.[30] 그러나 항의 캠프가 일상성만을 유지한 것은 아니다. 결정적 순간에는 공통의 반감을 행동주의로 전이시켜 투쟁에 나서는

'예외적 공간'이었다. 거기서 참가자들은 국가와 자본의 지배 논리에 맞서는 가운데, '재생산노동과 하부구조'가 유지되는 구조를 가시적으로 폭로하며, '상징적 항의를 넘어 움직이는' 순간을 잽싸게 포착할 기회를 노렸다.[31]

전 지구적으로 전개된 '점령하라' 운동은 저항의 기지로서 도시의 역할에 대한 관심을 촉발했다. 도시야말로 표현과 조직의 전략 공간이었다. 저항의 우산 아래 서로 연계했고, 새로운 형식의 정치적 항의를 배양하는 잠재적 토대로 부각되었다. 사스키아 사센은 '점령하라' 운동에서 사회적 투쟁의 중요한 단계인 '영토의 귀환'을 목격하고, 정치 활동이 도시에 집중되는 동시에 이 활동들로 말미암아 도시들의 속성이 재형성되는 '새로운 형식의 정치'가 출현했다고 평가했다.[32] 데이비드 하비는 정치적 행동주의 형식으로서 도시공간 점거의 급속한 확산이 "도시의 공기에는 표현할 것을 두고 투쟁하는 어떤 정치적인 것이 있다는 자신의 오랜 주장을 명료하게 한다"[33]고 자평했다. 그는 '점령하라' 운동에 대해 도시에서 발생하는 정치적 항의의 행사 스케줄에 위치를 부여해 권력의 공적 공간 장악에 맞서는 반란 행위로 보고 무한 신뢰를 표명하며, 공간 점거 행위야말로 최종 심급에서 궁극적인 항의 행위라고 주장한다.

공적 공간에서 신체들의 집단적 권력은, 모든 접근 수단이 봉쇄되었을 때 여전히 가장 효과적인 대항 수단이다. …… 권력이 무엇을 하고 있으며 어떻게 최선을 다해 반대할 수 있는지를 둘러싼 공개적 논의와 토론이 벌어지는 장소로서 정치적 공통체(commons)가 되었다.[34]

우리가 '점령하라' 운동에서 목격하는 것은, 사회적 미디어의 광범한 사용으로 공적 공간 개념이 더욱 확장되어버린 점이다.[35] 도시공간 점거와 사이버 공간 점거 사이의 관계 역시, 데이비드 하비의 말을 빌리면, '박탈에 의한 축적accumulation by dispossession'을 겪는 전 지구적 현실에서 정의 실현 운동에 대한 관심을 공유했기에 주의를 끌었다. 공간에 대한 권리는 공적 공간을 정치적 항의의 장소이자 항의자들을 위한 장소로 만든다. 물론 과거에도 공적 공간은 정치적 항의를 창조하는 공간이었기에 '점령하라'는 기시감을 준다고 평가할 수도 있다. 그러나 그런 공간들은 차이를 횡단하는 교환의 기대에 부응하거나 단일한 공공성을 형성하는 역할을 그다지 충족시키지는 못했다. 게다가 사적 소유 공간의 확장은 물론, 공공 안전의 이름으로 공적 공간에 대한 규제가 더욱 강화되어온 것도 사실이다.[36]

공적 공간에 대한 관심은 민주주의의 일상적 실천과 관련이 있다. 시민들은 공통 이익을 규정하며 항의와 결합하고, 도시계획가 테크노라트에게 이의를 제기하며 '공적'인 배출구를 요구했다. 그것은 공간의 생산, 정치 행동에서 공간의 역사적 진화 문제와 연관된 공간 투쟁이다. 박탈을 겪는 자들의 공간 투쟁, 요컨대 사회운동에서 공간에의 접근·조종·통제를 모색하는 공간 투쟁은 공적 인정을 획득하는 강력한 전략이다. 공간 투쟁에는 저항 활동뿐 아니라 메시지 전달, 역사적 인물, 최우선적으로 추구해야 할 정책에 관한 교육 활동이 포함된다. 공간에 관한 메시지는 시민들에게 참여의 상상력과 그것이 인종·경제·환경의 정의를 성찰하고 영향을 끼치는 능력에 자극을 준다. '점령하라'가 도시공간 이해에 제기하는 도전은 다름 아닌 공간과 시민 행동의 관계에 대한 역사적 이해를 확장할 방법을 모색하는 문제이다. '점령하라'는 사회적 분열과 정치적 분리가 공적인 것을 자주 배제시키는 시대에 이들을 통합할 새로운 가능성을 제공했다. 그러나 염두에 둘 것이 있다. '점령하라' 공간 투쟁은 생생한 경험이 강화된 시공간 파열의 순간moments of rupture을 포함하는 한편, 그 순간을 통해 사회적 삶이 재생산되는 반복적 리듬의 일상 간 예민한 긴장을 포함한 것도 사실이다.[37]

이 긴장을 어떻게 설명할 것인가? 앙리 르페브르의 사회적 공간생산론 관점과 연관시켜 설명을 모색해보자. 르페브르에 따르면, 이 긴장은 사회적 생산물인 공간에서 도시공간 계획자와 도시공간 이용자 사이에 각자가 공간에 관한 특수한 기호를 촉구한 데서 유발된 갈등의 산물이다. 이는 그가 저술 『공간의 생산』에서 말한 세 가지 공간과 연관 지어 설명이 가능하다. 곧, ① 일정 수준의 결속과 연속성을 제공하는 지식의 생산과 재생산을 수반하는 지각공간l'espace perçu, ② 도시계획가들과 테크노라트들이 지식과 기호 및 부호를 부과하는 '공간의 표상들representations de l'espace', ③ 그에 맞서 전복적이고 은밀하게 꿈과 상상력을 포함하는 '생명을 지닌 공간'으로서 '표상공간들espaces de représentation'에서 전개하는 '공간적 실천pratique spatiale'을 말한다.[38] '공간의 표상들'은 공간적 세계의 지각과 실천에서 놀이하는 다수의 사회적 실천보다 더 균일한 방식으로 관철된다. 한편 사회적 재생산은 마르크스적 의미에서는 노동력의 재생산이지만, 동시에 '일상생활의 살내음, 지저분하고 애매한 것들'의 총합이다. 그것은 자본주의의 가치가 궁극적으로 생산되는 대다수의 노동을 표상하는 동시에, 자본에 맞서거나 넘어 새로운 가치를 생산한다. 이런 측면에서 주코티 파크 '점령하라' 캠프는 파열의 순간에 새로운 정치경제학의 출현 가능성을 열어주는 반counter 시/공간의 장소이자 일상의 사회적 재생산을 실천하는 사회적 배려의 장소로서 틈새, 곧 사이in-between 공간의 기능을 수행했다. 파열의 순간은 가능성주의자possibiliste 르페브르가 『일상생활 비판』에서 설명한 '가능성-불가능성'의 변증법에서 '불가능한 가능성'의 순간과 같다.[39] '점령하라' 공간 점거자들은 일상생활의 사회적 재생산 공간에서 정치로부터 소외시키는 '공간의 표상들'을 비판했다. 손작업한 펼침막이나 뒷면에 구호를 적은 종이 카드를 들고 지배 권력이 장악한 '공간의 표상들'에 반대하며, 생활공간에서 새로운 욕망과 희망의 '표상공간', '불가능한 가능성'의 공간을 실현하도록 강력히 요청했다.

염두에 둘 점은, 어떤 혁명적 변화에서 큰 역할을 하는 그 '순간'을 일상생활보다 앞서거나, 일상생활의 지리학 바깥에 놓이거나 분리된 것으로 이해하는 것은 바람직하지 않다는 점이다. 르페브르는 일상생활의 명백한 진부함에 숨겨진 힘, 그것의 시시함 아래 놓인 심연, 그것의 지극한 일상성 안에 숨겨진 어떤 특별한 것을 강조했다. 이는 '점령하라' 공간이 리듬분석rhythmanalyse에서 말한 단선적 시간의 '축적적 과정'에 도전하고, 심지어 역습을 가하는 공간이며, 순환적 리듬의 사회적 재생산이 '비축적적 과정'이라고 부른 것에서 수행하는 중요한 역할을 부각했다.[40] 그러면 그 공간이 유지되는 '계기'는 무엇인가? 이는 생활공간을 우위에 두는 데서만 비롯되지 않으며, 점거에 어떤 결속과 연속성을 제공하는 공간적 실천을 통해서 확보된다. "전유된 사회적 공간을 발생(생산)시키는 것은 한 사회에서 한순간적 작업의 산물이 아니다."[41]

'파열의 순간'과 일상생활은 내부적으로 상호 연관되어 있다. 그런 점에서 이들의 관계는 더 광범한 공간 점유의 과정으로 이해할 수 있다. 그러나 이는 모순되고 적대적인 과정도 내포한다. 예컨대 '점령하라' 공간에서 안전 보호 정책들에 내재한 모순을 들 수 있다. 그것은 비록 원칙적인 선언에 가까웠고 합의로 채택되었지만, 반사회적이거나 편견을 품은 차별적 행동을 명백히 거부하는 도구적 역할을 감당하면서 역설적으로 일종의 제한을 확립시켰다. 한편 캘리포니아 오클랜드에서는 '점령하라' 명칭이 제국주의를 연상시켜 부적절하다는 이유를 들어, 억압받아온 원주민들의 권리에 더 적합한 표현은 '해방decolonize 오클랜드'라는 이의가 제기되었다. 이 제안에 대해 다수가 명칭 변경을 지지했지만 절대다수로 통과되지는 않았다.[42] 그런 행동은 어의semantics에 너무 민감하다는 느낌을 제공했고, 제안은 일반 서민 유색인들에게 큰 반향을 일으키지 못했다. '점령하라' 공간은 매우 포용적이었다. 그 결과, 의사결정은 느렸으며 정치적 관점과 개성이 자주 충돌했다. 특수한 관심과 공통 목표들 사이에 모순이 수시로 노출되었고, 때로는 개별 행위자들의 일탈과 혼돈의 공간이 될 수도 있었다. 이 경우 유경험자들은 의결 과정이 작동하고 생산적이 되도록, 남용되는 목소리와 음모 이론 등을 침묵시켜야 했다. 이는 민주적 토론을 막고 참여자의 열정을 급속히 분산시킬 우려가 있었지만, 민주적 토론과 운동 자체를 유지하려면 어떤 목소리들은 삭제되어야 했다. 그런가 하면 예기치 않은 좌절을 경험하는 이들도 발생한다. 지지자들이나 반대자들 가운데 일부가 시민 정신을 표상하는 쟁점으로 예민하게 부각되었던 쓰레기 처리 문제를 비롯해 소비 자원의 순환 재생 문제를[43] 담당하며 복지 그룹에서 힘을 보탰지만, 다른 참가자들에게 소중한 취급을 받지 못하고 좌절을 겪은 경우가 바로 그렇다.

주코티 파크 공간은 정치란 도시공간 어디에서나 작동한다는 사실을 상기시켰다. 심지어 상황을 관찰하는 연구 행위조차 그러하다.[44] 그 결과, 르페브르가 말한 '공간의 표상'들이 다중 공간성multi-scalar 을 내포한다는 사실을 상기시켰다. 그 다중성은 다음과 같은 요소를 포함한다. ① 신자유주의 질서의 담지자인 금융자본의 중심지를 점거 목표로 삼는 타격target 공간, ② 항의 행동이 광범한 장소에서 널리 전개되고 편재遍在 하는everywhere 공간, ③ 점거를 실천하면서 새로운 종류의 공간으로 전환하는 행동주의적activistic 시공간, ④ 점거자들의 공유shared 공간, ⑤ 세계 이해를 심화시키는 토론과 교육teaching 공간, ⑥ 문제를 기회로 전환하며 감동과 영향을 끼치는 정동affect 공간이 그것이다. 이 공간은 '파열의 순간'을 제공한 탓에 비실체적이기는 하지만, 새로운 정치적 상상력을 자극했으며 상상적 대안의 유토피아를 모색하는 계기를 제공했다.[45] 또한 비록 주변화되고 단기적인 경험에 그치기 쉽다는 한계에 직면했으나 새로운 단계의 시간, 곧 생생한 장악과 실행이 소용돌이치는 시공간성 경험으로 이끌었다.[46] 이 공간들은 각 공간의 문화지리를 포함하는 의사소통과 표현의 복잡성을 나타낸다.

수 행 성 과 (비)재 현 공 간 행 동 주 의

'점령하라' 운동의 점거공간에서 참여자 개인의 경험에 주목하는 이유는 무엇인가? 그것이 '행동주의' 공간이기 때문이다. 주코티 파크에서는 거의 매일 시위가 조직되었다. 9월 24일 경찰은 시위에 개입해 80명을 체포하고, 연좌한 여성 시위자에게 최루가스 스프레이를 사용했다. 10월 1일 경찰은 시위대를 브루클린 다리로 토끼몰이 해 700여 명을 체포했다. 경찰의 공권력 남용은 비디오와 인터넷으로 생생하게 전달되었으며, 시위대가 겪는 고통에 공감하는 목소리가 높아졌다. 시위대들은 기존 질서를 거부하고 현실을 고발하는 무수한 구호와 슬로건을 제시했다. 점거자들의 구호는 전적으로 열려 있는 함축적 태도를 바탕으로, 오랫동안 사회경제적으로 억압받아 온 계급과 집단의 의견을 표현했다. 그러면 99%를 대변한다는 유명한 구호는 어떻게 평가할까? 그것은 결코 집단적 정체성을 표방하지 않았다. 내부에는 수많은 인종, 종족, 성별 및 성적 지향성을 포함한 구호가 언표되었다. 도리어 변화하는 기표를 따라서 횡단하고 생산되는 수많은 파편화된 개인들의 행위가 존재했다. 그런 의미에서 이들의 행동은 수행적이었으며, "나는 99%"라는 선언은 상식을 표현하는 구호일 뿐이었다.[47]

이들의 점거와 시위 자체는 무엇을 목표로 삼았는가? 사실 그것은 공동목표가 없는 행동이었다. 문제는 그럼에도 그들이 행동하는 공동체commons를 생성했다는 사실이다. 그들은 시민들에게 '지지하기'를 넘어 행동으로 '가담하기'를 촉구했다. "쳐다보지 말고 가담하라Don't look at us, join us!"는 초기에 사용된 가장 흔한 구호였다. 가담자들의 행위와 의견들은 분리된 동시에 연결되어, 시위와 항의 구호의 선언에만 머물지 않았다. 점거공간은 독서, 명상, 블로그 업데이트, 렌틸콩 요리. 쓰레기 줍고 치우기, 부상자 상처 치료, 북 치기, 권련 말기, 체스 두기, 토론, 예술품 만들기, 접시 닦기, 성생활 등이 이루어지는, 행동하는 일상적 커뮤니티로 변화해갔다. 그것은 점차 '체험공간l'espace vécu'에서 재현된 수행성으로 작용했다.[48] 결과적으로 점거 공간은 지배 권력의 직접 통제를 벗어나 하나의 커뮤니티로서 정치적 동원 을 수행하는 문화적 도전의 장을 발생시키는 '자유로운 공간'이 되었다.[49]

점거자들이 '자유로운 공간'을 생성한 이유는 무엇인가? 기존의 정치 질 서를 부정하고 자율적 자치를 욕망했기 때문이다. 그들은 공권력의 개입을 거부하고, 기존에 우리가 보아온 국가권력 메커니즘과 뒤얽힌 항의 형식과 의 과격한 단절을 지향하며 국가기관, 특히 경찰을 공격 목표로 삼았다. 기 존 정치의 수용을 거부한 이들은 심지어 정치 당파 또는 노조와 행동의 공 동 조직 및 협력까지도 거부했다. 그렇다고 노동조합이나 정당의 '관념' 자 체를 거부한 것은 결코 아니다. 물론 그 가운데는 좌파 그룹이나 노동조합 과 입장을 달리한 참여자들도 있었고, 이들 조직과의 관계 맺기를 둘러싼 예민한 갈등도 적지 않았다. 핵심은 국가를 비롯한 기존의 정치적 실체들과 거리를 두고 사회 현실에 대한 무관심을 상징적으로 표현하며, 그것이 부과 하는 규칙에 따른 역할을 거부했을 뿐이라는 점이다. 사실, 그것 자체로 이 미 충분히 경계 횡단적이었다. 이런 거부 행위는 자신의 행동을 초래한 신 념을 급진적·윤리적 책임을 지는 선행조건으로 도약시킨다.

필자는 '점령하라' 참가자에게 가장 공통적인 궁금증이 있다. 그들은 국 가를 부정하면서도 국가를 타격 대상으로 삼지 않았다. 국가를 공격하거나 과거와 광폭으로 다른 무엇도 기대하지 않은 이유는 무엇인가? 그것은 점 거공간에서 일상의 삶을 영위하며 미래에 출현할 사회를 행동으로 '예시 prefigure'했기 때문이다. 참여자들은 명백한 방향을 설정하고 행동하지 않았 다. 오직 발언과 투표로 의사결정을 전개했고, '한 걸음 전진, 한 걸음 후퇴' 라는 참여의 평등화 원리를 지지했다. 총회에서 의사소통의 경우, 뉴욕시가 공원 내 확성기 사용을 금지한 탓에 "오픈 마이크open mic"(확성기 열기)와

"마이크 체크mic check"(확성기 끄기)라는 구호를 따라 발언을 반복 합창하는 '민중 확성기' 형식으로 진행되었다. 이는 정치적 의사결정에다 보완적인 분할을 통해 '타자를 타자로' 인정하는 다원주의를 부과해, 새로운 민주적 카리스마를 지닌 담화 형식을 제공했다.[50] 그러나 '점령하라' 캠프에서 표방한 '99%'가 하나의 개체로서는 삶의 현실태와 직접민주주의적 절차를 실행하는 역량에서 전혀 동종적이지 않았다. 인종과 종족, 계급과 성별에 따라 서로 다른 견해가 격렬하게 충돌했고, 소집단 회의와 달리 전체 총회는 의사결정 과정에서 난관에 난관을 거듭했다. 가장 큰 약점은, 만장일치(95% 이상) 합의를 목표로 삼았기에 누구든 투표에 영향을 끼치고 의사 진행 과정을 뒤흔들 수 있었다는 점이다.

그럼에도 점거공간에서 주목할 사실은, 그곳에 윤리적 담화와 투쟁의 삶이 공존한 점이다. 참여자들은 상호 교육을 제공하며 새로운 능력의 발휘를 자극했다. 수십 개의 작업단들이 숙식용 도구를 마련하고, 시위 활동에 사용할 구호판을 손수 만들며, 먹고 난 피자 박스는 예술가의 캔버스로 사용하는 등 모든 것을 말하고 듣는 권리parrhēsia가 행사되는 공통체가 창조되었다.[51] 일상생활 자체가 숙련 기술, 경험과 항의와 논쟁하는 행동으로 움직이고, 개인의 창의성을 실현하는 모습을 갖추는 궤적을 보이는 것은 어느 정도 후기자본주의에서 포스트 정치의 양상을 드러낸다. 이는 일상적인 것에서 특별한 것으로, 그리고 다시 일상적인 것으로 되돌아가는 가교에 관해 성찰할 계기를 제공한다.[52] 일상은 행위 동기로 중요할 뿐 아니라 행동주의 실천 자체의 통합적 부분으로 작용했다. 사회운동의 추동에서 일상적 행동주의는 중심 요소이며, 또한 행동주의자 공간의 계속적 생산에서 중심적 역할을 한다.[53] 그러므로 파열의 순간과 일상생활이 동일한 과정의 내부적 요소들로 작용하는 역할을 인정할 필요가 있다.

해방의 미래는 평등주의 원리를 실행하는 남녀의 자유로운 결합으로 만들어
진 공통 공간의 자율적 성장을 의미한다.[54]

점거공간에서 활동가들의 일상적 상호 접촉은 고조되었다. 특히 총회에
서 거의 제례 의식적ritual 재현을 거듭한 민중 확성기로 의견을 전달하고, 찬
성과 반대 등을 나타내는 수신호로 의사소통하는 과정에서 강화되었다. 그
결과, 실제 시공간의 정치 활동에서 얼굴을 맞댄 의사소통을 회복시켜 집단
정체성을 강화했다. 최근 많은 사람들의 행동주의는 전자우편과 페이스북
을 읽고 온라인 청원에 서명하는 행위로 한정되는 분위기가 확산되었다. 인
터넷은 인간관계의 본질에서 의사소통을 개인주의화로 추상화하거나 심지
어 제거해, 시민 참여를 비롯한 민주정치의 잠재력을 위축시켰다.[55] 흔히
알려진 것과 달리 '점령하라'의 참여자들은 전자 의사소통이 직접 참여를
대체할 수 없다고 인식했다. 마우스를 클릭하고 청원서에 서명하는 것으로
참여의 의무를 다했다고 자족하는 것에 대해 '느슨한 행동주의slacktivism'라
고 비판했다. 물론 이 '점령하라' 운동이 조율자 역할을 하는 코디네이터 논
의를 활성화하고, 개인 블로그에 지지를 표명하는 견해를 올린 이들의 후기
산업주의 전자 사회 연결망에 크게 의존한 것도 사실이다.[56] 그러나 점거자
들은 전자 매체를 비계서제적이고 평등주의적인, 특히 활동적 참여를 촉진
하는 경우에만 사용했다. 중요한 것은 점거공간을 직접 경험하는 일이었다.
'점령하라' 경험자들, 특히 주코티 파크 공간 경험자들은 자신이 거주하는
도시로 돌아가 점거를 조직하거나 참여했고, 월가 총회는 다른 도시들의 점
거공간에 자문단을 파견해 공간 형성의 패턴에 관한 지식을 제공했다.[57] 이
들은 '점령하라' 운동의 대표자들인가? 그렇지 않다. 이들은 우연적이고 비
의도적non-intentional인 실천 행위자일 뿐이다.

'점령하라'의 참여자 개인들을 실천가로 거듭나게 만든 동인은 무엇인가?

그것은 민주주의를 내세워 민주주의를 공격하는 신자유주의 지배 집단의 승리가 금융자본주의의 경제적 불의를 용인하는 현실에 대한 분노이다. 무엇보다 이를 용인하는 중층적 모순의 최종 심급에서 작동하는 대의제도의 취약성과 실패를 절감한 것이다.[58] 대의제도는 출구가 없고, 민주주의는 정치적 당파 형식의 전문가 경영에 맡겨진 채로 사회적 상호 적대감을 강화하는 현실을 절감한 것이다. '점령하라'가 자본주의와 대의제도라는 대타자大他者로부터 급진적 분리를 시도한 것은, 그 중심에서 환멸을 확인하고 급진행동과 직접행동으로 현상 유지의 정당성에 의문을 제기한 것이다.[59] 사실 '점령하라' 운동을 논리적으로 설명하려는 시도는 힘들다. 사회구조를 정확히 분석해 묘사하거나, 설명하고 대안을 제시한 것이 아니기 때문이다. 따라서 분석·비판·결론이라는 기존 논증 방식으로 '점령하라'를 설명하기는 어렵다. 그들은 다만 자신들이 보유한 반헤게모니적 잠재력과 능력을 자유롭게 드러내는 방식으로 사회 현실을 적절한 차원에서 표명했을 뿐이다. 본래 참여자들이 99%를 대표한다고 주장했을 때는 자신들이 기존 대의제도representative system, 곧 정치적 재현representation의 질서에서 배제되었고, 재현되지 않는 자들, 곧 대표되지 않는non-representative 자들을 대표한다는 뜻이었다. 그러나 한편 이들이 실제로는 점거공간 참여자들의 수행성을 재현한 것에 불과하다는 평가도 가능하다. 그 결과, 이들 역시 차이를 내포한 99%를 표방하는 소수의 대표에 불과하기 때문에 반反대의제도이며, 또는 포스트 대의제도적이라고 보기 힘든 측면이 생겨난다. 그러나 대의제도라는 것도 끊임없이 가변적이고 다원적이라는 전제에서 '점령하라' 운동이 기존의 재현, 곧 정당과 선거제도에 바탕을 둔 대의제도의 실패에 따라 새로운 재현, 곧 새로운 형식의 급진적 대표제도[60]를 비의도적으로 모색했다고도 평가할 수도 있다. 이는 곧, 행동은 비의도적이었지만 깊은 의미를 함축한 정치적 행동으로 출현했다는 뜻이다. 행동이 결정적이고 단호하면 사회적 적대감을 깊이 정치화한다. 그들의 정치적 행동은 현재의 지배 체제를 넘어서는 입장, 다른 체제가 낡은 체제의 장소에 도입될 수 있다는 것을 아는 입장에서 수행되지 않았으므로 비의도적이다. '점령하라' 운동이 내포한 힘은 비의도적 행동과 가장 광범한 정치적 주장 사이의 설명 불가능한 연계로서 사회정치적 체제 그 자체의 본질에 의문을 제기한 데 있다.

'점령하라' 공간과 민주주의는 이중적 역할을 한다. 민주주의 이름을 표방하는 상징화의 내적 한계를 드러내면서도, 예상하지는 않았지만 새로운 재현 가능성에 열린 자세로 도전하도록 요구한다. 새로운 재현의 가능성을 연 것은, 그것이 과격한 놀이를 넘어 체류권이 도전받는 대결의 공간space of confrontation 인 데 있다. 랑시에르가 말한 감각의 분할이 공간 분할을 초래하고, 공안police 의 논리와 평등주의 논리 사이에 충돌이 발생했다.[61] 점거자들은 공적 공간에서 '공적'인 것의 의미 확장을 모색했고, 시 당국은 한사코 이를 제약하며 붕괴시키려 노력했다. 그 결과, 점거자와 지지자가 '사실상'의 소유 공간을 방어하기 위해 더욱 발 벗고 나서는 치열한 대결 양상이 전개되었다. 뉴욕시장 마이클 블룸버그Michael Bloomberg 또한 천막촌의 건강과 안전에 대한 위험을 강조하는 전략으로 '점령하라' 공간을 위협했다. 그러나 참여자들은 기존 질서의 법규를 위반한 집단적 점거에 참여하며 일종의 주체적 권력감을 느꼈고, 마음이 바뀌는 경험을 했다. 점거 행동 참여는 위험했지만, 평등주의적 커뮤니티를 형성하고 금지·억압의 대상이 된 것은 신념을 위한 행위가 정상 규칙을 넘어설 수 있다는 자각으로 이끌었다.[62]

한편 어느 경우에든 점거 행위는 경찰의 행동에 부분적으로 의존한다. 공간 장악은 점거자들의 활동 계획과 연관되어 있다. 11월 15일 한밤중에 경찰은 주코티 파크를 습격해 리포터와 합법적 관찰자들을 내몰고 약 200명의 점거자를 체포해 수천 권의 책과 컴퓨터를 비롯한 개인 장비와 공동 장비를 파괴했다. 11월 17일 뉴욕 유니언 광장에 모인 4000명의 학생들은

5가 중간으로 행진하다가 경찰의 봉쇄에 직면해 스크럼을 짜고 맞섰지만 역부족이었다. 이들은 "우리는 99%다"라고 구호를 외치며 도로변을 걷거나 달리며 하이파이브를 하고, 자동차 이용자들과 서로 지지 표시를 나누며 함께 함성을 울리는, 위법과 준법 사이에서 카니발적 시위 놀이를 전개했다.[63] 시위자들은 재현과 비재현이 교차하는 행위 수행성을 끊임없이 표현했다.[64] 그런 점에서 버틀러가 '반복되는 재현의 실천' 안에서 오직 '재현의 무질서한 복수성'만이 작용하는 행위 수행성을 요구하고[65] '연쇄 관계이며 문화적으로 충돌하는 비공간'으로 상정한 것과, '점령하라' 운동이 신체의 요구에 따른 '공적 신체의 정치'(2011년 10월 23일 페이스북)[66]라고 지지한 사실의 상호 연관성을 발견하는 것도 가능하다. 그런 작업들은 억압받아온 몸의 해방을 표현하는 것이었다. 물론 많은 이들이 시위 놀이에 겁먹고 불편해하며, 일상적인 사회적 재생산의 순환 리듬이 전개되는 더 점잖고 온건한 시간을 원한 것도 사실이다. 이를 파열의 순간을 원하는 점거자와 일상의 공간적 실천을 모색한 점거자들 사이의 긴장 관계로 말할 수도 있다. 이 말에서 당시에 '점령하라' 운동이 직면한 긴장과 난관은 운동이 막다른 궁지에 도달했다는 뜻인가? 그렇지는 않다. 도리어 거기서 지배적인 상징적 구성이 정치 영역의 현실, 곧 정치적 현실의 긍정적 행동 양식에서 배제되었다는 한계를 드러낸다. 점거 운동이 결핍, 곧 지배적인 사회정치적 구조들의 혼란이 초래한 결핍과 배제의 상기자이자 결핍된 주체로서 재출현했기 때문이다. 그 주체는 항상 지배적 담론, 권력균형, 그리고 언어 자체의 구조와 자격에서 소외된다. 결핍은 모든 시기에 사회구조가 불안전하고 탈구dislocation될 때 재출현하고, 사회변화를 추동한다. '점령하라' 운동공간에서 전개된 수행적 행동주의는 민주적·급진적 공간을 생성했다는 점에서 차이를 보였다. 그 결과, 수행적 공간 점거를 넘어 추상적 의미를 확보했기에 언제든 새로운 전술로 재출현이 가능하다.

공간적 실천과 직접민주주의

점거공간 캠프에서는 공간성과 사회성sociality이 결합하고, 급진적 평등 개념에 바탕을 둔 활동적·집단적 투쟁이 전개되었으며,[67] 다중의 '진정한' real 참여 민주주의 실천을 모색했다. 그러면 '점령하라' 운동이 유토피아 공간을 실현했다는 말인가? 그 말은 결코 아니다. 점거공간에서 발행한 잡지 ('OWAS journal')에서 보듯 그들은 기존 정치의 통제가 아니라 대체 방식에 관심을 기울이며, 총회 절차와 참여 및 직접민주주의 의사결정 과정에 관심을 두었다. '점령하라' 운동의 구호와 상징에서 중심 주제는 신자유주의가 초래한 경제적 불평등의 심화가 많은 이들을 희망 없는 밑바닥 현실로 변덕스럽게 내모는 현실에 대한 분노와 비판이었다.[68] 그들의 분노는 정책을 보완하거나 보완할 의지가 있는 행위자로서 국가-자본 제도가 표방하는 민주주의의 정당성을 인정하기조차 거부하는 형식으로 표출되었다.[69] 그들은 미국의 공적 기록물들을 기존 질서의 산물로 규탄했다. 또한 현존하는 의사소통적 자본주의communicative capitalism가 민주주의를 명분 삼아 의사소통 연결망을 착취하는 현실을 자각하고 새로운 의사소통을 모색하며 균열의 장을 만들었다.[70] 이는 금융자본주의의 의사소통 구조와 민중의 현실적 요구 사이의 양립 불가성을 지극히 비정치적인 형식으로 나타낸 것이다.[71]

주디스 버틀러는 '점령하라' 운동에서 참여자들이 "변덕에서 벗어나 살기에 알맞은 삶을 영위할 가능성"의 추구로 이끌리는 동시에, 변덕스러운 현실의 본성을 전반적으로 이해하며 구체적 요구의 제시는 삼갔다고 진단한다. 비록 그 핵심은 정의 실현의 요구이지만, 정의의 개념화에서는 공교육이나 건강관리 제공 개선과 같이 신속한 입법으로 표명될 수 있는 것보다 훨씬 종합적인 쟁점을 제안했다는 뜻이다. 이는 당면한 권력의 변화보다는 미래에 도래해야 할 자율적·상호부조적 사회의 예시에 더 초점을 둔 점을 지적한 것이다.[72] 반면 사이민 페이데이Simin Fadaee와 세스 쉰들러Seth Schindler의 견해는 좀 다르다. 곧, 더욱 심도 깊은 민주적인 사회를 성취하려는 노력은 변덕스러울 수도 있고 공적 공간을 점유할 수도 있기 때문에 변덕스러움과 알맞은 삶의 가능성이 서로 모순되는 말은 아니라고 본다. '점령하라'의 참여자들은 새로운 기술공학과 시스템의 변화가 초래한 위기와 위험에 직면했으며, 정치경제적 변화가 초래한 몰락의 충격과 스트레스를 겪었다. 그러므로 이 운동을 두고 내면에 온갖 이종성이 들끓었던 정치 행위자들이 취약성vulnerability의 개념을 둘러싸고 동맹한 시기로 설명할 수도 있다.[73]

'점령하라' 운동은 신자유주의 정치의 정당성을 거부하는 과정에서 포스트 정치 시대의 가장 중요한 요소, 곧 평범한 사람들의 생생한 경험의 중요성을 각인시켰다. 포스트 정치 현상의 특징은 우리 삶이 불완전하고, 어떤 문제들은 모든 개혁가와 자애로운 인도주의자의 개입을 넘어선다는 점을 인정하는 것은 물론, 오래 지속된 시스템으로부터의 탈출을 의미했다. 그러나 세상의 치유를 시도한 많은 이들은 깊은 상실감과 결핍을 경험했고, 그것의 해소 노력은 '진정한' 민주주의에 대한 갈구로 나타났다.[74] 그들이 인터넷, 트위터, 페이스북, 유투브, 실시간 인터넷 서비스인 라이브스트림Livestream과 같은 새로운 전자 사회 연결망의 중요한 역할을 인정하면서도, 그 한계 역시 자각하는 가운데 비계서제적이고 평등주의적일 뿐 아니라 능동적인 활동가들의 참여를 증진하고자 점거 장소나 거리에서 시민과의 직접적 접촉을 추구한 배경이 여기에 있다.[75] '진정한' 민주주의의 상실은 또한 현재의 사회정치 시스템의 한계에서 완전한 정체성을 구성하는 데 반복적으로 실패하는 주체들의 고립감과 연결되어 있다. 이는 두 가지 결핍으로 설명 가능하다. 하나는 지배적인 사회 시스템, 곧 실제 민주주의를 방해하는 포스트 정치적 상징공간의 결핍, 다른 하나는 주체의 결핍과 관련된다.

이런 현실에서 정치적 영역의 고찰은 라캉주의 심리학과 데리다 사상의 적합성을 드러낸다. 이들 사상의 정치적 전유는 주체와 사회적 시스템의 '공허함'뿐 아니라 이 결핍을 채우려는 지속적인 시도, 심지어 최선의 노력에도 불구하고 결핍은 계속 재출현한다는 주장과 연관이 있다.

'점령하라' 운동은, 출발은 물론 전 지구적 확산 또한 개인들의 미시적 활동이 유발한 비의도적 현상의 산물이었다. 거대한 사회변화의 청사진을 제시하길 거부하며(비록 그것을 조직하려는 노력이 없었던 것은 아니지만), 99%의 다양한 요구에 개방성을 유지하고 비계서제적 직접민주주의 절차를 실천했다. 그렇다고 '점령하라'에 지도력이 아예 부재했던 것은 아니다. 실제로는 소규모의 핵심core 집단들이 많은 토론을 거치고 사전 정지 작업을 수행하며 지도력을 형성했다.[76] 그럼에도 '구조적'이기보다는 상호 의존적이며 일시적인 선택항 사이에서 '표현적'인 정치적 행동을 수행했고, 무엇보다 국가권력의 인수를 원치 않았으며, 자신들의 활동 방식이 사회적 구제의 유일한 방식이라고 주장하지도 않았기에 포스트 이데올로기적 운동으로 평가가 가능하다.[77] 그러나 운동의 일상은 복잡했고, 많은 참여자가 적극적인 사회변화 플랜의 발전을 모색하기를 촉구했다. 그 결과, 전략적 절차의 이행 요구에 부응하려는 노력이 유동적인 성찰들을 폐쇄하고, 정치적 절차로의 돌입을 지원하는 비형식적 계서제가 발생하는 경향이 대두했다. 이 과정에서 이상ideal과 비이상non-ideal, 폐쇄와 개방성 사이에 난관aporia이 생겨났다. 직접민주주의의 강경한 실천 약속과 그것이 지향한 이상에 대한 강박적 고착 사이에서 협상한 것은 운동을 좌절시킬 수도 있었다.[78] 난관에 처한 운동은 준봉遵奉주의를 거부했지만 유토피아주의 또한 거부하는 상황으로 이끌렸다. 결과적으로는 돌파구로서 제3의 길을 선택하며, 살아 있는 현재 순간의 시간성에 주목하는 미시 정치micro-politics로 이끌렸다. 캠프파이어 잡담 정치 같은 의사소통 구조들은 일상의 정서와 정치적 행동주의의 결합[79]

에 기여했다.

주코티 파크 야영지는 안토니오 그람시의 헤게모니 이론과 연관시킬 경우 대안적 헤게모니 도구의 공간적 '배치dispositif'로 이해하는 것도 가능하다. 이는 다시 랑시에르가 말한, 유동하는 주체의 신선한 출현 가능성에 개방된 공간, 르페브르가 말한 '공간적 실천practique spatiale'[80]의 요청과 연관된다. 천막촌에서 생활한 활동가들은 협력과 연대의 새로운 방식으로 실천을 모색했다. 비록 내부에 긴장과 일부 고립된 불쾌한 행동이 있었지만, 전반적으로 반헤게모니적 기능과 역량의 효과적 결합·결집은 참여자의 정서적 밀집성을 창조했고, 도시 권력에 의미심장한 위험 요소로 등장했다. 이와 같은 반헤게모니적 기능은 '점령하라' 공간이 리좀적 관계망의 허브였기에 상정할 수 있었다. '점령하라' 운동은 반反빈곤 행동, 이민 권리 조직, 교회 커뮤니티, 특히 노동조합 같은 많은 커뮤니티 집단들과 관계를 맺었다.[81] 비록 활동 스타일의 차이에서 오는 갈등도 없지 않았지만, 베리존Verizon 전화회사 노동자 파업을 지지하고 본사로 활동가를 파견하는 등 많은 노동운동 조직과 연대를 맺으며 반자본주의 운동과 투쟁 정신을 고취했다.

'점령하라' 공간은 기본적으로 주류 사회와는 다른 삶을 시험할 자유와, 상호 관계에서 소외와 착취가 없는 대안적 사회의 가능성을 시험·증명하는 수평적 민주주의의 실현과 그 예시를 지향한 자유공간이었다.[82] 일차적으로 식량, 의료 치료, 안전을 제공했지만 완전히 새로운 것은 아니었으며, 오랫동안 사회운동에서 실험해오던 것들이었다. 한편 기대와 달리 점거공간 내부에도 인종, 성별, 섹슈얼리티 등에서 많은 계서제가 작동하고 갈등이 내재된 점을 강조하는 연구자도 적지 않다. 일부 학자들은 운동 내부에서 배제의 메커니즘을 작동하는 권력이 재생산된 것에 주목한다.[83] 그러나 이 쟁점은 '점령하라' 공간이 만들어낸 것이기보다는 사회에 이미 존재하는 계서제와 권력관계의 산물이 영향을 끼친 것이며, 거기서 문제가 제기되었다고 말하는 것이 더 정확한 진단일 것이다. 도리어 공간 점거의 기능을 둘러싸고 경쟁하는 전망들 사이에는 부가적인 긴장과 갈등이 존재했다. 아울러 '점령하라'가 월가의 기능을 방해하지 못한 점에서 실패했다는 평가도 가능하지만, 상징적 질서로 개입하며 장차 건설할 견본을 제공한 점은 중요하다. 자크 라캉Jacques Lacan의 정신분석에서 상징적 질서의 관념은 담론 구성체이며 반역사적ahistorical 성격을 띤다. 그런 점에서 일반론적인 헤게모니, 곧 경제, 서로 다른 수준의 정치, 심지어 군사적인(그람시가 말한 정치군사적 헤게모니까지는 아니지만) 자체 관계들의 의미를 생성하고 여론을 형성하는 현실성과 효율성이 있다.[84]

이는 자크 데리다가 다가오는 민주주의를 단순히 규제적 관념이 아니라 사람들이 약속으로 상속받은 긴급한 과제 같은 것으로 규정한 점과 같다.

> 자유민주주의 확립의 실패는 선험적이며, 정의(定義) 내림에 따라 모든 민주주의를 특징짓는다. 문제는 그런 약속 개념으로서 민주주의 개념이 정중이개, 곧 벌어진 앞니(diastema)에서 발생할 수 있다는 점이다. 그것은 우리가 민주주의를 현재의 미래에서 미래의 민주주의 …… 또는 유토피아로서가 아니라 ― 적어도 그들의 접근 불가능성이 여전히 시간적 형식의 현재 미래를 유지할 것이라는 정도에서 ― 다가올 것으로 말하기를 제안하는 이유이다.[85]

현재의 시스템이 실패할 때만 진보적인 정치적 변화를 기대할 수 있다는 점은 정치와 사회 현실 사이에 존재하는 거리를 드러낸다. 민주주의는 현재적 유용성이나 '현재의 미래future present'(현재 시스템에서 약간 완전해진 미래의 해석판)로서가 아니라 전체 정치체제의 재정의, 곧 미지의 정치 행위에 개방된 탓에 필요하다. 역사성과 민주주의의 고유한 관계는 그것이 항상 난관을 제공하는 구조들, '점령하라'의 경우 계서제의 문제와 사회변화의 거대 플랜을 둘러싼 역설에서 예시되는 것들로부터 나온다. 민주주의는 다름 아니라 다양한 분파들과 예견할 수 없는 정치적 행위들의 과격한 개방성 사이에서 놀이를 계속 전개하는 것이다. '점령하라'는 이런 놀이 구조의 면전에서 편향성을 보이지 않으면서도 명백히 정치적 방식으로 행동했다. 그러나 '점령하라' 공간이 수평주의를 지향했어도, 그것이 곧 평등의 실현을 뜻하지는 않는다. 도리어 모두가 발언할 권한을 지니며, 공통의 다르면서도 특이한 개체singulalité로서 특권적이고 불평등한 공간에 함께 도전할 수 있다고 느끼는 사회적 공간을 창조하는 도구였다.[86] 사실 민주주의는 개념과 실천에서 반대자들이 오염시키므로 '진정한' 민주주의는 항상 불가능하다. 데리다는 이미 그 한계를 잘 지적했다.

> 민주주의는 민주정적 자유에 대한 공격을 고조시키고 …… 민주주의 이름으로 중단시킬 위험이 있는 자들을 권력 행사의 지위에 두어야 한다.[87]

'점령하라' 공간에서도 총회의 의사결정 과정에서 자기 목소리를 완강하게 높이는 자들이 있었다. 이들은 점거공간에서 급진민주주의 실현의 잠재력을 손상시켰다. 이는 균일성과 특이성 사이에서 직면한 난관과 위기를 표상했고, 결국 의사 진행에서 조심스러운 배제나 간편화가 모색되는 가운데 중도 온건론이 요구되었다. 이를 긍정적으로 평가하면 위르겐 하버마스가 말한 '보편화용론'에 입각한 대화와 협상이 가져온 '이상적 담화상황'[88]의 실현, 혹은 얼굴을 맞댄 상호 대화로 자신과 타인에게 가치를 부여하는 상징적 행동이 다원주의적 자유와 평등의 기반으로 작용하는[89] 성찰적 숙의민주주의 또는 참여적 숙의민주주의로 설명이 가능하다.[90]

그러나 자크 랑시에르가 생각하는 '정치'는 이런 하버마스적 관점을 견제한다. 랑시에르에게 '정치'란 공안 질서 내의 '수행된 주체' 또는 기존 이익

집단 사이의 대화와 협상에 관한 것이 아니라, 정치 질서에서 이질적 감각 체제의 충돌이 불러온 혼란dissensual disordering이다. 그리고 이런 합의(혼란이 아니라)가 결국은 정치를 공안 질서로 변형시킨다고 경고한다.[91] 이 경고를 수용하는 경우, '점령하라' 공간에서 직접민주주의의 실현은 오직 실제로는 불가능한 것을 보장함으로써만 보호될 수 있었다. 비록 투표를 뒤흔들 가능성은 가설에 불과했지만, '점령하라'의 참여자들이 균일성과 특이성 사이에서 직면한 난관은 모든 사람들의 이상적 연합의 실현에 관한 순진한 환상을 깨트린다. 직접민주주의를 실천한 그 운동은 모든 민주주의 개념의 숨겨진 이면을 드러내고, 현존 민주주의의 내용에 관한 모든 판단이 지닌 본질적으로 모호한 본성을 드러낸다. '점령하라'가 '진정한 민주주의'의 실현을 시도 했지만, 실제로는 혼란과 비일관성, 왜곡 변형과 난관이 대두할 가능성을 제거할 수 없었다. '진정한' 민주주의는 공허한 대의민주주의 제도 형식에 반대되는 '본질적인 것'에서 출발할 뿐 아니라, 이상적이거나 실용적인 내용 대신에 행위자와 행위 형식의 계속적 쇄신, 유동하는 수행적 주체의 신선한 출현에 항상 개방된 생생한 경험을 거쳐 드러나는 다양한 비일관성과 불확실성의 긍정에서 출발한다.[92] 이는 급진민주주의가 균일성이 아닌 혼잡함, 일시성과 특이성까지 포용하는 것을 가리킨다.

비 실 체 적 상 상 의 공 동 체 생 성

이 장은 '점령하라' 운동의 대표적 공간인 뉴욕 월가 주코티 파크를 중심 사례로 삼아 점거공간의 본질을 탐색하며, 거기에서 행위자의 수행성, 직접행동과 민주주의 문제를 성찰했다. '점령하라' 운동은 공장이 아니라 거리·광장·보도에서 전개되었다. 점거는 기존 정치 당파들의 진영 논리에서 벗어난 집단적 '토론 공간'을 유지하는 데 중요한 수단을 제공했고, 일상의 대면은 능동적·수행적 평등공간을 출현시켰다. 또한 지배적인 공적 공간 통제에 도전했을 뿐 아니라 천막, 야영, 인터넷 배너, 예술 활동 등의 작업은 외부자나 잠재적 지원자들에게 결속력 있고 '자발적 질서'의 생생한 증거로서 운동에 가시적 정체성을 제공했다. 그러나 그 중심부는 자본주의의 심장에서 평등과 불평등이라는 두 논리의 충돌을 극화하는, 하나의 세계에 내재한 두 개의 세계가 효과적으로 드러나도록 무대화했다. '점령하라' 공간은 여러 측면에서 제한적 요소를 내포했는데, 첫째는 공간 점거의 배타성이다. 유례없는 장기간의 점거 활동에서 직장과 가족 관련 의무의 수행자들은 지속적인 참여가 불가능했다. 둘째는 경찰력과의 대립에서 극심한 비대칭적 관계였고, 점거자의 비폭력은 경찰의 폭력을 결코 감당할 수 없었다는 점이다. 셋째는 공간 점거가 운동의 핵심 활동이 된 상황에서 공간의 상실이 결국 운동의 약화와 소진으로 급속하게 귀결된 점이다. 그럼에도 '점령하라' 운동에서 주코티 파크로 대표되는 도시공간 점거는 사적 공간과 공적 공간이라는 이분법적 공간 구분에 균열을 일으켰다. 국지적 장소성, 집중성과 축약된 항의 형식은 상징적 점거의 출현에 중요한 관심을 야기했다. '점령하라' 운동을 둘러싸고 항의자들이 공간을 이용해 공중에게 의견을 제시하는 방식, 항의 장소의 변화, 공간에서 새로운 항의 메시지 제작 방법 등에 대한 관심이 폭발적으로 증가했다.

'점령하라' 공간은 비의도적으로 발생했지만, 그것을 억압된 초정치화 hyperpoliticiation 의 자발적 폭발로만 설명할 수는 없다. 이미 1990년대 이래로 축적된 반세계화 운동의 다양한 조직 노력이 공간 점거라는 특정 형식을 발생시키는 데 기여했다. '점령하라' 운동의 활동가들은 주요 도시들의 심장부에서 르페브르가 말한 '사이공간'을 점거해 자본의 독점 지배와 대의제도의 실패에 항의하는 공간 투쟁을 전개했다. 공간 점거자들은 항의를 목표로 삼은 일시적 결합자가 아니라 지도자와 강령이 없는 수평주의 운동으로서 감히 새로운 주체와 주체성을 창조하는 과정에 있다고 자부하며 운동의 충격에 주요한 역할을 감당했다. 이들 공간은 폴리스 공간의 외부가 아니라 폴리스 공간의 '정상적 배치', 곧 거래, 유통, 공공 기능 등의 전복과 정치적 효과를 극대화하고자 기존의 공간적 논리의 '우회'를 통해서 민중의 힘을 물질화했다. 그리고 국가에게 어떤 요구나 강령도 제시하지도 않았으며, 다만 미래에 다가올 세계를 예시적으로 보이려 했다. 문제는 이 운동공간에서 비형식을 추구하고 계서제를 거부하는 목소리가 높았지만, 계급, 교육 수준, 종족성, 섹슈얼리티, 성별에서 구성원들 사이에 숨겨진 위계와 계서제에 대한 가부장적인 물신화 또한 존재하는 역설적 현상도 나타났던 점이며, 그 사실은 숨길 수 없다.

'점령하라' 운동은 이른바 '합의적' 정당정치, 다양한 정체성의 정치, 전통적인 혁명 정치 양식과 거리를 유지하고, 기존 정치 질서 안에서 새로운 이해 집단이나 정체성 집단으로서 인정받기를 기대하지 않았다. '진정한 민주주의' 실현을 목표로 삼은 이들은 기존의 국가 구조를 통제하고 장악하는 데 목표를 두지도 않았으며, 전체 사회정치적 구조의 정당성에 도전했다. 그리고 지도자나 위계적 질서 없이 수평적 조직의 형식으로 급진적 평등을 실현해, 운동을 유지하는 특수한 요구나 전반적인 이념적 구조 틀이 부과되는 것을 거부하며 가능한 한 새로운 의식과 행동 노선의 출현에 개방되도록 했다. 또한 집단적이나 폐쇄적 단위가 아닌 공동체로서 '비실체적insubstantial 상상의 공동체'를 생성했고, 개방된 소집단 집회와 전체 총회, 민중 확성기, 발언자 추첨 등으로 급진적 평등을 실천하는 수행성을 유지했다. 이들은 새로운 사회·정치제도이기보다는, 랑시에르의 말을 빌리자면 준신체적 성격의 언명적 커뮤니티에 가까웠다.

제6장

촛불시위 공간과 헤테로토피아

자율과 반자율의 교차지대

광 장 의 점 거

광장이란 무엇인가? 첫째, 비어 있는 공간을 뜻한다. 둘째, 도시 내의 여백을 지닌 공간으로서 자연과 인공이 상호 교차하는 지점이다. 셋째, 제사와 축제 같은 의미·상징이 작동하는 공간으로서 정치적 토론과 변론을 전개하는 공간이며 인간 삶의 필수적 구비 조건으로 작용하는 공간이다. 이 마지막 요소가 작동하는 공간의 양상에서 대표적인 것이 장소 점거이다. 장소 점거란 무엇인가? 일반적으로 평화적인 시민불복종 운동의 한 종류로서, 전략적으로 중요한 장소에 있으면서 강제 퇴거를 당하거나 요구가 관철될 때까지 한 장소에 머무르는 행동이지만, 점거의 양상과 내용은 시공간과 정치문화 및 점거 주체에 따라 매우 다양하다. 에이프릴 카터April Carter는 장소와 공간의 점거를 직접행동의 한 방법으로 진단한다.

공간의 점거는 직접행동의 한 방법이며, 직접행동은 통상적으로 민주주의의 결손(democratic deflect), 그리고 시민이 느끼는 좌절감에 대한 반응으로서 출현한다.[1]

에이프릴 카터는 직접행동의 사례로 인도 서부 마디아프라데시주 나르마다Narmada강 댐 건설 예정지에서 시골 아낙들의 점거 행동, 브라질 무토지 농민들의 휴경지 경작, 중국의 노동자 파업과 공장 점거, 남아프리카공화국 흑인 거주 지역township 도시빈민들의 민영화된 식수·전기 무단 사용 등을 든다. 어디 그뿐인가. 전 세계적으로는, 2008년 한국에서 일어난 미국산 쇠고기 수입 반대 촛불시위, 2010년 '아랍의 봄'을 불러온 수많은 공간 점거, 2011년 자본주의의 본산인 뉴욕과 런던 등 세계 각지에서 벌어진 '점령하라Occupy' 운동, 2013년 터키 이스탄불 게지Gezi 공원과 탁심Taksim 광장 점거, 2014년 9~10월에 벌어진 홍콩의 '우산혁명' 당시 코즈웨이베이Causewaybay, 몽콕Mong Kok, 센트럴Central, 에드미럴티Admiralty 구역의 대규모 거리 점거 등을 잘 알려진 사례로 들 수 있다. 그리고 2016년 겨울, 광화문광장에서 비폭력 평화 집회의 촛불공간이 새로운 광장의 역사를 만들었다.

이 장은 공간 점거 활동의 구체적 사례로서 2008년 서울광장 촛불시위, 2014년 7월부터 광화문광장에서 전개된 세월호 유가족의 공간 점거 행위, 특히 2016~2017년 겨울 광화문광장 촛불공간을 중심에 두고 논의를 전개한다.

그러나 공간 점거 행동이 긍정적 평가만 받는 것은 아니다. 도리어 변화를 일구어내는 데 얼마나 성공적이었는지 여부를 두고 회의적인 시선도 없지 않다. 1976년에 라디오 알리체Radio Alice(이탈리아 최초의 자유 해적 라디오 방송국)를 세운 프랑코 [비포] 베라르디Franco [Bifo] Berardi는 물리적 공간의 점거 방식에 강력한 회의를 표명했다. 그는 비록 2000년 이후 세계 각지에서

금융자본의 횡포에 저항하는 거리 점거 운동이 활발하게 벌어지긴 했지만
현실 권력에 큰 타격을 가하지는 못했다고 본다. 거리나 광장 및 공장 점거
방식은 부르주아가 영토화한 사회에서는 유효하지만, 지금은 신자유주의를
특징짓는 금융자본과 금융 권력이 탈영토화되어 있어 큰 성취가 불가능하
다는 것이다. 곧, 신자유주의 권력이 영토를 벗어나 기호 · 언어 · 숫자로 우
리(의) 삶을 착취하는 판국에, 기호 자본에 대항하는 운동이 기껏 부르주아
시대의 권력의 장소인 광장이나 거리 점거 형식으로 나타난 것은 모순이라
는 평가이다. 그는 이렇게 권고한다.

> 금융 권력은 물리적 건물에 있지 않으며 숫자들, 알고리즘들, 그리고 정보 간
> 의 추상적 연결에 있기 때문에 우리가 현재의 권력 형식에 맞설 수 있는 행동
> 형식을 발견하려면 우리는 먼저 인지 노동이 금융 투기를 가능하게 하는 기술-
> 언어적 자동 기제를 창출하는 주요한 생산력임을 이해하는 데서 출발해야 한
> 다. 위키리크스의 사례들을 따라 우리는 우리 모두를 노예화하는 기술-언어
> 적 자동 기제를 해체하고 재기술화하는 장기 지속의 과정을 조직해야 한다.[2]

프랑코 베라르디가 말하는 요점은 지금 우리에게 기호의 알고리즘 점거,
곧 위키리크스, 어나니머스Anonymous, 미 중앙정보부 요원이었던 에드워드
스노든Edward Joseph Snowden의 정보공개 활동, 즉 비장소적 공간 점거가 더
유효할 가능성을 제안한다. 그러나 필자는 신자유주의의 특징인 금융화가
세계 이해에 중요한 것은 두말할 나위도 없지만, 그럼에도 금융화의 토대로
서 공간의 생산, 곧 지리적 축적의 문제는 여전히 자본화의 핵심 요소라는
데이비드 하비의 관점을 긍정한다.[3] 또한 공권력의 부당한 행사에 맞서 시
민의 권리와 지위를 인정받고, 길거리나 광장처럼 공적 가시성을 가장 풍부
하게 보여주는 공간이자 사회를 환유적으로 표현하는 장소들을 점거하는

활동으로서 공간 점거의 중요성을 전폭적으로 긍정한다. 곧, 사회적 권리를 행사하는 시민이자 정치적 인민인 주체로서 존재감을 인정받고 새로운 자아를 발견하는 '인정투쟁'[4]의 장으로서 중요성을 긍정한다. 앤디 메리필드는 공간 점거를 '마주침으로서의 점령하기'로 규정했다.[5] 2008년 서울광장 촛불시위가 집단지성의 성립 문제를 제기한 것이나, 메리필드가 공간의 점령을 '마주침'의 생산물로 강조한 것은 안토니오 네그리와 마이클 하트[6]가 메트로폴리스에서의 정치를 특이한singularité 주체성들이 마주침을 조직해 소통과 협력으로서 공통적인 것commons을 생산하는 공간이라고 규정한 것과 연결 지을 수 있다.

촛 불 시 위 공 간

우리는 2016년 초겨울부터 2017년 3월까지 주말마다 광화문광장에서 100만 개가 넘는 장엄한 촛불이 타올라 장엄한 시민혁명의 서사를 만드는 장면을 목격했다. 2014년 4월 16일 진도 팽목항 앞바다에서 일어난 비극적 사건의 '진실 규명'을 요구하는 세월호 유가족들이 오랫동안 점거해온 바로 그 장소를 좌절감과 무기력한 슬픔의 눈으로 바라보기만 하던 시민들이, 무능하며 타락한 권력의 횡포에 분연히 들고 일어나 촛불로 세상을 밝히고 진정 자유로운 광장을 만드는 모습을 목도했다. 우리 모두는 시민혁명의 현장에 서 있었다. 앤디 메리필드의 말을 가슴에 떠올리지 않을 수 없다. "모든 혁명은 그 자신의 아고라를 가진다."[7] 광화문광장이야말로 2016년 겨울 시민혁명의 '아고라'였다. 서울이 한국 사회의 자본과 정치권력의 중심이라는 너무나 자명한 사실 외에도, 서울을 서울답게 하는 핵심 요소 중 하나는 온갖 사연을 지닌 민중들이 장소를 점거해 억울함과 고통을 호소하고 희망을 노래하는 광장이 존재한다는 점이다. 물론 지방 도시에도 광장이 있고, 거기서 일어나는 촛불은 힘든 환경에서 피어나기에 더욱 소중하며 가치가 있다. 그러나 여기서는 일단 서울에서 벌어지는 촛불시위 광장의 공간 점거에 초점을 맞춰 공간을 성찰해본다.

공간 점거를 과연 어떠한 이론적 근거로 설명하는 것이 바람직할까? 앙리 르페브르의 사회적 공간생산론의 관점에서 그것은 사회적 생산물인 공간 속의 도시공간 계획자와 도시공간 이용자 사이에서 각자가 공간에 관한 특수한 기호를 사용하도록 촉구한 데서 유발된 갈등의 산물이다. 그것은 다름 아닌 르페브르가 『공간의 생산』(1974)에서 말한 세 가지 공간 개념과 연관된다. 앞서 5장에서 언급한 바처럼 점거와 파열의 순간은 가능성주의자 possibiliste 르페브르가 『일상생활 비판』에서 말한 '가능성-불가능성'의 변증법에서 '불가능한 가능성'의 순간과 같다.[8]

우리는 이미 '불가능한 가능성'의 생생한 사례로서 민주노총 부산본부 김진숙 지도위원이 한진중공업 영도조선소 865호 크레인에서 2011년 1월 6일부터 11월 10일까지 309일간 지속한 고공 점거 농성을 기억한다. 그것은 지극히 협소한 장소의 점거에 불과했지만 신자유주의 자본의 논리에 큰 파열을 일으켰고, 우리는 자본과 권력이 얼마나 과민 반응을 일으켰는지 잘 안다. 여기서 염두에 둘 것이 있다. 점거의 순간이 혁명적 변화에서 큰 역할을 하는 것은 사실이지만, 일상생활보다 앞서거나 일상생활의 지리학 바깥에 놓이거나 분리된 것은 아니다. 송경동 시인이 제안한 희망버스는 우리의 일상과 멀리 떨어진 낯선 사물이 결코 아니었다. 평범한 대중교통 수단인 버스를 타고 만난 사람들이 함께 정리해고 철회와 비정규직 없는 세상을 요구한 것이 큰 울림이 된 이유는 바로 그 사물의 일상성에 있다. 르페브르는 이미 일상생활의 명백한 진부함에 숨겨진 힘, 그것의 시시함 아래 놓인 심연, 그 지극한 일상성 안에 숨겨진 어떤 특별한 것들을 강조했다. 공간 점거는 일상성과 결코 분리할 수 없지만, 그것은 르페브르가 리듬분석에서 말한 단선적 시간의 '축적적 과정'[9]에 도전하고 심지어 역습을 가한다. 그 결과, 순환적 리듬을 반복하며 작동하는 사회적 재생산이 '비축적적 과정'이라고 부른 것에서 수행하는 중요한 역할을 각성시킨다.[10] 그 공간이 유지되는 것은 생활공간을 우위에 두는 계기가 아니라 점거에 어떤 결속과 연속성을 제공하는 공간적 실천을 통해서이다. "전유된 사회적 공간을 발생(생산)시키는 것은 한 사회에서 한순간적 작업이 아니다."[11] 희망버스 탑승자들은 일상생활의 사회적 재생산 공간에서 정치로부터 소외시키는 '공간의 표상들'을 비판했다. 그 결과, 상상력을 고취하고, 손 편지를 접어 날리며, 손 구호를 펼치고, 생활공간에서 새로운 욕망과 희망이 교차하는 '표상공간', '불가능한 가능성'을 실현하는 공간을 강력히 요청하도록 이끌었다. 그것은 새로운 공간정치를 강력한 행위로 전개할 계기와 접촉한다.

최근 한국 사회에서 공간정치가 구현된 대표적 사례로 어떤 것을 들 수 있을까? 필자는 실천과 이론적 모색에서 치열한 쟁점을 제공한 2008년 촛불시위 공간과 2016~2017년 광화문 촛불공간에 주목한다. 물론 역사에는 수많은 점거공간이 존재했고, 가까이는 1987년 6월 항쟁의 절정기에 명동성당 점거는 한국 현대사의 물줄기를 바꾸는 큰 계기로 작용했다. 그 밖에도 효순·미선 사건 항의를 비롯해 손꼽히는 몇 개의 점거 사건들이 있었지만, 공간 점거의 파급력이나 관심은 점점 줄어들었고, 심지어 진부한 행위로까지 보이던 상황이었으며, 좌절감이 확산되는 시기였던 것도 사실이다. 그럼에도 서울은 끊임없이 공간 점거가 이루어지는 장소였다. 우리는 2009년 1월 20일 용산 4구역 철거 현장인 한강로 2가 남일당 건물 옥상에서 점거 농성을 벌이던 세입자들 및 전국철거민연합회 회원들과 경찰들 및 용역 직원들 사이의 충돌 과정에서 다수의 희생자가 발생한 참사를 기억한다. 여기서 보듯 공간 점거는 서울로 대표되는 대한민국의 모순을 적나라하게 드러낸 행위였다. 서울은 국민국가 대한민국에서 발생하는 모든 모순의 원천적 유발자이자 해결자로 소환되어왔고, 앞으로도 늘 그럴 것이다. 그 가운데서도 먼저 서울시청 앞 서울광장을 중심으로 전국적으로 전개된 2008년 촛불공간에 주목하는 이유는 첫째로 당시는 물론 지금까지도 여전히 다양한 정치적 입장의 견해가 개입하며 양극을 오가는 평가 대상이라는 데 기인하지만, 둘째로 그와 동시에 필자는 감히 한국 사회에서 지금까지의 공간점거와 시위를 2008년 촛불시위 이전과 이후로 나눌 수 있다고 생각하기 때문이다.[12]

　2008년 촛불시위를 평가하는 작업은 새로운 이론으로 설명되었기에 더 관심을 끌었다. 곧, 참가 주체들의 다양성·합리성·주체성을 실현하는 다중지성의 투명한 자율공간이자 공론장이 성립되었다고 평가하는 아우토노미아autonomia 계열의 견해가 큰 설명력을 인정받았다. 이는 점거공간의 이해에 새로운 지평을 열었다. 그 지평은 촛불시위 공간의 무수한 참여자들이 상호 연대 없이 참여했음에도 불구하고, 개별적으로 지성적 판단을 하는 존재라는 전제에서 출발한다. 그리고 누구의 명령이나 의도를 따라서가 아니라 자발적으로 참여해 비집단적으로 자유롭게 상호 소통하고 공간과 실천에 관한 이야기를 만들어내며 집단지성을 형성했다고 보는 것이다.[13] 필자는 촛불시위 공간 참여자 집단지성론이 사건의 의미 부여에 참신하고도 능동적인 관점을 제공한 측면을 인정하지만, 점거공간이 실제로는 훨씬 더 복잡한 성격을 지녔다고 판단한다. 시민 파수꾼 역할을 한 예비군, 유모차를 끌고 나온 여성들, 웹사이트 '82cook', '마이클럽', '소울드레서'에 가입한 20대 직장 여성들, 거기에 60~70대 노년층에서 실생활과 관련된 문제의식, 국가와 젠더의 권력관계가 작용했다. 이런 평가는 광장 점거의 양상과 내용을 더욱 풍부하게 만든다. 독특하게도 참여자들의 70%가 여성으로 추산된 촛불공간의 참여자들은 디지털 의사소통을 통해 교류하고, 일상의 사회문화적 의례를 퍼포먼스로 수행하며 권력에의 저항과 수용을 교차로 경합시켰다.[14] 이는 촛불시위 공간을 다중의 집단지성이 생산한 투명한 합리적 유토피아 공간으로 보는 관점에 일단 제동을 걸면서, 일상의 모순과 갈등하는 사회적 의미의 수탁소depository로서 점거공간의 성격을 드러낸다. 그러면 촛불시위 공간을 정치적 상징공간에 관한 '공간적 은유'의 문제와 연결시키는 것은 어떨까? 곧, 공간적 경험을 물질성에 근거해 접근하더라도 어떤 공간 또한 투명하게 입체적 형상의 지도를 그릴 수는 없다는 점, 점거공간의 불명료함과 익명적인 모호한 대상에 관한 복잡하고 관계적인 성질을 늘 염두에 두고 이해할 필요가 있다.

그러나 2008년과 2016~2017년의 촛불시위 공간에서 사용된 언어의 구조는 고도로 추상적인 진리의 조건을 나타내는 인지구조와 동일하지는 않다. 당시에 사용된 구호는 지난 시기보다 매우 다양해졌다. 심지어 자주 불린 노래조차 "대한민국은 민주공화국"이라는 헌법적 선언을 대중가요 풍으로 경쾌하게 개작한 것이었다. 2016년 겨울 광화문광장 촛불시위 참가자들도 "대한민국은 민주공화국"이라고 노래하며 대통령의 사임과 퇴진을 외치기 시작했을 때, 그것은 다만 인지구조를 이루는 인지적cognitive 구성체들의 표면적 명시체일 뿐이라고 말할 수 있다. 곧, 국민이 주권자이고 국민의 생명권은 주권자가 결정한다는 정도의 담론이었다. 민주공화국이라는 용어의 언어적 의미를 이해하는 과정에는 높은 수준의 일반적 개념 영역이 아니라, 구성체들 사이의 상호 관계 작용으로 수정되고 발전하는 가변적인 실제 언어의 사용공간이 작동한 것이다. 인지적 구성의 특징은 언어 표현이 인지적 층위를 통해 실제 세계와 연결된 혼합공간이라는 사실이다.[15] 언어적 혼합공간을 역사적 공간과 연관시키면 바로 일상생활공간이다. 혼합공간은 가변적인 실제 언어가 사용되면서 의미를 형성시키는 일상생활공간이다. 그 공간은 물질성과 직결되고, 일상의 지식을 '생산'하는 과정에서 공적 공간의 역할을 한다.

2016년 4월 16일 세월호 참사 2주기를 맞아 광화문광장에서는 희생자를 추모하는 다양한 행사가 열렸다. '기억, 약속, 행동 문화제'가 4·16 연대와 4·16 가족협의회 주최로 열렸고, 오후 2시부터 진행된 행사는 가수 권나무, 문화평론가 이도흠 등의 '세월호 버스킹'을 시작으로 막이 열렸다. 이어서 세월호 다큐 영화 〈4·16 프로젝트: 망각과 기억〉이 상영되었고, 오후 7시에는 이소선 합창단, 민중가요 노래패 '우리나라' 등이 함께하는 문화제가 열렸다. 그 밖에도 다양한 프로그램들이 세월호 피해자들을 추모·위로했으며 광장은 추모 행렬로 가득 찼다.[16] 2016년 12월 3일 제6차 촛불시위에서 세월호 유족들은 시민들과 416개의 국화 송이를 들고 청와대와 100미터 가까운 곳까지 진출했다. 2016년 겨울의 촛불공간을 특징짓는 것은 2008년 촛불과 비슷하게 참가자들이 자발적 주체들이며 특정 지도부가 부재한 점, 토론을 활성화하며 다양한 놀이와 구호, 핸드폰, 인터넷, 디지털카메라를 이용한 점, 사임과 퇴진을 촉구하는 내용이 담긴 직접 만든 온갖 다양한 내용의 패러디와 구호 피켓, 깃발들(장수풍뎅이연구회, 민주묘총 등), 공적 공간을 사적인 다양성으로 채우는 온갖 작업들이다. 우리는 공적인 것과 사적인 것의 경계가 무너지고, 진지한 것과 즐거운 것의 경계가 무너지는 공간, 집단지성의 표현이라고 말해버리면 그 자체가 또 하나의 억압과 배제로 작용할 것 같아 조심스러운 복잡계로서 촛불공간에 스며들지만 사라지지 않고 감정을 공유하는 큰 흐름을 본다.

이와 같은 촛불시위 공간 복잡계를 어떻게 이해할 것인가? 필자는 시론적으로 미셸 푸코와 앙리 르페브르가 미묘한 차이를 담아 제안한 헤테로토피아-heterotopia, hétérotopie 개념의 유용성에 주목한다. 촛불시위 공간에서 중심의 창조와 파괴가 연속되는 잠재력을 지닌 일상공간과 연관시킬 가능성을 모색하기 때문이다. 헤테로토피아 개념은 내용이 모호하고 불확실하다.

그럼에도 다양한 영역에서 공간을 설명하는 도구로서 관심을 끌고, 풍부한 전유를 시도하는 중심에 서 있는 개념이다.

반反공간 또는 비非장소의 요청

헤테로토피아란 무엇인가? 요즘 이 공간 개념이 주목받지만, 사실은 상당히 남용되며 자의적으로 사용되고 있다. 푸코와 르페브르의 헤테로토피아는 '비장소이면서도 실재 장소', '반半허구이며 반半실재', 폐쇄적이면서도 개방되고, 집중되면서도 분산되며, 가깝고도 멀고, 현존하면서도 부재하는, 일상과 정반대되는 역설적이고도 모순되는 반反공간이라는 점에서 비슷하다. 그러나 비록 유사성을 강조할 요소가 많지만, 이들의 헤테로토피아가 같은 방향을 지향하지는 않는다. 푸코가 헤테로토피아를 일종의 현실화된 유토피아이자, 모든 장소의 바깥에 자리를 마련한 장소인 반공간 contre-espaces으로 설명했다면, 르페브르는 헤테로토피아를 어디에도 없는 비장소non-lieu 유토피아로 설정한 측면이 더 두드러진다. 먼저 푸코는 1966~1967년에 발표한 강연에서 주체적 이성이 타자를 생산해내는 근대 공간의 판옵틱panoptic한 성격에 대해 인간의 몸을 중심에 두고 실증적 · 비판적으로 검토하는 과정에서 이 개념을 제안했다.[17] 한편 르페브르는 신자본주의 지배공간의 경계에서 저항을 실천하는 변혁적 유토피아 공간의 성립을 모색하며 이 개념을 사용했다. 필자는 헤테로토피아 개념이 기존의 사회질서를 새롭게 이해하고 세계 변화의 다른 경로를 모색 · 구성하려는 이들에게 유용한 자극을 제공하는 개념인 것에 주목한다.[18] 따라서 이 개념들을 서로 비교하는 가운데, 역사적 현실에서 개념의 이해와 적용 가능성을 시론한다.

먼저 미셸 푸코는 헤테로토피아를 어디에도 없는 비장소로서 유토피아가 아니라, 일종의 현실화된 유토피아이자 모든 장소의 바깥에 자리를 마련한 장소인 반공간으로 설명했다.

> 자기 이외의 모든 장소들에 맞서, 어떤 의미로는 그것들을 지우고 중화시키며 혹은 정화시키기 위해 마련된 장소들, 그것은 일종의 반공간이다. 이 반공간, 위치를 가지는 유토피아들 …….[19]

한편 앙리 르페브르는 『도시혁명La révolution urbaine』(1970)에서 기술관료정적 도시주의에 맞서는 가운데 도시에서 모순과 투쟁이라는 변혁의 동력을 발견할 권리를 선언하며 '헤테로토피아' 개념을 설정했고, 핵심 저술 『공간의 생산』에서 다양한 사례를 설명하며 끌어들여 원용했다. 르페브르는 이 용어를 두 가지 방식으로 설명한다. 역사적 측면에서 헤테로토피아는 주변부의 조건에서 '타자의 장소'로 공식화된다.[20] 얼핏 보기에 이 장소는 기본적으로 활동 구성원이 평등한 조건을 누리는 이소토피아isotopia 이지만, 그렇다고 유토피아를 구현하지는 않는다. 그럼에도 르페브르는 헤테로토피아가 사회적 실천에서 배제된 타자를 포함하는 차이공간으로서, 3차원 변증법trialectics 을 통해 갈등과 충돌로 '차이를 통합'하며 유토피아를 출현시킬 잠재력을 지닌 공간으로 상정한다.

푸코의 헤테로토피아가 끊임없는 분산과 부재의 '반공간'에 머문다면, 르페브르의 헤테로토피아는 동종화와 합리성에 저항하며 자본주의적 공간화를 관통하는 핵심적 도시공간이고, 발생적으로 차이를 '통합'하는 공간이다. 그러나 푸코와 르페브르의 헤테로토피아 개념은 너무나 막연하며 포괄적이다. 이런 설명은 광범한 학문 분야, 특히 사회학, 인문지리학, 건축학에서 해석과 응용 방식을 두고 많은 편차를 지닌 해석과 갈등을 유발했고, 매우 다양한 형식으로, 때로는 상당히 자의적으로 전유되었다. 푸코가 헤테로토피아로 거론한 묘지와 매음굴, 휴양지, 선박, 도서관과 박물관 등을 넘어 심지어는 산업혁명 초기 공장, 프리메이슨 집회소, 경관, 환경 시설, 탈근대 도시와 건물, 인터넷 사이트, 쇼핑몰과 공항 등이 연구자들의 주제로 불려 나와 개념의 세례를 받고, 때로는 적용 대상으로 소환되었다. 촛불시위 공간을 헤테로토피아로 이해하려는 시도 역시 이러한 무모한 전례들에서 고무되었다. 푸코든 르페브르든 이들이 말하는 헤테로토피아가 실재계와 상상계, 당면한 현실과 멀리 떨어진 현실, 로컬과 전 지구적인 것 사이를 왕복하는 실천가들의 행위를 통해 생산적인 공간규모 도약jumping scales을 허용하는[21] 유연한 공간인 것 같다고 판단한 탓이다.

헤테로토피아 개념에는 후기 시민사회 일상에서 정상과 비정상이 교차하며 재창조가 전개되고 공적 공간이 사사화되면서 관계망 사회가 도래하는 양상을 설명하려는 노력이 포함되어 있다. 미셸 드 세르토의 경우, 이 개념을 전유해 '타자'에 관한 탐구와 공존의 모색을 이종학hétérologie이라는 추상적 용어로 긍정했다.[22] 그러나 막상 르페브르의 공간이론을 생산적으로 심화시켰다는 평가를 받는 지리학자 데이비드 하비는 푸코의 헤테로토피아 개념이 헤테로토피아를 위한 헤테로토피아, 한마디로 동어반복의 내용 없는 말장난에 불과하다고 비판했다.[23] 그런가 하면 도시의 탈근대 공간성에 주목하고 문화연구와 문화지리학에서 공간적 전환을 선도한 에드워드 소자 Edward Soja의 평가는 긍정과 부정 사이에서 갈팡질팡한다.[24] 이런 태도는 다른 연구들, 예컨대 근대성에서 일탈적인 공간들(수도원, 프리메이슨 집회소, 심지어 공장의 경우까지)을 사회이론적으로 탐색한 연구, '초현실주의' 공간이나 '포스트모던 전망의 유토피아'로 재해석하며 열차, 국경, 몸, 심지어 의학 윤리와 연관시킨 연구,[25] 공적 공간이 사라진 후기 시민사회 도시의 놀이공간으로 설명하는 연구,[26] 문화정치를 구현하는 공간으로서 헤테로토피아 극장이라는 평가[27] 등 다양한 주제로 전유하려는 시도를 자극했다.

푸코의 공간 이해는 몸에서 출발해 물리적 공간을 거쳐 인식론적 공간으로 확장되고, 다시『성의 역사Histoire de la sexualité』제2권과 제3권에서 몸의 문제로 되돌아간다. 푸코가 근대 공간이 몸을 타자화한 것을 지적하며 근대 공간이론을 넘어서는 것은 구태여 인용이 필요하지 않을 정도로 너무나 잘 알려진 사실이다. "모든 유토피아의 견본, 그 적용의 원점, 그 기원의 장소는 바로 내 몸 자체였다."[28] 앙리 르페브르 역시 몸을 공간으로 인정하면서 근대 공간이론을 확장할 계기로 삼는 유사한 시도를 모색했다. 르페브르는 서양철학이 신체를 은유화하는 과정에서 치열한 인식론적 탐구 대상으로 삼지 않고 포기한 것을 유감스럽게 여기며 신체적 공간을 긍정했다. 다음의 말을 들어보라.

> 실천적이고 살을 지닌 몸은 공간적 성질(균형, 불균형)과 활기찬 속성(지출, 절약, 낭비)을 띠는 완전한 전체성 …… 공간은 생리학적(성애적) 또는 사회적(즐거움을 위해 남겨둔 장소)으로 특별한 공간에서 욕구와 욕망의 엄격한 국지화의 한계를 벗어나는 서로 다른 상징과 가치의 부여에 따라, 음악에 따라 욕구와 욕망이 공통으로 탄생하는 모호한 성욕을 자극하는 장소이다.[29]

그러나 르페브르는 푸코와 달리 몸의 문제를 더 이상 깊이 성찰하거나 강조하지는 않았다. 그 이유가 무엇일까? 르페브르의 최종 관심은 다름 아닌 몸이 소재하는 사회적 공간과 공간의 생산, 그리고 공간적 실천의 탐색에 있었기 때문이다. 흥미로운 것은 그럼에도 이들이 헤테로토피아라는 이종적 공간에 관심을 접합시킨 점이다.

먼저 푸코는 중세적인 장소의 총체ensemble de place를 대체하는 근대 공간으로서 '헤테로토피아', 즉 끝없이 펼쳐지는 측량과 확장이 이루어지는 공간을 근대 세계의 특징적 공간으로 요약한다.[30] 그 내용을 요약하면 다음과 같다. ① 모든 인간 사회는 헤테로토피아(들)을 지닌다. 곧, 모든 사회의 유토피아는 일종의 반공간인 헤테로토피아들로 말미암아 규정·구성된다. ② 모든 사회는 과거에 자신을 구성했던 헤테로토피아를 제거하거나 주요 기능을 변형시키기도 한다(도시 중심 공동묘지의 경우). ③ 생물적 시간 또는 사회적 시간이 '정상적으로 흐르는' 호모토폴로지homotopologie 또는 호모크로니homocronie와는 다른 방식으로 시간이 흐르거나 멈추는 헤테로크로니hétérocronie와 연관된 헤테로토피아 공간이 존재한다(도서관, 미술관, 박물관 등). 그런가 하면 ④ '통과', '변형' 또는 '갱생'을 위한 헤테로토피아(학교, 소년원 수용소 등), ⑤ 주변 공간으로부터 구성원을 격리하는 헤테로토피아(생물, 보건, 의학, 종교적 정화의식 공간 경우), ⑥ 열려 있지만 실제로는 닫힌 헤테로토피아(방이 집 안에 있지 않은, 18세기 남미의 손님방), ⑦ 열려 있지만 허용된 자만 들어가는 헤테로토피아(매음굴의 경우), ⑧ 하나의 다른 장소를 정교하고 완벽한 현실로 창조한 헤테로토피아(18세기의 식민지, 서구 선박의 경우)를 사례로 든다. 푸코에게 헤테로토피아는 유토피아의 과학이 아니라 일반적인 공간의 기능과 다른 절대적 타자공간의 과학이며, 실제 사회생활공간인 '외부 공간'에서 현장의 공간들 간에 펼쳐지는 이종적인 위상학heteropologie과, 시간적 측면에서 이질적 연대기인 헤테로크로니를 구성하는 공간이다.[31] 그런가 하면 서로 환원 불가능하고 결코 포갤 수 없는 장소화l'emplacement[32]를 묘사하는 일련의 관계들 가운데 살아가고, 공간성 위에서 전개되는 시간성에 따라 다양한 형태로 변화하는 공간이기도 하다.

또한 모든 문화와 문명에는, 모든 사회의 토대에 존재하면서 형성되는 장소인 실재 장소가 있다. 그것은 문화 안에서 발견할 수 있는 모든 다른 실재 장소화가 동시적으로 표현·경쟁·반전되는, 일종의 효과적으로 법규화된 유토피아로서 반(反)장소화와 같은 실재 장소화이다.[33]

이러한 실재 장소는, 실재하지 않는 유토피아와는 달리 서로 양립 불가능한 온갖 형식의 현장이 놓이는 공간이다. 푸코가 예시적으로 설명하는 '헤테로토피아' 또는 '다른 공간들'은 너무나 다양하지만, 정리하면 다음과 같다. 이 공간들은 기숙학교, 사우나, 정원, 도서관, 휴게실 같은 안정된 '일상공간'이든, 나름대로 권력에 대한 환상을 제공하는 선박, 도박장과 매음굴 같은 '판타지 공간'이든, 또는 불완전한 실재공간이며 일상과 경쟁하고 일탈하는 묘지와 감옥 따위의 '반反공간'이든, 규범을 거부하면서도 온갖 기능을 행사하는 역동적 사회이다. 따라서 이렇게 말할 수 있다. 모든 사회의 인간 공동체는 자신만의 헤테로토피아가 있다. 그 헤테로토피아 공간은 끊임없이 가변적이어서 과거에 구성된 헤테로토피아를 없애버리거나 기능을 변형시켜버리기도 한다. 또한 생물학적·사회적 시간이 멈추거나 다른 방식으로 흐르는 헤테로크로니와 연관된 헤테로토피아 공간이 존재한다. 그 외에 통과와 변형 또는 갱생을 위한 헤테로토피아, 격리·정화하는 헤테로토피아, 열려 있되 닫힌 헤테로토피아, 열려 있되 특정한 일부만 들어갈 수 있는, 즉 휴식과 환락을 제공하는 신비와 환상의 공간으로서 헤테로토피아가 있다. 이 공간도 현실 전체를 환상으로 치부해 '환상'을 창조하는 환상의 헤테로토피아와, 다른 장소를 현실만큼 정교하게 완벽한 '보상compensation'으로 창조하는 보상의 헤테로토피아가 있다. 특히 보상의 헤테로토피아는 '타자성의 공간'을 창출하고, 이는 모든 '식민지'가 작동하는 방식을 이해하도록 확장시킬 수 있다.[34] 심지어 푸코는 한군데 머물지 않고 정처 없이 떠도는 선박조차 헤테로토피아로 규정한다. 푸코에게 헤테로토피아는 한 사회에서 다른 공간들과 구분되는 절대적으로 다른 공간을 말하며, 이종적인 공간으로서 특이성을 지닌 공간, 일상의 정상 바깥에 위치하는 공간이다. '저항과 경계 넘기déborde'는 푸코의 헤테로토피아 공간의 성격을 규정할 때 가장 많이 거론하는 개념이다.[35] 이 점에서 푸코의 헤테로토피아가 지닌 기본 성격은 르페브르가 상정하는 유토피아적 해방공간에서 '저항과 경계 넘기'라는 용어와 경쟁한다. 푸코의 유토피아는 완전히 질서 잡힌 사회이거나, 아니면 사회와 완전히 대립하는 비현실적 공간이기 때문이다.[36] 그러나 푸코의 헤테로토피아는 구체적인 실제 공간이기보다는 언어적 담론 공간의 성격이 강해서, 사회적 생산이라는 실천공간을 모색하는 르페브르의 헤테로토피아와는 내용과 지향이 좀 다르다. 사실 르페브르의 공간은 푸코가 설명하는 후기구조주의 공간과도 상당한 연관성이 있다. 다음의 인용은 푸코의 말일 것 같지만, 사실은 르페브르의 말인 것을 보면 더욱 그렇다.

> 공간은, 언어와 더불어 언어 안에서 주어지므로 언어와 분리되어 형성된다고 가정되지 않는다. 기호와 의미로 가득 채워진, 담론의 구분되지 않는 교차 지점, 그것이 포함하는 어떤 것과도 동종인 그릇으로서의 공간은, 따라서 단순히 기능 · 표명 · 연관성을 포함하는 것(그런 측면에서 밀접하게 닮은 담론)으로 생각된다. 기호는 구어적 기호의 체계(거기서 사용된 언어가 나오는)를 이미 공간적 연계가 포함되는 연쇄 안에 본질적 연계를 구현하기 때문에, 스스로 자족적이다.[37]

르페브르의 헤테로토피아도 푸코와 비슷하게 '장소 없음과 실재 장소', '반半 허구이며 반半 실재', 폐쇄되면서도 개방, 집중되면서도 분산, 가깝고도 멀고, 현존하면서도 부재하는, 일상과 정반대되는 역설적이고도 모순되는 공간이다. 르페브르는 그런 사례로서 중세 말 정치적 도시 바깥에서 발견되는 공간, 곧 도시에서 배제된 동시에 도시와 연관된 외곽에서 신원이 의심스러운 이방인들이 뒤섞여 교환과 교역을 행하는 장소이자 기능적으로 통합되는 모호한 이종적 공간을 헤테로토피아의 강력한 표시로 본다.

거기에 사는 사람들처럼 시작부터 정치적 도시로부터 배제된 이들 장소는 너른 마당이 있는 대상(隊商) 숙소와 장터인 교외이다. 도시에서 시장과 상품들(사람과 사물)을 통합하는 이러한 과정들이 수세기간 계속되었다.[38]

이런 유사성에도 불구하고 르페브르의 헤테로토피아는 푸코의 헤테로토피아와 같은 방향을 지향하지 않는다. 르페브르의 헤테로토피아는 수레꾼, 무역업자, 용병처럼 신원이 의심스러운 온갖 하층민과 반半유랑민이 넘쳐나는 장소이다. 이 공간은 동종화와 합리성에 저항하는 공간이었다. 그러나 이 공간은 자본주의적 공간화를 관통하는 핵심적인 도시공간으로 성장하며, 발생적으로 차이를 '통합'하는 공간이 되었다. "대비, 대립, 겹쳐놓음, 병렬이 분리와 시공간적 거리를 대체하는"[39] 도시의 장소는 중심의 창조와 파괴가 연속되는 잠재력의 공간이 되었다. 도시 사회의 이러한 창조적 잠재력은 어떤 거대한 전시공간에서 가장 분명히 목격할 수 있다. 르페브르가 그런 장소화의 본보기로서 하필 캐나다의 중심 도시 몬트리올을 사례로 든 것은 조금 놀랍다. 아마도 몬트리올이 프랑스어권 최대 도시인 데서 비롯된 듯하다. 르페브르에게 몬트리올은 "일상성이 축제로 흡수되는 거대 도시의 변화된 장으로부터 일어난 덧없는 도시"이다.[40] 그는 기술관료정의 엄격한 계획, '상징, 정보 및 놀이'의 억압 과정을 거쳐 동종성을 부과하는 '공간의 정치'로서 도시주의를 비판한다. 그와 함께 이 질서를 파괴하는 휴일·축제·기념일같이 '행복하지만 어디에도 없는' 유토피아적 희망의 변혁공간을 조명하려 시도한다. 다른 말로 푸코의 헤테로토피아 공간이 현실에 회의주의적 비판을 '표상'하는 탈근대적 공간이라면, 르페브르의 헤테로토피아는 여전히 도시 내부에 숨겨진 빛나는 혁명적 '잠세태'를 깊이 낙관하며 유토피아를 지향한다는 점에서 근대성의 공간을 지향한다. 이 공간은 푸코가 의도적으로 회피하려던 것을 포함하므로 결코 같은 지향점을 가진 공간이 아니다.[41] 푸코의 헤테로토피아는 병원, 학교, 군대, 감옥처럼 권력과 지식의 미시물리학이 작동하는 근대성의 공간을 넘어서는 또 다른 공간을 말한다.

공 간 의 배 치

푸코의 헤테로토피아 개념에서 지향점은 공간의 '배치emplacement'와 연관이 있다. 푸코가 『말과 사물Les Mots et les choses』(1966)에서 시론한 '에피스테메épistémé' 개념은 이를 잘 드러낸다. 그 개념은 단순한 지식의 총합이 아니라, 특정 시대에 생산된 지식과 새로운 지식이 생성되는 원칙 사이에서 일련의 복잡한 관계를 거치며 생성된 담론을 이론화하는 결합태configuration로서 인식의 틀을 일컫는다. 그러나 『감시와 처벌Surveiller et punir』(1975)에서 푸코는 병원, 학교, 군대, 감옥과 같이 권력과 지식의 미시물리학이 작동하는 근대성의 공간을 좀 더 구체적으로 설명하며, 일반적으로 사용되던 '배치' 개념을 '담론적 배치' 개념으로 의미를 확장시켰다.[42] 통상 하이데거의 '골격Gestell' 개념과 연관해 설명되는 이 '배치' 개념은, 근대성의 다른 공간인 헤테로토피아 개념을 설명하는 과정에서도 이용되었다. 헤테로토피아 공간의 특징은 일상의 생존 활동인 어린이 놀이, 휴일, 축제, 매음굴, 감옥, 보호시설, 묘지, 선박 등처럼 늘 친숙한 바로 현재의 '우리 자신에게서 끌어내어' 위치를 측정repérage하고 지도를 작성한 공간이라는 점이다. 이 공간은 끊임없이 차이를 전개하고 도전한다. 순수하고 완전한 형태의 헤테로토피아는 없다. 다만 서로 상호 관계를 가지고 반향하며, 아메바처럼 끊임없이 다르게 조합·기능하고, 서로 충돌하며 더 혼란스러운 시공간 단위를 만들어가는 관계의 그런 헤테로토피아만 있을 뿐이다. 그것은 어떤 약속과 희망, 원초적 저항과 해방 공간이 아닌 근본적으로 혼란스러운 공간이다. 푸코의 헤테로토피아는 르페브르나 그를 이론적으로 계승하는 데이비드 하비의 공간과 달리 유토피아적 '희망의 공간'과 필연적인 관계를 맺지는 않는다.[43] 폴 벤느Paul Veyne가 확인하듯 '회의주의자'[44] 푸코의 공간은 유토피아적 구조 틀이나 그것이 제공하는 자극의 바깥에서, 또는 그에 맞서면서 생각하기 때문이다.

전체적으로 보면 푸코는 헤테로토피아에 대해, 사회의 거친 벼랑 끝에 위치하며 양립 불가능한 장소들이 병존하고 불일치하는 공간, 바로 거기서 사회를 무의식적으로 전진시키는 공간으로서 특별한 지위를 부여했다. 예컨대 푸코가 헤테로토피아 규정에서 마지막 조건으로 강조한 두 가지 상반된 조건이 있다. 하나는 모든 다른 현실에 대해 환상적인 것이라고 위상을 격하시키며 다른 환상을 창조하는 방식(매음굴의 경우), 다른 하나는 지상에 존재하는 하나의 현실적 장소를 상상하거나 환상에 입각해 완벽하게 새로 구성 또는 창조하는 방식이 있다. 전자가 상상의 헤테로토피아라면 후자는 보상의 헤테로토피아라고 말할 수 있다(식민지의 경우).[45] 독특한 절대타자의 공간인 헤테로토피아는 지배공간과는 다른 타자공간이며, 차이공간이자 경계 넘기 공간이다. 여기서 좀 더 구체적인 의문이 생긴다. 과연 누구의 타자이며, 누구와 또는 무엇과 차이가 있는 공간이란 말인가? 푸코가 말하는 절대타자는 숨겨진 사회구조의 타자란 말인가? 그렇다면 절대타자의 공간이란 결국 상대적인 것에 불과하지 않은가? 푸코도 이런 의문과 함께 개념의 내부적 문제점을 날카롭게 감지한 듯하다. 『말과 사물』에서 그는 헤테로토피아가 "그것이 언어를 비밀리에 손상시키고 이름 짓기를 불가능하게 만들기 때문에 혼란스럽다"고 자인했다.[46] 이 점에서 헤테로토피아는 푸코가 제시한 대로 현실 속의 온갖 다양한 공간을 거론하는 것이 가능하다. 그럼에도 그 공간은 실제 공간보다 관념 공간에 더 가까운 측면이 있다.[47] 그렇지만 푸코의 의도를 좀 더 긍정적으로 추정하자면, 공간은 어떤 공동체 형식의 삶에서든 근본적이며, 어떤 권력의 행사에서든 역시 근본적이라는 말에서 나타나듯 정치지리학적 성찰을 시도했다고 평가할 수 있다.

이를 르페브르의 헤테로토피아 공간과 비교하며 판단을 시도할 수 있다. 르페브르의 헤테로토피아 공간이 모순의 논리, 부정의 변증법, 또는 유토피아적 공식을 통한 판옵티콘을 염두에 둔다면, 푸코는 끊임없이 혼란스럽고 도전받는 현실의 감옥을 생각한 것으로 평가할 수 있다. 감옥은 헤테로토피아와 과연 어떤 관계인가? 감옥과 보호시설은 전자가 죄수를 감시하면서도 범죄를 발생시키고, 후자가 광인狂人을 신체적으로 해방시키면서도 도덕적으로 수감하는 모호하고 모순된 공간이다. 이 공간들은 본래 설립 당시의 도덕적 의도에도 불구하고 매혹의 원천, 비밀스러운 쾌락의 금지된 장소, 사드 후작의 비밀 요새, 지하 감옥, 지하 저장실, 수도원의 은밀한 비밀공간 심상을 가장 강력하게 반영하는 상상의 풍경이다. 푸코의 헤테로토피아는 기본적으로 유토피아를 손상시키는 상호 관계적 양상을 띤다. 그는 '환영 또는 환각'의 장소인 매음굴과 대비되는, '보상'의 헤테로토피아를 예시하는 사례로서 근대 초기 파라과이에서의 모든 생활, 심지어 재생산의 시간까지도 규제했던 예수회 식민지 공동체를 언급한다.[48] 이 공동체는 또한 유토피아로 받아들여져 현존하는 군대 막사, 수도원, 학교 등의 선구적 형태로 기여했다. 헤테로토피아 공간은 또한 언어로만 발생할 수 있는 '불가능한' 공간 또는 '사고 불가능한' 공간의 생산이 가능하다. 이러한 무질서는 반半현실, 반半상상의 공간이기보다는 완전한 상상의 영역, "다수의 가능한 질서의 파편들이 서로 분리되어 반짝이는" 공간의 생성을 자극한다. 여기서 우리는 허구를 통해 사고할 필요를 자극한 모리스 블랑쇼Maurice Blanchot와 레몽 루셀Raymond Roussel[49]의 영향을 목격할 수 있다.

그러나 의문이 있다. 만일 그 공간에 이종성이 강화되면 공간 내부의 불화와 갈등은 불가피한가? 이런 결론을 피하려면 사회 전체에서 '차이공간'의 '기능' 역시 검토해야 한다. 헤테로토피아는 "나머지 모든 공간과의 관계 안에서 '기능'해야" 한다.[50] 그러나 푸코가 헤테로토피아 공간의 관계성을 강조함에도 불구하고 그 개념이 본질적으로 폐쇄적이라는 평가를 피할 수 없었다. 아룬 살다나Arun Saldanha는 푸코의 헤테로토피아가 실제로는 일종의 지리적 구조주의 또는 기능주의에 매몰되었다고 비판한 바 있다.[51] 헤테로토피아의 기능이 타자성을 통해 주류 사회의 이기심을 반영하므로, 헤테로토피아가 사회의 '시간성'을 공급하는 통시태적 차원이 생겨난다는 지적이다. 푸코의 헤테로토피아는 사회를 역동적 평형 체계(사우나, 모텔 방, 식민지, 박물관, 묘지 등)로 생산할 뿐 아니라, 새로운 방식의 공간 조직(제러미 벤담의 판옵티콘, 또는 테마파크) 확산을 통해 전 지구적 변화를 요구한다. 따라서 그것은 다음과 같이 설명된다.

> 시간의 분할(découpages du temps)과 가장 자주 관련된다. 그것은 그들이 균형 잡힌 대칭을 위해 이종적 시간이라고 말할 수 있는 것을 열어준다. 헤테로토피아는 인간이 그들의 전통적 시간과 일종의 절대적 단절점(rupture absolue)에 도달할 때 최대한의 능력으로 기능하기 시작한다.[52]

알튀세르주의자 도린 매시Doreen Massey 또한 구조주의, 심지어 후기구조주의에서도 역사적 공시성과 통시성이 자주 폐쇄적이고 정태적이라고 진단하는 말에 빗대어 헤테로토피아를 비판적으로 평가했다.[53] 물론 헤테로토피아의 이종적 장소와 시간은 복잡한 형상이며, 심지어 관성의 산물일 수도 있다. 아룬 살다나가 헤테로토피아를 근대성의 초월적 공간이며 반인간주의적 구조주의 공간이라고 본 것은, 도린 매시와 다른 입장이면서도 동일한 결론에 도달한 셈이다.[54] 사실 헤테로토피아 공간이 전통적 기억과의 단절을 가속화할수록 공간의 특수성이 근대성을 혁신하는 형식으로 결합하는 특징을 띤다. 이는 헤테로토피아의 특정 현장이 '절대적 차이' 공간이 될 수 없다는 말이다. 예컨대 매음굴이 헤테로토피아 공간이라 해도 그것은 결국 근대적 법률, 도덕, 가정생활, 사업, 성적 특질 등 사회 전반의 문제와의 연관성을 부정할 수 없다. 모든 현장은 '반反현장'을 지니며, 다른 장소들과 관련되어 시간의 분할과 더불어 변화한다. 그러므로 푸코가 헤테로토피아 공간을 구조주의의 반시간적 공간/구조 개념과 반공간적 역사 개념을 통해 사유하지는 않는다고 평가할 수 있다. 실제로 그는 시간을 거부하지 않으며, 우리가 시간 또는 역사라고 부르는 것을 어떤 방식으로든 다루긴 다룬다. 그 시간은, 시간을 축적하는 영원성의 헤테로토피아에 한시적 축제의 헤테로토피아가 합쳐져 구성되는 것으로[55] 설명된다.

이는 푸코의 가장 방법론적인 저술『지식의 고고학L'archeologie du savoir』과 연관시켜 생각할 수 있다. 이 저술은 여전히 이전 저술의 방향과 마찬가지로 '일관성 있는 서술'이나 엄격한 이론적 견본을 제시하는 데 머뭇거리거나 거부한다.[56] 소극적으로 말하면 이 저술은 이전 저술에 대한 일종의 정화 과정이고, 적극적으로는 미궁을 향한 모험을 계속했던 푸코의 사유가 낳은 결과물이다.[57] 경제·의학·문법과 자연사적 담론을 통합하고 구분하면서, 역사적이며 고고학적인 방법으로 반복해 비교하기 때문이다. 심리학적 견본, 시대정신의 견본, 생물학적 견본, 신학적 견본, 또는 미학적 견본과 같이 담론의 다양성을 위축시키는 유토피아적 방법론을 거부하며, 어떤 중심에도 특권을 부여하지 않고, 불연속·전위·변환·파열·절단되며 흩어진 탈중심을 제시하는 것이 바로 헤테로토피아 개념을 제안하는 푸코의 태도라고 말할 수 있다.[58] 이것은 푸코의 역사 개념이 비목적론적·비객관주의적·비본질주의적이도록 이끌었다. 그런 측면에서 푸코의 '차이공간'(르페브르의 말을 빌려서)인 헤테로토피아는 푸코가 '목적론적'으로 구현하려는

공간이 결코 아니었다.[59]

역사가는 푸코의 공간이론을 어떻게 수용할 수 있을까? 푸코의 30년 지기였던 고대사가 폴 벤느를 인용하면, 푸코의 담론에는 상대적으로 말해진 것이 아니라 말해지지 않은 것, 희소한 것에 초점을 맞추는 '희소성의 법칙'이 작용한다.[60] 구체적으로 사회적 조건, 집단 심성, 세계관이 아니라 대상의 출현, 특수한 언명 스타일, 개념의 조직, 다양한 전략이나 선택 지점의 상호 연관성에 주목하고, 이들 형식의 공간적·관계적 기능을 설명한다는 것이다. 폴 벤느는 푸코를 '역사적 유명론자' 또는 '역사적 실증주의자'로 규정했고, 푸코가 어떤 목표와 목적, 물질적 원인의 존재를 상정하지 않으며 역사적 실천을 객관적으로 분석한다고 평가했다. 어떤 측면에서 푸코의 유명론에는 집단화된 국가 같은 것을 개체로 축소하는, 또한 일련의 과정의 충격 또는 '결과의 구성'에 초점을 맞추는 '방법론적 개인주의'가 작동한다. 그 결과, 개인과 사회의 물질적 역할을 강조하며 역사적 현실을 공간화했지만,[61] 이론적 뿌리가 빈약하고 지리학적 유물론이 결핍되었으며 공간적 특수성이 결여되었다. 그러나 그것이 특수한 존재론을 포용하는 상상의 잠정적 가설의 공간, 사회적 삶의 파편화된 국지적 공간인 '로컬' 공간을 상정할 여지를 제공한 점은 인정한다.[62]

푸코의 정치지리학이 담론적으로 제시한 헤테로토피아 개념은 초언어적인 사회적 실천을 고찰하는 문제에서 개념적으로 모호한 측면이 있다. 이 점에서 포스트마르크스주의자 에르네스토 라클라우와 샹탈 무폐가 헤게모니 창출 전략에서는 모든 사회적 공간이 "사회적 실천의 언어적 양상과 행동적 양상"의 존재론적 차이를 넘어 의미, 곧 담론적 성격의 창조에 종사하므로, "모든 공간성의 위기는 …… 모든 표현의 궁극적 불가능성"과 동등하다는 관점을 제시한 것은 참고할 만하다.[63] 그러나 막상 이들의 헤게모니 공간 개념은, 한 사회가 특정한 행동 양식에 헌신하는 집단들로 구성되고,

개인 각자는 마치 사물의 자연적 질서인 듯 보이는 고유한 장소에서 기존의 사회적 통치 질서에 귀속되고 만다는 비판을[64] 받기에 이른다. 그 결과, 여기서는 고유한 창조적 역동성으로서 공간의 자리를 찾기가 쉽지 않다. 그럼 다른 전망이 없을까? 자크 랑시에르는 인간들을 공동체(국가)로 결집시켜 동의를 조직하고, 각자에게 자리와 기능을 분배시켜 "비거나 보충할 곳이 부재하는" 충만함이 원리로 작용하는 분할된 공간 조직(감성의 분할)을 '치안police'이라고 규정한다. 그리고 치안의 질서공간을 가로질러 평등과 해방을 모색하는 해체 작업(정치)에서 치안과 정치가 맞부딪치는 테두리, 가장자리, 경계공간을 '정치적인 것du politique'이라고 이름 붙였다.[65] 필자는 이 정치공간들에서 담론의 추상성이 초래하는 헤게모니적 실천의 폐쇄성을 넘어서는 실천 공간이 부단하게 열릴 가능성이 확장되리라고 기대한다.

그렇다면 르페브르의 경우에서 공간은 역사학과 어떤 관계가 있는가? 사회가 역사적으로 형성되듯, 공간도 역사적으로 형성된다. 공간과 시간은 상호 관련되고 의존한다. 마찬가지로 공간은 역사적·사회적으로 형성된다. 공간과 시간은 상호 작용하며 사회에 형태를 부여하고 형태를 갖게 만드는 관계이다.

> 사회적 관계와 구체적 추상은 오직 공간 안에서 공간을 통해 실제의 존재를 가진다. 그들을 지탱하는 것이 공간이다.[66] 게다가 공간은 단순히 수동적인 사회적 관계의 장소도 아니다.[67]

르페브르가 공간생산의 역사를 제시하는 기획에서 공간 개념은 단순한 분석 대상이 아니다. 분석 그 자체의 구성 요소인 분석의 도구로 배치된 것이다. 1871년 3월 파리코뮌, 특히 1968년 5월 혁명을 다룬 일련의 저술들은 장소와 경관을 분석의 중심으로 삼고, 도시 현상에서 실현되는 공간의 역사에 암시를 제공한다.[68] 공간의 역사를 기획하는 것 자체가 본래 정치적이다. "공간은 정치적이므로 공간의 정치가 있다."[69] 이 말은 정치, 특히 민주정치 자체가 공간의 생산물로서 공간의 정치를 실현한다는 말로 해석할 수 있다.[70] 공간의 정치는 정당, 대의제도, 노동조합 같은 공식 정치의 영역에 그치지 않고, TV 채널 설정과 같은 일상의 문화적 실천에서 권력관계의 작용을 발견한다. 나아가 노동자, 여성, 소수민족, 청소년, 에이즈 환자 같은 소수자가 매체에서 재현되는 방식을 비롯해 다양한 문화적 실천에서 정치성을 발견한다. '정체성의 정치', '스타일의 정치'가 정치적 시민권을 획득한 것도 이와 연관 있다. 공간의 정치는 나아가 이미지의 생산과 소비, 건물이나 거리와 같은 구체적 공간의 점유와 사용, 그에 따른 공간 투쟁과 변용에 주목한다. 인간상실, 문화상실, 소통상실의 시대에 이를 회복시키려는 모색에서 공간과 장소성의 기획, 곧 장소 만들기가 핵심적 자극을 제공할 것으로 기대하기 때문이다.

공간정치의 모색

필자는 2008년 서울광장의 촛불공간과 2016~2017년 겨울 광화문광장의 촛불공간에 주목한다. 촛불공간에서는 참여자들이 사회문화적 의례를 퍼포먼스로 수행하면서 저항과 수용이 경합했다. 이는 촛불시위 공간을 집단지성의 투명하고 합리적인 유토피아 공간으로 보는 관점에 제동을 걸면서 억압과 배제의 반공간을 교차 생성하는 측면도 내포하고, 모순과 갈등하는 사회적 의미의 수탁소로 의미를 확장시키려 한다. 촛불공간은 결국 정치적 상징공간에 관한 '공간적 은유'의 문제이다. 곧, 공간적 경험을 물질성에 근거해 접근하더라도 어떤 공간도 투명하게 입체적인 지도를 그릴 수는 없다.

그러므로 공간의 모호함과 익명적인 모호한 대상에 관한 복잡하고 관계적인 성질을 염두에 둘 필요가 있다. 공간적 전환이 언어적 전환의 방법론과 관계를 맺는 이유도 여기에 있다.[71] 이와 연관시켜 필자는 촛불공간의 이해에 유용한 공간 개념으로 헤테로토피아 개념, 중심의 창조와 파괴가 연속되는 잠재력의 공간 설정과 연관시킬 가능성을 시론했다. 르페브르는 엄격한 계획, '상징, 정보 및 놀이'의 억압 과정을 통해 동종성을 부과하는 기술관료정적 공간의 정치인 '도시주의urbanisme'에 저항하며 반기를 들고자 했다.

그 방도는 무엇인가? 바로 휴일 · 축제 · 기념일같이 '행복하지만 어디에도 없는' 유토피아적 희망의 변혁공간 헤테로토피아를 생성하는 것이다. 필자는 촛불공간이 사회와 전면적으로 대립하는 유토피아적 변혁공간이거나, 집단지성의 투명한 자율공간이라고 보지 않는다. 그 대신 국가와 젠더 관계, 공간을 채우는 삶의 미학화와 문화적 제례로서 행위 수행성이 만들어내는 반反공간에 주목하며 푸코의 헤테로토피아 개념과 연결될 가능성도 긍정한다. 그러나 광장을 장악한·기술관료정적 '도시주의'의 전횡과 억압에 맞서 파격과 희망의 축제를 지향한 점에서는 르페브르의 헤테로토피아, 다시 말해 회의주의를 넘어 유토피아의 가능성을 '지향하는' 헤테로토피아에 더 가깝다고 판단한다. 푸코와 르페브르에게 헤테로토피아 공간은 정태성과 폐쇄성을 넘어 새로운 활력이 분출하는 장소의 정치, 다시 말해 민주적 정치공간을 모색한다는 점에서 공통적 지향점이 있다. 그러나 헤테로토피아가 시간과 공간에 따라 그 외양과 성격이 가변적이라면, 모든 공간이 헤테로토피아 공간으로 설명될 가능성을 내포함으로써 도리어 개념의 설득력이 약화될 가능성이 있다. 그 결과, 어디에나 있지만 어디에도 없는 공간이 될 가능성이 커지고, 담론 공간의 성격이 강해 사회적 실천을 담보하는 데 미흡할 가능성도 없지 않다. 그러므로 신중한 개념 운용을 늘 염두에 둘 필요가 있다.

제7장

이동성의 공간과 연결망

행위자-연결망 이론과 연관시켜

액 체 정 체 성 의 시 대

21세기 들어 개인과 사회에서 이동의 역사적이고 현재적인 중요성에 주목하는 분위기가 '이동성으로 전환mobility turn'이라는 말을 부각시킬 만큼 확산되고 있다.[1] '이동성으로 전환'은 지난 세기말에 출현한 '공간적 전환spatial turn'의 확장으로 평가할 수 있다. 세계에 대한 해석에서 시간과 역사, 곧 인간 삶의 역사성, 사회와 사회적 관계, 곧 인간 삶의 사회성에 전통적으로 부여해온 비판적 통찰과 해석적 힘을 인간 삶의 실제 공간과 공간성에서 발견할 수 있다는 자각이 그 '전환'의 인식론적 토대이다. '이동성은 인간 삶에 편재ubiquitous 하고 역사의 본질적 현상이다. 이동성이란 무엇인가? 그것은 사람·물자·정보가 일상의 시공간에서 더욱 국지적인 운송 과정뿐 아니라 전 지구적 '시공간 압축'의 조건에서 대규모로 움직이는 유동성과 유목주의

nomadism를 말한다.[2] 결정적으로, 자동화된 이동 도구를 통한 이동성의 광폭적 증가로 사회, 경제, 정치의 각 분야에서 신체가 컴퓨터와 휴대전화 같은 정보 이동성의 패턴과 부단히 결합하며 새로운 형식의 이동성으로 변화를 추동한다. 이동성 패러다임에 대한 관심은 '권력의 성좌의 중심, 정체성의 창조와 일상의 미시지리학'[3]에 놓인 쟁점들을 새롭게 이론화하려는 방식과 결합되어 있다. 곧, 사소하고 정태적이며 해독이 난해한 블랙박스로 치부해온 노동과 가족의 삶, 여가와 놀이, 정치와 저항에서 산발적이고 체계적인 이동을 목격한다.[4] 이는 현대의 삶이 탈영토화 deterritorialization를 지향하면서도 정주성 sedentarism을 포기하지 않는 모순[5]을 비판적으로 검토하는 분위기와 맞물린다.

현재 이동성은 서비스산업과 밀접한 연관 관계가 있다. 그 핵심 요소인 여행과 관광은 세계에서 가장 규모가 크고 활발하게 작동하는 산업이다.[6] 육상·해양·항공 운송에 인터넷 가상 운송까지 운송과 이동통신 기술의 발전이 세계 산업의 중추 역할을 감당한다고 해도 결코 과언이 아니다. 연결망을 따라 전개되는 이동성이야말로 현대 세계의 사회경제적 삶을 지탱하는 토대로서 강고한 위상을 확보했다.[7] 삶의 본질은 부단히 창출되는 새로운 유동성인 '액체 정체성'이 되었다.[8] 특히 전 지구적 이주의 핵심 주체인 노동자와 중간 계층의 야심과 모험에 가득 찬 이주는 물론, 글로벌 엘리트 사회계급의 거의 일상화된 항공이동성도 함께 성찰할 때[9] 이동성 연결망의 혼종성이 드러난다. 이동하는 신체와 이동 주체, 이동의 시공간성, 일상의 이동, 여객·화물 운송과 의사소통 기술, 지속 가능하고 대안적인 이동성, 새로운 사회적 관계망과 이동하는 미디어, 운송 관련 의사소통 기술, 관광 여행 및 성지순례 이동성, 이동의 권리와 이동의 위험, 비이동성과 사회적 배제, 이주와 디아스포라, 복잡계 complex systems에서 이행, 심지어 추방과 망명, 테러와 감시 등 온갖 쟁점들이 넘쳐나는 영역이다.[10]

브뤼노 라투르는 인간과 비인간non-human이 결합하는 이 영역에서 공공적 민주주의를 실현하는 '물정치Dingpolitik' 개념의 성찰을 요구한다. 그 배경은 이동성이 다양한 도구와 인간을 결합하는 장소 이동을 거쳐 '다른' 이동성을 생산해 새로운 문제를 불가피하게 부각시킨다고 보는 데 있다.[11] 공간적 이동spatial mobility은 단기적 결과를 예단하기 힘들지만, 장기적 전망에서 인간의 사회적 이동social mobility을 목표로 삼는다. 장소, 공간, 공간규모의 조건에서 친밀하고, 일상생활을 영위하며, 생태적 시민권 개념이라는 새로운 다중 공간규모 '시민권의 지리학'을 상정하는 배경에는 권리와 책임, 협상하는 '생활 경험'으로서의 시민권을 '공간적 맥락'의 환경과 분리할 수 없다는 판단이 자리한다. 현재 이동성은 국민국가를 넘어 새로운 형식의 사회, 젠더, 초국가적 '시민권' 획득과 공공적 민주주의 실현 문제를 두고 전개하는 활동 양상에 대한 관심을 요구한다.[12]

현대에 이동성을 연구한 역사가로는 통로route를 연결하는 특정 장소들을 연구한 제임스 클리퍼드James Clifford를 들 수 있지만, 사회학자 게오르크 짐멜이 인간의 의지가 도시에서 이동성을 만족시키는 템포tempo와 그 정확성뿐 아니라 연관 관계까지도 확인한[13] 선구자로 평가받는다. 한편 마르크 오제Marc Augé는 공항이나 고속도로처럼 이동성이 지속적으로 이행되는 과정과 일시성으로 특징지어지는 곳을 '비장소non-place' 명제로 접근했다. '흐름들의 공간'이 '장소들의 공간'을 능가했다고 지적한 마누엘 카스텔은 이동성에 관한 성찰을 풍성하게 만들 실마리를 제공했다.[14] 현재 이동성 연구는 주로 랭커스터 학파Lancaster School로 알려진 사회학자들이 이론화를 주도하는 분위기이다. 존 어리John Urry, 미미 셸러Mimi Sheller, 피터 애디Peter Adey, 팀 에덴서Tim Edensor, 데이비드 비셀David Bissell, 팀 크레스웰Tim Cresswell 등이 그 분야에서 손꼽히는 대표적 연구자이다. 그렇다고 이들이 모두 '새로운 이동성 패러다임'에 주목하며 '이동성으로 전환'을 전폭적으로 수용했다고까지 말하는 것은 아니다.

　이 장은 이동성 문제의 일반화를 제공하는 이론의 모색에 초점을 두고, 이론적 방법론을 지침으로 삼으며 현실 사례와 결합해 이해를 모색한다. 이동성은 질 들뢰즈와 펠릭스 가타리, 미셸 드 세르토, 미하일 바흐친 등의 노마드 이론이나 이동하는 장소성 이론 등과 연관시켜 검토할 수 있다. 필자는 브뤼노 라투르의 '행위자-연결망 이론Actor-Network Theory'의 유용성에 주목한다. 본래 과학철학에서 과학적 지식의 본성을 탐색하며 출발한 행위자-연결망 이론은 '관계적 존재론'을 발전시켜 기존의 자연/사회 이분법을 혁신적으로 극복하려는 시도로 주목받았다.[15] 그러나 라투르 자신은 거듭 반反이론과 반反방법론적 태도를 표방한다. 행위자-연결망 이론은 자연의 내재적 질서를 특권화하는 실재론적인 전통적 과학주의와 환경결정론은 물론, 과학적 지식을 사회적·정치적·전문적·개인적 이해관계의 산물로 본다. 사회구성주의적 과학지식사회학의 상대주의 과학관까지도 실재론으로 치부하고 거부하는 그는 자칭 반실재론자이다. 그럼에도 또한 포스트모더니즘의 극단적 상대주의 반실재론 역시 수용을 거부하노라고 선언하는[16] 개념의 곡예를 거듭한다.

　행위자-연결망 이론은 사회를 선험적 실재가 아니라 끊임없는 '협상'과 '번역translation'의 산물로 이해한다. 이종적 행위자들의 일상적 '실천', 곧 행위자인 행위소actant의 행위성agency은 주관성과 의도성, 심지어 도덕성까지 보유한 '번역' 행동이다. 이러한 전제 아래 그는 과학적 사실이 구성되는 양상으로서, 불순한 잡종성과 유동성과 흐름으로 '생성 중의 과학science-in-making'을 추적하길 요청했다. 이는 과학적 지식을 문화의 산물로 이해하는 과학사의 '문화적 전환'과도 연결된다. 미셸 칼롱Michel Callon이 연결망 시장의 관계성을 검토하고, 존 로John Law가 과학과 기술공학 방법론의 사회학적 전유를 시도한 이래로 행위자-연결망 이론은 생태학, 경영학, 정치학 등 실제 연구에서 다양하게, 그러나 한편으로는 매우 아리송하게 원용되었다.[17] 이 장은 이동성을 생성하는 공간 현상을 행위자-연결망 이론과 연관시켜 설명 가능성을 시론하면서, 이동성의 주체와 도구가 다양한 잡종적 이동성의 체계로 상호 작용하며 연결망을 생성하는 관계를 '물정치Dingpolitik' 개념과 연관 지어 검토한다.

행위자-연결망 이론에서 공간의 생성

최근 이동성을 사유하는 데 자극을 제공한 이론적 출발점은 첫째, 게오르크 짐멜이 말한 대로 연관 관계를 맺으려는 인간의 의지에서 출발해 이동성과 물질성 사이에 연관 관계를 제공하는 것이다. 그 결과, 이동성이 주도하는 삶의 사회경제 및 사회 하부구조뿐 아니라, 명확한 시간과 장소가 거주자의 심리적 형성까지 추동하는 템포에 주목한다. 둘째, 포스트모던 공간성 개념, 곧 부단히 움직이고 유동하면서 지속적으로 모이고 재형성되는 장소들이라는 공간성 개념에서 비롯한다. 심지어 그것은 이동 수단에서 장소와 운동을 감각하고, 그것과 결합해 정서적 지리학을 구성하는 수단으로서 육체적 몸에 다시 관심을 집중시킨다. 그 이유는 이동성 공간에서 복잡한 관계성 체계의 출현을 목격하는 데 있다. 셋째, 인간과 비인간의 요소로 구성된 잡종의 이동사회 기술 체계를 탐색하는 과학기술학과 결합한다. 요컨대 자동차·철도·항공 운송 체계는 사회에 영향을 끼치는 동시에 사회의 영향을 받는 복잡한 관계망을 포함한다.[18] 이들 관계망은 역동적이고 지속적인 부분을 지닐 수 있다. 한편 이동을 제약하는 비운송적 정보 또한 물리적 이동성을 장려하거나 억압하는 데 미처 예견하지 못한 영향을 끼친다. 복잡하고 유동적인 운송 체계에 대한 분석이 필요한 이유가 여기에 있다. 넷째, 사회적 연결망의 위상학topology이 어떻게 복잡한 형식의 패턴 및 그것의 변화와 조응하거나 모순되게 연관되는지 검토할 필요가 있다. 현대의 정보기술과 삶의 양식은 기존의 관점과 충돌한다. 예컨대 시공간을 넘어 만나거나 접촉할 기회가 적어질수록 도구적인 연결망 연계 관계가 증가하는 역설적인 사회적 삶을 보여준다. 그러므로 이동성의 도구가 증대할수록 연결의 폭은 넓어지지만 결합의 강도는 약해지며, 리좀 형식으로 사회적 연계와 결속을 다지는 새로운 삶의 방식, 요컨대 연결망 사회성network sociality을 가져온다.[19]

> 연결망 사회성은 그것이 통신 기술공학, 교통·운송 기술공학과 관계를 운영하는 기술공학에 깊이 자리 잡은 한 기술공학적 사회성이다. 그것은 자동차, 열차, 버스와 지하철, 비행기, 택시와 호텔에 바탕을 두는 사회성이며, 전화, 팩스, 답신기, 음성 메일, 비디오 화상회의, 휴대전화, 이메일, 채팅방, 토론방, 전자우편 목록(mailing list)과 웹 사이트에 바탕을 두는 사회성이다. 교통·운송과 통신 기술공학은 이동하는 사람과 사회에 하부구조를 제공한다.[20]

결국 이동성 연결망은 크게 대면face-to-face 접촉과 기술공학적 교통·운송을 꼽을 수 있지만, 그것도 결국 기술공학 및 전자기술 통신 연결망으로 형성된다. 곧, 그것은 경험적 사회성을 넘어 정보에 바탕을 둔 연결망 사회성으로 이행하는 것이다.

행위자-연결망 이론에서 이동성 공간에 관한 성찰을 과연 어떻게 끌어낼 것인가? 이는 불가피하게 행위자-연결망 이론에 대한 요약된 설명을 제시한 다음에 연관성을 시론하는 방도를 모색하도록 요청한다. 브뤼노 라투르가 행위자-연결망 이론에서 처음 강조한 것은 연구실과 실험실에서 과학적 관념을 물질적 형식으로 변환할 때의 문제였다. 특히 ① 행위자인 행위소의 행위성 개념은 행위자의 과학적 연구 결과물 보고서 작성과 복사 작업이 과학적 '사실들'의 생산에서 수행하는 중심적 역할에 주목한다. ② 과학 논쟁에서 자연적인 것과 사회적인 것 사이의 어디에도 우선성을 부여하지 않고 대칭성symmetry 을 강조하며,[21] 인간과 비인간 모두를 행위자로 인식한다. ③ 나아가 인간적 요소들과 비인간적 요소들을 연결하는 중개자intermediary 혹은 매개자mediator 가 이질적 요소를 결합해 구성한 연결망의 크기에 따라 과학적 지식이 결정된다고 본다.[22] ④ 특히 이러한 이질적 요소들의 연결망 구축을 번역translation 과 정화purification 과정으로 설명한다. 라투르에게 번역이란, 어떤 행위가 일어나려면 매개자 행위를 수행하는 다른 행위자들을 통해 전위displacement 가 발생하는 것을 말한다. '정화'가 완전히 구분되는 순수한 존재론적 영역을 창출하는 행위라면, '번역'은 새로운 유형, 곧 자연과 사회 간의 '잡종'을 창출하는 행위이다. ⑤ 가장 핵심 개념으로서 '번역'은 그 '잡종'들 내부의 어떤 요소도 형태가 고정되지 않고 계속 관계 맺으며 실천practice 에서 결합과 탈각의 과정을 거쳐 변형된다. ⑥ 이러한 '번역' 개념은 자연/사회 이분법은 물론 서구 사상에 깊이 내재된 몸/마음, 객체/주체, 행위자/구조라는 너무나 오랫동안 익숙한 이분법적 논리를 해체하는 시도의 일환으로서 비근대주의nonmodernism 개념과 결합한다.[23]

행위자-연결망 이론에서 가장 중심축은 '연결망' 개념이다. 이는 아직 결정되지 않은 실체들 간 비구체화된 관계들의 집합을 말하며, 인간(사람과 사회)과 비인간(사물, 자연, 인공물)을 결합하는 역할을 일컫는다. 여기서 행위자와 연결망은 서로 지속적으로 규정하고 재규정되는 과정을 겪으며 상호 의존한다. 독특한 점은, 연결망 측면에서 보면 거시 행위자(국가)와 미시 행위자(개인) 사이에, 또는 주요한 사회제도나 평범한 사물 사이에 구조적 차이가 없고, 있다면 오직 행위자가 목표에 따라 동원 가능한 연결망의 규모, 곧 연결망의 개수個數 에 차이가 있을 뿐이라는 점이다.[24] 중요한 것은 이들의 다종 다기한 연결망을 '번역'하는 개념이다. 기존의 과학사나 과학사회학에서는 지식의 내용과 행위자들이 수행하는 맥락의 대립을 상정했지만, 행위자-연결망 이론은 오직 행위자들이 자신의 다양하고 모순된 이해관계를 수정·치환·위임하는 '번역'의 연쇄만 끊임없이 존재한다고 본다.[25] 라투르는 근대인이 순수한 인간의 영역인 사회와 순수한 비인간, 곧 자연의 영역을 분리·대립시켜 사고하는 '정화'에 몰입하고 있지만, 사실은 무의식적으로 '번역' 과정을 통해 점점 더 많은 잡종들과의 연결망을 대량 생산한다고 폭로한다. 여기서 '실천'은 여러 과학을 집합적으로 생산하는 매개자들을 밝히는 과정이다. 사실 행위자-연결망 이론의 목적은 과학을 사회적으로 확장시켜 설명하기보다는, 여러 과학이 어떤 개인이나 소집단의 '국지적·물질적·일상적 장소'들에서 맥락 의존적이고 수사적으로 실천되는 세계를 진술하는 데 있다.[26] 필자는 비록 행위자-연결망 이론이 공간규모의 차이를 크게 중시하지 않더라도, '실천'의 관점은 구체적 장소에서 생산되는 잡종적 연결망 구축의 출발점으로 삼을 수 있다고 본다.

그러면 행위자-연결망 이론을 이동성 공간 생성의 이론과 어떻게 연관시킬 수 있는가? 사실 행위자-연결망 이론은 리좀적 연결을 강조하는 보편 이론으로서 전 지구화와 세계시민주의에 연계하는 것이 더 타당해 보인다.[27] "지금부터 우리가 행위자를 말할 때 그것이 행동하도록 만드는 큰 연결망에 부착되어야 한다"[28]는 말을 한번 들어보라. 그 결과, 이동성 공간 연구에 원용해 이론적 생산성을 기대하는 작업이 혹시 건강부회가 아닐지 조심스럽지만, 그래도 필자는 그것이 이동성 공간 생성 과정을 밝히고 작동 과정을 설명하는 데 유용하며, 최소한 '발견적heuristic' 역할을 할 것으로 긍정한다. 행위자-연결망 이론은 특히 소규모 장소에서 생성되는 문화와 과학기술 지식의 생산관계로부터 출발해, 지식의 소통 문제를 해명하는 데 관심을 표명하며 '국지적' 장소 '로컬'에 주목하기 때문이다. 라투르는 지속적으로 '글로

벌을 로컬화'할 것과 그 로컬조차 끊임없이 재분산할 것을 요구한다.[29]

대부분의 상황에서 행동들은 이미 동일한 로컬적 현존을 지니지 않으며, 동일한 시간에서 나오지 않고, 동시에 가시적이지 않은 이종적 실재들로부터 간섭받는다.[30]

이는 로컬에서 전 지구에 이르기까지 사회적 · 물리적 근접성이 서로 다른 수준에서 작용하는 것을 표현하는 동심원을 그리는 일이 실제로는 불가능하다는 말이다. 곧, 전 지구와 로컬은 관계적으로 상호 작용한다. 그러므로 연결망의 공간들이 지니는 공간성은 내부적 연관 관계를 내포한다는 의미에서 초국가적transnational이거나 전 지구적이기보다는 차라리 글로컬한 것이다. 이 연관 관계를 추적하면 우리는 낯선 타자의 공간성을 만날 수도 있고, 이들의 트랜스로컬한 연관 관계를 통해서 로컬공간 바깥에 소재하는 타자들의 삶에 좋든 나쁘든 영향을 끼치거나 받는다. 그러므로 현실에서 특정 장소의 이동성 공간은 새로운 의미를 내포한 집합적 조립체 또는 느슨한 결집체 형식으로 상호 작용한다. "시공간 어디서든 분산되어 있는 모든 다른 로컬이 상호 작용한 집합적 결집체assemblages이다."[31]

다시 말해, 우리가 '로컬들'이라고 부르는 것은 그들의 일상이 로컬 경계선과 국민국가적 경계선을 건너 다른 사람들의 활동과 내부적으로 연결되므로 '글로컬들'한 것이다. 이런 의미에서 행위자-연결망 이론의 전망 가운데 세계시민주의로 보이는 것은 우리의 특정한 공동체로부터 초연한 것이 아니라, 다수의 특정 공동체들을 가로질러 사람과 대상에 부착된 것을 통해서 작용하는 것에 관한 탐색의 시도에서 비롯된 것일 뿐이다.[32] 이 경우 로컬과 글로벌의 연계로서 글로컬하게 전개되는 사회적 관계는 사람과 담론뿐 아니라 기술과 물리적 세계를 포함한다.[33] 인간의 역할은 결정적 요소가 아니라 항상 잠정적 존재로서 선택을 수행한다. 행위자-연결망 이론은 인간 행위자가 지식, 기술공학, 화폐, 동식물, 농장 등 비인간 행위자와 다양한 질적 편차를 가지고 상호 작용하는 연결망의 건설에 관심을 둔다. 곧, 한 행위자의 이해나 의도를 다른 행위자의 언어로 치환하는 프레임을 만드는 행위로서 '번역'하는 잡종적 결합의 관계망 공간에 주목하도록 이끈다. 그러나 행위자-연결망 이론은 그 자체에 문제점을 내포한다. 예컨대 인간과 비인간을 결합시켜 '리좀' 형식의 공간을 사고하는 것이 인간의 실천을 장소의 연결망 차원에서 검토하는 데 유용한 점은 인정한다. 그러나 인간과 비인간이라는 두 요소 사이에서는 결국 훨씬 강고한 지속성을 지닌 후자가 주도하는 경우가 더 많아지므로 그 관계가 비대칭적으로 변화하기 쉽다.[34] 특히 라투르의 시공간 인식이 지극히 현재주의적인 점은 논란의 여지가 적지 않다. 첫째, 시간을 지속적으로 현재화해 발생genetic 의 측면, 곧 역사성을 소홀히 하는 측면은 역사학자로서 선뜻 수용하기에 크게 주저되는 측면이다. 둘째, 비록 끊임없이 경계선 위에서 이종적 관계망의 확장을 시도하지만 현실에 존재하는 사회의 수직적 질서와 공간의 위계적 요소들을 수평화시켜 이해와 설명을 시도하는 측면이 있다. 행위자-연결망 이론의 관계적 존재론은 로컬에서 전 지구 차원으로, 전 지구 차원에서 로컬 관계로 전위시켜 수평적 사고를 진행할 경우에는 설명에 매우 유연한 모습을 보이지만, 사회적 영역에서 공간규모의 변화와 갈등, 충돌과 재구성에는 그다지 주목하지 않는 측면을 보인다.[35] 그러다 보니 공간의 모순과 중층성을 탐색하기보다는 현상 설명에 주력하는 측면도 보인다.

이런 문제점에도 불구하고 행위자-연결망 이론은 그동안 현대사상이 인식론에 매몰되어 소홀히 한 존재론을 복권시킨 측면은 재평가받아야 한다. 문제는, 그 결과로 이러한 '존재론적 공간론'이 공간 이해에서 수평적 공간, 곧 개별 행위자와 장소만이 부단한 연결망의 연쇄로 변화하며 존재하는 평평한flat 공간에 그치고 마는 것[36] 아닐까 우려되는 점이다. 이는 본래 이동성에 대한 관심이 '장소'로부터 출발하지만, 결국 그것을 벗어나는 생성적 사유의 전개를 지향하는 것과는 출발점이 어긋나지 않을까? 거시적 행위자와 미시적 행위자 사이에, 어떤 주요 사회제도나 평범한 사물 사이에도 오직 부분과 전체 관계로만 존재하고 구조적 차이가 없다면, 제도와 사물의 질적 모순과 차이를 간과하고 모순과 갈등을 드러내는 깊이를 보이지 않는 공간을 만들어내기 십상이라는 생각이 들기 때문이다.[37] 이런 비판은 이미 브뤼노 라투르도 예상했던 것 같다. 그는 구조적 차이가 없다는 것이 결코 동일하다는 의미가 아니고, 어떤 특정한 목적을 수행하며 행위자가 만들어내는 연결망의 규모, 다시 말하면 동원 가능한 행위자들의 '개수'에 따라 차이가 나타난다는 양적 문제로 전화시켜 대답한다.[38] 그러나 라투르의 해명에도 불구하고 의문은 좀처럼 해소되지 않는다.

운 송 수 단 과 이 동 성 의 실 천

이동성의 패턴은 어떤 방식으로 이해하는 것이 바람직한가? 그것은 탐구 방식에서 이동 현상을 '관찰'하는지, 아니면 자신이 직접 '참여'하는지에 따라 분석과 평가가 달라진다. 필자는 그래도 '참여 관찰'이 이동성 연구자에게 가장 유용한 방법이라고 권고해본다. 역사적으로 이동성을 구현하는 보행, 기마, 승선 또는 수레와 같은 운송 도구의 이동 통로에 자리 잡은 마을이나 역참과 선착장으로 구성된 교통 환경은 끊임없이 변화하는 정주공간을 생성시켰고, 이는 지금도 현재진행형이다. 특히 19세기 이후 새로운 속도 개념을 탑재한 철도의 부설과 열차 운송 및 증기선의 출현은 이동성과 정주지의 생성 관계에 괄목할 만한 직접적 영향을 끼쳤다. 물자 보급과 승객 환승을 제공하는 마을과 도시를 비롯해, 비슷한 공간적 성격을 띤 로컬이 생성되는 지리학적 공간규모 고정scale fix이 나타났고, 일부에서는 급속한 공간규모 확장이 질적 변화를 수반해 공간규모 도약jumping scales까지 발생했다. 비록 곧이어 자동차와 항공기가 나타났지만, 현대사에서 이동성이 생성한 새로운 공간 관계의 검토와 관련된 중심 용어들 또는 관점들은 열차의 출현이 선구적으로 제공했다. 자동차나 항공기의 출현이 공간의 성격을 변화시키고 더욱 확장한 것은 사실이지만, 그것의 생성이라는 측면에서는 기시감de ja vue을 느끼게 했다.[39] 이동성에 대한 관심은 공간 생성 문제를 거시적 차원에서 사유하는 방법론적 태도와 직결된다.

행위자-연결망 이론이 여러 과학이 실천되는 국지적·물질적·일상적 장소들을 강조하는 측면은, 이동성의 양상을 일상과 사건을 결합시켜 이해하는 데 유용하다. 브뤼노 라투르는 과학적 지식의 발견 과정을 탐색하는 과학사가가 과학자의 평범한 일상적 실천, 사회적·경제적·지적 연결망, 과학자 연구실의 물질적 조건들 간 복잡한 사회적 관계를 이해하도록 요청한다.

> 그것은 첫째, 일찍이 거시사회적인 것과 관련된다고 알려진 것의 재기술이며 …… 한 '사회'를 가리키는 것이 전혀 아니고, [사람들의] 국지적(local) 상호 관계를 이해하는 데 기여하는 빅 애니멀(Big Animal)[40]이다. …… 익명의 힘의 분야를 가리키지 않으며, 매우 국지적이고 매우 실천적이며 매우 작은 장소(locus)로 다양한 종류의 도구 장치, 새겨진 명문, 형식과 공식을 통해 상호 작용하는 것의 '요약'인 전혀 다른 무엇을 언급한다.[41]

행위자-연결망 이론에서 행위자, 곧 행위소의 행위성은 무엇을 '해야 할지'를 중심 과제로 삼지 않는다. 오히려 그들이 주관성·의도성·도덕성을 지닌 행동으로 행위소에 무엇을 '제공'하는지 여부, 곧 세계에 어떤 변화를 가져오는 실체로 이해한다. 그 실체는 본래 존재하는 것이 아니라, 여러 번의 시도trials를 거쳐 행위자가 수행하는 것을 기준으로 능력과 본질이 정의된다.[42] 이는 공간 차원에서 관심의 연속적 변화에 주목하는 것이므로 이동성을 구성하는 요소의 부단한 변화와 연결시킬 수 있다. 우선 다양한 종류의 시간성을 지닌 물리적 운동의 문제로 접근할 수 있다. 서 있기, 서성거리기, 걷기, 오르기, 춤추기, 자전거, 버스, 자동차, 기차, 선박, 비행기, 심지어 휠체어와 목발 같은 것을 온갖 다양한 종류의 시간성을 가진 물리적 이동성의 도구로 삼을 수 있다. 구체적으로 ① 이동 도구의 이동: 자전거, 오토바이, 자동차, 비행기, 선박 등과 이들에 적재한 인간과 재화의 물질적 이동, ② 여행 이동: 관광 여행, 업무상 여행, 친지 방문 여행, 체험 여행, 의료 여행 등, ③ 노동력 이동: 이주와 이민, 서비스 노동자의 이동,[43] ④ 군사적 이동: 군대, 군용기, 장갑차, 탱크, 헬리콥터 등 군사 장비의 이동을 들 수 있다. 본래 이동mobile이라는 말은 무질서한 군중mob이라는 단어에서 나왔다. 이를 질적으로 추상화하면 크게 첫째, 인간과 사물의 속성인 움직이고 작동하는 물리적 이동physical movement, 특히 현대 기술공학이 기계 도구를 이용해 사람과 물자를 일시적으로 움직이는 것과 연관된 이동을 말한다. 둘째, 주류 사회학의 주요 관심사인 사회적 이동social mobility과 연관되는 단기, 중기, 장기 또는 반영구적 이주migration, 심지어 최근 중동전쟁에서 보듯 유사시 긴급 이동도 포함할 수 있다.[44] 물론 여기에 신기술공학이 가져온 정보통신 이동을 포함할 수 있지만[45] 이 주제는 논의를 차후로 미루고, 복합 이동성의 양상은 라투르가 강조하는 현대사회의 잡종성을 잘 표상한다. 그러나 실제로는 잡종성 개념 자체도 그것이 '실체substance'를 가리키는지, 아니면 '해석'을 말하는지에 따라 의미가 달라질 수 있다.[46] 라투르에게 이는 혼돈되어 사용되고 있으며, 이해와 전유 방식에서 끊임없이 긴장을 불러일으킨다.

존 어리를 비롯한 많은 이동성 연구자들은 이동성의 체계를 전 세계적으로 생산·소비·여행·의사소통을 조직하는 강력하고 독립적인 지식 기반 체계의 부분집합이자, 현대의 불가피한 현상으로 수용한다.[47] 이들은 기본적으로 이동성의 가속화 과정을 자유와 역사 진보의 과정으로 진단하며,[48] 여행은 창조적 활동과 판타지를 자극할 뿐 아니라 공간의 장벽을 제거해 더 이상 제한된 공간은 존재하지 않게 만드는 '새로운 이동성의 패러다임'을 형성한다고 긍정적으로 평가한다. 이동성을 과연 긍정적인 현상으로만 평가할지 여부는 다양한 사회정치적 현장 분석이 필요한 명제이다. 하지만 적어도 이동의 기술공학은 경제적·사회적 삶의 많은 양상을 분명하게 변화시키고, 이동의 세계에서는 물리적 여행과 의사소통 양식 사이에 광범하고 복잡한 연계 관계가 작용하며, 이것들이 또다시 새로운 유동성을 생성한다. 팀 크레스웰은 물리적 이동이 사회적 이동을 포함하며 "이동성은 정치적인 것"이라고 선언했다. 이동의 양상은 물리적인 것만이 아니라 사회적이고 문화적인 것을 포함하며, 물적 운동, 표현 방식의 표상, 이동성의 구현으로서 실천 등과 관련해 비록 내부에 다양한 차이는 있지만, 권력과 지배 관계의 생산을 포함하는 정치적인 것이므로 '이동성의 정치'를 작동시킨다.

> 이러한 이동성(걷기, 운전하기 등)의 형식들과 이들 이동성의 양상들(운동, 표상, 및 실천)은 정치적이다. 그들은 권력의 생산과 지배 관계에 포함된다.[49]

그러면 인간과 물자와 지식 이동성의 패러다임에서 중심 역할을 하는 것은 무엇인가? 미미 셸러와 존 어리는 이동성의 도구가 출현하는 양상을 검토해 가장 중요한 요소로서 자동차automobility에 초점을 맞추고, 그 역할을 다음과 설명한다.

(그것은) 로컬의 공적 공간들과 그것들이 출현할 기회뿐 아니라, 젠더화된 주체성들, 가족적·사회적 네트워크, 공간적으로 분리된 도시 이웃, 국민적 심상, 근대성에 대한 열망, 초국가적 이주에서 테러와 석유 전쟁에 이르기까지 전 지구적 차원의 형성에 충격을 주는 사회-기술공학적으로 가장 중요한 체계이다.[50]

그러나 여기에 반론도 있다. 현실에서 자동차의 중요성은 충분히 인정되지만, 전 지구적 이동성 문제에서 항공기와 항공이동성aeromobility 문제야말로 훨씬 더 첨단의 기술공학적 내용과 문제를 내포한다. 그런 점에서 이것들의 사회-기술공학적 체계에 대한 이해가 이동성의 본질에 더욱 근접하도록 만든다는 평가도[51] 설득력이 있다. 그러나 도구적 차원에서 필자는 현시점에 자동차의 일상성과 침투성을 더 인정하고 중요성을 부여한다. 동시에 이동성은 사회-기술공학적 체계가 크게 작용한다. 그것을 실천하는 과정에서 계선설비moorings를 구축하기 때문이다. 곧, 자동차는 주차장과 주유소, 항공기는 관제소와 계류장, 선박은 접안 시설과 하역장이라는 장소를 필요로 하는 관련 질서를 만들며 확장되고, 이들 공간은 이동성의 방향을 지시하거나 제한하는 자신들의 독자적 이동성의 문법을 형성·변용한다.[52] 여기서 자동차 관련 계선설비는 최소한 라투르가 말하는 개수 차원에서라도 일상적 삶에 더욱 광범한 영향을 끼친다. 이동성의 도구들과 계선설비의 비이동성 간 상호 관련성은 전형적인 복잡계를 형성한다. 만일 확장된 비이동성의 체계가 없으면 유동성의 증가는 제한되거나 심지어 소멸한다. 이는 항공기와 공항의 경우에 가장 잘 드러나며, 현대의 모든 도시계획은 바로 이점을 가장 중심에 두고 구상되어야 한다.[53] 필자는 이를 행위자-연결망 이론 가운데서 중개자intermediary 개념을 넘어 매개자mediator 개념, 곧 행위자들을 연결망에 연계시키고, 해당 연결망 자체를 규정하는 고리 역할을 해 연결망을 형성한다는 개념과 연관시켜 성찰할 가능성을 긍정한다. 이것은 이동성의 실천이 공간·장소·풍경을 재구성할 뿐 아니라[54] 이동성의 위험 요소까지도 포함하는 가운데, 이질적이면서도 안정적인 연결망의 공간을 생산·배치하는 양상에 주목한다. 그뿐 아니라 이동성의 연결망이 사회 체계와 밀접한 연관 관계로서 생성과 변화를 겪는 데도 주목하도록 이끈다.

　이동성의 또 다른 문제는, 외면상 안정된 구조와 체계를 유지하는 듯 보이지만, 사실은 가속화된 속도가 이동성의 기본 속성이기 때문에 항상 위험성을 내포한 위험사회 연결망의 복잡계라는 점이다.[55] 가장 일반적인 이동성 도구로서 자동차를 넘어 고도의 기술을 응용하는 항공이동성은 이동성의 위험성과 복잡계를 가장 잘 표상하는 요소로 평가받는다.[56] 그 결과, 이동성은 그것이 비록 거대하고 강고한 계선설비의 공간을 구성하는 구체적 측면이 있음에도 불구하고, 막상 가속도라는 기본 속성 때문에 '추상공간', '장소 없음', '비장소성' 같은 개념과 결합하는 공간을 만들어낸다.[57] 존 어리와 팀 크레스웰이 마르크 오제의 '비장소' 개념을 수용해 이동성이 높은 장소는 비장소 또는 장소 없는placeless 초연한 이탈 영역을 나타낸다고 지적한 이유도 거기에 있다.[58] 여기서 질문이 생겨난다. '위험성', '복잡계', '비장소' 같은 용어들이 이동성의 연결망을 존립 불가능하게 만들지는 않을까? 이 주제를 행위자-연결망 이론과 연관시켜 보면, '번역' 과정에서 행위자들은 끊임없이 주체/대상, 미시/거시, 사실/가치, 구조/행위자 등으로 수렴과 분산을 거듭하고, 연결망이 서로 다른 방향을 가리키면서 안정되는 방향과 그것을 역전시키는 방향을 동시에 전개한다. 특히 그 결과, 이동성 내부에 상호 이종성과 잡종성이 존재함에도 다른 행위자들과 얽혀들고 결합을 반복하며 존재하는 가운데 안정화를 이루는 것은, 이동성의 체계가 위험과 안전, 분산과 수렴을 내포하며 반복되는 것과 비슷하다고 판단한다.[59]

　이동성의 실천은 장소 감각과도 연관된다. 가장 친숙한 것은 가족과 거주하는 공간에서 전개되는 거주적residential 이동성과 관련된 장소 감각의 양상이다.[60] 이를 넘어 보행을 비롯한 자전거, 오토바이, 자동차, 열차, 비행기 같은 이동 수단에 따라 이동 통로가 달라지면 일상이 전개되는 장소의 감각과 양상도 달라진다. 그 배경은 이동 수단과 속도, 이동 통로와 반복되는 리듬, 그리고 그것을 '보고' '감각'하면서 '이동'이 생성되는 것과 연관이 있다. 하지만 그것이 반드시 장소를 미리 구상화하거나 목표를 설정한다고 볼 수는 없다. 차라리 운동·속도·흐름으로 말미암아 끊임없는 재구성을 반복적으로 지속한다고 말할 수 있다.[61] 예컨대 현대 기술공학의 급속한 발달로 인해 매일 반복하는 장거리 이동노동 형식인 '통근'이 가능해졌는데, 이는 '이동 장소 감각'을 만들어내기도 한다. 그 결과, 습관적으로 반복되는 여행의 속도, 이동의 리듬과 이동속도pace 및 주기성은 철도·도로의 형태와 이동 도구의 성질들과 연관된 일정한 독자적 '장소 감각'을 형성하고, 그것이 일정한 공간성을 형성한다. 이동성 자체는 이러한 이동성의 장소 감각뿐 아니라 인간과 도구 간 결합의 연쇄로 생성되는 것이기에 자연과 기술공학, 기술공학과 인간의 결합으로 이종성의 공간을 만들어내는 것,[62] 곧 인간과 비인간 요소들이 시간과 공간을 통해 결집과 재결집을 거듭하며 새로운 사회 구성, 곧 새로운 공간성을 생성하는 것으로 볼 수 있다.

또 이렇게 물을 수 있다. 이동성은 시공간에서 인간 활동과 물자를 배분하는 하나의 정교한 구조적 '체계'의 작동이 아닌가? 이동성은 보행 체계, 도로 체계, 철도 체계, 비행 체계, 관제 체계, 선박 운항 체계 같은 구조적 측면과 함께 움직이는 이주민의 영사, 검역, 세관 등 이주 체계migration system에서 비롯된 산물이라고 볼 수 있다. 그 이유는 다양한 이동성 체계와 통로가 장기간에 걸쳐 강력한 공간적 고정성fixity을 보유하는 것과 연관된다.

'이동하지 않는' 물질세계의 상호 의존적 체계, 특히 예외적으로 부동의 플랫

폼(전달 장치, 도로, 창고, 정거장, 항공기, 공항, 선착장 등)과 같은 구조 이동성은 복잡한 적응 체계를 통해 경험하고, 계열 체계와 연결 체계 사이에 중요한 구분이 만들어진다.[63]

여기서 의문이 생긴다. 이동성 문제에서 근대적인 구조와 체계가 강조되면 행위자-연결망 이론의 핵심 개념이 설득력을 상실하지 않을까? 곧, 행위자-연결망 이론이 비록 행위적 상호 관계와 기능적 상호 관계를 포괄하는 체계의 개념이라고 말할 수는 있겠지만, 분명 그것이 지향하는 잡종적 질서와는 거리가 멀어지므로 '행위자-연결망' 개념의 생산적 설명력이 떨어지는 것 아닌가? 연결망 개념은 이 '체계'의 작동을 설명하는 개념 또는 대안 개념으로서 여전히 유효한가? 필자는 사회가 복잡해지면 이동성의 체계도 범위가 확장되므로 이러한 체계들 사이의 교차로에서 모순과 충돌이 급속도로 증가하는 현실과 연관시켜 검토할 필요가 있다고 자각한다. 곧, 이동성 체계들의 위치와 이동성 체계의 지리적 배분 및 경제적 접근이라는 현상적 조건에서 시작해, 이동성에서 참여자들을 구분·차별하는 구조화가 발생하는 양상을 간파할 필요가 있다. 곧, 이동성의 대상을 생산·소비하는 조건에서 장소·성별·빈부·노소·인종·종족의 조건에 따라 사람들 사이의 매듭과 연결고리 역할이 약화되고 근본적 불균형이 발생하는 현상에 주목할 필요가 있다.[64]

문제는 또 있다. 앞서 말한 바와 같이 행위자-연결망 이론에서 연결망의 측면에서는 거시적 행위자, 곧 국가와 미시 행위자, 즉 개인 사이, 또는 주요한 사회제도나 평범한 사물 사이에 구조적 차이를 상정하지 않는다. 차이가 있다면 행위자가 목표에 따라 동원 가능한 행위자-연결망의 규모, 곧 행위자-연결망의 '개수'에 있다. 이것을 이동성의 차원에서 접근해보면 이동공간규모와 자극impact이 클수록 '이동성 자본'의 중요성이 커지고 이동성의 부담도 그에 비례해 커지면서 다양한 종류의 이동, 곧 '강요된 이동'과 같은 것의 존재를 소홀히 취급했거나, 심지어 무시한 것이 아닌가? 사실 다양한 이동성의 체계 자체는 온갖 잡종적 양상에도 불구하고 강한 공간적 고정성을 지닌다. 이동성은 전 지구, 국가, 또는 로컬 차원이든 그 양상 자체, 예컨대 보행, 자전거, 자동차, 기차, 비행기, 선박을 통한 이주를 막론하고 기본적으로 프랙털fractal한 모습을 보이며, 다만 잡종성을 동원 가능한 행위자-연결망의 개수에서 차이가 있을 뿐이라는 현상적 설명도 일단 유용하다. 이동성의 공간 형성과 관련해 마지막으로 주목할 것이 있다. 이동성의 주체이든 대상이든, 행위자들은 특히 도시 이동성 체계에서 복잡하고, 전자계산화되며, 때로는 위험을 겪는 매개자 역할을 하는 이동성의 관문, 예컨대 공항, 여객 터미널, 이주 관련 기관agent을 반드시 거친다.[65] 이는 행위자-연결망 이론에서 전략적 필수 통과 지점Obligatory Passage Point: OPP 개념, 곧 행위자가 주어진 문제를 해결하는 데 유리한 조건을 형성하고자 담론적 수단을 동원해 특정 자원을 통제하며 자신의 목표를 달성하는 전략 지점으로 삼는 장소의 요청과 연결이 가능하다.[66] 이동성에는 다양한 관문이 작동하며, 이동 행위자들을 연결망에 연계시키고 규정하는 고리로서 역할을 수행한다. 이러한 전략적 필수 통과 지점을, 이동성의 주체가 담론적 수단을 동원해 특정 자원을 통제하며 자신의 목표를 달성하는 전략 지점으로 삼는 매개자이자 장소로 규정짓고 연관시킬 수 있을 것이다.

사 회 적 이 동 성 의 연 결 망 공 간

라투르의 행위자-연결망 이론은, 지금까지 인간의 고유한 행위 능력으로 판단한 것이 사실은 이종적이고 상호 작용하는 부분들의 연결망이며, 그것의 관계적 효과로 말미암아 부단히 재구성된다고 전제한다. 비인간의 요소도 행위자로 인정해 그것이 재구성을 작동시키는 한편, '구조'라는 것도 사실은 끊임없이 변형되는 연결망의 한 지점에 불과하다고 본다.[67] 그 결과, 사회구성체를 정치·기술·시장·가치·윤리·사실과 같은 것들이 뒤섞인 이상한 잡종물의 집결체assemblages로 보며, 인간과 과학기술 및 기계적 도구가 삼투하는 우리 시대의 삶을 복잡한 현장에서 실천적으로 이해하도록 요청한다.[68] 그러나 행위자-연결망 이론의 실체가 불분명하고 과학 논쟁의 수사학에 불과하다는 비판도 제기된다.[69] 비판의 중심 골자는 대부분 행위자-연결망 이론의 존재론적 공간론이 모순을 내포한 역동적 생성에 대한 관심을 소홀히 할 가능성을 지적한다. 또한 그렇게나 강조하는 리좀 연결망이라는 것도 실제로는 잡종과 대칭적 균형이라는 이름으로 개별 장소들의 차이를 획일화시켜, 공간의 고유한 가치와 상상력, 내부의 정치적 동학을 소홀히 다룰 가능성을 우려한다. 이런 비판을 염두에 두고 필자는 통상 세계시민적 전망을 토대로 삼아 논의를 전개하는 물리적·사회적 이동성 문제를 검토한다.[70] 그 결과, 이동성-연결망 이론으로 이동성 문제를 전유해 검토할 때, 그 관심은 지리적으로 가까운propinquitous 공동체 공간과 장소를 중심에 두고 검토해온 경향을 벗어날 전망을 제공한다. 기술공학적 발전과 전 지구화의 진행으로 가속화되는 이동성은 공간의 맥락을 더욱 확장시키도록 자극한다.

여기서 궁금한 점이 생긴다. 일정한 거리(원거리)를 상정하는 교통·운송이나 통신체계의 이동성 공간은 결국 이동 장소mobile place와 연관된 특정 위치location로만 남고, 고유한 공간이 존재할 가능성을 위축시켜버리지는 않을까? 공간 연구가 이동성을 끌어들여놓고 이동성 자체에만 주목한다면, 결국 끊임없이 비장소를 만들어 특정 공간을 단순화함으로써 오직 출발지이면서 도착지인 장소나 위치로만 남아버리지 않을까? 게다가 인적·물적 이동성의 가속화는 공간의 생활 리듬이나 문화적 고유성을 파괴하고, 국가 중심부 또는 전 지구화의 중심부로 인적·물적 요소의 무자비한 흡입을 더욱 가속화하지 않을까?[71] 필자는 행위자-연결망 이론을 이동성 논의의 준거로 삼아 전유를 시도하는 가운데, 전 지구적 차원에서 제기되는 운동학적 kinematic 문제는 특정 로컬에서 출발해 로컬공간 차원의 해결책을 모색하는 과정을 거친다고 판단한다. 그 결과, 상호 의존적 이동(예컨대 신체 이동, 물자 이동, 상상적 이동, 가상 이동, 의사소통)을 통해 장소들과 공간들이 글로컬하게 연관되는 사회를 구성한다.[72] 글로컬 이동에는 여러 종류의 도구, 곧 자동차공학적·기술공학적·전자공학적 도구가 이용되지만, 이동성에 고정된 도구는 없다.[73] 다만 그것으로 말미암아 발생하는 사회적 관계는 다양한 수준의 '순환하는 실체들circulating entities'로 구성되기 때문에 이동 수단과 방법, 거기에 참여하는 구성원의 인간 개발과 역량에 따라 공간의 성격도 달라진다.

대표적 사례로서 이주migration에는 자율적 행위자의 측면과 더불어, 전 지구적 신자유주의가 관철되는 정치경제학적 구조의 산물이라는 예속성이 공존한다. 노동자 이동성에 관심을 두는 것은 이동성의 불균등과 배제의 실체를 해명하려는 시도와 연관이 있다.[74] 이동성의 조건은 도구적 접근성과 공간의 불균등 배분에서 찾아야 한다. 이는 사물과 인간이 결합한 이동성 문제에서 공적 민주주의가 실현되는 조건의 탐색과 연관된다. 예컨대 사회적 이동성의 대표적 현상인 이주 가운데서도 여성 이주는, 비록 초청 국가의 구성원으로 편입된다 해도 낮은 수입 탓에 이동성 도구에 대한 접근성이 낮아지면서 이동성의 억압과 공간 배제의 기제가 작동한다.[75] 여기에는 기존의 사회 분석 방법론에서 핵심 주제이던 사회계급적 불평등을 넘어 삶의 스타일·태도·의견·가치와 연관해 작동하는 새로운 복합적 불평등의 구조가 작용한다. 이주민 개인 자체는 공간적 이동성과 사회적 이동성을 성취했지만, 현실에서는 새로운 공간으로부터 배제 또는 소외된 공간의 거주민으로 배치되어 이동성이 새로운 형식의 불평등을 초래한다. 사회적 이동성에는 여성, 종교, 민족, 도시성, 산업 형태, 고용 문제가 맥락적으로 상호 작용해 다양한 이동성 체제를 만드는 상황에 주목해야 한다.

> (이동성 체계에 대한) 접근은 불균등하게 배분된다. 그러나 이러한 불평등의 구조화는 그 가운데서도 특히 이동성에 적합한 대상의 생산과 소비의 경제학에, 시민사회의 본성(경제 상태를 넘어선 결사와 조직), 사람과 활동의 지리적 배분, 특별히 작동 중인 이동성 체계와 그들의 상호 의존 형식에 의존한다.[76]

이주민의 공간 이동성이 불러오는 사회적 이동성의 당사자인 이주민들은 전 지구적 자본의 행위자로서 역량을 계발하는 측면과, 전 지구적 자본 구조의 예속자라는 두 측면에서 공간을 불균등하게 배분·배제하는 양상에 관심을 기울인다.[77] 이동성 문제는 공공성과 민주주의를 실현하는 인간 주체 개발 가능성의 논의와 연관되어 다양한 논의를 불러일으켰다. 특히 아마르티아 센Amartya Sen이 표방한, 개인의 자기 발전이 곧 자유를 가져온다는 '자유로서의 발전development as freedom' 개념은 '이주의 여성화' 현상과 연관해 페미니즘에서 폭넓은 이론적 전유와 논쟁을 유발했다. 특히 핵심 요소로 제시한 역량과 직능fuctionings 개념, 곧 물리적·지적 행동을 수행하는 능력이 개인에게 자유를 제공한다는 관념은 이동성 담론과 여성주의를 결합하는 지점으로[78] 높이 부각되었다. 이 관계를 두고 최근 존 어리와 함께 랭커스터 학파의 일원으로서 이동성 관련 학문적 논의를 주도하는 팀 크레스웰은 이동의 능력과 사회적 정의의 실현 문제를 서로 연관시킨 명제를 제시한다. 그는 사회적 정의란 젠더, 섹슈얼리티, 인종 문제를 포함한다는 전제에서 출발해, 그들의 위치가 주변부 공동체에 속하게 될 때 "정의를 가시적으로 실현하는 주변부"에 속하게 되고, 이런 불균등한 억압의 지리학은 사람들의 '서로 다른 이동 역량capabilities'에서도 명백해진다[79]고 진단한다. 타누 우텡 Tanu Uteng 또한 이동성을 다름 아닌 '행동을 수행하는 능력'의 차원으로 받아들이면서, 아마르티아 센이 말한 '실현된 역량' 또는 '직무 역량' 가운데 하나라고 긍정적으로 평가한다.

> 우리는 이주민 집단의 잠재적 능력을 촉진할 필요가 있으며, 그들을 시민사회에서 생산적 참여자가 되도록 자유롭게 놔둘 필요가 있다. 잠재적인 이동성 선택의 자유는 그들에게 민주적 사회에서 능동적인 개발 행위자가 될 기회를 부여할 뿐 아니라 그들을 초청한 국가의 자산으로 변화시킬 것이다.[80]

과연 이동성을 통한 이주는 젠더 불평등을 넘어서는 유용한 '역량'인가? 아마르티아 센의 관점을 다양하게 전유해 전망을 확장하는 마사 누스바움 Martha Nussbaum은 이 역량을 인간의 권리와 연관시켜 설명한다. 그녀도 아마르티아 센이 말하는 '역량' 개념의 내용이 매우 모호하다는 점을 인정하지만,[81] 그 평가 기준이 생태적·경제적·사회적 맥락과 폭넓게 연관된다고 추정한다. 그런 의미에서 이동성은 과연 역량인지, 또는 어떤 지식이 인간의 복리에 관한 이론적 가정과 밀접하게 연관되는지에 대해 정확한 이해를 요구하지는 않는다. 다만 그는 이 역량을 국가의 경계를 넘는 행위를 감행하면서 실현하도록 요청한다.[82] '역량' 개념이 이주 문제와 연관되는 지점이 바로 여기다. 그러면 '이동성'도 '역량'이라고 말할 수 있는가? '역량'이 인간의 번영과 복리를 지향하는 것이라면 이동성도 역시 그러한 요소인가? 최근 들어 젠더 불평등과 이동성 관련 연구에서는 사회적 이동과 공간적 이동 사이에 이해와 설명의 장벽이 해소되었다고 평가하는 분위기가 일반적이다.[83] 또 사회적으로 이동의 역량은 이들 역량 가운데 한 부분으로 취급되고 있다. 다시 말해, 여성주의자들이 공간적 이동과 사회적 이동은 개인의 능력을 발휘하는 공간으로 당연시한다는 말이다.[84] 우리가 현상적인 물리적 공간 이동성을 두고 논의를 시작할 때, 거기에는 이미 사회적 이동성과 관련된 논의가 함께 포함되어 작동한다.

마사 누스바움은 사회적 이동성을 두 번째 역량인 '신체의 건강bodily health'에 포함시킨다. 그것이 '건강' 문제인 이유는 사회에서 타인과 만나 연계 관계를 맺고, 사회에 참여하며 이동성을 구현하는 데 핵심 요소로 판단하기 때문이다. 나아가 그것은 신체적 통합bodily integrity, 사회적 조직의 가입affiliation, 다른 종류의 인간과 사물들other species과의 관계를 포함하기 때문에 이로 미루어 '역량으로서 이동성'을 말할 수 있다.[85] 이는 결국 현상적이든 사회적이든 이동성은 타자와 더불어 살고, 타자를 지향하며, 타자와 의미 있는 관계 맺기로 들어가는 것이 새로운 계기로 작용한다는 뜻이다. 곧, 개인이 한 사회적 입장에서 다른 사회적 입장으로 이행하는 과정과 목표를 포함한다. 물리적 이동성이 사회적 이동성과 밀접한 연관성을 맺는 이유가 여기서도 드러난다.

> 이동 패턴의 변화는 개인의 선택과 행동의 공간에 영향을 끼치므로 사회적 이
> 동성의 다양한 영역을 생산한다.[86]

그러나 여기서 문제가 없지 않다. 다름 아닌 이동성을 여성 복리의 고유한 것으로 인정하는 여성주의 입장에서만 논의가 전개되는 점이다. 사실 이동성은 여성주의와의 연관성 문제를 훨씬 넘어서는 핵심 쟁점이다. 기본적으로 공간적 이동성은 상호 작용하는 공간적·시간적·맥락적 차원을 가지며, '모든' 이동성의 양식은 중첩되는 이동성의 양식이 있다.[87] 다시 말해 지리적 이동성은 지리적 공간, 사회적 이동은 사회적 공간, 상징적 이동성은

상징적 공간에 위치하지만,[88] 실제로 이동성의 양상은 이것들이 복합적으로 결합해 중층적으로 작용하며, 그 본성 역시 다차원적이다.

필자는 여기서 라투르의 '물정치' 개념이, 이동성과 이주 문제에서 흔히 이론적 토대로 삼는 인간주의나 이성주의를 벗어나 인간, 기계, 자연 등과 같은 다양한 요소가 '사물'로 혼재하며 잡거하는 집결체적 현실을 이해하는 데 도움이 될 것으로 기대한다. 물정치는 오늘날 모든 사람이 처한 언어장애, 인지장애 등 다양한 장애를 승인하고, 그것을 배제하기보다는 그 장애를 보정 또는 치유하는 것을 정치의 본령으로 인식한다. 그리고 정치가 지향하는 것은 단일 공동체의 구축으로 구심화되지 않고 끊임없이 월경하며 리좀형으로 연결된 복합공간에서 온갖 모임들의 움직임은 물론, 분산과 해산의 움직임까지 끌어모으는 공영국commonwealth을 구축하는 방향이다.[89] 다중은 하나로 묶인 실체적 대중이 아니다. 도리어 '유령 대중'으로 구성되고, 진보와 연속이라는 지속적 시간에 사는 것도 아니며, 그렇다고 혁명과 대체라는 단절의 시간에 살지도 않는다. 모든 것을 동시에 다루는 동시성으로서 동거공간이 바로 대중의 활동공간이다. 물정치 개념을 원용하면, 공간적 이동성과 사회적 이동성이 동시에 전개되는 이주 문제의 이해를 시도할 때 인간·도구·제도가 결합한 복합적인 현상 가운데서 공공성과 민주주의는 어떻게 구현할 수 있는가? 이동성 체계가 전체 차원에서는 다양한 공간 범위와 속도를 가지고 끊임없이 동요하는 불확실한 요소들의 중첩적 집합이다.[90] 여기서 행위자-연결망 이론은 아직 결정되지 않은 실체들 사이의 비구체화된 관계들의 집합이며, 그것이 행위자인 인간(사람)과 사회, 비인간(사물), 자연 및 인공물을 결합하는 역할을 강조한 점은, 온갖 다양하고 정교한 개별 이동 체계들이 교차하며 만드는 불확실한 이동성의 체계를 설명할 수 있는 개념으로 충분히 주목할 만하다. 이동성의 '체계'는 불확실한 공간에서 행위자-연결망이 서로 지속적으로 개입·간섭·재규정하는 작용

을 수행하며 서로 의존하는 잡종적 질서를 만들어내는 데 기여하는 것으로 평가할 수 있다.[91]

브뤼노 라투르가 인간과 비인간의 결합 관념을 제시한 것은 체계성 system-ness을 명분으로 대상·기계를 인간과 동격에 두고 인간을 비인간과 결합시켜 사유하는 포스트휴머니즘의 사고라고 말할 수 있다. 이것은 행위자-연결망 이론이 흔히 말하는 반인간주의anti-humanism라기보다는, 과도하게 강조된 인간중심주의에서 인간의 위상을 상대적으로 축소시키는 포스트휴먼posthuman으로서 독자적 특색과 양상을 목격하게 만든다.[92] 그 결과, 존 어리의 낙관적 견해와 달리 현실에서는 행위자-연결망 개념이나 '매개' 개념을 인간에게 단순히 적용해 개념을 끌어낼 수는 없다. 행위자-연결망 이론에 내포된 인간에 대한 인식론적 상대주의가 생태학적 계몽주의 기획을 성찰하는 도구로서는 분명 일정한 유용성을 보여준다. 그러나 사회정치적 불평등과 같은 정치와 정치적 힘의 문제를 사물로 보는 존재론적 입장이, 인간을 중심에 두고 사회 현실을 보는 입장에서는 논지의 취약함을 지적받을 여지가 충분하다.[93] 그럼에도 이렇게 말할 수 있다. 사회적 불평등은 이동성을 통해 인간에 대한 사회적 배제와 포섭을 작동시킨다. 그리고 거기에는 인간, 도구, 제도가 함께 작동한다. 여기서 사회적 배제란 무엇을 의미하는가?

> 사회적 배제는 개인이나 집단이 사회적 의사표현을 거부당해 사회의 정상적인 활동에 참여하지 못하게 하는 원인이다.[94]

사회적으로 배제된 자들은 이동성에서 배제되며, 이는 이동성 자체의 단순한 결핍이 아니라 '접근의 결핍'에서 기인함을 보여준다. 이러한 결핍을 사회적 정의 또는 환경적 정의 차원에서 해소하는 이동성에 대한 접근과 그것의 전유를 모색할 필요가 있다.[95] 바로 그러한 실천 양상으로서 초국가 혹은 트랜스로컬 이동을 수행한 가사 노동자들이 비이동성의 주체가 되어서 가사 노동을 하는 가정공간에 관한, 혹은 이주 노동자가 정부 당국과 이동성 또는 비이동성에 관한 협상을 전개하는 양상[96] 역시 탐색의 주제가 될 수 있다는 뜻이다. 여기서 라투르의 물정치가 추구하는 '사물의 공공화'가, 이동성 연결망 사회에서는 교통공학적·통신공학적 배치의 차원에서 진행 중인 사회적 연결망의 변화에 주목하는 가운데 공공성 실현을 고심한 점에서 4차 산업 개념과의 연관성에도 관심을 갖게 한다. 일반적인 사회적 복지와 민주주의에서 과학기술을 이용하는 '정치생태학'에 관심을 두고 기술민주주의를 지향하는 물정치의 모색은 중요한 착안점으로 여길 만하다.

이 동 성 과 공 간

이동성 관련 문화, 과학, 기술공학, 관광, 순례, 물류 운송 연구 등은 특별히 전 지구화 시대의 새로운 지식을 표상하는 부호code가 되었다. 이 장은 현재 많은 사회이론이 인간을 특정 장소에 얽매인 정적 실체로 보거나, 전 지구화된 유목적 또는 '장소 없는' 존재로 보는 양극단에서 동요하는 현실에 착안했다. 그리고 그 중간 길로서 사회 분석의 새로운 패러다임으로 떠오른 이동성 문제를 검토할 방법론을 탐색했다. 필자는 브뤼노 라투르의 행위자-연결망 이론이 이동성의 공간, 곧 인간과 비인간을 통합하는 '물정치' 개념의 논리 전개가 이동성의 이해에 새로운 지평을 제공할 것으로 기대했다. 현재 모든 사회에서 이동성 및 그것의 영향력 증가와 더불어, 사회 구성원의 종족적 다원화 또는 그에 연관된 차이화·차별화가 이동성과 불평등의 상호 관계에 대한 주목을 요청한다. 이동성과 불평등의 문제는 이동성을 행위자-연결망 이론과 연결된 '물정치' 개념으로 전유하려는 시도에서 마지막 쟁점이다. 이동성의 불평등은 사회적 자원의 접근에 제도화된 차별을 부여하며, 사회경제적 계층화와 정치문화적 불평등의 발생에서 비롯한다. 젠더, 연령, 종족 등이 거기에서 중요하게 작용하는 요소이지만, 우리는 무엇보다 사회적 · 정치적 차이가 사회적 공간에서 수직적 · 수평적으로 '강요하는 이동성'을 목격할 수 있다.

전 지구적 차원에서 사회경제적 · 정치문화적 불평등의 구조는 이동성을 자극하고, 그것은 사회적 불평등을 재차 심화하는 데 가장 강력한 요소이다. 불평등은 그것을 구조화하거나 동요시키는 추동력으로 작용한다. 민족, 정체성의 정치, 인종 및 민족 구분이나 문화적 다양성의 문제뿐 아니라, 이동성과 정치적 공간 배치, 이주민의 편입 패턴 같은 요소들과 실업률, 규제체제, 공간 분리 같은 주제들이 물정치의 중요한 주제이다. 그것이 이동성의 '연결망' 형성과 작동을 더욱 강화하는 측면과, 이동성 '연결망' 형성을 저지하는 '비이동화의 로컬리티'로 나타나는 경우도 있기 때문이다. 이동성 문제는 사회적으로 계층화된 측면과 양극화된 전 지구화가 동시에 작용하며 영향을 끼치는 것으로 이해할 때, 사회복지와 민주주의에 과학기술을 이용하는 '정치생태학'에 관심을 두고 기술민주주의를 지향하는 라투르의 모색의 착안점을 이해할 수 있다. 공공성과 민주주의 실현에서 중요한 것은 기술공학적 해결책을 모색하는 데 그치지 않고 이동성의 주체들이 사회적 · 공간적 배치를 동시적 · 자발적으로 실천하는 문제로 볼 필요가 있다는 점을 알려주기 때문이다. 그럼 이것이 역사의 진보인가? 그렇지는 않다. 그렇다고 어떤 진보도 없다는 뜻은 아니다. 다만 이주자들이 복합공간을 구성하며 함께 살아갈 시민권을 긍정할 때, 이는 민족이나 국민 같은 매우 단순한 동거 형태에서 더 충만한 동거 형태로, 더욱더 많은 요소들이 고려되는 동거 형태로 서서히 이행할 것이라는 뜻이다.

제 8 장

일상공간의 리듬분석
쇼핑센터와 기차역의 리듬

복 합 리 듬 의 시 공 간

일상이 복합 리듬으로 이루어진 시공간이라는 자각은 비교적 늦게 나타
났다. 에드문트 후설Edmund Husserl, 마르틴 하이데거, 모리스 메를로퐁티
Maurice Merleau-Ponty 등이 성찰 대상으로 삼은 '느린 동작의 현상학'은 리듬에
대한 철학적 자각의 출발점이다. 특히 가스통 바슐라르Gaston Bachelard는 『지
속의 변증법La Dialectique de la durée』에서 물리학적·생물학적·심리학적으로
규칙적인 리듬의 분석을 제안했다. 아울러 『공간의 시학La Poétique de l'espace』
에서 그는 "세계가 우리에게 강요하는 거대한 리듬에서부터 인간의 가장 예
민한 감수성에 작용하는 정밀한 리듬에 이르기까지" 아우르는 이론적 리듬
분석을 요청했다.[1] 본래 리듬에 대한 학문적 관심은 자연과학, 특히 생물학
에서 출발했지만, 음악과 무용 영역에서 체계화되었다. 최근에는 리듬학과

리듬분석으로 이론 체계를 확보해나가면서 심지어 윤리적 · 정치적 권력의 작동방식과 연결로까지 논의를 확장하고 있다.[2] 일정한 공간에서 시간의 경과에 따라 전개된 사회문화적 경험과 이해를 역동성 있는 이종적 요소들로 인식하는 리듬분석에 대한 관심은 구조주의와 네오마르크스주의 등에서도 찾아볼 수 있다. 예컨대 발터 벤야민과 기 드보르, 특히 앙리 르페브르가 사회적 공간에서 개인 · 집단 · 물질 · 도시의 생물적 · 물리적 운동 리듬을 시공간의 경험과 운동성 및 장소성에 연관시켜 중요한 구성 요소로 성찰한 것은 리듬분석에 크게 기여했다.

리듬분석은 먼저 시간성에 관한 고찰에서 출발한다. 시간성은 '시간의 상호 함축적 구조'로서 시간 속도, 시간 지속, 시간 후속, 속도 조절, 훈련된 주기적 리듬 등으로 구성되며, 시간의 흐름 및 인적 · 물적 이동성과 연관이 있다. '공간의 시간화', 곧 장소와 공간의 물질성을 시간과 연관시켜 이해하는 것은 리듬분석의 핵심 전제이다. 이런 맥락에서 리듬분석은 첫째, 특별히 다중 공간규모 차원에서 시간성의 범위를 패턴화한 하루, 일주일, 한 달, 한 해, 생애 주기 등 온갖 다양한 인간의 신체적 · 도구적 시간 측정과 연관된다.[3] 둘째, 개인과 집단의 삶을 형성하는 규칙적 리듬의 관습들을 확인하면서 지배적 일상의 시간표에 일치하는 것과, 한편으로 시간적 구조화를 거부해 지배적인 시간 주기와 박자를 벗어나는 리듬을 탐색한다. 일상의 리듬을 분석하는 목표는 개인, 집단, 물질의 흐름, 이동성, 관계망과의 밀접한 관계를 탐색해 생활세계를 새롭게 이해하는 방도를 모색하는 데 있다. 특히 전 지구적 자본주의에서 일상의 리듬은 다양한 이동과 거주 조건이나 상상력, 또는 특정 담론의 표상 양식과 연관된다.[4] 앙리 르페브르의 저술 『리듬분석의 구성 요소Éléments de rythmanalyse: Introduction à la connaissance des rythmes』는 리듬분석 연구의 이정표이자 지침서이다. 그는 개인이 도시와 농촌, 인종, 종족, 성별, 연령, 사회경제적 빈부 격차, 교육 수준, 기술공학의 수용

정도에 따라 다르며, 일상 세계의 행위에 삶의 새로운 가능성을 위한 잠재력이 항상 내재되어 있다는 전제에서 출발한다. 일상은 개방되어 있으며, 항상 변화·창조하는 경험과 이해·감각의 형식이 맞물려 있다. 일상이 비록 소외되어 있지만 변혁의 물적 조건으로 작용하는 이중성을 지녔듯, 일상의 리듬도 자본이 부과하는 규범적 리듬으로 무미건조하게 반복되는 소외된 형식을 드러내긴 하지만, 다양한 리듬으로 조화를 이룰 잠재성 또한 내포하고 있다.[5]

이 견해는 동시에 비판적 전망들이 생성되는 모태로 작용했다. 예컨대 존 메이Jon May와 나이절 스리프트Nigel Thrift의 비재현non-representational 이론은 사회적 시공간에서 리듬분석 이론 틀의 존재 가능성 여부 자체를 불신한다. 그 배경은 균일한 사회적 시간이 균일한 사회적 공간에서 관철된다고 보지 않는 데서 비롯한다. 그들은 도리어 시간의 관계망이 불균등한 사회적·자연적 영역field을 횡단해 복잡다기한 방향으로 펼쳐지며, 다양한 시공간, 심지어 불균등한 시공간을 (재)형성하고 기존 질서 바깥에서 전개되는 수행적performative 실천과 상상을 간파할 필요성을 강조한다.[6] 그런가 하면 톰 멜스Tom Mels 또한 각 개인들은 다른 이들의 이동 경로, 제도, 기술공학 및 물리적인 주변 환경과 결합하거나 흩어지기를 반복하므로, 시간에서 개인의 독자적 리듬이 존재한다는 것은 비감각적이고 현실과 거리가 먼 의심스러운 관점이라고 폄하했다.[7] 이런 관점들은 세계를 사회적 구조와 체계로 이해하는 것을 비판하는 입장과 관련이 있다. 사실 르페브르도 비판 변증법적 관점에서 사회적 개인과 구조의 모순을 먼저 검토했고, 기존 사회구조에 맞서는 대칭적 요소로서 일상공간의 리듬을 사유했다. 다시 말해, 그가 제안하고 탐색한 리듬분석은 모순과 갈등, 안정과 파괴를 거듭하는 사회의 끊임없이 유동하는 양상을 간파하려는 것이었으므로 일상생활공간의 시공간성을 살펴보고 해석하는 문제의식의 출발점으로 삼기에 전혀 부족하지

않다고 판단한다.[8]

이 장은 첫째, 앙리 르페브르의 리듬분석 이론을 토대로 일상의 공간에서 생활 리듬이 어떤 양상으로 나타나는지 살펴보고, 이러한 작업이 현대사회의 일상성·시공간성·장소성 연구에서 차지하는 비중과 한계를 검토한다. 둘째, 자본주의 소비공간에서 리듬의 포섭과 저항을 검토한다. 후기자본주의에서는 시장뿐 아니라 거리와 상품 판매점 모두 쇼핑 장소의 역할을 한다. 여기서는 쇼핑센터 건축물의 배치와 형태가 일률적이고 반복되는 '느린 이동성'의 리듬을 생산해내며, 사람·신체·상품·환경의 리듬과 움직임, 동선 관리 방식에 대해 합리성의 틀을 넘어 감각의 문제로 접근하는 심리지리학 차원에서 검토한다. 셋째, 기술공학의 발전이 가져온 '이동성의 가속화'는 일상의 리듬을 새로운 속도의 이동성으로 급변시킨다. '시공간 압축'[9]으로 표현되는 교통과 통신의 가속도 이동이 인간의 표상 체계, 문화형식 및 철학적 감성을 비롯한 사회적 경험과 관계망을 크게 변화시키는 현실에 주목한다. 인적·물적 이동성의 산물에 관한 비판 이론적 접근은 문화연구, 인문지리학, 이주민 연구, 사회과학적·기술공학적 성찰과 맞물린다. 그것은 소비공간에서 리듬이 자본 흐름의 속도에 포섭되어 동일해지거나 가속화될 때 인간주의적 리듬을 회복한 일상생활공간을 어떻게 성립시킬수 있는지 그 가능성을 탐색하는 데 목표를 둔다.

시 간 성 과 리 듬 분 석

일상성 탐구에서 앙리 르페브르가 마지막 화두로 삼았던 리듬분석을 가능하게 만드는 기본 조건은 무엇인가? 그것은 일상이 '사회적 시공간에서 전개된다는 점이다. 『일상생활 비판』에서 르페브르는 사회적 시간을 생물학적 · 심리적 · 물리적 시간과 구분하고, 사회적 공간은 기하학적 · 생물학적 · 지리적 · 경제적 공간과 구분하는 관점에서 출발한다. 일상공간은 좌우와 고저가 있는 기하학적 공간과 다르며, 일상의 시간은 수학이나 물리학과 달리 분석하면 할수록 더 은밀하고 예상치 못한 복합적인 결texture을 숨기고 있다.[10] 르페브르로부터 직간접적으로 많은 영향을 받은 기 드보르가 일상생활의 중요성을 강조한 말은 르페브르의 입장을 재차 확인해주는 진술이다.

> 우리는 여전히 모든 것의 중심에 일상생활을 위치시켜야 한다. 모든 프로젝트는 일상생활에서 시작되며, 모든 인식이 진정한 중요성을 획득하려면 이것으로 돌아가야 한다. 일상생활은 인간관계의 완성 혹은 미완성, 생동하는 시간(lived time)의 활용, 예술적 실험, 혁명적 정치 등 모든 것의 준거로 작용한다.[11]

그러나 사실 르페브르는 사회적 시공간의 숨겨진 '결'을 찾는 리듬분석을 명확하게 정의하지는 않았다. 비록 『공간의 생산』에서 "리듬분석이 정신분석을 대체할 것"이며, "모호함은 일상의 범주 …… 아마도 핵심 범주일 것"[12]이라고 의미심장한 말을 던졌지만, 사실 그것은 은유에 가까우며 정확한 실체를 선명하게 제시하지는 않았다. 그는 또한 리듬을 "장소에 부수되지만 장소 그 자체는 아니고, 사물이나 사물의 집적, 단순한 흐름"도 아니며, 오직 물리적 양상과 관련되는 시공간만을 소유 · 점유하는 것이 아니라 "살아 있는 존재, 유기체, 신체 및 사회적 실천의 관점"에서 보기를 요청한다. 리듬이야말로 일상을 이해하는 핵심적 열쇠라는 그의 생각은 다음의 진술에서 잘 요약된다.

시간과 공간 속에서 반복 없는 리듬, 되풀이되지 않는 리듬, 재생되지 않는 리듬, 요컨대 박자 없는 리듬이란 존재하지 않는다. 그러나 또한 완전히 동일하고 무한정으로 반복되는 절대적으로 반복하는 리듬도 없다. 여기에서 반복과 차이 사이의 관계가 발생한다. 일상, 의례, 의식, 축제, 규칙, 법칙 등과 관련될 때에는 언제나 예측하지 못한 것, 새로운 것, 즉 차이가 반복 속에 기입된다. 상호작용이 있는 어디에나 리듬이 있다.[13]

르페브르의 리듬분석 이론은, 리듬 운동과 개별 행동의 반복, 단선적 리듬과 순환적 리듬의 특별한 얽힘, 리듬의 성장과 쇠퇴 단계를 확인해 장소의 시공간적 특수성들을 확인하는 것이 가능하다는 전제에서 출발한다.[14] 요컨대 상이한 리듬, 즉 비공식 또는 공식적 리듬, 지배적인 리듬 또는 종속적인 리듬으로 구성된 조화 리듬eurythmie, 동형 리듬isorythmie, 리듬이 해체되고 결국 모든 리듬이 동시화synchronisation 된 무無 리듬arrythmia, a-rythmie, 나아가 다양한 리듬으로 구성된 '복합 리듬polyrythmie의 총화ensemble'에 따라 변화하는 리듬 운동들이 다양한 규칙성을 지닌 시간적 사건들에 혼합성을 부여하며 장소의 특징적 성격을 확인하는 것이 가능하다고 본다.[15]

공간에서 일상의 모든 양상, 즉 자고 일어나는 시간, 먹고 화장실 가는 시간, 부모 사이의 관계, 여가와 놀이, 다른 가내 활동은 노동의 조직화에 복속한다. 동시에 생물학적 리듬은 우리가 반드시 짚고 넘어가야 할 주제이다. 일상생활은 우주적이며 생명력 있는, 낮과 밤과 달과 계절 같은 위대한 리듬에 의해 횡단된다. 그 결과, 일상은 동종적 시간과 결합된 생물학적 리듬과 반복적 과정 사이에 갈등하는 통합성을 둘러싸고 회전한다.[16] 모든 리듬은 공간과 시간의 관계, 국지화된 시간, 혹은 만일 우리가 원한다면, 시간화된 장소를 지닌다.[17]

공간의 시간화는 르페브르의 기본 관점이다.[18] 그러한 전망은 리듬분석을 정태적 장소 개념에서 벗어나 특정한 시간 단위, 예컨대 하루, 한 주, 한 해 등과 연관시켜 장소의 물질성에 관한 경험적 분석에 영향을 끼친다. 리듬은 본질적으로 역동적이며, '장소'를 관통해 중심에서 내뿜는 복합적 흐름들의 부분이다. 게다가 인간의 실천에서 리듬은 "우리가 거주하는 물질적·감각적·사회적·문화적 맥락들과 장소가 상호 간섭하는" 과정이다.[19] 리듬분석의 연구 목표는 사회와 자연현상에 스며들고 구조화하는 다수의 횡단 리듬이나 복합 리듬과 시간성의 상관관계를 해명하는 데 있는 셈이다. 르페브르는 인간 신체와 물리적 현실이 시간성과 상호 작용한다고 보기에 리듬분석을 총체성의 관점에서 본다. 여기서 총체성은, 각자 다양한 리듬으로 구성된 특정한 신체들과 실체들이 지속적으로 상호적인 요소들로 구성되는 더 복잡한 총체로서, 합체하고 봉합된 산물로 인식된다. 그것은 '메타 안정성을 지닌 평형' 상태로 존재하며, 내외적 변화와 재배열을 통해 지속적으로 변화하는 '개방된' 경향을 지닌 총체성이다. 『리듬분석Éléments de rythmanalyse』에 실린 「지중해 도시의 리듬분석 시론」에서 르페브르가 시간성을 이해하는 유연한 태도는 그 개방성을 잘 드러낸다. 그럼에도 총체성 개념이 자급자족의 '폐쇄적' 총체성을 내포한다는 점은 비판의 여지를 내포한다.

리듬분석에서 르페브르는 먼저 순환과 직선이라는 두 형식의 시간성이 지니는 차이를 조명하며 출발했다. 우리가 흔히 말하는 순환적 리듬이 주로 자연의 주기적 운동이라면, 직선운동은 동등하거나 규칙적인 간격에 거의 근접한 동일 현상이 일정한 순서로 연속·재생산되는 것이다.[20] 전자의 견본이 지리와 기후 현상, 잠과 깨어남을 반복하는 생물학적 생장, 죽음과 재탄생이라면, 후자는 작업장의 반복적인 망치질이나 (지금은 없어진 일이지만) 지하철 내 규칙적인 검표 작업 같은 수동 노동을 포함한다. 그러나 르페브르가 순환적 시간성과 직선적 시간성을 아주 예민하게 구분 짓지는 않는다.

다시 말해 전근대사회를 순환성이 주도한 사회로 단정 짓는다거나, 근대사회를 직선적 역사 진행이 주도하는 사회로 직결시키지도 않는다. 순환과 직선은 상호작용 관계이며 쌍방의 척도로 작용할 뿐, 이 두 요소는 모든 사회에서 발견된다는 입장이다. 직선과 관련된 수학적 정확성과 정확한 반복은 인간 노동과정의 고유한 구성 요소이므로 우리의 물리적 생존에 필요하다. 그렇다고 순환적 시간이 현대의 기술공학적 사회에서 사라진 것도 아니다. 물론 근대에 도구적 합리성이 자연세계의 리듬과 운행 과정보다 더 우세해졌고, 경제적·기술공학적 명령이 사회의 여러 영역에 구조화를 관철시키므로 직선적 시간관이 상대적으로 근대성과 결합도가 높은 것은 사실이다. 그럼에도 잠들고 깨어나 노동하는 인간 신체의 순환과 리듬을 포함한 유기적 순환으로서 일상의 리듬과 습관은, 자본의 팽창과 축적이 일상을 식민화한 근대성에서도 여전히 사회적 생존의 중심에 놓여 있는 양상이다.[21] 르페브르는 일상공간에서 생물적 조건과 인공적 조건의 교차가 만들어내는 모호하고 복합적인 성격을 늘 염두에 두었다.

그렇다면 리듬분석의 일차적 목표는 무엇인가? 모든 사회적 일상의 핵심적인 양상, 특히 노동과정의 평범함과 반복을 강조하는 데 있는 것일까? 물론 르페브르가 자본주의 사회의 따분한 권태를 강조한다는 점에서 그런 측면이 없지 않지만, 그가 지향한 다음과 같은 목표에 주목한다. 첫째, 근대 자본주의가 신체의 경험을 자가생산적으로 결정하고, 신체는 다시 근대성에 '제한과 억압'을 행사하는 근대의 사회적 삶과 신체의 관계를 재형상화하는 점을 밝힌다. 둘째, 신체의 순환적 리듬과 어떤 진부한 일들의 직선적 리듬 사이의 비공시성이 초래하는 긴장, 질병과 좌절, 그리고 과거 회상과 향수를 초래하는 잠복한 리듬에 주목해 근대의 시공간성을 드러낸다.[22] 우리는 특정 시공간에서 사회적 삶과 신체의 관계를 재형상화하고 잠복한 일상의 리듬에 주목하며 일상생활, 즉 사물이 되어버린 삶의 리듬을 '작품'으

로 만드는 하나의 방법으로서 리듬분석에 주목해야 한다.[23]

바로 여기서 직면하는 문제가 있다. 일상은 광범한 개인적·사회적·문화적·정치적·경제적 힘들과 분리해 생각할 수 없다. 그럼에도 일상성을 정치·경제와 곧바로 직결시키면 지나친 비약이 되기 쉽고, 그렇지 않으면 자칫 진부하고 평범하며 하나마나한 진술이 되기 쉽다. 일상공간의 리듬분석도 마찬가지다. 일상공간의 리듬에 관한 르페브르의 관심은 인간 생활의 구조와 질서를 이해하려는 노력과 연관되어 있다. 곧, 노동, 생산, 소비, 사회화 같은 주요 활동 영역에서 인간 삶의 구조화·조직화를 촉진하는 측면이 무엇인지 해명을 시도한다. 일상은 존재론적 예측 가능성과 안전성을 제공하는 다수의 습관과 시간표로 구성된다. 습관적 절차들은 성찰되지 않은 채로 수행되고, 일상의 리듬 구조는 개인적일 뿐 아니라 집단적이며, 우리의 공시적 실천에 의존한다. 한편 이들 리듬은 수없이 많은 습관의 일상적 반복을 통해 일종의 국민적 정체성, 나아가 로컬 정체성을 형성하는 데 기여한다. 그것의 순환적 질서는 일상공간에서 행위자들의 활동을 배당하는 조정과 시간표를 조직해, 국민적 차원에서 수많은 타자들과 동시적으로 배역을 연기하는 것을 알게 하며 직관적 동시화, 곧 공시성의 감각을 생산하기 때문이다.[24] 그런 리듬은 일상생활에서 친숙한 방식으로 특색 있는 정취를 만들고, 점차 공적 삶의 배경을 형성한다.

그런 점에서 장소성placeness은 리듬분석에서 가장 중요한 토대로 작용하는 요소 중 하나이다. 친숙한 장소는 규칙적인 걷기, 운전하기, 장보기 및 다른 친숙한 시공간 경험의 일부로서 다른 일상화된 실천의 패턴, 예컨대 매일의 과제와 즐거운 놀이 등과 더불어 일상의 배경으로 작용한다. 그 가운데서도 가장 친숙한 리듬은 가정에서 일어나는, 매우 조밀한 그물코 모양으로 서로 얽힌 리듬이다. 이러한 리듬의 성격은 20세기에 폭발적으로 생겨난 새로운 기술공학적 가전제품의 영향을 받는다. 장차 나타날 4차 산업

혁명은 가정과 사회에서 가상공간의 도입으로 일상의 리듬을 변화시킬 것이다.[25] 이들 패턴들은 공간에서 행동을 일상화하고, 사람들의 이동 궤적들을 규칙적인 방식으로 분리·교차시켜 집단적인 시간지리학을 형성한다. 그것은 규칙적 통로와 시공간 교차 지점으로 특징지어진다. 상점, 선술집, 주유소 등은 개인들의 통로가 모이는 회합점이며, 사회적 행동들이 통합되고, 공시적인 동기를 부여하며, 공동체성과 연속성의 지리학을 제공한다. 브랜든 러벨Brandon Labelle은 회합과 상호작용, 휴식과 긴장 완화에 목적을 둔 반복적·집단적 안무를 통한 공간 지도 그리기에서 시공간이 서로 얽히며 리듬이 자리 잡는 것을 목격한다. 반복적 사건들의 축적은 일상생활공간에서 친숙한 신체적 일상을 통해, 각 개인은 포장도로와 유리·나무로 된 파편들 위를 걸어가며 "신체를 장소와 제휴align 시키는 최고의 고정쇠rivet"를 만든다.[26] 인간은 자신의 신체 안팎에서 리듬에 맞추어 자기 조절하는 가운데 환경과 얽혀드는 존재이다.

사회와 장소를 확장시켜 이해하려면 그 사회의 물질적 조건뿐 아니라 에너지의 흐름, 지역의 동식물과 같은 비인간적 요소의 역할, 인간적·비인간적 요소 사이에 뒤얽힌 리듬의 배열에 대한 관심이 필요하다. 흔히 장소의 비인간적 차원은 인간 활동의 수동적 배경으로 간주되어왔다. 그러나 장소는 부단히 생성되는 것이고, 인간은 시공간 안에서 정지와 이동이 교차하는 궤적을 만들며 끊임없이 공간에 파동을 제공한다. 장소에는 인간 못지않게 개입·작용하는 요소들로 충만하다. 통상 순환적인 자연 리듬, 곧 성장과 쇠퇴, 하천과 강의 분류奔流, 기후변화, 동물의 활동과 같이 어떤 장소에서 일어나는 비인간적 실체와 에너지가 편재하는 양상에 관한 이해가 필요하다. 또한 지역의 식물상相, 동물상 같은 비인간적 요소의 역할 및 인간과 비인간적인 것 사이의 뒤얽힌 리듬의 배열에 대한 관심이 필요하다. 인간은 교차하는 궤적과 시간성을 통해 끊임없이 동요하는 공간에 파동을 제공하는 요소들 중 하나이다. 세계에 부동이거나 불활성인 것은 없다. 그런 사례로 르페브르는, 조용해 보이지만 조약돌·벽·나무·꽃·새·곤충의 복합 리듬으로 가득 찬 화원, 흙·지구·태양의 운동과 결합해 수많은 방식으로 움직이는 숲, 그것을 구성하는 분자와 원자의 운동을 든다. 이 자연적 과정들은, 리듬의 척도가 되는 인간의 시간 및 우리 신체와 관련해서만 느리게 느껴질 뿐이다.[27] 오랜 시간에 걸친 지형학적 장소와 공간의 변화는 불규칙한 리듬으로 인간에게 깊은 충격과 자극을 제공한다. 마치 말馬과 기수가 독자적 생존이 불가능한 리듬을 만들 듯,[28] 인간은 장소에 얽혀 독자적 생존이 불가능한 리듬을 만든다.

그러므로 분명히 말할 수 있다. 리듬은 최소한 이중적이다. 유동성과 역동성, 항상 내재하는 파열과 파괴의 잠재력을 지니는 한편, 많은 리듬이 시간의 경과에 따라 장소와 풍경에 지속성을 부여하기 때문이다. 생활과 장소의 지속적 생성과는 무관하게 규칙적인 일상과 느린 변화 과정의 리듬은 인간의 상대적으로 짧은 일생에 어떤 안정감을 제공한다. 그러나 우리는 현재 급속도로 전개되는 세계화로 말미암아 인간, 생필품, 정보, 관념, 기술과 금융 등 분리적 흐름으로 구성된 무한히 복잡한 장소와 공간의 관계망 가운데 서 있다. 예컨대 도시는 중단 없이 그들의 연계 관계를 형성하고 "상호 관련된 복잡한 꼬임과 흐름"으로 (재)구성된다.[29]

"다수의 관계망을 가진 자본, 사람, 대상, 기호, 정보의 이동성"이 …… "특수한, 그러나 항상 변화하는 복잡하고 이종적인 사회적 연관 관계, 물질성, 이동성, 상상력과 사회적 효과의 복잡한 혼합을 산출하도록 결합한다".[30]

장소가 보유한 이와 같은 존재론적 혼합은 어디에서 비롯하는가? 다름 아닌 그것의 토지premises 바깥과 밑바닥에 끊임없이 밀려드는 "재화와 사람과 자본의 연속적 흐름에 의존"한다.[31] 예컨대 수돗물, 전기, 가스, 전화 등 비가시적인 대규모의 주요 흐름이 끊임없는 유지되는 것은 도시의 안전과 안정을 보장하는 활력이다. 리듬분석은 장소들이 항상 긴급한 속성을 띤 것들과 더불어 끊임없이 비등하고 생성·변화하는 과정에 있지만, 동시에 항상 꾸준하며 규칙적으로 흘러가는 리듬으로 말미암아 안정되어 있다고 가정한다. 이를 바탕으로 우리는 리듬이 작용하는 공간규모에서 국가 혹은 전 지구적 리듬이 장소를 통해 야기하는 파동을 고찰할 수 있다.

도 시 에 서 리 듬 반 복

근대 이후 지배적 일상공간에서 자연적 과정과 연관된 삶의 리듬은 내용과 요소가 크게 변화했으며, 가장 지배적인 리듬은 자본주의의 산물인 도시에서 전개된다. 도시는 교차하는 일상의 리듬분석에 가장 적합한 장소이다.

> 도시에서 광범한 반복적인 활동을 하는 사람들의 규칙적인 오고 감, 소리, 심지어 냄새는 도시 생활의 특징이고, 거기에 사는 사람들에게 시간과 위치의 감각을 제공해준다.[32]

거기서도 삶의 보폭은 제각각 다르다. 등하교 학생의 걷기 패턴, 러시아워의 통근자들, 출근하는 가게 주인, 저녁의 클럽 출입 군중, 가사 노동의 의례적 행위, 학생의 생활 스타일, 실업자의 발걸음, 약물중독자와 알코올중독자의 포장마차 정시 출현, 여행자의 시간에 맞춘 행동 등 여러 형식의 삶 속에서 삶의 리듬을 구성하는 보폭은 각양각색이다.[33] 가게의 문을 여닫는 시간, 우편배달의 흐름, 은행예금과 카페 커피타임, 24시간 편의점, 공공 운송 수단의 운행 시간표, 선술집의 문 여는 시간과 불 켜는 시간, 낮과 밤의 서로 다른 리듬, 계절적·연례적 순환은 장소에 시간적 의미를 제공한다. 무엇보다 손꼽히는 것은 자본이 낮과 밤의 리듬조차 지배 대상으로 삼은 점이다. 공장의 불을 최대한 밝혀 노동시간을 늘리던 노력을 가속화해, 지금은 엘이디LED로 대표되는 '기술공학적 빛'의 급격한 발전을 초래했다. '빛의 나라Luminaria'가 밤과 낮의 구분을 약화하며 일상의 리듬을 크게 변화시키고 있다. 사실 지금의 '빛의 나라'는 과잉생산 시대의 자본주의가 빛의 판타지 아래 소비의 시공간을 확장한 공간이므로 후기자본주의를 표상하는 소비주의와 밀접한 연관이 있다.[34] 필자는 빛의 판타지를 보여주는 가장 대표적인 '빛의 나라' 소비공간으로서 해운대 신세계백화점을 사례로 든다. 지하철 센텀시티역에서 내리면 지하에서 곧바로 백화점으로 연결되는 인공의 대지와 가상의 공간이 나타난다. 화려한 분수대와 공공 미술 작품으로 장식된 이 널찍한 공간은 그야말로 '멋진 신세계brave new world'로 진입하는 입구임을 과시한다. 신세계백화점은 고객에게 광고효과의 심리적 단계를 설명하는 아이드마 공식AIDMA(주목Attention - 흥미Interest - 욕구Desire - 기억Memory - 행동Action) formula 리듬에 맞추어 공간을 철저히 계산해 배열했다. 이 소비자본주의의 법칙은 매장에 들어온 소비자가 기분을 리모델링하는 감성 디자인emotional design에 자극받아 상품에 시선을 돌려 관심을 느끼고 욕구를 품은 다음, 기억을 통해 실질적인 구매 행위로 이끄는 구매 심리를 설명한다.

신세계백화점으로 표상되는 쇼핑센터에서 고객은 최첨단 관리 시스템이 기계와 인간을 결합하는 거대한 리듬 관리 시스템, 곧 건축 형식부터 상품 배치와 시설물의 위치로 계획된 관리 시스템의 영향을 받는다. 쇼핑센터의 승강기 기계장치와 자동문 개폐기 같은 인공물의 배치는 비인간적 실체들이 리듬감 있는 안정성을 제공한다는 느낌을 갖도록 만든다. 그들은 비인간적 실체와 상호작용 관계를 맺고, 그것들이 제공하는 강고함과 운송 능력에 끼치는 영향을 받으며affected 결합시킨 물질성의 리듬을 일상적으로 체화한다.[35] 과거에는 리듬의 생성 과정에서 인간과 비인간적 실체의 관계를 주체와 대상의 관계로 이해했다면, 지금은 주체이자 대상 동일체로 보아야 할 것이다.[36] 이러한 의례와 습관은 장소·풍경·국가의 동시화synchronisation를 통해 어떠한 변화나 차이의 가능성이라곤 없는 진부하고 권태로운 실체로 만든다. 수많은 사람들이 리듬의 동기화에 참여해 그것을 평범한 것으로 받아들이고 너무나 친숙한 실체로 인식한다면, 그것이 바로 사회조직을 형성하는 기본 원리로 작용한다.[37]

창문 없는 쇼핑센터에 들어서는 순간 우리는 쇼핑센터의 지리적 장소, 자연적 어둠 및 밝음의 시간적 특성, 흐림과 맑음의 기후적 특성을 구분하지 못한다. 밤의 리듬은 낮의 리듬을 멈추지 못하지만, 낮의 리듬의 속도를 늦추거나 변형시킨다. 24시간 편의점, 대형 마켓과 쇼핑센터는[38] 낮과 밤의 리듬을 동질의 무無 리듬으로 만들고, 인간의 다양한 정체성 또한 동질적 소비자라는 정체성으로 만든다.[39] 모든 것이 동질적인 것이 되어버리는 쇼핑센터에서 인간들은 소비 공동체의 일부가 되었다는 위안의 감정과 안락한 소속감을 경험하게 된다. 물론 이 경험은 위조된 것이지만 말이다. 현대의 공간사회적 경험을 설명하면서 지그문트 바우만Zygmunt Bauman은 이 두 가지 형태 외에, 정체성·관계·역사에 대한 상징적 표현이 없는 비장소들과 의미 없는 빈 공간들도 덧붙인다. 쇼핑센터는 낮과 밤의 차이, 모든 리듬의 차이를 등질화하는 동시화된 장소로서 결국 어떤 의미도 만들지 못하는 공간이자 충만한 공간인 동시에, 빈 공간이자 존재하는 장소이지만 비장소인 것이다. 일견 소비자본주의의 상징적 공간으로서 쇼핑센터는 활기로 넘치고 일상에 활력을 부여하는 장소로 보인다. 하지만 이런 등질화된 리듬이 지배하는 권태의 공간인 쇼핑센터는 젊은 시절 초현실주의자였던 르페브르가 일상생활에서 "삶의 권태로움 혹은 진부함"이라는 명제를 표명한 것과

연관이 있다.[40]

최첨단 기술공학의 산물인 '빛의 나라'를 구현하는 쇼핑센터는 인간의 욕망과 이기심을 밤낮으로 들쑤시고 흥분시킨다. 하지만 그 가운데서 권태와 진부함을 보는 것은 역설적이기도 하다. 결국 우리는 동일한 리듬의 반복이 불러올 결과를 자문하게 된다. 인간은 자신의 인생을 거치며 다양한 순간들, 예컨대 육체에 대한 찬사와 육체의 거부, 사랑 감정의 폭발 및 기쁨과 그 후에 찾아오는 비애와 절망감, 가벼움에 대한 찬양과 폭력에의 이끌림 등을 겪으면서 수많은 리듬을 경험한다. 그러나 르페브르에 따르면 자본은 이러한 인간의 개인적이거나 사회적인 각양각색의 리듬을 오직 생산과 파괴라는 이원적 리듬으로 변화시킨다.[41] 이는 상품의 생산과 생산된 것을 파괴하거나 '쓰레기'로 만들 뿐이다. 이 현상은 산업사회 초기 공장의 기계음은 놀라운 소음이었지만, 점차 하나의 리듬으로 익숙해지면서 '고정된 사물의 영역'으로 포섭된 것[42]과 상통한다. 기존 산업자본의 리듬은 일률적으로 반복되는 노동 작업에 바탕을 둔 포드주의-테일러주의가 특징이었지만, 노동 영역에서 포스트포드주의와 노동 유연성이 강조되면서 가정과 여가 생활의 스타일과 리듬을 변화시켰다. 자본은 항상 새로운 형식의 시간 규제를 채용할 준비를 갖추며, 후기자본주의는 유연하고 적응력 강한 리듬을 요청한다. 장기 투자와 단기 투자, 혁신과 쇠퇴는 유동하고 생산 사이클과 양식도 그러하다. 일견 소비자본주의는 첨단 기술공학적 제품조차 소비, 패션 등을 통해 변화의 속도를 가속화시킨 것이 분명하다.[43] 하지만 빨라진 리듬 역시 모든 것을 신속히 무의미하게 만들어버리는 동시화의 리듬을 볼 뿐이다. 그것은 사회적 입장의 결여로 유발된, 실천적 행동의 가능성이 상실된 현상이 낳은 하나의 진공상태와 유사하다. 르페브르는 속도는 빨라졌으나 여전히 권태로운 반복과 다양한 리듬의 상실, 쳇바퀴 같은 삶, 한마디로 '사물'이 되어버린 이러한 리듬을 '작품'으로 회복시키는 것[44]을 당면 과제로 삼았다.

　일상공간의 리듬에는 권력의 개입과 조종이 작용한다. 르페브르는 특정 리듬과 일치시켜 규칙적 행동을 하려는 시도에 권력이 개입하는 양상을 인정한다. 변화가 발생하려면 한 사회적 집단이나 계급 또는 카스트는 힘이든 교묘한 술수를 통해서든 한 시대에 리듬을 각인시키며 개입해야 한다.[45] 어떤 방식의 개입을 선택하는지 여부는 물질적 맥락, 제도적 체제, 도덕적 분위기에 따라 우연적이다. 이와 같은 권력의 확산 형식은, 특정 실천이 특정 시간에 발생해야 하는 규범적 규칙과 관습의 유지를 통해서 리듬에 관한 준봉성과 시공간적 일관성을 추구한다. 권력은 "시간, 날짜, 시간표의 이용과 조종법을 알기" 때문이다.[46] 예를 들어 학교 수업 시간, 작업 시간, 점포 개점 시간은 모두 우리가 '좋은 습관'이라고 요청받는 리듬과 더불어, 반사회적 '소음'이라는 '나쁜 습관'으로 평가받은 리듬과도 서로 연관된다. 특히 생산성과 비생산성은 근대 이후 인간 활동에 가장 많이 부여된 가치 규범적 리듬이었고, 그것이 인간 활동과 노동의 강도·형식을 가속도적 압박으로 규정했다. 물론 한 사회에서 규범적 가치로 긍정되는 '적절한' 시간과 리듬은 각 시공간에 따라 다르다. 비록 개별 시공간마다 지배적 생산양식으로부터 상대적으로 자율적인 리듬이 존재하지만, 쇼핑센터 같은 소비자본주의 공간은 자본축적과 결합한 권력이 리듬에 작용한다.[47]

　우리는 현재 쇼핑센터가 다양한 수준의 인문학과 예술 강좌를 제공하는 모습이 낯설지 않다. 자본의 최첨단 전시장이 공적 공간으로 작용하는 현상은 어디서 비롯한 것일까? 다름 아닌 공공성과 상업적 요소가 병합되어 시공간을 통제하고, 판매/소비의 흐름과 리듬이 성찰과 활동을 결합하는 새로운 경험의 시공간으로 공시화된 소비의 영토를 형성했기 때문이다.[48] 그런가 하면 보행과 운송 등 이동의 영역이던 도로에서 신체와 시간성이 재현할 수 없는 거리 퍼포먼스 같은 수행적 놀이가 탈공시적으로 전개되며[49] 소비 영역이 문화와 예술, 축제와 휴일 등의 시공간과 결합한 새로운 도시 리듬을 만들기도 한다. 그 결과, 자본은 일상의 복합 리듬적 풍경을 소비의 리듬이라는 동형 리듬 풍경으로 바꾸는 데 성공하고 있다. 이는 도시에 편재하는 옥외광고와 미디어 광고 등이 동시적으로 작용한 것이며, 일상생활에서 상품화되는 리듬이 일상의 각종 리듬과 결합하는 생명정치의 양상을 보이는 것이다. 이는 도시공간의 신진대사metabolism가 변화했음을 나타낸다.[50]

르페브르의 진단에서 자본주의 리듬은 일상의 영역을 상품화해 작업 · 여가 · 놀이를 진부하고 무의미하며, 도리어 소외를 발생시키는 것으로 만든다. 그러나 소비자본주의 일상이 공적 영역까지 포섭하는 현상을 르페브르의 관점으로 설명하기에는 이론적 설명력에 한계가 있다. 일상의 복잡하고 비밀스러운 모습은 관료적 질서나 소비문화의 요구와는 또 다른 측면을 보여주므로, 소비 상품화를 전개하는 일상의 숨은 힘을 성찰할 필요가 있다.[51] 쇼핑센터에서 고객은 한정된 장소를 돌아다니며 일정한 공간적 질서를 형성한다. 그 공간이 어떤 측면에서는 축제 공간이며, 쇼핑센터는 축제를 일상생활로 형식화한 공간이다.[52] 이 지점에서 르페브르가 자본주의 일상의 지루한 리듬이 격변하는 계기로 삼은 혜안을 상기할 필요가 있다. 바로 축제이다. "축제란 일상생활이 정지되는 순간이자, 일상생활에 축적되어 녹아 있던 힘들이 표출되는 시점",[53] 곧 리듬이 급변하는 시점이다. 소비자본주의가 일상을 포섭하는 비밀이 여기서 드러나지 않을까? 곧, 소비자본주의는 일상을 지속적인 축제의 형식으로 포섭하는 것이라고 말할 수 있다. 이렇게 보면 르페브르의 축제관은 생산과 놀이가 구분된 생산 중심의 산업자본주의 분석에서 비롯한 것이고, 실제로 소비자본주의가 놀이와 생산을 교묘하게 통합해 축제를 일상화하는 양상을 미처 간파하지 못한 진술로서 한계를 드러낸다.

리듬을 가진 일상은 비록 그것이 축제 형식을 표출한다 하더라도 반복을 통해 삶에 구조를 만들어 씌우며, 무성찰적 · 무조건적 · 단선적 사회적 시간 구조이자 억압의 조건으로 작용한다. 그러나 르페브르는 이런 습관적이고 억압적인 리듬으로 작동하는 일상에서 '순간과 생성의 양상'이 작동하는 계기를 간파하도록 권고한다.[54] 의미를 생산하지 못하는 무한 '반복'과는 또 다른, 새롭고 예견하지 못한 그 무엇, 곧 '차이'가 있어야 하는 것이다.[55] '차이'를 지닌 '반복'의 생산, 이는 들뢰즈와 가타리의 후렴refrain 개념, 곧 친숙성을 생산하는 반복, 혼돈에 불리하게 작용하는 영토화인 후렴 개념과 가깝다.[56] 이는 기존의 전통 안에서 차이를 발생시키며 문화적 창발성이 있는 것을 말한다.[57] 따라서 단순히 규범적이고 느린 리듬의 반복이 개인에게 폭력적인 힘을 갖는 것은 아니다. 중요한 점은 사람들이 숨 쉬고 몸짓하며 말하는 동작과 순간의 리듬을 '조율tune'해야 한다는 점이다. 노동 일과표에 지배되는 개인의 식사 시간과 취침/기상 시간은 각 개인의 신체 리듬을 고려하지 않았기 때문에 피로와 허기를 느끼도록 만든다.[58] 개인은 장소의 리듬과 상호 개입하는 동시에 공간에서 자신의 리듬과 얽혀든다. 물질적이고 사회적인 세계는 연속성과 안정성을 유지하기 위해 리듬의 연속성과 안전성에 의존한다.[59] 반복적으로 노동하는 청소원, 기술자, 경영자, 경찰은 물질, 행동, 인간 및 비인간이 '적절한' 장소에 놓여 있다는 것을 보증해준다.

어떤 측면에서 시공간 속의 리듬을 분석하는 리듬분석가rythmanalyste는 고객(환자)의 말, 정보, 고백뿐 아니라 소음으로 치부하는 무의미한 것과 풍문, 심지어 침묵에 귀 기울이는 정신분석가psychanalyste와 일견 유사하다. 하지만 이들은 차이점도 크다. 정신분석가는 고객(파트너, 환자)의 말이나 정보, 비밀 이야기와 고백에 주목하지만, 또한 사람들이 흔히 잡음이라고 부르는 것, 쓸모없이 무의미하다고 여기는 것들, 의미로 가득 찬 루머와 심지어 침묵에까지 주목해야 한다. 정신분석가는 환자의 말을 들을 때 자기 지식의 방향을 조절하고 자신의 과거를 잊으려 애쓰지만, 리듬분석가는 그런 난관에 부딪치지 않는다. 그는 우선 자신의 몸에서 리듬을 느끼고, 이어서 외부의 리듬을 느끼게 될 것이다. 우리의 몸은 그 자체로 다양하지만 서로 조화를 이루는 리듬 다발로, 외부의 리듬을 감지하는 메트로놈metronome으로 기능한다.[60]

그러나 이러한 진단에 반론도 없지 않다. 폴 심슨Paul Simpson은 르페브르의 초점이 실제로 구체화된 경험, 신체에 '내장內臟된 파악하기 힘든 본성'과 다른 리듬에 영향을 주고받는 구체적인 능력보다는, 신체에 관한 인식론적 고찰과 사회적 훈련에 초점을 맞춘다고 비판한다.[61] 이런 지적이 나온 것은 르페브르가 신체화된 리듬을 조절해 조화 리듬eurythmie을 확립하고자, 사회적 리듬에 대한 접근 조건을 훈련 수단으로 도입한 '조련調練, dressage'[62] 개념을 비판한 데서 비롯한다. 지속된 훈련은 자연적 리듬으로 위장한 제2의 본성이 된다. 신체 또한 그에 적합한 장소를 생산하고, 규칙적 박자로 사회적 리듬에 발맞춰 작업 활동의 미시 리듬을 동조同調, tuning시킨다.[63] 이는 신체와 신체 바깥에서 순환하는 뒤얽힌 리듬을 감지해내는 육체적 능력, 장소의 주관적·문화적 경험을 조직하는 감각에 주목하도록 이끈다. 통상 비성찰적이고 감각적인 율동적 조율은 '몸을 장소 바깥'으로 이끌어 당황스럽게 만든다. 이는 존재론적 안정성을 재확립하고자 변화된 낯선 시공간에서 현존의 신속한 재구성을 시도해도 그렇다. 조련은 획일적인 준봉주의 리듬에 따른 수행성을 산출하지만, 그것에만 머물지 않고 정체성을 생산하며 개선을 위한 전망을 세우는 잠재력도 있다.

일상의 이동성과 시간리듬

이동성은 공간적 맥락을 확장하므로 관련 논의는 흔히 전 지구적 차원에서 이루어진다. 그러다 보니 한정적인 일상공간과 연관시킨 논의는 많지 않다. 여기서는 고속 열차와 통근 열차가 정차하는 구포역을 사례로 삼아 이동성과 일상공간의 연관성을 살펴본다. 열차의 출발과 도착을 알리는 주기적인 안내 방송과 시간표에 따라 여행객의 몰려들고 빠져나가기, 경부선 철도를 가로지르는 육교를 넘어 구포시장 쪽으로 걸어가는 느린 발걸음과 구포역 지하철이나 기차를 타려고 육교 계단을 오르내리는 바쁜 발걸음이 교차한다. 그뿐 아니다. 택시기사의 호객 행위, 구포만세길 광장에서 벌어지는 백수들의 포커판이나 화투판의 예민한 긴장과 순간적으로 고조되는 날카로운 언쟁, 노숙자들의 어슬렁거림과 술주정까지 겹치면서 분리된 연쇄리듬과 변화하는 복수 리듬이 불협화음처럼 교차한다. 한편 낙동강변을 달리는 자전거 이용자는 더욱 단순한 이동 리듬을 갖지만, 때로는 도시 주변의 환경을 감상하고 큰길이나 골목길에서 운송 교통 리듬의 규범을 위반하는 실천도 가능하다.[64] 사실 이동성의 리듬을 전유하고 위반과 준법을 교차수행하는 일까지 가능한 가장 자유로운 리듬 장악자는 오토바이이다. 그런점에서 오토바이는 일상의 리듬을 가로지르거나, 심지어 어떤 도로에서든 폭력적 이동성 행사가 가능한 무뢰한이다.[65] 구포역은 상대적 속도 리듬을지닌 복잡하게 감각적이고 경험적이며 수행적인 것으로 구성되는 일상의리듬을 목격하는 데 제격이다. 집단 생산된 신체 흐름과 규칙적인 사회 활동과 특징적 음향 세계가 독특한 리듬을 생성하기 때문이다.

그 중심에 이동성의 리듬이 존재한다. 고속철도가 서울과 부산의 거리를 반나절권으로 만든 데서 보듯 이동성의 강화는 운송 수단의 기술공학적 발전과 전 지구화의 진행으로 가속화되고 있다. 존 어리는 이동성의 가속화과정이 자유와 역사 진보의 과정이며, 여행은 창조적 활동과 판타지를 자극할 뿐 아니라 공간의 장벽을 제거해 더 이상 제한된 공간이 없게 만든다고무척 긍정적으로 평가한다.[66] 아울러 그것이 사회과학조차 변화시켰다고 강조한다. 이동성의 '가속화'에는 기본적으로 속도, 합리화, 산업화, 도시화, 분화, 개별화, 기술화가 구조적으로 내재되어 있으며, 기계공학의 발달이 사회변동을 심화하는 현상과도 연관이 있다. 사회학적 인식 대상으로서 속도의 가속화는, 미시적 관점에서 사회적 행위자들이 상호 작용하는 시공간의 범위와 형식 등에 영향을 끼쳐 상호작용의 결과를 변화시켰다.[67]

> 이동성의 패러다임은 대안적인 이론 및 방법론적 풍경을 발생시키면서 사회과학을 변화시킨다. …… 이 패러다임은 너무 오랫동안 대부분 보이지 않았던 이론, 방법, 연구 사례들을 표면화해 규정한다.[68]

그러나 이동성의 가속화는 국지적 차원에서 일상공간의 고유한 리듬이나 문화적 고유성을 파괴하고, 국가 또는 전 지구화의 중심부로 인적·물적 요소의 흡입을 더욱 가속화하지 않을까? 폴 비릴리오Paul Virilio는 현대 문명에서 속도가 인간에게 끼치는 영향을 선구적으로 통찰한 질주학dromologie 개념에서, 가속 이동성의 문명사를 일상공간의 고유한 정체성을 파괴한 역사로 규정한다.[69] 이는 일상공간에서 발생하는 변화의 양상과 이동성이 만들어내는 장소성 관련 논의를 자극한다. 팀 크레스웰은 이동성이 너무 풍부한 장소는 장소 없는placeless 초연한 이탈 영역을 나타낸다고 지적했다.[70] 이 경우 이동성의 공간은 장소place와 연관된 특정 위치location로만 남으며 고유한 일상리듬이 존재할 가능성은 위축된다. 즉, 일상공간의 복합 리듬은 단순화되고, 공간은 오직 이동의 출발지/도착지 역할만을 하는 장소에서만 목격된다. 근대 합리성의 핵심은 효율성과 생산성에 집착하며 과학기술 발전의 가속화와 관료조직 작동의 가속화에 집착해 경제는 물론 모든 영역에 가속화를 강요한다. '템포 바이러스'라는 말은 이 현상을 정확히 표상한다.[71] 이동성의 과정은 가속화만이 중요한 의미를 내포한 것은 아니다. 이동성의 도구들은 서로 연관되어 작용하며 복합적인 이동성의 의미를 만들어낸다.[72] 그럼에도 이동의 양상, 곧 물적 운동, 표현 방식 표상, 이동성의 구현으로서 실천은, 비록 차이는 있지만 다양한 방법론적 도구를 이용해 권력과 지배관계의 생산을 포함하는 정치적인 것이므로 '이동성의 정치'를 작동시킨다.[73] 예컨대 자전거를 이용하는 이동성도 '자연환경보호' 및 운동과 여가 향유라는 일상적 '유용성'의 환경 정치 및 생활 정치의 양상과 연관시킨 의미 부여가 가능하다.[74]

르페브르가 파리 시내에서 창문으로 바라본 보행자와 교통의 정지·출발과 같은 매일의 일상적 순환에서 이동 흐름의 순환 패턴은 역동적이든 평온하든, 빠르든 느리든 시공간적 장소의 성격 규정에 기여한다. 이것은 다양한 리듬의 이동 흐름, 보폭과 규칙성이 잘 드러나는 지점인 정지 지점에서 가장 확실하다. 한편에는 교통신호등, 속도제한, 고속도로표지, 법규, 도로 지면 구획 등에 의한, 이동 수단의 리듬을 외부로부터 조직하려는 기계적이고 규칙적인 차원이 있다. 다른 한편에서는 유기적·내재적이고 살아 있는 차원이 작동하며 자율적 리듬을 생산한다. 공식적 또는 자본이 부과한 규범적 리듬을 그 장소의 내재적인 리듬을 감각적으로 경험하는 주민들이 빈번히 거부하는 것처럼, 강요된 가속도는 멜로디-하모니-리듬[75] 형식으로 구성된 장소성에 의해 거부된다. 각각의 장소는 규범적 리듬과 반규범적 리듬의 총체로서 수행·지각될 수 있는 것으로, 이동의 가속화는 편차와 차이를 내포하면서 새로운 장소성과 새로운 장소 기억을 만들 수 있다.

일상의 행동처럼, 사실 이동성의 리듬 체계들은 특별한 사건이 아니면 그 성격이 별로 명백히 드러나지 않는다. 예컨대 이동성은 이동 수단, 곧 탱크로리, 버스, 오토바이, 자동차, 자전거, 인력거에 따라 리듬의 속도와 스타일이 매우 다르므로 공간규모적 사고와 연관 지어 검토할 필요가 있다. 상대적으로 선명한 가속도 이동성에 비해 느린 이동에 주목한 발터 벤야민이나 미셸 드 세르토가 보행자의 걷기가 공간을 전유하는 과정에 주목했고, 느림 역시 또 다른 가치이기에 이동성은 질주와 느림을 함께 사유할 필요가 있다.[76] 육체적 보행을 비롯해 자전거, 자동차, 비행기 같은 이동 수단에 따라 이동 통로가 달라지면 일상이 전개되는 장소의 양상과 리듬도 달라진다.[77] 이렇게 보면 일상의 리듬 변화와 심지어 리듬을 깨트리는 가장 중요한 계기로 보이는 이동성 문제는 이동 수단과 속도, 통로와 리듬, 그리고 그것을 감각하면서 생성되지만, 결코 장소를 미리 구상화하거나 목표를 설정하면서 진행되지는 않는다. 그것은 운동, 속도, 흐름들로 말미암아 끊임없이 재구성된다.

습관적 여행의 속도, 보조 및 주기성은 철도와 도로의 형태 및 이동 도구의 성질들과 연관된 장소감을 형성한다. 존 어리와 미미 셸러는 열차는 물론 자동차 내부가 제공하는 정서적 친숙성조차 고유한 '장소'로 규정한다. 이는 항공과 고속철도 같은 가속도 이동성뿐 아니라 통근 열차, 지하철, 통근 버스 같은 친숙한 이동성과 계선설비 공간이 제공하는 '이동 장소 감각'이라는 심리적 감각에까지도 심리지리적 검토를 요청한다. 이동 수단과 여행자 사이에는 복잡한 감각적 연관성이 존재하고, 감각의 지리학은 개인 신체를 넘어 특정한 만화경적 풍경과 더불어 친숙한 공간, 이웃, 지역, 국민적 문화와 여가공간으로 확장된다.[78] 예컨대 터널, 신호등, 표지판 같은 친숙한 설비나 시설의 예견 가능한 통과를 경험한다. 또한 물질적 설비의 조건에 친숙해지는 가운데 승차자들 사이에 감각이 공유되면서 사교적 관계가 가능해 '이동에서 정주'를 구현하는 '신이동성' 개념도 가능하다.[79] 이동성이 인간과 비인간을 결합한 새로운 형식의 물적 조건을 통해 사회적 삶을 조정하고 통제하는 사회공간을 만들어내는 것이다. 예컨대 필자는 경부선 열차를 타고 경산역과 구포역으로 출퇴근할 때 교량이나 터널 같은 친숙한 교통설비나 건축 시설들의 예견 가능한 통과를 경험한다. 철로 표지와 도로 및 철로변 시설의 계열적인 특징적 양상들은 일종의 공간적 소속감을 제공한다. 물금, 원동, 삼랑진, 밀양, 상동, 청도, 경산 등의 표지가 제공하는 평범한 특징에 대한 일상적 이해는 풍경 속의 지속적이지만 변화하는 요소로서 신뢰감을 주고 이동하는 안락한 집 같은 느낌을 제공한다. 이는 느린 여행을 하는 자들이 느끼는 일시적 안락감 또는 쇼핑센터에서 소비자들로 호명된 주체들이 모여 일시적으로 허구의 소속감을 느끼는 것과 유사하다.[80] 실제로는 어떠한 소통도 다양한 리듬도 불가능한, 새로운 합의 도출과 의견 교환을 위한 리듬 간 충돌이 불필요한데도 불구하고, 같은 부류라는 허위의식 말이다. 특별한 리듬으로 가득 찬 여행의 경우에도 겉모습은 달라 보이지만, 실은 전적으로 규범 리듬에 종속된 움직임에 허구의 형식으로 매몰되어 있다. 신문이나 여행 티켓 구입 같은 일상적 요소들은 일상의 의례에 사회적 관계를 포용한다.

심지어 존 어리는 통근 열차나 지하철도는 물론, 자동차 내부가 제공하는 친숙성조차 고유한 장소로 규정했다. 물론 이동 수단의 내부가 고유한 리듬을 지닌 장소의 측면이 있는 것은 사실이다. 메트로놈을 설치한 기계장치인 자동차의 편안한 쿠션과 음악을 듣는 데 좋은 일종의 친숙한 환경은 운전자와 여행자의 생리운동감각kinaesthetic과 촉감에 안락감을 제공한다. 이는 정기 통근 열차나 지하철 속 사람들이 동료 여행자들, 시설물, 표지와 더불어 폐쇄된 공간에서 자신의 사회성, 몽상, 안락함, 독립성을 느낄 기회를 제공받는 것과도 연관이 있다.[81] 그러면 이것이 과연 공간의 속성을 확장하는가? 이동 수단에서 느끼는 장소감을 공간 인식에 포함할 경우 기계공학이 제공하는 리듬을 운동 내부의 고유한 율동적 리듬과 동등시[82] 하는 위험과 오류가 발견된다. 그럼에도 스마트폰 같은 전자 매체의 사용/비사용은 행위의 성격들을 복잡하게 변화시킨다.[83] 그것이 다른 인접한 장소성과 연관되어 리듬의 관계망을 확장하고 다중적 복합 리듬으로 이해될 경우에는 공간 인식을 넓힐 수 있을 것이다.

산업자본주의에서 노동과정에 오랫동안 표준적인 인간 행동 양식을 부과해온 것은 테일러주의이다. 테일러주의는 노동자의 동작을 분석해 일관된 작업 방식으로 통제함으로써 기계의 리듬을 인간에게 부과하고 부적응자는 게으름뱅이나 낙오자로 낙인찍었다. 심지어 도시공간 보행자들에게도 새로운 기계적 이동 리듬을 부과했다. 하지만 보행자들이 보행 규칙을 무시하고 자신의 신체 리듬에 따라 길을 건넌다면[84] 이는 규범적 리듬에 맞서는 저항이라 할 수 있다. 규범적 리듬에 맞서는 가장 분명한 저항 형식의 하나가 바로 '느림'이다. 그런 점에서 기존 질서에 대한 도전은 가속도가 아닌 느림으로도 가능하다. 자본의 중심 질서가 부과하는 가속도 이동 리듬의 규범에서 벗어나, 로컬의 다양한 느린 리듬을 선언하는 것이 의미심장한 이유가 여기 있다. 일상의 리듬에 관심을 더 기울여 시간을 점유해 놀이하는 약속은 다양한 미학적·감각적 경험을 촉진하며, 공적 영역과 사적 영역에서 느림의 공간은 빠른 속도공간을 보완할 수 있다.[85]

이런 공간성은 일상의 특정 실천에 느린 방식으로 참여하는 슬로시티 운동에서 잘 나타난다. 가속도이건 느린 삶의 슬로시티이건 그것은 심리적 양상과 관계되는 동시에 감각의 문제와 연관이 있다. 다중 리듬을 지닌 감각적인 것이 없다면 아마 세계는 죽은 사물들로 가득 찰 것이다. 자본이 지배하는 일상공간은 모든 색·냄새·소리가 사라져버린, 모든 감각적인 것이 가속도의 상품 유통에 집중되는, 정지된 '무無 리듬'의 시공간이다.[86] 자본의 메커니즘이 만들어낸 산물인 가속도가 놓쳐버리고 표백·살균한 것을 회복해 변화를 시도하는 일은 결국 감각적이고 심리적이며 미학적인 실험이다. 르페브르 당대에 상황주의자들은 상황 구축, 우회, 표류 등의 전략을 통해 도시의 일상공간이 동일한 가속 리듬으로 포섭되는 양상에 저항을 시도했다. 그리고 소비사회가 만드는 화려한 스펙터클에 대해 단순한 볼거리를 넘어 자본주의 사회를 점령하는 새로운 통제양식으로 규정하고 이를 파괴하고자 나섰다. 이것은 상황주의자 기 드보르가 주목한 심리지리psychogéographie와 표류 등의 전략과 관련이 있다. 드보르는 자신의 작업을 다음과 같이 설명했다.

> 개개인의 정서와 행동에 미치는 지리적 환경 ─ 의식적으로 조직되었든 아니든, 건축 환경이든 자연환경이든 ─ 의 정확한 법칙과 특정 효과들에 대한 연구이다.[87]

심리지리는 일상을 지리학적 형상과 유비해 당연시하는 반복적 장기 리듬의 요소들에서 때로는 '무리듬'으로 저항하고 '조련'으로서 새로운 가능성을 모색하며 창조적 변화의 전망을 세우는 것이다. 다시 말해서 도시의 단조롭고 반복되는 기능적 일과에 은폐되어 있지만, 일상적 경험에 내재한 혁명적 가능성과 새로운 실험 영역의 토대가 될 수 있는 장소들을 '기존의 도시' 또는 커뮤니티에서 발견하는 연구이다.[88] '다양한 환경을 일시적으로 지나가는 테크닉'을 의미하는 '공간에서의 표류'에 주목하는 것은 연구의 기본 수단이다.

> 단순히 의미 없는 보행이 아닌, 보행자가 특정 기간 동안 자신들이 우연히 마주치는 거리와 지형에 자신을 맡긴 채 특정 지역, 거리, 건물이 자신의 의식 상태, 생각, 욕구와 공명할 수 있는 길을 인식하는 것이며, 이 과정에서 디자인된 환경에 의해서 발생한 움직임을 넘어, 왜 자신이 그러한 보행이나 움직임을 하게 되었는지에 대해 원인을 밝혀내는 작업이다.[89]

보행이 전개되면서 한 장소는 여행의 양식과 스타일로 말미암아 다른 내용을 담지하게 된다. 예컨대 필리파 분더리히Filipa Wunderlich는 '목적적 걷기'가 지속적이며 리듬 있는 빠른 보폭으로 걷는 것이고, '담론적 걷기'는 다양한 자발적 리듬을 지니며, '개념적 걷기'는 상황주의자와 심리지리학자가 동원시킨 '비판적 걷기'라고 비교한다.[90] 미셸 드 세르토를 상기시키는, 걷기에 대한 이러한 접근은 어떻게 이동의 실천이 장소에 대한 연속적인 부착과 이탈의 흐름인지 조명하며, 단순한 공리주의적 걷기와 거리 디자인과의 관계가 작용한 걷기[91] 등의 경험적 리듬들을 결합해 성찰할 계기를 제공한다.

> 걷기는 도시 구조에 대한 자아의 급진적 장소화와 전위, 고정됨과 벗어남, 장
> 소적 정치와 문화적 형식, 잠재적 지평에 대한 완전한 전망을 폐쇄시키는 것
> 과 개막을 위한 장일 것이다.[92]

그 결과, 보행자는 스펙터클한 자본공간이 부과하는 틀을 벗어나 도시공간에 대한 비판적 인식을 개발하고, 새로운 도시를 구상할 발판을 마련할 수 있다. 집단적 게임이나 놀이의 의미를 지닌 상황주의자들의 '표류' 전술은 속도의 지배를 전복해 주체의 창의성을 자유롭게 표출하고, 어떤 틀에도 고정되지 않는 새로운 삶의 가능성을 탐구하기 위한 것이다. 또한 이 전술은 잠재된 욕망과 열정이 분출될 기회를 제공한다. 이 과정에서 궁극적으로 상황의 구축이라는 기획을 완성하며, 새로운 욕망이 등장할 기회를 모색한다.[93] 이는 당연히 스펙터클(자본)이 제어하지 못하는 욕망일 것이며, 화려하지만 권태로운 도시의 스펙터클에 느리지만 권태롭지 않은 리듬으로 변화를 시도해 일상에 잠재하는 복합적이고 유동적이며 모호하고 변화무쌍한 리듬을 살려내려는 것이다.

창 의 적 시 공 간 모 색

일상의 리듬은 "한 사람을 하루에도 수천 번씩 뒤흔드는 창조적 에너지, 충족되지 않은 욕망의 격동, 실재를 통해 찾아지는 몽상, 혼돈스럽지만 매우 분명히 정확한 감각들, 이름 없는 전복들을 담은 생각과 행위들"이 움직이는 것이다.[94] 통상 순환적인 자연의 리듬, 곧 성장과 쇠퇴, 하천과 강의 분류奔流, 기후변화, 동물의 활동으로부터 우리는 장소 안에서 장소를 통해 일어나는 비인간적 실체와 에너지의 편재하는 현존을 확인할 수 있다. 무엇보다 달과 해, 기후, 지리학, 지형학적 사건의 수천 년에 걸친 변화는 장소와 공간에 깊이 충격을 주는 리듬이 있는 패턴과 불규칙성을 지닌다. 아울러 말馬과 기수는 독자적 생성이 불가능한 리듬을 만든다.[95] 마찬가지로 도시와 그 도시를 달리는 인간은 독자적 생성이 불가능한 다양한 리듬을 만들어낸다. 이것이 바로 기 드보르의 심리지리 논의에 나타나는 도시와 인간의 관계이기도 하다.

앙리 르페브르가 일상에 관심을 둔 것은 생활세계의 식민화로 표현되는 근대성의 일상을 억압과 폭력이 난무하는 테러리스트 사회로 규정하고 자율적인 시공간으로 만들려던 시도였다. 비인격적 관료제도의 사회 관리, 일상에서 사회적 통제가 내면화된 정치적 중앙집중의 추상공간을 극복할 방도를 모색하면서 일상의 리듬에 주목하고 리듬분석을 사회를 총체적으로 이해하는 열쇠로 삼는 지적 모험은 그 시도의 일환이다. 본래 르페브르에게 일상은 소외된 동시에 개방되고, 지속적으로 변화하며, 창조하는 경험과 이해와 감각의 형식이 맞물리는 동시에 변혁의 물적 조건이라는 양면성을 띤다. 『리듬분석의 구성 요소』가 일상에서 권력이 제시하는 규범적 절차들의 침투, 저항 또는 무시되는 영역에 관심을 두고 개인과 사회의 연계를 (재)생산하는 시간 구조와 과정의 리듬을 탐구한 이유가 여기 있다. 르페브르는 일상과 마찬가지로 일상의 리듬도 이중적 태도로 보았다. 즉, 자본이 부과한 규범적 리듬으로 무미건조하게 반복·소외되어 있지만, 그것 또한 조화를 이루고 다양한 리듬을 지닐 잠재성을 내포하는 것이다.

일상의 단조로운 반복, 일상적 일과의 단선적 리듬은 복잡한 사회적인 순환 리듬과 상호 영향을 주고 서로 결합해, 때로는 (개인적·사회적) 신체에 치명적인, 모든 리듬이 동일한 리듬이 되어버린 '무리듬'을 만들기도 하며, 때로는 서로 진동하고 충돌하며 조련된 '조화 리듬'을 성취한다. 일상의 리듬을 경험하는 데 유용한 것은 '흐름', 곧 이동성이다. 이는 리듬 있는 흐름이며, 그것은 내재하는 경험이 친숙하고, 놀라우며 우연적인 것에 연속적인 규칙적 조율 순간이 풍부한 지속적 과정이다. 자본의 규범적 리듬은 일상생활의 다양하고 복잡한 리듬을 결코 완전히 포섭할 수 없다. 놀람·통찰·계시와 예민한 자의식의 순간을, 비록 그것이 의식적 사고를 표현하기는 어렵지만, 상품화를 통해 전유할 수 없는 사건으로, 그리고 일상의 리듬 소외를 피할 기회를 제공하는 잠재력이 있는 것으로 본다. 일상 세계의 행위에서 삶의 새로운 가능성을 위한 잠재력은 항상 내재되어 있다. 비록 노동의 리듬 문제 이해가 미흡하다는 한계가 있지만, 리듬분석은 단순히 안정된 리듬을 유지하려는 거친 작업이 아니라 지속성, 반복과 재생산, 정적의 순간을 인식하고 혼돈과 부조화와 붕괴의 순간을 열려는 것이다. 가속도와 권태에 바쳐진 생존의 리듬을 벗어나 창조적 다양성을 건져 올리려는 것이다. 자본의 메커니즘이 낳은 산물인 가속도가 놓치고 살균해버린 것을 회복해 새로운 변화를 시도하는 것도 이와 관련이 있다. 그것은 자본의 리듬에 대한 저항과 진정한 자유를 향한 욕망의 실험, 감각적이고 심리적이며 미학적인 실험이다.

제9장

전쟁과 질주정의 공간
총력전과 역공간

전 쟁 의 시 대

21세기에도 전쟁과 테러는 계속되고 있다. 우리는 이슬람국가IS 의 출현과 제3차 이라크 전쟁을 목격하며, 미국과 일본 그리고 중국이 한반도에서 무기 배치를 두고 벌이는 전쟁 게임이 일상이 되어버린 동시에 일상이 전쟁인 시대를 살고 있다. 광기와 살육의 전쟁공간은 현대의 삶을 이해하는 데 핵심적인 장이 되었다. 장 보드리야르Jean Baudrillard, 질 들뢰즈, 펠릭스 가타리, 자크 데리다, 미셸 푸코, 브뤼노 라투르 등의 전쟁공간 논의가 현대의 기술공학 지식과 군사적 권력을 성찰하는 지적 원천으로 새로 부상하는 이유가 여기 있다. 그럼에도 불구하고 전선이 불명확하며 브라운운동을 벌이는 현대의 전쟁공간을 설명하는 이론 틀은 그리 많지 않다. 필자는 감히 현대의 전쟁공간 탐구에 가장 독창적인 이론 틀을 제공한 인물로 폴 비릴리오

Paul Virilio[1]를 꼽는다. 비릴리오가 전쟁공간을 사유한 배경에는 과학기술혁명의 산물인 속도가 필연적으로 출현시킬 급진적인 미래의 고고학이 위치한다. 이 성찰의 출발점에 '벙커 고고학'이 자리 잡고 있다. 비릴리오는 1958~1965년에 군사공간과 영토의 조직화, 구체적으로는 제2차 세계대전 당시 나치가 프랑스 서해안에서 덴마크 해안까지 건설한 1만 5000여 개의 벙커를 현상학적으로 조사했다.[2] 자연에 맞서 침묵하는 전쟁 유물인 벙커에서 아즈텍 신전을 연상시키는 아름다움과 공포가 결합된 심상에 매혹된 비릴리오는, 그것을 장소를 강조하는topotonique 공간의 구조적 성격과 사상·신체에 대한 현상학적 동학 연구의 출발점으로 삼았다. 신체의 시공간적 경험을 강조하는 '경사 기능la fonction oblique' 이론에 근거한 시민 건축 운동이 그 산물이다.[3] 첫째, 비릴리오는 기술공학이 속도를 진보와 해방의 핵심 증거로 삼는 질주공간dromosphere에서 현전presence의 상실과 체험의 축소를 통해 공간정치를 소멸시킴으로써 질주정dromocratie으로 귀결되는 양상을 질주학dromologie[4]이라는 용어로 구체화했다. 그러고는 군사적 인간이 총력전la guerre totale을 빌미로 전쟁공간에서 전체주의적 파시즘을 강화해, 성숙한 토론이 필수 조건인 정치적 민주주의를 위기로 내몰고 정치를 소멸시켜 인간의 생존 자체를 위협할 가능성을 경고했다. 민주주의를 위기로 내모는 전쟁권력에 맞서는 혁명적 저항의 가능성을 지속적으로 모색한 이유가 여기 있다. 둘째, 군산복합체가 추동하는 기술공학적 산물(콩코드비행기, 미사일, 원자폭탄, TGV, TV, 인터넷 등)이 불러온 전쟁과 평화의 격변하는 양상을 분석했다. 또한 현대 전쟁의 중심에서 생성·작동하는 모더니즘을 이식혁명, 사이버네틱스 행위 예술 등의 신개념을 통해 신체의 내부 식민화, 사이버페미니즘, 기술근본주의 등의 조어를 사용하며 신랄하게 비판했다. 전쟁기계, 유목주의nomadism, 시각기계 등의 개념은, 비록 비릴리오 자신은 부인하지만 포스트모더니즘과 친화성이 있다. 모더니즘 전통의 예술·과학·철학에 연원을 두지만 포스트모더니즘에도 수렴 가능한 비릴리오의 사상을 일컬어 존 아미티지John Armitage는 초super모더니즘 또는 극hyper모더니즘이라고 불렀다.[5] 셋째, 속도정치와 정보통신 기술혁명이 낳은 제4의 전쟁공간에 대해 공간의 소멸, 프랙털, 지각의 병참학logistique de la perception, 극의 관성inertie polaire, 대량수송emportement 등의 개념을 통해서 시공간 압축과 새로운 지정학의 탄생을 성찰했다.[6] 아울러 1991년 제1차 이라크 전쟁, 1999년 코소보 전쟁, 2001년 9·11 테러, 2003년 제2차 이라크 전쟁을 목격하며 새로운 전쟁공간, 곧 '최종적 모습의 벙커'의 출현을 성찰했다.[7]

이 '최종적 모습의 벙커'는 어떤 공간적 성격을 내포하는가? 필자는 최종적 모습의 벙커 탐색에 대한 설명력 있는 개념 도구를 모색하며 역공간閾空間, liminal space 개념을 새로운 전쟁 양상의 설명에서 전유 가능한 공간으로 부각한다. 라틴어 '목구멍līmen'에서 나온 개념인 역공간성liminality은 본래 제례 의식의 중간 단계에서 앞선 단계는 끝났으나 다음 단계로는 들어가지 않고 입구threshold에서 기다리는 단계, 이곳과 저곳 사이의 경계면인 '문지방', 누구에게도 속하지 않는 틈새in-between 영역을 말한다.[8] 그 결과, 이는 구조화되지 않아 모든 사람들에게 행동이 열려 있지만 어떤 지침 없이는 쉽게 이해되지 않는 영역이며, 이전에 확립된 정체성과 시간 또는 공동체가 새로운 방식으로 이행하는 사이에 서 있는 공간이며, '배제된 중간', 곧 두 개의 지배적인 반명제들 사이를 미끄러지는 변증법적 공간이다. 이는 최근 일상적 공간 현상 가운데 생산현장도 소비현장도 아닌 공간, 자본이 장악한 곳도 노동이 주도하는 곳도 아닌 모호한 장소가 증가하는 양상과 상통한다. 여기는 가열 찬 인정투쟁 공간인 동시에, 의견이 상호 공유되면서 합리적 이성을 통해 상호 주관적 의미를 만들어낼 가능성 또한 잠재한 장소이다. 부정적 측면에서는 불확실한 혼돈의 영역이지만, 상충된 부분들이 만나 상호 작용하며 복합공간과 새로운 공간을 창출해낼 기회와 가능성도 제공하

는 공간이다. 필자는 바로 이 지점이 '지각의 병참학'이 작동하는 새로운 전
쟁공간을 해명하는 데 유용할 것으로 기대한다.

벙커 고고학과 질주정의 총력전 공간

비릴리오는 선언한다. 도시의 역사는 전쟁의 역사이며, 그것이 인간 사
회의 진화를 설명하는 데 가장 중요한 요소라고 말이다. 그의 책『속도와
정치Vitesse et politique』에 따르면, 카를 폰 클라우제비츠Karl von Clausewitz가『
전쟁론Vom Kriege』(1832)에서 "전쟁은 다른 수단을 쓰는 정치의 연속"이라는
말을 통해[9] 정치를 전쟁보다 우위에 둔 데 비해, 그는 전쟁이야말로 정치공
간 형성에서 근본적 뿌리라는 관점을 표명한다. 도시, 곧 폴리스는 전쟁이
라는 갈등 형태의 구성 요소이며, 전쟁 자체는 도시라는 정치형태의 구성
요소이다.[10] 봉건사회에서 자본주의 사회로의 이행도 군사공간적 · 정치
적 · 기술적 변환의 산물이다. 본래 유럽 봉건사회에서 요새 도시는 거주의
관성이 지배한 정치적 공간이고, 도시 대중의 순환과 운동량의 규제가 일차
적 목표인 부동의 '도시기계la ville-machine'[11]이며, (일종의 신화적 차원에서) 난
공불락의 전쟁기계la machine de guerre였다. 봉건사회의 물질적 토대였고 정
치가 특징적으로 배치된 그 요새 도시는 왜 사라졌는가? 운반이 쉬우며 속
도가 한층 가속화된 무기 체계가 급속하게 등장한 탓이다. 역사 진보의 핵
심 조건은 무기의 발달과 직결되어 있다. "역사는 무기 체계의 속도로 진보
한다."[12] 무기 체계의 기술 혁신은 도시를 무방비 상태에 빠트렸고, 일진일
퇴를 거듭하던 공성전을 전격 기동전으로 변화시켜 시민을 통제하려던 권
력자의 노력을 무산시켰다. 그 결과, 도시에는 새로운 현상, '거주할 수 있
는 순환circulation habitable'[13] 현상이 도래했다. 도시는 이제 이동과 운동, 운

송, 순환을 위한 정착지 또는 한 지점으로만 기능한다. 물론 비릴리오의 이런 선언적 분석은 변화된 군사공간의 출현에서 무기 체계의 역할을 강조하느라 그것이 물질적 재화가 가져온 양상이자 산물임을 간파하지 못한 측면도 많다. 그러나 현대사회 형성의 가장 강력한 지배 조건을 전쟁이 제공하며, 군산복합체가 도시의 창조와 정치 생활공간의 구성에 가장 은밀하고 강력한 영향력을 발휘하는 요소로 규정될 때 두 관점의 차이는 대폭 줄어든다.

비릴리오는 『속도와 정치』에서 새로운 사고를 준비하며 자극하는 명제들을 표명하고,[14] 시공간에서 속도의 조직화와 생산을 통해 현대 정치와 전쟁을 설명하는 질주학의 수립을 제안한다. 질주학이 기존의 지정학적 공간 인식에서 전쟁·속도·시각을 결합한 시간정치로 이행한 산물이 바로 질주정 체제이다.

> 질주정의 지성은 다소 한정된 군사적 적수에 맞서 발휘되는 것이 아니다. 오히려 그것은 세계에 가해지는 부단한 공격처럼, 그리고 그 공격을 통해 인간 본성에 가해지는 부단한 공격처럼 발휘된다. 식물상과 동물군의 소멸, 자연 경제의 폐기는 좀 더 잔인한 파괴를 위한 느린 준비 과정일 뿐이다. 이 준비 과정은 훨씬 더 광대한 규모의 경제, 봉쇄와 포위의 경제, 즉 고갈의 전략적 일부이다.[15]

이제 군사력은 더 이상 일반화된 안전보장 체제에 자리 잡지 않는 무정형의 것이 되었다. 국가는 정치적·시민적 정의를 실현하는 것이 아니라 병참학적·군사적 규율국가로 돌이킬 수 없이 변화했다.[16] 비릴리오의 전쟁 공간론에서 병참학 개념은 "전시나 평시나 관계없이 국가의 모든 잠재력이 군대로 이전되는 과정"[17]을 의미한다. 이 개념은 경제 분야에서 대량 생산과 대량 소비, 군사 분야에서 대규모 병력의 신속한 이동과 연락망 설치를 가능하게 만들어 전쟁이 끝나도 총력전이 지속되고, 그 결과 전시경제와 평시경제의 구분이 사라짐을 의미한다. 비릴리오는 이런 현상의 출현 배경으로 핵 억지력la dissuasion nucléaire의 역할을 강조하면서, 독특하게도 그것이 성취된 배경을 국가에 저항한 핵심적 전투 단위인 가족의 체계적 파괴와 연관시킨다. 예를 들면 여성해방은 국가에 맞서는 방어 형식인 가족의 연대성을 약화시켰다고 평가한다.[18] 그리고 전쟁기계에 대한 '탈리오 법칙'적 도전, 예컨대 이탈리아 극좌파 '붉은 여단'이 1978년 2월 "반혁명분자들이 숨은 벙커"에 맞서 정치적 행동 투사를 소집해 테러를 감행한 것은 병참학적 전쟁기계인 국가를 강화하는 데만 역설적으로 기여했을 뿐이다.[19] 그렇다면 어떤 타격 행동도 전쟁기계에 맞서 혁명을 실현시킬 수 없다는 말인가? 비릴리오가 볼 때는 유감스럽게도 그렇다. "어떠한 공격도 늦다." 그럼에도 저항은 필요하다. "오직 민중 방어défense populaire만이 가능하다."[20] 그런데 이 말은, 길거리를 통제해 혁명을 성공시킬 가능성은 상실되었지만, 저항 없이는 혁명도 없다는 모순된 논리를 내포한다.

　비릴리오에게 현대 기술과학 문명이 만들어낸 속도가 관철되는 질주정은 기본적으로 전체주의적 속성을 띤다. 절대속도를 장악한 군사·산업·과학 권력이 동맹을 맺고, 사회공간을 기술공학적으로 장악·감시·통제하는 권력이 전 지구적 '공포의 관리l'administration de la peur'를 통해 시민과 정치 모두를 지배하는 탓이다.[21] 실제로 기술공학은 '전 지구적 전체주의globalitarism'[22]를 통해 인간을 감시하며 세계를 식민화한다. 현대사회는 초영토적·전 지구적으로 판옵티콘화되어 공간은 소멸하고, 탈영토화된 대중의 삶은 끊임없이 가속도로 유동하며 불안정을 강화한다. 그것은 도시 지정학적 문제를 제기하며 '국가 정체성'과 '사회적 정체성'에도 영향을 끼친다. 이를 도시 지정학이라고 말하는 것은 실제의 도시가 탈영토화된 메타시티métacité 또는 가상의 하이퍼센터hypercentre 의 주변부로 전락하는 가운데 유목민들이 끊임 없이 발생하는 탓이다.[23] 이때의 유목민은 단순히 남에서 북으로, 동에서 서로 이주하는 문제가 아니라 전 세계적 이동자, 추방자, 망명자 등의 이주 민을 말한다.[24] 대도시에서 우리는 한 지역에 머무를 수 없는 자, 임시직을 찾아 표류하는 현대판 유목민을 쉽게 발견한다. 과거에는 일자리 발견이 유 리한 대도시에 정착sédentarité métropolitaine 했지만, 이제 편재하는 도시유목생 활이 일반화되고 있다.[25] 전 세계적 탈영토화, 곧 세계화가 경제적 터전인 생활공간을 이동시키는 탈로컬화délocalsation 로 유목민을 만들어내는 도정 성trajectivité 에 비릴리오가 주목한[26] 이유가 여기 있다.

유목주의에 대한 관심을 둘러싸고 비릴리오가 들뢰즈, 가타리와 맺는 관 계는 이들의 문제의식이 상당히 비슷하다는 점에서 각별하다. 들뢰즈와 가 타리는 '시각기계' 개념뿐 아니라 비릴리오가 『속도와 정치』에서 분석한 '현존 함대', '도시기계', '의지 없는 신체', '영혼 없는 신체', '전쟁기계' 등의 개념, 『영토의 불안정성De Instabilité』에서 사용한 '자살국가' 개념, 『벙커 고 고학Bunker Archaeology』에서 사용하는 '군사공간' 개념, 『순수전쟁Pure War』속 의 '탈영토화', '유목주의', '순수전쟁' 등의 개념을 『천 개의 고원Mille Plateaux』, 특히 '1227년 유목론 또는 전쟁기계' 장에서 적극 수용하고 있다. 이들은 비 릴리오의 속도와 권력 개념이 독창적이라고 긍정하며 공감과 인용을 표명 하는 반면, 속도의 파시즘적 성격을 비난하면서 그가 전혀 달라 보이는 세 종류의 속도를 동일하게 파악했다고 비판한다.[27] 그런데 사실 비릴리오도 이 세 종류의 속도를 모두 언급하지만, 차이를 부각시키지 않고 운동과 속 도를 구별하지 않는다.

한편 들뢰즈와 가타리에게 운동은 '외연적'(연장적)이고 속도는 '내포적' (강밀도적)이다.[28] 운동이 한 지점에서 다른 지점으로 옮겨가는 폐쇄된 이동 이라면, 속도는 어떤 지점에서도 돌출 가능한 우발성을 띤다. 운동이 '도로'

나 '중후함gravitas'과 관련이 있다면 속도는 '길'이나 '신속함celeritas'과 관련이 있다. 들뢰즈와 가타리가 이러한 구별을 중요시한 것은, 운동이 기존 궤적을 재생산하고 되풀이한다면 속도는 '따라가기'를 할 뿐인 탓이다.[29] '따라가기'가 의미 있는 것은 재생산에서 찾기 힘든 '독자성'과 '우발적 사건들', '일탈 가능성'이나 '새로운 궤적'을 탐색할 가능성을 함축하기 때문이다. 이는 들뢰즈와 가타리가 탈주선을 그리는 환원 불가능한 역동성인 만물 'ㅇㅇ 되기'를 가속운동 또는 운동의 절대속도로 규정하는 진술에서 확인한다.

> 유목민만이 절대적 운동, 즉 속도를 갖고 있다. 그리고 소용돌이 운동 또는 회전운동은 본질적으로 전쟁기계에 속하는 것이다.[30]

비릴리오가 운동과 속도를 구분하지 않은 이유는 무엇일까? 현재 절대속도에 도달할 수 있는 유일한 당사자는 필요한 자원을 충분히 비축해놓은 국가, 다시 말하면 '원국가Urstaat 대 전쟁기계'의 대립 관계에서 전쟁기계를 집어삼킨 국가일 뿐이라는 판단에서 비롯한 것으로 추정된다. 절대속도를 장악한 군산복합 민주주의, 곧 전쟁국가권력은 "모든 사회적 범주를 아무런 구분도 없이 속도의 질서에 종속된 무명 병사"[31]로 만들어버린다. 여기서 절대속도는 과학기술이 급격하게 발전함으로써 시속이 아닌 마하, 나아가 광속으로 측정되는 전쟁무기의 속도이며, 정치적 의사결정을 '운명적인 1초 이하'[32]로 축소시킨 속도이다.

반면 들뢰즈와 가타리의 속도는 빠르기와 무관한 '강밀도intensité'의 등가물이다. 강밀도란 한 상태에서 다른 상태로 넘어가는 임계점에 도달할 만큼 '응축된 힘이나 그 상태를 유지 가능한 힘'이 내포된 것을 말한다. 이들에게 절대속도는 응축된 힘이 최고치에 도달한 상태를 의미한다. 따라서 절대속도는 중력이 강요하는 궤적에서 탈출하는 소용돌이 운동(자유행동)을 통해 공간 점유가 가능하다.[33] 그러므로 들뢰즈와 가타리에게 절대속도는 절대적인 이동 가능성을 말한다. 이것은 공간의 위치 변화와 동시에 상태 변화를 지칭한다. 이러한 내포를 잘 표현하는 말이 '유목민'이다. 유목민은 국가의 장악을 끊임없이 벗어나고자 문제 제기하는 전쟁기계가 '홈이 파인' 국가 영토 바깥에서 만들어내는 매끈한 공간을 차지한다. 그러나 두 공간은 추상적 구분은 가능하지만 고정되지 않고 끊임없이 혼합된다. 그런데 궁금하다. 들뢰즈와 가타리의 유목민은 누구인가? 그들은 반드시 움직이는 사람이 아니라 오히려 무한한 인내력을 가지고 기다리는 사람을 지칭한다.

> 당연히 유목민은 움직인다. 하지만 실제로 그는 앉아 있는 것이[다. ……] 유목민은 기다릴 줄 알고, 무한한 인내력을 가지고 있다.[34] …… 우리는 진정한 유목민을 생각하고 있다. …… 우리는 그들을 두고 토인비가 생각했던 대로 그들은 움직이지 않는다고 말할 수 있다.[35]

들뢰즈와 가타리의 유목민이 인내하며 기다리는 것은 무엇인가? 그것은 평시 공간도 아니고 전쟁공간도 아닌 역공간에서 또 다른 삶과 또 다른 삶의 영토, 그리고 또 다른 사유와 가치를 실현하는 저항의 기회가 도래할 '임계점point critique'이 아닐까? 그러므로 유목민은 전쟁 권력의 산물인 파시즘이 위기를 맞는 순간, 즉 저항의 순간을 포착해 이동하고자 각성된 자를 말한다.[36] 따라서 우리는 들뢰즈와 가타리의 절대속도가 자기 내면의 강밀도를 높이는 속도라고 볼 수 있다. 이런 생각은 비릴리오에게서도 발견된다. 들뢰즈·가타리의 구분을 인용해 부연하자면, 비릴리오가 강조하는 점은 규제·장악하는 '왕립 과학'의 절대속도에 맞서는 '유목과학'으로 새로운 형식의 저항을 창조하려는 것이다.[37] 그 저항이 새롭게 창조되어야 하는 이유는 무엇인가?, 과학기술의 발전 속도가 가속화되면서 전쟁 형태가 달라진 탓이다. 즉, 과거에는 전쟁이 지구상의 거주 가능한 곳에서 발생했다면 오늘날에는 거주 불가능한 곳에서 발생한다.[38] 따라서 이제 저항의 양식도 달라져야 한다.

전쟁기계의 총력평화와 순수전쟁의 공간

비릴리오가 『벙커 고고학』에서 끌어내는 가장 놀라운 결론 가운데 하나이자 후속 저작들이 바탕으로 삼는 것은 제2차 세계대전이 아직 끝나지 않았다는 명제이다.

> 제2차 세계대전은 결코 끝나지 않았다. 평화 상태란 없다. 제2차 세계대전은 총력평화, 즉 다른 수단을 통해 추구하는 전쟁으로 계속되었기 때문에 끝나지 않았다. …… 억지력으로 이루는 총력평화는 다른 수단으로 추구하는 총력전이다.[39]

영구전쟁과 총력평화 상태가 제2차 세계대전 이후에도 계속 유지된 배경은 무엇인가? 기계화된 무력 운동이 등장한 이래로 지구가 전략지정학적으로 균질화되었기 때문이다. 물론 전략지정학의 중요성이 완전히 사라진 것은 아니지만, 공간을 전략적으로 축소시키는 것은 시대의 절대명령이 되었다. 비릴리오가 역사 또는 일상에서 속도의 가속화와 공간의 축소가 관철되는 현대사회를 묘사하기 위해 중요하게 배치한 개념이 있다. 바로 '극의 관성inertie polaire' 개념이다. '극의 관성'이란 속도가 극에 달하면서 지리적 공간의 현존이 임계점point critique 에 들어간 '무극無極'의 상황이다. 곧, 점·선·면·부피가 제거된 지리적 공간의 소멸을 가리킨다. 그 결과, 지구는 너무

작아져 무화無化 되고 '소멸의 정치'가 작동하게 되었다.[40] 이에 해당하는 것은, 예컨대 절대속도가 실현되어 고속 열차나 제트기를 타고 여행하기 때문에 움직일 필요도 없으며 떠나기도 전에 도착해 있는 여행객,[41] 가만히 앉아 전 세계 주식시장을 넘나드는 투자자,[42] 전쟁이 끝난 뒤에나 영토를 점령할 수 있는 군인[43]의 경우이다. 곧, 무슨 일을 시도할 때 이미 거기에 있어서 구태여 다른 지점으로 이동할 필요가 없게 된 절대정지 상황이며, 운동 그 자체를 박탈당한 '운동 독재dictatorship of movement'의 상황이다.[44] 고전적 의미의 관성이 사물의 부동성에 근거한다면, '극의 관성'은 바깥 세계와의 모든 관계가 단절된 신체의 '마비' 또는 '혼수coma'[45] 상태이며, 늘 같은 공간에 머무는 상태, 즉 푸코적 의미의 감옥이다. 이제 시공간에서 '여기'와 '저기' 또는 '어제'와 '내일'은 더 이상 없다. 모든 것은 균질적이고 중간적인 '지금' 그 자체일 뿐이다.[46] '극의 관성'은 과학기술이 기계적 운송 장치의 속도를 가속화한 운송혁명과 더불어 시작되었고, 군사 분야에서 가장 극대화되었다. 그러나 무화된 균질공간이 그 상태를 계속 유지하는 것은 아니다. 대항 전략은 출현 가능하고, 그것은 지금의 이슬람국가IS가 수행하는 '브라운 운동'식 전투로 전개된다.[47]

'극의 관성'이 출현한 결정적인 역사적 계기는 최초로 총동원령에 입각해 총력전이 전개된 제1차 세계대전과, 원자탄 투하로 '핵 억지력'을 등장시킨 제2차 세계대전이다. 기술공학 속도의 가속화는 운송 수단의 가속화에 그치지 않고 파괴 무기의 가속화를 가져왔다. 그 결과, 적의 건조물과 자연환경 체계까지도 파괴하는 '생태전쟁' 수준에 도달했다. 대표적인 것이 원자핵폭탄 무기이다. 핵무기는 적의 정체성과 영혼까지 파괴하는 치명적 파괴력을 넘어 핵 억지력이라는 새로운 개념을 불러왔으므로 전쟁공간을 이해하는 데 극히 중요하다. 핵 억지력은 핵을 실제로 사용하지는 않으면서 핵의 위협을 이용해 실제 전쟁을 제거하고 평화를 유지하는 것을 가리키는 말이다. 하지만 실상은 핵 억지력이라는 평화 상태를 말하기보다 '잠재적이고 상대적인 형태의 갈등상태' 또는 '평시에서의 전쟁 상태'를 의미한다고 보는 것이 더 정확하다.[48] 핵 억지력은 인류의 종말을 가져올 핵무기 등장의 산물이지만 전쟁을 종식시키지는 않았다. 오히려 포염 없는 전쟁이 계속되는 평화 상태의 전쟁공간이라는 모순된 공간, 곧 평시 공간도 아니고 전쟁공간도 아닌 공간 '역공간'을 생성시켰다.

> 핵무기의 위험, 그리고 핵무기가 보여주는 군사 체계의 위험은 핵무기가 터질
> 지 모른다는 위험이라기보다는, 그것이 존재한다는 것 그리고 우리의 머릿속
> 에서 내파할지도 모른다는 위험이다.[49]

핵 억지력의 목표는 병참학적 질서의 안정 상태가 아니라 '총체적 평화'인 '순수전쟁'의 상태, 곧 병참학적 전쟁 준비에 전체 사회를 동원하여 민간인과 군인, 전쟁과 평화의 구별이 흐려진 상태를 실현하는 것이다.[50] '보편화된 핵 억지력' 개념에는 지금까지의 모든 전쟁 양상인 포위전, 기동전, 총력전, 세계 전쟁 등이 병합된다.[51] 그 목적은 군산복합체가 사회와 경제를 '총체적 식민화'하는 파국적 과정에서[52] 또 다른 형태의 '의지 없는 신체'를 창조하는 것이다. 순수전쟁은 우리가 묵시록적인 순수한 공포로 이루어진 균형의 시간을 살아가도록 강요한 결과, '문화적 자살'을 가져오도록 요청한다. 순수전쟁은 또한 새로운 물신숭배, 곧 병기창 군수품 숭배에서 발견되는 것과 같은 종류의 군사과학적 대상에 대한 숭배를 출현시킨다. 그것은 다름 아닌 민간인의 '살 권리droit de vivre'가 아니라 '죽을 권리le droit de mourir'[53]와 대량학살을 정당화하며 신비적 묵시록을 상기시키는 '핵폭탄 신앙'이다.

무장을 통해서 이루어지는 보호를 무기 자체가 대체하게 된 애매한 상황을 보여준다. …… 이 행위의 본질적 목적은 …… 적을 단념하게 만드는 것, 즉 적의 움직임을 강제로 중단시키는 것이다.[54]

비릴리오가 '극의 관성' 상황을 포착하도록 이끈 것은 병참학적 핵 억지력과 순수전쟁 개념이다. 비릴리오가 심각하게 제기하는 문제가 있다. 다름 아닌 '극의 관성'이 관철되는 사회에서 민주주의의 위기 문제이다. 곧, 병참학적 순수전쟁에서 핵심 요소인 핵 억지력이 국가의 의사결정을 자동화한다는 사실이다. 과거에는 기동전에서 하급 부대장에게도 결정권이 주어졌지만, 이제는 병참학적 전쟁에서 모든 의사결정이 국가 수장에게 극도로 집중될 수밖에 없다. 더구나 군비경쟁이 새로운 벡터량의 속도로 증가하면 이 최종 결정권자 자체도 의사결정 과정에서 자동 추방당하는 운명에 직면하고 말 것이다. 운명의 1분이 운명의 1초로 축소될 것이기 때문이다. 가속화되는 기동력이 영토와 전진기지를 포기하도록 만들듯, 의사결정의 자동화는 결국 정치의 지속성을 상실시켜 정치적 장을 절대적으로 축소시키고, 토론과 협상, 성찰과 재고찰의 의사결정을 핵심으로 한 민주주의는 존립이 불가능해질 것이다.[55] 이런 '트랜스-정치적' 조건은 흔히 말하는 포스트 정치도, 정치의 종말도 아니다. 질병의 '감염'이며, 더 이상 정치 그 자체도 아니다.[56] 정치는 이제 물리적 공간보다는 원격 통신에서 비행기, 테제베TGV 등의 다양한 기술공학이 관리하는 시간 체계로 전개되면서 지리정치에서 시간정치로, 영토의 배분에서 시간의 배분으로 전개된다.[57] 영토가 의미를 상실하면서 속도의 비장소성이 지닌 전략적 가치가 장소의 전략적 가치를 대체했다.[58] 비릴리오는 영토공간에서 진행되는 정치와 시민 정신이 도시를 소생시킬 것으로 판단한다는 점에서 직접민주주의의 실천을 긍정적으로 받아들인다. 그리고 현대의 가속도적·군사적 인간을 두려움을 갖고 바라본다.

군사적 인간은 죽음의 문제에 관심이 없기 때문에 거짓 사제이다. 그는 사제가 아니라 집행자이고 새로운 이단 심문관이다.[59]

비릴리오가 민주주의의 위기를 초래하는 중요한 원인으로 꼽는 것이 또 있다. 그것은 뜻밖에도 미디어 기술공학의 정보 전달력이다. 미디어가 인간 사이의 의사소통을 활성화해 민주주의 발전에 기여할 것이라는 많은 일반적 진단과 달리, 비릴리오는 미디어 기술공학의 사건현장 정보 전달 체계(예: CNN, Fox News)가 우리 지각에 영향을 끼치고 시간 개념을 왜곡시켜 정치를 '브라운관 민주주의'로 만들고 말 것이라 경고한다. 그는 새로운 기술공학과 미디어가 원격 감시로 통제 사회를 만드는 일종의 점령군이라고 단정한다.

> 인공위성 덕분에 텔레비전 브라운관은 각각의 그들[시청자들]에게 …… 지구 정반대쪽의 현존을 가져다준다. 공간(l'espace)은 모든 것이 동일한 장소에 있지 못하게 하는 것인 반면, 이 갑작스러운 감금은 모든 것, 전적으로 모든 것을 이 '장소'로, 소재지 없는 소재지로 데려갈 것이다. 그리고 자연스러운 울퉁불퉁함과 시간 거리의 소멸은 모든 국지화와 모든 입지가 포개지도록 만든다. 생중계되는 사건들처럼 장소들(lieux)은 마음대로 상호 교환할 수 있게 되었다.[60]

그 결과, 선거 여론조사와 TV 시청률 조사부터 비디오 전쟁에 이르기까지 비릴리오가 '현실 세계의 가상적 극장화théâtralisation' 또는 '재현'이라고 부른 현상이 압도적으로 많아졌다.[61] 이러한 장소 없는 현재, 곧 '편재하는 즉시성'은 물리적 공간의 헤게모니에 도전한다. 무엇보다 시각의 조작이 빠르게 전개되고 전체주의적인 형식을 띠면서,[62] 민주주의는 정치에 참여하는 것이 아니라 오락 소프트웨어 작동 게임이 되었다. 속도 권력은 상호 토론과 심의의 부재를 자동민주주의démocratie automatique라는 말로 현혹하지만, 그것은 집단적 성찰의 역량을 소멸시켜 여론과 시청률 조작이 범람하고 판치게 만드는 반사민주주의démocratie-réflexe에 불과할 뿐이다.[63] 속도는 전 지구적 '축소 효과'를 통해 이 현상을 가속화한다. 속도의 가속화와 더불어 가까운 곳과 먼 곳, 현재와 미래, 현실과 비현실이 심성적으로 혼합되고, 역사와 이야기들이 혼합되어 통신공학기술이 환각 작용을 일으키는 유토피아를 만들 뿐[64]이다. 대중매체와 산업적 군대의 동시 존재는 선전·환상·은폐의 정보 시장을 만들어내면서 전쟁 없는 전쟁 능력을 지닌 현대성의 순간을 표현한다. 위성망으로 실시간 제공되는 TV 정보는 시간과 공간을 함께 숨긴다. 지각의 즉각성으로 특징지어지는 전 지구적 조망의 출현은 우리 눈을 카메라의 시각과 구분이 불가능하게 만든다. 그 결과, 시청자-주체의 소멸이 진행되고 비판 의식도 소멸되며 미디어의 힘이 현실을 대체한다.[65] 따라서 우리는 "미디어는 메시지"라는 마셜 매클루언Marshall McLuhan의 명제를 '미디어는 속도'라는 말로 바꿀 수 있다. 이는 세계의 압축이 진행되면서 진격 속도가 너무 빨라 "자신의 병기 창고가 도리어 아군의(내부의) 적"이 되는 위험, 곧 역공간의 현상을 발생시킨다.[66] 개인은 이제 사진기계나 시각 전자 미디어에 포획된 사건의 존재로만 남게 된다.

산업혁명기의 여론의 표준화 …… 라는 긴 역사를 거친 후에, 우리는 집단 감정의 동시화 시대에 접어들었다. 정보혁명과 함께 이는 과거 전체주의 체제의 관료주의적 집단주의가 아니라 역설적으로 대중 개인주의(individualisme de masse)라고 명명할 수 있는 것을 조장한다.[67]

'시각'은 한때 본질적이었으나, 이제는 우연적인 것이 되었다.[68] 일시적이고 덧없는 것이 승리한다는 '소멸의 미학'이 주도하면서 진실의 무게와 양은 물론 부피와 깊이까지도 폐기처분했고, 특히 정치공간을 소멸시켰다. 그러나 비릴리오가 "나는 정치의 소멸에 맞서 싸웠다"라고 말할 때 이것이 반드시 고전 민주주의로 귀환을 뜻하지는 않는다. 그것은 기술공학이 새로운 미디어와 정보로서 공간은 물론 시간까지 소멸시키며 '생활세계를 전체화'하는 데 맞서 정치의 재구성을 촉구한다. 물론 이런 말이 역사에 새로운 힘으로 나타난 미디어와 대화를 시도할 의지도 없이 오직 완고한 저항만을 촉구한다거나, 새로운 디지털 기술이 민주화를 추진할 수 있다는 점을 간과했다는 비판[69]도 상당히 일리가 있다. 이에 비릴리오는 자신이 "상황을 명확하게 정의하고자 한 것이 아니라, 경향을 드러내려고 시도"[70]하는 것이라고 변명한다. 그는 한편으로 인터넷과 사이버 공간을 부정하지는 않지만, 그것이 선전 도구로 기능하면서 직접민주주의를 위기로 내몰 것을 우려한다. 가상현실 환경은 사이버네틱 구속을 제공해 인간 세계의 물질-공간-시간이 현실성을 상실한 상태의 무중력 시공간을 만들어낸 결과, 정보혁명을 명분으로 사생활공간이 침해되고 과잉 노출의 욕망이 커지도록 자극할 것이다. 곧, '원격 현존la téléprésence'의 보편적 돌출 사고l'accident général가 '지금 여기'의 현존 공간에서 사고를 대체할 것이다.[71] 또한 그는 과학기술공학이 전쟁의 도구로 이용될 뿐 아니라, 다국적기업의 수중에 들어가 인간의 욕망을 자극하는 기술만 발전시키고 민주주의가 구현되어야 할 공간을 소멸시킬 것을 우려한다.[72] 이른바 정보 고속도로 건설이라는 명분으로 정보 장악에 맹렬히 돌진하는 다국적기업들이 준비하는 '세계 사회société mondiale' 건설에 대한 저항을 전제할 때만, 새로운 기술공학이 민주주의 진전에 기여할 것으로 보는 이유가 여기 있다.

지 각 의 병 참 학 과 제 4 전 선

비릴리오는 현대전에서 핵무기가 과시하는 절멸의 위협에 덧붙여, 전자
장비의 지원을 받는 공중폭격이 가능해지면서 고정된 벙커 요새가 불필요
한 총력전 시대의 도래를 가장 극명하게 드러냈다. 그는 군산복합체가 장악
한 질주정 국가의 권력을 '순수 권력'으로, 질주정 국가의 총력전에 동원된
'전쟁기계'가 최첨단 기술공학 무기 체계로서 수행하는 전쟁을 '순수전쟁'으
로 규정한다. 순수전쟁이란 과연 어떤 전쟁인가? 『손자병법孫子兵法』에서
최선의 군사적 이상, 곧 "싸우지 않고도 적을 굴복시키는 것不戰而屈人之兵"[73]
인 모공謀攻이 뒤집힌 형태이다. 순수전쟁은 단순히 적의 섬멸을 도모하는
'절대전쟁la guerre absolue'이나 '총력전'이 아니다.[74] "과학 가운데서 작동하는
영구전쟁"이며, '병참학적 전쟁' 또는 '전쟁기계'가 총력전과 핵무기의 위협
을 통해 역설적으로 유지하는 평화인 '총력평화' 상태이다. 비릴리오는 말
한다. "이미 총력전이 기존 기술력 수준의 능가를 내포한다는 점에서 냉전
다음에는 총력평화였다."[75]

비릴리오의 순수전쟁공간론은 또한 총력전에 관한 지식, 곧 병참학의 새
로운 발전에 주목한다. 이는 다름 아닌 '지각의 병참학logistique de la perception'
이다. 하필이면 왜 '지각의 병참학'인가? 기존 전쟁은 지도에 근거해 작전을
수립하고 대포를 발사하며 공격전을 전개했지만, 이제는 항공사진과 파괴
적 무기가 출현하면서 정상적인 장소지리적 지표물이 사라진 탓이다. 그는
인공위성이 제공한 이미지와 정보를 결합해 명령·통제·통신·판단을 내
리는 '전쟁경영' 방식을 사용한 걸프전이 미디어에 기반을 두고 전개한 전
략적 이미지 전쟁이었기 때문에 '지각의 병참학'이 효과를 발휘했다고 평가
한다.[76] 파괴 수단과 파괴의 통신수단을 뒤섞는 과도한 운동의 생산이 거리
와 겉모습을 위조해 진위 여부가 문제시되지 않는 가상 전쟁에서 '소멸의

미학'이 작동한 것이다.

> 전쟁은 파괴의 수단과 파괴의 커뮤니케이션 수단을 뒤섞고, 운동의 과도한 생
> 산을 통해 거리를 위조함으로써 외양을 위조한다.[77]

건축물이 지표물의 역할을 상실하고 사진이 모든 장소의 기억을 대체하
면서 남은 것은 이미지에 대한 '지각의 현상학'일 뿐이다.[78] 비릴리오가 제1
차 걸프전을 가상 현전에 바탕을 둔 '사막의 스크린' 작전으로 이름붙인 이
유가 바로 여기 있다. 감히 이렇게 말할 수 있다. 실제 공간은 이제 사라졌
다. 그뿐만 아니라 우리가 체험한 공간도 사라졌다. 기술공학은 공간에 대
한 우리의 지각을 변화시킬 뿐 아니라 공간 자체의 성격도 변화시켰다.

걸프전에서 보았듯, 현대전은 절대속도를 장악한 순수 권력이 정교한 무
기를 통해 유지하는 '억지력'을 매개 삼아 전개된 순수전쟁이다. 그것은 '시
각기계la machine de vision'가 제공하는 정보 분석에 근거해, 평화의 보장을 명
분 삼아 끊임없는 시뮬레이션으로 준비되는 병참학적 전쟁이고, 공격과 방
어의 구분이 더 이상 가능하지 않은 역공간에서의 영구전쟁 상태이며, 총력
평화의 상태이기 때문이다.

> 그것은 대상과 사물의 전쟁이라기보다 이미지와 소리의 전쟁이다. 거기서 승
> 리는 오직 적을 시야에서 놓치지 않는 것에 달렸다. 모든 순간에 모든 곳에서
> 모든 것을 보고 알려는 의지, 보편적으로 조명하려 하는 의지. [이는] 뜻밖의
> 일, 돌발사고, 예견치 못한 것의 난입을 영원히 배제하려는 신의 눈을 변경한
> 것이다.[79]

질주정 국가는 군산복합체가 장악한 '전쟁기계'로 작동하며 절대속도를

장악한다. 전쟁공간을 통제하는 군사적 전술은 공항, 고속도로, 원격 통신 같은 새로운 회합 지점과 연관시켜 사고한다. 비릴리오가 초기 저술부터 계속 탐색한 또 다른 핵심 주제는 군산복합체가 내세운 속도의 정치경제학 질서에 대한 저항 전략의 모색이다. 그는 다양한 공간에서 왜 프롤레타리아가 저항에 실패했는지를 검토하고, 그 이유를 저항 방식의 문제, 곧 물리적 공간의 통제와 절대속도의 획득 등 '전쟁기계'와 동일한 방식으로 저항을 생각한 데서 찾았다. 예컨대 『영토의 불안정성』에서 그는 구식 공산주의가 실패한 이유에 대해, 공산주의가 진보와 속도를 동등하게 여겼지만 속도는 결코 진보의 표시가 아니었고, 오히려 내부의 적군 역할을 수행했다고 평가한다.[80] 반면 파시즘은 '총력전'과 '총체적 평화la paix totale'로서 살아남았다. 비릴리오가 "파시즘은 결코 죽지 않았고 따라서 파시즘의 부활을 두려워할 필요도 없다"[81]라고 모순어법으로 말할 때, 그 말은 동력과 신체-속도를 결합한 파시즘이 해양제국이나 식민지 건설처럼 서구의 질주정이 이룩한 문화혁명 · 정치혁명 · 사회혁명에서 잘 드러나는 현대 문명의 본질이라는 비판적 지적이다. 이런 비판은 비릴리오가 마르크스주의자라는 인상을 주지만, 사실 그는 노동자 총파업으로 속도를 '중단'시켜 (자본주의든 사회주의든) 군산복합체의 파시즘적 독재공간에 대한 타격을 노리는 아나르코생디칼리스트anarcho-syndicalist에 더 가깝다.

중단이란 속도의 변화이다. 예컨대 파업, 그러니까 총파업은 농민 봉기에서의 바리케이드보다 더 훌륭한 발명품이었다. 전(全) 지속 시간으로 퍼지기 때문이다. 그것은 공간의 중단(바리케이드를 가지고 한 것처럼)이라기보다 지속의 중단이다. 파업은 시간 속에 쳐놓은 바리케이드이다.[82]

그러나 현실은 과학기술혁명의 산물인 기술공학이 생존을 지배한다. 우리는 세계를 공간 차원뿐 아니라 시/공간적 차원으로 함께 이해해야 한다. "속도 거리la distance vitess는 물리적 차원이라는 개념을 위축시키고 말소시킨다."[83] 초음속 비행기의 등장으로 말미암아 대서양 횡단에 걸리는 시간은 도시를 도보로 횡단하는 시간보다 단축되었다. 물리적 차원의 위축과 말소가 시간의 지배를 강화한 결과, 공간 거리는 시간 거리로 대체되었다.

비릴리오는 질주계에서 인간의 삶과 역사적 사건들이 공백인 상태, 곧 사막의 형식을 부정적 지평의 양상이자 '벙커의 최종 모습'으로 묘사한다. 최종 단계에 도달한 벙커의 모습은 자본의 집중이 재화를 축적시키고 재화가 속도를 집중시킨 가속화, 무엇보다 전달 수단의 탈물질화를 급속도로 가속화한 상태, 곧 인간과 도시와 시민이 소멸되는 상태이다. 전쟁공간으로서 사막은 최종적 모습의 벙커이자 속도가 가장 현실감 있게 구현되는 공간이다. 그러나 그 현실감은 스크린에서 만끽하는 현실감이다. 비릴리오의 관점은, 1991년 제1차 걸프전을 통신수단 또는 기술공학의 발전으로 전쟁의 시공간적 양상이 크게 변한 '포스트모던 전쟁'으로서 평가한 장 보드리야르와 상통한다. 이들은 학문적 배경이 달랐지만 물질적 소비주의와 매스컴의 지배로 특징짓는 새로운 사회적 조건의 이해를 공유했으며, 퐁피두 센터가 발간하는 ≪트래버스Traverses≫에서 서로 협력했다. "걸프전은 발생하지 않았다"[84]는 보드리야르의 선언과 비슷한 맥락에서, 비릴리오는 제1·2차 걸프전쟁을 마이크로 수신기와 컴퓨터가 정보를 받아 건물이나 벙커에 대한 공격 여부를 판정하는 군사적 '시각기계la machine de vision'가 주권자로 등장한 전쟁이라고 규정한다. 아울러 지각을 모호하게 만드는 스텔스furtivité가 속도rapidité를 대체한 전쟁이기도 하다.[85] 그 결과, 전쟁은 매스미디어에서 전개된다. 그는 2003년 제2차 걸프전쟁에서는 시각기계의 지시로 사담 후세인Saddam Hussein의 벙커를 공격하는 파괴 무기(미사일)와 함께, 사람들의 마음을 타격하도록 고안된 매스미디어 무기인 TV가 동원되어 전쟁을 가공스러운 연속극으로 만들고 말았다고 비판한다.[86] 시각기계가 전례 없는 속도로 생산한 정보를 통한 의사결정의 즉각성은, 시공간 관계가 "전자기계의 시각으로 지각하는 병참학 환경"에 완전히 융합된 새로운 전쟁, 제3차 세계대전의 축소판을 만들고 있다.

그러나 비릴리오의 '벙커 고고학'이 새로 출현한 벙커가 장소에 고정된 콘크리트 구조물 건축을 넘어 '비장소'를 성취한 뒤 신체 없는 저항(방어)의 가능성을 제공한다고 보면서, 장 보드리야르와 견해가 어긋나기 시작했다. 비릴리오는 보드리야르가 말하는 "사회적인 것의 소멸"을 사회에 대한 신념을 잃은 허무주의적 발상으로 폄하한다.[87] 반면 보드리야르는 비릴리오가 너무 분명한 도덕적 입장을 취하고, 흥미롭게도 자신보다 더 급진적이라며[88] 모호한 말로 응수했다. 결정적 차이는 전쟁기계나 기독교에 대한 관점 차이를 넘어 벙커에 대한 관점의 차이에 있다. 벙커를 텅 빈 죽은 조개로 묘사한 비릴리오와, "흐름과 기호의 시체" 혹은 "자신의 무게로 이미 분쇄된 문화의 모습을 지닌 제국적 압축"으로 보는 보드리야르의 견해는 일견 서로 유사하다. 하지만 비릴리오가 신성한 제단, 묘지로 쓰이는 교회의 비밀스러운 지하실의 모습을 떠올리며 퐁피두 센터의 콘크리트 벙커를 내부에 복합 가치가 있는 건물로서 긍정적으로 평가한 데 반해, 보드리야르는 퐁피두 센터가 늘 똑같은 질서를 만들어내는 하나의 단조로운 콘크리트의 시뮬라크르에 불과하다고 평가하면서 이들의 견해는 크게 어긋나고 말았다.[89]

그러면 절대속도에 도달한 무기 체계의 등장으로 공간이 위축·소멸되는 시대에 민중 방어는 어떤 형식으로 가능한가? 공간의 소멸이 글자 그대로 지리적 공간 소멸을 말하는 것은 아니다. 다만 전쟁에서 영토에 근거한 지정학의 가치가 크게 축소되었다는 것, 곧 저항을 시도할 공간 자체가 사라져간다는 뜻이다. 공간은 여전히 자신의 현존을 유지하기 때문에 비릴리오가 물리적 공간의 말소를 강조한 것은 시간의 지배를 강조하기 위한 수사적 진술의 측면이 강하다. 그러나 가속도가 지배하는 공간의 성격이 변화한 것은 사실이고, 필자는 '역공간' 개념을 도입할 계기를 여기서 포착한다. 이는 저항공간이 소멸되면 더 이상의 저항이 불가능한 것이 아니라, 주어진 상황에 상응하는 공간에서 새로운 형태의 저항을 창안하도록 요청한 것과 연관이 있다. 예컨대 프랑스의 나폴레옹 군대가 가공할 만한 화력을 앞세워 스페인을 침공해 초토화시켰을 때 시민들은 '영토 없는 저항la résistance sans territoire'을 창안했다. 그 결과, 한 지점을 교두보로 삼아 저항하는 시민 방어의 시대는 마감하고, 새로운 공간에서 게릴라전이라는 '시간의 저항'이 탄생했다. 그와 비슷하게 베트남 전쟁에서 시민들은 땅굴을 파고 들어가 자신의 신체를 적의 시야에서 사라지게 만들어 '신체 없는 저항la résistance sans corps'을 실현했다.[90]

그러나 군산복합체 권력이 모든 저항 형태(심지어 신체 없는 저항까지 포함해)를 능가하는 절대속도를 확보했다면 저항은 어떻게 가능한가? 권력의 절대속도가 '극의 관성'을 구현해 사람들이 오직 커뮤니케이션 네트워크로만 연결되어 있는 '누에고치' 같은 사회라면,[91] 즉 권력의 절대속도가 사회 전체를 탈영토화할 수 있는 사회라면 저항은 어떻게 가능한가? 비릴리오는 권력의 과학기술이 기존의 시민 방어 형태를 완전히 능가했기 때문에 시민의 속도로는 권력의 절대속도를 제압할 수 없다고 단언한다.[92] 1970년대에 '파괴기계'를 자원한 '붉은 여단'의 군사작전이 비극으로 끝난 이유도 같은 원인에서 비롯한다. 우리 스스로 군사적 인간이 되고자 할 때 그것은 더 이상 민중 방어가 아니다.[93] 이는 '기술공학 근본주의'에 대한 비판과도 맞물린다. 비릴리오는 '테크노 숭배'와 결부된 새로운 형태의 근본주의를 다음과 같이 지적한다.[94]

우리는 전통적인 믿음에서 비롯된 신에 대한 기대에 결부되지 않고 테크노 과학의 진짜 보수주의, 즉 왜곡된 과학의 '테크노 숭배'에 결부된 새로운 형태의 근본주의의 탄생을 목격할 수 없을 것인가? 그런데 이 왜곡된 폐해는 …… 종교적 환상의 폐해보다 더 심할 것이다. 특히 이러한 폐해는 왜곡된 과학이 종의 어떤 특성들(성, 인종 혹은 종교)을 공격하지 않고 완전히 지나치게 흥분한 인간이 희망하는 구세주 도래에 의해 결국 신망을 잃은 '자연적' 생명력과 생물을 공격하는 한에서는 그러할 것이다.[95]

그러면 과학기술혁명이 낳은 속도를 감속시키고 전쟁기계를 해체할 방도는 전혀 없는가? 비릴리오는 이 난관을 돌파하려는 지적 시도로서 1980년 이후 피크노렙시picnolepsie,[96] 곧 중단 또는 방해 개념에 관심을 집중하며 '돌발사고accident' 개념을 사회병리학적 현상의 중심에 두고 근대성을 고찰한다. 비릴리오가 『순수전쟁』에서 진단한 바에 따르면, 과거에는 실체substance가 필연적인 반면에 돌발사고는 상대적이고 우발적이었지만, 한순간에 역전이 일어나 이제는 돌발사고가 필연적이고, 실체가 상대적이며 우발적인 것이 되었다고 진단한다.[97] 권력의 입장에서 중단이란 일종의 시스템 장애나 균열 또는 돌발사고이다. 비릴리오에게 '돌발사고'는 절대속도에 도달한 권력의 한 가지 속성, 달리 말하면 속도의 가속화는 돌발사고, 곧 총체적 돌발사고accident total를 생성한다. 증기선의 발명은 난파사고의 발명이며, 기차의 발명은 탈선사고의 발명이다. 자동차의 발명은 고속도로 연쇄추돌사고의 발명이며, 비행기의 발명은 추락사고의 발명이다. 그러므로 돌발사고는 실패가 아니라 성공, 몰락이 아니라 난관의 돌파에서 생겨난다.[98] 그리고 이 돌발사고는 개별 로컬에서 발생하지만, 로컬을 넘어 일반화된다. 예를 들어 로컬에서 벌어진 핵발전소 폭발사고는 주식거래의 붕괴와 방사능 확산이라는 총체적 돌발사고를 초래한다.[99] 이제 비릴리오는 상상의 돌발사고 박물관le musée de l'accident을 구상하면서[100] 다음의 결론에 이른다.

근대성(modernity)은 내가 '통합적 돌발사고(integral accident)'라 부르는 영역 안에서만 멈출 것이다. 나는 기술적 현대성, 즉 지난 두 세기 동안 이루어진 기술적 발명들의 소산으로 여겨지는 현대성이 오직 …… 전적인 생태학적 돌발사고로서만 중단될 수 있다고 믿는다. 각각의 모든 기술적 발명품들은 특정한 돌발사고의 혁신이었다. 기술과학의 최고치로부터 '일반화된 돌발사고(generalized accident)'가 발생했고 발생할 것이다. 그리고 이것은 모더니즘의 끝이 될 것이다.[101]

이런 견해는 심지어 나노 연대기로 전개되는 시간 중심의 정치경제학적 역사의 불안정성을 비판하고,[102] 장차 점진적 진화를 통해 공간을 회복시키려는 의도가 작용한다. 비릴리오가 회복하려는 공간은 어떤 것인가? 절대공간이나 전체공간이 아니라 브누아 망델브로Benoit Mandelbrot가 생각하듯 매우 다차원적인 프랙털 공간,[103] 들뢰즈와 가타리가 염두에 둔 땅 밑 줄기들이 서로 연결·접속되는 '리좀rhizome'이나 그것이 형성하고 확장해가는 다양체로서 '고원plateau' 같은 성격의 공간일 것이다.[104] 고원은 자기 스스로 진동하고, 정점이나 외부 목적을 향하지 않으면서 자기 자신을 전개하는, 강렬함, 곧 강밀도들이 연속되는 공간이고, 이는 전쟁공간을 대체할 것으로 기대한다.

공 간 정 치 의 회 복

비릴리오는 1990년대 이후 현대의 전쟁이 제1차 세계대전 시기의 전격전과 제2차 세계대전 시기의 총력전을 넘어, 가속도를 기반으로 가상공간에서 전개되는 '가상 현전' 전쟁으로 진화했다고 평가한다. 그리고 현대사회는 군산복합체가 주도하는 군사공간에서 속도의 신앙에 매몰된 '기계 신 deus ex machina'의 시대이며, 속도를 진보이자 해방으로 간주하는 질주학의 전성시대라고 선언한다. 군사적 인간의 가속운동은 전체주의적 파시즘의 성격을 강화했고, 질주학에 근거한 질주정이 정치적 민주주의는 물론 인간의 생존 자체를 위협한다. 무엇보다 대다수 주민이 거주하는 현대 도시가 군사적 형태를 강화한 결과, 공간정치가 소멸되고 시간정치 또는 속도정치가 등장했다. 그리고 통신 기술혁명으로 정보 전달이 가속화되면서 지리적 공간의 종말을 가져왔다. 필자는 역공간 개념을 도입함으로써 이와 같은 현실이 전개되는 전쟁공간에 대한 해석을 풍부하게 만들고자 시도했다. 역공간은 구조화되지 않아 모든 사람들에게 행동이 열려 있지만 어떤 지침 없이는 쉽게 이해되지 않는 영역이며, 이전에 확립된 정체성과 시간 또는 공동체가 새로운 방식으로 이행하는 사이에 서 있는 공간이다. 비릴리오는 현재 전쟁공간에서 대중이 참여해 토론을 전개하는 민주주의가 위기를 맞으며, 심지어 정치 자체가 소멸되는 양상을 목격하고 있다. 군사기술과 정치적 공간의 구성이 맺는 연관성을 제시하고 상실된 공간을 회복하기 위해 노력한 것은, 절대속도를 장악해 민주주의를 위기로 내모는 권력에 맞설 혁명적 저항의 가능성을 탐색하려는 의도에서 비롯한다.

하지만 전쟁공간과 기술공학 비판, 나아가 민주주의가 실현되는 공간의 회복 전망은 그럼에도 아쉬운 점이 없지 않다. 먼저, 기술공학의 전체주의에 맞서려는 의도는 긍정적이지만, 현대 과학기술과 미디어 문화의 삼재력은 부정하고 있다. 즉, 과도하게 일방적인 기술 공포증에 근거해 기술공학에 대한 비판이 기술공학 금욕주의로 귀결될 가능성, 아울러 군산복합체를 비판하고 민주주의를 옹호하지만 자본과 기술공학, 국가와 군대의 테크노정치 관계를 해명하는 이론적 기반이 부족하다는 비판도 가능하다. 둘째, 비릴리오는 지정학을 시간정치와 대립시켰지만, 사실 근대 이후 지정학적 장소 자체가 이미 이동 시간과의 연관 속에서 성립된 것이다. 병참학적 질서에서 지정학은 사라지지 않았고, 다만 전쟁기계 안에서 그 역할이 약화된 것뿐이라는 지적이 가능하다. 셋째, 비릴리오는 직접민주주의가 실현 가능한 장소와 공간을 중요시하지만, 실제로는 기술공학이 자아의 근거로서 장소와 공간의 중요성에 대한 관심을 점차 약화시키는 현실을 미처 반영하지 못한다. 즉, 개인들은 이제 '비장소' 현상 속에서 자신의 정체성을 확인하고 삶을 새로운 방식으로 경험하는 것이 불가피해졌다는 점, 그리고 물리적 공간이 부식되어 가상공간에 대한 상상력의 중요성이 증가한 점에는 더욱 주목할 필요가 있다. 이는 공간에 관한 현재의 관심이 단순한 물리적 공간을 넘어 확장되어야 하는 현실과 직면한 결과이다.

제 4 부

기억의 정치와
공간의 가변성

기억의 장소와 기억의 정치

폴란드 예드바브네 유대인 학살 사건의 기억

기 억 의 본 질

한때 심지어 '기억 산업'이라고 불릴 정도로 '기억' 관련 담론이 사회 · 정치 · 문화 분야에서 널리 확산되었다. 그 결과, 역사학에서는 '일상'과 '기억'이라는, 너무나 당연시되었으나 깊은 심연을 지닌 주제가 전면에 드러나는 계기로 작용했다.[1] 역사학이 '시간의 황무지'[2]라고 불리던 '기억으로의 전환 memorial turn'을 감행한 계기는, 20세기 말 역사적 진실의 존재를 의문시하는 포스트모더니즘의 문제의식을 내면화하던 단계에서 매우 현실적인 역사적 사실과 인간의 보편적 권리라는 추상성을 결합한 산물이었다. 이런 상황의 출현에 '상처받은 시간'[3]으로서 유대인 대학살Holocaust의 유산을 두고 벌어진 치열한 논쟁들이 가장 큰 촉매로 작용했다. 그러나 우리는 이미 1990년대에 코소보 사태로 대표되는 발칸전쟁에서 기억의 정치적 이용이 치명적인 정치적 영향력을 행사하는 것을 목격했다.[4] 그 결과로 기억 담론을 좀 더 비판적으로 검토해야 할 필요와 직면하고 있다.

기념물과 전승으로 가득 찬 사회는 박물관과 기념관을 두고 논쟁하도록 만들
며, 관찰자의 관점에만 의존해서 사회문제에 대응해 공적 정책을 결정하는 것
을 제한하도록 만든다.[5]

역사가들은 기억을 두 갈래로 평가해왔다. 첫째, 기억은 파편화되고 불완전한 것이어서 복잡한 과거의 경험을 기록하는 데 한계가 있다고 보는 실증적 객관주의 입장, 둘째, 기억에 근거한 역사 서술이 비록 한계를 지니는 것은 사실이지만, '억제되고 전치되며 부정된 기억'이라도 정보로서 가치가 있다는 해체적 주관주의 입장이 그것이다. 도미니크 라카프라Domonick LaCapra는 이를 "기억은 역사에 못 미치는 동시에 그 이상"[6]이라는 말로 표현했다. 기억 행위는 다면적인 '기억 축제'[7]의 요소를 지닌다. 최근 기억의 문제는 주로 선택된 장소와 연관시켜 정체성의 정치 담론, 특히 국민 공동체 정체성의 형성과 유지 및 그것의 변형과 재생산방식에 초점을 두는 경향이 있다.[8] 기억이 개인과 공동체의 정체성 형성에서 수행하는 역할을 조명하며, 집단 기억의 형성을 이론화하는 방식을 두고 제기되는 다양한 의문은 '과거' 기억의 정치적 역할과 역사의식, 정치적 정체성과 권력 사이에서 기억의 관계를 재사고할 기회를 제공한다.

필자는 먼저 기억의 본질에 대해 두 가지 질문을 제기한다. 첫째, 기억은 개인 기억에서 출발하는가, 아니면 집단 기억에서 출발하는가? 둘째, 국민국가의 집단 기억에서 중간 단위의 로컬 기억이 존재할 수 있는가? 먼저 지그문트 프로이트Sigmund Freud에 기반을 둔 개인주의 기억이론에서는 모든 집단 기억도 개인 기억의 동일한 주체에게 재현되는 것이고, 개인 기억이란

사회 환경에 적응한 결과물일 뿐이다. 심지어 그것도 '조작된 특정 형태'에 불과하다.[9] 한편 카를 구스타프 융Carl Gustav Jung 과 에밀 뒤르켐Émile Durkheim 의 영향을 크게 받은 모리스 알박스Maurice Halbwachs 는 모든 개인 기억과 공적 기억을 사회문화적 결정으로 패턴화된 집단 기억의 범주에 귀속시키고, 개인의 역할은 배제했다. 과연 개인 기억이 배제된 집단 기억은 존재 가능한가? 필자는 개인주의 기억이론에서 출발하지만, 사실 그것은 패턴화된 집단 기억에 속한다는 알박스의 견해를 검토해 수용한다. 개인주의 기억이론이 기억과 회상의 복수성을 인정하면 논리적으로 단일한 '기억의 장소'에서 다양한 국지성의 인정을 요구할[10] 가능성 때문이다. 집단 기억 개념은 이런 자기모순 없이 로컬공간의 집단 기억과 국민국가공간의 집단 기억으로 중층적 구분이 가능하게 만들 실마리를 제공한다고 판단한다.

공간과 연관시켜 특히 주목하는 것은 '기억의 장소' 문제이다. 피에르 노라Pierre Nora가 주도한 '기억의 장소' 개념은 '육체와 권력'이 역사적 유산과 결합한 공간의 이해를 촉구한다. 그 결과, 역사학이 공간생산 이론에서 '자본주의 지배공간의 영토화', '지배공간의 역사적 전개'의 개념과 더불어 '전유'할 만한 주제라고 판단한다. 특정 사건의 발생지인 '기억의 장소'에서 집단 기억으로서 로컬 기억과 국민국가 기억이 공존하며 구분되는 양상은 어떻게 설명할 수 있는가? 마침 2000년 5월에 출간된, 예드바브네 유대인 절멸pogrom 사건을 다룬 얀 그로스Jan Gross 의 『이웃들Neighbors』의 폴란드어판이 유대인과 폴란드인의 역사적 관계를 검토할 계기를 촉발했는데, 그러한 논쟁[11]은 이런 문제를 검토하는 데 유용하다고 판단한다. 필자는 다음의 문제를 집중 검토한다. 첫째는 사실의 문제로서, '기억의 장소' 예드바브네를 둘러싼 로컬 기억이 국민국가의 기억과 충돌할 때 사건의 희생자와 참여자의 역할은 어떠한가? 예컨대 소련 점령기에 유대인 부역자와 독일인의 역할을 두고 증언자와 자료의 신뢰성 문제가 복합적으로 제기되면 사실의 객관적 구체성과 기억은 어떤 관계를 지니는가? 둘째는 해석의 문제로, '기억의 장소'가 국민국가 차원에서 진행되는 '기억의 정치'에 포섭되어 갈등을 유발할 때 로컬 기억이 작동하는 과정을 어떻게 검토할 것인가? 예컨대 폴란드 국민국가의 기억, 곧 나치와 스탈린주의 권력이 자행한 전체주의적 차별의 피해자라는 정체성 의식에 입각한 국민국가 기억이 '기억의 장소'인 로컬공간의 기억과 충돌할 때 작동하는 역사 정치로서 '기억의 정치'에 주목하고 그 양상을 검토한다.[12] 셋째는 이론의 문제로, '기억의 장소'인 로컬 공간에서 공동체의 집단 기억이 국민국가의 기억과 관계 맺는 '기억의 정치'와 구분되어 존립을 도모하는 데 요구되는 기본 원리는 무엇인가? '기억의 윤리' 문제를 검토해 역사의식과 정치적 정체성 및 권력관계를 분석하고, 기억 담론의 가능성과 한계를 모색한다.

예 드 바 브 네 유 대 인 학 살 의 기 억

제2차 세계대전 직전, 폴란드에 거주하는 유대인 인구는 미국과 러시아 유대인에 이어 세 번째 규모를 유지했다. 통계로는 폴란드 국민의 약 10%인 335만 명, 도시민에 한정하면 거의 3분의 1이 유대인이었다고 알려져 있다. 그럼에도 현대 폴란드 역사가들은 유대인 문제를 폴란드 사회와 거의 연관이 없는 분리된 주제로 간주하고 별로 관심을 기울이지 않았다.[13] 아니, 차라리 유대인은 폴란드 역사에 별로 끼워 넣고 싶지 않은 계륵 같은 존재였을 것이다. 이런 분위기에서 예드바브네 유대인 절멸 사건이 '기억의 장소'로서 공론화되었다. 예드바브네 유대인 절멸 사건이란 무엇인가? 이 사건의 발단은 폴란드 분할 점령을 약속하며 1939년 8월 23일에 소련과 몰로토프-리벤트로프 협정을 체결한 독일이, 1941년 6월 22일 이를 유린하고 폴란드 동부 지역까지 장악하며 유대인 학살을 개시하는 상황과 맞물려 있다.[14] 소련 점령지였으나 나치가 새로 점령한 동북부 소읍 예드바브네에서는 1941년 7월 10일에 유대인 1600명이 학살당했다는 풍문이 돌았다.[15]

여기서 의문이 제기된다. 제2차 세계대전 당시 수백만의 유대인이 학살당했는데도 이 사건이 특별한 주제로 부각된 이유는 무엇인가? 사건의 핵심은 학살의 규모가 아니라 학살의 주역에 있었다. 얀 그로스는 학살의 주역이 통상 알려진 바와 같이 초대받지 않은 손님 나치가 아니라 바로 이웃인 폴란드 사람들이라고 폭로했다. 이 명제는 대독항쟁과 대소항쟁에서 영웅적 희생이라는 '자기방어적' 기억을 국가 정통성의 토대로 삼아온 전체 폴란드인들에게 큰 충격을 주었다.[16] 얀 그로스는 1949년 5월과 1953년 11월 웜자Łomża 지구 재판소에서 열린 재판 기록과 생존자들의 증언 등을 토대로 예드바브네 거주 유대인들이 오랜 이웃인 폴란드인들의 손에 학살된 사실을 밝혔다. 그 이웃은 대부분 소농과 계절노동자로서 제화공, 석공, 목수, 자물쇠 제조공, 우편배달부, 전직 공회당 접수원 등을 포함했고, 연령은 26세부터 64세까지 다양했다. 재판 기소장은 '유대인 역사연구소Jewish Historical Institute'가 법무부에 제출한 자료를 검토해 작성되었으며, 대학살을 직접 목격한 당사자이자 1945년 4월 5일 비아위스토크Białystock 소재 '유대 역사위원회'에서 증언한 시물 바세르슈타인Szmul Wasersztajn의 증언을 들었다. 증언 내용을 요약하면 이렇다. 전쟁 전 예드바브네에는 1600명 정도의 유대인이 거주했는데, 1941일 7월 10일 폴란드인들의 공격으로 몰살당하고, 근처 마을에 살던 폴란드인 비지코프스키Wyrzykowski 가족의 도움을 입은 7명만이 겨우 살아남았다.[17]

이미 1942년, 반유대주의자이면서도 유대인 구조에 참여한 조피아 코사크슈추츠카Zofia Kossak-Szczucka는 《프라우다Правда》 기사에서 지역 주민들이 자발적으로 학살에 참여한 사실을 인정했다.[18] 과연 몇 명의 폴란드인

주민들이 학살에 참여했을까? 얀 그로스는 대략 성인 남자의 반 정도에 해당하는 주민들이 참여한 것으로 추정한다. 이날 주민 모두는 칼에 찔리고 돌에 맞고 몽둥이에 얻어터지며 죽어가는 유대인들을 목격하고, 비명을 들었으며 불타는 시신의 냄새를 맡았다.[19] '기억의 장소'로서 예드바브네의 기억을 얀 그로스가 처음 발굴한 것은 아니다. 비록 폴란드의 공식 역사 기록에는 남아 있지 않았지만, 학살 사건은 이 지역의 구술 전통과 유대인 생존자들의 기억 가운데 '기억의 장소'로서 남아 있었다. 1980년에 여러 목격자들은 학살된 예드바브네 유대인을 추모하며 고향의 비극을 기록한 책을 예루살렘과 뉴욕에서 출간했다.[20] 1988년 《콘탁티 Kontakty》가 연로한 주민들과 대화한 보고서를 발간했고, 1998년에는 영화제작자 아그네츠카 아놀드 Agnieszka Arnold가 읍내에 거주하는 여러 주민들과 대담했다. 얀 그로스도 사건 당시 예드바브네 거주자 여럿을 만나 대화를 나누고, 『이웃들』의 주요 자료로 삼았다. 결국 자료의 핵심은 예전의 예드바브네 거주자들의 기억 구술로 구성되는 셈이다. 그런 점에서 『이웃들』은 비극적 사건을 진정으로 재기억하는 '구술사'로서 '기억을 정화'하려는 '로컬 기억 프로젝트'의 형식을 띤다.[21]

그러나 이 기획은 국민국가의 기억을 대변하는 역사가와 정치가, 그리고 언론의 총공세를 겪으며 주춤하고 말았다. 비판자들은 먼저 로컬공간에서 발생한 기억의 구체적 신뢰성을 문제로 삼는다. 그들은 이렇게 말한다. 폴란드인이 자발적으로 유대인 절멸을 기도한 바는 결코 없으며, 유대인 학살의 모든 책임은 나치에게 있다.[22] 비록 일부 폴란드인이 가담한 것은 사실이지만, 유대인 학살을 '최종 해결책 Final Solution'으로 삼고 편성한 독일군 특무부대 Einsatzgruppen '출동분대'의 지시를 따랐을 뿐이다. 예드바브네 사건도 조사 결과, 헤르만 샤퍼 Herman Schaper 의 지휘 아래 나치친위대 Schutzstaffel: SS 분견대가 인종 청소를 교묘하게 강제함으로써 초래된 사건이었다.[23] 이들은 먼저 증언자의 신뢰성에 의문을 제기했다. 주요 증언자인 시물 바세르슈타인과 이스라엘 핀켈스타인Israel Finkelstajn이 실제로는 현장 부재자이며, 이웃 소읍 라드질로프 학살과 예드바브네 학살의 생존자들이 2년 뒤에 함께 모여 살면서 회상을 정리하고 집단 기억을 만들어내어, 도저히 믿기 어려운 증언을 반복했다고 반박한다. 아울러 참혹한 사건을 목격해 큰 심리적 동요를 겪은 희생자들의 증언을 신뢰하기 어렵다는 심리진단적 관점도 제기되었다. 재판 기록을 두고도 1949년과 1953년의 재판은 스탈린주의자들의 영향 아래 진행된 졸속 재판이므로 믿기 어려운 자료라는 비판이 제기되었다.[24] 심지어 유죄 평결을 받은 자들을 스탈린주의 지배의 희생자로 간주하는 분위기까지 유지되었다. 얀 그로스는 이에 맞서 첫째, 유대인들의 증언이 재난의 날에 관한 매우 정확하고 종합적인 고찰을 제공하도록 신중하게 쓰였으며, 둘째, 유대인들이 경험하고 목격한 학살의 기억을, 실제로는 독일인들이 자행한 범죄를 폴란드인들 탓으로 돌릴 이유가 전혀 없다고 논박한다. 물론 모든 목격은 실수의 가능성이 내재하므로 다른 이야기들과 교차 검증되어야 하지만, 유대인 목격자들이 폴란드인 이웃에게 악의로 거짓말을 한 것은 아니었다고 반론한다. 끝으로, 연구에 참조한 많은 증언 기록 더미가 1949년의 재판 기간에 가해자들의 진술로부터 나온 점과, 그때는 이미 이오시프 스탈린Иосиф Сталин이 격렬한 반유대주의를 표명하던 시기라는[25] 점을 강조한다.

여기서 '기억의 장소'와 관련된 사실과 기억의 구체적 정확성 문제가 제기된 셈이다. 홀로코스트의 구술 증언은 어느 정도 정확해야 하는가? 리처드 J. 번스타인Richard J. Bernstein은 이런 극한 상황에서는 사실의 정확성만이 증언의 유일한 기준이 될 수 없고, 되어서도 안 된다고 단언한다. 다시 말해, 검토해야 하는 것은 '구조'라는 것이다. 이미 얀 아스만Jan Assman도 기억은 과거 사실의 저장고가 아니라, '재구성적 상상력'을 진행한 작업의 과정적 산물이라고 규정했다.[26] 이렇게 보면 기억의 장소와 기억의 역사는 푸코가 말한 '현재의 역사', 프리드리히 니체Friedrich Nietzsche가 말한 '계보학'과 닮았다. 그러나 필자는 유대인 학살 사건이 언표 불가능하고 재현 불가능한 것이며,[27] 유일한 사실로서 필설로 이루 다 말할 수 없다는 데 동의하지만, 초역사적인 '구조적 외상'으로만 볼 것이 아니라, 구체적 시공간의 '역사적 외상'으로도 볼 것을 요청한다.[28] 특히 개인 기억과 국민국가 기억 사이에서 중간 규모 공간 거주민의 집단 기억인 로컬 기억을 검토할 때는 더욱 그렇다. 로컬 기억의 일차적 토대인 개인 기억이나 가족 기억은 그 구체적 사실의 정확성을 집단 기억인 국민국가의 기억보다 상대적으로 더 치밀하게 확보할 필요가 있다.

여기서 궁금한 점이 있다. 전쟁 발발 이전에 예드바브네의 거주공간에서 유대인과 폴란드인의 관계는 어떠했는가? 이들 이웃은 많은 접촉과 관계를 유지했다. 유대인들은 반유대주의 슬로건이 널리 퍼진 '민족민주당Endejca'을 견고하게 지지하는 주위의 폴란드 주민 가운데서 잠재적 적대 의식을 충분히 감지하고 신중하게 처신했다. 가끔 주정꾼들이 유대인을 폭행했고, 유대인은 예수를 죽인 민족이라는 사제들의 설교가 신자들을 자극해 반유대주의 폭력을 간헐적으로 발생시켰다. 1934년 유대 여성이 살해당하고 며칠 뒤에 정기시장이 열린 날, 한 폴란드인 농민이 총격에 피살되었는데 유대인들이 복수했다는 말도 떠돌았다. 이때 대학살의 위협이 예고되었다. 사실 유대인들도 이때 임박한 고난과 학살을 예견했다. 유대인 지도자들은 당국의 특별 보호를 받기 위한 초과 세금을 거두었고, 유대인 공동체 당국이 수세기간 이런 목적으로 비축해둔 특별 기금의 운용을 준비했다. 그러나 전쟁 전까지는 유대인 공동체든 예드바브네 공동체든 평온했다. 유대교 지도자와 가톨릭 지도자는 협조적이었으며, 지역 경찰서장도 치안 유지에만 전념하는 인물이었다.[29]

그러면 무엇이 이들을 광기와 살육의 장으로 몰아넣었는가? 바로 전쟁, 소련과 독소불가침 협정을 체결한 직후 제2전선 위험이 해소된 독일이 1939년 9월 1일 폴란드를 침공하면서 발발한 제2차 세계대전이 그 원인이었다. 아돌프 히틀러Adolf Hitler와 이오시프 스탈린은 폴란드를 나레브Narew강 - 비스와Wisła강 - 산San강을 잇는 선으로 분할했고, 예드바브네는 20개월 동안 소련 점령지가 된 동부 지역에 속했다. 정확한 내막은 잘 모르지만 행정은 지역 주민이 아닌 소련 국내파 공산주의자들이 담당했다. 이때 유대인들도 국영 상업과 제조업에 참여해 소련의 점령지 행정에 협조한 것은 분명하다. 따라서 폴란드인의 반유대주의와 별도로 유대인이 소련군과 협력해 폴란드인을 시베리아로 추방하는 데 기여했다는 지적이 많았다. 그러나 얀 그로스는 당시 소련이 유대인에 대해 뿌리 깊은 의심을 유지했으며, 폴란드인보다 더 높은 비율로 시베리아로 추방했다고 지적한다. 아울러 소련군에 대한 유대인의 태도가 특별히 우호적이지는 않았으며 폴란드인과 별반 다르지 않았다고 본다.[30] 무엇보다 기본적으로 유대인들은 권력에 수동적으로 협조하며 존립을 도모하는 것이 오랜 생존 방식이었고, 반유대주의를 공언하는 나치보다는 그나마 국제주의를 표방하는 소련군에게 협조하는 쪽이 더 유리하다고 판단했을 것으로 본다. 그러나 이것이 협력자라는 빌미를 제공하는 데 일조한 측면도 있을 것이다.[31]

유대인들은 소련군에 협조했을까? 이때 패배한 폴란드 정부는 코비엘노Kobielno 숲에 비밀 사령부를 차렸지만, 소련 비밀경찰NKVD의 습격으로 1940년 6월에 지하조직이 거의 파괴되고 말았다. 이 사건과 이듬해 7월에 발생한 유대인 학살은 어떤 관계가 있을까? 그 사건은 폴란드인 보라프스키Borawski의 협력이 주효했는데, 나중에 그가 체포되어 협력자를 실토할 때 예드바브네에 거주하는 유대인의 이름은 전혀 거명되지 않았다.[32] 그럼에도 당시에 유대인이 밀고했다는 말이 떠돌았다. 그렇다면 1941년 6월 22일

개시된 독소전쟁과는 어떤 관계가 있을까? 1939~1941년 소련 점령기에 폴란드인을 대상으로 소비에트화가 진행되면서 지역 엘리트들은 체포와 추방을 겪거나 러시아로 강제 이동을 당했으며, 점차적으로 사유재산이 몰수되었다. 종교 제도와 종교인에게는 세속화 캠페인이 강조되었다. 한편 유대인들은 양차 세계대전 사이에 폴란드인들이 드러낸 반유대주의에 내심으로 분개했고, 정치 질서의 붕괴가 초래할 생명과 재산의 위험을 두려워했다. 따라서 반유대주의를 노골적으로 표방하는 독일군을 최악의 상대로 여겼으며, 재산을 징발하고 중과세하며 추방하는 소련군을 그나마 차악의 선택 대상으로 삼았다는 것이다.[33]

물론 압도적 다수의 백러시아인, 대다수의 우크라이나인과 일부 폴란드인이 그랬듯 상당수의 유대인이 소련의 통치를 환영한 것도 사실이다. 어떤 측면에서 소련군은 유대인 개인들에게도 새로운 기회를 제공했다. 정치적·종교적 조직을 금지하고 유대공동체kehillot를 해체하며 유대인 정당을 금지하고 지도자를 체포하며 기존 질서를 깨뜨렸기 때문이다. 그뿐 아니라 폴란드 지역에 거주하는 유대인의 3분의 1인 100만 명 정도를 추방했는데, 역설적으로 이들 대부분이 학살에서 살아남았다. 폴란드인은 유대인이 정부기구에 참여하는 전례 없는 일에 직면해, 이들을 국가적 위기를 틈탄 배신자로 여겼다. 폴란드 우파의 전형적인 유대빨갱이론Judeo-communism이 도출되는 지점이 바로 여기다. 학살을 독일군의 작품으로 규정하는 루블린 가톨릭 대학의 역사가 토마시 스트젬보시Tomasz Strzembosz는 소련군이 폴란드인에게 가한 공포와 유대빨갱이의 횡포·배신을 강조하며, 도리어 폴란드 주민 수백 명이 독일군의 도움을 받았다고 역설한다.[34]

보그단 무샤우Bogdan Musiał는 역사적 측면에서 학살 사건을 검토한다. 그에 따르면 다양한 민족과 공존하던 폴란드 동부 국경지대의 유대인들은 제2차 세계대전이 발발하자 심각한 곤경에 빠졌다. 많은 엘리트들이 처형되었고, 독일군을 피해 서부와 중부에서 밀려온 유대인들은 시베리아로 추방당했다. 한편 소비에트 체제의 수립은 일부 유대인들에게 새로운 기회와 가능성을 제공했다. 일부 유대 청년들에게 소비에트 체제는 사회의 진보를 의미했다. 급변하는 상황에 이들이 능동적으로 동참한 결과, 다른 민족 집단과 갈등의 여지가 생겨났다. 전통적 편견과 경제적 갈등, 그리고 사회종교적 차이가 맞물리며 소련 점령기에 반유대 감정이 새로운 차원에서 조성되었다. 소비에트화로 이익을 얻고 적과 내통하는 협력자라는 새로운 유대인 심상이 강화된 결과, 1939년 9월 이전부터 이 지역에 존재하던 종족적 적대감이 강화되었다.[35]

그러나 얀 그로스는 동의하지 않는다. 소비에트 체제에 소수의 청년들이 참여한 것은 사실이지만, 유대인의 적극적 참여가 학살을 초래했다는 논리는 과장된 책임 회피라고 반론한다. 그 대신 진정한 원인으로서, 학살 사건 이후 유대인 재산 처리의 향방을 증거로 제시한다. 공식적으로는 주인 잃고 비워진 유대인의 집과 재산을 당국의 허락 없이는 누구도 차지할 수 없었다. 그러나 실제로는 유대인 재산은 물 좋은 수익의 사업거리가 되어, 학살자들이 서로 다투어 차지하거나 다른 곳으로 빼돌렸다. 남겨진 유대인 재산도 주민들이 서로 차지하려고 소동을 벌였다. 그런 의미에서 학살자들은 또한 강탈자였다. 전쟁 이후 발견된 비밀 보고서는 읍장 카로락이 유대인들이 남긴 재산을 독식했다는 이유로 독일군 당국에 체포된 사실을 밝힌다. 심지어 유대인 집에서 훔친 보석을 밀매하려다 체포된 인물도 있었다.[36] 얀 그로스는 전 유럽에서 유대인 학살의 동기 요소로 물질적 몰수의 중요성을 인정한다. 읍장 카로락의 무리들이 살육을 조직하도록 치달린 진정한 동기도 다름 아닌 유대인의 재산을 강탈하려는 욕망에 예기치 않은 기회가 제공됨으로써 격세유전하는 반유대주의가 표출되었다는 것이다.

로컬 기억과 국민국가 기억의 충돌

필자가 예드바브네 유대인 학살의 기억에 주목하는 이유는 집단 기억으로서 로컬 기억과 국민국가 기억이 충돌하는 첨예한 사례라고 판단하기 때문이다. 학살 기억은 매우 정치적인 성격을 띠고 폴란드 국민국가의 집단 기억과 충돌하기에 이르렀다. 이 논쟁에서 쟁점 중 하나는 동부 지역 폴란드인들이 독일인을 어떤 태도로 받아들였는가의 문제이다. 많은 폴란드인이 독일군을 유대빨갱이로부터 구해줄 해방자로 받아들여 만세를 부르며 환영했다고 알려져 있다. 독일군이 소비에트 민병대에 가담한 지역 공산주의자들을 살해하고 동조 부역자들을 폭행하는 사건이 빈발하는 가운데, 일부 폴란드 주민들이 독일국방군Wehrmacht에 자원입대하는 사례까지 나타났다. 폴란드 레지스탕스 사령관 스테판 그로트로베츠키Stefan Grot-Rowecki가 런던 소재 폴란드 망명정부에 보낸 1941년 7월 8일 자 보고서는 동부 변경 지역 주민들이 폴란드의 가장 위험한 적은 나치라는 사실을 모르고 열렬히 환영하는 모습을 전한다.[37] 예드바브네와 그 인근에서 벌어진 유대인 학살은 이런 분위기에서 자행되었다.

그러면 독일인은 예드바브네에서 어떤 역할을 수행했는가? 이는 가장 논란이 되는 부분이다. 사실 비아위스토크 지역의 티코친Tycocin, 빈자Winza 등에서는 유대인을 주로 독일인이 학살했지만, 라드질로프와 예드바브네에서는 다른 상황이 전개되었다. 독일인이 학살 사건 전에 현장을 떠났기 때문이다. 독일인의 역할은 무엇인가? 치안경찰 몇 명이 현장 사진을 촬영한 것은 분명하다. 얀 그로스를 비판하는 입장은 독일인이 학살을 허가하거나 고무하며 명령을 이행한 증거를 확인했다고 반론한다.[38] 사실이 그러한가? 현재 당시 거주민들이나 후손들의 구술 증언도 너무 다르다. 학살 참여 정도는 물론이고 현장 설명도 각양각색이다. 폴란드인들이 자발적으로 학살을 자행한 사실을 인정하는 경우도 있지만, 대부분은 동의하지 않는다. 그런 점에서 '기억의 장소'는 불확실한 공간이다. 폴란드 국민국가 기억에서 예드바브네는 폴란드인이 유대인을 학살한 '기억의 장소'로 등장하지 않는다. 폴란드 국민국가의 통합성을 강조하는 안나 비콘트Anna Bikont는 독일인 60명이 유대인 학살을 개시하면서, 폴란드인을 학살에 참여하도록 광장에 강제로 내몰았다는 증언도 들었다. 심지어 브로니스와프 슬레진스키 Bronisław Ślezyński의 헛간 방화자는 폴란드인이 아니라 독일인이라는 진술까지 나왔다.[39] 폴란드 역사학자들은 대부분 독일인의 역할이 정도의 차이는 있지만 아주 교묘하게 강압적으로 작용했다고 판단한다. 덧붙여 알렉산데르 로시노Alexander Rossino는 얀 그로스가 독일 자료를 충분히 검토하지 못했다고 비판한다. 그는 1941년 봄, 게슈타포 보안국장 라인하르트 하이드리히Reinhard Heydrich와 국방군 병참본부 소장 에두아르드 바그너Eduard Wagner가 권력 이행기에 전선 후방의 안전을 도모하며 반유대주의와 반공산주의에 입각해 유대빨갱이 지식인 부역자들을 처단할 작전명 '바르바로사' 계획을 세운 점을 강조한다.[40]

그렇다면 학살은 게슈타포의 명령에 따른 것인가? 알려지기로는 당일 또는 그 전날 4~5인의 게슈타포가 택시로 예드바브네를 방문해 읍장 카로락과 유대인 살해 문제를 협의했다. 그러나 얀 그로스는 폴란드 주민들이 자행한 학살의 자발성을 강조한다. 독일인들은 1941년 8월까지는 유대인 여성·어린이·노인은 죽이지 않고 남성만 죽였다. 예드바브네에서 유대인을 도륙하고, 도주하는 유대인을 잡으려 혈안이 된 젊은이들은 폴란드인이었다. 더구나 독일군은 '출동 명령' 활동 보고서를 상세히 기록하는데, 그런 '자랑스러운' 증거를 남기지도 않았다는 것이다.[41] 마을의 유대인이 모두 살해당한 것은 아니었다. 마침 11~12명으로 구성된 나치 경찰지서에서 부역하던 유대인 몇 명이 살아남았으니, 참으로 역설이 아닐 수 없다. 당시 예드바브네의 지배자는 독일군이었다. 독일 경찰은 역설적으로 유대인에게 가장 안전한 장소였다. 만일 독일 경찰이 사건에 개입했더라면 학살은 제한되었을 것이다. 물론 독일군이 예드바브네를 점령하지 않았다면 유대인 살육은 없었을 것이다.[42]

당시 붉은 군대와 독일 국방군이 교대로 진주하는 에피소드에서, 전자에 호응하는 유대인, 후자를 환영하는 폴란드인이라는 두 종류의 집단 기억이 겹쳐진다. 얀 그로스는 이 집단 기억을 오류라고 본다. 유대인의 소련군 환영과 협력이 폭넓은 현상은 아니며, 소련군에게는 유대인·폴란드인·백러시아인·우크라이나인을 비롯한 다양한 협력자가 있었다. 그러나 소련군이 폴란드인 지하활동가 가운데서 비밀경찰 협력자를 충원했고, 폴란드인들이 독일 국방군에 열광적으로 가입하며 유대인 절멸에 참여한 것은 사실이다. 기묘한 것은 바로 이 지점이다. 같은 지역에서 새로운 지배자가 계속 협력자를 충원한 것을 어떻게 설명할 것인가? 소련이든 독일이든 전체주의 체제라는 사실은 변함없는데 말이다. 얀 그로스의 설명은 이렇다. 먼저 앞선 지배자로서 소련에 협력한 자들이 자신의 불리한 조건을 만회하고자 다음 지배자에게 알아서 선수를 치며 자발적으로 협력했다. 결국 그전에 적극적으로 소련에 협력한 자들은 독일군이 진주하자 더욱더 적극적인 독일군 협력자로 변신했다는 것이다. 전쟁이 끝나고 미시우레프 대령이 마르키안 포포프Маркиан Попов 당서기에게 보낸 비망록은, 예드바브네 유대인 학살 사건의 가장 능동적인 참여자들 중에서 소련 비밀경찰 비밀 협력자가 여럿이었다고 밝힌다.[43] 여기서 이런 추론이 가능하다. 전후 폴란드 공산당 체제를 성립시킬 때 지역 통치기구 조직에 참여한 자들은 바로 이들이었다. "유대인이 아니라 반유대주의가 전후 폴란드 공산당 체제를 성립시키는 도구였다."[44] 그리고 이것이 인민민주주의 국가 폴란드에서 유대인이 모두 도주하고 나서도 한참 뒤인 1968년 3월에 유대인 없는 사회에서 공식적인 반유대주의가 폭발한 것을 이해하게 만든다고 설명한다.

　현재 '기억의 장소' 예드바브네에는 두 개의 석조 추모비가 전쟁 시기를 기념하며 세워져 있다. 하나는 1960년대 초 '자유와 민주주의를 위한 투사 연합ZBoWiD' 출신의 전직 지방 공무원들이 "1941년 7월 10일 유대인 1600명을 게슈타포와 나치 경찰이 산 채로 불태운 유대인 고통의 장소"라고 새긴 기념비이다. 다른 하나는 1989년 이후에 세워졌는데, "1939~1956년에 예드바브네 지역에서 소련 비밀경찰, 나치 및 스탈린의 비밀경찰이 살해한 두 명의 사제를 포함한 약 180명을 기억한다"라고 새겨져 있다.[45] '기억의 장소'에는 유대인들을 이웃 폴란드인들이 살해했다는 기록은 없다. 그러나 폴란드인들의 유대인 학살 사건에 관해 ≪제치포스폴리타Rzeczpospolita≫가 르포 기사를 게재했고, 『이웃들』의 폴란드어판이 발간된 이후에 예드바브네 시청에서 예드바브네와 웜자의 시민, 가톨릭교회 대표와 예드바브네에서 바르샤바로 이주한 유대인 대표가 모여 유대인 희생자의 매장지를 확인하며 묘지로 표시하고, 추모비에 새긴 기명이 사건의 진실을 잘 알리도록 바꿀 것을 합의했다.[46] 대주교 헨릭 무친스키Henryk Muszyński, 추기경 유제프 글렘프Józep Glemp도 일련의 인터뷰에서 가톨릭교회의 책임을 인정했다. 그러나 역사적인 문제는 점차 정치권의 권력투쟁 양상과 맞물려 전개되기 시작했다. 총리 예르지 부제크Jerzy Buzek(1997~2001년 재임)가 폴란드 역사에서 가장 암울했던 시기에 발생한 충격적인 사실에 유감을 표명했다.[47] 외무장관 브와디스와프 바르토세프스키Władysław Bartoszewski(2000~2001년 재임) 역시 워싱턴 '홀로코스트 기념박물관' 연설에서 가톨릭교회와 함께 유감을 표명하는 데 최선을 다할 것이라고 말하며, 당시가 정상적인 사람들이 또한 배신자일 수도 있었던 전쟁 시기라는 사실을 배려해주기를 요청했다.[48] 그러나 합의와 화해는 순조롭게 진행되지 않았다. 『이웃들』의 폴란드어판 발간 이후 폴란드 과학 아카데미 역사연구소가 주최하고 얀 그로스가 발표한 토론회에 백수십 명의 역사가와 언론인들이 참석했으나, 흥분이 과열되어 토론이 제대로 진행되지 않았다. 폴란드에서 논쟁은 역사적 토론을 넘어 정치 현안으로 확장되었다.

학살 사건 발생 60주년을 맞은 2002년 7월 9일, 폴란드의 '민족기억연구소Institute of National Memory: IPN'가 20개월간 폴란드 문서뿐 아니라 독일 문서까지도 조사한 끝에 최종 코뮈니케를 발표했다.[49] 코뮈니케는 얀 그로스의 견해보다는 독일인의 연관성을 좀 더 인정했지만, 유죄를 확증하지 못했다. 비록 피살자가 얀 그로스의 주장처럼 1600명이 아니고 숫자가 줄어들어 350명에 가깝지만, 이 사건을 폴란드인의 유대인 학살로 인정하며 가해자인 생존자는 재판에 회부할 것이라고 공표했다.[50] 그러나 코뮈니케는 많은 부분에서 유보적이었고, 극우 언론들은 연구소의 발표를 교묘히 해석해 폴란드인의 책임을 거부했다. 더구나 극우파 의원들은 연구소장을 '진정한 폴란드인'으로 교체하라고 요구했다. 소장과 그의 가족은 협박 전화와 이메일에 시달리고, 마침내 연구소는 폐쇄되었다.[51] 본래 '민족기억연구소'는 굴곡에 찬 폴란드 현대사의 과거사 진실을 규명하고자 1998년 12월 18일 발효된 법률에 의거해 출범한 기관으로, 폴란드 민족의 역사적 범죄에 대해 수사권과 기소권을 비롯한 사법권까지 부여받아 막강한 위상을 보유했다. 이들은 첫째, 1944~1989년 나치 점령기와 독립 이후 공산당 치하에서의 국내 인권 및 민간인 학살을 조사해 기소하는 위원회를 설립하고, 둘째, 조직 체계로는 바르샤바에 중앙위원회를 두고 지방 10개 도시에는 지역위원회를 설치했다. 셋째, 위원장은 임기 5년으로 폴란드 의회가 선출을 맡았다. 그리고 2000년 6월 8일 초대 위원장에 법률가이자 전직 상원의원 출신으로 브로츠와프 대학 교수인 레온 키에레스Leon Kieres를 임명했다.[52] 그러나 이제 예드바브네 학살 사건을 인정했다는 구실로, 이 연구소를 눈엣가시처럼 여기던 우파들의 집요한 공격에 밀려 문을 닫게 된 것이다. 이에 유명한 영화감독 안제이 바이다Andrzej Wajda 등의 지식인들이 의회에 '민족기억연구소' 폐지 결의안 재고를 청원하는 지경에까지 이르렀다.

제2차 세계대전 이후 폴란드 현대사의 기조는 폴란드인이 유대인과 마찬가지로 나치즘과 제2차 세계대전의 피해자였다는 전제에 서 있다. 그러나 시골 마을의 평범한 폴란드인들이 홀로코스트의 능동적 참여자이자 가해자였다면, 가해자-피해자-방관자라는 삼분 구도 위에서 폴란드인들을 피해자이자 방관자라는 범주로 서술한 홀로코스트의 역사 서술은 전복된다. 얀 그로스는 대량학살을 집단 책임으로 돌리지 않고, 각각 '상황의 역학 situational dynamics'[53]을 지닌다고 말한다. 이는 개별 행위자들이 다른 선택을 했다면 더 많은 유대인들을 구할 수 있었을 것이라는 의미를 함축한다. 폴란드어판 출간 이후 벌어진 논쟁은 그로스의 이 암묵적 전제에 초점이 맞추어져 있다.[54] 얀 그로스의 전제가 옳다면 폴란드인은 희생자도 방관자도 아닌 나치의 '공범자'가 될 것이다. 『이웃들』이 폴란드인들의 심기를 크게 건드린 것은, 결국 나치의 희생자라는 역사적 지위를 박탈당하는 논리로 귀결될 것이라는 우려에서 비롯한다. 예드바브네의 폴란드인 주민에게서 희생자이자 가해자라는 양면의 모습을 목격한[55] 그로스의 진술에 폴란드 국민의 여론이 뒤끓고, '폴란드의 선한 이름'을 지키자는 '애국주의' 역사가들은 얀 그로스를 비판하는 저술들을 쏟아냈다. 유대인 음모설도 널리 유포되었다. 심지어 유대인 학살의 과거사를 '깊은 유감'으로 사과한 대통령 알렉산데르 크바시니에프스키Aleksander Kwaśniewski 는 우익 단체 지도자들로부터 "폴란드 국민에 대한 정치적 거짓말 살포자"라는 욕설을 애국의 이름으로 뒤집어썼다.[56] 폴란드 사회의 격렬한 반응은 1960년대 한나 아렌트Hannah Arendt 가 아돌프 아이히만Adolf Eichmann 을 평범한 독일인으로 묘사하며 '악의 평범성'을 발견하고, 홀로코스트에서 '유대평의회'의 공범자 역할과 더불어 시온주의자들과 나치의 담합 구조를 비판했을 때[57] 유대 지식인들이 보인 반응과 거의 같다. 정치적으로 폴란드인들의 현대사적 집단 정체성을 부정한 것으로 보였기 때문이다. 심지어 '민족기억연구소'의 코뮈니케가 발표된 2002년 11월의 여론조사에서도 응답자의 50%는 일부 폴란드인이 학살에 가담했지만 기본적으로 나치의 범행이라는 소신을 고수했다.[58] 에드바브네에 거주한 에드바르트 오를로프스키Edward Orlowski 신부는 대담을 통해, 전쟁 전까지 유대인과 폴란드인이 평온하게 살았지만 소련군이 진주하면서 유대인을 앞잡이로 이용한 것은 사실이며, 나치의 발데마어 마촐Baldemar Macholl이라는 국방군 대위가 유대 청년 40~50명을 사살했으며 나머지는 불태웠다고 목소리를 높이면서 얀 그로스를 비판한다.[59] 이는 기억의 장소에서 주체들은 서로 다른 장소·전통·기억이 서로 다르게 맞물리는 해석학적 지평에서 조우하며 기억의 의미를 변화시키는 양상을 보여준다.[60]

물론 얀 그로스의 진술은 제2차 세계대전 시기에 폴란드인들이 겪은 희생을 무시하며 가해자로 몰고 가는 논리로 받아들여질 가능성도 높다. 심지어 목숨 걸고 유대인을 지켜주고도 오랫동안 마을 사람들의 눈치를 보며 살아온 '선한 폴란드인' 가족이, 쫓겨나듯 고향을 떠나 떠돌다가 대서양을 건너 시카고로 이주한 사실이 소홀히 다루어질 수 있다.[61] 그로스는 이런 현실에 대해서 전후 폴란드인들이 유대빨갱이라는 신화적 용어에 집착하고, 소련이 지원하는 공산주의자들이 폴란드를 장악하도록 유대인들이 부추겼다는 믿음에서 나온 것이 아니라, 자신들의 범죄행위를 '선한 폴란드인'들이 목격한 사실을 불편해한 것으로 본다. 결국 역사의 복합성에서 에드바브네 사건은 역사의 행위자들이 희생자인 동시에 가해자일 수 있다는 점을 선명하게 보여주었다.[62] 얀 그로스는 그동안 폴란드 학계가 나치의 희생자라는 자기만족적 규정에 안주해 역사의 복합적 현실을 파악하는 데 실패했다고 비판한다. 더 중요하게는 나치와 스탈린주의의 희생자라는 역사적 위치가 제공하는 자기 정당성에 매몰되어 자신들의 과거에 대한 비판적 성찰을 가로막았다고 지적한다.

나치의 홀로코스트와 예드바브네의 학살에서 다른 점은 무엇인가? 막스 호르크하이머Max Horkheimer와 테오도어 아도르노Theodor Adorno는 『계몽의 변증법Dialektik der Aufklärung』에서 홀로코스트를 관료제와 테크놀로지가 작용하는 근대성의 산물로 규정했다.[63] 반면에 얀 그로스는 예드바브네의 주민들이 나치의 반유대주의 선전에 흠뻑 젖어들지는 않았고, 포그롬pogrom은 로컬의 의사결정자가 주도해 원초적 본능을 분출시킨 고졸적 성격의 비조직적 학살로 규정한다.[64] 이 사건을 나치의 홀로코스트와 달리 '기억의 장소'인 로컬공간의 맥락에서 검토할 필요가 더욱 강조되는 이유가 여기 있다. 유대인에 대한 인종 편견의 역사는 유구하다. 폴란드에서는 유대인들이 유월절을 준비하면서 순진한 기독교도 어린이의 신선한 피를 사용한다는 풍문이 끈질기게 나돌았다. 이런 풍문에 자극받은 가톨릭교도들이 거리의 군중이 되어 유대인을 학살하는 일들도 가끔 벌어졌다. 심지어 제2차 세계대전 이후에도 1945년 크라쿠프Kraków에서, 특히 1946년 7월 4일 폭도들이 유대인 42명을 살해한 '키엘체Kielce 절멸'[65]을 주목하지 않을 수 없다. 『공포Fear』는 얀 그로스가 키엘체 학살 사건의 배경과 진행 과정을 묘사한 저술이다.[66] 특히 키엘체 절멸 사건의 가해자들을 비난하고자 공장 노동자들을 집결시켰을 때, 폴란드 최대 산업도시 우치Uchi의 노동자들이 서명을 거부한 것은 좌파 노동자들조차 반유대주의에 매몰된 사실을 알려준다. 1968년 3월의 공식적 반유대주의, 베를린 장벽 붕괴 이후에 유대인 없는 반유대주의 대두와 같은 부정적 사회 현실이 나타난 것은, 서구 사회의 긴 역사 속 세습적 희생자로서 유대인의 양상을 보여준다.

폴란드 지식인들은 그로스가 상기시킨 기억과 해석에 매우 대립적인 반응을 보였다. 한나 스비다지엠바Hanna Świda-Ziemba는 예드바브네에서 죽은 유대인의 숫자가 100명이든 350명이든, 독일군의 역할이 어떠하든, 유대인 거주자 모두가 산 채로 불타 죽었고, 그 범죄를 지역 주민들이 자행한 사실은 불변이라고 확언한다.[67] 그리고 어느 미래에 폭발할지 알 수 없는 잠재적인 인종적 편견을 막으려면, 살육의 범죄 이전에 '유대빨갱이' 낙인찍기와 '유대인 위협론'을 비롯한 인종적 편견이 범죄행위를 격발시킨 사실을 반성적으로 인정할 것과, 유대인 문제에 대한 현재의 관점을 근본적으로 변화시키는 양심 회복의 필요성을 강조했다. 얀 노바크제지오란스키Jan Nowak-Jeziorański도 예드바브네 사건이나 새로운 반유대주의는 '폴란드의 선한 이름'에 치욕을 줄 것이므로 학살을 보상하고 대화를 증진시킬 필요성을 역설한다.[68] 그러나 학살에 참여한 폴란드인의 도덕성 문제로 접어들면서 논쟁은 매우 첨예해졌다. 인류학자 요안나 토카르스카바키르Joanna Tokarska-Bakir는 얀 그로스가 사료를 포스트모더니즘에 따라 새롭게 접근해 해석하고, 폴란드인들에게 죄를 고백하라는 순진한 신념을 강압적으로 요구한다고 반박한다. 그리고 학살의 기억을 독특한 관점으로 논박한다. "우리의 기억은 유대인이 없는 장소"이기 때문에, 아무리 역사가가 사실을 확인하더라도 그것을 "인간이 기억하도록 의무를 강제할 자격은 없다"는 것이다.[69] 다시 말하면 폴란드인들의 기억에 유대인은 존재하지 않으므로 유대인 학살을 기억할 의무 역시 없다는 것이다. '가톨릭 국민운동'의 안토니 마치에레비치Antoni Macierewicz도 예드바브네 학살은 소련군의 퇴각과 독일군의 진주라는 과도기에 독일군의 감시 아래 폴란드인이 불가항력으로 참여한 사건일 뿐이라고 변명한다. 그는 또다시 1949년의 재판이 스탈린주의자들의 약식재판에 불과했고, 유대인 생존자의 증언은 믿을 수 없다고 강변하며, 도리어 독일군의 결정적 역할에 주목할 필요를 강조한다. 재미있는 점은 얀 그로스가 예드바브네 사건을 1945년 8월의 크라쿠프, 1946년 6월의 키엘체 절멸사건의 선구적 사건으로 규정한 것은 폴란드와 폴란드인에게 증오를 표현하는 것인바, 그 이유가 무엇이냐고 마치에레비치가 심문하듯 되묻는 점이다. 특히 얀 그로스를 향해 1990년대에 들어와 내막이 알려진, 소련 점령 치하에서 자행된 범죄는 왜 모르는 척 눈감느냐고 힐문한다. 심지어 유대인 공동체에 속한 재산을 복원하는 데 필요한 조건을 사전 정지 작업하려는 음모가 작용하지는 않는지 반문한다.[70] 이 견해는 1939~1941년 소련 점령기에 유대인이 빵과 소금을 싸들고 붉은 군대를 환영한 '제5열'의 역할을 했다는 사실을 강조하는 폴란드 우익 집단의 입장을 대변한다.

기 억 의 정 치 와 로 컬 기 억 의 위 상

1939~1941년 소련군의 진주와 퇴각, 독일군의 진주와 유대인 학살이 진행된 폴란드 북동 지역에서 발생한 예드바브네 절멸 사건은, 역사적 사실과 정치의 문제만이 아니라 '기억의 장소'와 관련된 기억이론을 검토하는 데 중요한 시금석으로 작용한다. 이 시기 유대인과 폴란드인의 운명은 요동쳤고, 특히 유대인들은 몰아치는 반유대주의 격랑에서 필사적인 생존 게임에 말려들었다.[71] 독일군이 진주하면서 유대인들은 '절멸'의 위기에 직면했다. 이런 위기의 시대에 예드바브네에서는 약자이며 피해자인 폴란드인들이, 전통적인 이웃이자 약자인 유대인을 학살했다. 소련 점령기에 일부 유대인이 폴란드인과 마찬가지로 시베리아로 추방당하는 피해자이면서도, 소련의 정책에 협조하는 부역자로서 폴란드인을 위협하는 가해자의 모습 또한 보인 것은 사실이다. 그러나 돌이켜보면 중세 이후 근대 역사와 제2차 세계대전 이전부터 일련의 사회정치적 소요 속에서 유대인이 전통적으로 피해자였다는 측면은, 가해자로서 유대인의 모습을 과연 어느 정도 강조할 수 있을지 의문스럽게 만든다. 한편 독일군이 진주하자, 폴란드인은 조국을 강점한 독일군을 등에 업고 더 약자인 유대인에 대해 자발적인 가해자로 나타났

다. 점령군이 바뀌면서 약자끼리 교대로 가해자 양상을 보인 것이다. 우리는 전쟁, 특히 인종주의가 개입된 제국주의 전쟁이 약자나 피해자끼리 싸우게 만드는 것을 여기서 다시 확인한다.

그러면 예드바브네의 폴란드인은 어떻게 평가할 것인가? 필자는 그들이 독일군의 인종 청소 요구를 선제적으로 수용했다고 판단한다. 독일과 소련 사이에서 약자인 그들은 평소 얕보아왔던 유대인들이 소련군에 협력하며 '우쭐대던' 모습을 결코 용납할 수 없었다. 이미 퇴각했고 강력했던 소련군에게는 복수할 방도가 없었지만, 남아 있으며 평소 만만히 여겨온 전통적 약자로서 유대인에게 초점이 빗나간 복수는 시도할 수 있었다. 그와 동시에, 그들은 새로 진주한 점령군인 독일군에게 미리 알아서 아첨하며 생존을 도모하는 비열한 약자이자 가해자였다. 필자는 얀 그로스의 입장을 따라 폴란드인이 피해자이면서 방관자이지만, 또한 '가해자'라는 측면을 인정한다. 그런 측면에서 예드바브네 학살의 '기억의 장소' 내부에는 세 가지 측면의 기억이 착종한다. ① 피해 당사자인 예드바브네 유대인의 기억과 가해자인 폴란드인의 기억, ② 유대인 역사가의 자료 해석, 곧 기억 해석과 폴란드인 역사가의 기억 해석, ③ 국민국가의 기억과 충돌하는 로컬의 집단 기억이 바로 그것이다. 폴란드인이 가해자가 되는 로컬 기억은 나치의 피해자라는 폴란드 국민국가의 기억과 충돌해 '기억의 장소'에서 기억의 불확실성을 더욱 증폭시킨다. 요컨대 폴란드 우익 역사가들이 예드바브네 사건을 놓고 독일과 소련의 폴란드 점령이라는 역사적 '국면' 속 억압적 분위기와 영향력을 강조하며, 유대인 '절멸'은 지극히 예외적인 돌출 사건이자 평범함 가운데 내재한 '악'이 매우 국지적localization of evil[72]으로 표출된 점을 강조한다. 반면에 얀 그로스는 구체적 상황에서 폴란드인의 '사건적 행위'를 강조하는 한편, 격세유전적인 유대인 학살이라는 '장기 구조적 맥락'에서 검토하기를 요청하는 셈이다.

유대인 학살 기억을 둘러싼 논쟁들은 '기억의 장소'와 기억의 본질을 재검토하도록 요구한다. 기억은 양적 측면 못지않게 시간, 언어 및 사회적 행위의 질적 성격과 연관시킨 검토가 필요하다. 얀 그로스와 폴란드 역사가들의 논쟁에서 누가 더 질적 우위를 지닌 기억을 확보하고 있는가? 먼저 기억의 질적 속성은 어떤 것일까? 첫째, 기억의 증언이 곧 역사는 아니다. 그러나 기억과 역사의 관계는 이중적으로 설명된다. 하나는 기억을 피에르 노라처럼 역사의 반대편에서 역사를 정의해주는 반명제 또는 타자로 보는 입장이며, 다른 하나는 도미니크 라카프라처럼 역사의 모태 또는 영감의 여신이자 역사의 근거나 본질로 보는 입장이다. '기억의 장소' 개념을 확산시킨 피에르 노라는 우리의 근원적인 기억과 후세의 인위적인 역사 사이에 심각한 괴리 현상이 나타나, 역사와 기억의 동일성이 종말을 맞으며 서로 대립한다고 평가한다. 반면에 라카프라는 기억과 역사의 상호작용을 강조한다.

기억은 그 자체로서 소중한 사료의 한 형태이며 문서 사료와 복잡한 관계를 형성한다. 기억이라는 것은 설령 반증 · 억압 · 배제 · 부인된 경우라도 풍부한 정보의 원천이 될 수 있다. 이는 기억이 대상을 정확히 재현해서가 아니라 사건이 당사자와 후세 사람들에게 어떻게 감정적으로 수용되는지를 보여주기 때문이다.[73]

둘째, 기억은 정치적 기억이며 '기억의 정치'를 가동한다. 얀 그로스가 홀로코스트 생존자들의 '기억과 증언'에 과도한 신뢰를 부여해 도리어 정확한 '기록'이 위험해지도록 만들었다는 비판이 그런 경우이다. 보그단 무샤우는 1980년에 출간된 얀 그로스의 예드바브네에 관한 기록과 얀 그로스가 인용한 바세르슈타인의 증언 기록을 비교하여 불일치하는 점을 집요하게 끄집어낸다.[74] '기억의 장소'에서 기억의 증언은 동일한 사건현장 기억을 지닌

자들 사이에서도 달라진다. 증언자가 피해자인 유대인이냐 가해자인 폴란
드인이냐에 따라, 또는 피해자나 가해자가 당사자냐 후손이냐에 따라, 심지
어 적극 가담자냐 방관자에 불과했느냐에 따라 증언 기록은 달라질 수 있
다. 증언이 미묘한 편차, 심지어 정반대의 기억까지 가능해지는 편차는 인
간 기억의 한계를 말하는가? 아니면 아예 가해자와 피해자라는 양극단에
선 사람들의 기억은 단절과 굴절, 억제와 조작이 불가피하므로 기억에 근거
한 증언은 일치가 불가능하고 역사적 사료로는 불완전한 것인가? 기억은
뒤얽혀 있다. 이는 예드바브네 출신 역사가가 던지는 구술사의 본질에 대한
심각한 질문과도 연관된다.[75]

이는 역사가에게도 마찬가지로 작용한다. 유대인 학살과 같은 트라우마
를 연구하는 역사가는 연구 주제와 자신의 주체 사이에 관계를 설정하기가
매우 힘들다. 역사가 개인이 자신과 연구 대상 간에 존재 가능한 선입견, 감
정적 교류, 현재적 관심의 투영을 의식적으로 회피하며 객관주의적 태도를
유지하려고 노력해도 실현은 불가능하다. 다시 라카프라의 말을 빌리면, 기
억은 직접 체험해 기억을 특정한 형태로 지니는 '1차 기억'과, 1차 기억을 비
판적으로 검토한 1차 경험자나 분석자 혹은 참여 관찰자의 '2차 기억'으로
나눌 수 있다. 역사가나 사료 분석자는 2차적 증인이 되어 증인과 전이적
관계를 형성하고 적절한 주체의 위치를 만들어가는 일련의 과정을 겪는다.
'기억의 장소'에서 어떤 기억도 그 자체로 순수한 기억은 없다. 한 기억은 이
미 기억을 구성하는 경험뿐 아니라 다른 요소의 영향을 받은 것이다.[76] 연
구자의 정체성에 따라 관점과 평가는 달라질 수 있다. 얀 그로스의 유대인
정체성이 역사 인식의 객관성 확보를 저해한다면, 이를 비판하는 역사가들
의 폴란드인 정체성 역시 같은 조건으로 작용할 것이다.

필자는 '기억의 장소'에서 순수한 기억의 존재를 인정하지 않는다. 그럼
에도 불구하고, 로컬의 집단 기억에서 1차 기억의 중요성을 강조한다. 1차

기억은 집단 기억을 형성하는 구체적 기억이자 사건 구성인자로서, 개인들이 사건의 내용이 아니라 사건의 존재에 합의하는 '최소 기억'이라고 말할 수 있다. 특히 로컬 기억은 1차 기억의 구체성을 확보하는 데 실패하면 신뢰의 토대를 상실하기 쉽다. 그것이 확보되는 요소로는 장소성을 구현하는 '거리', 개인 기억의 공동체로서 '가족'을 들 수 있다.[77] 폴란드 역사가들이 예드바브네의 유대인 거주자, 학살자, 생존자 등 숫자의 정확성에 집착하며 얀 그로스를 비판하는 것은, 기억이 포스트모던한 세계 인식과 연관됨에도 불구하고 1차 기억의 구체성 문제는 여전히 집단 기억으로서 로컬 기억을 형성하는 토대로 중요성이 있음을 보여준다. 집단 기억에서 1차 기억의 구체성이 중요한 또 다른 이유가 있다. 로컬 기억은 끊임없이 국가 기억이 되고자 투쟁한다. 그러나 국민국가의 집단 기억은 과거를 진실의 이름으로 수정하는 데 제약이 많고 수정 역량이 취약하다.[78] 따라서 구체적인 증거자료 확보가 더욱 필요하다.

그러면 얀 그로스가 유대인이라는 사실은 역사 인식의 객관성을 저해하고 유대인 학살의 역사적 성격과 의의를 분석하며 위치를 부여하는 데 장애가 되지 않을까? 즉, 프로이트 심리학 용어를 전유해 '전이transference'의 과정을[79] 가장 극심하게 겪지 않을까? 역사가가 "자신의 연구 대상이나 주제에 대해 품는, 때로는 극단적으로 긴장되거나 격앙된 감정적 연루"와 같은 형식을 겪지 않았을까? 이런 난점을 해결하고자 라카프라는 연구 대상에게 공감적empathical 이해를 요청했다. 이는 분명 연구 대상을 우호적으로 이해하는 것이되, 자기 충족적 '직관'이나 중재되지 않은 '투사적 동일시projective identification' 또는 동정sympathy과는 다르다. 연구 대상에 공감하는 것은 대상의 타자성을 존경하면서 출발하기 때문이다. 라카프라는 이를 공감적 불안정성empathetic unsettlement이라고 불렀다. 이 개념은 "다른 사람의 처지에 서지 않으면서도, 그를 위해 발언하지 않으면서도, 희생자의 고통을 전유하는 대리 희생자가 되지 않으면서도, 다른 사람의 처지에 서는 경험"[80]으로서 매우 미묘하게 절제된 태도를 요청한다. 한편 얀 그로스가 폴란드인의 가해자적 정체성을 드러내는 것이 유대인과 폴란드인의 화해를 도모하는 데 저해되는 것은 아닐까? 필자는 역사가가 연구 대상과 공감적 불안정의 관계를 유지하기 위해 희생자를 무작정 위로하며 치유하려는 것, 즉 '화해적 서술'을 거부하는 라카프라의 견해에 공감한다. 역사 서술의 목적은 추상적 의미나 진실의 추구가 아니라, 현재와 미래를 위해 선택·실천할 "사상과 실행에 대한 사려 깊은 길잡이"를, 개인이 과거와 나누는 대화 가운데서 독자에게 제공하는 것이다.[81] 이는 역사가가 독립적 주체성을 유지하면서도 희생자의 처지를 간접 경험하고 '애도'하는 것, 즉 '전이' 개념의 이론적 전유를 확장해 윤리적 전환ethical turn를 성취하는 정치적 선택을 요청한다.

그러면 중간 규모의 공간성을 지닌 집단 기억으로서 로컬 기억은 어떤 특성이 있는가? 로컬 기억은 '기억의 장소'에서 개인 기억으로 출발한다. 그러나 개인 기억 자체는 너무 불안정하고 복합적이어서 공동체 기억을 이해하는 토대로는 미흡하다. 개인 기억은 가족 기억을 매개로 로컬 공동체가 수렴해 형성과 변화를 겪으며 집단 기억을 형성하고, 그 과정의 상위 단계에 국가 기억이 존재한다. 다시 말하면 개인 기억→가족 기억→로컬 기억→국가 기억 순서로 기억의 형식이 '경험'[82]을 매개 삼아 상호 '전이' 과정을 수행한다고 볼 수 있다. 필자는 로컬 기억이 이와 같은 전이 과정을 거치며 국민 공동체의 기억을 형성해나간다고 판단한다. 요컨대 기억의 속성은 개인의 몸, 가정, 그리고 작업장을 중심으로 마을과 도시 같은 로컬 차원의 집단 기억에서 출발해 국민국가의 기억으로 확장된다. 심지어 전쟁과 같은 국민 공동체의 전면적 활동과 직결되는 기억의 경우도 출발점은 개인 기억에 바탕을 둔 로컬 기억으로 판단한다. 그러나 분명히 지적할 것은 이 과정이 결코 단선적이지 않고 각 단계의 기억이 상호 작용하지만, 때로는 상호 관계가 부재하거나 비약하는 기억도 있다는 사실이다. 예컨대 개인 기억과 가족 기억은 로컬 기억 또는 국가 기억에 토대를 제공하거나 상호 영향을 주고받는 관계로 작용하지만, 어떤 기억의 경우 거꾸로 이들 사이에 아무런 관계가 작용하지 않는 것도 가능하다. 아울러 로컬 기억이 없는 국가 기억이나 국가 기억이 없는 로컬 기억 역시 성립 가능하다. 다시 말하면, '기억의 장소'라는 장소성을 띤 로컬의 기억이라 하더라도 로컬 기억이 아니라 국가 기억으로만 존재할 수도 있다.

예드바브네 학살의 기억은 또한 로컬 구성원의 트라우마와 밀접한 관계를 지닌다. 동시에 이는 트라우마, 단절, 방향 상실 등에 주목한 탈근대의 전망과 밀접한 연관성이 있다. 그러나 이런 질문도 가능하다. 로컬 기억이 구체성을 중시한다면 '기억의 장소' 구성원의 트라우마와 연관되지 않는 기억도 많을 것이 자명하다. 그러면 탈근대적 표상이 아니라 더욱 생생한 경험 기억에 바탕을 두어야 하지 않을까? 다시 말해, 역사가가 로컬 구성원의 트라우마에 대한 관심을 완화하거나 회피한다면, 도리어 역사와 기억의 관계가 더욱 밀접하고 풍부해질 가능성이 커지는 것 아닐까? 패트릭 허튼 Patrick Hutton 은 알박스의 집단 기억 개념을 전통과 연관시키며, 표상이 아니라 전통적인 '살아 있는 기억'을 역사주의적 상상력으로 재경험하도록 요청했다.[83] 그는 과거 자체를 분열과 공백, 대립, 치유할 수 없는 손상, 뒤늦은 인정, 정체성에 대한 도전에서 자유로운 순수하고 실증적인 것으로 상정한다. 그러나 라카프라는 허튼이 공감이나 동일시와 비판적 거리 같은 형식들 사이의 복잡한 관계를 무시하며, 과거의 '경험', '전통', '기억' 개념에 관해 역사적 경험이나 살아 있는 기억의 사례를 들지 않고 추상적으로 긍정하며, 나아가 과거에 대한 향수로 신비화한다고 비판한다.[84] 살아 있는 기억과 경험이란 어떤 것인가? 허튼은 필리프 아리에스 Philippe Aries 가 일종의 신보수주의 역사학, 즉 개인의 기억을 통해서 보는 '가족과 지역', 또는 '가족의 가치와 지역주의'를 역사의 근거로 삼는 것을 표방한다고 평가하며 공감했다.[85] 로컬을 신보수주의 역사학의 토대로 이해하는 허튼의 입장을 어떻게 평가할 것인가? 사울 프리드랜데르Saul Friedländer의 탐색은 적절한 반론이 될 수 있을 것이다. 그는 만일 '살아 있는 전통'이 반유대주의 같은 인종주의나 극우 보수주의로 존재할 경우, 로컬리티에 대한 진정한 사랑, 즉 '하이마트Heimat'라는 가치조차 곡해할 것을 우려한다. 그리고 바람직한 정체성과 자기 심상을 추구하려는 도전을 약화하거나 회피하도록 이끄는 그런 신비적·고졸적 유형의 역사를 '향토사heimatgeschichte'라고 이름 붙였다.[86] 향토사에는 그런 도전이 희미하게 나타나거나 의식의 변방에 한정되고, 초점은 향수를 불러일으키는 통상적 일상생활의 측면에 고정되어 있다. 사실 가족과 지역이 연관된 경험과 기억은, 연구자가 '로컬 기억'을 복원하러 나설 때 가장 먼저 직면하는 주제로, 흔히 말하는 '안주하고 싶은 기억'이 되기 쉽다. 그러나 프리드랜데르는 로컬 기억을 탐색하러 나설 때 가장 필요한 것은 부단한 혁신으로 인간의 가치를 지향하는 태도라고 진단한다. "나는 자신보다 더 큰 과거로 인도하는 국지적 기억을 항상 소중하게 생각해왔다."[87]

그러나 집단 기억은 복합적 층위를 지닌다. 기억을 형성하고 재생산하며, 상층 기억이 재가한 방식으로 포함과 배제의 작용을 수행한다. 얀 그로스는 그동안 무시된 '기억의 장소'로서 에드바브네의 로컬 기억을 불러일으켜 상위 공동체인 폴란드 국민국가의 기억과 충돌하게 되었다. 알박스는 집단을 구체적 지속성이 있는 실체로 묘사했지만,[88] 사실 로컬이든 국민이든 집단은 항상 확인되는 것이 아니라 특정한 순간에 확인되는 것이며, 그것을 유지하는 데는 기억 못지않게 추상적이고 은유적인 신화의 지원을 받는다. 특히 상위 집단인 국민국가는 공식적 역사를 중심으로 삼지만, 자발적으로 진화하는 민족의 신화도 중요한 역할을 한다.[89] 상징적 원천으로서 신화는 개인과 집단의 기억에 영향을 끼친다. 그러나 기억은 도리어 신화에 도전하는 기능을 할 수도 있다. 로컬 기억 역시 그렇다. 로컬 기억은 국민국가의 기억을 대부분 답습하지만, 상대적으로 더 구체적인 사실과 의사소통적으로 결합하고 신화적 요소의 영향력이 적다. 그런 점에서 규모의 차이는 있지만 질적 차이는 별로 없다고 보아야 할 것이다. 그래도 차이가 있다면 로컬 기억은 과거의 사건에서 '연속되는 일단의 무리群'에 속하는 집단 기억으로 보는 경향이 큰 반면, 국민국가 기억은 과거를 '현재'의 관점에서 평가하는 현재주의 경향이 크게 작용하는 집단 기억이라는 점일 것이다.[90]

얀 그로스가 폴란드 역사가들의 집중 공격을 받은 이유는 집단 기억의 역할과 관련이 있다. 집단 기억으로서 로컬 기억은 '기억의 장소'인 로컬 자체뿐 아니라 국민적 정체성을 형성하며 집단을 형성하는 역할을 하는 동시에, 집단에게 공동체가 구현하고 전달해야 할 '기억의 의무'를 부과한다. 그 의무는 실제로 지배 집단이나 계급의 이익에 봉사하도록 조종될 수 있다.[91] 그런 점에서 공동체가 부과하는 선택적 선善인 당파적 윤리의 작동 가능성을 집단 기억에서도 완전히 배제하기는 어렵다. 하지만 로컬 기억이 독자적 기억으로 국민기억과 맞설 때는 국민윤리 형식으로 부과되는 공동체의 윤리를 넘어 보편 도덕moral과 연관되어야만 존립이 가능할 것이다. 그 이유는 현대사에서 기억의 문제가 제기되는 사건들 대부분이 민족이나 계급 또는 국가와 이념이 가져온 개인과 공동체의 '고통'과 관련되기 때문에, 국민국가가 공동체의 기억에 윤리성을 부여해 구성원에게 부여되는 의무를 절대화하며 왜곡하거나 억압할 가능성을 성찰적으로 극복해야 하는 데 있다.[92] 그러나 문제는 보편적 인류 도덕과 특수한 공동체적 윤리를 구분하기 어렵다는 사실이다. 더구나 소련의 스탈린주의와 독일의 나치로부터 받은 고통과 저항의 기억에 국민국가의 정체성을 정초한 폴란드의 경우라면 더욱 그렇다. 얀 그로스는 예드바브네 로컬의 기억에서 보편적 인류 도덕의 요소를 구체적으로 발굴해, 폴란드 국민국가 기억의 특수한 공동체적 윤리가 지닌 한계에 도전했다. 그래서 홀로코스트 논쟁의 중심에 섰고 국가기관의 사과를 받아낼 수 있었지만, 강력한 반발에도 직면했다. 이는 한편으로 폴란드 국민국가 공동체 권력이 피해자로서 윤리를 자부하며 유대인 학살이라는 가해자적 로컬 기억을 소홀히 한 과오를 인정하며, 나아가 획일적 사고와 의무를 강요한 공식 역사의 신화적 힘이 발휘한 오류를 인정하는 반성적 태도를 자극해, 현실적이고 다원적인 자기 심상을 모색할 기회를 제공한 것도 사실이다. 이런 태도는 타자와 소수자를 체계적·제도적으로 모욕하지 않는 '고상한 사회decent society'를 지향할 계기를 제공한다.[93] 라카프라가 표방한 '윤리적 전회'도 바로 이 점을 가리킬 것이다. 이를 실현하는 방법은 상호 차이를 이해하고 부단히 논쟁하는 협상 정신의 발휘를 요청한다.

기 억 의 충 돌 과 내 부 균 열

얀 그로스의 논쟁적 저술 『이웃들』은 로컬 기억에 근거해 폴란드 국민국가의 기억, 곧 독일과 소련에 맞서 저항한 영웅적 국민이라는 자기 심상에 국가적 정체성을 부여해온 집단 기억과 정면충돌을 감행했다. 그 결과, '기억의 장소'인 예드바브네 학살의 기억은 로컬 기억 내부뿐 아니라 공식적인 국가 기억에 균열을 초래해 폴란드판 '드레퓌스 사건'[94]으로까지 불리게 되었다. 문제는 '기억의 장소'인 로컬공간 자체에서도 폴란드인들 내부의 기억이 분열되고, 국가 기억 또한 '민족기억연구소'의 과오 인정과 우파 진영 언론·정치인의 반발로 내부 균열이 발생한 것이다. 로컬 기억이 국가의 공식 기억과 충돌하면서 내부 균열을 일으키고, 이것이 국가 기억에 균열과 성찰을 불러오는 상승작용이 파상적으로 전개된 셈이다.

이 장에서 필자는 기본적으로 집단 기억의 공간인 공동체가 국민국가로 대표되는 정치적 공동체라는 사실을 전제 삼아, 로컬 기억은 개인 기억에서 출발해 신화와 역사를 결합한 국민국가의 집단 기억으로 수렴되지만, 때로는 국민국가 기억과 대립하고 공식적 역사와 갈등하며 재구성되는 유동적인 집단 기억이라는 결론에 도달했다. 이런 상황에서 로컬 기억이 독자적 정체성과 정당성을 유지하는 길은 무엇일까? 국지적 기억으로서 로컬 기억은 항상 국가 기억으로 수렴되는 경향이 있다. 이런 상황에서 로컬 기억이 독자적으로 존립 가능한 조건은 로컬의 장소성에 근거해 진실의 구체성을 확보하고, 국가 기억 너머로 확장되는 전망을 제시할 수 있는 경우일 것이다. 중요한 것은 첫째, 1차 기억의 구체적 진실을 확보하는 것, 둘째, 국민국가의 윤리성을 넘어서는 보편 도덕의 전망을 확보하는 것이라고 판단한다.

얀 그로스의 저술은 폴란드 역사가들로부터 피해자의 구체적 숫자, 증언자의 현장 목격 여부 등을 둘러싸고 다양한 오류를 지적받았으며, 그 결과 신뢰성에 많은 문제가 제기되었다. 그런가 하면 폴란드인들의 국가 기억 역시 나치의 피해자이며 스탈린주의의 피해자라는 윤리성에 바탕을 두므로, 예드바브네에 거주한 피학살 유대인의 피해자적 측면과 도덕적 측면을 우연적이고 일회적인 것으로 평가 절하하는 집단적 작업에 말려들었다. 그 결과로 로컬 기억이 진실과 화해를 모색한 기억의 정화 작업은 국민국가 기억을 압도하는 주도권을 행사하지 못한 채 주춤거리고 있다. 국가 기억 내부에서도 반공산주의파와 이전에 공산주의를 지지한 세력 간의 상호 낙인찍기와 자파 세력 통합에 예드바브네의 기억이 동원당하는 기억의 정치화가 전개된 탓이다. 그 결과, 국가 기억이 로컬 기억에 개입해 혼란을 유발하고, 과거를 재사고하는 반성적 성찰의 시도를 방해했다. 기억의 장소를 둘러싼 로컬 기억과 국가 기억의 대립과 동요, 불안정한 공존과 침묵, 이것이 예드바브네 유대인 학살을 둘러싸고 기억의 정치가 기억의 장소에서 직면한 현재 상황이다.

제11장

로컬 경제와 지역주의
이탈리아 '북부 문제'와 유럽연합의 지역 정책과 관련시켜

지 역 의 탄 생

통일, 즉 리소르지멘토Risorgimento 이후 이탈리아 정치 엘리트들은 국민교육, 국가 필수mandatory 서비스 제공, 공통 과세 제도, 상징적 가치와 신념 구조를 생성하고 통합 제도를 구성하는 데 진력했다. 북부 지역은 연방주의가 상대적으로 강했지만, 통일국가 견본을 벗어나는 제도적 배치는 고려되지 않았다. 제1차 세계대전과 파시스트당 지배 기간에는 민족주의가 압도하면서 지역주의 담론의 흥기를 막았다. 이탈리아에서 '지역'[1]이 무대에 등장한 것은 1948년 민주공화정이 지방자치local autonomies를 인정하고 촉진하면서 부터이다. 그러나 지역이 진정한 권위를 부여받고 자치와 지방분권이 공식적으로 제도화된 계기는 1970년대 총선이다. 이 시기 이탈리아의 지역별 정치 지형도는 안토니오 그람시가 성찰한 너무나 유명한 '남부Mezzogiorno 문

제'[2]만이 아니라, 포드주의 축적 체제의 붕괴가 임박함에 따라 북서부 지역 산업대도시에서 발생한 내부적 차이를 보여주기 시작한다. 이런 상황은 1980년대 후반에 나타난 지역주의 운동의 토양으로 작용했다.

지역주의가 이탈리아 사회를 이해하는 데 핵심 키워드가 되고 폭발적으로 표출된 계기는 정치권에 만연한 부패가 백일하에 드러난 뇌물공화국 Tangentopoli 스캔들이었다. 1992년 2월, 밀라노 검찰 안토니오 디 피에트로 Antonio di Pietro 검사의 사회당 경리국장 수사로 시작된 부패 추방 운동 '깨끗한 손Mani pulite'이 3000여 명의 정·재계 인사를 체포하고 구속함으로써 '제1공화국'과 이를 지탱하던 정당 체제가 붕괴되었다. 그 결과, 기독교민주당 DC, 공산당PCI에 사회당PSI이 끼어든 불완전한 양당제 체제의 전후 이탈리아 정치구도가 격변하고 새로운 정치운동이 출현했다. 대표적 현상이 기업가(피닌베스트Fininvest 그룹 회장) 실비오 베를루스코니Silvio Berlusconi가 만든 '전진 이탈리아당Forza Italia'의 약진이다.[3] 이들은 과거에 파시스트인 베니토 무솔리니Benito Mussolini가 '흑색셔츠단'을 동원해 '민족의 이름'으로 로마에 진군한 것처럼, 미디어를 앞세워 1987년에 인수한 AC밀란의 '축구팬'을 조직 동원함으로써 엘리트주의 정치를 거부하는 '팬의 이름' 아래 로마를 제도적으로 점령했다.[4]

이때 두드러진 현상은 경제적으로 발전된 북부의 지리적·문화적·정치적·역사적 독자성을 강조하며 분리주의를 표방한 북부동맹 자율주의자 leghe autonomiste들의 북부 지역주의 운동이 정당으로 변신한 것이다.[5] 지도자 움베르토 보시Umberto Bossi는 오랜 집권당이었던 기민당이야말로 정치 안정을 명분으로 '후견제clientelismo'를 도입해 남부의 정치적 이해를 대변하는 부패한 정당이라고 몰아세우며, 반과세·반정당정치·반남부를 내세우는 지역주의 운동을 개시했다. 1989년에는 유럽의회 선거를 겨냥해 베네토 동맹Liga Veneta과 롬바르디아 동맹Lega Lombardia을 비롯한 여섯 개의 동맹주

정당이 '롬바르디아 동맹-북부연합Lega Lombardia-Alleanza Nord'이라는 명칭으로 선거 연합을 구성했고, 1991년에는 롬바르디아 동맹을 주축으로 동맹주의 정당들이 통합해 북부동맹Lega Nord을 성립시켰다. 이들은 기민당의 선거 유산을 상속해 지방정부를 장악하고, 남부에서는 네오파시스트 정당과 '좋은 정부'라는 선거 연합을 수립하며, 베를루스코니의 전진 이탈리아당과는 중도 우파 선거 연합 '자유의 집Casa delle Liberà'을 기반으로 중도 우파 연정을 성립시켰다. 국가 체제의 향방을 두고 처음에는 연방제를 내세우다가, 1994년 총선에서 의석 117석을 얻고 125석의 좌파민주당에 이어 하원 제2정당이 된 후[6] 독립국가 '파다니아Padania' 건설을 공언했다. 그러나 2001년 선거에서 로마노 프로디Romano Prodi가 이끈 중도 좌파 '올리브 연맹'이 통합적 연방제federalismo integrale[7]를 지지하며 승리하자 이를 긍정하는 모습을 보였다. 북부동맹은 2001년과 2006년 선거에서는 각각 3.9%와 4.6%로 지지도가 하락했으나, 2008년 자유국민당과 제3차 연정을 수립한 후 8.3%로 상승해 2009년 유럽의회 선거, 2010년 지방선거에서 계속 만족스러운 성과를 거두었다.[8] 2017년 10월 22일에는 롬바르디아도道와 베네토도道가 자치권 확대 주민투표를 가결시켰다. 비록 실효성은 없지만 한 발은 정부에, 다른 발은 분리주의 운동에 걸친 북부동맹의 이중적 성격을 두고 그 정치적 성격을 규정하는 데 많은 논란이 있다. 대체로 역사적이고 온건한 기민당의 지역주의를 새로 다듬고 손질해 신장개업하며 정치적인 의제로 삼는 분리주의적centrifugal 지역주의에 바탕을 둔 우익 포퓰리즘 정당이라는 평가를 받는다.[9]

이탈리아 지역주의에서 '북부 문제'는 어떻게 생성되었는가? 이는 국민국가 형성 과정에서 '남부 문제'를 비롯한 장애물을 극복하는 데 실패한 현실의 산물이다. '남부 문제'는 그람시 이래로 많은 역사가와 사회과학자의 관심사였고, 국내에도 선구적 연구 성과가 축적되어 있다. 그러나 1980년대 말에 새로 나타난 북부, 정확히 말하면 북동부 지역주의는 이론과 내용이 너무 가변적이고 현재진행형이어서 역사학이 손대기 머뭇거려지는 주제이다. 이 장은 이탈리아 지역주의를 중심으로 로컬리즘과 전 지구화가 서로 얽혀드는 양상을 검토한다. 그리고 기본적으로 국민국가 형성은 특수한, 또는 실패한 이탈리아에서 남부 문제와 북부 문제의 심층부에 '내생적인 로컬'과 로컬리티의 요소, '외생적인 유럽연합'과 세계화라는 요소가 함께 작용해 생성된 산물이라는 관점에서 접근한다.[10] '남부 문제'에 전자의 요소가 강하게 작용했다면 '북부 문제'는 두 요소가 함께 작용한 산물이라는 관점에서 로컬리즘-지역주의-국민국가-유럽연합-전 지구화로 공간규모scale 가[11] 확장되는 연쇄 가운데 작동하는 양상에 주목한다.

질문은 다음과 같이 진행된다. 첫째, 북부동맹이 표방하는 '파다니아' 분리주의 국가의 토대는 무엇인가? 필자는 여기서 북부 이탈리아 공간에 대한 '기억의 정치'가 작동하는 양상에 주목한다. 둘째, 생산력과 생산관계에서 포드주의 체제가 포스트포드주의 체제로 이행하는 가운데 경제구조 변화는 로컬과 지역, 그리고 글로벌 관계를 어떻게 변화시켰는가? 이탈리아 중소기업의 구조가 지역주의를 생성한 측면과, 전 지구화와 함께 이탈리아 지역주의의 물적 토대가 변화하는 양상을 검토한다. 셋째, 유럽연합이 지향하는 신지역주의 전망이 '남부 문제'와 '북부 문제'에 대한 접근을 변화시키는 추동력으로 작동한 현상과 연방주의의 연관성은 어떠한가?[12] 이들 문제의 검토를 목표로 먼저, 북부 지역주의의 현재적 상황과 이탈리아의 로컬리즘 및 지역주의 생성의 역사적 연관 관계에 주목한다. 끝으로, 유럽연합이 표방하는 유럽 지역주의Euro-regionalism와 이탈리아 지역주의의 관계를 검토한다.

지역주의와 기억의 정치

이탈리아는 중세 이래로 오랜 자치도시commune의 전통을 유지해왔고, 이는 가족주의와 맞물려 독특한 정치문화를 탄생시켰다. 강력한 정부의 부재는 가족과 친족 중심의 사회구조를 만들었으며, 20세기 후반의 정치 행태에서도 정치인과 정당이 유권자에게 투표의 대가로 반대급부를 제공하는 '후견제' 관행이 자리 잡도록 만들었다. 이는 지역 정치는 물론 언론에도 작용해 결국 권언유착을 심화시켰다. 최근 총리직에서 물러난 실비오 베를루스코니는 권언유착의 대명사이지만 사실 그가 원인 제공자는 아니고, 그것을 비판하면서도 더욱 심화시키는 이중적 태도를 보인 인물이다. 1990년대 초에 들어오면, 1960~1970년대에 후견제를 이용해 남부 지역의 발전을 도모한 기민당이 남부와 정치적 유착 관계를 심화하면서 남부에 정치적 발언권을 과잉 부여하고 정치적 부패가 심해졌다는 부정적 여론이 형성되었다. 이런 와중에서 북부 지역민들은 자신들의 의사가 과소 대표되는 현실을 비판하는 가운데, 기민당이나 공산당 같은 전국 정당이 결국 로마 중심의 기득권 정당에 불과하다고 비판하며, 지역에 고도의 자율성 부여를 요청하는 지역주의 정당 출현의 당위성을 강조하는 분위기 조성에 성공했다.[13]

북부 지역주의 정당의 출현은 이탈리아가 근대국가 실현에 실패했다는 사실을 말해준다. 이는 그동안 정치권이 고질적 현안으로 고심해온 남부 문제뿐 아니라 북부 문제 역시 이탈리아 정치의 중요 의제라는 사실을 각인시켜 지역주의 이해를 둘러싼 관점의 대폭적인 전환을 가져왔다. 그러한 전환을 추동한 분리주의의 이론적 토대는 과연 무엇인가? 그것을 먼저 '파다니아'의 정체성에서 찾아보는 것은 유용한 접근이 될 것이다. 여기에는 일정한 '기억의 정치'가 작동한다. 기억·이미지·전통이라는 상징적 차원이 마치 민족국가를 정당화하듯 지역주의 국가의 정당화에 동원된다. 동맹의 역사를 고대 켈트족과 롱고바르드Longobards족, 특히 신성로마제국 프리드리히Friedrich 1세 바르바로사Barbarossa에 맞서 성립된 중세의 롬바르디아 동맹으로 소급시키고, 그 역사적 정당성을 끌어낸다.[14] 독특한 점은 이들이 작동시키는 기억의 정치가 이탈리아 역사의 공식 기억을 부정한다는 사실이다. 곧, 자유국민당과 연립정부 수립의 다른 한 축인 우익 신파시스트 정당 민족동맹Alleanza Nazionale과 달리, 이탈리아인들이 영광의 시대로 자부하는 로마제국을 거부한다는 점이다. 우익정당이 제국과 민족국가에 대한 긍정과 거리를 두는 것은 북부의 역사가 남부의 역사와 기원부터 다름을 강조하려는 목적에서 비롯했다. 북부는 로마인들이 정복하기 전에 이미 켈트족의 일파였던 골Gaul족이 자유를 누리던 땅이며, 이들의 후예가 파다니아 정체성의 핵심을 형성했고, 로마제국이 몰락하자 롱고바르드족이 이를 계승했다는 것이다.

그러나 사실 본래 19세기 초까지 롬바르디아 동맹의 역사는, 북부 이탈리아 도시국가들과 영주들이 신성로마제국 황제 프리드리히 1세에 저항하고자 형성한 동맹체로서 롬바르디아 동맹이 이탈리아 통일의 애국적 신화에 동원되었던 역사이다. 그러나 움베르토 보시는 정반대로 도시의 자율성을 성취하기 위해 싸운 동맹의 역사라는 반통일의 신화를 부여했다. 북부동맹의 대표적 이데올로그 길베르토 오네토Gilberto Oneto는 저술 『파다니아의 창조L'indipendenza della Padania, La rinascita della a comunità più antica d'Europa』(1997)에서 과거 켈트인들은 로마인들에 맞서 세력을 결집하는 데 실패했지만, 중세 도시들은 "차이를 방어하고자" 결집했노라고 선언하며 이들을 애국적 상징으로 부각시켰다. 그리고 1176년 레냐노 전투La Battaglia di Legnano에서 대활약한 기사 알베르토 다 주사노Alberto da Giussano를 상징적 인물로 삼았다.[15]

움베르토 보시가 북부 이탈리아를 상징하는 신화를 형성하는 데 중심 동력을 지닌 인물로 기사 알베르토에 주목하면서, 이제 기사는 군사력의 열세에도 불구하고 전제군주에 굴복하지 않은 인간형으로 재창조되었다. 그리하여 왕조에 충성하거나 특정 신분 또는 계급의 덕성을 지닌 인물로서가 아니라, 모든 덕성의 원천으로서 '전체' 인민과 공동체가 영감을 받아야 할 전설적 인물로 부각되었다. 기사 알베르토가 파다니아를 상징하는 인물이 된 것은 북부동맹의 가치 지향이 신화적 과거로 귀환한 측면을 잘 드러낸다.[16] 아울러 레냐노 전투가 1842년 3월 9일 밀라노 스칼라 극장에서 초연한 주세페 베르디Giuseppe Verdi의 4막 오페라 합창곡 「나부코Nabucco」(느부갓네살) 3막에서 이탈리아인의 애국심을 고취시킨 유명한 합창(히브리 노예들의 합창)과 연관해 잘 알려지면서 강력한 대중적 설득력을 지녔다는 사실과도 무관하지 않다. 그러나 움베르토 보시는 1994년 여름부터 북부공화국이 아니라 독립국가 파다니아의 건설을 내세우면서, 전사 알베르토보다는 '알프스의 태양'으로 상징을 바꾸고, 적(좌파)과 백(우파)이 결합된 상징색을 더 구체적이면서도 영역의 확장성이 큰 알프스 자연을 상징하는 녹색으로 바꾸는 전환을 시도했다.

북부 이탈리아와 연관 지어 또 이렇게 물을 수 있다. 스페인의 카탈로니아와 바스크 또는 영국의 스코틀랜드가 확실한 역사적 정체성이 있는 것과 달리, 롬바르디아 동맹은 잠정적 성격을 지닌 것에 불과하지 않았는가? 그러나 이들은 이 문제를 심각하게 여기지 않는다. 도리어 동맹의 근거가 '불확실'한 데 가치를 부여한다. 이런 의미에서 북부동맹의 지역주의는 단순히 역사적 근거가 불확실하다고 비판할 대상이 아니며, 도리어 근대국가의 중앙집중성을 비판하고 권력의 유동성이라는 탈근대적 속성을 인정하는 것으로 평가할 수 있다. 독특한 것은 이들이 피렌체, 밀라노, 베니스 등 도시국가들이 이끈, 이탈리아가 자랑하는 르네상스 시대를 비롯한 5세기의 시간을 파다니아 역사에서 배제한다는 점이다. 이는 비록 굴곡은 있었지만 큰 틀에서는 연방주의를 지향한 북부동맹의 입장으로 봤을 때 납득하기 힘든 부분이 있다. 르네상스 시기는 도리어 연방적 질서의 상징으로 볼 수 있을 것이기 때문이다. 그럼에도 북부동맹 지지자들에게 르네상스는 이탈리아성italianité을 구현하는 역사적 사건들이었을 뿐이다. 이들은 오히려 18세기 나폴레옹의 이탈리아 침공이 이탈리아에 새로운 로컬의 자의식을 보여줄 계기를 제공했다고 평가한다. 나폴레옹이 세운 반종교적 자코뱅 공화국에 맞선 농민들은 "마리아 만세"를 외치며 민중 봉기를 일으켰다. 북부동맹 이데올로그들은 이 사건을 중앙집권에 맞서 예배의 자유는 물론 로컬의 자유를 수호하려 한 시도로 평가한다. 이와 같이 이탈리아 역사를 자치/중앙집권이라는 거친 이분법으로 재단하는 것은 오랜 미시국가, 곧 도시국가 전통의 북부와, 로마제국은 물론 근대에도 부르봉왕조가 지배한 중앙집권 국가의 전통을 지닌 남부 지역의 역사적 차이를 부각하는 '기억의 정치'를 작동시킨 방법이었다.[17]

사실 '파다니아'라는 장소 자체는 행정적 · 역사적으로 실체가 존재한 적이 없는 수사에 불과하다.[18] 곧, 실제의 지리적 공간이 아니라 가상의 공간에 불과하다. 거기에다 이들이 말하는 역사적 지식은 세부 사항으로 갈수록 내용이 불확실하거나 자의적 해석이 많아 역사가들로부터 부정확성을 비판받는다. 이것이 정치적 동원의 기제로서 '가상의 민족주의론' 구성이라는 관점도 있지만,[19] 도리어 여기서는 '기억의 정치'가 작동해 지역주의를 생성하는 방식에 더 주목할 만하다. 흥미로운 것은 지역주의에서 '기억의 정치'가 북부 이탈리아뿐 아니라 스위스에서 이탈리아어를 사용하는 주canton들의 티치네시 동맹Lega dei Ticinesi 형식으로도 나타난 점이다.[20] 이는 알프스라는 지리적 환경이 지역주의의 생성에 기여한 것이다. 이 점에서 '역사에 바탕을 둔 기억 정치'라고 부르기보다는 '인문 및 자연 환경의 기억 정치'가 작동한 것이라고 말할 수 있다. 따라서 파다니아는 알파인Alpaine 지역이라는 지리적 공간의 생성물이자 알파인 지역주의 포퓰리즘이라는 평가를 받는다. 지역주의 생성에서 환경의 역할이 과연 재해석의 주제가 될 수 있을까? 베니토 조르다노Benito Giordano는 북부동맹의 지역주의 기획이 특수한 지리적 요소에 종족성ethnicity을 결합시켜 초점을 맞추는 데 주목한다. 그 결과, 전국 정당화를 포기하고 오직 로마의 중앙정부 권력의 장악으로만 달려간 북부동맹을 단순한 급진 우익 포퓰리즘 정당 차원을 넘어 지역주의적 포퓰리즘 정당으로 공간화시켜 이해하는 것도 가능하다.[21]

북부동맹의 정치 담론에서 알프스는 민족 전통과 정체성에서 국민의 뿌리인 동시에, 이들 전통과 근대성 사이의 고유한 관계를 상징한다. 또한 알프스는 산악 공동체의 자치와 로컬의 정치적 자율성 전통뿐 아니라, '파다니아'의 저지대로부터 밀려오는 공격에 맞서 지역의 가치를 보호하는 요새로서 상징을 구현한다. 경제적으로 주변적 영토인 알프스는 과도한 산업 개발로 악화된 저지대의 환경과 대비되는 징후를 표현한다. 또한 근대화와 문화·영토의 보존 및 새로운 발전 전략의 견본을 수립할 필요성을 상징한다.[22] 북부동맹의 정치 담론이 북부의 경제적 성공이라는 '근대성'과 알프스의 경관이라는 '전통성'을 강조하는 이중구조로 형성된 것은, 파다니아 국가의 뿌리를 산업화라는 근대성이나 민족적 정체성의 전통만으로 확립할 수 없다는 치밀한 계산이 작용한다. 알프스 전통은 부패한 로마, 마피아가 날뛰는 남부의 지중해 세계와 달리 산악 공동체 자치와 로컬의 정치적 자율성 전통을 구현하는 것으로 표상된다. 그러나 사실 경제적 성과를 강조하면서 경제적 주변부 지역인 알프스에 초점을 맞추는 것은 새로운 문제를 발생시킨다. 문화와 영토의 전통 안에 근대성을 실현하는 국가라는 두 가지 목적을 달성하려는 의도가 작동하는 것은 사실이지만, 그 내용에서 서로 모순되는 측면이 있기 때문이다. 그럼에도 알프스라는 자연환경이 조상과 영웅, 상징과 신화를 내포한 지역주의 정치적 수사에 동원되는 것은, 역사적 사건과 인물이 기존 전통을 재전유하는 전략의 맥락에서 새로운 의미를 획득해나가는 과정으로 이해할 수 있다.

알프스라는 자연환경과 함께 북부 지역주의에 정체성을 부여한 또 다른 요소는 언어이다. 북부 이탈리아에는 제2차 세계대전 이후에 발레다오스타 Valle d'Aosta 주(프랑스어) 트렌티노알토아디제Trentino-Alto Adige 주(독일어), 프리울리베네치아줄리아Regione Friuli-Venezia Giulia 주(슬로베니아어) 등에 소수 언어 사용자를 비롯한 여러 방언 사용자들이 거주한다.[23] 북부동맹의 자율주의자들은 개별 지역마다 차이를 인정하면서 로컬의 방언과 문화적 전통의 중요성을 강조했다. 그리고 정치행정적 자율성의 요구를 정당화하고자 종족성을 부각시켰다. 그러나 북부동맹의 언어와 종족성의 차이를 강조하는 전략이 얼마나 성공적이었는지에는 의문의 여지가 있다. 비록 일부에서 관심을 두는 분위기도 나타났지만, 이탈리아 전체는 물론 북부에도 너무나 많은 소수 언어와 방언이 산재해 있어, 북부 지역의 언어적 정체성을 확인하고 강조하기조차 어려운 측면이 크게 작용했기 때문이다. 아울러 국민교육을 통해 소수 언어와 방언의 사용자가 급속도로 줄어들고 표준어 사용이 급증하는 현실, 또한 이들 지역의 언어 사용자 대부분이 노년층인 사실과 연관이 있다.[24]

그러면 인구 3000만 명에 이르는 파다니아는 과연 단일의 통합 공동체라고 말할 수 있는가? 북부동맹 이데올로그들은 장차 나타날 파다니아 국가를 지역에 근거한 '공동체'로 규정한다. 이 공동체는 하나의 명료한 인종적·민족적 정체성의 단일 공동체가 아니라, 서로 다른 문화와 다양한 정체성을 결합한 '차이의 장'으로서 다양성을 지닌 통일체인 한편, 공통의 적과 '타자'(이 '타자'는 대상이 고정되어 있지는 않다)에 맞서 당파 구성원leghisti이 단결해 싸우는 '요새'이다. 이들이 동유럽 이주민, 특히 발칸반도의 혼란 가운데서 이주해온 알바니아인이나 서아프리카 세네갈인의 이주를 지속적으로 반대하는 이유가 여기에 있다. 그러면 이들이 파다니아를 '차이의 장'으로 보는 것과 모순되지 않는가? 이들은 북부 이탈리아 지역이 너무나 크게 다른 삶의 양식들이 만나 형성된 산물이라는 사실 자체는 인정한다. 하지만 너무 '확고한 타자'의 '문화'가 유입되는 것은 장차 국가 건설에 위협이 될 것으로 보는(종족이나 인종주의 관점에서가 아니라) 이중적 관점이 이들 공동체주의론의 특징이다.[25] 그 결과, 북부동맹은 이주민 문제를 '안보 문제'로 격상시켰다. 현재 유럽에서 이탈리아가 영국과 더불어 이주민 문제에 가장 강경한 태도를 보이는 것도 이런 분위기와 무관하지 않다.

이 현상은 어떻게 설명할 것인가? 마누엘 카스텔은 "개인주의화와 사회적 원자화의 과정에 저항하는 자들은 시간이 지나면 일종의 소속감을 발생시키는 공동체 조직을 결집시키고, 많은 경우에는 공동체적 문화적 정체성"을 형성하는 경향을 띤다고 지적했다.[26] 북부동맹 또한 전 지구적 자본주의에 저항하거나 서유럽을 거부하는 Eurojectionism 장소로서 미시국가적 정체성을 세련시키는 반동적 기획이라고 이해할 수 있다. 파다니아는 극우·과격 우익이라기보다는 지적인 뉴라이트들이 과거의 급진 민족주의 관념을 종족적이며 지역적인 후기 국민국가 ethno-regional post nation-state 로의 '의미 만들기 meaning-making'를 통해 새롭게 지역을 조직하는 형식 중 하나라고 말할 수 있다.[27] 그런 의미에서 이탈리아 현실에서 북부동맹과 같은 지역주의 정당의 출현은 부정적으로만 볼 수 없다. 도리어 그것은 남부와 북부의 극심한 사회경제적 차이가 정치까지 왜곡하고, 이것이 북부 지역의 불만을 가중해 결국 '남부 문제'를 역전시킨 양상으로서 '북부 문제'라는 새로운 형식의 지역주의를 만들어낸 산물이다. 그 과정에서 북부 지역주의가 이탈리아 정치에 끼친 영향으로, 국가 거버넌스를 제도주의적·신지역주의적 관점으로 전환시키며 영토 발전 정책과 문화적 접근의 진화에 중요한 역할을 한 점도 있다. 아울러 북부 지역사회의 자치 self-governing 의 역할에 심원한 호소력을 발휘했고, 국가 정부가 다양한 단계의 제도 개혁을 수행하도록 자극했다. 특히 제도적으로 지방행정 당국이 지방분권을 지향하고, 연방제 국가 구조를 구상하도록 이끈 것은 큰 성과이다.[28] 이 구상은 남부와 북부가 독자적인 발전 경로를 걷는 것이 도리어 이탈리아 국가를 유지할 방도라는 관점을 제시하며 이탈리아 국가의 근대성을 재구성하려는 시도로 볼 수 있다.[29]

포 스 트 포 드 주 의 생 산 양 식 과 북 부 지 역 주 의 생 성

그렇다면 이탈리아 북부 지역주의가 생성된 원인은 어디에 있는가? 1980년대 후반부터 국제경제 질서가 구조와 생산양식에서 근본적으로 변화하면서 북부, 특히 북동부 지역이 대응 방법을 필사적으로 모색한 것이 가장 큰 배경이라고 평가할 수 있다. 전 지구적 자본주의의 관철과 상품 교환의 폭발적 증가, 기술공학 혁명의 가속화, 전 지구적 경쟁의 극적인 증가와 노동 이동의 급증, 그리고 정부의 효과적 개입을 제한하는 금융 경제와 금융시장이 역설적으로 국가의 경제적 운명을 결정하는 현상은 강도 높은 압박으로 다가왔다. 아울러 밀라노, 토리노, 제노바의 삼각축을 중심으로 한 북서부에서 노동계급의 보호망인 노동조합 조직을 지탱하는 역할을 해온 포드주의 생산 체제 대기업들이 연쇄적으로 붕괴되었다. 이는 이탈리아 북부의 사회경제적 관계 전반을 변화시켜 기존의 좌파와 우파라는 정치적 모델을 넘어서야 할 필요까지 요청받았다.[30]

전후 1970년대까지 본래 이탈리아 경제는 피아트 자동차로 상징되는 '경제적 기적'을 이루었다. 그러나 1970년대까지 산업화를 이끈 북서 지역에서 포드주의를 바탕으로 한 대규모 산업화 발전 모델이 직면한 위기는 로컬 수준에서 해결할 수 없는 너무 심각한 문제들을 야기했다. 산업적 관계들은 제도화가 너무 빈약했고, 지방정부는 특히 주택과 사회복지 서비스에서 효과적인 정책을 수행할 재정 자원을 확보하지 못했다. 그 결과, 북서부 산업 삼각지대는 도리어 국가의 장래에 심각한 부담으로 등장하는 데 이르렀다. 산업화된 지역 문화가 압박을 받고, 전통적인 사회정치적 통합이 남부에서 온 대도시 지역 이주민과 과잉 도시화로 부식되었다. 1969~1973년에 산업적·사회적 갈등이 폭발했으며, 대규모 산업과 공장이 그 영향권에 들어갔다. 대기업은 경쟁력이 급속도로 약화되었고, 대도시는 혁신적 역할을 수행할 수 없었다. 생산 비용 상승, 인플레이션, 환율 가치의 평가절하는 사회 갈등, 공공 지출과 공공 부채를 급속도로 증가시켜, 절박한 생존 위기를 느낀 노동조합의 사회복지 요구를 강화했다.

이에 대응해 1980년대부터 이탈리아에서 산업 생산의 포스트포드주의로 패러다임 전환이 발생하면서, 국가의 규제 메커니즘과 제도가 지역적 제도를 통해 매개되는 현실이 다양한 양상으로 발생했다. 이런 급속한 변화에 직면해 매우 역동적인 지역 경제 중심지로서 북부는 1980년대 경제적 번영기에 '중소기업 중심의 세계화'라는 모델을 제시했다. 그동안 북부는 중앙 정부에 정치자금을 제공하는 대가로 탈세를 묵인받고 안전 규제에서 면제되었으며, 중앙정부는 징수한 자금을 남부 지역에 후견제 형식으로 투자해 왔다. 문제는 이 과정에서 북부 내 주도적인 가족 경영과 전통적 제조 분야에 종사하는 중소기업 경영자와 노동자가 정치적 주변부로 밀려난 사실이다. 북부동맹은 바로 정치적 주변부로 밀려난 부자들과 노동자들이 반란을 일으킨 현상이라고도 말할 수 있다. 북부 지역주의가 영토·문화·정치의 측면에 그치지 않고, 경제적으로 중소 도시에 자리 잡아 대기업과 국가의 간섭으로부터 독립적이며 전문화된 제품을 생산하는 '산업 지구industrial districts'의 이해관계를 표현한다고 평가받는 이유가 여기에 있다.[31]

산업 지구는 주로 중간 공정과 하청을 담당하는 중소기업SMEs이 분야별로 수평적 결합을 이룬 것을 말한다. 중소기업은 통상 인구 10만 명 미만(물론 그것을 넘어서는 경우도 있지만)의 소도시 지역 로컬 경제 체계에 속해 있었고, 이들 지역은 로컬 노동시장LLMAs과 로컬에서 집단적 경쟁력을 갖춘 재화LCCGs의 특성화 분야로 구성되었다. 대표적인 분야는 전통적 소비재였지만, 현대적인 기계공학과 기계공구,[32] 최근에는 하이테크와 소프트웨어 분야의 의미 있는 발전도 출현했다.[33] 하청기업과 구매기업 사이에 협력 관계가 공식화되면서 혁신과 품질 개선으로 생산성 향상이 이루어졌다. 이는 숙련공, 집합적 서비스, 인프라의 전문화된 협력 관계가 존재했고, 소기업가, 노동자, 대기업가 사이에 높은 수준의 신뢰와 그에 못지않은 지식과 정보의 급속한 확산과 순환이 있었기에 가능했다. 그 결과, 산업 지구의 기술공학과 생산적 역동성이 고임금과 높은 고용률을 제공했다. 더 나아가 '산업 지구'가 서로 연결되면서 '산업 지구 그룹'을 형성하는 지역까지 나타났다. 그리하여 산업 지구의 중소기업은 전통 산업인 섬유, 피혁, 제화, 의류, 목재 가구, 타일 등과 같이, 첨단산업은 아니지만 디자인 제품과 기능craft 집약적 경공업 제품들을 다품종 소량 생산방식으로, 곧 포스트포드주의 방식의 생산방식을 통해 틈새시장을 찾아내며 지역 경제의 세계화를 가져왔다.[34]

그 결과, 로컬 노동시장에서 로컬 생산 체계 개념이 등장했고, 지역화된 자본주의 체제가 나타났다. 이는 자본주의 경로, 나아가 신자유주의 경로의 다양성과 연결시켜 이해가 가능하다.[35] 이탈리아 경제는 그동안 크게 보면 북부와 남부 지역으로 구분되었지만, 이제 '제3의 지역 이탈리아Terza Italia'가 주목받게 되었다.[36] '제3의 지역 이탈리아'(베네토Veneto, 에밀리아로마냐Emilia-Romagna, 토스카나Toscana, 움브리아Umbria, 마르케Marche 등)의 행정 도道들이 북부동맹의 지역 경제를 구성하는 행정 지리적 기반이다. 이 지역에 나타난 새로운 산업공간은 북서부에 출현한 대규모 산업 집중과는 발전 경로가 다른 상업 지구로서, 전통적인 매뉴팩처 활동으로 특화된 것이 특징이다. 그 특징은 시장과 비시장 영역이 상호 의존하면서 그들이 지원하는 중소기업 관계망을 둘러싸고 조직된 데서 비롯한다. 그 결과, 이탈리아 국가 발전을 남부와 북부로 구분해 설명하던 기존의 이중주의 견본을 넘어, 새로운 로컬 생산 체계의 출현을 설명해야 할 필요와 직면했다. 그 결과, 이탈리아 산업은 토리노·밀라노·제노바 삼각축의 대도시 산업 지역인 북서부, 낙후된 남부 시골 지역, 거기에 중소 도시 관계망으로 산업화된 북동부 지구로 삼분되었다고 평가받는다.[37]

그러나 20세기 말에 북동부 지역 중소기업들은 급속한 정보화 사회로의 이행과 하이테크 산업에서 뒤처지면서 자신들의 의사 전달 통로가 점차 상실될 위기를 자각했다. 아울러 WTO 체제의 등장과 급속한 전 지구화는 중소기업 중심 경제에 타격과 침체를 가져올 것이라는 위기의식을 자극했다. 이런 경제적 분위기야말로 북부동맹의 독자적 신지역주의 생성에 토대로 작용한 핵심 요소이다. 이런 측면에서 북동부 지역주의는, 대기업 중심 포드주의 체제의 약화에 따라 중소기업의 역할 부담이 가중된 동시에 세계화와 신자유주의의 무한 경쟁에 직면한 이들이 난국을 타개하려는 시도라고 볼 수 있다. 그러나 이들의 전략이 일관성 있게 추진된 것은 아니며, 끊임없이 유동하는 이중적 태도가 작용한다. 예컨대 효율적·합리적 근대성을 구현하는 유럽 문화와 연대하고 유럽의 중심부에서 어깨를 겨루며 시장을 유지하는 것이 바람직하다는 유럽 지향성을 강하게 표출하는 한편, 신자유주의 정책이 주도하는 유럽에 대응하기 위해 부패한 국가 정치와 낙후된 '남부'를 국가 운영의 장애 요소로 판단하며, 이러한 '족쇄'에서 벗어나고자 독자적 신지역주의를 표방하는 또 다른 측면이 공존한다.[38]

반이주민 정책을 요청한 것도 그런 모순된 상황과 역설을 잘 나타내는 현상이다. 실제로 북부 중소기업에는 값싼 임금의 노동력의 공급이 절실하기 때문에 이주민이 매우 유용하다. 신자유주의 무한 경쟁으로 중소기업 경제체제의 위기를 절감하면서도, 자유로운 노동이동과 유연 노동을 강요하는 신자유주의 견본을 수용하지 않을 수도 없는 것이 북부 지역 기업가들이 당면한 현실이기 때문이다. 그 결과, 외국인 노동자들을 공동체에서 비가시적인 한도 내로만 인정하고, 그들을 잠재적 시민으로 받아들이지 않는다. 그러면서도 이주민이 경제성장을 지탱하는 데 불가피한 필요악이라는 판단에도 동의한다. 이는 북부의 기업가 계급들이 전 지구화에 직면해 이익을 유지할 자유무역 시장이 필요한 한편, 그것에 무관심한 정치권력도 필요한 모순된 상황과 맞물린다. 북부 지역 분리주의는, 노동과 금융의 전면적 자유경쟁에 직면한 북부의 중소기업가들이 골칫거리인 '남부 문제' 부담을 털어내고, 영국, 프랑스, 독일 등 유럽 선진 국가의 지역들과 경쟁하며 전 지구적 차원의 경쟁에 나서려는 의도가 내포되어 있다. 분리주의 '파다니아' 국가라는 수사는 바로 그 내심의 발로인 셈이다.[39]

북부 기업가 계급의 진정한 관심은 북부동맹이 블루칼라 노동자와 화이트칼라 노동자들을 로컬 사회와 로컬 문화라는 정체성을 이용해 자기편으로 끌어들이는 데 있었다. 북부동맹이 제기한 종족적·민족적 정치 담론 또한 남부 문제에 관심을 쏟는 것이 불가피한 중앙정부에 맞서 북부의 자본과 노동자들의 결속을 도모하는 것이라는 진단이 가능하다. 기업가들의 진정한 관심도 민족적ethnic 국가 건설의 기획이기보다는 자유무역 경제의 확립이라고 볼 수 있다. 북부동맹이 베를루스코니의 신자유주의 개혁에 동의하고 연립정부를 구성한 것도 이런 맥락이었다. 비록 베를루스코니는 파다니아 독립국가 기획에 동의하지 않았지만, 이미 기업가들은 베를루스코니에 대한 지지를 철회할 마음이 없었다. 그리고 값싼 외국인 노동자들과의 경쟁을 피하고 싶어 한 블루칼라 노동자들에게는 남부가 분리되어 나가면 더 높은 임금이 제공될 것이라는 회유가 설득력이 있었다고 말할 수 있다.[40]

북부동맹이 출현한 토대로서 제3의 지역 이탈리아는 본래 정치문화에서도 독특한 양상을 내포하고 있었다. 가톨릭 및 사회주의·공산주의 운동과 연관된 로컬 정치와 제도적 전통의 강한 영향 아래 있었던 사실을 무시할 수 없다. 북부동맹이 처음에 상징색을 '백'과 '적'으로 선택한 것은 이 지역이 '백'과 '적'의 혼합 지역이었기 때문이다. 결국 북부동맹의 정치적 기반은 가톨릭과 좌파가 지역 정치, 더 밑으로는 로컬 정치의 하부 문화를 형성했고, 이들이 지역이라는 명분을 매개 삼아 연합한 것으로 설명 가능하다.[41] 비록 작동방식은 다르지만, 이러한 정치적 하위문화는 역사적으로 독특한 사회경제적 구조fabric를 보존하는 데 기여했다. 근대적 요소와 전통적 요소의 독특한 혼합과 높은 수준의 사회적 통합을 이룬 소도시의 관계망은, 소규모 공장이 성장하는 데 중요한 신뢰의 관계망과 사회적 패턴을 강화함으로써 상대적으로 낮은 거래 비용을 요구했다. 그리고 가톨릭과 사회주의·공산주의 문화의 혼합은 산업 관계와 로컬 정부의 활동이 유연성을 발휘하는 데 방해하지 않는 지역적 합의를 바탕으로 한 소규모 공장의 성장에 도움을 주었다.[42] 또한 지방정부는 노동 유연성 유지에 도움이 되는 사회봉사(탁아소, 운송, 주택), 때로는 경제 서비스와 인프라(산업 지역, 교육 훈련 등)를 제공했다. 끝으로, 이주와 도시화의 정도가 상대적으로 낮아서 로컬의 정치적 제휴와 로컬 정부의 안정성이 서로 결합해 가족·친족·공동체의 결속에 근거한 전통적인 사회통합 형식을 유지하는 데 도움이 되었다.[43]

이와 같은 제3의 지역 이탈리아에서 중소기업의 성장은, 비록 이탈리아 중앙은행의 리라화 평가절하 정책이나 재정 보호 정책이 소기업에 유리했기 때문에 중앙정부의 일부 정책이 영향을 끼치지 않았던 것은 아니지만, 사실 미리 계획되지 않은 과정이었다. 그럼에도 로컬 생산 체계와 산업 지구의 성장은 주로 로컬 수준에서 유용한 사회적·경제적·정치적 자원에 바탕을 두었다. 이런 의미에서 중소기업의 성장은 로컬 관계망과 강한 협력이라는 비시장적 메커니즘을 바탕으로 한다고 말할 수 있다. 이런 경향은 생산·수출·고용에서 대기업에 결핍된 조건을 채우거나 보완하도록 도움을 주었다. 이는 인플레이션과 공공 적자, 공채의 증가에도 불구하고 국민경제에 상당한 수준의 생산적 역동성을 제공했다. 다시 말하면, 소기업 회사의 역동성은 국민국가 경제 위기의 충격을 완화해 이탈리아의 거시경제 운영에서 변화를 강요하는 압력을 감소시키도록 작용했다.[44]

1980년대 이래로 이탈리아 자본주의의 로컬화, 나아가 지역화 모델은 지역개발에서 성공한 사례로 주목받았다. 그러나 지난 15년간 이 발전 모델에 의미 있는 세 가지 억압 요소가 발생하면서 역동성이 억압받거나 상실되었다. 첫째, 서비스 분야에서 효율성의 지속적인 결핍이 출현했다. 둘째, 전 지구화의 압력이 이탈리아 중소기업 제조회사들의 생산 전문화에 특별히 강하게 부과되었다. 셋째, 로컬 발전을 위한 적절한 지역 정책의 설정과 구현이 어려워졌다. 이 문제의 기원은 로컬 경제의 역동성과 무능한 거시경제 운용 사이의 특수한 관계와 연관된다. 이탈리아 국가 차원의 거시경제는 어려워졌지만, 로컬 역동성이 유지되면서 경제의 구조조정이 자꾸 연기되는 결과를 불러왔고, 정부는 선거 지원을 위해 고도의 정치 비용을 담당하는 결과를 수반했다. 이러한 상황은 이탈리아가 다른 유럽 국가보다 더 심각한 공공 적자, 공공 채무, 인플레이션을 겪도록 이끌었으며, 현재 직면한 경제 위기를 초래한 주요 요인이 되었다. 공공·사적 서비스 인프라의 비효율이 증가하고, 국제경쟁에 노출된 중소기업은 높아진 국내 비용으로 점차 불이익을 받게 되었기 때문이다.

여기에 사태를 악화한 또 다른 요인이 있다. 다름 아닌 1990년대 초에 실행된 유로화 가입이다. 이는 단기적으로 이탈리아 화폐에 대한 투기자본의 공격을 현저히 감소시키고, 공채 이자율 감소와 두 자릿수 인플레이션을 3%대로 낮추었다. 이것은 이탈리아식 생산 모델에 급격한 도전을 초래했다. 먼저, 전 지구화로 인해 서비스 분야의 고비용 저효율이 외국 기업과 경쟁하는 부담을 지게 되었고, 전통적인 '이탈리아 제품'의 질적 생산 고취와 지식 경제 육성의 요구에 직면했다. 끝으로, 이런 도전에 직면한 국가는 탈규제화와 금융 지원 정책에 직면했지만, '로컬 집단 경쟁 재화' 생산을 위한 효과적인 지역 정책 도입의 필요성을 간과하도록 이끌었다.[45] '로컬 집단 경쟁 재화'란 무엇인가? 다름 아닌 이탈리아에서 1970년대 이후 대기업의 몰락과 함께 특화 산업으로 삼아온 경공업, 곧 섬유, 의복, 구두, 가구, 공작기계 같은 것이었고, 2001년 국가 총수출액의 57%에 달했다. 그러나 이는 부정적인 양상도 초래했는데, 무엇보다 하이테크 산업을 다른 유럽 국가보다 절대 열세의 상황에 처하도록 만들었다. 더욱이 기업의 고용이 너무 빈약했다. 2006년 국립통계청에 따르면 고용 인원 250명 이상의 기업은 0.3%에 불과했으며 10명 이상은 83%였다. 자동차와 전화를 제외한 대기업은 주로 공기업이었다. 그 결과, 생산 특화된 중소기업은 국제시장에서 중국을 비롯한 후발 산업국가들의 맹렬한 추격에 직면해 경제 위기의 원인 중 하나로 지목받는다.[46]

경제가 국제경쟁력을 목표로 삼으면서 기본 정책 방향은 노동시장 유연화, 복지 체제 개혁, 사기업 금융 지원에 놓았고, 나름대로 반짝 실업률 감소(1993~2003년에 10.1%에서 8.4%로 감소)와 고용률 증가(52.5%에서 56.2%로 증가)라는 성과가 나타났다.

그러나 여기서 모두 간과한 것이 있다. 다름 아닌 로컬 경쟁 상품생산을 통한 로컬 경제의 경쟁력 증가 문제가 소홀히 다루어졌다. 국가정책은 로컬 자원 동원, 로컬과 국가 공공 활동가 사이의 더 효과적인 수직적 협력, 대학과 같은 공적 제도와 사기업 간의 수평적 연계 관계를 증가시키려는 노력이 결핍되었다. 지방분권 정도가 아니라 밑바닥에서 로컬 정책 공동체를 강화·촉진하는 데 소홀했다는 것이다. 그럼에도 불구하고 카를로 트리질리아Carlo Trigilia와 루이지 부로니Luigi Burroni의 진단에 따르면, 최근 지역의 중소기업과 그것의 관계망이 부분적으로 재조정되면서 경제 회복의 기미를 보이는 측면도 있다. 그것은 첫째, 매뉴팩처 활동의 지역적 집중으로 산업 지구와 로컬 생산 체계가 새로 흥기하는 측면이 작용한다. 둘째, 로컬 생산 체계가 제3의 지역 이탈리아를 넘어 북서부와 남부까지로 확장되는 점과 관계된다. 셋째, 로컬 생산 체계의 고용 양상에서 중규모 기업의 역할이 현저하게 성장하는 현상과 연관되어 있다.[47]

현재 이탈리아에서 지역화된 자본주의는 전 지구화의 진전과 함께 변신을 요구받는다. 지역마다 상대적 차이는 있지만, 중규모 기업으로 재편성과 혁신을 진행하며 로컬을 넘어 지리적 관계망을 확장시키고 있다. 특히 로컬 공동체에 뿌리를 둔 중규모 기업은 전형적인 이탈리아 제품에 관한 생산 노하우, 문화, 숙련노동과 결합해 품질, 유연성, 고객 서비스 등에서 로컬 경제 시스템과 글로벌 경제 시스템을 연결시켜 복지와 고용 및 경영 기술에서 유리한 조건에 있다는 평가를 받는다.[48] 그러나 이것이 로컬 경제가 국가 경제 견본에 흡수된다는 말은 아니며, 그것을 넘어서는 새로운 견본을 모색한다고 말하는 편이 더 정확하다. 그 관계망은 국내 지역과 지역 관련 정책의 범위에 그치지 않으며, 유럽연합의 지역 정책인 '동반자 관계partnership', '추가성additionality', '보충성subsidiarity'의 원리에 따라 외국 기업과도 협력을 강화하고 있다.

신 지 역 주 의 와 로 컬 리 즘

이탈리아 지역주의는 유럽연합과의 관계를 통해 내용이 새롭게 변화하고 성격이 새롭게 정의되는 양상을 볼 수 있다. 눈여겨볼 것은, 유럽연합과의 관계에서 북부동맹이 선택하는 전략의 이중성이다. 자유주의 우익정당으로서 유럽 세계화를 긍정하는 한편, '파다니아' 국가 건설을 선언하는 분리주의적 지역주의가 북부의 순수성과 경제적 보호주의를 요청한 이중성을 어떻게 볼 것인가? 이탈리아 지역주의와 유럽연합 정책 방향의 상관관계를 검토할 필요가 있다. 유럽연합은 1991년 마스트리흐트 조약에서 '지역의 유럽'을 표방하며, '지역위원회Committee of Regions'를 두고 지역에 권력 부여를 촉구하는 신지역주의 전략을 채택했다.[49] 유럽연합이 표방한 신지역주의란 무엇인가? 이 문제는 사실 유럽연합이 전 지구화의 '행위자'인지, 아니면 전 지구화의 '관리자'인지에 대한 판단 여부에 따라 대답이 달라질 수밖에 없는 미묘한 질문이며, 해답이 마땅치 않다. 필자는 시기와 상황에 따라 유럽연합의 역할이 달라진다고 보지만, 신지역주의 전망은 전 지구화의 압력에 맞서 유럽연합이 지역을 관리하려는 의도를 천명한 것이라고 본다. 그것은 로컬 발전 전략에서 세 가지 주제에 초점을 둔다. 첫째, 포드주의 생산양식을 넘어 포스트포드주의 출현에 발맞춘 새로운 경제 질서가 형성되도록 국내의 사회경제적 구조를 변화시킨다. 둘째, 이런 구조 변화를 추동하거나 지원하도록 로컬 행정에서 지방자치의 성격을 변화시키고, 특히 무엇보다 다층적multi-level 로컬거버넌스의 추동에 주목한다. 셋째, 국가의 정치사회적 공간의 재구성 전략으로 로컬(지역) 공간규모를 재조정rescaling하면서 새로운 지역 발전 전략을 모색한다.[50] 이탈리아 지역주의를 유럽연합 및 지역 정책과 연관시켜 재평가할 필요가 여기에 있다.

유럽연합이 표명한 '지역의 유럽' 개념은 유럽 통합이 중앙집권국가 권위의 지방분권, 정치문화적 다원주의, 지역 간 초국가적 협력을 고무할 것이라는 기대감을 폭넓게 불러일으켰다. 그 결과, 유럽 각국에서 활동하는 여러 형식의 지역주의 정당들로부터 많은 지지를 받았다. 이로써 지역주의 정당들은 정당의 목표를 재조정하며 '지역위원회'와 '유럽의회'에 적극 참여해 지역의 유럽화를 진전시켰다. 북부동맹의 지도자들 역시 북부 이탈리아를 서구의 근대성 견본과 동화시킴으로써 북부 이탈리아가 유럽의 틀 안에 자리 잡고, '파다니아'가 바로 그런 위상을 확보하도록 추구했다. 2001년 5월 28일에는 카탈로니아 · 스코틀랜드 · 플랑드르 · 바바리아 · 사르데냐를 비롯한 유럽 여러 나라의 지역 정당 지도자들이 유럽연합에서 '지역'의 위치를 유럽 헌법이 인정한 '헌법적 지역constitutional regions'으로 격상하는 패러다임 전환을 요구한 것이 대표적 사례이다. 그러나 최근 유럽연합의 정책 집행 과정에서 국가 중심화와 지역의 주변화가 진행되는 가운데 그런 기대가 약화되고, 심지어 유럽연합의 정책을 거부 · 부정하는 경향까지 출현하고 있다. 북부동맹도 2001년 유럽연합이 너무 관료적이고, 심지어 회원 국가의 주권을 지나치게 침해한다며 비판에 나섰다.[51] 실제로는 유럽 공동체의 관료적 · 엘리트주의적 경향이 '지역의 유럽'을 제대로 진척시키지도 않았고 유럽의회 안에서 실천되지도 않아 기대에 어긋났다는 비판이었다.[52]

이러한 비판의 문제점은 지역주의 정당인 북부동맹이 나서서 유럽연합이 국가 주권을 침해한다고 비판하는 것이다. 지역주의 정당이 국가 주권을 옹호하는 기묘한 사태는 과연 어디서 비롯된 것인가? 그것은 유로euro 의 통용과 깊은 관련이 있다. 본래 1990년대 중반 이탈리아가 유로 단일 통화에 가입했을 때, 북부동맹 지도자들은 그것이 북부의 기업과 유럽연합의 다른 지역들 간 교역을 촉진해 더욱 폭넓은 유럽 경제에 통합될 것이라 기대하며 유럽통화연합European Monetary Union 을 적극 지지하고 나섰다.[53] 사실 북부동맹의 정치적 기반인 북동부 지역은 수출 주도 기업 공동체로서의 성격이 두드러졌기 때문에 유럽 통합과 자유주의 전 지구화 무역을 지지하는 것이 불가피한 것으로 받아들여졌고, 보호주의는 크게 고려되지 않았다. 지금도 이탈리아 전체는 물론 북부의 일반 유권자들은 유럽연합과 자유무역 질서에 호의적인 것으로 알려져 있다. 그러나 움베르토 보시가 1993년 저술에서 피아트 자동차 같은 대기업을 비난하고 중소기업을 옹호하는 데서 알 수 있듯이, 자유주의 경제에 전적으로 호의를 보인 것은 아니었다. 그런 측면에서 지정학적 판단이 북부동맹의 경제적 관점에 수시로 작용했을 것으로 본다. 그러나 1998년 이후 북부동맹에서 움베르토 보시를 비롯한 지도자들의 입장이 크게 바뀌기 시작해, 파다니아 지역의 특권적인 경제적 이익을 보호하며 독자적인 산업 정책의 수립을 허용하라고 요청했다.[54] 1990년대 초에는 북부동맹이 저항하는 대상인 '타자'가 로마였으나, 21세기 들어 '전 지구화하는 힘들'이 저항의 대상으로 부상했다.

북부동맹이 전 지구화를 저항의 대상으로 삼게 된 이유는 무엇인가? 이는 먼저 전 지구화의 관철이 정체성의 전 지구적 동종화를 심화시키므로 북부의 정체성을 지켜야 한다는 우려에서 비롯한다. 북부동맹은 경제적 세계화가 북동부의 전통적인 가족 기업 구조를 위태롭게 할 것으로 진단한다. 길베르토 오네토는 세계화가 파다니아의 산업구조를 위협할 뿐 아니라, 이주민의 유입이 로컬과 지역의 문화적 정체성을 약화시키고 건축과 알프스 환경에 전면적 위협이 될 것이라고 비판했다. 이들이 터키의 유럽연합 가입을 극력 반대하고 유럽연합 헌법을 비판한 이유도 아랍과 이슬람에 맞서 정체성을 보호해야 한다는 명분에서 비롯했다.[55] 이주민 문제와 연관시켜 반무슬림 입장은 외국인 혐오주의를 부추기고, 기독교적 가치와 자연의 이름으로 성 소수자를 배제하며, 특권과 불평등을 옹호하고 북부동맹을 더욱 우경화하는 결과를 가져왔다. 그러나 북부동맹의 입장은 내부 모순을 품고 있다. 현실에서 북부 지역의 많은 소기업들은, 젊은이들이 취업을 기피하므로 노동력을 확보하려면 이주 노동자에 대한 의존이 불가피한 탓이다.[56] 최근 북부동맹이 계절노동자나 임시 노동자를 인정하는 방향으로 선회한 것이나, 2002년에 민족동맹 지도자 잔프랑코 피니 Gianfranco Fini 와 북부동맹 움베르토 보시의 공동 법안이 70만 불법체류 이주민을 합법화해 '독 사과'를 먹게 되었다고 평가받은 것 또한,[57] 온갖 정치적 수사를 표방했지만 그 숨겨진 내막은 바로 현실에서 직면한 노동력 부족에 그 배경이 있었다.

이에 맞물려 유로 단일 화폐 사용과 자유무역의 전면화는 북부동맹의 위기의식을 고조시켰다. 1990년대에 중국이 WTO 체제에 가입하자, 중국의 값싼 섬유가 이탈리아 섬유 분야에 치명적 위협이 될 것이라는 우려가 심화되면서 중국 제품에 중관세 부과를 요구했다. 그러나 이는 반反중국 제품의 요구라기보다는 반덤핑 입장이었고, 베를루스코니 정부와 유럽연합에 보호주의 채택을 요구했으나 실현에는 실패했다. 다만 북부동맹 차원에서 지방의회에 이탈리아 중소기업 보호 법안의 입법을 도입했다.[58] 심각한 것은, 유로 단일 통화가 이탈리아인들의 예상을 훨씬 뛰어넘어 물가 상승과 생계비 증가의 고통을 가져온 현실이다. 이에 북부동맹은 반反유럽연합과 반反전 지구화를 통합시켜, 심지어 북부 이탈리아에서 유로화 철수까지도 검토할 것이라고 암시했다. 이는 최근 유럽발 금융위기의 진앙지인 그리스·포르투갈·스페인을 비롯해 남유럽에서 확산되는 유로 단일 통화의 유용성에 대한 회의와 불만이 증가하는 현실, 곧 유로화 회의주의euroscepticism 물결의 출발점이기도 하다.[59] 우리는 여기서 베를루스코니에 이은 후임 총리(2011~2013년 재임)이자 전직 유럽연합 집행위원이었던 마리오 몬티Mario Monti에게 유럽연합이 부여한 역할과 과제가 바로 이 비판을 잠재우라는 특명이었다는 것을 감지할 수 있다.[60]

이탈리아 지역주의는 '북부 문제'가 제기되고 유럽연합이 '지역의 유럽'이라는 신지역주의를 표명하면서 새로운 전망의 수립이 불가피해졌다. 이탈리아 내부에서 특기할 점은, 1990년대 이후부터 남부를 바라보는 기존의 관점을 전환한 '신남부론'이 제기된 것이다.[61] 북부 지역주의는 남부 문제를 새롭게 보도록 자극했고, 그것은 정치문화적 차원뿐 아니라 경제적 차원의 새로운 분석을 끌어내는 계기로 작용했다. 그 결과, 클라우디오 셸라니Claudio Celani는 심지어 논쟁이 북부 문제에서 남부 문제로 되돌아갔다는 평가까지 내린다. 이미 로버트 퍼트넘Robert Putnam은 북부와 남부의 사회적 자본의 자질endowment에 대해 상당한 차이를 지적한 바 있다.[62] 독립연구소 '이메스Imes'의 학자들이 발간하는 ≪남부Meridiana≫는 후진과 빈곤화라는 명제로 획일화된 기존의 남부 담론에 맞서 포스트남부주의post-meridionalismo 관점을 확산시키는 데 적극적이다. '신남부론'은 먼저 전후 수십 년 사이에 남부 자체에도 사회경제적으로 다양한 내부적 차이, 곧 로컬마다 차이가 발생했음을 인정한다. 그리고 기본적으로 남부를 구성하는 요소들과 부분들의 내부적 차이에 주목하고, '중부-북부'와 같은 종류의 블록bloc으로 대비되는 것을 거부한다.[63]

곧, 남부는 남부 자체의 내생적 사회 발전을 검토해야 하며, '중부-북부'와 동등한 기준으로 평가하는 것은 오류라는 지적이다. 이들은 1960년대 이후 기민당이 남부에 '북부-중부'와 같은 사회구조를 만들려던 시도가 실패한 이유도 바로 거기서 찾는다. 이들은 기존의 일반적 평가와 달리 전후 이탈리아 남부에 대한 국가의 '후견 제도적 개입'은, 남부에서 상대적으로 번영하는 지역·도시에 대한 자본 집약적 투자와 자본 이식의 정착이 양극화 효과에 바탕을 둔 경제발전 과정을 촉발하도록 경영되지는 않았다고 재평가한다. 도리어 지난 30년에 걸친 특별한 임시 개입Intervento Straordinario 기간의 마지막 단계에서 남부의 경제지리학이, 국가 주도 산업 정책으로 외생적 특혜를 받은 지역은 쇠퇴했지만, 그와 비교해 이전에 국가가 소홀히 다루었으나 수십 년에 걸친 내생적 성장을 거치며 새로운 역동성을 경험한 지역의 당대 출현을 목격하는 특징이 있다고 강조한다.

심지어 잔프랑코 비에스티Gianfranco Viesti는 '남부'의 폐지, 곧 남부 문제는 더 이상 없다고 선언한다. 그는 과감한 수사로, 이제 남부에서 '대전환'이 발생해 후진 지역이자 경제적 낙후 지역과 동종의 의미를 표상하던 특수한 분석 범주로서 '남부'는 폐지되었다고 선언했다.[64] 남부는 국가 지역 정책에서 특별한 연구 대상이 아니라, 이탈리아의 다른 낙후 지역과 마찬가지로 사회과학에서 일상적인 이론의 적용 대상일 뿐이라는 것이다. 이러한 '신남부론'은 남부에서 로컬 매뉴팩처 시스템, 소수의 경우이지만 혁신 기업 클러스터들이 국가시장과 국제시장에서 점차 경쟁력을 획득해나가는 현실에 주목한다. 가장 성공적인 사례로는 전 세계적으로 유명한 소파 생산 회사가 주도한 루카니아Lucania의 마테라Matera 산업 지구와, 각각 피혁 및 제화 분야에서 유명한 캄파니아Campania의 솔로프라Solofra와 아풀리아Apulia의 카사라노Casarano가 유명하다. 시실리의 에트나 계곡에서 번성하는 전기 관련 산업 지구의 경우도 그에 못지않은 명성을 지니고 있다.[65] 최근 연구들은 남부의 내생적 성장의 발전이 경제에 대한 정치적 규제, 로컬 사회구조에서 범죄 조직 마피아의 영향, 공적 영역에서 벌어지는 부패와 다른 지속적 퇴행 현상 같은 불리한 환경 조건에도 불구하고 시장 세력의 역동성 덕분에 발생한 점을 강조한다. 현재 '신남부' 테제는 경험적 증거가 결핍되었다는 비판이 없지 않지만, 이를 넘어 새로운 사회조사 연구자들의 적극적인 현지 조사로서 지원을 받으며, 남부 지역 자체에서 로컬 경쟁력과 추진력 self-propulsive의 출현 양상에 주목하고 있다.[66]

이러한 전망들은 이탈리아 지역주의 연구에 새로운 관점의 사실을 더해줄 것으로 기대한다. 예컨대 우고 로시Ugo Rossi는 남부의 포스트포드주의 공간 분할에서 서발턴적 입장의 노동자가 나타나는 현상에 주목한다. 다름아닌, 노동시장에서 포드주의 이전 시기에 발생했던 노동 착취가 재발한 사실이다. 북동부 지역에서는 노동 유연화의 충격이 그나마 상대적으로 흡수하기 용이했다면, 남부의 로컬 생산 체계에서 노동계급의 상황은 새로운 '유럽의 포스트포드주의 지리학' 아래 이탈리아 남부의 서발턴적 환경의 산물로 설명할 수 있다. 국가 최저임금 기준에 못 미치는 임금, 잔업, 비위생적 작업장 환경, 노조 활동에 대한 은밀한 반대 등이 나타났다. 여전히 기세를 유지하는 마피아 조직의 역할, 로컬 은행의 비효율성과 남부 로컬 사회의 요구에 적합한 공공 정책의 결여 때문에 노동조건이 극도로 취약한 현실을 볼 수 있다. 분열이 심화된 이탈리아 국가 체제에서 볼 때, 이는 신남부 명제가 새로운 잠재력을 전망하지만, 유럽연합의 견지에서는 여전히 낙후된 공간임을 보여준다.[67] 이탈리아를 특징짓는 1인당 평균 소득과 고용률의 극심한 불평등에서 주요 원인은 바로 지역 간 소득 불평등에서 비롯한다. 신지역주의 논의는 기본적으로 협상을 거쳐 수립된 계획 negotiated planning 에 따른 기업의 생산력과 경쟁, 공간규모 재조정과 도시 경쟁력에 주목하지만, 노동자의 권리문제 등은 소홀히 다룬다. 이것이 신지역주의 전망이 내포한 한계이다.

끝으로, 이러한 지역주의는 현재 이탈리아 국민들의 전폭적인 지지로 진행되는 연방제 논의와 어떤 관계를 설정할 수 있을까? 기본적으로 연방제는 사민주의 정당인 민주당과 올리브연맹이 더 적극적으로 지지한다. 중도 우파 동맹에서 우파 정당인 민족연맹이 중앙집권을 지지하고, 북부동맹이 연방제를 지지하며, 중도 우파 자유국민당은 모호한 입장을 보였지만, 퇴임 전 베를루스코니가 연방제 지지를 천명함으로써 연방제는 이탈리아 정치의 중요 현안으로 떠올랐다. 연방제는 개념 자체가 확장되고 있는바, 만일 전개된다면 지역주의 중심의 이탈리아 정치에 전면적 변화를 가져오고, 그로써 도시 또는 대도시 중심의 로컬리즘이 전면적으로 부각되리라는 추정도 가능하다.[68] 현재 이탈리아가 '지역주의에서 로컬리즘'으로 전환된 결과, 마치 르네상스 시기 이탈리아를 상기시키는 정치의 새로운 양상이 출현하고 로컬거버넌스 문제가 더욱 부각될 것이라는 점이 이 장에서 잠정적으로 도달하는 판단이다.

재 성 찰 되 는 지 역 주 의

2011년 말 사임한 베를루스코니가 오명에도 불구하고 오랫동안 권력을 유지할 수 있었던 배경은, 그가 기본적으로 '이탈리아 CEO', '경영 대통령'을 표방하며 텔레비전을 적극 활용하는 미디어 정치를 장악해 오락과 낙관주의, 소비주의적 쾌락주의를 제공하고 대중의 지지를 관철시킨 것이 주효했다.[69] 하지만 그 못지않게 중요히 작용한 것은, 경제적 우위에도 불구하고 정치적으로 소외되었다는 불만을 품은 북동부 이탈리아 지역주의 정당과 동맹을 수립한 것이다.

그동안 이탈리아 지역주의는 남부 문제에 초점이 맞춰졌고, 근대 국민국가의 형성에 지역과 국가라는 내생적 요소가 가장 크게 작용했다. 그러나 1980년대 후반에 나타난 북부 문제는 더욱 복잡한 현상으로서, 지역과 국가의 관계를 넘어 내생적 요소로서 로컬리즘, 외생적 요소로서 유럽연합과 전 지구화라는 중층구조가 작용한 결과로 볼 수 있다. 그러므로 북부 문제가 제기된 것은 국민국가 형성에 실패한 이탈리아가 탈근대적 전망에서 국가의 재구성을 시도한 현상으로도 평가 가능하다. 그런 의미에서 지역주의 포퓰리즘 정당으로 알려진 북부동맹은, 1980년대 말에 가속화되기 시작한 전 지구화가 가져오는 외부적 압력에 맞서, '중심의 주변'에서 특화된 소비재를 생산하는 중소 도시 산업 지구의 중소기업 기업주들과 노동자들이 당면한, 생존을 절박하게 모색한 시도였다고 볼 수 있다. 북서부 대기업 중심지의 붕괴와 포스트포드주의 생산과 노동 유연화에 대응하던 북동부 산업지구 중소기업의 활로 모색이 지역주의를 넘어 로컬리즘으로 나타났다고 말할 수 있다.

북부 문제가 현안으로 부각되면서 나타난 흥미로운 현상은, 그동안 이탈리아 지역주의 문제의 핵심 쟁점이었던 남부 문제가 재평가되면서 남부를 그 자체로 내생적 발전 역량을 지닌 지역으로서 재평가하는 관점이 부각되는 점이다. 이탈리아 지역 문제가 다시 남부 문제로 귀환한다는 평가가 나올 정도이다. 하지만 여전히 북부 지역주의는 유럽연합의 관계와 맞물려 있는 관심사이다. 한편 남부 이탈리아에서도 로컬 생산 체계가 나타나 남부의 독자적 생산관계를 발견하는 '신남부' 테제가 제시되고 있다. 그러나 이것은 심화되는 전 지구화 국제경제에서 경쟁력을 증가시키고자 저임금노동력을 찾아 움직이는 중부-북부의 일부 지도적 기업이 수행한 탈로컬화 전략의 산물이기도 하다. 이러한 경험은 이탈리아 지역주의의 초점을 '남부 문제' 혹은 '북부 문제'에 두지 않고, 이탈리아 전체를 새롭게 관찰하도록 자극을 제공했다. 특히 장차 예상되는 연방제 논의와 그 결과는 지역 중심의 사고를 로컬(도시) 중심의 사고로 전환시킬 가능성을 제공한다. '남부' 문제와 '북부' 문제에 대해 고심하는 이탈리아 현대 정치의 담론은 영호남 지역주의로 분열된 한국 사회와 비슷하다. 장차 통일이 되어 남부와 북부 지역주의가 대두할 가능성을 예상하면, 이탈리아 지역주의는 한국 사회가 소중한 타산지석으로 삼고 비판적으로 성찰할 대상이다. 곧, 로컬리티와 로컬리즘에 관심을 둔 자치와 분권에 대한 관심은 통일 이후 출현할 지역주의의 폐해를 극복하는 데 유용한 지적 자산으로 원용할 수 있을 것이다.

제12장

경계지대의 지정학과 밀입국의 기억

미국-멕시코 국경지대 밀입국자

동트는 새벽녘 나는 달리고 있어요. 붉게 물들기 시작하는 어느 하늘 아래를 말이죠. 태양이여, 부디 나를 들키게 하지 말아주세요. 이민국에 발각되지 않도록 말이에요. …… 난 어디로 가는 걸까요? 어디로 가야만 하나요? 나는 희망을 찾아가고 있어요. 나는 혼자서 외로이 사막을 헤매며 도망쳐 가고 있어요.

_ 티시 이노호사(Tish Hinojasa) , 「돈데보이(Donde Voy)」(1989)

지 정 학 적 복 합 공 간

국경은 경계를 만들며, 그 산물로서 경계 영역boundary 을 만든다. 현대사에서 국경은 기본적으로 국가 중심state-centric 의 방어와 경계의 의미로 사고되었다. 최근 전 지구적 체제가 격변하는 가운데, 국경과 국경지대borderlands

에서 인간 · 재화 · 기술의 국경 넘기를 둘러싼 관심과 이해가 증가하고 있다. 국경이 식민화 계획과 인구 재배치를 통한 성장-개발의 중심축으로 등장하면서 그 지정학과 새로운 의미의 담지자 역할에 대한 관심이 증대했다. 대표적 사례가 미국-멕시코 국경지대다. 이는 2017년 1월 25일 미국 대통령 도널드 트럼프가 선거운동 과정에서 공언한 대로 국경 장벽 건설의 행정명령에 서명하고, 더구나 그 비용을 멕시코에 100% 부담시키겠다고 공언한 그 국경이며, 2017년 3월 6일 무슬림 반이민법을 공표하면서 실제로는 핵심 타격 지점으로 삼은 국경이다. 본래 미국-멕시코 국경지대에는 국경선에 자리 잡은 마을 광장에 단지 표지만 새겨져 있을 뿐인 국경 마을border town이 많았고, 왕래도 대체로 자유로웠다. 그러나 현재 총연장 3141(3169) 킬로미터이자 흔히 선la línea이라고 불리는 국경la frontera은, 지리적 인접성이 국가의 성격과 존재 자체에도 영향을 끼치는 지정학적 관계의 차원에서 부각되었다.[1] 지정학Geopolitic은 세계의 공간, 특히 경계지대 공간을 이해하는 데 있어 근대 이후 가장 널리 사용되는 오래된 관념 중 하나이지만, 1980년 이래로 새롭게 관심을 끌며 재구성되는 개념이다.[2] 그러나 지정학은 해당 국가나 집단의 이해와 관점의 시선에 따라 매우 판이하게 평가되므로 고정된 관점이 없다. 시간에 따라 공간의 성격이 변화하기 때문이다. 그러므로 이론적 논쟁을 소개하기보다는 경계지대의 구체적 현실을 소개하는 것이 더 생산적일 것이다.

지정학적으로 미국-멕시코 국경지대에 주목하는 이유는, 지구상에서 경제적 격차가 가장 큰 두 국가가 전 지구화라는 명분 아래 공존하는 양상이 사회경제는 물론, 정치문화에 걸쳐 전방위적 논쟁을 불러일으키는 현실이 이러한 경계지대와 연관되기 때문이다. 거기에는 세 가지 측면, 즉 제1세계와 제3세계의 경계 장벽이라는 현실의 측면, 미국과 멕시코의 국민국가 논리가 정치적 은유와 권력으로 작동하는 관념적 실재의 측면, 욕망 · 희망 ·

폭력·죽음 같은 상징적 고안물design들이 교량 역할을 하는 가상의 실재로서 측면이 공존한다.[3] 이와 같은 지정학적 복합공간에서 작용하는 전 지구화의 핵심 양상은 이동성mobility의 문제이다. 즉, 폐쇄된 장벽이면서도 인구의 역동적 이동, 돈과 서비스를 교환하는 자본의 이동, 일상적 월경을 통한 교육과 소비를 제공하는 문화의 이동이 이루어진다. 특히 1994년 1월 북미 자유무역협정NAFTA이 체결된 이래로 국경지대에 일종의 제품 조립 공장인 마킬라도라maquiladora가 더욱 번성하면서 사람과 물자의 교류가 매우 활발해졌다. 국경도시에서 미국인과 멕시코인이 교차해 출퇴근하는 모습은 일반적인 현상이 되었고, 심지어 일부 국경도시에서는 '합법적' 허가를 받은 월경 통근자commuters가 경제활동자의 10%를 넘어서는 현상까지 나타났다. 자유무역지대, 밀입국, 마약 밀수, 조직 폭력, 검문소에서 술수와 뇌물, 범죄와 살인 등으로 점철된 이 공간은 성장과 변화의 장소이자 소외·불법·차별의 탈법 지대로서 자본과 인간 군상의 만화경이다.[4] 샌디에이고의 대안對眼 도시 티후아나, 엘패소의 대안 도시 시우다드후아레스 등은 유명한 스트립쇼와 섹스쇼, 심지어 아동 섹스 관광으로 유명한 성매매 관광지이며, 알코올tequila과 마약, 무기와 담배 등의 불법 거래와 밀수가 마치 정상적인 국경 경제활동인 듯 작동한다.[5] 이 국경지대는 노동·쇼핑·교육·관광 등 일상 시스템부터 수자원·공기·동식물 등 자연계까지 공유하면서 전기·통신·자원의 공동 이용과 환경보호 문제에 공통적으로 직면하고 있다. 특히 최근의 인구 급증이 초래한 주거·환경·범죄 등의 문제를 고심하면서[6] 인권 등 경제적·사회적 실천 문제를 지극히 현실적으로 제기하는 공간이 되었다.

그러나 최근 미국-멕시코 국경지대에 관한 다양한 연구는 성매매·도박·마약으로 가득 찬 죄악의 중심지Black Legend라거나 멕시코와 미국에 끼인 주변부적 혼종지라는 기존의 관점을 넘어선다. 모든 지역과 사람을 감시

하는 '국경 판옵티콘Border panopticon'의 관점이나 새로운 주권 개념을 발생시
킨다는 지적과 성찰이 바로 그것이다.[7] 그 배경에는 멕시코계를 비롯해 과
테말라-멕시코 국경을 건너온 라티노Latino들의 밀입국 월경 문제가 핵심적
으로 작용한다. 월경자는 미국과 멕시코의 경제 상황과 노동인구, 임금격
차, 이민정책 변화와 밀접한 연관 관계가 있다. 20세기 말 멕시코와 중남미
의 커피 가격 폭락과 월경자의 급속한 증가, 2008년 서브프라임subprime 경
제 위기 당시 월경자가 감소하고 거꾸로 본국 귀환자가 증가한 경향은 그런
상관성을 잘 보여준다.[8] 2009년 현재 밀입국자의 62%는 멕시코계이며,
2000~2009년에 42% 증가했다. 기존의 밀입국은 주로 뉴멕시코주의 국경
도시 엘패소/시우다드후아레스가 중심지였지만, 9·11 이후 국경 통제의
강화로 애리조나 사막지대가 주요 통로이자 죽음의 회랑으로 등극해, 거기
서 발생하는 죽음의 행진이 언론·학계·종교계·사회 활동가와 예술가의
폭넓은 관심사이자 저술 주제가 되고 있다.

이 연구는 기존 연구[9]를 바탕으로, 국경지대에서 전개되는 밀입국자들의
월경·죽음·체포·구류 및 송환에 대해 미셸 푸코의 '생명정치biopolitique'
개념을 원용·확장하여 설명을 시도한다.[10] 특히 빈민과 여성에게 작동하
는 생명정치/시신정치의 양상에 주목하고, 이를 조르조 아감벤Giorgio Agamben
의 '예외상태' 및 '호모 사케르' 개념과 연관시킬 가능성을 비판적으로 검토
한다.[11]

관용-제로 국경 통제 정책

북미자유무역협정NAFTA은 미국-멕시코 국경을 지정학적으로 부각시킨
결정적 계기이다. 태평양 연안의 전통적인 이민 송출 지역뿐 아니라 경제

위기에 직면한 중부와 남부 지역의 멕시코인들도 대거 월경 대열에 가담하면서,[12] 미국-멕시코 국경은 인적 교류가 급증해 인종·젠더·계급 관계가 동시에 연관되어 작동하는 혼종과 잡종의 교류공간이자, 그것들의 생성이 진행되는 다공성 공간이다.[13] 동시에 이 공간은 강고한 경계와 이민배척주의nativism가 작동해 감시와 통제로 군사화되는 한편, 국가권력이 무력화되는 역설적 현상이 발생함으로써 심지어 '제3의 국가'[14]라고 불릴 정도로 특이한 공간이다. 1993년 빌 클린턴Bill Clinton 행정부는 북미자유무역협정 체결 직전, '억제를 통한 방어prevention through deterrence' 정책에 입각해 30억 달러 이상을 투입한 레이더와 카메라, 첨단 전자 장비와 감시 메커니즘으로 준요새화 수준의 거시적 국경 감시 체제를 수립했고, 관련 예산은 해마다 계속 증액되어왔다. 실제로 국경 감시 작전에서는 고속도로와 간선도로의 주요 지점을 미시적인 순찰과 검문으로 통제해 월경을 차단하고, 도시 지역 경계를 강화해 전통적인 밀입국 통로를 폐쇄한 반면, 환경이 고도로 위험한 월경 지대는 그대로 남겨두어 월경 희망자들의 시도를 심리적으로 미리 억제·차단하는 전략에 초점이 두어졌다.[15] 그 가운데 가장 중요한 요소인 장벽은 단순한 가시철망 담장, 바닥에 까는 삼각 구조물이나 쇠말뚝, 골함석, 금속 막대 같은 전통적인 차단 도구와 함께 첨단 하이테크 센서와 고해상도 카메라로 이루어진 가상의 담장이 공존하는 이중 형식이다. 이를 폭력의 정치적 처리와 하이테크 테크놀로지의 미학적 처리가 결합한 산물로 평가하는 것도 가능하다. 하이테크 테크놀로지의 가상성은 미국-멕시코 국경이 분리와 폐쇄의 장벽에 그치지 않고 동시에 매일 100여만 명이 왕래하는 곳이라는 점에서, 다공성을 지닌 '가상의 장벽'인 현실과 맞물리는 또 하나의 이중성이기도 하다.[16] 이 이중성은 두 가지 장소학, 곧 순찰과 감시, 체포와 송환이라는 잔인함cruelty의 장소학topography과, 다른 한편으로 유연성과 협력, 인도주의와 연대라는 교양civility의 장소학 역시 작동하는 국경의 복합성을 표상한다.[17] 최근 미국의 관광객뿐 아니라 취업 희망자까지도 몰려오는 이 공간은 거래와 투자, 출입국사무소port of entry, 이민, 산업 이전 등으로 그 의미가 급속도로 변화하고 있다. 동시에 이중성으로 점철된 이 복합공간은 국민국가의 '국경' 기능과 유용성 및 역할에 심각한 의문과 논란을 야기하는 공간이기도하다.[18]

미국-멕시코 국경에서 밀입국 감시와 통제에는 국경 장벽, 국내 감시, 범죄행위에 대한 합법적 처벌 체계의 성립이라는 세 요소가 함께 작용했다. 본래 미국의 국경 정책은 이민국Immigration and Naturalization Service: INS 주도로 밀입국자를 차단하는 데 주요 목표를 두었다. 그러나 9·11 사건 이후 모든 상황이 극단적으로 변화했다. 밀입국 의제가 국가 안보 문제로 승격되면서 '잔인함의 장소학'이 섬세하게 고안된 것이다. 국경의 3분의 1이 넘는 1200킬로미터에 장벽이 설치되었고, 국토안보부Department of Homeland Security: DHS 소속 국경 수비대가 핵심 요충 장소를 지키며, 때로는 군대와 주 방위군이 최고도 수준의 경계를 유지한다.[19] 조지 W. 부시George W. Bush 대통령이 발의한 '튼튼한 국경 계획Secure Border Initiative' 전략은 체포된 밀입국자의 '억제를 통한 방어'를 확대하고, 더욱 고도화된 감시 기술, 특히 무인 항공기 Unmanned aerial vehicles와 드론의 운용을 확대하고 있다. 이민국은 출입국 지점에 대한 집중적인 경계 강화로 밀입국자 감시·처벌을 강조하는 집단의 공적 지지를 얻기 위해 노력하고, 1996년 불법이민책임법Illegal Immigrant and Responsibility Act: ILLIRA에 따라 불법 입국 누적 범죄자에게는 송환에 앞서 지문 날인을 강요해 '생쥐와 고양이 게임' 근절의 의지를 과시했다. 그럼에도 위험과 기회가 공존하는 밀입국은 계속되고 있다. 구체적인 사례로 멕시코 오악사카주 미스텍족 원주민 마을 트라코페텍Tlacopetec 출신 밀입국자들의 경우, 국경 통제가 강화되면서 다수가 월경에 실패하지만, 중도에 사망하는 경우를 제외하면 끝내 좌절된 비율은 1~3%에 불과하다. 2005~2007년에 이루어진 월경 시도에서 첫 번째 시도자는 58%, 두 번째 시도자는 20%, 세 번째 시도자는 20%가 성공하고, 최종적인 실패자는 3%에 불과함을 보여준다.[20] 그러나 국경 감시와 통제가 강화되면서 밀입국자들은 많은 추가 부담과 소요 경비 문제에 직면했다. 흔히 코요테coyotajes, polleros or burerros라고 불리는 밀입국 안내자에게 지불하는 비용이 2008년에는 두세 배나 올라 약 1400~3000달러로 급상승한 것이다. 통상 국경지대에 치밀한 연결망을 둔 조직 구조로서 고객(pollos, 스페인어로 '병아리'를 말함)을 인도하는 코요테는 흔히 미국의 시선에 따라 부정적으로 묘사되지만, 국민국가가 장악한 인간 이동의 독점을 깨트리는 사회적 관계망이며 사회적 자본으로서 지식의 문화적 자산이라는 주목할 만한 새로운 평가도 받는다.[21]

국경지대에서 밀입국 증가의 추세가 변화하지 않는 것은 멕시코의 경제 상황이 열악하고, 미국에는 이민자 노동력에 크게 의존하지 않으면 경영이 어려운 기업들이 존재하기 때문이다.[22] 다만 밀입국 통로가 더욱 멀어지고, 통과가 힘들어져 위험 지수가 상승하며, 그 과정에 상해를 겪고 죽음을 맞는 일이 증가했다. 월경자의 죽음에 관한 정확한 숫자는 자료 선정과 자료 독해 방법에 따라 주관이 개입하므로 측정하기가 어렵다. 그러나 국경 경계의 강화로 미등록 이주 경향이 감소했다는 평가에도 불구하고, 국경에서 사망 사례가 늘어나 1998~2004년에 29.1%가 증가했다는 데 의견이 일치한다.[23] 웨인 A. 코넬리우스Wayne A. Cornelius는 1996~2000년에 남서부 국경에서 죽음이 474% 증가했으며, 여성과 어린이의 죽음 역시 증가했다고 평가한다.[24] 그 결과, 이제 미국-멕시코 국경은 '잔인함의 장소학'이 관철되는 '인간성 죽음 지대'가 되었다.[25] 과연 누가 국경지대의 봉쇄를 강화했는가? 국가의 역할이 핵심 요소이지만, 미국 남부 지역에 거주하는 시민들의 외국인·이민자 반대 요구도 봉쇄 강화에 상승작용을 했다.

월경자 봉쇄를 위한 순찰과 감시 활동은 고정 검문소나 이동 검문소, 감시탑, 지상과 공중에서 미 연방정부의 가장 큰 법률 집행기관으로 알려진 국경순찰대US Border Patrol의 이동 순찰로 구성된다. 특기할 점은, 공식적 순찰 활동을 지탱하는 주요 동력으로 작용하는 월경자 추적·체포와 국경순찰대로 이첩하는 활동이 다수의 민간인 자원봉사자 집단, 예컨대 미국국경감시US Border Watch나 심지어 무장한 목동rancher들에게서도 나온다는 사실이다. 가장 유명한 집단은 2004년 3월 은퇴한 공인회계사 짐 길크리스트Jim Gilchrist 주도로 만들어져 불법 이주민 감소를 위해 정부가 꺼리는 일을 기꺼이 감행한다고 주장하는 9000여 명의 미니트맨 기획Minuteman Project이다.[26] 이들은 월경자 체포에 조력해 당시 캘리포니아 주지사 아널드 슈워제네거Arnold Schwarzenegger로부터 그 목적과 전술을 인정받았다. 슈워제네거의 인터뷰는 라티노와 이민자 권리 단체들의 격렬한 항의를 불러일으켰으나, 정치적 분위기는 이들에게 정당성을 부여했다. 미니트맨 조직은 멕시코로부터 이민이 급증하는 현실에서 반이민 감정을 전국적으로 고조시키며 새로운 반이민 입법, 물리적 장벽 강화, 국경 순찰 강화에 기여했다. 그러나 다수 회원들이 2006년 가을에 로컬 차원과 주 차원의 공직 선거에 출마했으나 큰 지지를 얻지 못했고, 내부 분열과 소송으로 현재 국가적 차원에서는 불신을 받고 있다. 2005년 8월 민주당 소속 뉴멕시코 주지사 빌 리처드슨Bill Richardson과 애리조나 주지사 재닛 나폴리타노Janet Napolitano(국토안보부 장관 역임)는 남부 국경에 비상상태를 선포했으며, 주 남부의 카운티들이 전쟁 상태에 처해 있다는 민간인 순찰대들의 견해를 반복했다. 특히 나폴리타노는 멕시코 국경에 국가방위군 배치를 요청했다.[27]

밀입국자에 대한 법률적 집행은 원칙적으로 국경순찰대가 전담해 행사한다. 이는 폭력의 국가 독점을 재진술한다.[28] 그러나 이것이 이민자들의 행렬을 중단시키지는 않는다. 도리어 이민자들의 기본권을 더욱 짓밟고 그들이 죽음의 길을 한층 더 감내하도록 만들었을 뿐이다.[29] 자원봉사 조직에서 특기할 점은 멕시코계 미국인, 특히 시민권이 있는 멕시코계 미국인 다수가 순찰대원(2008년 10월 현재 52%)이 되어 자발적으로 참여한다는 사실이다. 이들의 밀입국자 추적과 체포 활동을 어떻게 평가할 것인가? 여기에는 세 가지 요인이 작동한다. 첫째, 국경지대라는 제3의 사회적 공간에서 멕시코계는 "모든 가난과 폭력과 살인을 비롯한 사회문제는 멕시코계"로부터 비롯된다고 매도당하는 분위기 속에 놓이며, 적응과 생존이라는 이중 과제와 직면한다. 그들은 조상의 땅이라고 생각되는 지역에 위치한, 주로 '콜로니아colonias'라고 불리는 열악한 거주공간에서 인종 집단화되며 주변화된 소수자로서 심원한 전위dispalcement의 감정과 억압감, 복합적 정체성 의식을 느낀다.[30] 둘째, 밀입국자들의 저임금노동이 기존에 정착한 이민자 또는 그 후예들의 임금을 낮추는 제동기 역할을 한다는 점이다. 그 결과, 멕시코계 전체가 사회적 하층 집단으로 고착되면서 앵글로계의 경멸을 받는 대상이 되도록 이끈다는 방어적 불만이 작용한다.[31] 셋째, 9·11 이후 테러와의 전쟁이 선포되면서 국경지대가 안보불안 지구로 만들어진 것과 연관된다. 더욱이 멕시코 국경지대는 펠리페 칼데론Felipe Calderón 대통령 재임기(2006~2012)였던 2008년만 해도 마약 조직과의 전쟁 때문에 판사·경찰·군인·민간인 6000명이 죽어간 현장이며, 이슬람이 세력을 넓혀가는 불안 지구로 부각되었다. 그 결과, 흔히 '공산주의자', '테러리스트', '불법이민자', '범죄자' 같은 용어를 국경지대와 연결시켜 이민 억제를 정당화하도록 부추겼다. '전 지구적 인종분리정책Global Apartheid'이라 불리는 이 정책은, 그 정당성을 윤리적 가치가 아니라 강력한 법의 집행으로 확보하려는 데 특징이 있다. 그 과정에서 부시 행정부 이래로 5년간 1만 명을 증원한 국경순찰대원에 멕시코계 출신을 다수 고용한 것도 작용했다.[32]

그럼 불법 입국자의 차단 비율은 어느 정도의 수준인가? 이는 40%에 불과한 것으로 추정되는 반면, 미등록 이주민은 세 배로 증가해 국경 통제의 성과를 두고 많은 비판이 제기되었다. 이처럼 군사화와 감시체계를 결합한 국경 통제 강화 과정에서 나타난 부수적 현상은 브라세로Bracero 프로그램 이후 오랫동안 전개된 계절노동 순환 이주를 단절시켜 밀입국자의 은신을 조장했다. 아울러 이들에 대한 체포·억류·송환을 강화해 시민권에서 배제시키는 여러 형식의 생명정치가 작동하도록 만들었다.[33] 그 결과, 밀입국자들은 이미 한 나라(멕시코)의 주권자 시민이었기에 다른 나라(미국)의 시민이 될 수 없는 존재, 조르조 아감벤이 말한 '벌거벗은 생명'인 '호모 사케르'로 일단 취급받는다. 국경 안보 정책은 밀입국자에 대한 체포·기소·억류·송환을 증가시켰으며, 2001~2009년에 180만 명을 억류하고 송환했다.

불법 월경과 밀입국자의 죽음

나프타NAFTA로 표상되는 신자유주의 전 지구화가 차이와 구별의 철폐를 강조하면서도, 시민들의 차이와 이방인과의 구별을 강화해 밀입국 월경자가 급증했다는 점은 미국-멕시코 국경의 지정학이 초래한 역설이다. 그 결과, 도리어 국민화nationalization를 자극해 월경자들을 '불법illegal'으로 낙인찍고 국가 경계를 강화하는 규제 정책을 부추기게 된 것도 그 역설의 산물이다.[34] 이에 미국은 시민권 획득 자격을 엄격히 해 이민자 불법 취업을 막고자 1986년에 제정된 '이민개혁·통제법IRCA'을[35] 더욱 강화했다. 1996년에 공표한 '불법 이주자 및 책임령Illegal Immigrant and Responsibility Act: ILLIRA'은 누적 불법 입국자를 중죄인으로 규정하고 지문 날인과 통제를 더욱 강화했다. 밀입국자는 미국 사회에서 범죄자로 단죄된다. 여기서 바로 주권과 인간 이동성 사이의 긴장, 심지어 그것을 넘어 그들이 주권에서 배제되는 모순을 내포하고, 조르조 아감벤이 말한 '예외상태'에서 불의의 죽음까지 직면하는 밀입국자의 현실을 목격한다. 그러나 거기서 '예외상태'가 지속적으로 관철되는 것은 아니다. 그것을 만들어내는 정치에 고유하게 '내재하는 저항의 가능성'은 열려 있으므로 이들에게 '벌거벗은 생명'의 조건이 지속적으로 실현된다고 단정할 수는 없다.

그동안 뉴멕시코의 국경도시 엘패소/시우다드후아레스는 밀입국의 중심지로 잘 알려졌다. 월경자는 흔히 동부의 리오그란데강을 건넌 '물에 젖은 사람들mojados'과 서부의 반사막지대 '철조망을 건넌 사람들alambristas'로 구분된다. 하루 3000명 이상으로 추정되는 이들 밀입국자 가운데 35~37%가 티후아나, 20~22%가 시우다드후아레스, 그 밖에 누에보라레도, 피에드라스, 네그라스, 멕시칼리의 국경을 넘는다. 한편 노갈레스는 거꾸로 연 50만 명에 이르는 밀입국 실패자, 곧 '송환자'를 받아들이는 도시로 유명하다. 국경도시는 불법 이민 서류의 위조와 변조, 공무원들의 부정부패와 범죄 조직의 온상이다. 세기말, 특히 9·11 이래로 국경 감시와 순찰이 첨단 장비를 통해 강화되면서, 장벽을 넘기는 쉬우나 통과에 더 오랜 시간이 걸리고 거친 사막지대가 많은 애리조나주가 새로운 중심지로 떠올랐다. 그 결과, 남부 도시 투손Tucson 의 국경순찰대는 미국-멕시코 국경에서 밀입국자 문제로 가장 바쁜 업무를 수행하는 곳이 되었다. 애리조나주 최남단부터 멕시코 소노라Estado de Sonora 주와 바하칼리포르니아Baja California 주에 걸쳐 있는, 큰 기둥에 삼지창처럼 생긴 사와로saguaro 선인장으로 가득 찬 방대한 소노라 사막에서는 수많은 이들이 월경 과정에서 상해를 겪고 죽음을 맞는다. 거기에서는 국경순찰대나 경비대의 자의적인 법 집행, 또는 초국가적 마약 카르텔의 폭력과 횡포, 밀입국 안내자인 코요테의 약속 포기와 마약 밀매 겸업, 가짜 코요테narco-coyotaje 와 마약 카르텔의 결탁, 사막 도적 떼bajadores 의 습격, 코요테와 사막 도적 떼의 결탁, 납치·강간·교통사고·익사를 비롯한 돌발사고를 맞는 경우가 빈번히 발생한다.

한편 가혹한 자연환경에서 자동차 월경은 발각과 체포 위험이 많아 주로 도보 이동이 이루어지기 때문에 그 과정에서 선인장 가시에 찔리며, 여름에는 신발에서 타는 듯한 냄새가 날 정도의 고온에서 탈수와 고열로 고통을 겪고 갑작스러운 홍수로 길의 흔적을 잃는다. 그 결과, 피신처도 없고 식량과 의복도 부족한 채로 사막에서 많은 시간을 보내며 방향을 잃고 헤매다가 죽음에 이른다.[36] 샌디에이고 카운티의 경우 국경에서 고속도로까지는 작은 마을, 목장, 황무지, 앤자보레고Anza-Borrego 사막 주립공원을 거쳐 이틀 이상 걸린다. 10월 중순부터 4월 중순까지는 거의 영하에 가까운 날씨이며, 여름에는 화씨 100도가 넘는 온도에 오후의 천둥 · 번개와 홍수, 심지어 예고 없는 산불까지도 견뎌내야 한다. 경비견을 동반한 국경순찰대에 체포되는 경우는 상대적으로 적지만, 환경의 위험도는 더 높다. 사막을 며칠간 하염없이 걷거나, 산악과 강은 물론이고, 축구장 너비에 저류가 흐르는 7~20피트 깊이의 농업 관개용 운하를 건너는 익사의 위험을 감수해야 한다. 발각될 경우, 더러는 자포자기 상태에서 돌을 던지며 체포에 저항하다가 국경순찰대의 무력행사나 자경단원의 폭력 행사, 또는 신원 미상자의 의도적인 폭력 등으로 사망하는 사례가 두 배로 증가하고 있다. 그 숫자는 1994년에서 2009년까지 총 3861~5607명을 기록했고 매년 356~529명으로, 얼추 계산해도 매일 한 사람 이상이 밀입국 과정에서 죽어가는 것으로 추정된다.[37]

그러나 거친 환경이 곧 '잔인함의 장소학' 성립의 충분조건은 아니다. 국가와 시민의 영토화 실천이 폭력을 행사하면서 관철을 시도하는 바로 그때 '잔인함의 장소학'이 성립된다. 만일 이들의 죽음을 거친 자연환경 탓으로만 돌린다면 그것은 미국과 멕시코 정부, 특히 미국 정부의 도덕적 책임에 알리바이를 제공하는 일이 될 것이다.[38] 그렇다고 미국이 밀입국 시도자들을 위험 상태에 그냥 내버려두기만 하는 것은 아니다. 1998년부터 국경안전행동BSI의 일환으로 불법 월경자의 상해와 죽음을 감소시키고자 '국경 감시 조사, 외상증후군 및 구조대BORSTR'가 활동 중이다. 예컨대 샌디에이고 카운티는 여름에 매일 세 건 정도의 비율로 코요테의 밴Van 뒷자리에서 일사병, 탈수, 질식, 과속 사고로 죽음을 맞을 위기에 처한 밀입국자의 구조 활동을 수행한다. 이곳에서 1993~2004년에 558건에 이르는 밀입국자 사망이 발생했으며, 그 가운데 불법 입국과 직접적으로 관련되는 374건 중 99%가 멕시코인이었다. 최근에는 DNA 조사로 신원 미상의 유골을 본국의 가족에게 돌려주려는 노력이 진행되고 있다. 전체 사망자 연령은 14~75세로 광범하지만, 통상 20~29세의 젊은이이며 남성은 88%, 여성은 12%였다.[39]

국경지대는 또한 범죄자와 탈법행위자들의 영역이다. 특히 마약 밀매업자들, 밀입국 거래자들, 강도들이 폭력 조직과 연계되어 밀입국 시도자들에 대한 강도·폭행·납치·강간·살인 등을 빈번히 자행한다. 2010년에는 멕시코 최대·최고의 마약 카르텔 조직이자 한때는 경찰 공권력까지도 장악했던 로스 세타스Los Zetas가 텍사스 국경지대에서 72명의 이주 희망자를 살해했다.[40] 그해에 애리조나 사막에서는 기록적으로 연 누계 252명의 시신이 발견되었다. 조지프 네빈스Joseph Nevins는 이러한 죽음을 우연의 산물이 아니라 이주에 대한 억압의 기제가 작동하는 구조적 폭력의 산물로 규정한다.[41] 잡다한 범죄가 이주 희망자들을 중심에 두고 진행되거나 자행된다. 갖가지 월경 패턴과 전략의 모색, 마약 거래 가담, 밀입국 주선, 강도, 섹스 산업 가담과 같은 모든 것이 월경에 필요한 방도를 모색하고 이주 자금 조달을 모색하는 것과 연관이 있다. 그런 점에서 이주 희망자에게 선택의 여지를 제한하고 폭력과 범죄행위의 동기로서 불평등과 주변화를 강요하는 구조적인 사회·정치·경제 요소를 강조할 수 있다. 구조적 폭력의 구조 틀이 문제인 것은 피해를 당하는 민중이 주변화와 억압에 반응하는 것을 소홀히 하는 불행한 경향에 기울도록, 곧 궁극적으로 폭력을 창조하는 권력구조의 영향에 순응하도록 이끈다는 점이다.[42] 그러나 거기서 그치지는 않는다.

위험에 놓인 취약한 희생자들은 구조적 폭력에 맞서 다양한 동기와 행동으로 저항하거나, 개별화된 폭력을 다른 희생자들에게 행사하며 후기구조주의적 폭력에 가담한다.

그 결과, 국경지대는 생명과 죽음이 정치와 맺는 관계를 성찰할 기회를 제공한다. 국경지대에서는 마약 카르텔의 폭력에 희생된 시신들이 수시로 목격된다. 펠리페 칼데론 대통령이 마약 카르텔에 전쟁을 선포하자, 2008년 시우다드후아레스는 온갖 잔인한 수법으로 1607명이 살해당하면서 현대의 공동묘지인 망자의 도시 necropolis로 변해버렸다.[43] 이 시신들은 실패한 국가를 향한 폭력 조직의 도전과 세력 과시이며, 신체적 굴종과 통제를 목적으로 시민들을 협박하는 원초적 장치이다. 이곳은 푸코의 생명정치 개념을 더욱 정교하게 설명한 탈식민주의 학자 아킬레 음벰베 Achille Mbembe가 말한 '시신정치 necropolitics'가 '죽음의 작업 work of death'을 벌이는 공간이다.[44] 음벰베의 지적에 따르면, 푸코가 서유럽의 사례에 의존해 국가의 생산을 신민의 재생산과 연결시키는 '생명정치' 개념은 현대사회에서 죽음의 폭력이라는 위협이 통치의 기술로서 작동하는 방식을 설명하는 데 충분치 못하다고 지적한다. 도리어 그는 정치적으로 폭발력이 있는 탈식민주의 맥락의 국가들에서 사례를 끌어내어, 정치란 다름 아닌 주권자가 누구를 죽이고 죽이지 않을지의 결정을 통해 출현하는 전쟁의 형식이라고 이해한다. 그 역시 푸코와 마찬가지로 '시신정치'에서 죽음의 의미가, 누구를 죽이고 누구를 죽음의 목표물로 삼을 것인지의 결정이 신체에 관해 구체적으로 형상화된 해석을 통해 출현하는 데 관심을 둔 것이다. 생명정치는 정부가 어떤 이들의 죽음을 정당화해 다수의 생명을 보호하는 것이기 때문에 '시신정치'로 말미암아 쉽게 손상된다.[45] '정치와 죽음의 관계'는 국가가 어떻게 생명의 반대편에 서서 의미와 표현 속에 죽음의 재생산을 출현시키는지를 이해하는 데 핵심적이다.[46] 죽음의 정치는 아감벤이 말한 '예외상태'와 어떤 관계가 있는가? 음벰베는 죽음의 정치를 예외상태로 간주하지 않는다. 도리어 민간 정부가 부과한 계엄령이나 멕시코가 당면한 위기처럼 긴급한 조건에서 작동하는 국가들에서 발생하는 지배적인 사회적 현상으로 본다. 그 개념들은 죽음의 정치 아래 살아가며 충분한 잠재력을 실현하지 못하는 신민들의 '살아있는 죽음'에 관한 프리드리히 셸링Friedrich Schelling 의 관념에 빚지고 있다.[47]

미국-멕시코 국경지대는 특히 군사화의 강화가 무장한 마약 조직원과 군대 사이의 살육전을 확산시켜 시민들이 희생당하는 폭력의 정치가 작동하는 공간이다. 그 배후에는 신자유주의 전 지구화가 추동하는 젠더화된 신체의 착취와 '절멸' 작업이 작용한다. 남부 멕시코나 남아메리카에서 이주한 노동하는 신체로서의 여성을 전 지구적 자본주의 조립라인으로 몰아넣어 통합시키는 지정학적 배치가 작동한 것이다. 문제는 이러한 폭력에 여성이 무방비 상태로 노출된 점이다. 여기에는 국경지대 마킬라도라[48] 고용 노동자의 평균 성비에서 여성이 절반 이상을 차지하는 점도 작용한다. 나프타 체결이 불러온 경제 생산 구조조정은 일정 수준의 학력에 이동성을 갖춘 젊은 여성의 고용을 적극 요구했고, 이들은 열악한 노동과 거주 조건 속에서 미국으로의 밀입국을 고통의 탈출구로 삼고 있다. 월경이 가장 선호되는 수단으로 자리 잡은 것은, 사회적 폭력과 실패한 국가의 방관 속에서 희생자인 여성들이 새로운 전망을 선택할 길이 그리 많지 않은 데서 비롯한다. 국경도시에 거주하거나 임금 지불이 순조로운 직장, 특히 마킬라도라에 고용된 여성들은 쇼핑용이나 여가용으로 단기 월경 카드border crossing card 를 합법적으로 발급받아 사용하다가 밀입국을 결정한다. 평소에 일상 필수품 구매, 아동 보육이나 가사 노동 같은 일용 노동, 교육, 심지어 불법적 원정 성매매를 위해 월경 카드를 발급받아 단기간에 규칙적으로 미국의 국경도시를 왕래하는 것은 월경에 대해 심사숙고하게 되는 출발점이다.[49] 점차 다양한 스케줄이 증가하면서 복잡한 일로 체류 시간이 길어지고, 합법 또는 비

합법의 수단을 다양하게 동원해 수입이 5~7배나 더 많은 미국의 고용시장에 들어가려 월경을 시도한다. 우리는 여기서 월경 통제 강화의 원천으로 삼는 불법과 합법의 경계선이 매우 흐릿한 것을 목격한다.[50]

1986년 멕시코의 시장 자유화 정책이 빈부 격차를 심화해 불법 월경에 여성들의 참여를 대폭 증가시키면서 '미등록 이주의 여성화' 현상이 주목받기 시작했다.[51] 이는 여성들로 하여금 폭력과 죽음, 특히 심각한 여성 살해 feminicide 에 노출될 기회를 증가시켰다.[52] 성폭력 살해, 미결로 남은 체계적이고 특수한 살해 사건에서 가난한 젊은 여성에게 납치 · 고문 · 강간 · 신체 절단을 자행해 도시 외곽이나 빈터에 버리는 전례 없는 폭력 사건들이 공간 · 폭력 · 주관성의 성별화를 통해 확산되었다.[53] 그러나 막상 국가는 나프타 이후 국경도시에서 급속히 증가한 여성의 살해와 실종 사태를 소홀히 취급하고 책임 회피에 급급하다. 여성 살해는 시민사회에 대한 국가, 가난한 자에 대한 부자, 소수 종족 집단에 대한 백인 엘리트, 젊은이에 대한 연장자, 여성에 대한 남성의 권력 행사 형식으로 전개되고 있다. 진정 추잡하고 '더러운 전쟁'으로서 '여성 살해'는, 여성에 대한 폭력이 사회통제 방식으로 자연화된 정도만큼 젠더화 · 인종화된 신체에 대한 중첩된 '정치적 동기를 지닌 성적 폭력'으로서 권력관계를 표현한다.[54]

여성 살해를 유발하는 요소는 두 가지 측면이 동시에 작동한다. 첫째, 성별 gender 은 국가의 생산과 그들 신민의 재생산을 연계하는 폭력적 역동성의 중심 요소이다. 국가는 국가권력의 집행력을 전개하는 과정에서 산업 현장 가운데 일상화된 젠더 폭력을 용인한다. 둘째, 전 지구화가 국가의 해체를 가져오면서 가장 취약한 구성 요소인 젠더가 폭력의 대상이 되었다. 폭력은 공간을 넘어 확산되며 밀입국 여성 살해 cross-border feminicides 로 나타났다. 우리는 여기서 사물이 관계 맺기 방식에서 닮아가는 것, 곧 푸코가 『말과 사물』에서 말한 근접 covenientia 개념을 상기한다.[55] 여성들은 공장 취업뿐 아니라 주로 미국인 고객을 상대하는 합법화된 성매매 노동자가 되는 경우가 빈번하고, 이는 마약 사용과 질병, 살인 사건과도 직결된다.[56] 젠더 폭력의 확산은 '시신정치'의 핵심적 구성 요소 가운데 하나이다. 죽음의 정치는 젠더 정치와 손을 맞잡고 전개된다. 독특하게도 멕시코에서는 노동자obrera이건 성매매 여성ramera이건 모두가 합법적 존재로서 '공적 여성public woman'이다. 정부 입장에서 이러한 공적 여성의 죽음은 일종의 '공적 청소'에 해당되고, 사회의 도덕적·정치적 균형을 유지하기 위해 골칫거리 여성을 제거해야 함을 의미했다.[57] 결국 공적 여성 담론은 폭력을 정상화하며, 가부장적 정상성의 개념에 바탕을 두고 희생자의 몸을 판단하는 정치를 구체화한다. 여성과 소녀가 사라지면 경찰은 그녀들이 '이중생활'을 한다고 귀찮게 대답하지만, 결국 시신으로 발견된다. 경찰은 마약 폭력의 희생자들인 여성의 죽음을 둘러싼 공적 동정을 약화시키며, 여성의 안전을 우선시하라는 여론의 압력을 희석하고자 살인의 책임을 개인 탓으로 돌린다.[58]

한편 이런 현실은 여성의 국경 넘기를 더욱 추동한 측면이 있다. 지금까지 밀입국 이주 관련 연구는 성별에 따라 월경 과정과 그 패턴이 매우 다름에도 여성의 경험을 소홀히 다루었다. 여성은 남성보다 상대적으로 밀입국 경험이 적고 나이가 더 많으며, 이미 월경한 남편과 아들 같은 가족 또는 코요테의 지원을 받는 경우가 더 많다. 그들은 육체적·심리적 안전과 보호에 더욱 세심한 관심을 기울인다. 밀입국 통로의 위험이 더욱 높아지는 가운데 여성은 코요테나 친구·가족의 봉사에 더욱 의존하면서 위험률이 남성보다는 줄어들었다. 그럼에도 코요테의 배신, 갱의 습격, 강도, 익사, 겁탈, 자동차 사고, 악천후에 사막에 버려지는 참사를 겪는 경우가 매우 빈번하다. '시신의 정치'는 멕시코 국경도시에서 끝나지 않는다. 월경 과정에서 미국 쪽 국경지대 역시 '시신의 정치'가 작동하는 공간이며, 여성들의 죽음 역시 '죽음의 작업'에서 중요한 요소이다.

밀입국자의 범죄인화

최근 월경 비용의 부담이 급등하면서 본향으로의 귀환이 줄어들고 미국에 은신하는 경우가 증가했으며(한 연구는 60~70%를 유지하던 귀환율이 최근 45%로 감소한 것을 보여준다), 미국 내 불법체류자, 곧 미등록 이주자에 대한 이민국의 추적도 더욱 집요해졌다.[59] 1980년대에 의회가 시민권을 보유하지 않은 미등록 이주 노동자 고용을 범죄화한 것은, 열악한 노동조건을 제공하는 기업들이 미등록 이주 노동자의 불법적 지위를 악용해 불법 고용을 일삼는 사례를 더욱 크게 늘렸다.[60] 미등록 이주민을 공공과 국가 안전에 대한 위협으로 간주하고 차별 정책의 대상으로 삼는 입장은 등록 이주민들과 시민들 모두에게 큰 영향을 끼쳤다. 이주민은 사회복지에서 배제되었으며, 1996년 복지개혁안은 법적 지위와 관계없이 이주민의 혜택을 감소시켜 합법적 영주권자도 최소한 5년간 성실한 거주의 유지를 전제 조건으로 요구받았다. 금세기 들어 국경지대에서 이주민의 범죄인화 정책은 더욱 강화되었다. 애리조나주의 경우, 매우 거친 관용-제로 정책을 집행해 가히 '경찰 주'라고 불릴 정도이다. 2002년 제정한 신분절도죄identity theft law는 가짜 신분증 사용을 범죄로 규정했다. 2004년 '애리조나 납세자와 시민보호법령'은 제200조에서 미등록 이주민에 대한 공적 혜택 제공을 거부했다. 심지어 고객의 이주민 신분 확인에 실패한 공공 업무 종사자에게 벌금을 매기고 감방에 처넣을 수도 있었다. 2005년 애리조나 밀수법은 밀입국자를 중죄로 다스리도록 만들었다. 범죄 기록 보유자나 송환되는 자들은 30일에서 12개월에 걸친 수감 생활이 부과되었다. 재판 과정에서는 손발과 허리를 묶었으며, 송환할 경우에는 즉시 수속 센터processing center로 보내 지문 날인을 시키고 사진을 찍은 뒤에 세계적인 사설 보안기업 'G4S 와켄허트Wackenhut 보안회사'로 보낸다. 적용 죄목은 대체로 일률적이지만, 매리코퍼Maricopa 카운티 검사실은 이주민이 국경을 건너 수송되는 데 자진해서 동의했다는 이유를 들어 '부정 거래 공모' 범죄자로 기소한 경우도 있다. 2010년 애리조나주 상원 1070법령Bill은 만일 '합리적인 의심'이 간다면, 억류하기 위해서 구류에 처할 수 있도록 로컬 법의 강화를 허용했다.[61] 이 법률은 현재 비록 항고 상태에 있지만, 미등록 이주민에 대한 차별 분위기를 조성하는 데 이미 충분히 기여하는 효력을 발휘했다.

그러나 또 다른 문제가 발생했다. 이러한 정책의 표방으로 미등록 이주 노동자들을 고용하던 기업들이 문 닫을 위험에 처하면서 애리조나주 경제 자체가 타격을 입은 것이다. 하지만 그 대신에 다른 산업, 곧 '국경산업'이라 불리며 인간을 감시하는 산업인 사설 보안 서비스와 밀입국자 억류 센터가 성장 산업으로 각광받는다. 밀입국자 구류 센터 건설이 기업의 투자 대상이 되고, 기존 감옥들도 장차의 수요 증가를 예측해 구류 센터로 시설을 전환하고 있다. 보잉Boeing사는 2006년에 하이테크 타워로 구성된 가상 펜스를 건설하는 7000만 달러짜리 계약을 국토안보부와 체결했다. 미국교정협회 Correction Corporation of America와 국경 보안 관련 사기업들도 대거 참여해 가히 애리조나주 남부에는 '국경산업단지'가 형성되는 중이다. 여기서 우리는 미국의 국경 전략이 처음에는 주권 지배와 사법 권력의 행사에 초점을 두다가, 점차 생명권력 행사로 '은밀'하게 변화한 것을 간파할 수 있다. 하필 그것이 '은밀'하다고 말하는 이유는 무엇인가? 사법 권력의 집행과 생명정치의 실행이 상호 연관성을 띠고 전개되기 때문이다.[62] 물리적 장벽, 순찰대원, 하이테크 감시체계 같은 보안장치들이 설치되면서 보안 기관들은 자신의 '자연적 절차'[63]를 따라 제조·조직된다. 그러나 국경지대에서 작동하는 생명정치가 절대적 억압의 관철만 말하는 것은 결코 아니다. 생명정치는 불편하고 위험한 것을 최소화하는 확률성 위에서 작동한다. "우리는 허가와 금지 사이 이분법적 구분 대신에 한편으로는 최상으로 간주되는 평균을 확립하고, 다른 한편으로는 능가할 수 없는 광대역bandwidth 의 수용 가능성을 확립한다."[64] 이 대역폭은 통계로만 구성되지 않으며, 모든 국경 통제 노력을 포함한다. 주권과 생명정치는 '희생될 수 있는 자'들과 '희생이 필수적이라고 간주되는 자'들 사이의 구분을 창조한다.

그러면 미국의 이민정책 입안자들은 밀입국 과정에서 죽음을 어떻게 바라보는가? 그들은 이를 '비의도적 결과'로 규정하고 공식적 책임을 부인하는 현장 부재 증명을 제시한다. 여기서는 죽는 사람들만 희생자가 아니다. 불법 이주민들은 국경 '통제'에 따르는 고비용과 위험을 감당했지만, 미국 사회의 일용 노동력 및 저임금 하층 노동력으로서 비공식 고용의 희생자 집단을 형성하고, 이익은 고용주와 소비자에게만 제공된다. 이들은 체포를 피하고 일자리를 찾기 위해 전통적 목적지였던 캘리포니아 또는 텍사스를 벗어나 가족 · 공동체 · 이민자의 사회적 관계망을 이용하고, 인간 자본의 성격과 이주의 시간적 계기를 따라 전략적 선택으로 이주 목적지를 전국화한다.[65] 그 결과, 최근에는 새롭게 남부의 여러 주에서도 불법 이민자 방지와 색출을 위한 다양한 입법을 제정하고, 미등록 이주민 부모에게 태어난 어린이의 시민권 획득을 엄격히 제한한다. 이로써 일부 남부 주에서는 국민주의와 함께 인종주의도 작동한다. 본래 멕시코계를 밀입국자이자 저임금노동자로서 정치경제적으로 열등하게 여기는 집단적 종족성에 근거한 국민주의적 거부와 비난이, 이제는 사회문화적으로 추잡하다는 인종주의적 편견으로 전화하는 양상까지 보인다.[66] 트럼프의 반反이민법이 인종주의적 요소를 내포한 이유도 여기 있다.

밀입국자 문제를 두고 차이를 강조하는 종족성 문제를 차별의 기제로 만드는 인종주의적 비난이 가세하면서, 미국-멕시코 국경지대는 인종을 '생산'하고 '확산'시키는 중심공간으로 전이되고 있다. 그 결과, 사회문화적 환경의 질이 극도로 저하되는 양상을 보인다.[67] 푸코는 인종주의를 "군사적 혹은 전쟁과 같은 적대 관계가 아니라 나의 생명과 타자의 죽음 사이의 관계를 성립시키는 생물학적 유형의 관계"[68]로 규정했다. 그것은 타자의 죽음이 물리적 안전을 보장하지는 않지만, 죽음이 많아질수록 우리가 속한 인종을 더욱 건강하고 순수하게[69] 만든다는 관점이다. 인종주의를 생물학적 관계로만 본 셈이다. 이는 미국에서 인종 구분이 제3세계 출신 이주 노동자를 권력관계로 규정하는 정치문화적 요소를 포함한 점을 미처 보지 못한 것이다. 에티엔 발리바르Étienne Balibar가 지적하듯, 인종주의는 차이·타자성·배제를 중심 범주로 삼아 작동한다. 세계화에서는 원칙적으로 외부가 존재하지 않는다. 그럼에도 어느 정도 외부는 존재하고, 그러한 외부는 주요한 안보 도구로서 정치적 경계지대의 작용과, 절대적으로 불평등한 지위와 권리로서 인구 흐름의 통제를 통해 강화될 뿐이다.[70] 비록 멕시코계 이민자 문제를 동화와 인종화라는 과도하게 양극화된 구분으로 설명하는 것은 신중하게 견제해야 하지만, 이민자의 불평등한 지위와 권리가 빈번하게 인종화된 노선을 따라 분류되는 것은 사실이다.

그것은 이주민의 악마화를 불러오고, 그 내용은 이중적으로 나타난다.[71] 먼저 인간성 말살로 이끈다. 사실 이주민의 악마화는 불법 이주를 완전히 차단하지 못할 뿐 아니라 그것을 목표로 삼고 있지도 않다. 밀입국자 차단을 강조하는 주 차원의 입법과 달리, 로컬 차원에서는 국경의 이중 장벽 뒤에서 손쉽게 값싼 이주 노동자를 고용해 노동력을 착취하려는 자본의 의도가 작동한다.[72] 심지어 애리조나주의 경우 밀입국자 노동력이 지역의 경제 생산에 크게 기여함에도 불구하고, 이들의 모국 송금에까지 세금을 부과해 지역 경제의 유출을 막으려 한다. 역사적으로 흑인 노동자들에게 부과되던 가부장주의와 종속·강제가 새로운 노동자 집단, 곧 멕시코계를 비롯한 라티노 노동자에게 이전되어 그들에게 육체적·경제적·법률적 공격을 무차별로 가하고 있다. 그 결과, 밀입국자는 추적·체포·송환의 두려움으로 정신 건강의 위기를 겪고, 심리치료 대상으로서 '예외상태'에 놓이는 경우가 많으며, 이는 '불법성에 기반을 둔 생명정치적 운영'[73]과 관련된다. 아감벤은 그것을 국지화시켜 '캠프'라고 말했지만, 실제로는 기능적으로 "정상적 질서가 사실상 중단되고, 잔학 행위가 법률이 아니라 일시적 주권자로 행동하는 교양 또는 윤리적 측면에서 경찰에 의존해 집행되는 공간"이다.[74] 아감벤이 관심을 기울인 것은 배제의 공간만이 아니다. 안과 밖, 배제와 포함이 잘 구분되지 않는 지대, 그리고 이런 비결정성이 주권 권력에 의한 벌거벗은 생명의 생산에서 핵심적인지에 대해서도 관심을 기울인다.[75] 이제 미국 남부 주들의 국경지대는 이주민 노동자에 대해 자본의 권력이 포섭과 배제의 기제로 작동하는 모순공간으로 부각되었다.[76] 이 공간은 그 자체가 '예외상태'는 아니며, 권력이 이용하면서 강제하고, 이에 맞서는 투쟁과 저항이 나타나는 현실의 산물이다. 투쟁과 저항은 다름 아닌 살아남는 방도를 처절하게 모색하는 것이다. 그런 점에서 특수한 사례를 제외하면 예외상태에 있다고 말하기는 어렵다.[77] 그러나 소노라 사막에서 국경 방어는 그것이 국가의 주권이든, 국경 내부에 축적한 전 지구적 부富이든 방어할 수 없는 것을 방어하고 있다는 점을 상기시킨다.

국경 통제와 감시·월경 과정에서 직면하는 온갖 죽음과 그에 대한 위험의 경고에도 불구하고 조난 사망자의 비율은 감소하지 않고 있다. 이에 시민들이 자발적으로 인권과 인도주의 및 종교적 신념 차원에서 월경자들의 비극적 죽음을 막기 위해 활동하는 모습을 볼 수 있다. 이 점에서 미국-멕시코 국경지대는 '잔인함의 장소성'을 넘어 인도주의의 위기를 우려하는 '교양 civility 의 장소성'이 표출되는 공간이기도 하다. 애리조나의 일부 시민 조직들[78]은 월경자들에게 물을 공급하고 건강 유지에 필요한 조건을 제공한다. 2000년에 투손의 목사 로빈 후버 Robin Hoover 가 설립한 '인간의 국경' 조직은 캘리포니아, 텍사스, 미네소타부터 멕시코에 이르는 밀입국 통로에서 200

명의 회원과 1500명의 자원봉사자들이 100개의 급수 시설을 운영하며, '악마의 길'로 알려진 사막의 통로에 푸른 깃발을 꽂아 샘으로 가는 길을 인도한다. 그런가 하면 카운티 행정 당국과 국경순찰대 및 멕시코 영사관에 사망자의 위치를 알려주고, 지리정보시스템을 이용해 지도상에 위치를 표시한다. 한편 '사마리아인'은 2002년 이래로 일상적인 순찰을 통해 이주민들에게 긴급 의료품을 제공한다. 2004년에 설립된 'NMM'은 급수 시설, 식량과 식수의 사막 지원 캠프, 의료 지원, 멕시코로 송환된 이주민들을 위한 구조 캠프를 운영해 25만 명에게 도움을 주었다. 여기서 타자성에 대한 윤리적 초월성으로 표현되는 보편주의는 후기계몽주의 세계시민주의의 발로로 평가받는다.[79]

그러나 인도주의적 구호 활동가들이 경고 표시를 해두고 사망 위험지역에 관한 정보를 알려도, 그것은 이주민들이 월경을 결정하는 데 전혀 영향을 끼치지 못한다. 멕시코 쪽에서도 국가기관은 물론, 시민이 주도하는 인도주의적 조직들이 사막에서 기아와 탈수의 위험을 경고하는 활동을 전개하지만 큰 효과를 발휘하지 못한다. 더욱이 밀입국자에 대한 인도주의적 지원 활동에 반대하는 목소리도 적지 않다. 애리조나주 당국은 이들 활동가들의 여행자들에 대한 '무조건적인 환대'를 범죄행위로 취급한다. 2005년 'NMM'의 자원봉사자들은 이주민을 병원으로 이송 또는 지원했다는 죄목으로 벌금형을 받자 이에 항소했다. 그러나 이들의 행동은 미국 법률에 대한 불복종을 선언한 것이 아니라 더 이상의 불필요한 죽음을 막으려 한 것일 뿐이다. 물론 이들의 활동에 비판적인 시민들도 적지 않다. '인간의 국경'이 마련한 물탱크를 비워버리고, 심지어 스페인어로 '독극물'이라고 써놓거나 'NMM'이 마련한 물 단지를 깨트려버린다. 이들은 국경 감시 강화와 심지어 국경 봉쇄를 요청하고, 매일 수천 명의 자원봉사자들이 미국 영토를 침범하며, 경제적 이익과 정치적 사면을 획책하는 침입자들을 지원하는 불법행위를 자행한다고 비판한다.[80] 이들의 관점은 밀입국자들이 나프타 이후 멕시코 경제의 미국 종속과 사회적 분열의 산물이라는 사실을 무시하는 것이다. 그럼에도 자원봉사자들은 월경 과정에서 상해와 죽음을 막기 위한 교통 안내, 방향 지시, 의사소통의 실천을 두고 다양한 방안을 제안한다.[81] 이는 '벌거벗은 생명' 개념을 흔들어버리는 실천 활동이 아닌가? 이런 실천들도 고유하게 불안정하기는 마찬가지이지만, 예외공간은 항상 균열로 가득 차 있다는 점에서 불완전한 공간으로서 국경지대를 표상한다.

국경 순찰이나 감시체계에 포착되어 체포된 자들은 어떻게 취급받는가? 전국에 산재한 억류 시설, 곧 캠프에서 구류에 처해지게 된다.[82] 2009년 어느 날에는 전국적으로 300개가 넘는 시설에 3만 2000명의 구류자가 수감되었으며, 이는 1996년의 8279명에 비하면 거의 네 배 가까이 증가한 숫자이다. 이민세관집행국Immigration and Customs Enforcement: ICE 의 통계는 구류자들이 2008년에 전년보다 22% 증가한 37만 8582명을 기록했으며, 그 가운데 49%가 멕시코 국적이라고 밝힌다.[83] 나머지는 라티노를 비롯해 아시아, 아프리카, 유럽, 특히 동유럽인을 포함한다. 2008년 NMM은 2006~2008년에 단기 구류자들이 겪은 식사, 물, 의료 제공 거부, 육체적·성적·구어적 모욕, 가족과 분리 구류 사례를 다양하게 보고했다.[84] 한편 일정한 구류 기간을 거치고 나면 본국 송환이 기다린다. 퇴거removal 는 판사의 공식적 송환 명령을 받는 것이고, 본국 귀환repatriation 은 본국으로의 자발적인 귀환을 일컫는다. ICE 보고서에 따르면 2008년에는 2001년 퇴거자 11만 6464명의 세 배에 달하는 35만 6379명이 퇴거를 당했고, 그중 멕시코 국적은 69%였다. 현재 미국 남서부 국경에서는 밤낮없이 매일 거의 1000명 이상의 추방이 집행된다.

인간성을 모독하는 공간

전 지구적으로 난민과 이주민의 뒤섞인 이동이 벌어지면서 본래 미국-멕시코 국경지대는 느슨한 다공성의 공간이었다. 그러나 1986년 이민법, 특히 1994년 나프타 체결이 초래한 경제 위기에 내몰린 많은 멕시코 농민들이 밀입국 월경을 선택하자, 미국은 이에 맞서 국경 통제를 강화하면서 경계지대의 지정학을 표상하는 공간으로 급변했다. 그 결과, 미국-멕시코 국경지대는 국민국가의 선명한 통제와 전 지구적 이동성이 동시에 전개되는 극단적 양면성을 띤 복합공간으로 변신했다. 미국-멕시코 국경지대는 멕시코인을 백인과 흑인 사이의 제3의 인종으로 인종화해, 공간적으로 제약하고 규제 입법과 강제력의 대상으로 삼는 역사적으로 특수한 현상의 출발점이 되었다. 특히 무엇보다 생명권력이 인간성을 모욕하며 '시신정치'를 작동시키는 공간이 되었다. 마약 밀매업자 대 군경, 밀매업자 대 밀매업자의 살육전이 끊임없이 벌어지고, 월경 과정에서 많은 이들이 여러 종류의 재난을 겪으며 죽어나간다. 특히 9·11 이후 밀입국이 국가 안보의 문제로 승격되면서 국경지대는 멕시코계 밀입국자들이 죽음의 행진을 거듭하는 공간으로 전화했다. 국경지대에서 벌어지는 여성 살해와 밀입국 월경에 대한 관심은 '생명정치' 개념과, 이를 비판적으로 정교화한 '시신정치' 개념의 일방적인 일반화를 견제하고 구체적인 설명을 전개하는 데 유용하다. 비록 월경에 성공해도 멕시코계 노동자들은 무지하고 천박한 저임금노동자 집단으로 규정당하며, 임금체계나 교육체계에서 인종적으로 분리 수용된다. 그 결과, 그들은 사회적으로 주변화된 경제적 착취 대상이자 이민배척주의와 인종주의 감정의 배설 대상이 되었다.

2013년 6월 27일 미국 상원을 통과한 신이민법은 자본이 재능 있는 이주민을 선택할 권리를 제공했다. 그러나 문제는 재능이 미흡한 자들, 그렇기에 도리어 밀입국을 선택할 수밖에 없고, 그 통로에서 살아남기 위해 더욱 거친 고난의 길을 선택해야 하는 이들의 고통이 여전히 계속된다는 데 있다. 미국의 국경 방어 정책으로 이주민들은 자신의 죄 때문이 아니라 미국을 위해 처벌받고, 공포와 두려움의 대상으로서 대신 매 맞는 소년whipping boys이 되었다. 이들의 죄란, 경제적으로는 전 지구적인 경제적 부를 따라 미국 국경 안으로 흘러 들어온 것, 정치적으로는 전 지구적 하층계급의 진입을 거부하는 요새화된 국가 내부로 숨어든 것이다. 그들의 불법성이 미국의 법률에, 불법 취업이 미국의 경제에, 물리적 현존이 미국의 안보에 위협이 된다는 죄를 지고 있다. 멕시코와 미국의 경제 조건이 획기적으로 변화되지 않는 이상, 이민법 개혁에도 불구하고 불법 월경은 지속될 것이며, 이는 결국 기존의 국민국가 주권 개념으로는 설명하기 어려운 국경 개념이 대두되도록 재촉할 것이다. 미국-멕시코 국경지대는 도널드 트럼프 대통령의 반이민 행정명령에서 보이듯, 애국주의와 인종주의가 교차 작동하며 현대의 가장 오래된 근본 주제인 인도주의가 시련을 겪는 공간으로 계속 남을 것이다.

현대 도시와 로컬리티 공간의 지형도 그려보기

이 책은 총 4부 12장에 걸쳐 현대 도시와 로컬리티를 탐색하며 주제에 따른 공간의 지형도를 작성하는 데 목표를 두고, 다양한 공간이론을 전유하며 사건과 행위, 구조와 규모의 재해석을 시도했다.

제1부 '자본의 변신과 공간생산 전략'은 자본이 일상에서 문화도시 또는 기업주의 도시 이념을 공표하며 온갖 브랜드의 도시공간을 재구성하고 생성시키는 양상에 집중했다. 그 과정 가운데 국가와 로컬의 관계에서 지방분권과 로컬거버넌스를 내세우며 공간규모에 대해 자본의 이윤을 최대화하는 방향이나 또는 반헤게모니적 대안을 모색하는 양상에 관심을 기울였다. 제1장 '문화도시와 문화의 정치경제학: 글래스고와 빌바오의 문화도시 정책'은 문화연구에서 '공간적 전환'이 '문화의 공간정치'와 '문화의 정치경제학' 명제 형식으로 출현하는 양상을 검토했다. 전자가 일상성, 미시성, 혼종성, 가치 다원성, 상상력 등의 개념을 정치적 시민권이나 사회적 소수자의 권리 등과 연관시켜 일상공간에서 '저항'의 실천을 모색한다면, 후자는 전 지구

화를 추동시킨 자본이 도시(로컬), 커뮤니티, 건축, 디자인, 스포츠 등 일상 공간에서 경제적 요소를 '문화'로 재생산하는 양상, 특히 공간의 물질성에서 출현한 기호학적 양상의 문화적 의미가 생성되는 영향력을 담론으로 탐색한다. 이와 같은 현실을 해명하는 데 유용한 사례로, 글래스고와 빌바오의 문화도시 전략에서 작동하는 담론성과 물질성의 결합과, 담론성이 물질성을 거쳐 재현되는 양상에 주목했다. 또한 지식기반경제의 이름으로 전개되는 창의경제, 창의산업 또는 교육의 기업주의화 기획에 대한 관심을 요청한다. 문화도시의 상상력을 현실화하려는 도시 재구성이 기호와 담론을 넘어 구조화와 결합하는 권력관계, 경로의존성 및 구조적 선택에 주목하고, 경제활동 행위자가 수행하는 변형·선택·유지·보존의 진화적 기제를 탐색할 필요에 공감한다.

제2장 '공업도시의 기업주의 도시 정책: 맨체스터의 도시재생'은 공업도시 맨체스터의 브렉시트 투표 결과가 외곽지와 도심 주민들 사이에서 찬반 비율의 격차가 큰 데 주목했다. 이는 도시 행정이 기업 활동의 규제 완화와 탈규제를 강조하며 국가의 역할을 상대적으로 축소시키고, 고용과 성장을 최고의 정책 목표로 삼는 기업주의 도시를 추진한 산물이었다. 기업주의 도시 정책은 전 지구화 시대에 도시가 장악한 경제주권의 한계를 인식하고, 도시의 경제적 토대에서 구조와 균형을 변화시켜 자본과 노동을 새로운 로컬화 조건에 적합하도록 창조하는 데 목표를 두었다. 구체적으로는 도시재생, 장소 마케팅, 문화도시 정책에서 많은 성공을 거두었다. 주목되는 것은 로컬 정부와 기업 공동체가 공사 파트너십으로 결탁해 도시 성장을 통한 경제발전을 목표로 삼고 '성장동맹'의 주도로 '성장기계'를 작동시킨 점이다. 그러나 표면상의 성공적 지표에도 불구하고 이 정책은 사회양극화를 심화시켰다. 서비스산업의 확장에 수반한 비정규직 여성 노동의 증가로 고용 구조는 외견상 실업률을 감소시켰지만, 고용의 질 악화와 불안정·불평등 심

화가 도시의 핵심 조건이 되었고, 이를 극복해 정의도시를 실현하는 과제를 남겨주었다.

그러면 다양한 브랜드 도시를 표방하며 공간을 재구성하고 영토를 재조정하는 양상을 이론적으로 어떻게 설명할 것인가? 제3장 '지방분권과 로컬거버넌스: 영국의 공간 재구성 정책'은 로컬거버넌스를 전략관계적 접근이라는 비판적 메타이론에 의존하며 그것의 타당성을 검증했다. 국가하위 차원에서 국가의 직접적 역할이 감소하는 한편, 지방 정치에 시민 참여와 경제성장을 독려하는 로컬거버넌스가 추진하는 공간 재구성이 전 지구화 시대의 새로운 공동체 전략으로 부각되는 현실을 이론화했다. 로컬거버넌스는 기존의 국가공간을 광범한 국가 기획으로 재구성하는 공간 기획이다. 가장 대표적 공간 기획인 공간규모 재조정에서 국가의 영향력은 더욱 가변적이며, 비결정적이고 다중 공간규모적인 제도적 위계에서 작동한다. 로컬거버넌스 개념이 학문과 실천 영역의 담론에 폭넓게 들어온 것은, 전 지구화와 정보혁명이 시민사회와 국가의 관계를 변화시켜 정부를 넘어선 다양한 통치 질서들의 역할과 관계에 대해 재점검을 강요한 것이 핵심 계기였다. 밥 제숍의 신그람시주의 전략관계적 접근은 로컬거버넌스 공간에서 조절체계의 역동성을 기호와 물질의 상호 관계로 보는 정치경제학 담론을 표방한다. 곧, 자본축적과 조절은 헤게모니적·반헤게모니적 구성으로 작동하고, 국민국가공간은 경쟁과 재정의·재구조화를 반복하는 다중 공간규모로 이해한다. 한편 닐 브레너의 신국가공간론은 국가 구조와 사회 세력이 통합국가를 주형하는 과정에서 국가공간 재조직과 경제 재구조화를 시도하며, 영토·공간·장소·관계망이 변증법적으로 상호 작용하고 모순·난관·긴장을 내포한 실체로서 자동 조정되는 존재로 설명한다. 그때 담론적 헤게모니는 전 지구적 자본과 국가권력에 대해서뿐 아니라, 시민사회의 참여와 일상적 의회민주주의 역시 구체적 삶에서 상상력이나 상징의 가치를 선택·

구성 · 확산시키는 계기를 제공한다는 점에 주목했다.

제2부 '직접행동과 공간정치'는 일정한 장소에서 행위자들이 정치적 의미를 재현 또는 표현하는 양상에 대해 구체적 사례로 검토했다. 먼저 협동조합 조합원의 활동이 작업장 민주주의를 실현하는 공간정치를 구현하는 양상을 검토했다. 이어서 비교적 한정된 공개 장소에서 시위 및 점거자의 점거 활동 가운데 나타나는 직접민주주의 실현, 그리고 대규모 광장에서 집단적 시위 활동 가운데 나타나는 공간의 성격과 활동의 성격 규정을 공간규모의 초점을 변경시키며 검토했다.

제4장 '협동조합 도시의 로컬리티: 스페인 몬드라곤의 사례'에서는 스페인 바스크 지방 로컬리티의 산물로 평가받는 '몬드라곤' 협동조합의 로컬리티를 검토했다. 몬드라곤 협동조합은 자본주의의 대안을 모색하는 측면과, 로컬공간에서 포스트포드주의적 생산으로서 전 지구적 자본주의를 실천하고 그 가능성 검증의 과정을 제공하는 이중적 측면을 내포한다. '몬드라곤'의 기본 가치는 인간과 사회 발전, 자치와 자주관리, 경제발전을 목표로 삼는 평등 · 연대 · 노동의 존엄과 참여이다. 형평에 입각한 책임과 연대는 조합원 사이에서 공생 원칙을 실현하는 기본 토대이고, 모든 협동조합에 공평하게 적용된다. '몬드라곤'은 1990년대 이래로 전 지구화에 맞서 기업합병, 공동 벤처, 연구개발 파트너 찾기에 적극 나서며 글로컬화를 추진했으나, 주력기업 파고르가 2013년 11월에 파산을 선언한 사건은 협동조합 기업의 대응 능력에 회의를 불러일으켰으며, 전 지구화 시대에 협동조합 운동의 퇴조를 진단하는 분석 대상이 되었다. 그러나 대안 전 지구화의 모색에서 협동조합주의는 미래에도 중요한 실험으로 남을 것이다. 그 전제로서 협동조합이 복합적 변화에 상응하는 작업장 민주주의를 실현하고 로컬 경제에 착근을 성취하는 것이 중요하다는 신협동조합주의의 전망도 출현했다. '몬드라곤'은 현재 공동선을 회복시키고 분배를 통제하며, 비조합원 고용을 줄이

고 보편적인 최소 임금을 보장하며, 협동조합 관계망에서 민주적 계획을 입안하고 생산현장에서 사용자와 생산자의 직접적인 의사소통을 실현하는 작업장 민주주의를 실천하도록 요청받는다.

장소를 더욱 확장시킨 사례로서 제5장 '공간 점거와 수행성의 정치: 2011년 9월 뉴욕 월가 '점령하라' 운동'에서는 공간 점거 행위자의 수행성, 직접행동과 민주주의 문제를 성찰했다. 기존 정치 당파들의 진영 논리에서 벗어난 집단적 '토론 공간'의 유지에 중요한 수단을 제공했고, 일상의 대면이 능동적인 수행적 평등공간을 출현시킨 것, 또한 지배적인 공적 공간의 통제에 도전할 뿐 아니라 천막, 야영, 인터넷 배너, 예술 활동 작업이 외부자나 잠재적 지원자들에게 결속력 있는 '자발적 질서'의 생생한 증거로 운동에 가시적 정체성을 제공한 점, 그리고 중심부가 자본주의 심장에서 평등과 불평등이라는 두 논리의 충돌을 효과적으로 극화시키도록 무대화한 점에 주목했다. '점령하라' 공간은 여러 측면에서 제한적 요소를 내포했다. 공간 점거의 배타성, 경찰력과 대립에서 극심한 비대칭적 관계, 공간 점거가 운동의 핵심 활동이 되면서 공간의 상실이 운동의 약화와 소진으로 급속하게 귀결된 점이 그것이다. 그럼에도 '점령하라' 도시공간 점거는 사적 공간과 공적 공간이라는 이분법적 공간 구분에 균열을 냈고, 상징적 점거의 출현에 대한 중요한 관심을 야기했다. 항의자들이 공간을 이용해 공중에게 의견을 제시하는 방식, 항의 장소의 변화, 공간에서 새로운 항의 메시지의 제작 방법 등을 둘러싼 관심이 폭발했다. 그 공간은 폴리스 공간의 '정상적 배치', 곧 거래와 유통 및 공공 기능 등을 전복하고, 정치적 효과의 극대화를 목표로 기존의 공간 논리를 '우회'해 민중의 힘을 물질화하는 데 일정한 성취를 이루었다.

제6장 '촛불시위 공간과 헤테로토피아: 자율과 반자율의 교차지대'에서는 2008년과 2016~2017년 겨울에 우리가 직접 참가한 촛불시위 공간에서

주체적 이성이 감성을 공유하며 민중의 힘을 물질화한 공간의 성격을 탐색했다. 먼저 시위 공간의 성격에 대해 집단지성의 자율공간인 측면을 인정하지만, 그것을 넘어 푸코와 르페브르가 제안한 헤테로토피아로 설명할 기회를 모색했다. 이 공간은 시간의 경과에 따라 그 양상과 작동이 변화한다는 전제를 수용해 쇼핑몰, 열차, 해변가 같은 놀이 장소, 극장, 심지어 시위 공간의 공론장까지 매우 다양한 새로운 장소와 공간이 헤테로토피아로 규정되거나 규정될 가능성을 열어두었다. 미셸 푸코의 헤테로토피아 개념은 불연속성 · 전위 · 변환 · 파열 · 절단되고 흩어진 탈중심의 공간이며, 이는 푸코의 역사 개념을 비목적론 · 비객관주의 · 비본질주의로 이끌었다. 한편 앙리 르페브르의 헤테로토피아는 도시주의 현실을 비판함에도 유토피아 공간의 성격을 띤다. 그것은 정상화된 공간의 이면에 존재하는 공간, 일상적 목격과 접촉의 대상이면서도 숨겨진 의미를 소홀히 취급한 공간에 대한 관심을 주목시키는 계기로 작용했다. 곧, 정태성과 폐쇄성을 넘어 새로운 활력이 분출하는 장소의 정치, 곧 민주적 정치공간의 모색이 공통적 지향점이기에 촛불시위 공간을 설명하는 데 설득력을 확보할 가능성을 열어두었다.

제3부 '이동성과 연결망 공간의 생성'에서는 공간이 고정되어 있지 않고, 인간 행동의 위치가 끊임없이 의미 부여의 대상이 되어가며 장소성을 형성하는 동시에 공간의 의미를 변화시키는 것에 주목했다. 제7장 '이동성의 공간과 연결망: 행위자-연결망 이론과 연관시켜'에서는 현대 세계의 사회경제적 삶을 지탱하는 토대로서 끊임없이 창출되는 새로운 유동성이 인간 삶의 본질이 된 현실에 대해 이론화를 모색했다. 이동성에 대한 관심은 정주와 운동이 전 지구적 미시구조에서 중층적 반복 교차로 말미암아 추동 · 억압되거나 생산되는 복잡성을 띤 힘의 작용을 탐색하는 계기를 제공한다. 브뤼노 라투르의 행위자-연결망 이론은 이동성의 공간, 곧 인간과 비인간(물질)을 통합하는 논리 전개로 이동성 이해에 새로운 지평을 제공했다. 사회는

선험적 실재가 아니라 끊임없는 협상과 번역의 산물이며, 이종적 행위자들의 일상적 실천의 산물이다. 거기서 행위자, 곧 행위소의 행위성은 주관성·의도성·도덕성을 지닌 '번역' 행동으로, 행위소에 무엇을 '제공'하는가의 문제와 연관된다. 여기서 물리적 이동성의 연속적 변화 현상, 특히 교통운송 중심의 이동성 현상 설명에 대한 전유를 시도하고, 나아가 '실천' 개념을 통해 이동성이 가져오는 다양한 사회적 쟁점들을 비판적으로 검토했다. 이동성은 기술공학적 사회현상에 그치지 않고 '이동성의 정치'를 생성한다. 곧, 공간적 이동성과 사회적 이동성으로 상호 구성되는 존재인 동시에, 로컬과 전 지구의 글로컬한 관계적 상호작용이 사회적·정치적·경제적·문화적 이동성을 포섭하며 구체적 로컬공간에서 실천되는 양상에 주목한 것이다. 곧, 공간 그 자체가 생성하는 의미의 영향력에 주목하도록 시야를 확장하고, 현실에서 작동하는 인간과 물질의 결합 양상에 대한 관심을 요청한다. 특히 과학적 지식을 비롯한 인간 지식의 형성에서 문화적 공간의 역할에 주목한 것은 사회적 관계를 기호학적·물질적이라고 가정하며, 행위자가 창조적으로 형성·유지하는 리좀적 시공간 연결망이 복합적으로 작용하는 장소와 공간에 주목하도록 이끌었다.

이동성의 문제에서 일상공간 속 미시적이고 느린 이동은 우리 삶을 검토하는 것이다. 제8장 '일상공간의 리듬분석: 쇼핑센터와 기차역의 리듬'은 일정한 공간에서 시간의 경과에 따라 전개된 사회문화적 경험과 이해를 역동성을 지닌 이종적 요소들로 인식하는 앙리 르페브르의 리듬분석에 관심을 기울이고, 이를 실제계인 쇼핑센터와 기차역 장소에서 적용할 가능성을 검토했다. 인간의 생물적·심리적·사회적 시간 규모의 리듬이 작용하는 사회적 생존 공간과 시간은 물질적·심리적 구성물에 의존한다. 이 공간은 도시를 중심으로 사회적 실천, 공간의 재현, 재현공간들이라는 3차원성의 공간 변증법이 작용하는 일상생활 리듬분석의 공간이다. 일상에의 관심은 생활세계의 식민화로 표상되는 근대성의 일상을 억압과 폭력이 난무하는 테러리스트 사회로 규정하고 자율적인 시공간으로 만들려던 시도였다. 비인격적 관료제도의 사회 관리, 일상에서 사회적 통제가 내면화된 정치적 중앙집중의 추상공간을 극복할 방도를 모색하며 일상의 리듬에 주목하고, 리듬분석을 사회에 대한 총체적 이해의 열쇠로 삼는 지적 모험은 그 시도의 일환이다. 비록 노동의 리듬 문제를 좀 더 심도 있게 다루지 못한 한계가 있지만, 리듬분석은 단순히 안정된 리듬을 유지하려는 거친 작업이 아니라, 지속성, 반복과 재생산, 정적의 순간을 인식하고 혼돈·부조화·붕괴의 순간을 포착하려는 것이었다.

21세기에도 전쟁과 테러는 계속되고, 광기와 살육의 전쟁공간은 현대의 삶을 이해하는 데 핵심적인 장이 되었다. 두 번에 걸친 세계대전기의 총력전을 넘어 1990년대 이후 현대의 전쟁은, 비릴리오의 말을 빌리면, 속도를 기반 삼아 가상공간에서 전개되는 '가상 현전' 전쟁으로 진화했다. 제9장 '전쟁과 질주정의 공간: 총력전과 역공간'은 인간과 물질을 총체적으로 결합해 가속도를 추동함으로써 공간의 재조정을 급속도로 전개하는 전쟁공간을 설명할 필요에 대해 자각한 산물이다. 일단 필자는 잠정적 공간으로서 역공간 개념을 도입해 전쟁공간에 대한 해석을 풍부하게 만들려고 시도했다. 현대사회는 군산복합체가 주도하는 군사공간에서 속도의 신앙에 매몰된 '기계 신'의 시대이며, 속도를 진보이자 해방으로 간주하는 질주학의 전성시대이다. 거기에 군사적 인간의 가속운동은 전체주의적 파시즘의 성격을 강화했다. 질주학에 근거한 질주정이 정치적 민주주의는 물론 인간의 생존 자체를 위협하며 현대 도시가 군사적 형태를 강화한 결과, 공간정치가 소멸되고 시간정치 또는 속도정치가 등장했다. 무엇보다 통신 기술혁명으로 정보 전달이 가속화되면서 지리적 공간의 종말을 초래했다. 그 결과로 대중이 참여해 토론이 확산되는 한편, 성찰적 민주주의가 위기를 맞고, 심지어 정치 자체가 소멸되고 있다. 여기서 군사기술과 정치적 공간의 구성이 맺는 연관성을 제시하는 데 노력한 이유는, 절대속도를 장악해 민주주의를 위기로 내모는 권력에 맞서 혁명적 저항의 가능성을 탐색하려는 의도에서 비롯했다.

제4부 '공간의 가변성과 기억의 정치'에서는 끊임없이 유영하는 기억을 정당성의 근거로 삼는 '기억의 정치'와 정치 활동에 내재한 '기억 소환'이 관계 맺는 조건을 밝히거나, 그러한 기억을 정치적 입장을 표명하는 활동의 근거로 삼는 바를 검토했다. 지금도 기억은 생성되고 있다. 이를 잘 드러내는 현장으로서 전 지구적 이주 현상의 첨병 지대인 국경지대, 특히 미국-멕시코 국경지대의 지정학에 주목했다. 먼저, 기억의 장소 문제는 제2차 세계대전 시기의 유대인 학살 관련 논의가 그 출발점이다. 제10장 '기억의 장소와 기억의 정치: 폴란드 에드바브네 유대인 학살 사건의 기억'은 최근 역사가들의 첨예한 관심사인 '기억의 장소' 개념의 성립 가능성에 대해 얀 그로스의 저술 『이웃들』을 중심에 두고 성찰했다. 기억이 개인과 공동체의 정체성 형성에서 수행하는 역할을 조명하며, 집단 기억의 형성을 이론화하는 방식에 다양한 의문을 제기했다. 그리하여 '과거' 기억의 정치적 역할과 역사의식, 정치적 정체성과 권력 사이에서 기억의 장소가 지니는 '로컬 기억' 및 '국민국가 기억'이라는 층위의 내재적 관계를 공간의 차원에서 재사고했다. 에드바브네 사건은 로컬의 구술적 전통에서 공동체적 회상으로 진행된 집단 기억을 소환했다. 그 결과, 독일과 소련에 맞서 저항한 영웅적 국민이라는 자기 심상에 국가적 정체성을 부여해온 폴란드 국민국가의 기억과 정면으로 충돌했다. 이는 '기억의 장소'인 에드바브네의 로컬 기억 내부뿐 아니라 공식적 국가 기억에 균열을 초래해 폴란드판 '드레퓌스 사건'으로까지 불렸다. 문제는 '기억의 장소'인 로컬공간 자체에서도 폴란드인들 내부의 기억이 분열되고, 민족국가 기억 또한 '민족기억연구소'의 과오 인정과 우

파 진영 언론과 정치인의 반발로 내부 균열이 급속하게 발생한 점이다. 로컬 기억이 국가의 공식 기억과 충돌하면서 내부 균열을 일으키고, 그것이 국가 기억에 균열과 성찰을 가져오는 상승작용이 파상적으로 전개되었다. 집단 기억의 공간인 공동체는 국민국가로 대표되는 정치적 공동체이며, 로컬 기억 또한 통상 개인 기억에서 출발해 신화와 역사를 결합한 국민국가의 집단 기억으로 수렴된다. 그러나 그것이 때로는 국민국가 기억과 대립하고 공식적 역사와 갈등하는 유동적 집단 기억이라는 결론에 도달했다.

한편 뜻밖에도 이탈리아 지역주의에서 로컬리즘과 전 지구화가 교차하며 '기억의 정치'가 얽혀드는 양상을 목격한다. 제11장 '로컬 경제와 지역주의: 이탈리아 '북부 문제'와 유럽연합의 지역 정책과 관련시켜'는 국민국가 형성이 특수한 또는 실패한 이탈리아에서 남부 문제와 북부 문제 심층부의 '내생적인 로컬'과 로컬리티의 요소의 토대로서 기억의 정치가 동원되는 양상을 검토했다. 그동안 이탈리아 지역주의는 남부 문제에 초점을 두었고, 그것은 근대 국민국가의 형성에서 지역과 국가라는 내생적 요소가 가장 크게 작용했다. 그러나 1980년대 후반부터 롬바르디아와 베네토를 중심으로 전개되는 북부 문제는 더욱 복잡한 현상으로서, 지역과 국가 관계를 넘어 내생적 요소로는 로컬리즘, 외생적 요소로는 유럽연합과 전 지구화라는 중층구조가 작용한 결과이다. 북부 문제는 국민국가 형성에 실패한 이탈리아가 탈근대적 전망에서 국가의 재구성을 시도한 현상으로 평가 가능하다. 그런 의미에서 포퓰리즘 정당 '북부동맹'은 1980년대 말 가속화를 시작한 전 지구화라는 외부적 압력에 맞서며 '중심의 주변'에서 특화된 소비재를 생산하는 중소 도시 산업 지구 중소기업들의 기업주들과 노동자들이 당면한 생존을 절박하게 모색한 시도라고 볼 수 있다. 북서부 대기업 중심지의 붕괴와 포스트포드주의, 노동 유연화로 대응하던 북동부 산업 지구 중소기업들이 활로를 모색한 산물이라는 뜻이다. 한편 그동안 이탈리아 지역주의 문제의 핵심 쟁점이던 남부 문제가 재평가되는 가운데, 남부를 그 자체로 내생적 발전 역량을 가진 지역으로서 재평가하는 관점이 부각되고 있다. 이는 이탈리아 지역주의의 초점을 '남부 문제' 또는 '북부 문제'에만 두지 않고, 이탈리아 전체를 새롭게 관찰할 자극을 제공했다.

기억의 공간은 늘 만들어지며, 기억의 정치는 끊임없이 작동한다. 제12장 '경계지대의 지정학과 밀입국의 기억: 미국-멕시코 국경지대 밀입국자'는 최근 전 지구적 자본주의 체제가 격변하면서 국경과 국경지대가 새로운 지정학적 의미를 부여받고 인간·재화·기술의 월경에 대한 관심이 증가하는 양상에 주목했다. 미국-멕시코 국경지대는 최근 도널드 트럼프의 일련의 행정명령에서 보듯, 월경자를 제3 인종화하고 공간적으로 제약하며 규제 입법의 대상으로 삼고 강제력의 대상으로 만드는 역사적 기억 공간으로 작동한다. 미국-멕시코 국경지대는 인간·재화·기술의 이동성이 구체적 현실로 작동하는 다공성의 공간이며, 국민국가의 선명한 통제와 전 지구적 이동성의 공간이라는 양면성이 극단으로 작동하는 복합공간이다. 특히 9·11 이후 밀입국이 미국의 국가 안보 문제로 승격되면서 국경지대는 밀입국 월경자들이 죽음의 행진을 겪는 '기억 공간'으로 전화했다. 그 공간에서 '여성 살해'와 고난에 찬 비인간적 월경 과정을 둘러싼 관심은 '생명정치' 개념을 비판적으로 정교화한 '시신정치' 개념의 유용성에 눈 돌리게 한다. 가혹한 자연환경과 첨단 인공감시체계의 장벽을 극복한 밀입국 노동자들은 미국 사회에서 저임금노동자 집단으로 규정당하며, 임금 및 교육체계에서 인종적으로 분리된다.

주

서론 · 공간적 전환과 공간 이해

1   Mike Crang and Nigel Thrift(eds.), *Thinking Space*(Routledge, 2000); 마이크 크랭 · 나이절 스
    리프트, 『공간적 사유』, 최병두 옮김(에코리브르, 2013); Jörg Döring, Tristan Thielmann(eds.),
    Spatial Turn: das Raumpara-digma in den Kultur-und Sozialwissen shaften(Bielefeldt: Transcrift
    Verlag, 2008); 외르크 되링 · 트리스탄 틸만, 『공간적 전회』, 이기숙 옮김(심산, 2015); Santa
    Arias, "Rethinking space: an outsider's view of the spatial turn," *Geojournal*, Vol.75(2010), pp.
    29~41.

2   플라톤은 본래 그 안에 생성과 유동하며 존재하는 것의 성질을 띤 '존재의 그릇'이라는 단어를 '코
    라($x\dot{\omega}\rho\alpha$)'로 대치했다. 반면 '장소(topos/$\tau\acute{o}\pi o\varsigma$)'는 유동적이지 않은 항아리와 같은 것이다.
    Edward S. Casey, *The Fate of Place: A Philosophical History*(The Uni. of California Press,
    1997), pp.32~45; 에드워드 S. 케이시, 『장소의 운명: 철학의 역사』, 박성관 옮김(에코리브르,
    2016), pp.92~99.

3   마거릿 버트하임, 『공간의 역사: 단테에서 사이버스페이스까지 그 심원한 공간의 역사』, 박인찬
    옮김(생각의 나무, 2002), 194~203쪽.

4   Philip J. Ethington, "Placing the Past 'Groundwork' for a Spatial Theory of History,"
    Rethinking History, Vol.11, No.4(2007), pp.465~493.

5   Ali Madanipour, *Public and Private Spaces of the City*(Routledge, 2003), p.5.

6   Beat Kümin and Cornellie Usborne, "At home and in the workplace: A historical introduction
    to the 'Spatial turn'," *History and Theory*, Vol.52(2013), pp.305~318; Lief Jerram, "Space: a
    useless category for historical analysis?" *History and Theory*, Vol.52(2013), pp.400~419.

7   Manuel Castells, *The Rise of the Network Society*(Blackwell Publisher, 1996); 마누엘 카스텔,
    『네트워크 사회의 도래』, 김묵한 · 박행웅 · 오은주 옮김(한울, 2003).

8   Saskia Sassen, *The Global City: New York, London, Tokyo*, 2nd ed.(Princeton University
    Press, 2001[1991]); Saskia Sassen, *Cities in a World Economy*, 3rd ed.(California, Thousand
    Oaks: Pine Forge Press, 1994[2006]).

9   Saskia Sassen, *Losing Control? Sovereignty in An Age of Globalization*(Columbia University
    Press, 1996).

10 Saskia Sassen, *Territory, Authority, Rights: From Medieval to Global Assemblages*(Princeton
    University Press, 2006).

11 Saskia Sassen, "Introduction: Deciphering the Global," in S. Sassen(ed.), *Deciphering the
    Global: Its Scales, Spaces and Subjects*(Routledge, 2006), p.2.

12 Mattias Middel and Katja Naumann, "Global history and the spatial turn: from the impact of
    area studies to the study of critical junctures of globalization," *Journal of Global History*,

Vol.5(2010), pp.149~170; 돈 미첼, 『문화정치 문화전쟁』, 유제헌 외 옮김(살림, 2011), 163쪽.

13 Doreen Massey, *Space, Place and Gender*(Cambridge U. P., 1994); 도린 매시, 『공간, 장소, 젠더』, 정현주 옮김(서울대학교 출판문화원, 2015); Doreen Massey, *For Space*(London: SAGE, 2005); 도린 매시, 『공간을 위하여』, 박경환·이영민·이용균 옮김(심산, 2016).

14 Michael Peter Smith, *Transnational Urbanism: Locating Globalization*(Blackwell, 2001); 마이클 피터 스미스, 『초국적 도시이론: 지구화의 새로운 이해』, 남영호 외 옮김(한울, 2010).

15 Jennifer Robinson, *Ordinary Cities: Between modernity and development*(Routledge, 2005), pp.93~115; AbdouMaliq Simone, "No longer the subaltern: refiguring cities of the global south," in Tim Edensor and Mark Jane(eds.), *Urban Theory beyond the West: a world of cities*(Routledge, 2012), pp.31~46.

16 Ananya Roy and A. Ong, *World cities: Asian experiments and the art of being global* (Wiley-Blackwell, 2011); Ananya Roy and A. Ong, "Who afraid of postcolonial theory?" *International Journal of Urban and Regional Research*, Vol.40, No.1(2016), pp.200~209.

17 세계도시 이론을 변호하는 입장은 Richard G. Smith, "The ordinary city trap," *Environment and Planning A*, Vol.45(2013), pp.2290~2304; Michiel van Meetreren, "Can the straw man speak? An engagement with postcolonial critiques of 'global cities research'," *Dialogues in Hunan Geography*, Vol.6, No.3(2016), pp.247~267을 참조. 이에 맞서 로빈슨은 여전히 세계도시론자들이 부분을 전체로 환유하며, 연결망 지향의 세계를 권력의 위계로 설명한다고 반론한다. Jennifer Robinson, "Theorising the global urabn with 'global and world cities research': Beyond cities and synechdoche," *Dialogues in Human Geography*, Vol.6, No.3(2016), pp.268~272.

18 Thomas J. Sigler, "After the 'World City' has globalized: Four agenda towards a more nuanced framwork for global urban research," *Geography Compass*, Vol.10, No.9(2016), pp.389~398.

19 Slaomíra Ferenčuhová, "Accounts from behind the curtain: history and geography in the critical analysis of urban theory," *International Journal of Urban and Regional Research*, Vol. 40, No.1(2016), p.117.

20 조정환, 『인지 자본주의: 현대 세계의 거대한 전환과 사회적 삶의 재구성』(갈무리, 2011), 221~253쪽.

21 Yi-Fu Tuan, *Space and Place: The Perspective of Experience*(Uni. of Minnesota Press, 1977); 이푸 투안, 『공간과 장소』, 구동회·심승희 옮김(대윤, 1995); Stephen Feld and K. H. Basso, *Senses of Place*(Berkeley: School of American Research Press, 1996); Jeff E. Malpas, *Place and Experience: A Philosophical Topography*(Cambridge U. P., 1999); 제프 말파스, 『장소와 경험』, 김지혜 옮김(에코리브르, 2014); Setha M. Low and Denise Lawrence-Zúñiga, *The Anthropology of Space and Place: Locating Culture*(Blackwell, 2003) 외 참조.

22 Sigrid Weigel, "On the 'topological turn': Concepts of space in cultural studies and Kultur wissenshaften. A Cartographical feud," *European Review*, Vol.17, No.1(2009), pp.187~201; Stephan Günzel, "Spatial Turn-Topographical Turn, Über die unterschiede zwischen

Raumparadig- men," in Jörg Döring and Tristan Thielmann(eds.), *Spatial Turn*, pp.219~240; 외르크 되링 · 트리스탄 틸만, 『공간적 전회』, 253~256쪽.

23 Yi-Fu Tuan, *Topophilia: A Study of Environment, Perception, Attitudes, and Values*(Prentice Hall, 1974); 이푸 투안, 『토포필리아: 환경, 지각, 태도, 가치의 연구』, 이옥진 옮김(에코리브르, 2011).

24 Ethington, "Placing the Past 'Groundwork' for a Spatial Theory of History," p.466; Edward Casey, "Boundary, Place and Event in the Spatiality of History," *Rethinking History*, Vol.11 (2007), pp.507~512.

25 John Lewis Gaddis, *The Landscape of History*(Oxford U. P., 2002); 존 루이스 개디스, 『역사의 풍경: 역사가는 과거를 어떻게 그리는가?』, 강규형 옮김(에코리브르, 2004); Miranda Ward, "The art of writing place," *Geography Compass*, Vol.8, No.10(2014), pp.755~766.

26 '공간적 전회'와 관련된 연구 동향은 빌레펠트 대학이 발간한 편저들을 참고. Wolfgang Hallet(ed.), *Raum und Bewegung in der Literatur: die Literaturwissenshaften und der spatial turn* (Bielefeldt: Transcrift Verlag, 2009); Moritz Scáky(ed,), *Kommunikation-Gedächtnis-Raum: Kultur = wissenshaften nach dem 'spatial turn'*(Bielfeldt: Transccrift Verlag, 2009).

27 Otto Friedrich Bollnow, *Mensch and Raum*(Stuttgart: W. Kohlhammer GmbH, 1963); 오토 프리드리히 볼노, 『인간과 공간』, 이기숙 옮김(에코리브르, 2011); Reinhart Koselleck, *Zeitshichten: Studien zur Historik*(Suhrkamf, 2003), pp.78~96; Karl Schlögel, *Im Raume lesen wir die Zeit: Über Zivilisationgeshichte und Geopolitik*(Munich: Hanser, 2003), pp.19~24. 다음을 참조. Gerd Schwerhoff, "Spaces, places, and the historians: A comment from a German perspective," *History and Theory*, Vol.52(2013), pp.420~432.

28 Henri Lefebvre, *La production de l'espace*, 4th éd.(Anthropos, 2000[1974]), p.220, 223~224; Henri Lefebvre, *De l'État- I : L'état dans le monde moderne*(UGÉ, 1976); Henri Lefebvre, *De l'État-II: De Hegel à Mao par Staline*(UGÉ, 1976); Henri Lefebvre, *De l'État-III: Le mode de production étatique*(UGÉ, 1977); Henri Lefebvre, *De l'État-IV: Les contradiction de l'État moderne*(UGÉ, 1978).

29 생애 마지막 해의 대담에서는 도시의 창발성이 일부 중단되고, 현실과 이론에서 시골과 농업이 세계적으로 중요한 역할을 회복할 것으로 평가했다. P. Latour and Fr. Combes, *Conversation avec Henri Lefebvre*(Messidor, 1991), pp.87~88.

30 Remi Hess, "préface de Gabriel Weigand," *Henri Lefebvre et la pensée du possible: théorie des moments et construction de la personne*(Economica, 2009), p.193; David Finder, "Re-constituting the possible: Lefebvre. utopia and the urban question," *International Journal of Urban and Regional Research*, Vol.39, No.1(2015), pp.28~45.

31 Henri Lefebvre, *La révolution urbaine*(Gallimard, 1970), p.8.

32 Ibid., pp.159~160.

33 Henri Lefebvre, *La pensée marxiste et la ville*(Casterman, 1972), p.102.

34 Lefebvre, *La production de l'espace*, p.271.

35 고전 폴리스의 공간화는 이 지점에서 생산되었다. 이 공적 공간은 자연과 여성에 맞서는 강력한 남성성으로 표현되었다. 르페브르가 자크 라캉의 가부장적 성 정체성 관련 정신분석에 의존하며 성별화된 공간 개념을 유지한다는 비판도 받는다. V. Blum and H. Nast, "Where's the Difference? The Heterosexualisation of Alterity in H. Lefebvre and J. Lacan," *Environment and Planning D: Society and Space*, Vol.14, No.4(1996), p.577.

36 Lefebvre, *La production de l'espace*, pp.328~330. 르네상스적 공적 도시디자인은 공간의 객관화를 증가시켜 자본의 출현을 구체화했다. 르네상스 인간은 신성한 질서에서 세속적 사회질서로의 이행을 표시한다. 르네상스의 핵심적 공간 형식은 도시이며, 인문주의는 조화로운 건축공간의 조직을 허용했다. 이 공간은 시민 행동이 영위되는 정치적 공간이자 권력과 국가의 지배 전략이 출현하는 추상공간이며, 기하학과 가시성·남성성의 우위를 구현하는 양식이 출현한 중립공간이다.

37 Lefebvre, *La production de l'espace*, pp.346~349.

38 Lefebvre, *La production de l'espace*, p.384.

39 Lefebvre, *De l'État-IV: Les contradiction de l'État moderne, La dialectique de l'état*, p.289.

40 Henri Lefebvre, *La survie de capitalisme,Lefebvre, La survie de capitalisme, la reproduction des rapports de production*(Anthropos, 2002[1973]), p.11, 13; *De l'État-III*, p.83.

41 Lefebvre, *La production de l'espace*, pp.89~96.

42 Benjamin Fraser, *Toward an Urban Cultural Studies: Henri Lefebvre and the Humanities* (Palgrave Macmillan, 2015), pp.66~67.

43 롭 쉴즈(Rob Shields)는 르페브르가 근대적 공간 유형이 앞선 유형들의 탈공간화한 '계승'이라고 주장한 '공간생산양식'이, 정통 마르크시즘의 역사적 생산양식으로 대체 가능한 명제일 뿐 아니라, 유럽인의 유토피아주의에서 조직 관념인 역사의 중심성을 재주장하며 공간 양식들 간의 변증법적 관계를 놓친 결과, 공간 분석 능력을 손상시킨다고 비판한다. Rob Shields, *Lefebvre, Love and Struggle: Spatial Dialectics*(Routledge, 2005), p.172.

제1부 자본의 변신과 공간생산 전략

제1장 문화도시와 문화의 정치경제학: 글래스고와 빌바오의 문화도시 정책

1   Bob Jessop and Ngai-Ling Sum, "Cultural Political Economy: Logics of discovery, epistemic fallacies, the complexity of emergence, and the potential of the cultural turn," *New Political Economy*, Vol.15, No.3(2010), pp.445~451.

2   Alan Warde, "Cultural capital and the place of sport," *Cultural Trends*, Vol.15, No.2/3(2006), pp.107~122; Jon Coaffee, "Sport, culture and the modern state: emerging themes in stimulating urban regeneration in the UK," *International Journal of Cultural Studies*, Vol.14, No.4(2008), pp.377~397; Lionel Arnaud, "Identity as a project: art and sport in the service of urban development policies," *International Journal of Cultural Studies*, Vol.14, No.4(2008),

pp.431~444.

3   도시재생에서 문화의 공헌을 강조한 계기가 된 논문은 다음을 참조. Graeme Evans, "Measure for measure: evaluating the evidence of culture's contribution to regeneration," *Urban Studies*, Vol.42, No.5/6(2005), pp.959~983. 다음도 참조하라. Robert E. Babe, *Cultural Studies and Political Economy: Toward a New Integration*(Lexington Books, 2009); Pier Carlo Palermo and Davide Ponzini, *Place-Making and Urban Development: new challenges for contemporary planning and design*(Routledge, 2015), pp.52~72.

4   주로 '도시재생' 연구에서 이론적 전유가 시도되고 있다. Ramon Ribera-Fumaz, "From urban political economy to cultural political economy: rethinking culture and economy in and beyond the urban," *Progress in Human Geography*, Vol.33, No.4(2009), pp.447~465; Anne Lorentzen(eds.), *Cultural Political Economy of Small Cities*(Routledge, 2012). 생태와 연관시킨 경우는 다음을 참조. M. Paterson, *Automobile Politics: Ecology and Cultural Political Economy* (Cambridge University Press, 2007); Haeran Shin and Quentin Stevens, "How culture and economy meet in South Korea: The politics of cultural economy in Culture-led urban regeneration," *International Journal of Urban and Regional Research*, Vol.37, No.5(2013), pp.1707~1723. 한류(韓流) 연구는 개념의 이해가 좀 다르다. 다음을 참조. S. Nam, "The Cultural Political Economy of Korean Wave in East Asia: Implications for Cultural Globalization Theories," *Asian Perspective*, Vol.37, No.2(2013), pp.209~232.

5   Bob Jessop, "Cultural political economy and critical policy studies," *Critical Policy Studies*, Vol.3, No.3/4(2009), pp.343~344.

6   Bob Jessop, "Critical semiotic analysis and Cultural Political Economy," *Critical Discourse Studies*, Vol.1, No.2(2004), pp.159~174; Tricia Seow and Julian Chang, "Whose place is this space? Exploring place perceptions and the cultural Politics of place through a Field-Based Lesson," *Social Education*, Vol.80, No.5(2016), pp.296~303.

7   1985년 그리스 문화부 장관 멜리나 메르쿠리(Melina Mercouri)와 프랑스 문화부 장관 자크 랑 (Jack Lang)의 기획을 바탕 삼아 아테네를 시작으로 해마다 도시 하나를 선정했다. 2000년에는 9 개 도시를 선정했지만 대체로 두 도시를 선정하는 경향이 있다. 2016년은 폴란드 브로츠와프, 스 페인 산세바스티안, 2017년은 덴마크 오르후스(Aarhus)와 키프로스 파포스(Paphos), 2018년은 네덜란드 레이우아르던(Leewarden)와 몰타 발레타(Valletta), 2019년은 이탈리아 마테라(Matera) 와 불가리아 플로브디프(Plovdiv)까지 선정했다. 1996년부터 아랍문화수도, 2000년부터 아메리 카문화수도, 2014년부터 동아시아문화수도 프로그램이 가동되고 있다.

8   참고로 인구는 글래스고 61만 명(2016), 런던 867만 명(2015), 버밍엄 110만 명(2014), 리즈 77 만 명(2014)이다. M. Boyle and G. Hughes, "The Politics of Urban Entrepreneurialism in Glasgow," *Geoforum*, Vol.25(1994), pp.453~470. 1985년 첨단시설 전시·회의센터(Scottish Exhibition and Conference Centre), 1987년 최신 유행의 쇼핑센터(Prince Square Shopping Centre), 1989년 거대한 세인트이노크센터(St. Enoch Centre)가 개관했고, 1988년 전국정원축 제(National Garden Festival)를 개최해 방문객 430만 명을 기록했으며, 1989년 교통박물관(New

Museum of Transport)을 개관했다.

9   Mhairi Lennon, "Glasgow the brand: Whose story it anyway?" in Tara brabazon(ed.), *City imaging: Regeneration, Renewal and decay* (Springer, 2014), pp.13~18.

10 문화적 하부구조 투자와 장소 마케팅이 고용 창조에서 별 효과가 없었다는 비판은 다음을 참조. Maria V. Gómez, "Reflective images: The case of urban regeneration in Glasgow and Bilbao," *International Journal of Urban and Regional Research*, Vol.22, No.1(1998), pp.106~121. 문화 투자의 독자성과 구겐하임 미술관 효과를 긍정하는 입장은 다음을 참조. Beatriz Plaza, "On some challenges and conditions for the Guggenheim Museum Bilbao to be an effective economic re-activator," *International Journal of Urban and Regional Research*, Vol.32, No.2(2008), pp.506~517. 방문객 1000명당 1.25개 직업을 생성했다는 추산은 다음을 참조. B. Plaza, C. Galvez-Galvez and A. Gonzalez-Flores, "Testing the employment impact of the Guggenheim Museum Bilbao via TSA," *Tourism Economics*, Vol.17, No.1(2011), pp.223~229.

11 Michael Keating and Monika de Frantz, "Culture-led strategies for urban regeneration: a comparative perspective on Bilbao," *International Journal of Iberian Studies*, Vol.16, No.3(2004), pp.187~194.

12 랭카스터 대학교 '문화의 정치경제학 연구센터(Cultural Political Economy Research Center)'가 주도적으로 제안한다. Bob Jessop and Ngai-Ling Sum, "Pre-disciplinary and post-disciplinary perspectives," *New Political Economy*, Vol.6, No.1(2001), pp.93~94.

13 비판적 실재론(critical realism)은 표면적 경험과 실제로 일어난 것을 넘어 심층의 실재(the real)의 파악을 모색한다. Bob Jessop, "Critical realism and the strategic-relational approach," *New Formations*, Vol.56(2005), pp.40~53.

14 Andrea Colantonio and Tim Dixon, *Urban Regeneration & Social Sustainability: Best practice from European cities* (Wiley Blackwell, 2011), p.8.

15 예컨대 Beatriz García, "Deconstructing the City of Culture: The Long-Term Cultural Legacies of Glasgow 1990," *Urban Studies*, Vol.42, No.5/6(2005), pp.841~868.

16 Matthew Reason, "Glasgow's year of culture and discourses of cultural policy on the cusp of globalisation," *Contemporary Theatre Review*, Vol.16, No.1(2006), pp.73~85.

17 Florian Urban, "Glasgow's Royal Concert Hall and the invention of the post-modern city," *The Journal of Architecture*, Vol.18, No.2(2013), pp.254~296; Sean Kitchen, "George Square shortlisted designs unveiled," *The Architect Journal*, Vol.297, No.1(2013), pp.20~27.

18 Gerardo del Cerro Santamaria, *Bilbao: Basque Pathways to Globalization* (Elsevier, 2007).

19 Sara González Ceballos, "The role of the Guggenheim Museum in the development of entre-preneurial practices in Bilbao," *International Journal of Iberian Studies*, Vol.16, No.3(2004), pp.177~186.

20 Raymond Williams, *Culture and Materialism: Selected Essays* (Verso, 2005); Frederic Jameson, *Postmodernism, or, the Cultural Logic of Late Capitalism* (Duke U. P., 1991);

Stuart Hall, *Representation: cultural representations and signifying practice*(Thousand Oaks, 1997; 2nd ed. Sage, 2013).

21 Jean Michel Dijian, *Politique culturelle: la fin d'un mythe*(Gallimard, 2005); 장 미셸 지앙, 『문화는 정치다』, 목수정 옮김(동녘, 2011).

22 Homi Bhaba, *The Location of Culture*(Routledge, 1994); 호미 바바, 『문화의 위치: 탈식민주의 문화이론』, 나병철 옮김(소명출판, 2012) 참조. Gayatri Spivak, *A Critic of Postcolonial Reason: towards a history of the vanishing present*(Harvard University Press, 1999); 가야트리 스피박, 『포스트 식민이성 비판: 사라져가는 현재의 역사를 위하여』, 태혜숙 · 박미선 옮김(갈무리, 2005).

23 대표적으로 Charles Tayler, *Multiculturalism: examining the politics of recognition*(Princeton University Press, 1994)가 있다. 그 외는 다음을 참조. Steve Smith, *Equality and diversity: value incommensurability and the politics of recognition*(Polity Press, 2011).

24 Michele Barrett, *Imagination in Theory: culture, writing, words, and thing*(New York University Press, 1999).

25 Arif Dirik, *Postmodernity's Histories: The Past as Legacy and Project*(Rowman and Littlefield, 2000); 아리프 딜릭, 『포스트모더니티의 역사들?』, 황동연 옮김(창비, 2005); Arif Dirik, *Global Modernity: Modernity in the Age of Global Capitalism*(Paradigm Publishers, 2007); 아리프 딜릭, 『글로벌 모더니티: 전 지구화 시대의 근대성』, 장세룡 옮김(에코리브르, 2016).

26 "공간은 모든 형태의 공동체적 삶에서 근본적이며 …… 모든 권력의 행사에서 근본적"인 것이다. Michel Foucault, "Espace, savoir et pouvoir,"(1982) in P. Rabinow(ed.), *The Foucault Reader* (Pantheon Books, 1984), pp.239~256; Michel de Certeau, *L'invention du quotidien 1. arts de faire*(Gallimard, 1990[1980]), pp.60~61, 173. 이는 피에르 부르디외(Pierre Bourdieu)가 사회적 행동의 문화적 기원으로서 아비투스가 작동하는 관계망의 장(champs)을 생각한 것과도 비슷하다. Pierre Bourdieu with Loic Wacquant, *Réponses … Pour une anthropologie réflexive*(Seuil, 1992), p.72.

27 Paul Virilio, *La Vitesse de libération*(Galilée, 1995), pp.37, 104; Paul Virilio, "Une anthropologie du pressentiment," *L'Homme*, Vol.185-186(2008), p.102.

28 '현존 함대', '도시기계', '의지 없는 신체', '영혼 없는 신체', '전쟁기계' 등은 Paul Virillio, *Vitesse et politique: Essai de dromologie*(Galilée, 1977); '자살국가'는 Paul Virillio, *L'insécurité de territoire*(Galilée, 1993); '군사공간'은 Paul Virillio, *Bunker Archaelogy*, translated by G. Collins(Princeton Archtectural Press, 1994); '탈영토화', '유목론', '순수전쟁' 등은 Paul Virilio and Sylvère Lotringer, *Pure War*, translated by Mark Polizzotti(Semiotext(e), 1997) 참조.

29 Gile Deleuze and Félix Guattari, *Mille plateaux capitalisme et schizopherennie*, 2 Éd. de Minuit, 1980), p.473.

30 Deleuze and Guattari, *Mille plateaux capitalisme et schizopherennie*, pp.460~461; Manuel DeLanda, "Space: Extensive and Intensive, Actual and Virtual," in Ian Buchanan and Gregg Lambert(eds.), *Deleuze and Space*(Univ. of Toronto Press., 2005), pp.80~89.

31 Deleuze and Guattari, *Mille plateaux capitalisme et schizopherennie*, pp.472~473.

32 Eugene W. Holland, "Schizoanalysis, Nomadology, Fascism," in Ian Buchanan and Nicholas Thoburn(eds.), *Deleuze and Politics*(Edinburgh U. P., 2008), pp.74~95.

33 Ralph Kingston, "Mind over matter? history and the spatial turn," *Cultural and Social History*, Vol.7, No.1(2010), pp.111~121.

34 Hunter Shobe and David Bais, "Zero graffiti for a beautiful city: the cultural politics of urban space in San Francisco," *Urban Geography*, Vol.35, No.4(2014), pp.586~607.

35 Michele Thompson-Fawecett, "Reinventing the tenement: transformation of Crown Street in the Gorbals, Glasgow," *Journal of Urban Design*, Vol.9, No.2(2004), pp.177~203.

36 G. Mooney and I. Poole, "Marginalized voices: resisting the privatisation of council housing in Glasgow," *Local Economy*, Vol.20(2005), pp.27~39; Kim Mckee, "Community ownership in Glasgow: the devolution of ownership and control, or a centralizing process," *European Journal of Housing Policy*, Vol.7(2007), pp.319~336.

37 Zhan McIntyre and Kim Mckee, "Governance and sustainability in Glasgow: connecting symbolic capital and housing consumption to regeneration," *Area*, Vol.40, No.4(2008), pp.481~490; Lennon, "Glasgow the brand: Whose story it anyway?" p.20.

38 쥘리앵 브리고, 「빈곤도시의 부자들, 자선도 투자처럼」, ≪르몽드 디플로마티크 한국판≫, 8월 호 (2010), 6~7쪽.

39 P. Kantor, "Can Regionalism save poor cities? Politics, institutions and interests in Glasgow," *Urban Affairs Review*, Vol.36, No.6(2000), pp.794~821; G. Mooney, "Cultural Policy as Urban Transformation? Critical Reflections on Glasgow, European City of Culture," *Local Economy*, Vol.19, No.4(2004), p.328.

40 Eliot M. Tretter, "Scales, regimes and the urban governance of Glasgow," *Journal of Urban Affaires* Vol.30, No.1(2008), pp.87~102.

41 Mark Boyle and Robert Rogerson, "'Third Way' urban policy and the new moral politics of community: Conflicts over virtous community, Ballymun in Dublin and the Gorbals in Glasgow," *Urban Geography*, Vol.27, No.3(2006), pp.201~227.

42 Eliot M. Tretter, "The Cultures of Capitalism: Glasgow and the Monopoly of Culture," *Antipode*, Vol.41, No.1(2009), pp.111~132.

43 Beatriz García, "Deconstructing the city of culture; The long-term cultural legacies of Glasgow 1990," in Ronnan Paddison and Steven Miles(eds.), *Culture-led Urban Regeneration*(Routledge, 2007), p.22.

44 다음을 참조. Henri Lefebvre, *De l'Etat II. De Hegel à Mao par Staline*(La théorie ⟨⟨marxiste⟩⟩ de l'état)(Union Générale, 1976), pp.67~69.

45 Neil Gray and Libby Porter, "By any means necessary: Urban regeneration and the 'state of exception' in Glasgow's Commonwealth Games 2014," *Antipode*, Vol.47, No.2(2015), pp. 380~400; Alessandra Feliciotti, Ombretta Romice and Sergio Porta, "Urban regeneration, masterplans and resilience: the case of Gorbals, Glasgow," *Urban Morphology*, Vol.21,

No.1(2017), pp.61~79.

46 Marta Nosková, "Regional economic effects of the European Capital of Culture project: The use of input-output analysis," *EM*, Vol.19, No.3(2016), pp.57~74.

47 Nicholas Garnham, "Political economy and the practice of cultural studies," in Majorie Ferguson and Peter Golding(eds.), *Cultural Studies in Question*(SAGE, 1997), pp.67~68.

48 Steve Tiesdell and Garry MacFalane,"The part and the whole: implementing masterplans in Glasgow's New Gorbals," *Journal of Urban Design*, Vol.12, No.3(2007), pp.407~433; Bob Jessop, *State Power: A Strategic-Relational Approach*(Polity, 2008), p.42.

49 Bob Jessop and Ngai-Ling Sum(eds.), *Towards a Cultural Political Economy: Putting Culture in its Place in Political Economy*(Edward Elgar, 2013), p.67.

50 Vincent Miller, "The unmappable: Vagueness and Spatial Experience," *Space and Culture*, Vol.9, No.4(2006), pp.453~467; Nigel Thrift, *Non-Representational Theory: Space, politics, affect*(Routledge, 2008), pp.131~132.

51 Henri Lefebvre, *The Urban Revolution*(1970), translated by Robert Bonono(University of Minnesota Press, 1990), p.125.

52 Jessop and Sum(eds.), *Towards a Cultural Political Economy*, p.16; John Michael Roberts, *Digital publics: cultural political economy, financialisation and creative organisational politics* (Routledge, 2014), passim.

53 Jessop, "Critical semiotic analysis and Cultural Political Economy," p.166; Bob Jessop and Stijn Oosterlynck, "Cultural political economy: On making the cultural turn without falling into soft economic sociology," *Geoforum*, Vol.39(2008), pp.155~169.

54 물질적 실천과 자연적·사회적 강제의 관계에 각인된 것들을 포함한 초(extra)기호적인 조건의 중 요성도 인정하고, 기호적인 것과 초기호적인 것, 곧 물질(matters)과의 상호 의존과 공진화를 고찰 할 필요성도 역시 강조한다. Jessop and Sum(eds.), *Towards a Cultural Political Economy*, pp.71, 156~157, 336.

55 이 관점은 앙리 르페브르가 공간의 생산에서 헤게모니 개념의 유용성을 강조한 점에 주목한다. H. Lefebvre, *La production de l'espace*, p.18. 에른스트 라클라우와 샹탈 무페의 헤게모니 전략이론 을 근거로 안토니오 그람시를 원(原)조절이론가로 삼고서 출발한다. Ernesto Laclau and Chantal Mouffe, *Hegemony and Socialist Strategy: Towards a Radical Democratic Politics*(Verso, 1985); 에르네스토 라클라우·샹탈 무페, 『사회변혁과 헤게모니』, 김성기 외 옮김(터, 1990). Bob Jessop, "Institutional (re)turns and the strategic- relational approach," *Environment and Planning A*, Vol.33(2001), pp.1213~1235.

56 Antonio Gramsci, *Selections from the Prison Notebooks*(Lawrence & Wishart, 1971), pp.376~ 377.

57 A. C. Pratt, "Creative cities: The cultural industries and creative class," *Geografiska Annaler series B*, Vol.90, No.2(2008), pp.107~117.

58 Roberta Comunian, Abigail Gilmore and Silvie Jacobi, "Higher education and the creative

economy: Creative graduates, knowledge transfer and regional impact debates," *Geography Compass*, Vol.97(2015), pp.371~380. 인천 송도 글로벌캠퍼스에 설립되는 뉴욕 주립대학교 분교, 조지메이슨 대학교 분교, 유타 주립대학교 분교, 벨기에 헨트 대학교 분교, 그리고 제주도 국제학교가 대표적 사례일 것이다.

59 Bob Jessop, "A Cultural political economy of competitiveness and its implications for higher education," in B. Jessop, N. Fairclough and R. Wodak(eds.), *Education and Knowledge-Based Economy in Europe*(Sense Pub., 2008), pp.30~34; Marek Kwiek, "Academic Entrepreneurialism and changing governance in universities. evidence from empirical studies," *Higher Education Dynamics*, Vol.47(2016), pp.49~74.

60 R. Hudson, "Cultural Political Economy meets global production networks: a productive meetings?" *Journal of Economic Geography*, Vol.8, No.3(2008), pp.420~440.

61 최근 '문화의 정치경제학 센터'는 바로 이 '위기' 관련 담론을 집중 분석하고 있다. Bob Jessop, "Imagined recoveries, recovered imaginaries: A Cultural Political Economy perspective," Special issue of *Economy and Society*, July(2011), pp.1~34; Jessop, *Towards a Cultural Political Economy*, pp.234~254. 다음도 참조. David Tyfield, "A Cultural Political Economy of research and innovation in an Age of Crisis," *Minerva*, Vol.50(2012), pp.149~167; Ngai-Ling Sum, "A cultural political economy of crisis recovery: (trans-)national imaginaries of 'Bric' and subaltern groups in China," *Economy and Society*, Vol.42, No.4(2013), pp.543~570.

62 Bob Jessop, "Crisis construal in the North Atlantic Financial Crisis and the Eurozone Crisis," *Competition & Change*, Vol.19, No.2(2015), pp.95~112. 후안 스타리코(Juan Starrico)는 문화의 정치경제학이 파리학파의 조절이론에 입각해 위기를 기호로 설명하는 문화주의라고 비판하며, 뉴암스테르담 학파의 종합적 통제 개념에 입각한 계급구성체론과 트랜스내셔널 역사유물론 관점을 제안한다. Juan Ignacio.Starrico, "Putting culture in its place? A critical engagement with cultural political economy," *New Political Economy*(2016), http:// dx.doi.org/10.1080/13563467. 2016.1195345. 제솝과 숨은 문화의 정치경제학이 자본을 문화로 대체한 것은 아니며, 자본축적 과정의 이해에서 뉴암스테르담 학파의 치밀한 서사 방식을 존중하지만, 서로 우열 관계는 아니라고 대답한다. Bob jessop and Ngai-Ling Sum, "Putting the 'Amsterdam School' in its rightful place: A reply to Juan Ignacio Starrico's critique of cultural political economy," *New Political Economy*, Vol.22, No.3(2017), pp.342~354.

63 시드니 오페라하우스, 브라질리아 대성당, 파리 퐁피두 센터, 파리 루브르렌즈(Louvre-Lens), 테이트 모던 런던(Tate Modern London), 테이트 리버풀(Tate Liverpool), 마르세유 유럽지중해문명박물관(Museé des civilisations et de la Méditerranée) 등도 잘 알려진 사례이다. 구겐하임 미술관도 리투아니아 빌뉴스에 구겐하임-에르미타주(Guggenheim-Hermitage), 아랍에미리트 아부다비 구겐하임이 세워졌다.

64 Jamie Peck, "Struggling with creative class," *International Journal of Urban and Regional Research*, Vol.29, No.4(2005), pp.740~770; A. Scott, "Creative cities: Conceptual Issues and Policy Questions," *Journal of Urban Affairs*, Vol.28, No.1(2006), pp.1~17; Oli Mould, "Tactical

urbanism: the vernacular of the creative city," *Geography Compass*, Vol.88(2014), pp.529~ 539.

65 Jessop, *The Future of the Capitalist State*(Polity, 2002), pp.275~276.

66 Lukas Crepaz, Christian Huber and Tobias Scheytt, "Governing arts through valuation: the role of the state as network actor in the European Capital of Culture 2010," *Critical Perspectives on Accounting*, Vol.37(2016), pp.35~50.

67 Lorenzo Vicario and P. Manuel Martínez Monje, "Another 'Guggenheim Effect'? the generation of a potentially gentrifiable neighbourhood in Bilbao," *Urban Studies*, Vol.40, No.12(2003), pp.2383~2400; B. Plaza, "The return of investment of the Guggenheim Museum Bilbao," *International Journal of Urban and Regional Research*, Vol.30, No.2(2006), pp.452~467; B. Plaza and Silke N. Haarich, "The Guggenheim Museum Bilbao: Between regional embeddedness and global networking," *European Planning Studies*, Vol.23, No.8(2015), pp.1456~ 1475. 다음을 참조. Beatriz Plaza, Manuel Tironi and Haarich, "Bilbao's art scene and the 'Guggenheim effect' revisited," *European Planning Studies*, Vol.17, No.11(2009), pp.1711~ 1729.

68 María Alvarez Sainz, "(Re)Building an image for a city: Is a landmark enough? Bilbao and the Guggenheim Museum, 10 years together," *Journal of Applied Social Psychology*, Vol.42, No.1(2012), p.127~128.

69 Mónica Montserrat Degan, *Sensing Cities: Regenerating public life in Barcelona and Manchester*(Routledge, 2008), p.35; Sara Gonzaléz, "Bilbao and Barcelona 'in motion'. How urban regeneration 'Models' travel and mutate in the global flows of policy tourism," *Urban Studies*, Vol.48, No.7(2011), pp.1397~1418. 카미노 데 산티아고 콤포스텔라와 산세바스티안 을 거쳐온 관광객이 방문객 증가에 기여했다는 평가도 있다. Adrian Franklin, "Journey to the Guggenheim Museum Bilbao: Towards a revised Bilbao Effect," *Annals of Tourism Research*, Vol.59(2016), pp.79~92.

70 Edwin Heathcote, "Is the Bilbao effect over?" *Apollo*, Vol.38(2017), pp.38~39.

71 Pier Carlo Palermo and Davide Ponzini, *Place-Making and Urban Development: New Challenges for Contemporary Planning and Design*(Routlede, 2015), pp.18~30.

72 Bob Jessop, "Cultural political economy and critical policy studies," *Critical Policy Studies*, Vol.3, No.3/4(2009), p.337.

73 Tove Dannestam, "Rethinking Local Politics: Towards a Cultural Political Economy of Entrepreneurial Cities," *Space and Polity*, Vol.12, No.3(2008), pp.359~360; Jacqueline Best and Mattew Paterson, "Understanding cultural political economy," in Jacqueline Best and Matthew Paterson(eds.), *Cultural Political Economy*(Routledge, 2010), pp.6~12.

74 Nick Wilson, "Social creativity: re-qualifying the creative economy," *International Journal of Cultural Policy*, Vol.16, No.3(2010), pp.367~381.

75 다음을 참조. Alexander Bergman(ed.), *Music-City, Sports-City, Leisure City: A reader on*

different concepts of culture, creative industries and urban regeneration attempts (Bauhaus Uni., 2008; Cambridge U. P., 2009), http://en.unesco.org/creative-cities/sites/creative-cities/files/monitoring_reports/Glasgow.pdf(2017.10.18); Silke N. Haarich and B. Plaza, "The Guggenheim Museum in Bilbao-at the centre of a creative city," *Urban Planning International*, Vol.27, No.3(2012), pp.11~16

76 Jim McGuigan, "Creative labour, cultural work and industrialisation," *International Journal of Cultural Policy*, Vol.16, No.3(2010), pp.323~335; T. Flew, *The Creative Industries, Culture and Policy* (Sage, 2012), p.9.

77 Jonathan Neelands and Boyun Choe, "The English model of creativity: cultural politics of an idea," *International Journal of Cultural Policy*, Vol.16, No.3(2010), pp.287~304; Su-Huyn Berg and Robert Hassink, "Creative industries from an evolutionary perpective: A critical literature review," *Geography Compass*, Vol.89(2014), p.654.

78 Bob Jessop, "Cultural Political Economy, the Knowledge-Based Economy, and the State," in A. Barry and D. Slater(eds.), *The Technological Economy* (Routledge, 2004), pp.144~166.

79 Ash Amin, "Collective culture and urban public space," *City*, Vol.12, No.1(2008), pp.5~24.

80 Dora Francese, *Technologies for sustainable urban design and bioregionalist regeneration* (Routledge, 2016), pp.13~17.

81 Bas van Heur, "Beyond regulation: Towards a cultural political economy of complexity of and emergence," *New Political Economy*, Vol.15, No.3(2010), pp.421~444; Bas van Heur, "Research and relevance: response to Jessop and Sum," *New Political Economy*, Vol.15, No.3(2010), pp.453~456.

제2장 공업도시의 기업주의 도시 정책: 맨체스터의 도시재생

1 2016년 현재 인구 54만 1300명(그레이터 맨체스터, 279만 4000명)이다. *Wikipedia, the free encyclopedia*, pp.1~21. 그레이터 맨체스터의 브렉시트 찬성률은 중심 맨체스터에서 외곽 노동자 거주지로 갈수록 증가한다. 맨체스터: 탈퇴 39.6%, 유지 60.4%, 트래퍼드: 탈퇴 42.3%, 유지 57.7%, 스톡포트: 탈퇴 47.7%, 유지 52.3%, 체셔이스트: 탈퇴 51.2%, 유지 48.8%, 베리: 탈퇴 54.1%, 유지 45.9%, 솔퍼드: 탈퇴 56.6% 유지 43.2%, 볼턴: 탈퇴 58.3%, 유지 41.7%, 로치데일: 탈퇴 60.1%, 유지 39.9%, 올덤: 탈퇴 60.9%, 유지 39.1%, 테임사이드: 탈퇴 61.1% 유지 38.9 %, 위건: 탈퇴 63.9%, 유지 36.1%(*BBC News*, June 24, 2016).

2 Andrew Tallon, *Urban-Regeneration in the U.K.*, 2nd ed.(Routledge, 2013[2010]); 앤드루 탈론, 『영국의 도시재생』, 김명준 외 옮김(국토연구원, 2016)

3 도시 축소는 맨체스터와 미국 디트로이트가 선구적 사례이다. Hary Ward Richardson, *Shrinking Cities: A global perspective* (Routledge, 2014); Karina Pallagst, *Shrinking Cities: International perspectives and policy implications* (Routledge, 2014).

4   David Harvey, "From managerialism to entrepreneurialism: the transformation of urban governance in late capitalism," *Geograsfika Annaler*, Vol.71(1989), pp.3~17; Phil Hubbard and Tim Hall, "The Entrepreneurial City and the 'New urban politics'," in Hall and Hubbard(eds.), *The Entrepreneurial City: Geographies of politics, regime and representation*(Wiley, 1998), pp.1~23.

5   Allan Cochrane, *Understanding Urban Policy: A Critical Approach*(Blackwell, 2007), pp.85~103. 기업주의 도시는 기업도시(company town), 곧 민간 개발업자가 기업의 생산환경 및 생활환경을 조성해 개발한 도시(단지, 지구)로서 주택, 교육, 의료, 문화 등 자족적 복합 기능을 갖춘 협소한 개념의 도시와는 다르다.

6   전자는 M. Raco, "Sustainable development, roll-out neoliberalism and sustainable communities," *Antipode*, Vol.37, No.2(2005), pp.324~347 참조. 후자는 Michael E. Leary, "Gin and Tonic or Oil and Water: The Entrepreneurial City and Sustainable Managerial Regeneration in Manchester," *Local Economy*, Vol.23, No.3(2008), pp.222~233 참조.

7   Warren Magnusson, *The Search for Political Space: Globalization, Social Movements and the Urban Political Experience*(University of Toronto Press, 1996), p.194.

8   서영표, 『런던 코뮌: 지방사회주의의 실험과 좌파정치의 재구성』(이매진, 2009) 참조.

9   긍정적 평가는 다음을 참조. Anne Power, Jörg Plöer and Astrid Winkler, *Phoenix Cities: The fall and rise of great industrial cities*(Policy Press, 2010). 부정적 평가는 다음을 참조. Ferdinando Ortiz-Moya, "Coping with shrinkage: Rebranding post-industrial Manchester," *Sustainable Cities and Society*, Vol.15(2015), pp.33~41.

10 Neil Brenner, "What is critical urban theory," *Cities for People, not for profit: Critical urban theory and right to the city*(Routledge, 2012), pp.11~23. 공간의 생산은 과정(구조)과 결과물(형태)에 생산주체인 인간의 상상력(내용)도 포괄한다. 공간생산은 생산의 사회적 관계를 매개하거나 억압하며, 계속적 창조를 수행하는 재생산자의 역할이 가능한, 형식적 속성을 띤 물질적 현실태로 작용한다. '사회적 생산'이란 일상의 사회정치적 행동의 공간성을 검증해, 행동이 생산된 장소를 일련의 '공간의 역사적 생산양식'과 연관시키는 것을 말한다.

11 Stephen Quilley, "Manchester First: Municipal Socialism to the Entrepreneurial City," *International Journal of Urban and Regional Research*, Vol.24, No.3(2000), pp.601~615.

12 Gwyndaf Williams, "Prospecting for Gold: Manchester's City Pride Experience," *Planning Practice and Research*, Vol.10, No.3/4(1995), pp.345~358; Allan Chochrane, Jamie Peck and Adam Tickell, "Manchester Play Games: Exploring the Local Politics of Globalisation," *Urban Studies*, Vol.33, No.8(1996), pp.1319~1336. 건강도시이자 상업도시, 문화와 스포츠 도시로서 이동에 편리하고 창조적 잠재력을 지닌 탁월한 국제도시, 포스트산업 및 포스트모던 세계시민도시, 축구팀으로 치면 '프리미어리그' 도시로 재탄생시킨다는 이념적 배경을 구축하는 데 골몰했다. 이런 분위기에서 과거의 맨체스터를 사진으로 기록한 작업은 다음을 참조. Dan Dubowitz and Alan Ward, *Citizen Manchester*(Manchester U. P., 2014).

13 "Graham Stringer's interview with anchor," *Manchester Evening News*, Feb 17, 1993.

14 E. Vidler and J. Clarke, "Creating Citizen-Consumers: New Labour and the Remaking of Public Services," *Public Policy and Administration*, Vol.20, No.2(2005), pp.19~37.

15 Andrew Smith, *Events and Urban Regeneration: The strategic use of events to revitalise cities*(Routledge, 2012), pp.23~24, 165~167.

16 G. Williams, "Rebuilding the entrepreneurial city: the master planning response to the bombing of Manchester City Centre," *Environment and Planning B: Planning and Design*, Vol.27(2000), p.488; Tove Dannestam, "Rethinking Local Politics: Towards a Cultural Political Economy of Entrepreneurial Cities," *Space and Polity*, Vol.12, No.3(2008), pp.353~372.

17 Maggie Jones and Terry Stokes, "The Commonwealth Games and urban regeneration," *Managing Leisure*, Vol.8(2003), pp.198~211. 첨단산업으로 재구조화 과정에서 도시나 산업단지에 남은 황폐하고 오염된 토지나 공장 용도로 사용한 건물, 환경오염으로 방치된 토지로서 재정비가 필요한 지역의 지속 가능한 재생은 영국 정부의 기본 정책이다. Tomothy Dixon, "The property development industry and sustainable urban brownfield regeneration in England: An analysis of case studies in Thames Gateway and Greater Manchester," *Urban Studies*, Vol.44, No.12(2007), p.2381.

18 Rachel Tye and Gwyndaf Williams, *Urban Regeneration and Central-Local Government Relations: The Case of East Manchester*(Pergamon, 1994), pp.49~50, 55.

19 Kevin Ward, "Entrepreneurial urbanism, state restructuring and civilizing 'New' East Manchester," *Area*, Vol.35, No.2(2003), p.121; Georgia Blakeley and Brendan Evans, *The regeneration of east Manchester: A political analysis*(Manchester U. P., 2013), pp.102~105. 이스트 맨체스터 도시재생 사업을 가장 상세하고 종합적으로 서술하고 평가한 저술이다.

20 Aidan While, Andrew E. G. Jonas and David Gibbs, "The Environment and the Entrepreneurial City: Searching for the Urban 'sustainability fix' in Manchester and Leeds," *International Journal of Urban and Regional Research*, Vol.28, No.3(2004), pp.549~569.

21 Ted Kitchen, "Planning in Response to terrorism: The case of Manchester, England," *Journal of Architectural and Planning Research*, Vol.18, No.4(2001), pp.325~340; Adam Holden, "Bomb sites: the politics of opportunity," in Jamie Peck and K. Ward(eds.), *City of Revolution: restructuring Manchester*(Manchester U. P., 2002), pp.133~154.

22 2002년에 개장한 이 박물관은 2012년 7월 6일에 국립축구박물관으로 재개장했다. 이는 문화도시 정책이 공적으로 인정받는 데 실패하고 대중문화 중심지로 변신을 도모한 것이다.

23 1980년대 말에 더 스미스(The Smiths), 뉴 오더(New Order), 제임스(James) 등 맨체스터에서 태동한 다양한 밴드의 음악을 일컬으며, 이에 가담한 밴드들을 배기(baggie) 밴드라고 불렀다. 이 밴드들은 댄스음악의 그루브와 멜로디도 함께 갖추어 감상용으로도 손색이 없었다. 이와 같은 배기 신(scene)의 주역들이 고전적인 면을 지닌 더 스톤 로지즈(The Stone Roses), 사이키델릭한 해피 먼데이즈(Happy Mondays), 연주력과 멜로디가 뛰어난 인스파이어럴 카펫츠(Inspiral Carpets) 같은 밴드그룹이다. 이들은 비틀즈로 상징되는 복고음악과 미국의 팝에 맞서 1990년대 초에 등장한 영국 팝(Brit-Pop)의 교두보 역할을 감당했다. 1990년대에도 살라탄스(Charlatans), 부 레들리

스(Boo Radless) 등이 활약하며 브릿 팝을 이끌어갔다. Adam Brown, Justin O'Connor and Sara Cohen, "Local music policies within a global music industry: Cultural quarters in Manchester and Sheffield," *Geoforum*, Vol.31(2000), pp.441~451 참조.

24 Gwyndaf Williams, *The Enterprising City Centre: Manchester's development challenge*(Routledge, 2003), p.276; Kebin Hetherington, "Manchester's Urbis: urban regeneration, museums and symbolic economies," *Cultural Studies*, Vol.21, No.4/5(2007), pp.630~649.

25 Brian Robson, "Mancunian Ways; the politics of regeneration," *City of Revolution*, pp.45~46.

26 Stephen Quilley, "Entrepreneurial Manchester: the genesis of elite consensus," *Antipode*, Vol.31(1999), pp.185~211.

27 K. G. Ward, "From Rentiers to Ranters: Active Entrepreneurs, Structural Speculators and the Politics of Marketing the City," *Urban Studies*, Vol.37, No.7(2000), pp.1093~1137.

28 Neil Brenner and Nik Theodore, "Cities and the Geographies of 'actually existing neoliberalism'" in Brenner and Theodore(eds.), *Spaces of Neoliberalism: Urban Restructuring in North America and Western Europe*(Blackwell, 2002), pp.2~33.

29 A. Cochrane, *Understanding Urban Policy: A Critical Approach*(Blackwell, 2007), pp.85~103; Phil Hubbard and Tim Hall, "The Entrepreneurial City and the 'New urban politics'," *The Entrepreneurial City*, pp.1~23; Joe Painter, "Entrepreneurs are made, not born: learning and urban regimes in the production of entrepreneurial cities," *The Entrepreneurial City*, pp.260~273.

30 Anne M. Cronin and Kevin Hetherington(eds.), *Consuming the Entrepreneurial City: Image, Memory, Spectacle*(Routledge, 2008), p.1.

31 Lefebvre, *La survie de capitalisme, la reproduction des rapports de production*, pp.141~144. 다음을 참조. Michael Edema Leary, "A Lefebvrian analysis of the production of glorious, gruesome public space in Manchester," *Progress in Planning*, Vol.85(2013), pp.1~52.

32 Quilley, "Entrepreneurial Manchester," p.192.

33 Nikos Karadimitriou, Claudio de Magalhães and Roelof Verhage, *Planning, Risk and Property Development: Urban regeneration in England, France and the Netherlands*(Routledge, 2013), pp.146~167.

34 Eric Sorensen, "Remaking the east: from Canary Wharf to the Olympic Park," in Gavin Poynter, Valerie Viehoff and Yang Li(eds.), *The London Olympics and Urban Development-The mega-event city*(Routledge, 2016), p.20.

35 건축 관련 상세한 내용은 Euan Kellie, "Rebuilding, rebranding and regenerating Manchester," *Journal of Urban Regeneration and Renewal*, Vol.7, No.5(2014), pp.378~391.

36 Marcus Binney, "Urban Splash has transformed vast relics into chic apartments," *The Times* (April 7, 2012)

37 Joon-Kyo Seo, *Reurbanisation through Cultural Flagship Strategies: the attitude of and effects on residents in regenerated areas of Glasgow and Manchester*(University of London, 2000).

38 '성장기계'에 관해 다음을 참조. J. R. Logan and H. L. Molotch, *Urban Fortunes: The Political*

Economy of Place (Uni. of California Press, 1987).

39 Stephen Quilley, "Entrepreneurial Manchester; the genesis of elite consensus," *Antipode*, Vol.31(1999), pp.185~211; Clemente J. Navarro Yáñez, Annick Magnier and M. Antonia Ramírez, "Local Governance as Government-Business Cooperation in Western Democracies: Analysing Local and Intergovernmental Effects by Multi-Level Comparision," *International Journal of Urban and Regional Research*, Vol.32, No.3(2008), pp.531~547.

40 Cochrane, Peck and Tickell, "Manchester Play Games," pp.1331~1332.

41 지역사회 권력구조(정부)와 도시 정치경제(시장) 패러다임을 결합시켜, 누가 통치하느냐의 차원이 아니라 누가 행동능력을 지니며, 왜 지니는가에 관심을 두고 도시 정치체제를 분석하는 이론으로, 미국의 도시 연구에서 출발했다. S. L. Elkin, *City and Regime in the American Republic* (Uni. of Chicago Press, 1987); C. N. Stone, *Regime Politics: Governing Atlanta 1946-1988* (Uni. Press of Kansas, 1989). 관련된 주제를 잘 정리한 저술은 다음을 참조. Mickey Lauria(ed.), *Reconstructing Urban Regime Theory: regulating urban politics in global economy* (Sage, 1996), pp.1~12.

42 Karen Mossberger and Gerry Stoker, "The Evolution of Urban Regime Theory: The Challenge of Conceptualization," *Urban Affair Review*, Vol.36, No.6(2001), pp.810~835.

43 Jonathan S. Davies, "Urban Regime Theory: A Normative-Empirical Critique," *Journal of Urban Affairs*, Vol.24, No.1(2002), pp.1~17; Jonathan S. Davies, "Partnership versus Regimes: Why Regime Theory cannot Explain Urban Coalitions in the UK," *Journal of Urban Affairs*, Vol.25, No.3(2003), pp.253~269. 도시체제이론이 경제적 요인을 더 강화시켜야 한다는 지적은 다음을 참조. David Imbroscio, "Overcoming the Neglect of Economics in Urban Regime Theory," *Journal of Urban Affairs*, Vol.25, No.3(2003), pp.271~284.

44 Degen, *Sensing Cities: Regenerating Public Life in Barcelona and Mancheste*, pp.92~93; Rebecca Madgin, "Reconceptualising the historic urban environment: conservation and re-generation in Castlefield, Manchester, 1960-3009," *Planning Perspective*, Vol.25, No.1(2010), pp.29~48.

45 M. Hebbert and I. Deas, "Greater Manchester-'up and going'?" *Policy and Politics*, Vol.28, No.1(2000), pp.79~92; B. B. Giordano and L. Twomey, "Economic transitions: restructuring local labour markets," *City of Revolution*, pp.50~75.

46 Dean Herd and Terry Patterson, "Poor Manchester: old problems amd new deals," *City of Revolution*, pp.190~213; R. Mellor, "Hypocritical city: cycles of urban exclusion," *City of Revolution*, pp.230~235; Peter Lee and Alan Murie, "The Poor City: National and Local Perspectives on Changes in Residential Patterns in the British City," in P. Marcuse and R. van Kempen(eds.), *Of States and Cities: The Partitioning of Urban Space* (Oxford U. P., 2002), pp.59~87.

47 David Carter, "Urban regeneration, digital development strategies and the knowledge economy: Manchester case study," *Journal of Knowledge Economy*, Vol.4, No 2(2013), pp.169~189.

48   Peter Marcuse, "Abandonment, gentrification, and displacement: the linkages in New York City," in Neil Smith and Peter Williams(eds.), *Gentrification of the City*(Allen & Unwin, 2007 [1986]), pp.153~177; Tom Slater, "Missing Marcuse: On gentrification and Displacement," *City*, Vol.13, No.2/3(2009), pp.293~311; Japonica Brown-Saracino, *A Neighborhood that never Changes: Gentrification, Social Preservation and the Search for Authenticity*(Uni. of Chicago Press, 2009).

49   David Gibbs, Andrew E. G. Jonas and Adrian While, "Manchester: Changing Attitudes to the Environment in the Entrepreneurial City," *Governance and Regulation in Local Environment Policy Making*, Vol.3(2002), pp.1~23.

50   D. Mitchell, *The Right to the City: Social Justice and the Fight for Public Space*(The Guilford Press, 2003), pp.130~134; D. Harvey with Cuz Potter, "The Right to the Just City," in P. Marcuse et al(eds.), *Searching for the Just City: Debates in Urban Theory and Practice* (Routledge, 2009), pp.40~51.

51   Ian Taylor, Karen Evans and Penny Fraser, *A Tale of two Cities: Global change, local feeling and everyday life in the North of England. A Study in Manchester and Sheffield*(Routledge, 1996), pp.184~197.

52   Pnina Werbner, *Imagined Diasporas among Manchester Muslims: the public performance of pakistani transnational identity politics*(James Currey, 2002), pp.233~250; Stephen Jivraj, "Geographies of diversity in Manchester: Evidence from the 2011 census," The Uni. of Manchester, Oct. 2013, pp.1~4; Lynne Pearce, "Manchester: The postcolonial city," in Lynne Pearce, Corinne Fowler and Robert Craushaw(eds.), *Postcolonial Manchester: Diaspora, space and the devolution of literary culture*(Manchester U. P., 2013), pp.20~78.

53   Lefebvre, *La production de l'espace*, p.370; Kevin Ward, "Making Manchester 'flexible': competition and change in the temporary staffing indudstry," *Geoforum*, Vol.36(2005), pp.223~240.

54   Ortiz-Moya, "Coping with shrinkage," p.39.

55   Benito Giordano and Laura Twomey, "Economic transitions: restructuring local labour markets," *City of Revolution*, p.57.

56   J. Peck and A. Tickell, "Business goes local: dissecting the 'business agenda' in post-democratic Manchester," *International Journal of Urban and Regional Research*, Vol.19 (1993), pp.55~78; Phil Hubbard, "Revenge and Injustice in the Neoliberal City: Uncovering Masculinist Agendas," *Antipode*, Vol.36, No.4(2004), pp.665~686.

57   Tickell and Peck, "The Return of the Manchester Men: men's words and men's deeds in the remaking of local state," *Transactions of the Institute of British Geographers*, Vol.21(1996), p.614.

58   Brendan Evans "The Politics of Partnership Urban Regeneration in New East Manchester," *Public Policy and Administration*, Vol.22, No.2(2007), pp.201~211. 1997년 노동당 소속 하원 의원에 선출되면서 도시정부를 떠난 스트링어는, 옛 노동당을 인수해 앤서니 기든스가 제시한 이

념적 지표를 따라 '제3의 길'을 내세우며 신노동당으로 재편성한 토니 블레어 전 총리의 선배 격으로 평가해 마땅하다.

59 Peter Sommervile, "Community Governance and Democracy," *Policy and Politics*, Vol.33, No.1(2005), pp.117~144.

60 Alan Mace, Peter Hall and Nick Gallent, "New East Manchester: Urban Renaissance or Urban Opportunism," *European Planning Studies*, Vol.15, No.1(2007), pp.60~62.

61 Gorgiana Blakeley and B. Evans, "'It's like maintaining a hedge': constraints on citizen engagement in community regeneration in east Manchester," *Public Policy and Administration*, Vol.23, No.1(2008), pp.100~113. 소수 활동가의 참여 배경은 다음을 참조. Blakeley and Evans, "Who participate, How and Why in urban regeneration projects? The Case of the New 'City' of East Manchester," *Social Policy and Administration*, Vol.43, No.1(2009), pp.15~ 32.

62 Stewart Lansley, Sue Goss and Christian Wolmar, *Councils in Conflict: The Rise and Fall of the Municipal Left*(Palgrave Macmillan, 1989), p.59.

63 Peter M. North, *Alternative Currency Movements as a Challenge to Globalisation?: A Case Study of Manchester's Local Currency Networks*(Ashgate, 2005); BAVO, *Urban Politics Now: Re-Imaging Democracy in the Neo-Liberal City*(NAi pub, 2007).

64 Georgiana Blakeley and Brendan Evans, "It's like maintaining a hedge: constraints on citizen engagement in community regeneration in East Manchester," *Public Policy and Administration*, Vol.23, No.1(2008), pp.100~113.

65 Lefebvre, *De l'État- I : L'État dans le monde moderne*, pp.222~224.

66 Degan, *Sensing Cities: Regenerating Public Life in Barcelona and Manchester*, p.139.

67 Melanie Kay Smith, *Cultural Planning for Urban Regeneration: A Thirdspace Approach*(Lambert, 2010), pp.104~106

68 Andrew Bardsley, "Residents at New Islington Marina told to leave for 12 months while major work is carried," *Manchester Evening News*, May 22, 2017.

69 John H. Mollenkopf and Manuel Castells(eds.), *Dual City: Restructuring New York*(Sage, 1991), p.30; Neil Smith, *The New Urban Frontier: Gentrification and the revanchist city* (Routledge, 1996), p.214.

70 Harvey with Potter, "The right to the Just City," *Searching for the Just City: Debates in Urban Theory and Practice*, pp.40~51.

71 Edward W. Soja, *Seeking Spatial Justice*(The University of Minnesota Press, 2010), p.5.

72 Lefebvre, *De l'État-IV: Les contradiction de l'État moderne*, pp.309~310.

73 Neil Brenner, "Theses on urbanization," in Brenner(ed.), *Implosion/explosion: towards a study of planetary urbanization*(Jovis, 2014), pp.181~202.

74 Neil Smith, *Uneven Development Nature, Capital and the Production of Space*(Blackwell, 1984, 2008), p.87, p.135, p.174.

75 공간 전략에 관해서는 N. Smith, "Remaking scale: competition and cooperation in pre-national

and post national Europe," in Neil Brenner and Bob Jessop et al.(eds.), *State/Space: A Reader*(Blackwell, 2003), pp.227~238; C. Newstead, C. Reid and M. Sparke, "The cultural geography of scale," in K. Anderson et al.(eds.), *Handbook of Cultural Geography*(Sage, 2004), pp.485~497을, 공간 투쟁에 관해서는 Vincent J. del Casino Jr and Christine L. Jacoby, "Neoliberal subjectivities, the 'New' homelessness, and struggles over spaces of/in the city," *Antipode*, Vol.40, No.2(2008), pp.192~199; Adriano Cancellieri and Elena Ostanel, "The struggle for public space," *City*, Vol.19, No.4(2015), pp.499~509 참조.

76 N. Smith, "New globalism, new urbanism: gentrification as global urban strategy," *Antipode*, Vol.34(2002), pp.427~450. 이 관점은 도시공간규모를 자연적 절대공간화하는 비변증법적 물신화 경향 탓에 구조주의·본질주의·생산주의 해석에 치우쳐 여기서 작용하는 다중 공간규모 (multi-scalar)의 정치경제적 개념화에 실패했다는 평가도 받는다.

77 Manchester City Council, *Manchester Sustainable Community Strategies* 2006-2015 (Manchester, 2006).

제3장 지방분권과 로컬거버넌스: 영국의 공간 재구성 정책

1 Russell Deacon, *Devolution in the United Kingdom*(Edinburgh U. P., 2012), pp.32~35. Michael Keating, *Rescaling the European State: the making of territory and the rise of meso*(Oxford U. P., 2013), pp.95~99.

2 스코틀랜드가 2014년 9월 감행한 독립 국민투표를 브렉시트(Brexit) 이후 재차 시도하는 상황에서 지방분권 정책은 심각한 고심에 직면해 있다. Claire Colomb and John Tomaney, "Territorial politics, devolution and spatial planning in the U.K.: results, prospect, lessons," *Planning Practice and Research*, Vol.31, No.1(2016), pp.1~22; Vicky Clayton and Toby Cooper, "Debate should be there be further devolution of power in England," *Politics Review*, Vol.27, No.1(2017), pp.22~23; Jonathan Bradley, "Devolution in the U. K.: has it been a success," *Politics Review*, Vol.26, No.4(2017), pp.8~11.

3 로컬거버넌스는 정부의 기능 저하와 시장의 실패에 직면해 안정성과 예측 가능성을 강조하던 종래의 관료조직 행정을 넘어, 지방정부(행정)·시장(자본)·시민(사회)이 참여해 협상 권력과 예방 권력의 협치를 구현하는 것을 목표로 삼는다. Simona Pittoni, *Theory of Multi-Level Governance: Conceptual, Empirical, and Normative Challenges*(Oxford U. P., 2010), pp.17~32.

4 Neil Brenner, "The limit to scale? Methodological reflections on scalar structuration," *Progress in Human Geography*, Vol.25(2001), pp.591~614.

5 Philip Allmendinger and Graham Haughton, "The evolution and trajectories of English spatial governance: 'Neoliberal' episodes in planning," in Philip Allmendinger and Graham Haughton (eds.), *Spatial planning and new localism*(Routledge, 2014), pp.6~26.

6 Vivian Lowndes and Alison Gardner, "Local governance under the Conservative: super-

austerity, devolution and the 'smarter state'," *Local Government Studies*, Vol.42, No.3(2016), pp.357~375; Jennifer Wolak, "Core values and partisan thinking about devolution," *Publius: The Journal of Federalism*, Vol.46, No.4(2016), pp.463~485.

7   비판적 대안 모색은 Kate McLaughin, *New Public Management: current trends and future prospects*(Routledge, 2002) 참조; Tom Christensen and Per Lægreid(eds.), *Transcending New Public Management: The transformation of public sector Reforms*(Ashgate, 2007); Mike Dent, *Questioning the New Public Management*(Ashgate, 2004); D. F. Morgan and Brian J. Cook(eds.), *New public governance: a regime-centered perspective*(M. E. Sharpe. Inc, 2014).

8   Martin Marcussen and Jacob Torfing(eds.), *Democratic Network Governance in Europe* (Palgrave, 2007), pp.3~20; Manuel Castell, "The new public sphere: global civil society, communication, networks, and global governance," *Annals, AAPSS*, No.616(2008), pp.78~93.

9   Micky Lauria(ed.), *Reconstructing the Urban Regime Theory: Regulating Urban Politics in Global Economy*(Sage, 1997), pp.1~11.

10 John Braithwaite, *Regulatory Capitalism: How it Works, Ideas for Making it Work Better* (Edward Elgar, 2008).

11 Gordon MacLeod, "Beyond soft institutionalism: accumulation, regulation, and their geographical fixs," *Environment and Planning A*, Vol.33(2001), pp.1145~1167; Marjo Kuronen and Pascal Caillaud, "Vertical governance, national regulation and autonomy of local policy making," *Social Indicators Research Series*, Vol.59(2015), pp.71~86. 조절이론은 ① 자본주의 축적과 재생산의 합리성을 과신해 국가의 경제적 조절 능력을 너무 강조하고, ② 로컬의 경제발전에서 비경제적 역동성의 역할, 곧 다양한 사회정치적 헤게모니의 공존과 로컬에서 전략적 행위자들의 역할을 비롯한 사회적 관계성에 대한 인식을 홀대하며, ③ 자연과 사회의 변증법을 비롯한 사회적 생산에서 소비 규범, 로컬공간규모들의 절합이 가져오는 역할 인식에 소홀하다는 평가를 받는다.

12 Neil Brenner, "Urban question as a scale question: reflections on H. Lefebvre, urban theory and the politics of scale," *International Journal of Urban and Regional Research*, Vol.24 (2000), pp.362~378; Erik Swyngedouw, "Authoritarian governance: power, and the politics of rescaling," *Environment and Planning D: Society and Space*, Vol.18(2000), pp.63~76.

13 Phil Jones and James Evans, *Urban Regeneration in the UK*(SAGE, 2013), p.20. 레짐은 현실 정치 영역에서 모두 설명하지 못하는 행위자들의 기대방식의 총체이며, 공동의 정책 결정 방식, 레짐 이동(shift)은 새로운 사실의 습득이나 관례의 상호 양해 등으로 국가나 로컬 사이의 협력 양식에서 전반적인 체제 변화에 합의하는 것을 말한다.

14 Great Britain, Department for Transport, Local Government and the Regions, *Strong Local Leadership, quality public services*(London: Stationaly Office, 2001).

15 Chris Painter, "Operating codes in the emerging system of local governance: from 'top-down state' to 'disciplined pluralism'," *Public Money and Management*, Vol.25, No.2(2005), pp.89~98; J. Kelly, "Central regulation of English local authorities: An example of meta- governance,"

Public Administration, Vol.84, No.3(2006), pp.603~621.

16 Charlotte Fletcher-Morgan and Kate Leyland, "Making people more responsible: the Blair governments' programme for changing citizen's behaviour," *Political Studies*, Vol.58(2010), pp.427~449.

17 Crispian Fuller and Mike Geddes, "Urban governance under neoliberalism: new labour and the restructuring of state-space," *Antipode*, Vol.40, No.2(2008), pp.274~276.

18 관계적 지리학과 포스트 정치 거버넌스의 협상과 유동성을 강조하는 입장은 Philip Allmendinger, *Soft spaces of Europe: re-negotiating governance, boundaries and borders* (Routledge, 2015), 경제성장과 공공서비스 개선을 목표로 삼는 복합 메타거버넌스로 평가하는 입장은 Daniel Bailey and Matthew Wood, "The meta-governace of English devolution," *Local Government Studies*, Vol.43, No.6(2017), pp.966~991 참조.

19 Anthony R. Zito, "Multi-level governance, EU public policy and the evasive dependant variable," in Edoardo Ongaro(ed.), *Multi-level governance: the missing linkages* (Bingley UK: Emerald Group Publishing Limited, 2015), pp.15~40; Danny MacKinnon, "Devolution, state restructuring and policy divergence in the U. K.," *The Geographical Journal*, Vol.181, No.1 (2015), pp.47~56. 브렉시트 이후 로컬거버넌스의 양상은 아직 추론의 영역이다. 다음을 참조. Michael Dougan, *The U. K after Brexit: legal and policy challenges* (Anterwerp Intersentia Portland, 2017).

20 Kath Checkland, Julia Segar, Jennifer Voorhees and Anna Coleman, "'like a circle in a spiral, like a wheel within wheel': The layers of complexity and challenge for devolution of health and social care in Greater Manchester," *Representation*, Vol.51, No.4(2015), pp.453~469; Lukes Raikes, "The potential of new transport powers under Greater Manchester," *Representation*, Vol.51, No.4(2015), pp.493~499; Andy Burnham, "Devolution beyond the big cities," *Prospect*, Oct. No.6(2016), pp.1~9.

21 Jonathan S. Davies, "The limit of partnership: an exit-action strategy for local democratic inclusion," *Political Studies*, Vol.55(2007), pp.779~800; Georgiana Blakeley and Brendan Evans, *The regeneration of East Manchester: A political analysis* (Manchester U. P., 2013), pp.34~37.

22 Merilee S. Grindle, *Going Local: Decentralization, Democratization, and The Promise of Good Governance* (Princeton U. P., 2007), pp.10~14; Keith Baker, Jonathan B. Justice and Chris Skelcher, "The institutional design of self-governance: insights from public-private partnerships," in Eva Sørensen(ed.), *The Politics of Self-Governance* (Ashgate, 2009), pp.90~92; David Richards and Martin J. Smith, "Devolution in England, The British political tradition and the absence of consultation, consensus and consideration," *Representation*, Vol.51, No.4(2015), pp.385~401.

23 Erik Swyngedouw, "Governance innovation and the citizen: The janus face of governance-beyond-the state," *Urban Studies*, Vol.42, No.11(2005), pp.1991~2006; Michael Cuthill and John Fien, "Capacity building: facilitating citizen participation in local governance," *Australian*

Journal of Public Administration, Vol.64, No.4(2005), pp.63~80.

24 Sylvain Giguère, "The use of partnerships in economic and social policy: practice ahead of theory," in Mark Considine and Sylvain Giguère(eds.), *The Theory and Practice of Local Governance and Economic Development*(Palgrave Macmillan, 2008), pp.49~58; Blakeley and Evans, *The Regeneration of East Manchester*, pp.155~190.

25 전자의 문제는 다음을 참조. Marcus Andre Melo and Gianpaolo Baiocchi, "Deliberative democracy and local governance; towards a new agenda," *International Journal of Urban and Regional Research*, Vol.30, No.3(2006), pp.587~600. 후자의 문제는 다음을 참조. Justin Beaumont and Walter Nicholls, "Plural governance, participation and democracy in cities," *International Journal of Urban and Regional Research*, Vol.32, No.1(2008), pp.87~94.

26 Mike Geddes, "Partnership and the limits to local governance in England: institutionalist analysis and neo-liberalism," *International Journal of Urban and Regional Research*, Vol.30, No.1(2006), pp.76~97.

27 Peter John, "Making representative democracy more representative: can new forms of citizen governance in the UK open up democracy?" *Public Administration Review*, Vol.69, No.3(2009), pp.494~503; Alisa Henderson, Charie Jeffery, Daniel Wincott and Richard Wyn Jones, "Reflections on the 'Development paradox': A comparative examination of multi-level citizenship," *Regional Studies*, Vol.47, No.3(2013), pp.303~322.

28 Birte Gundelach, Patricia Buser and Daniel Kübler, "Deliberative democracy in local governance; the impact of institutional design on legitimacy," *Local Government Studies*, Vol.43, No.2(2017), pp.218~244; Jone Martinez-Placios, "Inclusive local governance: normative proposals and political perspectives," *Local Government Studies*, Vol.43, No.4(2017), pp.577~597.

29 Bob Jessop, "A neo-Gramscian approach to the regulation of urban regimes: accumulation strategies, hegemonic projects and governance," in M. Lauria(ed.), *Reconstructing Urban Regime Theory*, pp.51~74; Bob Jessop, "Avoiding traps, rescaling states, governing Europe," in Roger Keil and Rianne Mahon(eds.), *Leviathan Undone: Towards a Political Economy of Scale*(UBC Press, 2009), pp.87~104. 앙리 르페브르가 공간생산에서 헤게모니 개념의 유용성을 강조한 것에 주목하고, 에른스트 라클라우와 샹탈 무페의 헤게모니 전략이론을 근거로 그람시를 원(原)조절이론가로 삼는다.

30 Nicos Poulantzas, *L'Etat, le pouvoir, le socialisme*(Puf, 1978); 니코스 풀랑저스, 『국가, 권력, 사회주의』, 박병영 옮김(백의, 1994); Jessop, *State Power: A Strategic-Relational Approach*, pp.118~156.

31 공간규모(scale)는 늘 인접한 경계를 가진 같은 종류의 공간인 것은 아니며, 공간 면적(scalar)으로부터 출현해 영토(territory)와 역동적 관계를 지닌다. Maureen G. Reed and Shannon Bryneel, "Rescaling environmental governance, rethinking the state: a three dimensional review," *Progress in Human Geography*, Vol.34(2010), p.647.

32　Jamie Peck, *Workfare States* (Guiford Press, 2001), p.58; Jamie Peck, "Political economies of scale: fast policy, inter-scalar relations and neoliberal workfare," *Economic Geography*, Vol.78(2002), p.340.

33　Henri Lefebvre, *La production de l'espace* (Anthropos, 2000[1974]), p.18; Laclau and Mouffe, *Hegemony and Socialist Strategy*, 라클라우 · 무페, 『사회변혁과 헤게모니』; Bob Jessop and Ngai-Ling Sum, *Beyond the Regulation Approach: Putting Capitalist Economies in their Place* (Edward Elgar, 2006), pp.348~373.

34　Bob Jessop, *State Theory: Putting Capitalist States in their Place* (Pennsylvania State U. P., 1990), pp.269~270.

35　전자는 Katherine B. Hankins and Emily M. Powers, "The disappearance of the state from 'livable' urban spaces," *Antipode*, Vol.41, No.5(2009), pp.845~866 참조. 후자는 Marco Antonisich, "On territory, the nation state and the crisis of the hyphen," *Progress in Human Geography*, Vol.33, No.6(2009), pp.789~806 참조.

36　Jessop, *State Theory*, p.210, 244. 이중적 우연성이 작용하면서 우연을 구조의 실현 가능성으로 변화시키는 과정에 관한 설명은 루만의 체계이론을 보여준다. 니클라스 루만, 『사회체계이론』, 박여성 옮김(한길사, 2007), 242쪽.

37　Mark J. Smith, *Rethinking State Theory* (Routledge, 2000), p.216.

38　Bob Jessop, Neil Brenner and M. Jones, "Theorising sociospatial relations," *Environment and Planning D: Society and Space*, Vol.26(2008), pp.389~401.

39　Bob Jessop, "Institutional (re)turns and the strategic-relational approach," *Environment and Planning A*, Vol.33(2001), p.1223.

40　Jessop, "Critical realism and the strategic-relational approach," pp.40~53.

41　Eduardo Wills Herrera, "Governance and development: The importance of legitimacy and institutional change," in Georgiana Gomez and Peter Knorringa(eds.), *Local Governance, economic development and institution* (Palgrave Macmillan, 2016), pp.19~38.

42　Eris Dawn Schoburgh, "post-developmental theory and the local developmental state," in Eris Dawn Schoburgh, John Martin and Sonia Gatchair(eds.), *Developmental local governance: a critical discourse in alternative development* (Palgrave Macmillan, 2016), pp.12~23.

43　Valeria Guarneros-Meza and Steve Martin, "Boundary spanning in local public service partnership; coaches, advocates or enforcers?" *Public Management Review*, Vol.18, No.2(2016), pp.238~257. 국가권력을 제도적 장소의 집합체로 보는 입장은 다음을 참조. John Allen and Allan Cochrane, "Assemblages of state powers: topological shifts in the organization of government and politics," *Antipode*, Vol.42, No.5(2010), p.1073.

44　Jessob, "Multi-level governance and multi-level meta-governance," in Ian Bache and Matthew Flinders(eds.), *Multi-Level Governance* (Oxford U. P., 2004), pp.61~63.

45　Crispian Fuller and Mike Geddes, "Urban governance under neo-liberalism: new labour and the restructuring of state-space," *Antipode*, Vol.40, No.2(2008), pp.266~275; Crispian Fuller,

"Communities, abandonment and 'recognition': The case of post-state funding community bodies," *Geoforum*, Vol.76(2016), pp.118~129.

46 라클라우・무페, 『사회변혁과 헤게모니』, 140쪽. 자크 라캉이 말한 고정점(points de capiton)과 연관시켜 볼 수 있다.

47 1990년대에 '신지역주의' 담론은 다양한 로컬공간규모에서 영토적 생산 체계의 흥기를 가정했다. '신제도주의'는 유럽과 초국적 및 국가하위 수준에서 변화하는 정부 규모의 조직적 경계에 주목했다. 특히 정책 체계가 달라지면 국가하위든 초국가 수준이든 정책 수립과 추진의 영토적 경계도 달라져야 한다는 관점을 표방했다. Mark Goodwin, *Rescaling the State: Devolution and the geographies of economic governance* (Manchester U. P., 2012), intro.

48 Dominic Stead, "Rescaling environmental governance: the influence of European transnational cooperation initiatives," *Environmental Policy and Governance*, Vol.24, No.5(2014), pp.324~337; Janice Morphet and Ben Clifford, "Policy convergence, divergence and communities: The case of spatial planning in post-devolution Britain and Ireland," *Planning Practice and Research*, Vol.29, No.5(2014), pp.508~524.

49 Ruba Salih and Bruno Riccio, "Transnational migration and rescaling process: the incorporation of migrant labour," in Nina Glick Schiller and Ayşe Çağler(eds.), *Locating Migration: Rescaling Cities and Migrants* (Cornell University Press, 2011). pp.123~142.

50 교육재단 축소와 독점 강화 사례는 다음을 참조. Andrew Wilkins, "Rescaling the local: multi-academy trusts, private monopoly and statecraft in England," *Journal of Educational Administration and History*, Vol.49, No.2(2017), pp.171~185.

51 Smith, *Rethinking State Theory*, p.208.

52 Bob Jessop, "The crisis of the national spatio-temporal fix and the ecological dominance of globalising capitalism," *International Journal of Urban and Regional Studies*, Vol.24(2000), p.281.

53 Bob Jessop, *The State: past, present and future* (Polity Press, 2016), pp.88~90.

54 Brenner, "The urban question as a scale question," *International Journal of Urban and Regional Research*, Vol.24, No.2, pp.1~26.

55 Bob Jessop, *The Future of Capitalist State* (Polity Press, 2003), p.252.

56 David Featherstone, Kendra Strauss and Danny MacKinnon, "In, against and beyond neo-liberalism: The 'crisis' and alternative political futures," *Space and Polity*, Vol.19, No.1(2015), pp.1~11.

57 Neil Brenner, "Open questioning on state rescaling," *Cambridge Journal of Regions, Economy and Society*, Vol.2, No.1(2009), p.126.

58 Neil Brenner, *New State Spaces: urban Governance and the Rescaling of Statehood* (Oxford U. P., 2004), pp.105~108.

59 Brenner, *New State Space*, pp.87~88; Jessop, *State Theory*, pp.260~261.

60 Brenner, *New State Space*, pp.96~101.

61 Ibid., pp.267~294. 예컨대 건조(built)도시, 소비도시, 고용도시 또는 노동력 도시냐에 따라 달라

진다. John B. Parr, "Spatial definitions of the city: Four perspectives," *Urban Studies*, Vol.44, No.2(2007), pp.381~392.

62 Brenner, *New State Space*, p.108.

63 Jones and Jessop, "Thinking state/space incompossibly," *Antipode*, Vol.42, No.5(2010), p.1122.

64 Neil Brenner, "Restructuring, rescaling and the urban question," *Critical Planning*, Vol.16 (2009), pp.60~80; Danny MacKinnon and John Shaw, "New state spaces, agency and scale: devolution and the regionalisation of transport governance in Scotland," *Antipode*, Vol.42, No.5(2010), pp.1229~1232.

65 Bruno Latour, *Reassembling the Social: An Introduction to Actor-Network Theory* (Oxford Univ. Pr., 2005), pp.10~11을 참조.

66 Neil Brenner, David J. Maiden and David Wachsmuth, "Assemblage, Actor-Networks and the challenges of critical urban theory," in N. Brenner(ed.), *Critique of Urbanization: selected essays* (Birkhäuser Bauverlag, 2017), pp.237~260.

67 Joe Painter, "Rethinking territory," *Antipode*, Vol.42, No.5(2010), pp.1090~1118.

68 Mario Diani, *The Cement of civil society: studying networks in localities* (Cambridge University Press, 2015), pp.166~167.

69 John Paul Jones III, Keith Woodward and Sallie A. Marston, "Situating Flatness," *Transactions of the Institute of British Geographers*, Vol.32(2007), pp.264~276: John Paul Jones III, "Of eagles and flies: orientations towards the site," *Area*, Vol.42(2010), pp.271~280.

70 Alan Latham and Derek P. MaCormack, "Globalisations big and small: notes on urban studies, Actor-Network Theory, and geographical scale," in Ignacio Farías and Thomas Bender(eds.), *Urban Assemblages: How Actor-Network Theory changes urban studies* (Routledge, 2010), pp.63~65.

제2부 직접행동과 공간정치

제4장 협동조합 도시의 로컬리티: 스페인 몬드라곤의 사례

1 바스크 지방에 관한 소개는 다음을 참조하라. Jean-Philippe Larramendy, *Être Basque aujourd' hui: De Ronceaux au Guggenheim* (Michalon, 2008); Marc Mousli, "Pays Basque 2010: La prospective participative dans un territoire d'exception," *Cahier du LIPSOR*, No.15(2010).

2 Greg MacLeod, *From Mondragón to America: Experiments in Community Economic Development* (Sydney: University College of Cape Breton Press, 1997).

3 2008년에 몬드라곤 협동조합 복합체(Mondragón Corperación Cooperativa: MCC)는 'MONDRAGON'으로 공식 명칭이 변경되었다. 이 글에서 몬드라곤은 지명이지만, 때로는 몬드라곤 협동조합 그룹을 말한다. 1992~2007년의 사건을 설명할 때는 몬드라곤 협동조합 복합체

(MCC)로 칭하며, 현재의 몬드라곤 협동조합 그룹(MONDRAGON)은 '몬드라곤' 그룹 또는 몬드라곤 협동조합으로 부른다.

4 '몬드라곤'에 비견할 협동조합은 이탈리아의 라 레가 협동조합(Legacoop)을 들 수 있다. Stephen C. Smith, "Blooming together or Wilting Alone: Network Externalities and the Mondragon and the La Lega Cooperative Networks," *Wider Discussion Paper*, Vol.27(2001), pp.1~93; Sumit Joshi and Stephen C. Smith, "An Endogenous Group Formation Theory of Cooperative Network: The Economics of La Lega and Mondragon," *Wider Discussion Papers*, Vol.87(2002), pp.1~37; 김태열, 『협동조합도시 볼로냐를 가다』(그물코, 2010).

5 2016년 현재 기업 261개, 고용 인원 7만 4335명, 총매상 121억 1000만 유로를 유지한다. http://www.mon-dragon-coporation.com/eng(검색일: 2016.10.20). 스페인 10대 기업에 포함되며, 2007년과 비교하면 고용과 총매출이 줄어든 것을 확인할 수 있다.

6 현재 '몬드라곤' 협동조합 그룹은 3개의 사업부로 나뉘어 있다. 재정 부문은 스페인에서 가장 큰 신용협동조합 노동인민금고(Caja Laboral Popular)와 보험·사회보장 체제 라군아로(Lagun-Aro), 유통사업 부문은 소비재, 슈퍼마켓 등 전문 상점으로 구성된 소비자 협동조합 에로스키(Eroski)가 있고, 가장 큰 산업 부문에는 건설, 기계, 산업 장비, 자동차 부품, 엔지니어링 제품 같은 자본재와 소비재, 특히 냉장고, 세탁기, 난로, 식기세척기 같은 백색 가전제품을 생산하는 협동조합 코페르치(Coperci), 파고르(Fagor), 울마(Ulma), 우르싸(Urssa) 등이 있다. 교육 분야에서 공부하는 약 6000명은 전화기 부품을 생산하는 학생조합(Alecop) 회원이 될 수 있다. 협동조합적 기업가 정신 훈련 센터 사이오란(Saiolan)을 비롯한 3개의 연구센터와 3개 캠퍼스에 학생 4000명인 몬드라곤 대학이 협동조합 조직 이론과 경영에 적합한 혁신과 훈련을 맡아 기여하고 있다.

7 카를 마르크스, 『고타 강령 비판(Kritik des Gothaer Programms)』과 『자본(Das Kapital)』 3권. Sydney Webb and Beatrice Webb, *The History of the Trade Unionism*(AMS Press, 1976); David Schweickart, "Economic Democracy: A Worthy Socialism That Would Really Work," *Science and Society*, Vol.56, No.1(1992), pp.9~38; J. K. Gibson-Graham, "Enabling Ethical Economies: Cooperativism and Class," *Critical Sociology*, Vol.29, No.2(2003), pp.129~138.

8 José Maria Ormaetxea, *The Mondragon Cooperative Experience*(Mondragon Corporacion Cooperativa, 1993); 호세 마리아 오르마에트세아, 『몬드라곤의 체험』 상·하, 김성오 옮김(신협중앙회, 1995); 호세 마리아 오르마에트세아, 『몬드라곤의 기적: 행복한 고용을 위한 성장』, 김성오 옮김(역사비평사, 2012).

9 프랑스에서는 몬드라곤 협동조합에 대한 관심이 영미권보다 약하다. Jacques Prades, "L'énigme de Mondragon comprendre le sens de l'expérience," *RECMA-Revue international de l'économie sociale*, Vol.296(2005), p.1.

10 Robert Oakeshott, "Mondragon, Spain's oasis of democracy," *The Obserber*, January 21, 1973; Robert Oakeshott, *Worker-Owners: Mondragon Revisited*(London: Anglo-German Foundation, 1987).

11 Sharryn Kasmir, *The Myth of Mondragon: Cooperatives, Politics and Working-Class Life in a Basque Town*(Albany: NY, 1996); Keith Bradley and Alan Gelb, *Co-operation at Work: The*

Mondragon Experience (London: Heinemann, 1983); George Cheney, *Values at Work: Employee Participation Meets Market Pressures at Mondragon* (Cornell University Press, 1999).

12 William Foote Whyte and Kathleen King Whyte, *Making Mondragon: The Growth and Dynamics of the Worker Cooperative Complex* (Cornell University Press, 1988); 윌리엄 F. 화이트 · 캐서린 K. 화이트, 『몬드라곤에서 배우자: 자본주의의 부정의와 사회주의의 비효율을 넘어선 정의와 효율의 통일』, 김성오 옮김(나라사랑, 1993).

13 H. Thomas and Ch. Logan, *Mondragon, An Economic Analysis* (London: Allen and Unwin, 1982), pp.14~17; David J. Greenwood, Jose Luis Gonzalez, *Industrial Democracy as Process: Participatory Action: Research in the Fagor Co-operative Group of Mondragon* (Maastricht: Van Gorcum, 1992).

14 Seymour Melman, *After Capitalism: From Managerialism to Workplace Democracy* (New York: A. Knopf, 2001), p.358.

15 Christina A. Clamp, "The Evolution of Management in the Mondragon Cooperatives," web. uvic.ca/bcics/pdf/mapcanf/clamp/pdf(검색일: 2016.03.03).

16 바스크 지방 마르키나(Markina) 출신, 교황 레오 13세의 회칙 'Renum Novarum'(1891)과 피우스 9세의 회칙 'Quadragessimo Anno'(1931)가 제시한 사회적 가톨릭주의 정신을 따르는 교사들로 구성된 비토리아(Vitoria) 교구 신학교에서 수학 · 사회학 · 인류학을 소개해준 호세 미겔 데 바란디아란(Jose Miguel de Barandiaran), 가톨릭 잡지 ≪에스프리(Esprit)≫와 가톨릭 철학자 자크 마리탱(Jacques Maritain)과 에마뉘엘 무니에(Emmanuel Mounier)를 소개해준 쥐앙 탈라마스(Juan Thalamas)의 영향을 많이 받았다. 그는 또한 바스크 민족주의자 당 기관지 ≪바스크(Euzkadi)≫를 읽었고, 바스크 농민의 현실과 가톨릭 교의와 역사적 경험을 결합한 바스크어 논문집 *Gizarte Auzia*를 읽었다.

17 본래 이 지역의 산업은 1906년 이래로 제철제강 공장 세라헤라 유니온(Unión Cerrajera)이 설립되어 1940년경에는 경제적 공동체로서 커피숍 지점망, 협동조합 상점, 보험협회, 교육제도까지 장악하고 노동인구의 3분의 2가 관련 회사에 고용되어 있었다. 이 회사의 주식은 창업자의 가족과 친구만이 소유 가능했고, 외부인은 현장감독관 이상으로 승진이 불가능했다. 1936~1937년 내전기에는 몬드라곤이 위치하는 데바(Alto Deva) 계곡 주민들이 제2공화국을 지지하는 사회주의자나 바스크 민족주의자 대(vs) 프랑코 장군 반란군 지지자로 거의 절반씩 나뉘어 싸웠으며, 37명이 죽은 전투지대였다. 거기에 제2차 세계대전이 겹쳐 배급 · 기아 · 질병이 지역을 휩쓸면서 주민들은 반목하고 노동자들은 갈등했다. Barbara Loyer, *Géopolitique du Pays basques* (Paris: Harmattan, 2000).

18 몬드라곤에서는 '돈 호세 마리아' 또는 '아리스멘디 신부'로 불렸다.

19 호세 마리아 신부를 너무 강조하면 준(準)성인전이 될 우려가 있지만, 역할이 큰 점은 분명하다. Fernando Molina and Antonio Miguez, "The origins of Mondragon: Catholic co-operativism and social movement in a Basque Valley(1941-1959)," *Social History*, Vol.33, No.3(2008), p.286; 황보영조, 「아리스멘디가 꿈꾼 협동조합 질서」, ≪대구사학≫, 107호(2012), 319~346쪽.

20 소규모 등유 난방기 제조사로서 루이스 우사토레(Luis Usatorre), 헤수스 라라나가(Jesús Larranaga), 알폰소 고르뇨고이티아(Alfonso Gorrñogoitia), 호세 마리아 오르마에트세아(José Maria Ormaetxea), 하비에르 오르투바이(Javier Ortubay) 5인의 설립자들의 성에서 첫 글자를 따 만들었다. 울고르는 노동자들이 총회와 조합 구성원을 대표해 집행을 결정하는 감독위원회(Consejo Rector: Governing Council)와, 역시 선출된 대표자의 모임이지만 자문 역할을 하는 사회위원회(Consejo Social: Social Council)가 주요한 구성 요소였다. 1956년 풍코르(Funcor), 1957년 아라사테(Arrasate), 1964년 코페르시(Coperci)와 에데를란(Ederlan) 등의 순서로 회사를 계속 설립했다.

21 다음을 참조. Race Mathews, "Mondragon: Past Performance and Future Potential," Draft of a Paper in Honour of the late Prof. William Foote White in Washington 10 2002, http://cog.kent.edu/lib/MathewsMondragon_(COG)_g.htm(검색일: 2016.3.5).

22 Fr. José Maria Arizmendirreta, "Core Ideas From Mondragon's Founder," *Social Policy*, Vol.32, No 2(2001/2002), pp.10~11.

23 David Herrera, "Mondragon: A For-Profit organization That Embodies Catholic Social Thought," *Review of Business*, Vol.25, No 1(2004), p.64.

24 여기서 평등은 일방적으로 사회계급과 조직적 지위의 차이를 무시한다는 뜻이 아니라, 개인과 조직 간의 관계에서 차이를 최소화하는 것을 말한다.

25 José Maria Ormaechea, "Ten Basic Principles of Mondragon," in D. Herrera(ed.), "Mondragon: A For-profit Organization that Embodies Catholic Social Thought," http://stthomas.edu/cathstudies/CST/.../bilbao/papers/Herrera.pdf(검색일: 2016.3.5), appendix.

26 여성의 협동조합 가입 비율이 남성과 거의 비슷하고 경영 참여에 유리한 이상적 도구이지만, 노동 구분과 경영 참여에서 불평등이 유지되며, 여성들이 창설한 협동조합은 의류, 사회봉사, 교육, 레저 활동에 한정된다는 비판적 평가도 받는다. Rafael Chaves Ávila, Mariá Antonia Ribas Bonet and Antonio Sajardo Moreno, "Fulfillment of the First Principle: An Analysis of Gender Discrimination in Spanish Co-operatives," *Review of International Co-operation*, Vol.98, No.1(2005), pp.78~89.

27 Roy Morrison, *We Build the Road As We Travel*(Philadelphia: New Society Publishers, 1991), p.11.

28 J. Prades, "L'énigme de Mondragon comprendre le sens de l'expérience," pp.11~12.

29 J. K. Gibson-Graham, "Enabling Ethical Economies: Cooperativism and Class," pp.140~141. 이 원리는 1844년 로치데일 협동조합 설립 강령이 표방한 원리에 바탕을 둔다.

30 Joël Martine, "Les coopératives ouvrières de Mondragon: Une réponse autogestionnaire à la mondialisation," *Courriel d'information Attac*, No.492(décembre 11, 2004), http://fsl33.apinc.org/article.php?id_article=139(검색일: 2016.10.16).

31 Cheney, *Values at Work*, p.56.

32 화이트 · 화이트, 『몬드라곤에서 배우자』, 100~115쪽.

33 스페인 법률은 협동조합을 사회보장 세금과 혜택에서 배제하므로 독자적인 사회보장 체계를 마련해야 했다.

34 울라르코는 울고르, 기계 도구를 생산하는 파고르 아라사테(Fagor Arrasate), 코메트(Comet), 코프레시(Copreci) 등 6개 기업으로 구성되었다. 조직은 전 조합원 총회(Cooperative Congress), 자문 이사회(Management Council), 4년 임기 경영본부(General Manager), 조합 평의회 감사(Audit Committee)로 구성되었고, 개별 협동조합도 거의 유사한 체제로 구성되었다. 울라르코는 협동조합 복합체(MCC)로 재편성되면서 파고르(Fagor)로 불렸다.

35 몬드라곤의 조직과 조직의 역사에 관한 간략한 소개는 다음을 참조. Sonia Rolland, "Mondragon Corporation Cooperatives, People Working Together," *UW-L Journal of Undergraduate Research*, Vol.9(2006), p.3. 노동자 조합원이 늘어나면서 총회는 회합에 필요한 정보를 제공하는 사회위원회를 구성하고, 조합원을 대표해 운영 전략을 관리하는 9인의 무보수직 감독위원회를 구성했다.

36 Morrison, *We Build the Road As We Travel*, p.50; Charles M. A. Clark, "The Mondragón Corporación Cooperativa: An Interview with Juan M. Sinde, Chief Executive Deputy," *Review of Business*, Vol.25, No.1(2004), pp.4~5. 몬드라곤의 협동조합 정신이 칸트적 사회경제학의 적용이라는 독특한 평가도 있다. Mark A. Lutz, "The Mondragon co-operative complex: an application of Kantian ethics to social economics," *International Journal of Social Economics*, Vol.24, No.12(1997), pp.1404~1421. 처음에는 1 : 3.0~4.5의 등급 차이를 두었지만, 지금은 1 : 9로 늘어났다.

37 Dana Williams, "Work Change within Mondragon," http://gozips.uakron.edu/~dw2/papers/mondragon.pdf(검색일: 2016.3.3).

38 Bonnie Richley, "An Inquiry into the Diffusion of a Value-Based Innovation: A Study of Mondragon Cooperación Coopartiva and its Influence as a Business/Social Model," *B.A.W.B. Interactive Working Paper Series*, Vol.1, No.3(2007), pp.134~150.

39 Iosu Lizarralde and Inazio Irizar Etxeberria, "Can Co-oprative Networks and Governance Structures Stay Competitive in a Growing Europe? The Mondragon Experience," *Review of International Co-operation*, Vol.98, No.1(2000), p.70; Iosu Lizarralde, "Cooperatism, social capital and regional development: the Mondragon experience," *Internatinal Journal of Technology Management and Sustainable Development*, Vol.8, No.1(2009), pp.27~38.

40 J. Prades, "L'énigme de Mondragon comprendre le sens de l'expérience," p.8 참조.

41 Morrison, *We Build the Road As We Travel*, p.214.

42 Edward S. Greenberg, *Workplace Democracy: The Political Effects of Participation*(Cornell U. P., 1988), p.104.

43 Kasmir, *The Myth of Mondragon*, p.198; Michael W. Howard, "Worker-Controled Workplace," *Humanity and Society*, Vol.28, No.3(2004), pp.254~264.

44 Mike Miller, "Mondragon: Lessons for Our Times," *Social Policy*, Vol.32, No.2(2001), pp.17~21.

45 현재는 각 협동조합의 대의원 650명으로 구성된 협동조합 평의회(cooperative council)가 전체 계획을 결정한다.

46 조직의 구성과 운영에 대해서는 다음을 참조하시오. Fred Freudlich, Hervé Grellier and Rafael Altuna, "Mondragon: notes on history, scope and structure," *International Journal of Technology Management and Sustainable Development*, Vol.8, No.1(2009), pp.8, 8~11.

47 전자의 평가는 Fracisco Javier Forcadell Martinez, "Democratia, cooperacióon y éxito: Impli-caciones prácticas del caso de Mondragón," www://luzzatti.it/forcadell.pdf(검색일: 2015.3.5), pp.54~67 참조. 후자의 평가는 Kasmir, *The Myth of Mondragon*, pp.190~198 참조.

48 Cheney, *Values at Work*, p.59.

49 George Cheney, "Democracy in the Workplace: Theory and Practice from the perspective of Communication," *Journal of Applied Communication Research*, Vol.23(1995), pp.167~200.

50 Joyce Rothschild and J. Allen Witt, *The cooperative workplace: Potentials and dilemmas of organizational democracy and participation* (Cambridge U. P., 1986); Kenneth Cloke and Joan Goldsmith Jossey-Bass, *The End of Management and the Rise of Organizational Democracy* (A Wiley Company, 2002); Cynthia Estlund, *Working Together: How Workplace Bonds Strengthen a Diverse Democracy* (Oxford U. P., 2003); Gregory K. Dow, *Governing the Firm: Workers Control in Theory and Practice* (Cambridge U. P., 2003).

51 Francisco Javier Forcadell, "Democracy, Cooperation and Business Success: The case of Mondragón Corporación Cooperativa," *Journal of Business Ethics*, Vol.56(2005), pp.255~274.

52 Kasmir, *The Myth of Mondragon*, pp.86~87, 161~63.

53 성명서의 내용은 다음과 같다. "조합 평의회의 본질은 명확하다. 그것을 키워주고 있는 체제의 충실한 하인이며 그 체제의 적자이다. 이 기구에 노동자들이 참여하는 것은 민주적인 일면이 없지는 않다. 그러나 협동조합 지도자들의 참주적 선동이 노동자의 관심을 끌고, 이를 일종의 부르주아지적 의회로 바꾸려고 획책한다. 우리가 강조해야 할 일은 이러한 대립으로 노동자 계급의 조직(조합 평의회)이 노동자 계급에게 피해를 주고 있다는 사실이다. 그러므로 노동이 결코 유화적으로 변해서는 안 된다." 화이트·화이트, 『몬드라곤에서 배우자』, 125쪽.

54 화이트·화이트, 『몬드라곤에서 배우자』, 130쪽.

55 울고르의 냉장고 생산 공장에서 파업 주도 세력이 이사들과의 면담을 요청하고, 양쪽이 날카롭게 대립하며, 조합 평의회가 파업 주동자의 불만을 신중하게 검토하는 사이에 파업 지도부는 파업을 촉구했다. 약 400명의 울고르 노동자가 파고르 전기회사의 일부 노동자들과 함께 작업장을 이탈해 파업에 동참했다. 이사회는 파업 선동자 17명을 즉시 해고하고, 동조자 397명에 벌금을 부과했다.

56 Kasmir, *The Myth of Mondragon*, p.198.

57 Michael Wayne Howard, *Self-Management and the Crisis of Socialism: The Rose on the First of Present* (Rowman and Littlefield, 2000), p.129; 황보영조, 「1974년 울고르 파업에서 드러난 몬드라곤 기업의 이상과 현실」, 《동서인문》, 4호(2015), pp.31~62.

58 C. A. Clamp, "The Internationalization of Mondragon," *Annals of Public and Comparative Economics*, Vol.71, No.4(2000), pp.557~577.

59 Peter Leigh Taylor, "The Rhetorical Construction of Efficiency: Restructuring and Industrial Democracy in Mondragón, Spain," *Sociological Forum*, Vol.9, No.3(1994), pp.459~489.

60 Urko Lopez, Sain Lopez and Iñakai Larrañaga, "Innovation in industrial cooperatives: special featuresand potential of the Monragon model," *International Journal of Technology Management and Sustainable Development*, Vol.8, No.1(2009), p.41.

61 임금 차이가 처음에는 1 : 3에서 1 : 4.5, 특별한 경우에는 1 : 6, 1 : 9, 심지어 최근에는 1 : 12까지 늘어났다.

62 William Foote White, "The Mondragon Cooperatives in 1976-1998," *Industrial and Labor Relations Review*, Vol.52, No.3(1999), pp.478~480. 2006년에 이미 50% 이상이 비조합원이었고, 그 비율이 증가하고 있다.

63 아리스멘디 신부의 말. 화이트 · 화이트, 『몬드라곤에서 배우자』, 320쪽.

64 Ernesto Laclau, *Hegemony and Socialist Strategies towards a Radical Democratic Politics* (Verso, 1995), p.93.

65 Urko Lopez, Sain Lopez and Iñakai Larrañaga, "Innovation in industrial cooperatives: special featuresand potential of the Monragon model," p.42.

66 Mary Abascal-Hildebrand, "Mondragón Algebra of Community Economics," *Peace Review*, Vol.12, No.2(2000), pp.277~282.

67 J. Prades, "L'énigme de Mondragon comprendre le sens de l'expérience," p.12.

68 화이트 · 화이트, 『몬드라곤에서 배우자』, 173쪽.

69 Joël Martine, "Mondragon, des cooperatives ouvrieres dans la Mondragon: adaptation ou contre-offensive," http://joel.martine.free.fr/Alternatives%2520economiques/mondragon2008 JM.rtf&title= en%20ligne%2C%20rtf(검색일: 2016.3.3).

70 F. Gomez-Acedo and J. Prades, "Mondragón. Une holding de coopératives face à la mondialisation"(2005), pp.9~10. http://i-r-e.org/bdf/docs/a005_mondragon-holding-de-co-operatives. pdf(검색일: 2016.03.07). 몬드라곤의 경험에서 언어, 특히 바스크어가 지니는 집단적 응집력의 중요성을 강조한다.

71 Jeffrey P. Katz and Michael A. Boland, "One for All and All for One? A New Generation of Co-operatives Emerges," *Long Range Planning*, Vol.35(2002), pp.73~89.

72 Jean Michel Larrasquet and Aline Dupouy, "The Mondragon experience: serving as a source of inspiration for transfer issues," *International Journal of Technology Management and Sustainable Development*, Vol.8, No.1(2009), pp.77~84.

73 Gurli Jakobsen, "Co-operative and Training dimensions in entrepreneurship. A Study of the methodology of the Saiolan Centre in Mondragon," *Arctic Research Journal*, Vol.1(2001), pp.137~146.

74 Besty Bowman and Bob Stone, "Cooperativization on the Mondragón Model: Alternative to Globalizing Capitalism," *Humanity and Society*, Vol.28, No.3(2004), pp.272~297.

75 Clamp, "The Internationalzation of Mondragon," p.564.

76 Jose Mari Luzarraga Monasterio, Dr. Dionisio Aranzadi Telleria and Dr. Iñazio Irizar Etxebarria, "Underatanding Mondragon Globalization Process: Local Job Creation through Multi-Location," http://www.community-wealth.org/-pdfs/articles.../aper-luzarrage-et.al.pdf(검색일: 2016.3.3).

77 Cheney, *Values at Work*, p.72.

78 Jose Eizaguirre and William Christensen, "Corporate Globalization Versus a Common Human nature, Third World Development, and the Mondragon Model," stthomas.edu/ cathstudies(검색일: 2016.3.5).

79 Gorm Winther and Michael Kuur Sørensen, "The Mondragon Co-operatives Going Global?" (2003), www.business.aau.dk/wiid/papers/The%20Mondragon%20Co1.doc(검색일: 2016.3.3).

80 German Aginagalde, "Specific tax issues of the cooperatives in the Mondragon group," *International Journal of Technology Management and Sustainable Development*, Vol.8, No.1 (2009), pp.69~76.

81 Gomez-Acedo and Prades, "Mondragón. Une holding de coopératives face à la mondialisation," p.4.

82 안 아르구즈(Anne Argouse)와 위그 페레(Hugues Peyret)는 2007년 이 문제를 다큐멘터리로 제작했고, 2007년 프랑스의 텔레비전에서 방영해 많은 반향을 일으켰다. *Les Fagor et les Brandt*, Un film de Anne Argouse & Hugues Peyret, Antoine Martin Productions, 2007. 이 작품은 2008년 아미엥 국제영화제(Festival du film inetrnational d'Amiens)에 출품되어 마시프 상(Prix Macif) 사회경제 영화 부분에서 2등상을 수상한다.

83 페르난도 고메즈아세도(Fernando Gomez-Acedo)와 자크 프라드(Jacques Prades)는 로컬의 독자성과 새 가능성을 열어준 '몬드라곤' 협동조합체의 발전이 결국 다른 로컬의 노동자들을 희생시키는 '경제적 인종중심주의(ethnocentrisme économique)'라고 비판한다. Gomez-Acedo and Prades, "Mondragón. Une holding de coopératives face à la mondialisation," p.6.

84 파고르 가전 부문에는 전 세계적으로 5600명이 재직했고, 1600명이 조합원이었다. 일단 900명을 우선 재배치하고 일부는 퇴직을 선택해 고통을 분담했다. 대부분이 재배치되었지만 일부는 임금 80%를 받으며 대기했다. 파고르브란트는 알제리의 세비탈(Cevital) 그룹이 인수했다. 파고르 가전은 카탈로니아의 카타(Cata)가 4250만 유로에 팔렸다. 2013년 11월 파산 발표 후, 6개월간 법정관리에 들어갔다가 2014년 스페인과 폴란드 공장까지 포함한 브란트 그룹 전체가 인수되었고, 이 과정에서 1800명 중 1200명의 고용이 승계되었다. 2014년 말에는 폴란드에 소재한 파고르 마스테르크로크(Fagor Mastercrook)까지도 독일의 가전업체 BSH(BSH Hausgerate)가 인수하면서 대표적인 자회사들이 정리되었다.

85 A. M. Errasti, I. Heras, B. Bakaikoa and P. Elgoibar, "The Internationalzation of Cooperatives: The Case of the Mondragon Cooperative Coporation," *Annals of Public and Cooperative Economics*, Vol.74, No.4(2003), p.562.

86 Chris Cornforth, "Making sense of co-operative governance: compating models and tensions," *Review of International Co-operation*, Vol.95, No.1(2002), pp.51~57. 조직의 쇠퇴를 막는 방도로서 관리집단의 민주적 협치 문제를 검토한 작업은 다음을 참조. Baleren Bakaikoa, Anjel Errasti

and Agurtzane Begirristain, "Governance of the Mondragon Copracion Cooperativa," *Annals of Public and Cooperative Economics*, Vol.75, No.1(2004), pp.61~87.

87 Anjel Mari Errasti Amozarrain, "Mondragón Cooperatives and Globalization," http://www. stthomas.edu/cathstudies/cst/conferences/bilbao/papers/Errasti.pdf(검색일: 2016.3.5).

88 Errasti, Heras, Bakaikos and Elgoibar, "The Internationalzation of Cooperatives: The Case of the Mondragon Cooperative Coporation," p.579.

89 Sharryn Kasmir, "The Mondragón Model as Post-Fordist Discourse: Considerations on the Production of Post-Fordism," *Critique of Anthropology*, Vol.19, No.4(1999), pp.379~400. Ramon Flecha and Fun Ngai, "The challenge for Mondragon: Searching for the cooperative values in times of internationalization," *Organization*, Vol.21, No.5(2014), pp.666~682.

제5장 공간 점거와 수행성의 정치: 2011년 9월 뉴욕 월가 '점령하라' 운동

1 Alain Badiou, *The Communist Hypothesis*, translated by D. Macey and Steve Corcoran(Verso, 2010), pp.208~221[*L'hypothèse communiste*(Lignes L Scheer, 2009)]; Stephen Squibb, "What was occupy," *The Monthly Review*, Feb.(2015), pp.39~46. 사건적 장소(site évènementiel)에서 '사건'은 이전에 존재하지 않았던 것이 폭발적으로 나타나 불확실하고 영광스러운 결과를 새로 시작하게 만든 것을 말한다. 사태의 발단은 그해 7월 13일 캐나다 밴쿠버에서 발행되는 반소비주의 친환경 잡지 ≪에드버스터즈(Adbusters)≫가 중동의 민주화 사태와 스페인에서 '분노한 자들(indignados)'의 천막 시위를 소개하고, 9월 17일 맨해튼에서 천막과 주방을 차리며 평화롭게 바리케이드를 치자고 제안한 일이다. 그날 몇 차례 예행연습을 거친 시민 수백 명이 남부 맨해튼에서 시위를 벌이다 통행금지에 묶여 브룩필드 재단 소유 3만 3000평방피트 면적의 주코티 파크에서 야영에 돌입하며 '점령하라' 운동이 시작되었다.

2 Guy Standing, *Precariat: the new dangerous class*(Bloomsbury Academic, 2011). 프레카리아트 개념에 대한 평가는 다음을 참조. M. Savage et al., "A new model of social class? Findings from BBC's Great British Class Survey Experiment," *Sociology*, Vol.47, No.2(2013), pp.219~250.

3 Ingar Solty, "The crisis Interregnum: From the new right populism to the occupy movement," *Studies in Political Economy*, Vol.91(2013), pp.85~112; James K. Rowe and Myles Carroll, "Reform or radicalism: left social movements from the battle of Seattle to occupy Wall Street," *New Political Science*, Vol.36, No.2(2014), pp.149~171.

4 David Graeber, *Inside Occupy*(Campus Verlag, 2012); David Graeber, *The Democracy Project: a history, a crisis, a movement*(Spiegel & Grau, 2013); 데이비드 그래버, 『우리만 모르는 민주주의』, 정호영 옮김(이책, 2015). 바버라 엡스타인(Barbara Epstein)은 '점령하라' 운동이 많은 진보적 항의 운동을 단일 전통으로 귀속시킨 아나키즘이라고 부정적으로 평가했지만, 모건 깁슨(Morgan Gibson)은 아나키스트적 '이념'과 아나키스트 원리에서 고취된 '실천'을 구분하고,

후자의 차원에서 긍정한다. Barbara Epstein, "Occupy Oakland: the question of violence" *Socialist Register*, Vol.49(2013), pp.63~83; Morgan Rodgers Gibson, "The anarchism of the occupy movement," *Australian Journal of Political Science*, Vol.48, No.3(2013), pp.335~348. 한편 1990년대 이후 신아나키즘이 국가와 자본 문제를 넘어 여성, 인종, 인권 등에 관심을 표명했지만, 자율주의적 다원주의가 지속 가능성, 참여, 공정의 이름으로 시장다원주의와 강한 이념적 반항을 공유하며 신자본주의 정신에 윤리적 정당성을 제공하고 사회적 기업가 역할에 포섭되었듯, 정치를 전술로 축소시켜 근본적 사회변화의 열망을 좌절시켰다는 비판이 있다. Blair Taylor, "From alterglobalization to Occupy Wall Street: Neoanarchism and the new spirit of the left," *City*, Vol.17(2013), pp.729~747.

5   Simon Tormey, "Occupy Wall Street: from representation to post-representation," *Journal of Critical Globalization Studies*, Vol.5(2012), p.134.

6   이들이 모두 1차 사료가 되는바, 전자는 Writers for the 99%, *Occupying Wall Street: The inside story of an action that changed America* (Haymarket, 2012); 시위자, 『점령하라』, 임명주 옮김 (북돋움, 2012) 등이 있고, 후자는 Noam Chomsky, *Occupy* (Penguin, 2012); 노엄 촘스키, 『촘스키, 점령하라, 시위를 말하다』, 강주헌 옮김(수이북스, 2012); Slavoj Žižek *et al.*, *Occupy* (Verso, 2011); 슬라보이 지제크, 『점령하라』, 유영훈 옮김(RHKKorea, 2012)이 있다. 전 지구적 사건으로 평가하는 사료로는 Michael A. Gould-Wartopsky, *The Occupiers: The Making of the 99% Movement* (Oxford University Press, 2015)가 있다.

7   Slavoj Žižek, *The Year of Living Dangerously* (Verso, 2012), p.78.

8   N. Klein, "Why now? What's next? Naomi Klein and Totam Marom in conversation about Occupy Wall Street," *The Nation*, Jan 17, 2012; Sarah Heck, "Space, politics and Occupy Wall Street," *Thesis* (Georgia State University, 2014).

9   Peter Marcuse, "The purpose of the Occupation movement and the danger of fetishizing space," http://www.analysis.net/2011/11/19/the-purpose-of-the-occupation-movement-and-the-danger-of-fetishizing-space/(검색일 2017.12.1).

10 Joseph Stiglitz, "Of the 1%, by the 1%, for the 1%," *Vanity Fair*, May(2011), http://www.vanityfair.com/features2011/05/top-one-percent-201105(검색일: 2015.12.30); Joseph Stiglitz, *The Price of Inequality* (W.W. Norton and Co. Inc, 2012), p.23.

11 Jacques Rancière, "L'élection, ce n'est pas la democratie," *La Nouvel Obserbateur: Bibliobs* (2012.5.28).

12 Michael Hardt and A. Negri, "The fight for 'Real Democracy' at the heart of Occupy Wall Street: The encampment in Lower Manhattan speaks a failure of representation," https://www.foreignaffairs.com/articles/north-america/2011-10-11/fight-real-democracy(검색일: 2015.10.16).

13 Michael C. Dorf, "Could be Occupy movement become the realization of democratic experimentalism's aspiration for pragmatics politics," *Contemporary Pragmatics*, Vol.9, No.2(2012), pp.263~271. 주코티 파크 참여자들은 3분의 1이 40세 이상이었고, 3분의 1 정도가 인종적 소수

자(아시아계 7%, 아프리카계 10%, 히스패닉 10%)였다. 비록 민주당원이 공화당원보다는 좀 더 많았지만, 정치적 독자파로 자칭했고, 대부분 적어도 불완전 고용자였으며, 4분의 1이 학생이었고, 다수가 운동의 우선순위와 어젠다 설정에 관한 의견이 달랐다.

14   Manuel Castells, *Networks of Outrage and Hope: Social Movements in the Internet Age* (Polity, 2012); 마누엘 카스텔, 『분노와 희망의 네트워크』, 김양옥 옮김(한울, 2015); Michael J. Jensen and Henrik P. Bang, "Occupy Wall Street: A new political form of movement and community," *Journal of Information Technology and Politics*, Vol.10(2013), pp.444~461; Rasmus Kleis Nielsen, "Mundane internet tools, the risk of exclusion, and reflexive move-ments-Occupy Wall Street and political uses of digital networked technologies," *The Sociological Quarterly*, Vol.54(2013), pp.173~176; Mark Tremayne, "Anatomy of Protest in the digital era: a network analysis of Twitter and Occupy Wall Street," *Social Movement Studies*, Vol.13, No.1(2014), pp.110~126.

15   Jarret T. Crawford and Eneda Xhambazi, "Predicting political biases against the occupy wall Street and Tea Party Movements," *Political Psychology*, Vol.36, No.1(2015), pp.111~121.

16   Sarah L. Augusto, "Liquid Resistance: The Politics of Collaboration and Conflict in the UC and Occupy Movements"(University of California at Davis, Diss. of Philosophy, 2014).

17   자본의 윤리와 관련해서는 Doreen Massey, "A counterhegemonic relationality of place," in E. MacCann and K. Ward(eds.), *Globalization and Community: Mobile Urbanism: Cities and Policy-Making in the Global Age*(University of Minnesota Press, 2011), pp.1~14. 직접행동과 행위자 공간에 대해서는 D. Featherstone et al., "Progressive localism and the construction of political alternatives," *Transactions of the Institute of British Geographers*, Vol.37, No.2(2012), pp.177~182. 후기자본주의 정치에 관해서는 Jorge Fábrega and Javier Sajuria, "The formation of political discourse within online networks: The case of the occupy movement," *International Journal of Organizational Design and Engineering*, Vol.3, No.3/4(2014), pp.210~222 참조.

18   Margaret Kohn, "Privatization and protest: Occupy Wall Street, Occupy Toronto, and the occupation of public space in democracy," *Perspective on Politics*, Vol.11, No.1(2013), pp.99~110; Angie Beeman, "Post-civil rights racism and OWS: Dealing with color-blind ideology," *Socialism and Democracy*, Vol.26, No.2(2012), pp.51~54.

19   Judith Butler, "The state of things: The politic of the street and new forms of alliance," http://www.oca.no/programme/audiovisual/the-state-of-things-an-excerpt-from-the-politics-of-the-street-and-new-forms-of-alliance(검색일: 2017.12.1); Judith Butler, "Bodies in alliance and the politics of the street," http://eipcp.net/transversal/1011/butler/en/print(검색일: 2011.9); Butler, *Bodies that Matter: On the discursive limits of 'sex'*(Routledge, 1993); Butler, *Exitable Speech: A Politics of the Performative*, pp.16~17. 수행성 개념을 질 들뢰즈의 '차이와 반복', 담론적 재현이 아닌 비재현에서 찾는 관점은 Thrift, *Non-Representational Theory: Space, Politics, Affect* 참조. 이 역시 개인주의화하는 동시에 보편화하는 주권 주체에 유리한 몸의 정치 개념으로 퇴각해, 행위에 부과되는 사회적 억압이나 모순을 소홀히 할 우려가 있다. A. Nayak

and A. Jeffrey, *Geographical thought: An introduction to ideas in human geography* (Pearson, 2011), intro.

20   Craig Calhoun, "Occupy Wall Street in perspective," *The British Journal of Sociology*, Vol.64, No.1(2013), pp.35~36.

21   Michael R. Glass and Reuben Rose Redwood(eds.), *Performativity, Politics, and the Production of Public Space* (Routledge, 2014), p.2.

22   Stuart Schrader and David Wachsmuth, "Reflections on Occupy Wall Street, the state and space," *City*, Vol.16, No.1/2(2012), p.244.

23   Charles Tilly, "Space of contention," *Mobilization*, Vol.5, No.2(2000), pp.135~159.

24   John Hammond, "The significance of space in occupy Wall Street," *Interface; a Journal for and about social Movements*, Vol.5, No.2(2013), pp.499~524.

25   Andy Merrifield, *The Politics of the Encounter: Urban Theory and Protest under Planetary Urbanization* (University of Georgia Press, 2013), p.66.

26   Jonathan Matthew Smucker, "OCCUPY: A name fixed to a flashpoint," *The Sociological Quarterly*, Vol.54(2013), p.219; Lilian Radovac, "Mic Chec: Occupy Wall Street and the space of audition," *Communication and Critical/Cultural Studies*, Vol.11, No.1(2014), pp.34~41.

27   Peter Marcuse, "Keeping space in its place in the Occupy movements," *Progressive Planning*, Vol.191(Spring, 2012), pp.15~16.

28   '점령' 과정에 폭력이 없지는 않았지만 비폭력을 지향했다. Shon Meckfessel, "Contentious Subject: Non/violence as Tropic and trope in the Occupy Movement"(University of Washington, Doctor of Philosophy Diss., 2014), p.99.

29   Lilian Radovac, "Mic check: Occupy Wall Street and the space of audition," *Communi-cation and Critical/Cultural Studies*, Vol.11, No.1(2014), pp.34~41.

30   Heck, "Space, politics and Occupy Wall Street," p.105.

31   W. Mitchell, "Image, space, revolution: the arts of occupation," *Critical Inquiry*, Vol.39(2012), pp.8~32; A. Feigenbaum, F. Frenzel and P. McCurdy(eds.), *Protest Camp* (Zed, 2013), pp.12, 206~207.

32   Saskia Sassen, "The global street comes to Wall Street," *Possible/Futures: a Project of the Social Science Research Council* (2011.11.22).

33   Davis Harvey, *Rebel Cities: from rights to the city to the urban revolution* (Verso, 2012), p.117.

34   Harvey, *Rebel Cities*, pp.161~162.

35   Justus Utermark and Walter Nicholls, "How local networks shape a global moment: Comparing Occupy in Amsterdam and Los Angeles," *Social Movement Studies*, Vol.11, No.3/4(2012), pp.295~301.

36   Setha Low and Neil Smith, "Introduction: the imperative of public space," in S. Low and Neil Smith(eds.), *The Politics of Public Space* (Routledge, 2006), pp.1~16.

37   Sam Halvorsen,"Taking space: moments of rupture and everyday life in Occupy London,"

Antipode, Vol.47, No.2(2015), p.402.

38   Henri Lefebvre, *La production de l'espace* (Anthropos, 2000[1974]), pp.42~43.

39   Henri Lefebvre, *Critique de la vie quotidienne II: Fondements d'une sociologie de la quotidienne* (L'Arche, 1980), pp.347~348; Remi Hess, "Préface de Gabriel Weigand," *Henri Lefebvre et la pensée du possible: théorie des moments et construction de la personne* (Economica, 2009), p.193; Fernand Mathias Guelf, *Die Urbane Revolution: Henri Lefebvres philosophie der globaler verstädterung* (transcrift, 2010).

40   Lefebvre, *Critique de la vie quotidienne II*, p.340.

41   Lefebvre, *La production de l'espace*, p.43.

42   Kitty K. Epstein et al., *Organizing to Change a City* (Peter Lang, 2012), p.119; Anna Szolucha, "Real politics in Occupy: Transcending the rules of the day," *Globalizations*, Vol.12(2015), p.76.

43   Max Liboiron, "Tactics of waste, dirt and discard in the Occupy movement," *Social Movement Studies*, Vol.11, No.3/4(2012), pp.393~401.

44   Sandra J. Schmidt and Chris Babits, "Occupy Wall Street as a curriculum of space," *The Journal of Social Studies Research*, Vol.38(2014), pp.79~89.

45   Matthew Sparke, "From global dispossession to local repossession: Towards a worldly cultural geography of occupy activism," in N. C. Johnson, R. Shein and J. Winder(eds.), *The New Companion to Cultural Geography* (Wiley-Blackwell, 2013), pp.387~408.

46   Halvorsen, "Taking space: moments of rupture and everyday life in Occupy London," pp.410~411.

47   W. J. T Mitchell, Bernard E. Harcourt and Michael Taussig, *Occupy: three inquiries in disobedience* (The University of Chicago Press, 2013).

48   Jan Rehmann, "Occupy Wall Street and the question of hegemony: a Gramscian analysis," *Socialism and Democracy*, Vol.27, No.1(2013), p.9. 이런 일상을 퀴어적인 것으로 이해할 가능성도 열린다. Heather Love, "The queerness of everyday life," *Feminist Formations*, Vol.28, No.2 (2016), pp.169~174.

49   Francesca Poletta and Kelsey Kretschmer, "Free spaces," *The Wiley-Blackwell Encyclopedia of Social and Political Movements* (Wiley-Blackwell, 2013). 런던의 경우에는 핀즈베리 광장 잔디밭에서 삼바 밴드가 카니발적인 리듬으로 즐거움을 선사했으며, 점거자들도 노래하고 춤추며 참가하는, 사회생활의 은밀하고 숨겨진 측면과 연결된 즐거움·욕망을 표출하는 '파열의 순간'을 제공했다. Halvorsen, "Taking space: moments of rupture and everyday life in occupy london," pp.401~417.

50   Chris Garces, "People's mic and the democratic charisma: Occupy Wall Street's frontier assemblies," *Focal-Journal of Global and Historical Anthropology*, Vol.66(2013), pp.88~102; John Jones, "Compensatory division in the Occupy movement," *Rhetoric Review*, Vol.33, No.2(2014), p.159.

51   Jennifer L. Eagan, "Withholding the red ink: Occupy, Foucault, and the administration of

bodies," *Administrative Theory and Praxis*, Vol.36, No.2(2014), pp.240~258; Kelly E. Happe, "Parrhēsia, biopolitics, and Occupy," *Philosophy and Rhetoric*, Vol.48, No.2(2015), p.219. 심지어 런던 '점령하라'는 텐트 시티(Tent City) 대학을 운영했다.

52 Javier Auyero, "When everyday life, routine politics, and protest meet," *Theory and Society*, 33(2004), pp.417~441.

53 P. Chatterton and J. Pickerill, "Everyday activism and transitions towards post-capitalist worlds," *Transactions of the Institute for British Geographers*, Vol.35(2010), pp.475~490.

54 Jacques Rancière, "Communists without communism," in C. Douzinas and S. Žižek(eds.), *The idea of Communism* (Verso, 2010), p.176.

55 Giovanna Mascheroni, "Online participation: new forms of civic and political engagement or just new opportunities for networked individualism," in Brian D. Loader and Dan Mercea (eds.), *Social Media and Democracy: Innovations in participatory politics* (Routledge, 2012), pp.207~223.

56 Cheng-Jun Wang, Pan-Pian Wang and Jonathan J. H. Phd, "Discussing Occupy Wall Street on twitter: longitudinal network analysis of equality, emotion, and stability of public discussion," *Cyberpsychology, Behavior and Social Networking*, Vol.16, No.9(2013), pp.679~685.

57 John Hammond, "The significance of space in Occupy Wall Street," *Interspace: a journal for and about social movements*, Vol.5, No.2(November, 2013), pp.507~508.

58 Mattew S. May and Daniel Synk, "Contradiction and overdetermination in Occupy Wall Street," *Communication and Critical/Cultural Studies*, Vol.11, No.1(2014), p.80.

59 Szolucha, "Real politics in occupy," p.69.

60 Jodi Dean, "Occupy Wall Street: forcing division," *Constellations*, Vol.21, No.3(2014), p.387.

61 Jacques Rancière, *Le partage du sensible: esthétique et politique* (la Fabrique, 2000), p.12; 자크 랑시에르, 『감성의 분할: 미학과 정치』, 오윤성 옮김(도서출판 b, 2008), 13~14쪽; 자크 랑시에르, 『불화: 정치와 철학』, 진태원 옮김(길, 2015), 145쪽. 민주주의는 개인의 사적 행복이나 삶의 형식이 아니라, 공적인 것의 사사화와 공과 사의 배분의 완화에 맞서는 투쟁 과정이다. Jacques Rancière, *La dissensus: esthétique & politique* (Labyrinthe, 2004), pp.31~32; Jacques Rancière, *La haine de la démocratie* (La Fabriques, 2005), pp.69~70; 자크 랑시에르, 『민주주의에 대한 증오』, 백승대 옮김(인간사랑, 2007), 118~119쪽.

62 Hammond, "The significance of space in Occupy Wall Street," p.512.

63 Schrader and Wachmuth, *Reflections on Occupy Wall Street*, p.245.

64 Writers for the 99%, *Occupying Wall Street: The inside story of an action that changed America*; 시위자, 『점령하라』.

65 Kathy Rudy, "Queer Theory and Feminism," *Women's Studies*, Vol.29(2000), pp.195~216; Jasbir K. Puar, "Queer Times, Queer Assemblages," *Social Text*, Vol.23 No.3-4(2005), pp.121~139.

66 Butler, "Bodies in alliance and the politics of the street," http://eipcp.net/transvarsal/1011/butler/en/print

67 Iván Arenas, "Assembling multitude; material geographies of social movements from Oaxaca to Occupy," *Environment and Planning D: Society and Space*, Vol.32(2014), p.443.

68 M. Pino, "Politics of indignation," *Rethinking Marxism*, Vol.25(2013), pp.228~241.

69 Jenny Pickerill and John Krinsky, "Why dose occupy matter," *Social Movement Studies*, Vol.11, No.3/4(2012), pp.279~287.

70 Christopher Leary, "Occupy Wall Street's challenge to an American Public Transcript," The City University of New York, Diss. of Doctor of Philosophy, 2014.

71 Dean, "Occupy Wall Street: forcing division," p.383.

72 Buttler, "The state of things," p.12. 여성학자들의 이런 참여는 데리다가 민주주의의 중요한 요소로 꼽은 '우애(fraternity)'를 증진시키는 '젠더 복화술'로 작용했다는 평가가 있다. Nan Seuffert, "Ocupy, financial fraternity and gender ventriloquium," *Law, Culture and the Humanities*, Vol.10, No.3(2014), pp.380~396.

73 Simin Fadaee and Seth Schindler, "The occupy movement and the politics of vulnerability," *Globalizations*, Vol.11, No.6/7(2014), p.780.

74 Szolucha, "Real politics in Occupy," pp.66~82.

75 John L. Hammond, "The significance of space in occupy wall street," p.507.

76 Robert J. Wengronowitz, "Lessons from Occupy Providence," *The Sociological Quarterly*, Vol. 54, No.2(2013), p.215; Sarah Jaffe, "Occupy as a humbling experience," *The Sociological Quarterly*, Vol.54, No.2(2013), p.201.

77 Saul Newman, "Postanarchism: a politics of anti-politics," *Journal of Political ideologies*, Vol.16(2011), pp.313~327; Jonathan M. Smucker, "OCCUPY: a name fixed to a flashpoint," *The Sociological Review*, Vol.54, NO.2(2013), p.222.

78 A. Szolucha, "Real politics in occupy," p.77.

79 A. Feigenbaum, P. McCurdy and F. Frenzel, "Towards a method for studying affect in (micro) politics: The campfire chats project and the Occupy movement," *Parallex*, Vol.19, No.2 (2013), pp.21~37.

80 Jacques Rancière, *Aux bords du politique*(Gallimard, 1998) p.110; 자크 랑시에르, 『정치적인 것의 가장자리에서』, 양창렬 옮김(길, 2008); Lefebvre, *La production de l'espace*, p.42.

81 Gabriel Thompson, "Labor + Occupy: a match made in ……," *The Nation*, Apr 2, 2012, pp.29~31; Gould-Wartopsky, *The Occupiers: The Making of the 99% Movement*, p.180.

82 Marianne Maeckelbergh, "Horizontal democracy now: From alterglobalization to occupation," *Interspace: a Journal for and about Social Movements*, Vol.4, No.1(2012), pp.207~234.

83 Killoy M. Khatib and M. McGuire(eds.), *We are many: reflections on Movement Strategy from Occupation to Liberation*(AK Press, 2012); A. S Lang and D. Levitsky(eds.), *Dreaming the Public: Building the Occupy Movement*(New Internationalist, 2012); Jeffrey Juris, M. Ranayne, F. Shokoch-Valle and R. Wengronowitz, "Negotiating power and difference with in the 99%," *Social Movement Studies*, Vol.11, No.3/4(2012), pp.434~440.

84 Antonio Gramsci, *Selections from the Prison Notebooks of Antonio Gramsci* in Quintin Hoare and Geoffrey Nowell Smith(eds.)(International Publisher, 1971), pp.180~183; Rehmann, "Occupy Wall Street and the question of hegemony: a Gramscian analysis," pp.1~18.

85 Jacques Derrida, *Spectres de Marx*(Galilée, 1993), pp.80~81.

86 Isabell Lorey, "The 2011 Occupy movements: Rancière and the crisis of democracy," *Theory, Culture & Society*, Vol.31, No.7/8(2014), p.54.

87 Jacques Derrida, *Rogues: Two essays on reason*, translated by P. -A. Brault and M. Nass(Stanford University Press, 2005), p.34.

88 Jürgen Habermas, *On the pragmatics of communication* in Maeve Cooke(ed.)(MIT Press, 1998); Jürgen Habermas, *Theorie des kommunikativen Handelns Bd. I, Handlungsrationalitaet und gesellschf-tliche rationalisierung*, 4th ed.(Shurkamp, 1987); 위르겐 하버마스, 『의사소통행위이론 I』, 장춘익 옮김(나남출판, 2006); Jürgen Habermas, "Political communication in media society: Does democracy still enjoy an epistemic dimension? The impact of normative theory on empirical research," *Communication Theory*, Vol.16, No.4(2006), pp.411~426.

89 Chantal Mouffe, "Deliberative democracy or agnostic pluralism," *Social Research*, Vol.66, No.3(1999), pp.745~758; Nimrod Shavit and Benjamin H. Bailey, "Between the procedural and the substantial: Democratic deliberation and the interaction order in 'Occupy Middleton general assembly'," *Symbolic interaction*, Vol.38, No.1(2015), pp.103~126.

90 Donatella della Porta, *Can Democracy Be Saved? Participation, Deliberation and Social Movements*(Polity, 2013), p.80; Seong-Jae Min, "Occupy Wall Street and deliberative decision making," *Communication, Culture & Critique*, Vol.8(2015), pp.73~89.

91 Keith Bassett, "Rancière, politics, and the Occupy movement," *Environment and Planning D: Society and Space*, Vol.32(2014), p.889.

92 Mark Chou, "From crisis to crisis: democracy, crisis and the occupy movement," *Political Studies*, Vol.13(2015), p.56.

제6장 촛불시위 공간과 헤테로토피아: 자율과 반자율의 교차지대

1 에이프릴 카터, 『직접행동』, 조효제 옮김(교양인, 2005), 32쪽.

2 프랑코 베라르디, 『봉기: 시와 금융에 관하여』, 유충현 옮김(갈무리, 2012), 63쪽.

3 David Harvey, *Spaces of Neoliberalism*(Franz Steiner Verlag, 2005); 데이비드 하비, 『신자유주의 세계화의 공간들』, 임동근·박훈태·박준 옮김(문화과학사, 2010); David Harvey, *Rebel Cities*(Verso, 2012); 데이비드 하비, 『반란의 도시』, 한상연 옮김(에이도스, 2014).

4 Axel Honneth, *The Struggle of Recognition: The Moral Grammar of Social Conflict*(The MIT Press, 1996); 악셀 호네트, 『인정투쟁: 사회적 갈등의 도덕적 형식론』, 이현재·문성훈 옮김(사월의 책, 2011).

5 앤디 메리필드, 『마주침의 정치』, 김병화 옮김(이후, 2015), 159쪽.

6 안토니오 네그리 · 마이클 하트, 『공통체: 자본과 국가 너머의 세상』, 정남영 · 윤영광 옮김(사월의 책, 2014), 357, 418쪽.

7 Andy Merrifield, "Every Revolution has Its Agora," *The New Urban Question*(Pluto Press, 2014), pp.79~88.

8 Lefebvre, *Critique de la vie quotidienne II*, pp.347~348; Remi Hess, "Préface de Gabriel Weigand," p.193; Fernand Mathias Guelf, *Die Urbane Revolution: Henri Lefebvres philosophie der globaler verstädterung*(transcrift, 2010).

9 Henri Lefevbre, *Éléments de rythmanalyse: Introduction á la connaissance des rythmes* (Syllepse, 1992); 앙리 르페브르, 『리듬분석: 공간, 시간, 그리고 도시의 일상생활』, 정기헌 옮김 (갈무리, 2013).

10 Lefebvre, *Critique de la vie quotidienne II*, p.340.

11 Lefebvre, *La production de l'espace*, p.43.

12 물론 2002년 6월 미군 장갑차에 효순과 미선이 압사한 사건에 분노한 촛불시위의 선구적 중요성을 인정한다. 다만 시위 사건의 평가 문제와 연관시켜 2008년 촛불시위에 초점을 맞춘다.

13 고길섶, 「공포정치, 촛불항쟁, 그리고 다시 민주주의는?」, ≪문화/과학≫, 55호(2008), 130~149쪽.

14 한우리 · 허철, 「보여주기의 문화정치학: 촛불집회, 퍼포먼스, 수행적 정체성」, ≪평화연구≫, 가을 호(2010), 41~82쪽.

15 G. Fauconnier, *Espaces mentaux: Aspects de la construction du sens dans les langues naturelles*(Paris: Minuit, 1984), p.32; Gilles Fauconnier and Eve Sweetser(eds.), *Spaces, Worlds, and Grammar*(The University of Chicago Press, 1996), introduction. 다음도 참조. Bill Whitehouse, *Mapping Mental Spaces*, 2 vols(Createspace, 2009).

16 보수 언론은 이 광장이 세월호 유가족들뿐 아니라 시민 모두의 것이기에 천막을 걷어내고 시민들에게 돌려주어야 한다는 명분을 내세워 점거를 해체하라고 목소리를 높였다(≪조선일보≫, 2016년 4월 16일 자 사설).

17 이 개념은 『말과 사물』이 큰 관심을 끌었던 1966년 12월 7일 프랑스-퀼튀르 채널의 방송 강의에서 거론되었다. 방송이 나가자 건축가의 모임인 건축연구회가 1967년 3월 푸코를 초청했고, 이때 좀 더 손질한 뒤 '다른 공간들(Des Espaces Autres)'이라는 강연에서 '헤테로토폴로지(hétérotopologie)' 공간을 분석했다. 라디오 강연과 건축연구회에서 이루어진 강연 '다른 공간들'은 내용에 약간의 차이가 있지만, 기본적으로 논문 「헤테로토피아」에서 나온 논의를 반복하며 논점을 명료화하거나 심화한다. 원고는 출판이 미뤄지다가 1984년 건축 잡지 ≪건축, 운동, 연속성(Archtecture-Mouvement-Continuité)≫에 게재되었고, 1986년 'Of Other Spaces' 또는 'Different Spaces'로 영역되었다. Michel Foucault, "Of Other Spaces," *Diacritics*, Vol.6(1986), pp.22~27.

18 Caroline Baillie, Jens Kabo and John Reader, *Heterotopia: Alternative pathways to social justice*(Zero Books, 2012), p.78.

19 M. Foucault, *Le corps utopiques/Les hétérotopies*(Nouvelles éditions, 2009); 미셸 푸코, 『헤테로토피아』, 이상길 옮김(문학과 지성사, 2014), 13쪽; Foucault, "Of Other Spaces," p.16.

428

20　Henri Lefebvre, *La révolution urbaine*(Gallimard, 1970); Henri Lefebvre, *The Urban Revolution*, translated by Robert Bonono(The Unibersity of Minnesota Press, 2003), p.9.

21　Joanne Tompkins, *Theatre's Heterotopias: Performance and the Cultural Politics of Space* (Palgrave Macmillan, 2014), p.141.

22　Michel de Ceteau, *Heterologies: Discourse of Other*, translated by Brian Massuni(Minnesota University Press, 1986).

23　David Harvey, "Cosmopolitanism and the banality of geographical evils," *Public Culture*, Vol.12 (2000), p.538.

24　에드워드 소자는 1989년 푸코의 헤테로토피아 공간이 인지적 직관이나 현상학적 물질 공간이 아니라 르페브르가 말한 '경험공간'이며, 모든 문화에서 사회적으로 형성된 생생한 공간이요, 구체적인 동시에 추상적인 사회적 실천의 아비투스(habitus) 공간이라는 긍정적 평가를 부여했다. 에드워드 소자, 『공간과 비판사회이론』, 이무용 외 옮김(시각과 언어, 1997), 30쪽. 그러나 조금 뒤에는 "좌절감을 불러일으키도록 불완전하고, 엇갈리고, 일관성이 없다"는 부정적인 평가를 내렸다. Edward W. Soja, "Heterotopologies: A Remembrance of Other Spaces in the Citadel-LA," in Sophie Watson and Katherine Gibson(eds.), *Postmodern Cities and Spaces*(Blackwell, 1995), pp.13~35. 한편 로스앤젤레스를 탈근대 도시로 규정하고 판옵티콘 시선으로 일별하면서, 탈근대 소비주의와 다문화주의가 결합된 보나벤투라 호텔을 헤테로토피아의 사례로 들었다. Edward W. Soja, *Thirdspace: Journey to Los Angeles and Other Real-and Imagined Places* (Blackwell, 1996), p.20, 162.

25　Gianni Vattimo, "From Utopia to Heterotopia," translated by David Webb, *Transparent Society* (Polity Press, 1992); 지안니 바티모, 『미디어 사회와 투명성』, 김승현 옮김(한울, 1997); John Siebers, *Heterotopia: postmodern utopia and the body politics*(The University of Michigan Press, 1994); Kebin Hetherington, "Two castles: Heterotopia as sites of alternative ordering: Heterotopia as sites of alternative ordering," *The Badlands of Modernity*(Routledge, 1997), p.43.

26　Michiele Dehaene and Lieven De Cauter, "The space of play; towards a general theory of heterotopia," in Michiele Dehaene and Lieven De Cauter(eds.), *Heterotopia and the City: Public space in a postcivil society*(Routledge, 2008), pp.87~102.

27　Joanne Tompkins, *Theatre's heterotopia: performance and the cultural politics of space* (Palgrave Macmillan, 2014). 국내에는 20세기 전반 만주(滿州) 지역을 헤테로토피아 공간으로 해석한 일련의 논문들이 눈에 띈다. 영남대학교 인문과학연구소 엮음, ≪인문연구≫, 70집(2014)에 다수의 논문이 있다. 또한 길잡이로 삼을 만한 논문은 다음을 참조. 허경, 「미셸 푸코의 헤테로토피아: 초기 공간 개념에 대한 비판적 검토」, ≪도시인문학연구≫, 3집 2호(2011), 233~267쪽.

28　푸코, 「유토피아적 몸」, 『헤테로토피아』, 33쪽.

29　Lefebvre, *La production de l'espace*, p.74, 450; Kirsten Simonsen, "Bodies, Sensations, Space and Time: The Contribution from Henri Lefebvre," *Geografiska annaler series B. Human Geography*, Vol.87, No.1(2005), pp.1~14.

30 Michel Foucault, *Les Mots et les choses* (Gallimard, 1966); 미셸 푸코, 『말과 사물: 인문과학의 고고학』, 이광래 옮김(민음사, 1987). 푸코는 이 말을 서문에서 처음 사용했다.

31 푸코, 『헤테로토피아』, 16쪽; Foucault, "Of Other Spaces," p.22.

32 푸코는 추상적인 'espace(space)'와 좀 더 가깝고 주관적인 의미로 사용하는 'lieu(place)'를 함께 사용하지만, 실제로는 특정 장소를 말하는 'emplacement'를 더 선호했다. 그러나 영어로는 'site' 로 번역되면서 본래 의미를 크게 상실했다. 최근 영어판에서는 'emplacement'를 그대로 두고 있 다. Michel Foucault, "Different Spaces," in J. Faubion(ed.), *Aesthetics: the Essential Works 2* (Allen Lane, 1998), pp.175~185.

33 Michel Foucault, "Des espaces autres," *Dits et écrits 1954-1988, t. IV, 1980-1988* (Gallimard, 1994), p.1574; Foucault, "Of Other Spaces," p.24.

34 다음을 참조. Georges Teyssot, "Heterotopias and the History of Spaces," in K. Michael Hays(ed.), *Architiecture Theory since 1968* (MIT Press, 2000), pp.298~310; Peter Johnson, "Unravelling Foucault's 'different spaces'," *History of the Human Sciences*, Vol.19, No.4(2006), pp.75~90.

35 Benjamin Genocchio, "Discourse, Discontinuity, Difference: The Question of 'Other' Spaces," in Sophie Watson and Katherine Gibson(eds.), *Postmodern Cities and Spaces* (Blackwell, 1995), p.38.

36 Foucault, "The Thought of Outside," in J. Faubion(ed.), *Aesthetics: the Essential Works, 2* (Allen Lane, 1998), pp.349~364.

37 Lefebvre, *La production de l'espace*, p.160.

38 Lefebvre, *The Urban revolution*, pp.9, 37~38. 헤테로토피아를 '상호 혐오를 주는 공간들'로 규 정한 경우도 있다. Lefebvre, *Espace et politique: Le droit à la ville II* (Anthropos, 1973, 2000), pp.207~208.

39 Lefebvre, *The Urban Revolution*, p.125.

40 Ibid., p.131.

41 Ibid., pp.97~103; S. Elden, *Mapping the Present: Heidegger, Foucault and the Project of a Spatial History* (Bloombury Academic, 2002), p.118.

42 푸코, 『말과 사물: 인문과학의 고고학』, 19쪽; 미셸 푸코, 『감시와 처벌: 감옥의 역사』, 오생근 옮 김(나남, 2003), 216~218쪽.

43 본래 유토피아는 과정적인데도 불구하고, 하비가 이해하는 르페브르적 공간의 유토피아가 정태적 이라는 비판은 다음을 참조. Ruth Levitas, "For Utopia: the (Limits of the) Utopian Function in late Capitalist Society," *Critical Review of International Social and Political Philosophy*, Vol. 3-2, No.3(2000), pp.25~43; Ruth Levitas, "On dialectical utopianism," *History of the Human Sciences*, Vol.16, No.1(2003), pp.137~150.

44 Paul Veyne, *Foucault* (Albin Michel, 2008), p.9.

45 Foucault, "Des espaces autres," p.1580.

46 푸코, 『말과 사물: 인문과학의 고고학』, 14~15쪽.

47 Genocchio, "Discourse, Discontinuity, Difference: The Question of 'Other' Space," p.43.

48 Foucault, "Des espaces autres," *Dits et écrits II, 1976-1988*, p.1580; Foucault, "Of Other Spaces," p.27.

49 Michel Focault, *Raymond Roussel* (Gallimard, 1964, 1992).

50 Foucault, "Des espaces autres," *Dits et écrits II, 1976-1988*, p.1580; "Of Other Spaces," p.27.

51 Arun Saldanha, "Heterotopia and structuralism," *Environment and Planning A*, Vol.40(2008), p.2084.

52 Foucault, "Des espaces autres" *Dits et écrits II, 1976-1988*, p.1578; Foucault, "Of Other Spaces," p.26.

53 Doreen Massey, *For Space* (Sage, 2005), p.39.

54 Saldanha, "Heterotopia and structuralism," p.2085.

55 Foucault, "Des espaces autres," *Dits et écrits II, 1976-1988*, p.1579; Foucault, "Of Other Spaces," p.27.

56 미셸 푸코, 『지식의 고고학』, 이정우 옮김(민음사, 2000), 27~32쪽.

57 H. Dreyfus and P. Rabinow, *Michel Foucault: Beyond Structuralism and Hermeneutics* (Harvester Press, 1982), p.106; M. Hannah, "Foucault on theorizing specificity," *Environment and Planning D: Society and Space*, Vol.11(1993), p.354; M. Hannah, "Formations of Foucault in Anglo-American geography: an archaeological sketch," in J. W. Crampton and Stuart Elden(eds.), *Space, Knowledge and Power* (Ashgate, Aldershot, Hants, 2007), pp.86~87.

58 T. Flynn, *Sartre, Foucault and Historical Reason: A Poststructuralist Mapping of History*, Vol.2 (University of Chicago Press, 2005), pp.13~17.

59 Peter Johnson, "Foucault's Social Combat," *Environment and Planning D: Society and Space*, Vol.26(2008), p.623.

60 Paul Veyne, *Comment on écrit l'histoire* (Éditions du Seuil, 1971, 1978), pp.386, 400~401; 폴 벤느, 『역사를 어떻게 쓰는가?』, 이상길 · 김현경 옮김(새물결, 2004), 454, 472~473쪽.

61 Stephen Legg, *Spaces of Colonialism: Dehli's Urban Governmentalities* (Blackwell, 2007), p.40.

62 C. Philo, "Foucault's Geography," *Environment and Planning D: Society and Space*, No.10 (1992), pp.137~161.

63 Laclau and Mouffe, *Hegemony and Socialist Strategy*, pp.78~79, 107; Erenesto Laclau and Chantal Mouffe, "Post-Marxism without Apologies," in E. Laclau(ed.), *New Reflections on the Revolution of Our Time* (Verso, 1987), pp.97~132; Martin Müller, "Reconsidering the Concept of Discourse for the Field of Critical Geopolitics: towards Discourse as Language *and* Practice," *Political Geography*, Vol.27(2008), pp.329~332.

64 Mustafa Dikeç, "Space, politics, and the political," *Environment and Planning D: Society and Space*, Vol.23(2005), p.174.

65 Rancières, *La partage du sensible: esthétique et politique* (La Fabrique-Editions, 2000); 자크 랑시에르, 『감성의 분할: 미학과 정치』.

66   Lefebvre, *La production de l'espace*, p.465.

67   Ibid., p.18.

68   Henri Lefebvre, *La proclamation de la commune: 26 mars 1871* (Gallimard, 1965); Henri Lefebvre, *L'irruption: de Nanterre au sommet* (Syllepse, 1998[1968]); Henri Lefebvre, *The Explosion: From Nanterre to the Summit* (Monthly Review Press, 1969).

69   Lefebvre, *La production de l'espace*, p.192.

70   Stuart Elden, "Rethinking the Polis: Implications of Heidegger's questioning the political," *Political Geography*, Vol.19, No.4(2000), p.419; Elden, *Mapping the Present: Heidegger, Foucault and the Project of a Spatial History*, p.151.

71   Vincent Miller, "The unmappable: Vagueness and Spatial Experience," *Space and Culture*, Vol.9, No.4(2006), pp.453~467.

제3부 이동성과 연결망 공간의 생성

제7장 이동성의 공간과 연결망: 행위자-연결망 이론과 연관시켜

1   Mimi Sheller and John Urry, "The new mobility paradigm," *Environment and Planning A*, Vol.38 (2006), pp.207~226.

2   데이비드 하비, 『포스트모더니티의 조건』, 구동회·박영민 옮김(한울, 1995), 186, 282, 310쪽; Barney Warf, *Time-Space Compression: Historical Geographies* (Routledge, 2008), p.172; John Urry, *Sociology Beyond Societies: Mobilities for the Twenty-First Century* (Routledge, 2001), p.1. 여기서 노마디즘은 들뢰즈와 가타리가 말한 의미보다는 더 일반적인 용어로 사용한 것이다.

3   Tim Cresswell, "Mobilities I: Catching Up," *Progress in Human Geography*, Vol.35, No.4(2010), pp.550~558.

4   S. A. Cohen, T. Duncan and M. Thulemark, "Lifestyle mobilities: The crossroads of travel, leisure and migration," *Mobilities*, Vol.10, No.1(2015), pp.155~172.

5   A. Kellerman, "Potential mobilities," *Mobilities*, Vol.7, No.1(2012), pp.171~183.

6   John Urry, *Mobilities* (Polity, 2007), p.4. 2006년 기준 6.5조 달러, 직간접적으로 세계 고용 인구의 8.7% 종사, 세계 GDP의 10.3%이며, 2011년에는 6.44조 달러, 세계 GDP의 9.1% 해당한다. 2014년 7.58조 달러, 2016년 7.6조 달러, "Direct and total contribution of travel and tourism to the global economy from 2006 to 2016(in trillion USD)," *Statista*, https://www.statista.com/statistics/233223/travel-and-tourism-total-economic-contribution-worldwide(검색일: 2017.4.27).

7   이동성 자본(mobility capital) 및 연결망 자본(network capital)과 연계해 검토할 필요가 있지만, 여기서는 깊이 거론하지 않는다. Vincent Kaufman, Manfred Max Bergman and Dominique Joye,

"Mobility: mobility as capital," *International Journal of Urban and Regional Research*, Vol.28, No.4(2004), pp.745~756. 이것은 로버트 퍼트넘의 '사회적 자본(social capital)' 개념과 비슷한 측면이 많다. Robert D. Putnam, *Making Democracy Work: Civic Tradition in Modern Italy* (Princeton, 1994); 로버트 D. 퍼트넘, 『사회적 자본과 민주주의: 이탈리아의 지방자치와 시민적 전통』, 장훈 외 옮김(박영사, 2000).

8   Stefan Gosling and Illada Stavrindi, "Social networking, mobilities, and the rise of liquid identities," *Mobilities*, Vol.11, No.5(2016), pp.723~743.

9   Anthony Elliot and John Urry, *Mobilie Lives*(Routledge, 2010), p.67; Niklaus Steiner, *International Migration and Citizenship Today*(Routledge, 2009), pp.13~29.

10   Margaret Gieco, *Mobilities: new perspectives on transport and society*(Ashgate, 2011).

11   '물정치'란 무엇인가? 첫째, 신질서 원리를 재현하는 공간적 이동성을 지닌 무수한 사물은 복잡한 기술공학으로 인간과 공동관계로 작용한다. 둘째, 그것이 공공의 것으로 바뀌면서 이동성의 양상인 현실에 기회를 부여하거나 제한을 가한다. 이 이론들을 적용할 수 있는 계기는 ①정치가 인간에게 한정되지 않고 다양한 문제들이 서로 엮인 상태로 혼재할 때, ②객체가 물이 될 때, 즉 사실의 문제들이 그것들의 복잡한 얽힘에 길을 비켜주어 공동 관심사가 될 때, ③모임이 더 이상 가상의 의회를 구성하는 초기 전통하에 기존의 구체(glove)나 돔 아래에서 이루어지지 않을 때, ④언어 손상, 인지적 취약성 및 온갖 종류의 장애로 말미암아 부과된 내적 한계들이 더 이상 부정되지 않고 인공 보철물이 받아들여질 때, ⑤모임이 좁은 의미의 의회에 더 이상 국한되지 않고 정당한 모임을 추구하는 수많은 집결체(Assemblages)로 확장될 때, ⑥모임이 더 이상 신체, 리바이어던, 혹은 국가 등과 등가적이지 않은 임시적이고 깨지기 쉬운 유령 대중(le public fantôme) 아래 이루어질 때, ⑦정치가 연속의 시간이라는 강박증에서 해방되어 물정치가 가능하게 되었을 때 도입되는 등급의 리얼리즘이다. 브뤼노 라투르, 「현실정치에서 물정치로-혹은 어떻게 사물을 공공적인 것으로 만드는가?」, 브뤼노 라투르 외 지음, 홍성욱 엮음, 『인간, 사물, 동맹: 행위자 네트워크이론과 테크노사이언스』(이음, 2010), 259~304쪽. 다음을 참조. Ole B. Gensen, "Of 'other' materialities: why (mobilities) design is central to the future of mobilities research," *Mobilities*, Vol.11, No.4 (2016), pp.587~597.

12   Adrien Favell, Miriam Feldblum and Michel Peter Smith, "The Human face of global mobility: A research agenda," in M. Smith and A. Favell(eds.), *The Human Face of Global Mobility: International Highly Skilled Migration in Europe, North America and the Asia-Pacific*(Transaction Publishers, 2009), p.3.

13   George Simmel, "Bridge and door(Bruke und tur)"(1909), translated by Mark Ritter, *Theory, Culture and Society*, Vol.11, No.1(1994), p.5; George Simmel, "The metropolis and mental life"(1903), in Gary Bridge and Sophie Watson(eds.), *The Blackwell City Reader*(Wiley-Blackwell, 2002), pp.11~19.

14   James Cliford, *Routes: Travel and Translation in the Late Twentieth Century*(Harvard University Press, 1997); Castells, *The Rise of Network Society*; 카스텔, 『네트워크 사회의 도래』.

15   미시적인 분석으로는 Bruno Latour and Steve Woolgar, *Laboratory Life: The Construction of*

Scientific Facts(Princeton University Press, 1986[1979]), p.49. 여기서 행위자-연결망 이론이
실재론이나 물질론으로 귀결된다고 볼 수도 있지만, 이는 라투르가 지향하는 목표가 아니다.
Graham Harman, *Prince of Networks: Bruno Latour and Metaphysics*(re.press, 2009), p.74.
그럼에도 불구하고 행위자-연결망 이론은 내용이 불분명하다는 한계가 있다. 한때 라투르는 ANT
에 대해 폐기 선언과 인정 선언을 반복하는 우여곡절까지 내보였다. 가장 최근의 저술에서는 ANT
숫자만큼 많은 ANT가 있다고도 언급해 독자를 무척 당혹스럽게 만든다. Bruno Latour, *Re-
assembling the Social: An Introduction to Actor-Network Theory*(Oxford University Press,
2005), p.9.

16 Bruno Latour and François Ewald, *Un monde pluriel mais commun*(l'Aubé, 2003), p.26.

17 Michel Callon, "An essay on framing and overflowing: economic externalities revisited by
sociology," in M. Callon(ed.), *The Laws of the Markets*(Blackwell, 1998), pp.244~269; Michel
Callon and B. Latour, "Unscrewing the big Leviathan: How actors macrostructure reality and
how sociologists help them to do so," in K. Knorr-Cetina and A. V. Cicourel(eds.), *Advances
in Social Theory and Methodology: Towards an Integration of Micro-and Macro Sociolologies*
(Routledge and Kegan Paul, 1981), pp.277~303; Michel Callon, John Law and A. Rip, *Mapping
the Dynamics of Science and Technology: Sociology of Science in the Real World*(Macmillan,
1986).

18 행위자-연결망 이론이 이러한 이동성의 행위를 추동하는 힘(power)을 인간과 비인간 요소의 결합
에서 끌어낸다면, 그보다는 비인간적 대상의 메커니즘이 아니라 인간 소유의 메커니즘에 있다는,
행위자로서 인간의 역할에 대한 강조가 필요하다는 비판도 지속적으로 제기된다. Dave Elder-Vass,
"Searching for realism, structure and agency in Actor-Network Theory," *The British Journal of
Sociology*, Vol.59, No.3(2008), p.469.

19 Sheller and Urry, "The new mobility paradigm," pp.215~217.

20 A. Wittel, "Toward a network sociality," *Theory, Culture & Society*, Vol.18, No.6(2001), p.51.

21 Bruno Latour, *Science in Action: How to follow scientists and engineers through society*
(Harvard University Press, 1987), p.188.

22 여기서 중개자(intermediary)가 한 행위자와 다른 행위자의 연결을 아무런 힘의 변형 없이 중개하
는 사물을 가리킨다면, 매개자(mediator)는 연결 과정에서 자기 나름의 창조적 변역으로 힘의 변
형을 가져오는 일종의 행위자 역할을 하는 것을 말한다.

23 다음의 저술을 참고. 브뤼노 라투르, 『우리는 결코 근대인이었던 적이 없다: 대칭적 인류학을 위
하여』, 홍철기 옮김(갈무리, 2009), 42, 129쪽. 근대주의가 사회계약론이나 자연법 개념처럼 자연
에 준거한, 또는 과학이나 이성에 근거한 정치 질서를 구상한 반면, 탈근대적 사고가 이성에 대한
확신을 포기했다면 비근대주의는 자연과 사회의 이분법을 집합 개념으로 대체한다.

24 이때 연결망의 규모 또는 연결망의 개수는 행위자가 자신의 연결망에 결합되어 동원할 수 있는 이
질적 행위자들의 수를 말한다.

25 라투르는 처음에 행위자-연결망 이론을 '번역의 사회학'이라고 불렀다. Michel Callon, "Some
elements of a sociology of translation: domestication of the scallops and the fishermen of St

434

Brieuc Bay," in John Law(ed.), *Power, Action and Belief: A New Sociology of Knowledge?* (Routledge, 1986), pp.196~233. '번역' 개념은, 과학은 권위에 바탕을 둔 것이 아니라고 평가하는 설명들 사이의 '번역'에서 나온다는 미셸 세르(Michel Serres)의 과학철학에서 끌어온 것이다. Michel Serres, *Hermès II, La traduction* (Minuit, 1974).

26 Bruno Latour, *Pandora's Hope: Essays on the Reality of Science Studies* (Harvard University Press, 1999), pp.267~268.

27 Jonas Larsen, J. Urry and Kay Axhausen, *Mobilities, Networks, Geographies* (Ashgate, 2006), p.22.

28 Latour, *Reassembling the Social*, pp.217~218.

29 라투르, 『우리는 근대인이었던 적이 없다』, 290쪽; Latour, *Reassembling the Social*, pp.173, 191.

30 Latour, *Reassembling the Social*, p.202.

31 Latour, Ibid., p.194.

32 Hiro Saito, "Actor-network theory of cosmopolitan education," *Journal of Curriculum Studies*, Vol.42, No.3(2010), pp.333~351.

33 Peter Burns, *Tourism and mobilities: local-global connections* (CABI, 2008).

34 Ben Fine, "From actor-network theory to political economy," *Capitalism, Nature, Socialism*, Vol.16, No.4(2005), p.93.

35 John Law, "After ANT: complexity, naming and topology," in John Law and John Hassard(eds.), *Actor Network Theory and After* (Blackwell, 1999), pp.1~14.

36 John Paul Jones III, Keith Woodward and Sallie A. Marston, "Situating Flatness," *Transactions of the Institute of British Geographers*, Vol.32(2007), pp.264~276; John Paul Jones III, Keith Woodward and Sallie A. Marston, "Of eagles and flies: orientations towards the site," *Area*, Vol.42(2010), pp.271~280.

37 Elder-Vass, "Searching for realism, structure and agency in Actor-Network Theory," p.465.

38 Richard D. Besel, "Opening the 'Black Box' of climate change science: Actor-Network Theory and rhetorical practice in scientific controversies," *Southern Communicational Journal*, Vol.76, No.2(2011), p.125.

39 Tim Cresswell, *On the Move* (Routledge, 2006), p.6.

40 〈빅 애니멀(The Big Animal)〉은 예르지 스투(Jerzy Stuhr) 감독의 2000년도 작품으로, 낙타를 기르게 된 노부부가 이웃과 갈등을 겪으며 소외와 불관용을 드러낸다.

41 Bruno Latour, "On recalling ANT," *Actor Network Theory and After*, p.18.

42 Bruno Latour, *Science in Action: How to Follow Scientists and Engineers through Society* (Harvard University Press, 1986), pp.84~89.

43 Tara Duncan, *Lifestyle mobilities: intersections of travel, leisure and migration* (Ashgate, 2013); Caitriona Ni Laroire, *Movement, Mobilities, and Journeys* (Springer reference, 2017).

44 Aharon Kellerman, *Personal Mobilities* (Routledge, 2006), pp.58~66; Anthony Elliot and John Urry, *Mobile Lives* (Routledge, 2010), p.17; Peter Adey, "Emergency mobilities," *Mobilities*,

Vol.11, No.1(2016). pp.32~48. 사회 연결망 서비스(SNS)나 가상 이동(virtual mobilities)도 중요
하지만 여기서는 다루지 않는다.

45 Elliot and Urry, *Mobile Lives*, p.31.

46 이것이 너무 불확실한 탓에, 도리어 라투르가 비판을 피해가는 데 이용한다는 평가를 보라. Simon
Cooper, "Regulating hybrid monsters? The limits of Latour and Actor-Network Theory,"
Arena Journal, Vol.29/30(2008), p.310.

47 Urry, *Mobilities*, pp.5, 273.

48 Malene Freudendal-Pedersen, *Mobility in Daily Life: Between Freedom and Unfreedom*
(Ashgate, 2009), p.59.

49 Tim Cresswell, "Towards a politics of mobility," *Environment and Planning D: Society and
Space*, Vol.28(2010), p.20.

50 John Urry, "The system' of Automobility," in Mike Featherstone, Nigel Thrift and John Urry(eds.),
Automobilities(SAGE, 2005), pp.25~40; Urry, *Mobilities*, p.118.

51 Peter Adey, *Aerial Life: Spaces, Mobilities, Affects*(Wiley-Blackwell, 2010), pp.6~7.

52 K. Hannam, M. Sheller and J. Urry, "Mobilities, immobilities and moorings," *Mobilities*, Vol.1
(2006), pp.1~22; Peter Adey and Paul Bevan, "Between the physical and virtual: connected
mobilities?" in Mimi Sheller and John Urry(eds.), *Mobile Technologies of the City*(Routledge,
2006), pp.55~57. 다음을 참조. A. Anim-Addo, W. Hasty and K. Peters, "The mobilities of
Ships and shipped mobilities," *Mobilities*, Vol.9, No.3(2014), pp.337~349.

53 John Urry, *Global Complexity*(Polity, 2003), p.125; 다음을 참조. R. D. Knowles, J. Shaw and
I. Docherty(eds.), *Transport geographies: mobilities, flows, and spaces*(Wiley Blackwell, 2007).
도시에서 교통 운송의 이동성에 관한 최근 연구는 다음을 참조하시오. Jullie Cidell, *Transport,
mobility, and production of urban space*(Routledge, 2015); Paola Pucci, *Understanding
mobilities for designing contemporary cities*(Springer, 2016).

54 Casey D. Allen, "On Actor-network Theory and landscape," *Area*, Vol.43, No.3(2011), p.278.

55 Urry, *Global Complexity*, pp.17~38.

56 Sven Kesselring, "The mobile risk society" in Weert Canzler, Vincent Kaufmann and Sven
Kesselring(eds.), *Tracing Mobilities: Towards a Cosmopolitan Perspective*, pp.77~104; Sven
Kesselring, "Global transfer points; the making of airports in the mobile risk society," in Saulo
Cwerner, Sven Kesselrng and John Urry(eds.), *Aeromobilities*(Routledge, 2009), pp.39~60.
이동성은 울리히 벡(Ulrich Beck)이 말하는 '위험사회' 개념과 친화성이 있다. 그러나 라투르는 위
험사회가 항상 존재했던 것이지 새로운 형상은 아니라고 반론한다. Bruno Latour, "Whose
cosmos, which cosmopolitics? Comments on the peace terms of Ulrich Beck," *Common
Knowledge*, Vol.10, No.3(2004), pp.450~462.

57 Tim Cresswell and Peter Merriman, *Geographies of Mobilities-Practices, Spaces, Subject*
(Ashgate, 2011), p.7.

58 Cresswell, *On the Move*, pp.244~245; Marc Augé, *Non-Places: Introduction to an Anthropology*

of Supermodernity (Verso, 1995).

59   Peter Adey, *Mobility* (Routledge, 2010), pp.105~116; Peter Adey, *The Routledge handbook of mobilities* (Routledge, 2014).

60   Aharon Kellerman, *Daily spatial mobilities: physical and virtual* (Ashgate, 2012); Clare Holdsworth, *Family and intimate mobilities* (Palgrave Macmillan, 2013); Ole B. Jensen, *Staging mobilities* (Routledge, 2013).

61   Adey, *Mobility*, pp.150~172.

62   라투르, 『우리는 결코 근대인이었던 적이 없다』, 331쪽.

63   Urry, *Mobilities*, p.272.

64   Elliot and Urry, *Mobile Lives*, p.48; Vanessa Stjernborg, A. Wretstrand and M. Tesfahuney, "Everyday life mobility of older persons-a case study of aging in a suburban landscape in Sweden," *Mobilities*, Vol.10, No.3(2015), pp.383~401.

65   Sheller and Urry, "Mobile cities, Urban mobilities," *Mobile Technologies of the City*, p.7.

66   19세기 말 프랑스에서 파스퇴르 연구소의 역할을 대표적 사례로 삼는다. Bruno Latour, *The Pasteurization of France*, translated by Alan Sheridan and John Law(Harvard University Press, 1988); Latour, *Pandora's Hope*, p.132.

67   Barny Warf, "From spaces to networks," in Barny Warf(ed.), *The Spatial Turn: Interdisciplinary Perspectives* (Routledge, 2009), pp.66~67.

68   Martin Müller, "Assemblages and Actor-networks: Rethinking socio-material power, politics and space," *Geography Compass*, Vol.9, No.1(2015), pp.27~41.

69   Nigel Thrift, *Non-Representational Theory: Space, Politics, Affect*, pp.110~112. 나이절 스리프트 역시 행위자-연결망 이론을 수용해 공간과 정체성, 주체성과 수행성의 상호작용 문제를 연결시키며 물리적 공간이 어떻게 지속적으로 만들어지고 깨트려지면서 재형성되는지 탐색했다. 그러나 행위자-연결망 이론이 어떤 중개적인 효과를 발휘하는 곳에서는 제법 유용하지만, 예상하지 못한 사건에 직면했을 때는 취약한 면을 보인다고 평가한다. 그러고는 그것이 역동성을 강하게 표방하는 것과 달리, 실제로는 도리어 "실천에서 행해진 질서라기보다는 질서 지우는 사회학"으로 사용되는 정태성을 띤다고 비판적으로 평가한다.

70   Ulrich Beck, "Mobility and the cosmopolitan perspective," in Weert Canzler, Vincent Kaufmann and Sven Kesselring(eds.), *Tracing Mobilities: Towards a Cosmopolitan Perspective* (Ashgate, 2008), pp.25~36.

71   John Tomlinson, *The Culture of Speed: The Comming of Immediacy* (SAGE, 2007), pp.14~43.

72   Urry, *Mobilities*, p.47.

73   Bruno Latour, *Aramis, ou l'amour des techniques* (La Découverte, 1992); Bruno Latour, *Aramis, Or the Love of Technology*, translated by C. Porter(Harvard University Press, 1996), p.33. '아라미스(Aramis)'는 너무 복잡하고 비용이 많이 들어 1987년에 폐기된 파리 교통 안내 체계이다.

74   Leach Briones, *Empowering Migrant Women: Why Agency and Rights are not Enough* (Ashgate, 2009), pp.29~50.

75 Uteng and Cresswell(eds.), *Gendered Mobilities*, p.57; Linsley Murray, Kim Sawchuk and Paola Jirón, "Coparative mobilities in an unequal world: researching intersections of gender and generation," *Mobilities*, Vol.11, No.4(2016), pp.542~552.

76 Weert Canzler, V. Kaufmann and Sven Kesselring(eds.), *Tracing Mobilities: Towards a Cosmopolitan Perspectives*(Ashgate, 2008), p.17.

77 Vincent Kaufmann and Bertrand Montulet, "Between social and spatial mobilities: The issue of social fluidity," in Weert Canzler, V. Kaufmann and Sven Kesselring(eds.), *Tracing Mobilities: Towards a Cosmopolitan Perspectives*(Ashgate, 2008), pp.37~56.

78 Aamrtya Kumar Sen, *Commodities and Capabilities*(Oxford University Press, 1985, 1999); Aamrtya Kumar Sen, "Huamn rights and capabilities," *Journal of Human Development*, Vol.6, NO.2(2005), pp.151~166.

79 Tim Cresswell, *On the Move: Mobility in the Modern Western World*(Routledge, 2006), pp.741~742.

80 Tanu Priya Uteng, "Mobility: Discourses from the nonwestern immigrant groups in Norway," *Mobilities*, Vol.1, No.3(2006), p.460.

81 Martha Craven Nussbaum, "Capabilities as fundamental entitlements: Sen and social justice," *Feminist Economics*, Vol.9, No.2/3(2003), pp.33~60; Martha Craven Nussbaum, *Women and Human Development: The Capabilities Approach*(Cambridge University Press, 2005), pp.13~14.

82 M. C. Nussbaum, *Frontiers of Justice: Disability, Nationality, Species Membership*(Harvard University Press; Belknap Press, 2006), pp.306~310; M. C. Nussbaum, *Creating Capabilities: The Human Development Approach*(Harvard University Press; Belknap Press, 2011).

83 Uteng, "Mobility," p.439; Seyla Benhabib, *Migration and mobilities: citizenship, borders, and gender*(New York University Press, 2009).

84 Tanu Priya Uteng and Tim Cresswell(eds.), *Gendered Mobilities*(Routledge, 2008), p.23.

85 Nussbaum, *Women and Human Development: The Capabilities Approach*, pp.79~80. 이에 동의하는 입장은 Anthony C. Gatrell, *Mobilties and health*(Ashgate, 2011).

86 Uteng, "Mobility," p.439.

87 Tore Sager, "Freedom as mobility: Implications of the distinction between actual and potential traveling," *Mobilities*, Vol.1, No.3(2006), pp.465~488.

88 Sigurd Bergmann and Tore Sager, *The Ethics of Mobilities: Rethinking Place, Exclusion, Freedom and Environment*(Routledge, 2008), pp.157~176. 인간의 실존적 공간에서 정서·개념·상상력처럼 정신·마음·영혼이 움직이는 실존적 이동성 개념도 가능하다는 입장이다.

89 Bruno Latour, *Politics of Nature: How to Bring the Science into Democracy*, translated by C. Porter (Harvard University Press, 2004), pp.193~194; Bruno Latour and Pasquale Gagliardi, *Les atmospheres de la politique: dialogue pour un monde commun*(Les empêcheurs de penser en rond, 2006), pp.69~70.

90 Urry, *Mobilities*, p.51.

91 라투르가 잡종성을 무조건 긍정하는 것은 아니다. 도리어 통제되지 않는 잡종성의 괴물을 확산시킬 것을 두려워하는 모습도 보인다. 라투르, 『우리는 결코 근대인이었던 적이 없다』, 45쪽. 그런 의미에서 ANT가 비근대를 전제로 삼지만, 기본적으로는 계몽의 근대성 기획이라는 가장 최근의 평가를 보라. Anders Blok and Torben Elgaard Jensen, *Bruno Latour, Hybrid thoughts in a Hybrid World* (Routledge, 2011), pp.140~150.

92 인간의 위상을 약화시키는 포스트휴머니즘이라는 비판적인 평가는 Frédéric Vandenberghe, *Complexité du posthumanisme: trois essais dialectiques sur la sociologie de Bruno Latour* (L'Harmattan, 2006). 한편 라투르는 선제적으로 물신주의를 비판하며 자신이 물신주의 우상을 파괴하는 자라고 선언한다. Bruno Latour, *Sur le culte moderne des dieux faitiches: suivi de iconoclash* (Le Découverte, 2009).

93 Rafael Alcadipani and John Hassard, "Actor-Network Theory, organizations and critique: towards a politics of organizing," *Organization*, Vol.17, No.4(2010), pp.419~436.

94 John Preston and Fiona Rajé, "Accessibility, mobility and transport-related social exclusion," *Journal of Transport Geography*, Vol.15(2007), pp.151~160.

95 John Farrington and Conor Farrington, "Rural accessibility, social inclusion and social justice: towards conceptualisation," *Journal of Transport Geography*, Vol.13(2005), pp.1~12; Mnafred Bergman, *Mobility and Inequality* (Ashgate Pub., 2009); Suzan Ilcan, *Mobilities, Knowledge, and Social Justice* (McGuill-Queen's University Press, 2013).

96 Brenda S. A. Yeoh and Shirlena Huang, "Transnational domestic workers and the negotiation of mobility and work practices in Singapore's home spaces," *Mobilities*, Vol.5, No.2(2010), pp.219~236.

제8장 일상공간의 리듬분석: 쇼핑센터와 기차역의 리듬

1 Gaston Bachelard, "La rhythmanalyse," *La dialectique de la durée* (puf, 1950, 1972), pp.129~150; Gaston Bachelard, *La poétiques de l'espace* (PUF, 2004[1957]).

2 Pierre Sauvanet, *Le Rythme et la Raison*, t.1: Rythmologiques, t.2: Rythmanalyses (Kimé, 2000); Pascal Michon, *Rythmes, pouvoir, mondialisation* (PUF, 2005), pp.413~416; Haun Saussy, *The Ethnography of Rhythm: Orality and its Technologies* (Fordam University Press, 2016).

3 Russell G. Foster, *Rhythms of Life: The biological clocks that control the daily lives of every living* (Yale University Press, 2004).

4 Tom Mels(ed.), "Lineages of a Geography of Rhythms," *Reanimating Places: A Geography of Rhythms* (Ashgate, 2004), pp.3~44; Wayne Hope, "Conflicting temporalities: state, nation, economy and democracy under global capitalism," *Time and Society*, Vol.18, No.1(2009), pp.62~85; Lidia Gallego-Balsa, "Living to the rhythm of the city: internationalisation of univer-

sities and tourism discourse in Catalonia," *Language Culture and Curriculum*, Vol.29, No.1 (2016), pp.6~21.

5   G. Seigworth and M. Gardiner, "Rethinking everyday life," *Cultural Studies*, Vol.18, No.2 (2004), pp.139~159.

6   요컨대 행위 수행의 파편성과 일회성을 강조해 일상의 리듬을 체계적 분석 대상으로 삼는 것에 의문을 제기한다. Jon May and Nigel Thrift(eds.), "Introduction," *TimeSpace: Geographies of Temporality*(Routledge, 2001), pp.1~46, 5~7; N. Thrift, *Non-Representational Theory: Sapce/politics/affect*; 다음을 참조. Derek P. McCormick, "A paper with an interest in rhythm," *Geoforum*, Vol.33(2002), pp.469~485; H. Lorimer, "Cultural geography: the business of being 'more-than-representational,'" *Progress in Human Geography*, Vol.29(2007), pp.89~100.

7   Tom Mels(ed.), "Lineages of a Geography of Rhythms," *Reanimating Places*, p.7; Andrew Smith, "Rethinking the 'everyday' in ethnicity and everydaylife," *Ethnic and Racial Studies*, Vol.38, No.7(2015), pp.1137~1151.

8   Kanishka Goonewardena, "Marxism and everyday life: On Henri Lefebvre, Guy Debord, and some others," in Kanishka Goonewardena, Stefan Kipfer, Richard Milgrom and Christian Schmid(eds.), *Space, Difference, Everyday Life: Reading Henri Lefebvre*(Routledge, 2008), pp.117~133.

9   David Harvey, *The Condition of Postmodernity: An Enquiry into the Origins of Cultural Change* (Blackwell, 1989); 데이비드 하비, 『포스트모더니티의 조건』, 구동회 옮김(한울, 1997).

10 Henri Lefebvre, *Critique de la vie quotidienne II: Fondements d'une sociologie de la quotidienneté* (L'Arche, 1961).

11 Guy-Ernest Debord, "Perspectives for Conscious Alterations in Everyday Life," *International Situationiste*, Vol.6(1961). 1961년 5월 17일 앙리 르페브르가 주최한 '일상생활 연구 그룹'의 발표회에 테이프 녹음 형식으로 제출된 것임.

12 Henri Lefebvre, *La Production de l'espace*, 4th ed.(Anthropos, 2000[1974]); 앙리 르페브르, 『공간의 생산』, 양영란 옮김(에코리브르, 2011)

13 Lefevbre, *Éléments de rythmanalyse: Introduction á la connaissance des rythmes*, pp.14, 26.

14 Tom Hall, "Urban outreach and the polyrhythmic city," in Tim Edensor(ed.), *Geographies of Rhythm, Nature, Place, Mobilities and Bodies*(Ashgate, 2010), p.66.

15 Lefebvre, *Éléments de rhythmanalyse*, pp.29, 92.

16 Lefebvre, *Éléments de rhythmanalyse*, pp.16~17; Henri Lefebvre and Catherine Régulier, "The Rhythmanalytical Project," *Rhythmanalysis, Space, Time, Everydaylife*(Continuum, 2004), p.5.

17 E. Kofman and E. Lebas(eds.), *Henri Lefebvre: Writings on Cities*(Blackwell, 1996), p.230.

18 마이크 크랭(Mike Crang)은 르페브르가 말하는 공간의 시간화에 반대하고 인간은 시공간을 통해서 움직이는 것이 아니라 그것을 만든다고 반론한다. Mike Crang, "Rhythms of the city:

temporalised space and motion," *TimeSpace*, pp.187~207, 194.

19   S. Pink, "Sensing cittàslow: Slow living and the constitution of the sensory city," *Sense and Society*, Vol.2, No.1(2007), p.62.

20   Lefebvre, *Éléments de rhythmanalyse*, pp.24~25; Kofman and Lebas(eds.), *Henri Lefebvre: Writings on Cities*, pp.230~231.

21   Lefebvre and Régulier, "The Rhythmanalytical Project," *Rhythmanalysis, Space, Time, Everyday-life*, p.76; D. J. Dijk, "Sleep, rhythms and metabolism: too many links to be ignored," *Journal of Sleep Research*, Vol.25, No.4(2016), pp.379~380.

22   Lefebvre, *Éléments de rhythmanalyse*, pp.30~32; Ben Highmore, "Homework: Routine, Social Aesthetics and the Ambiguity of Everyday Life," *Cultural Studies*, Vol.18, No.2-3(2004), p.324.

23   Lefebvre, *Éléments de rhythmanalyse*, p.39.

24   Tim Edensor, "Reconsidering national temporalities: institutional times, everyday routines, serial spaces and synchronicities," *European Journal of Social Theory*, Vol.9, No.4(2006), pp.525~545.

25   Bjorn Nansen, Michael Arnold, Martin R. Gibbs and Hilary Davis, "Domestic orchestration: Rhythms in the mediated home," *Time and Society*, Vol.18, No.2-3(2009), pp.181~207; Aharon Kellerman, *Daily spatial mobilities: physical and virtual*(Ashgate, 2012); Mikko Jalas, Jenny Rinkinen and Antti Silvast, "The rhythms of infrastructure," *Anthropology Today*, Vol.32, No.4(2016), pp.17~20.

26   Brandon Labelle, "Pumping up the bass: rhythm, cars and auditory scaffolding," *Sense and Society*, Vol.3, No.2(2008), p.189.

27   Lefebvre, *Éléments de rhythmanalyse*, p.33.

28   Rhys Evans and Alexandra Franklin, "Equine Beats: unique rhythms(and floating harmony) of horses and riders," in Tim Edenser(ed.), *Geographies of Rhytmes*(Ashgate, 2010), p.183.

29   Ash Amin and Nigel Thrift, *Cities: Reimaging the Urban*(Polity, 2002), p.30.

30   Sheller and Urry(eds.), *Mobile Technologies of the City*, p.ix.

31   Maria Kaika, *City of Flows: Modernity, Nature, and the City*(Routledge, 2005), p.8.

32   Amin and Thrift, *Cities: Reimaging the Urban*, p.17.

33   Labelle, "Pumping up the bass," p.192.

34   이런 점에서 요즘 LED 조명을 적극적으로 사용하는 곳이 교회 십자가라는 점은 의미심장하다.

35   Bruno Latour, "How to talk about the body? The normative dimension of science studies," *Body and Society*, Vol.10, No.2/3(2004), pp.205~229; Latour, *Reassembling the Social*.

36   Scott Lash, "Technological forms of life," *Theory, Culture & Society*, Vol.18, No.1(2001), pp. 105~120; Tim Schwanen, "Matter(s) of interest: artefacts spacing and timing," *Geografiska Annaler*, Vol.89B, No.1(2007), pp.9~22; Monica Degen, Gillian Rose and Begum Basdas, "Bodies and everyday practice in designed urban environments," *Science Studies*, Vol.2 (2010), pp.60~76.

37 일상을 그런 공시성으로 이끄는 데 또한 중요한 것이 미디어이다. TV의 역할이 중요하지만 여기서는 논의하지 않는다.

38 인간 소외라는 주제로 많은 작품을 남긴 에드워드 호퍼(Edward Hopper)의 작품 중 〈밤의 사무실〉과 〈자동판매기 식당〉, 〈밤을 지새우는 사람들〉을 참고하라. Mattias Kärrholm,"To the rhythms of shopping: on synchronisation in urban landscapes of consumption," *Social and Cultural Geography*, Vol.10, No.4(2009), pp.421~440.

39 지그문트 바우만이 클로드 레비스트로스(Claude Lévi-Strauss)가 구별한, 타자성 문제를 해결하는 두 가지 전략(토인적 전략과 식인적 전략)을 인용하면서 쇼핑센터를 식인적 전략이 작동하는 공간으로 설명한 것은 흥미롭다. 토인적 전략(뱉어내는 전략)은 교정할 수 없을 만큼 낯설고 이질적으로 간주되는 타자들을 배제·추방·살해하는 것이다. 이것이 다듬어진(현대화된) 형태가 바로 도시에서의 공간 분리, 게토 형성 등이다. 그리고 식인적 전략(먹어치우는 전략)은 이질적인 대상을 비이질화하는 것이다. 즉, 외부인들의 몸과 정신을 섭취하고 먹어치우며 신진대사를 거쳐 그 섭취하는 몸과 별반 차이가 없는 동질의 것으로 만들어버리는 것이다. 이는 각 개인의 타자성을 유예하거나 무효화하는 것을 목적으로 삼는 것이다. 지그문트 바우만, 『쓰레기가 되는 삶들』(새물결, 2008).

40 Rob Shield, *Lefebvre, Love and Struggles: Spatial dialectics*(Routledge, 1999), p.66.

41 Lefebvre, *Éléments de rhythmanalyse*, p.76.

42 T. Mels, "Lineages of a geography of rhythm," p.13.

43 S. Royston, "Smart energy technologies in everydaylife: smart utopia?" *Technology Analysis & Strategic Management*, Vol.26, No.10(2014), pp.1242~1247.

44 Lefebvre, *Éléments de rhythmanalyse*, p.39.

45 Ibid., p.14.

46 Ibid., p.24.

47 Noel Castree, "The spatio-temporality of capitalism," *Time and Society*, Vol.18, No.1(2009), pp.26~61.

48 M. Kärrholm, "The territorialization of a pedestrian precint in Malmö," *Urban Studies*, Vol.45 (2008), pp.1903~1924; Kärrholm, "To the rhythms of shopping," pp.421~440, 425.

49 Hayden Lorimer, "Cultural geography; the business of being 'more-than-representa-tional'," *Progress in Human Geography*, Vol.29(2005), pp.83~94; Thrift, *Non-representational Theory*, p.8.

50 Anne Cronin, "Advertising and metabolism of the city: urban space, commodity rhythm," *Environment and Planning D: Society and Space*, Vol.24(2006), pp.615~632.

51 Ben Highmore, "Routine, social aesthetics and the ambiguity of everyday life," *Cultural Studies*, Vol.18, No.2/3(2004), pp.306~327.

52 G. Schnuer, "Circulating in places and the spatial order of everydaylife," *Human Studies*, Vol. 37, No.4(2014), pp.545~557.

53 Lefebvre, *Critique de la vie quotidienne I*(Arche, 1958).

54 Kofman and Lebas(eds.), *Henri Lefebvre: Writings on Cities*, p.230.

55 Lefebvre, *Éléments de rythmanalyse*, p.14; Paola Jiron, "Repetition and difference: rhythms and mobile place-making in Santiago de Chile," *Geographies of Rhythms*, p.133.

56 Deleuze and Guattari, *Mille Plateaux: capitalisme et schzophrénie*; 질 들뢰즈 · 펠릭스 가타리, 『천 개의 고원: 자본주의와 분열증』, 김재인 옮김(새물결, 2001).

57 E. Hallam and T. Ingold, "Creativity and cultural improvision: An introduction," in E. Hallam and T. Ingold(eds.), *Creativity and Cultural Improvision*(Routledge, 2007), p.56.

58 Lefebvre and Régulier, "The Rhythmanalytical Project," *Rhythmanalysis, Space, Time, Everyday-life*, p.75.

59 S. Graham and N. Thrift, "Out of the order: Understanding repair and maintenance," *Theory, Culture and Society*, Vol.24, No.3(2007), pp.1~25.

60 Lefebvre, *Éléments de rythmanalyse*, pp.31~32.

61 Paul Simpson, "Chronic everydaylife: rhythmanalysing street performance," *Social and Cultural Geography*, Vol.9, No.7(2008), pp.807~829.

62 Lefebvre, *Élémentsde rythmanalyse*, p.55~63.

63 Tracy Potts, "Life hacking and everyday rhythm," *Geographies of Rhythm*, p.40. 이것은 미셸 푸코가 『감시와 처벌』(1975)에서 근대인이 훈련된 존재로 만들어지는 과정을 설명한 것과 상통한다. 본래 조련은 규율 권력이 주체를 규범 · 명령 · 금지를 통해 표준화하는 권력체계에 종속시키고, 일탈적이거나 비정상적인 요소를 솎아내 제거하는 것을 말한다. 그러나 미셸 푸코는 개인이 자발적인 자기제어를 통해 지배 관계를 자신의 내면에 전사하도록 유도하는 것, 곧 지배 질서에 대한 자아의 최적화와 복종을 자유라고 착각하는 심리정치적 조련을 '통치성' 개념으로 설명하면서 『감시와 처벌』에서 말한 신체적 규율 개념을 넘어섰다.

64 Justin Spinny, "A Place of sense: A kinaesthetic ethnography of cyclists on MT Ventoux," *Environment and Planning D: Society and Space*, Vol.24, No.5(2006), pp.709~732; Justin Spinny, "Cycling the city movement, meaning and method," *Geography Compass*, Vol.3, No.2 (2009), pp.817~835; Katrina Jungnickel and Rachel Aldred, "Cycling's sensory strategies: how cyclists mediate their exposure to the urban environment," *Mobilities*, Vol.9, No.2(2014), pp.238~255.

65 P. Pinch and S. Reimer, "Moto-mobilities: geographies of the motorcycle and motorcyclists," *Mobilities*, Vol.7, No.3(2012), pp.439~457.

66 John Urry, *Sociology beyond Societies: Mobilities for the twenty-first century*(Routledge, 2000), pp.2~3; John Urry, *Mobilities*(Polity, 2007), p.5. Laura Watt and John Urry, "Moving methods, travelling times," *Environment and Planning D: Society and Space*, Vol.26(2008), pp.860~874.

67 정보 이동에서 휴대전화의 사용은 도리어 인간의 이동을 약화시킨 측면이 있다는 평가, 또는 그것이 시공간적으로 매우 일시적인 예견만 가능한 이동성의 내부 조건을 제공한다는 평가가 있다. 전자는 다음을 참조. Judy Wajcman, "Life in the fast lane? Towards a sociology of technology

and time," *The British Journal of Sociology*, Vol.59, No.1(2008), pp.59~77. 후자는 다음을 참조. J. B. Sun, J. Yuan, Y. wang, H. B. Si and X. m Shan, "Exploring space-time structure of human mobility in urban space," *Physica A*, Vol.390(2011), pp.929~942.

68 M. Büscher, J. Urry and K. Witchger, "Introduction: mobile methods," in M. Büscher, J. Urry and K. Witchger(eds.), *Mobile Methods*(Routledge, 2011), p.4.

69 Paul Virilio, *Vitesse et politique* ; 폴 비릴리오, 『속도와 정치: 공간의 정치학에서 시간의 정치학으로』, 이재원 옮김(그린비, 2004).

70 Weet Canzler, *Tracing Mobilities: Towards a Cosmopolitan Perspective*(Ashgate, 2008); John Urry and Tim Cresswell, *On the Move: Mobility in the Modern Western World*(Routledge, 2006), p.31.

71 Barney Warf, *Time-Space Compression: Historical Geographies*(Routledge, 2008).

72 Peter Merriman, "Rethinking mobile methods," *Mobilities*, Vol.9(2014), pp.167~187.

73 Tim Cresswell, "Towards a politics of mobility," *Environment and Planning D: Society and Space*, Vol.28(2010), p.20.

74 Justin Spinny, "Improvising rhythms: re-reading urban time and space through everyday practice of cycling," *Geographies of Rhythms*, p.126; Rachel Aldred, "A matter of utility? Rationalising cycling, cycling rationalities," *Mobilities*, Vol.10, No.5(2015), pp.686~705.

75 Lefebvre, *Éléments de rythmanalyse*, p.22.

76 Siguard Bergman, "The beauty speed or the discovery of slowness-Why do we need to rethink mobility," in S. Bergman and Tore Sager(eds.), *The Ethics of Mobilities: Rethinking Place, Exclusion, Freedom and Environment*(Ashgate, 2008), pp.13~24.

77 Mike Featherstone, Nigel Thrift and John Urry(eds.), *Automobilities*(Sage, 2005); Saulo Cwerner, Sven Kesserling and John Urry(eds)., *Aeoromobilities*(Routledge, 2009).

78 Mimi Sheller and John Urry, "The new mobilities paradigm," *Environment and Planning A*, Vol.38(2006), pp.207~226.

79 Urry, *Mobilities*, p.105.

80 Simone Fullagar, Kevin Markwell and Erica Wilson(eds.), *Slow tourism: experiences and mobilities*(Channel View Pub., 2012), intro.

81 Paola Jiron, "Place making in the context of urban daily mobility practices: actualising time space mapping as a useful methodological tool," in E. Huijbens(ed.), *Sensi/able Spaces-Space, Art and the Environment*(Cambridge Scholar Press, 2007); Jennifer L. Kent "Still feeling the car: The role of comfort in sustaining private car use," *Mobilities*, Vol.10, No.5(2015), pp.726~747.

82 Tim Ingold, *The Perception of the Environment: Essays in Livelihood, Dwelling and Skill* (Routledge, 2000), p.197.

83 Thomas Bjøner, "Time use on trains: media use/non-use and complex shifts in activities," *Mobilities*, Vol.11. No.5(2016), pp.702~722.

84 Richard Hornsey, "'He who think, in modern traffic, is lost': Automation and pedestrian rhythms

of interwar London," *Gepgraphies of Rhythm*, pp.109~110.

85 W. Parkins, "Out of time: fast subjects and slow living," *Time and Society*, Vol.13, No.2/3 (2004), p.364.

86 Lefebvre, *Éléments de rythmanalyse*, pp.28, 33.

87 Guy Debord, "Introduction à une critique de la géographie urbaine," *Les lèvres nues 6*(Bruxelles, 1955).

88 Phil Jones and Saskia Sassen, "Time, rhythm and the creative economy," *Transactions of the Institute of British Geographers*, Vol.41(2014), pp.286~298.

89 Sadie Plant, *The Most Radical Gesture. The Situationist International in a Postmodern Age* (Routledge, 1992), p.59.

90 F. Wundlich, "Walking and rhythmicity: sensing urban space," *Journal of Urban Design*, Vol. 13, No.1(2008), pp.125~139.

91 Perver K. Baran, Daniel A. Rodríguez and Asad J. Khattak, "Space syntax and walking in a new urbanist and surburban neighbourhood," *Journal of Urban Design*, Vol.13, No.1(2008), pp.5~28.

92 Labelle, "Pumping up the Bass," p.198.

93 Guy Debord, "Rapport sur la construction des situations et ……," *International Situationiste* (Mille et une Nuits, 1957, 1999); Wendy Parkins, "Out of time: fast subjects and slow living," *Time and Society*, Vol.13, No.2-3(2004), pp.363~382.

94 라울 바네겜, 『일상생활의 혁명』, 주형일 옮김(시울, 2006), 262~263쪽.

95 Rhys Evans and Alexandra Franklin, "Equine Beats: unique rhythms(and floating harmony) of horses and riders," *Geographies of Rhythms*, p.183.

제9장 전쟁과 질주정의 공간: 총력전과 역공간

1 폴 비릴리오는 제2차 세계대전 당시 피난지인 항구도시 낭트에서 독일군의 공중폭격과 전격작전 (Blitzkrieg)을 목도한 뒤 깊은 심적 외상을 겪었다. 전후에 파리 예술공예학교(École des Métiers d'Art)에서 수학하고 스테인드글라스 공예가가 되지만, 알제리 독립전쟁에 주둔군으로 참여하며 소르본에서 모리스 메를로퐁티와 함께 현상학을 공부했다. 1963년 건축가 클로드 파렌트(Claude Parent)와 '건축 원리(Architecture Principe)'라는 단체를 만들었고 동명의 잡지를 발간했다. 1968 년 5월 혁명에 참여했으며, 1969년에는 학생들의 지지로 파리 고등건축전문학교(École Spéciale d'Archtecture) 교수로 임용되어 1990년에 교장이 되었고 1998년까지 재직했다. 1983년에는 자크 데리다, 프랑수아 샤틀레(François Châtelet) 등과 함께 국제철학학교(Collège international de philosophie)의 창설에도 가담했다. 그러나 페르디낭 드 소쉬르와 클로드 레비스트로스의 구조주의, 롤랑 바르트의 기호학과 자크 라캉의 정신분석을 언급하지 않고, 루이 알튀세르와 장폴 사르트르(Jean-Paul Sartre)도 거부하며, 미셸 푸코와 질 들뢰즈와 펠릭스 가타리가 출발점으로 삼는

니체의 반인간주의도 거부한 비릴리오는 인간주의 기독교도이자 실천적인 아나키스트로 평가받는다. 비릴리오가 푸코의『감시와 처벌』이나 들뢰즈와 가타리의『천 개의 고원』과 맺는 관계는 신중히 접근해야 한다. Tim Luke and Gearoid Ó Tuathail, "Thinking Geopolitical Space: The spatiality of war, speed and vision in the work of Paul Virilio," in Mike Crang and Nigel Thrift(eds.), *Thinking Space*(Routledge, 2000), pp.360~379.

2 이때 찍은 벙커 사진들을 1975년부터 6년간 '파리장식예술박물관(Musée des Arts Décoratifs)'에서 전시하고, 『벙커 고고학』이라는 제목의 책으로 발간했다. Paul Virilio, *Bunker Archaeology*, translated by G. Collins(Princeton Architectural Press, 1994).

3 Paul Virilio and Claude Parent, *Archtecture Principe 1966/1996*(Besançon: Imperimeur, 1996), p.v,52. 1966년 포크스톤 학술회의에서 "풍경을 가로질러 전개되는 경사도시(oblique cities unfolding across the landscape)" 개념을 제안해 청중의 기립 박수와 볼셰비키 경찰 감옥 같다는 비판을 동시에 받았다. 그러나 군사 전쟁 도구인 벙커공간에서 숭고한 아름다움을 발견하는 것 자체가 모순인 데다, '경사 기능'은 실제 건축에서 응용이 어렵다는 한계가 드러났고, 68혁명에 대한 정치적 입장 차이가 발생하면서 '건축 원리' 동인들과의 협력 관계는 끝났다. Mike Gane, "Paul Virilio's Bunker Theorizing," *Theory, Culture & Society*, Vol.16(1999), p.87; John Armitage, "From Modernism to Hypermodernism and Beyond," p.23~24; Enrique Limon, "Paul Virilio and the Oblique" in John Armitage(ed.), *Virilio Live: Selected Interviews*(Sage, 2001), pp.55~56.

4 Paul Virilio, *Vitesse et politique*, p.53. 그리스어 '드로모스(dromos/δρόμος)'는 '민첩한 달리기'를 뜻하며, 경주의 논리를 내포한다. Virilio and Lotringer, *Pure War*, translated by Mark Polizzotti [Semiotext(e), 1997], p.47. 혁명과 전쟁에서 질주자를 질주광(dromomanie), 질주가 관철되는 정치체제를 질주정(dromocratie), 거기서 대중의 움직임을 획일화하는 관료를 질주관(dromocraté)이라고 부른다.

5 Marc Hanes, "Paul Virilio and the articulation of post-reality," *Human Studies*, Vol.19(1996), p.197; John Armitage, "From Modernism to Hypermodernism and Beyond," *Virilio Live*, p.15. 최근에 나온 이언 제임스(Ian James)와 스티브 레드헤드(Steve Redhead)의 저술은 비릴리오 연구에 새로운 자극을 제공했다. Steve Redhead, *Paul Virilio: Theorist for an Accelerated Culture* (University of Toronto Press, 2004); Steve Redhead, *The Paul Virilio Reader*(University of Columbia Press, 2005); Ian James, *Paul Virilio*(Routledge, 2007); 이언 제임스, 『속도의 사상가 폴 비릴리오』, 홍영경 옮김(앨피, 2013).

6 Paul Virilio, *Le Futurisme de l'instant: Stop-Eject*(Galilée, 2009), p.25; Paul Virilio, *The Futurism of the Instant: Stop-Eject*, translated by Julie Rose (Polity, 2010), p.16.

7 Paul Virilio, *La Procédure silence*(Galilée, 2000); Paul Virilio, *Strategy of Deception*, translated by Chris Turner(Verso, 2002). 미국이 기만 전략으로 발사한 군사 장비뿐 아니라 9·11 테러로 그라운드 제로(ground zero)를 만든 테러리스트도 함께 비판했다. Paul Virilio, *Ce qui arrive* (Galilée, 2002); Paul Virilio, *Ground Zero*, translated by Chris Turner(Verso, 2002).

8 아놀드 반 게넵, 『통과의례: 태어나면서부터 죽은 후까지』, 전경수 옮김(을유문화사, 1995), 53쪽; Victor Wittler Turner, "Liminality and communitas," *The Ritual Process: Structure and Anti-

Structure(Aldine Transaction Press, 2008[1969]), pp.94~130; 빅터 W. 터너, 『의례의 과정』, 박근원 옮김(한국심리치료연구소, 2005), 145~146쪽. 구조적 이행과 변모하는 사건에 연관시킨 설명은 다음을 참고. Arpad Szakolczai, "Liminality and experience: Structuring transitory situations and transformative events," *International Political Anthropology*, Vol.2, No.1(2009), pp.141~172. 역공간 개념의 이용 방법에 관한 논의는 다음을 참조. Bjørn Thomassen, "The use and meanings of liminality," *International Political Anthropology*, Vol.2, No.1(2009), pp.5~27. 다음의 저술들도 참고 요망. St. Germain, *Liminal Space: Essays from the In-Between*(Xlibris Corporation, 2004); Leanne McIntosh, *Liminal Space*(Oolichan Books, 2005).

9 Carl von Clausewitz, *Vom Kriege*(1832); 카를 폰 클라우제비츠, 『전쟁론』, 류제승 옮김(책세상, 1998).

10 Paul Virilio, *L' Écran du désert*(Galilée, 1991); Paul Virilio, *Desert Screen war at the speed of light*, translated by Michael Deggener(The Athlone Press, 2002), p.4.

11 Paul Virilio, *Vitesse et politique*, p.22.

12 Virilio, *Vitesse et politique*, p.74.

13 Ibid., p.16.

14 비릴리오는 대혁명기의 상퀼로트(Sans-culottes)를 근대 최초의 질주광으로 간주하며, 이들을 1930년 초 나치의 돌격대와 비교한다. 그들이 혁명의 동적 활력을 과도하게 발산하는 전투적인 정치 광신자로서 공포를 병참학적으로 유지하는 자들이었다는 점, 심지어 집권자들이 이들의 지도부를 처형한 것조차 유사하다. Virilio, *Vitesse et politique*, pp.29~30.

15 Virilio and Lotringer, *Pure War*, p.70.

16 Paul Virilio, *Défense populaire et luttes écologiques*(Galilée, 1978), p.72.

17 Virilio and Lotringer, *Pure War*, p.24.

18 Virilio, *Défense populaire*, pp.76~79; Gane, "Paul Virilio's Bunker Theorizing," p.92; Verena Andermatt Conley, "The Passanger: Paul Virilio and Feminism," *Theory, Culture & Society*, Vol.16, No.5/6(1999), pp.201~214.

19 Virilio, *Défense populaire*, pp.41~42, 78.

20 Ibid., pp.42~55; Gane, "Paul Virilio's Bunker Theorizing," p.96.

21 Virilio, *Défense populaire*, p.73.

22 Virilio, *Le Futurisme de l'instant*, p.82.

23 Paul Virilio, *La bomb informatique: essai sur les conséquences du dévelopement de l'informatique*(Galilée, 1998), p.21.

24 Paul Virilio and Sylvère Lotringer, *A Landscape of Event*, translated by J. Rose(Massachusetts Institute of Technology, 2002), p.71.

25 Virilio, *Bunker Archaeology*, p.107.

26 Virilio, *La Vitesse de libération*, pp.37, 104; Paul Virilio, "Une anthropologie du pressentiment," *L'Homme*, Vol.185-186(2008), p.102.

27 세 가지 종류의 속도란 유목적 또는 혁명적 경향의 속도(폭동, 게릴라전), 국가 장치에 의해 규

제 · 변환 · 전유되는 속도(공공 도로의 관리), 전 세계적 차원의 총력전 수행 조직 또는 (현존 함대 에서 핵전략에 이르기까지) 전 지구적 차원에서 과잉 무장으로 복권된 속도를 말한다. Gilles Deleuze and Félix Guattari, *Mille plateaux: capitalisme et schizophrennie 2*(Édition de Minuit, 1980), p.482.

28 Deleuze and Guattari, *Mille plateaux*, p.473.

29 Ibid., pp.460~461; Manuel DeLanda, "Space: Extensive and Intensive, Actual and Virtual," in Ian Buchanan and Gregg Lambert(eds.), *Deleuze and Space*, (University of Toronto Press, 2005), pp.80~89.

30 Deleuze and Guattari, *Mille plateaux*, p.473.

31 Virilio, *Vitesse et politique*, pp.119~120.

32 Ibid., p.137.

33 Deleuze and Guattari, *Mille plateaux*, pp.494~495.

34 Ibid., pp.472~473.

35 Ibid., p.602.

36 Eugene W. Holland, "Schizoanalysis, Nomadology, Fascism," in Ian Buchanan and Nicholas Thoburn(eds.), *Deleuze and Politics* (Edinburgh University Press, 2008), pp.74~95.

37 Deleuze and Guattari, *Mille plateaux*, pp.448~449; Patrick Crogan, "Theory of State: deleuze, guattari and virilio on the state, technology and speed," *Angelaki Journal of Theoretical Humanities*, Vol.4, No.2(1999), p.140.

38 Virilio, *Défense populaire*, p.56.

39 Virilio and Lotringer, *Pure War*, pp.30~31.

40 Paul Virilio, *L'Horizon Negatif*(Galilée, 1984); Paul Virilio, *Negative Horizon: an essay in dromoscopy*(Continuum, 2005), p.160. 이 책에는 비릴리오의 관점이 대부분 포함되어 있다.

41 Virilio, *Défense populaire*, p.72. 비릴리오는 기술공학과 미디어를 이용한 온갖 실험에 몰두한 후, 말년에는 라스베이거스의 한 호텔에서 15년 동안 침대에서 한 발자국도 움직이지 않고 영화 〈제브라 작전(Ice Station Zebra)〉을 164번이나 반복 시청한 하워드 휴스의 사례에서 '관성'이 물 리적 현실이 되는 상황을 읽어낸다. ibid., pp.74~77.

42 Paul Virilio and Sylvère Lotringer, *Crepuscular Dawn*, translated by M. Taormina[Semiotext(e), 2002], p.71; Nicholas Zurbrugg, "Not Words But Visions!" *Virilio Live*, pp.154~155.

43 John Armitage, "The Kosovo War did take place," *Virilio Live*, p.192.

44 Virilio and Lotringer, *Pure War*, p.74.

45 Paul Virilio, *Polar Inertia*, translated by P. Camillier(Sage, 2000), p.68; Nicolas Zurbrugg, "Not Words But Visions!" p.155.

46 Virilio and Lotringer, *Pure War*, p.144; Virilio, *Ce qui arrive*, p.72.

47 Virilio and Lotringer, *Pure War*, p.133.

48 Ibid., p.139; Virilio and Lotringer, *The Vision Machine*, p.67.

49 Virilio, *Vitesse et politique*, p.146.

50 Virilio, *Défense populaire*, p.37; Virilio, *Vitesse et politique*, p.138.

51 Virilio and Lotringer, *Pure War*, p.60.

52 Virilio, *Défense populaire*, p.36.

53 Ibid., p.75.

54 Virilio, *Vitesse et politique*, pp.134, 142.

55 Ibid., p.145; Virilio and Lotringer, *Pure War*, p.58.

56 Virilio and Lotringer, *Pure War*, p.144.

57 Ibid., p.115.

58 Virilio, *Vitesse et politique*, p.131.

59 Virilio and Lotringer, *Pure War*, p.49.

60 Paul Virilio, *L'espace critique: essai sur l'urbanisme et les nouvelles technologies* (Christian Bourgois, 1984), p.19; Paul Virilio, *Lost Dimension*, translated by Daniel Moshenber[Semiotext(e), 1991], p.17.

61 폴 비릴리오, 『동력의 기술』, 배영달 옮김(경성대학교 출판부, 2007), 45쪽.

62 Paul Virilio, *La Vitesse de libération* (Galilée, 1995), p.120.

63 Paul Virilio, *La bomb informatique* (Galilée, 1998), p.123.

64 비릴리오, 『동력의 기술』, 51쪽; Rebecca Carlson and Jonathan Corliss, "Rubble Jumping: From Paul Virilio's Techno-Dromolology to Video Games and Distributed Agency," *Culture, Theory & Critique*, Vol.48, No.2(2007), p.169. 이는 데이비드 하비의 '시공간 압축(time-space compression)' 개념을 상기시킨다. David Harvey, *The Condition of Postmodernity*; David Harvey, *Justice, Nature and the Geography of Difference* (Blackwell, 1996).

65 James de Derian, "The Conceptual Cosmology of Paul Virilio," *Theory, Culture & Society*, Vol.16(1999), p.216.

66 Virilio, *Vitesse et politique*, p.141; 폴 비릴리오, 『소멸의 미학: 시간과 속도의 여행』, 김경온 옮김(연세대학교 출판부, 2004), 90쪽.

67 Paul Virilio, *Ville panique: ailleurs commence ici* (Galilée, 2004), p.49; Paul Virilio, *City of Panic*, translated by Julie Rose(Berg, 2004). 기술공학적 예술비평으로 제기한 '소멸의 미학' 개념이 소비자본주의 시대에 미학적 판단을 탈정치화한다는 비판도 받는다. Juris Milestone, "Design as Power: Paul Virilio and the Governmentality of Design Expertise," *Culture, Theory & Critique*, Vol.48, No.2(2007), pp.175~198.

68 Virilio, *The Vision Machine*, p.13.

69 Sean Cubitt, "Virilio and New Media," p.139; Douglas Kellner, "Virilio, War and Technology," p.103.

70 Virilio and Lotringer, *Pure War*, p.152.

71 Paul Virilio, *L'accident général* (Galilée, 2005); Paul Virilio, *The Original Accident*, translated by J. Rose(Polity, 2007), pp.23~30.

72 Paul Virilio, "Vitesse et information. Alerte dans le cyberespace!" *Le monde diplomatique*, août

(1995). 미디어는 정체성을 법적으로 확보해줄 영토공간을 빼앗긴 자에게, 정체성을 제공하는 영토이자 저항 도구가 될 수 있다. 1972년 뮌헨 올림픽에서 팔레스타인 해방기구의 테러는 전 세계 TV 시청자들의 '기억'을 영토 삼아 민족 정체성 확보를 목표로 투쟁하는 '환영지(membre fantô me)', 곧 절단된 신체의 구성 요소로 지각되는 가상적 현존의 입체감에 근거한 저항을 시도했다. Virilio, *Défense populaire*, p.56; Paul Virilio, *La Vitesse de libération* (Galilée, 1995), p.84.

73 Virilio, *Défense populaire*, p.25; 孫武, 『孫子兵法』, 南晩星 譯(玄岩社, 1974), p.90.

74 Virilio and Lotringer, *Pure War*, p.37.

75 Virilio, *L'insécurité du territoire* (Galilée, 1993), p.133.

76 Virilio, *L' Écran du désert* (Galilée, 1991); Paul Virilio, *Desert Screen war at the sped of light*, translated by Michael Deggener(The Athlone Press, 2002), pp.119~122, 132.

77 Paul Virilio, *Guerre et Cinéma I: logistique de la perception* (Editions Cahiers du cinéma, 1984, 1991), p.32; 폴 비릴리오, 『전쟁과 영화: 지각의 병참학』, 권혜원 옮김(한나래, 2004), 87쪽.

78 비릴리오는 인지(cognition)와는 독립된 완전한 지각(perception) 개념을 신뢰한다. 이는 사물의 상태와 지각을 동시적인 것으로 이해하는바, 후설이 지각・기억・예상 사이의 관계에서 직면한 난관을 그대로 공유한다. Sean Cubitt, "Virilio and New Media," *Theory, Culture & Society*, Vol. 16, No.5/6(1999), p.135; Sandy Baldwin, "On Speed and ecstacy: Paul Virilio's 'Aesthetics of Disappearence' and the Rhetoric of media," *Configurations*, Vol.10, No.1(2002), pp.129~149. 기술공학적 도구들과 지식 형성의 관계 검토에 대해서는 다음을 참조. Alexander Styhre, "Knowledge Management and the Vision Machine: Paul Virilio and the Technological Consti-tution of Knowledge," *Knowledge and Process Management*, Vol.13(2006), pp.83~92.

79 Paul Virilio, *La machine de vision* (Galilée, 1988); Paul Virilio, *The Vision Machine*, translated by J. Rose(Indiana U. P, 1994), pp.70, 126. 다음을 참조. Kirsten Emiko McAllister, "Virilio: Mimesis, Mourning, and Modern Technology," *Canadian Journal of Communication*, Vol.33 (2008), pp.567~589.

80 Virilio, *L'insécurité du territoire*, pp.266~270.

81 Virilio, *Vitesse et politique*, p.117.

82 Virilio and Lotringer, *Pure War*, pp.40~41.

83 Virilio, *L'Espace critique*, p.19.

84 Jean Baudrillard, *The Gulf War Did not Take Place* (Power Publications, 1995).

85 Virilio, *Desert Screen*, pp.107~108, 130.

86 Virilio, *City of Panic*, p.32.

87 John Armitage, "From Modernism to Hypermodernism and Beyond," p.35.

88 Armitage, "From Modernism to Hypermodernism and Beyond," p.43; Jean Baudrillard, "Interview with Jean Baudrillard," *Dazed and Confused*, June(1997), pp.80~83.

89 Mike Gane, "Paul Virilio's Bunker Theorizing," p.93; Virilio, *Bunker Archaeology*, p.46; Jean Baudrillard, *Simulacra and simulation* (University of Michigan Press, 1994), pp.61~63; Jean Baudrillard, *Symbolic Exchange and Death* (Sage, 2006), pp.52~53.

90 Virilio, *Défense populaire*, p.49.

91 Virilio, "Marginal Groups," *Daidalos*, No.50, p.75; Virilio, *Polar Inertia*, p.64.

92 Virilio, *Défense populaire*, pp.69, 85.

93 Ibid., p.41~42.

94 John Armitage, "From Modernism to Hypermodernism and Beyond," p.44.

95 비릴리오, 『동력의 기술』, 146~147쪽.

96 '피크로렙시(picnolepsie)'는 '빈번한, 자주 일어나는'을 의미하는 그리스어 접두사 '피크노스(picnos)' 와 '발작'을 의미하는 '렙시스(lépsis)'의 합성어로, 자주 일어나지만 또렷이 의식되지는 못하고 사 라지는 뇌신경 발작을 말한다. 비릴리오, 『전쟁과 영화: 지각의 병참학』, 28쪽.

97 Virilio and Lotringer, *Pure War*, pp.37~38.

98 Paul Virilio, *La Vitesse de libération*, p.55; Paul Virilio, "In Conversation with Juan Carlos Sánchez Tappan & Tilemachos Andrianopoulos," in Thomas Weaver(ed.), *AA Files* (Librairie CCA, 2008), p.39.

99 John Armitage, "From Modernism to Hypermodernism and Beyond," p.40.

100 Virilio, A Landscape of Event, pp.54~66; Paul Virilio, *Unknown Quantity*, translated by C. Turner (Thames & Hudson, 2003), p.63; Virilio, *City of Panic*, p.69; Patrick M. Bray, "Aesthetics in the Shadow of No Towers: Reading Virilio in the Twenty-First Century," *Yale French Studies*, Vol.114(2008), pp.4~17. 비릴리오는 TV가 진정한 돌발사고의 박물관이라고 규정한다. Louise Wilson, "Cyberwar, God and Television: An Interview with Paul Virilio," in Arthur Kroker(ed.), *Digital Delirium* (St. Martin's Press, 1997), pp.41~48.

101 John Armitage, "From Modernism to Hypermodernism and Beyond," p.16.

102 Paul Virilio, *Le grand accelerateur* (Galilée, 2010); Paul Virilio, *The Great Accelerator*, translated by Julie Rose(Polity, 2012), p.9. 다음을 참조. Patrick Crogan, "The Tendency the Accident and the Untimely: Paul Virilio's Engagement with the Future," *Theory, Culture & Society*, Vol.16, No.5/6(1999), p.173.

103 Virilio, *L'Espace critique*, pp.66~67; Benoit Mandelbrot, *The Fractal Geometry of Nature* (W. H. Freeman and Company, 1983); Benoit Mandelbrot and Richard Hudson, *The (Mis)behaviour of Markets: a fractal view of risk, ruin and reward* (Basic Books, 2006); John Armitage, "From Modernism to Hypermodernism and Beyond," pp.24, 33.

104 Deleuze and Guattari, *Mille plateaux*, pp.32~33.

제4부 기억의 정치와 공간의 가변성

제10장 기억의 장소의 기억의 정치: 폴란드 예드바브네 유대인 학살 사건의 기억

1 Kerwin Lee Klein, "On the Emergence of Memory in Historical Discourse," *Representations*,

Vol.69(2000), pp.127~150; Jay Winter, "Notes on the Memory Boom: War, Remembrance, and the Uses of the Past," in Duncan Bell(ed.), *Memory Trauma, and World Politics*(Basingstoke: Palgrave, 2006), p.54~73; 최갑수, 「홀로코스트, 기억의 정치, 유럽중심주의」, ≪사회와 역사≫, 제70집(2006), 104쪽; Geoffrey Cubitt, *History and Memory*(Manchester University Press, 2008).

2   Erich J. Hobsbawm, *The Age of Empire, 1875-1914*(Pantheon Books, 1987), p.3.

3   Geoffrey Hartman, "Wounded Time: The Holocaust, Jedwabne, and Disaster Writing," *Partisan Review*, Vol.69, No.3(2002), pp.367~373.

4   허버트 허시, 『제노사이드와 기억의 정치: 삶을 위한 죽음의 연구』, 강성현 옮김(책세상, 2008), 24~30쪽.

5   Charles Maier, "A Surfeit of Memory? Reflections on History, Melancholy, and Denial," *History and Memory*, Vol.5(1993), pp.137, 141; Charles Maier, "Cosigning the Twentith Century to History: Alternative Narratives of the Modern Era," *American Historical Review*, Vol.105(2000), p.828. "기억의 소동은 혼란스럽고 파편적이며 막연한 성격을 갖고 있다"는 입장. Andreas Huyssen, *Twilight Memories: Making Time in a Culture of Amnesia*(Routledge, 1995); Andreas Huyssen, "Present Pasts: Media, Politics, Amnesia," *Public Culture*, Vol.12(2000), pp.21~26.

6   Domonick LaCapra, *Writing History, Writing Trauma*(The Johns Hopkins University Press, 2001), pp.135~136.

7   Allan Megill, "History, Memory, Identity," *History of the Human Science*, Vol.11(1998), pp.38~43.

8   Jeffrey Olick(ed.), *States of Memory: Continuities, Conflicts, and Transformations in National Retrospection*(Duke University Press, 2003); 제프리 올릭, 『국가와 기억』, 최호근·민유기·윤영휘 옮김(민주화운동기념사업회, 2006). Danielle Drozdzewski, Sarah de Nardi and Emma Waterton, "Geographies of memory, place and identity: Intersections in remembering war and conflict," *Geography Compass*, Vol.10, No.1(2016), pp.447~456.

9   Noa Gedi and Yigal Elam, "Collective Memory-What is It," *History and Memory*, Vol.8, No.1(1996), pp.30~50. 개인 기억과 집단 기억이 분리되면서도 결합된 것으로 설명하는 Jeffrey K. Olick, "Collective Memory: The Two Cultures," *Sociological Theory*, Vol.17, No.3(1999), pp.333~348. 집단 기억 개념에 의사소통적 요소를 보완하도록 권고하는 Wulf Kansteiner, "Finding Meaning in Memory: A Methodological Critique of Collective Memory Studies," *History and Theory*, Vol.41, No.2(2002), pp.179~197 참조.

10 Maurice Halbwachs, *Les cadres sociaux de la mémoire*(Albin MIchel, 1994[1925]), pp.114~128; Maurice Halbwachs, *Mémoire collective*(Albin Michel, 1997[1950]).

11 Jan Tomasz Gross, *Sąsiedzi Historia zagłady zydoskiego miasteczka*(Pogranicze, 2000); Jan Tomasz Gross, *Neighbors: The Destruction of the Jewish Community in Jedwabne, Poland* (Princeton University Press, 2001; Penguin Books, 2002). 그는 미국 뉴욕 대학교 유대계 정치학자이며, 그의 저술을 둘러싼 다양한 논쟁은 다음을 참조. 임지현, 「서평」, ≪서양사론≫, 78호(2003. 9), 295~301쪽. 제목이 '타인들'이어야 한다는 제안은 Ilya Prizel, "Jedwabne: Will the

Right Question be Raised," *East European Politics & Societies*, Vol.16(2002), p.282. 이 사건을 보는 우파의 대표적 입장은 Marek Jan Chodakiewicz, *The Massacre in Jedwabne, July 10, 1941, Before, During, After*(Dist. by Columbia University Press, 2005). 중립적 입장은 Joanne B. Michlic, "The Polish Debate about the Jedwabne Massacre," http://sisca:huji.ac.il/21michlic. pdf; Antony Polonsky, "The Jedwabne Debate in America," *Polin: Studies in Polish Jewry*, Vol.19(2007), pp.393~414.

12 라파우 스토비에츠키, 「역사 정치에 직면한 역사가들: 폴란드의 경우」, 안해균 옮김, ≪역사와 문화≫, 14호(2007), pp.254~277; Annamaria Orla-Bukowska, "New Threads on an Old Loom: National Memory and Social Identity in Postwar and Post-Communist Poland," in Claudio Fogu, Richard Ned Lebow and Wulf Kansteiner(eds.), *The Politics of Memory in Postwar Europe*(Duke University Press, 2007), p.180.

13 Gross, *Neighbors*, p.xviii.

14 라울 힐베르크, 『홀로코스트 유럽유대인의 파괴 1』, 김학이 옮김(개마고원, 2008), 6장.

15 얀 그로스는 이것을 단순한 절멸(pogrom)이 아니라 인종 학살(genocide)로 규정하며, 이웃한 라드질로프(Radziłów)에서 1500명, 예드바브네에서 3300명이 희생되었다는 소문이 있었으나, 확인한 바로는 전자에서는 800명, 후자에서는 그 절반 정도라고 본다. Gross, *Neighbors*, p.32.

16 예드바브네의 유대인 학살은 이미 2000년 4월에 아그네츠카 아놀드의 TV 다큐멘터리 〈나의 형님 카인은 어디에 있는가?(Where is My Older Brother Cain?)〉가 방영되었고, 유력 일간지 ≪제치포스폴리타≫가 5월 5일과 19일, ≪콘탁티≫가 5월 7일과 9일에 학살 사건에 대한 르포 기사를 게재했기에 결코 낯선 주제가 아니었다. Andrzej Kaczyński, "Burnt Offering," *Rzeczpospolitica*, May 5, 2000; Antony Polonsky and Joanna B. Michlic(eds.), *The Neighbors Respond: The Controversy over the Jedwabne Massacre in Poland*(Princeton University Press, 2004), pp. 50~59 재인용; Gabriela Szczęsna, "The Blood of Jedwabne," *Kontakty*, May 7, 2000; ibid., pp.60~63 재인용; Maria Kaczyńska, "In Memory and Admonition," *Gazeta Współczesna*, July 11, 2000; ibid., pp.64~66 재인용.

17 일곱 명 가운데는 증언자 시물 바세르슈타인도 포함된다. 얀 그로스는 12명 정도가 살아남았다고 보지만, 생존자와 사망자의 수를 두고 의견이 일치하지 않는다. Gross, *Neighbors*, pp.2~6. 소련군이 퇴각하면서 1941년 6월 23일 독일인들이 읍내로 들어오고, 25일 아침 일찍 폴란드인 무법자들이 반유대인 학살을 시작했다. 한 무리는 유대인 거주지를 가로질렀으며, 다른 무리는 유대인 여성들과 어린아이들의 비명을 감추려고 아코디언과 플루트를 연주했다. 73세 노인은 벽돌에 맞아 죽었으며, 다른 이는 나이프에 찔리고 눈과 혀가 뽑혀 24시간의 고통 끝에 죽었다. 신생아를 안은 28세와 26세의 두 젊은 여인은 무법자들의 손에 죽기보다는 함께 죽고자 연못에 뛰어들어 아기와 함께 익사했다. 한 여인이 두 시간여 고통 끝에 익사하는 동안 무리들은 이 광경을 구경하며 빨리 죽는 방법을 조언했다. 이튿날에 지역 사제가 살육 중지를 요청하고 독일 경찰도 사태를 신중하게 바라보면서 학살이 일시 중단되었지만, 주민들은 유대인에게 식량을 팔지 않았고, 상황은 악화되었다. 7월 10일 독일군이 모든 유대인 살육 허가 포고령을 발표하면서 살육이 재개되었다. 7월 10일 아침에 여덟 명의 나치친위대 게슈타포(SS)가 읍장 마리안 카로락(Marian Karolak)

과 면담하며 유대인 처분 계획을 물었을 때 읍민들이 만장일치로 모두 죽일 것이라고 대답하자, 게슈타포는 직업별로 한 가족씩 남겨둘 것을 제안했지만 그는 깡그리 죽일 것을 강조했다. 무법자들은 도끼와 곤봉 등 고문·살육 도구로 무장하고 모든 유대인을 길로 내몰았다. 마침 러시아 점령기에 거대한 레닌 기념비를 세웠는데, 무법자 집단은 젊고 건강한 유대인 37명을 뽑아 이를 지정 장소로 운반시킨 뒤 구덩이를 파도록 명령하고 이들을 도륙해 구덩이에 던져 넣었다. 이들은 유대인들이 판 구덩이에다 앞서 나온 피살자들을 묻은 뒤 다시 그들을 죽이고, 다른 유대인을 불러내어 구덩이를 파도록 명령한 뒤 사망자들을 묻는 작업을 반복했다. 노인의 수염은 불태워지고, 신생아는 어머니 가슴에서 죽었으며, 죽도록 얻어맞은 사람들은 노래와 춤추기를 강요당했다. 남은 자들을 슬레진스키의 집 헛간으로 몰아넣어 등유를 뿌리고 불을 질렀다. 무법자들은 병자나 어린이 등 집에 남은 유대인을 찾아서 묶어 짊어지고 온 뒤, 쇠스랑으로 찌르고 석탄 불더미에 던졌으며, 불이 꺼지자 유골에서 금니를 뽑아내려고 잿더미를 뒤적거렸다.

18 Zofia Kossak-Szczucka, "Prophecies are being Fulfilled," *Prawda: Pismo Frontu Odrodzenia Polski*, May, 1942; Polonsky and Michlic(eds.), *The Neighbors Respond*, p.74 재인용.

19 Gross, *Neighbors*, pp.54~55. 2500명 주민의 절반이 폴란드계이고, 그 절반은 남성으로 450명 정도이며, 다시 그 절반 정도가 학살에 참여했을 것으로 추정한다.

20 Julius L. Baker and Jacob L. Baker, *Yedwabne: History and Memorial Book*(Jerusalem, 1980).

21 Ewa Wolentarska-Ochman, "Collective Remembrance in Jedwabne: Un Settled Memory of World War II in Postcommunist Poland," *History and Memory*, Vol.18, No.1(2006), pp.156, 173. 로컬 기억은 어떻게 형성되는가? 카프랄스키는 현존 예드바브네 주민들 중 유대인 학살의 '기억을 가진 자들'이 거의 없으며, 기억을 두고 '공개적인 토론'을 벌인 적도 없으며, 과거에 예드바브네에 거주한 유대인들을 본 적도 없는데, 어떻게 집단 기억으로서 로컬 기억을 지니는지 묻는다. Słwomir Kapralski, "The Jedwabne Village Green: The Memory and Counter-Memory of the Crime," *History and Memory*, Vol.18, No.1(2006), pp.179~197.

22 Jerzy Jedlicki, "How to Garapple with the Perplexing Legacy," *Polityka*, February 10, 2001; Polonsky and Michlic(eds.), *The Neighbors Respond*, pp.242~243 재인용. 폴란드인들도 유대인의 처지에 공감해 1942년 지하신문 *Biuletyn Informacyjny*는 코드명 'Żegata'로 알려진 '유대인 지원위원회'를 설립시키는 등 연대 활동을 했다고 변호한다.

23 Bogdan Musiał, "The Pogrom in Jedwabne: Critical Remarks about Jan T. Gross's Neighbors," *The Neighbors Respond*, pp.338~339.

24 "A Roundtable Discussion: Jedwabne-Crime and Memory," *Rzesczspolitita*, March 3, 2001; Polonsky and Michlic(eds.), *The Neighbors Respond*, pp.248~258 재인용.

25 Gross, *Neighbors*, p.10.

26 Richard J. Bernstein, "The Culture of Memory," *History and Theory*, theme issue 43-4(2004), pp.167~168; Jan Assman, *Moses the Egyptian: The Memory of Egypt in Western Monotheism* (Harvard University Press, 1998), pp.9~10.

27 Cathy Caruth, *Unclaimed Experience: Trauma, Narrative, and History*(Johns Hopkins University

Press, 1996), pp.79~82.

28 LaCapra, *Writing History, Writing Trauma*, pp.43~85.

29 Gross, *Neighbors*, p.19.

30 Ibid., p.25.

31 Ben Cion Pinchuk, "Facing Hitler and Stalin: On the Subject of Jewish 'Collaboration' in Soviet-Occupied Eastern Poland, 1939-1941," in Josha D. Zimmerman(ed.), *Contested Memories: Poles and Jews during the Holocaust and its Aftermath* (New Brunswick: Rutgers University Press, 2003), p.64.

32 Gross, *Neighbors*, p.29.

33 J. T. Gross, "Critical Remarks Indeed," *The Neighbors Respond*, pp.344~370.

34 Tomasz Strzembosz, "Collaboration Passed Over in Silence," *Rzeczpospolita*, 27 January 2001; Polonsky and Michlic(eds.), *The Neighbors Respond*, pp.225~227 재인용. 이 기록이 미국 '후버 연구소'에 보존되어 있다고 주장한다. Wojciech Roszkowski, "After *Neighbors*: Seeking Universal Standards," *Slavic Review*, Vol.61, No.3(2002), p.460.

35 Bogdan Musiał, "The Pogrom in Jedwabne: Critical Remarks about Jan T. Gross's Neighbors," *The Neighbors Respond*, p.328.

36 Gross, *Neighbors*, p.69.

37 Ibid., pp.102~103.

38 사진을 촬영한 것은 독일군이 다른 지역에 회람시켜 지역민이 자발적으로 유대인을 학살하도록 자극하는 증거로 사용하기 위해서였고, 실제로 리투아니아와 우크라이나 등지에서 일정한 효과를 거두었다고 한다. Norman M. Naimark, "The Nazi and 'the East': Jedwabne's Circle of Hell," *Slavic Review*, Vol.61, No.3(2002), p.481.

39 Anna Bikont, "We of Jedwabne," *Gazeta Wyborcza*, March 23, 2001; Polonsky and Michlic(eds.), *The Neighbors Respond*, pp.267~303 재인용. 이를 비판하는 글은 J. Tokarska-Bakir, "You from Jedwabne," *Polin: Studies in Polish Jewry*, Vol.20(2008), pp.413~430.

40 Alexander B. Rossino, "Polish 'Neighbors' and German Invaders: Contextualizing Anti-Jewish Violence in the Białystok District during the Opening Weeks of Operation Barbarossa," *Polin: Studies in Polish Jewry*, Vol.16(2003), pp.431~452.

41 "A Roundtable Discussion: Jedwabne-Crime and Memory," *Rzesczspolitita*, March 3, 2001; Polonsky and Michlic(eds.), *The Neighbors Respond*, p.252 재인용.

42 Gross, *Neighbors*, p.47.

43 Ibid., pp.105, 109. 이는 해방 후 한국사에서 친일파가 재빨리 친미파로 변신한 것을 상기시킨다.

44 Ibid., p.112.

45 M. Kurkowska, "Jedwabne and Winza: Monuments and Memory in the Łomża Region," *Polin: Studies in Polish Jewry*, Vol.20(2008), pp.244~270.

46 Gross, *Neighbors*, p.114~116.

47 Jerzy Buzek, "Living in Truth: Special Statement by Prime Minister Jerzy Buzek Regarding the

Slaughter of Jews in Jedwabne in 1941, April 2001," *The Neighbors Respond*, p.125.

48 Władysław Bartoszewski, "Address Delivered by Władysław Bartoszewski Polish Minister of Foreign Affairs, Holocaust Memorial Museums in Washington, D.C., 5 April 2001," *The Neighbors Respond*, pp.126~128.

49 Gross, *Neighbors*, p.120.

50 Ibid., p.121. IPN의 활동에 대한 중립적 평가는 다음을 참조. Wolentarska-Ochman, "Collective Remembrance in Jedwabne: Un Settled Memory of World War II in Postcommunist Poland," *The Neighbors Respond*, pp.164~168.

51 다시 복구되어, 현재 소장은 야누시 쿠르티카(Janusz Kurtyka)이다.

52 레온 키에레스는 2006년 11월 16일 '친일진상규명위원회' 초청으로 한국도 방문했다.

53 Gross, *Neighbors*, p.xxi.

54 임지현, 「서평」에서 특히 297쪽 참조.

55 Gross, *Neighbors*, p.96.

56 Aleksander Kwaiśniewski, "Adress by President of Poland Aleksander Kwaśsniewski at the Ceremonies in Jedwabne Making the Sixtieth Anniversary of the Jedwabne Tragedy on 10 July 2001," *The Neighbors Respond*, pp.130~132; Ewa Wolentarska-Ochman, "Jedwabne and the Power Struggle in Poland(Remembering the Polish-Jewish Past a Decade after the Collapse Communism)," *Perspectives on European Politics and Society*, Vol.4, No.2(2003), pp.171~189.

57 Hannah Arendt, *Eichmann in Jerusalem: A Report on the Banality of Evil*(Penguin Books, 1983); 한나 아렌트, 『예루살렘의 아이히만: 악의 평범성에 관한 보고서』, 김선욱 옮김(한길사, 2006).

58 Ewa Wolentarska-Ochman, "Reponse to Slawoir Kapralski," *History and Memory*, Vol.18, No.1(2006), p.195. 일부 참여자들도 독일 출신 폴란드 시민이나 소수 범죄자들이었다는 반론은 다음을 참조. Chodakiewicz, *The Massacre in Jedwabne, July 10, 1941, Before, During, After*, p.138.

59 "We are Different People: A Discussion about Jedwabne in Jedwabne," *Więź*, April 2001; Polonsky and Michlic(eds.), *The Neighbors Respond*, pp.190~191 재인용.

60 Janet Donohoe, *Remenbering Places: A phenomenological study of the relationship between memory and place*(Lexington Books, 2014), p.ixi, 124.

61 Gross, *Neighbors*, p.101.

62 임지현, 「서평」, 300쪽.

63 Max Horkheimer and Theodor W. Adorno, *Dialektik der Aufklärung: Philosophische Fragmente*(1947, 1969); 막스 호르크하이머 · 테오도르 아도르노, 『계몽의 변증법』, 김유동 외 옮김(문예출판사, 1995).

64 Gross, *Neighbors*, p.80.

65 이 용어는 계획적 대학살을 가리킨다. 제정 러시아의 유대인 대학살은 포그롬(Pogrom)이라고 부

르고, 나치의 대학살은 쇼와(Shoah)라고 칭한다. 후자는 또한 클로드 란츠만(Claude Lanzmann) 감독이 11년 걸려 만든 9시간짜리 대작 영화의 제목이기도 하다.

66 Jan T. Gross, *Fear, Antisemitism in Poland after Auschwitz: An Essay in Historical Interpretation* (Random House Trade Paperbacks, 2006).

67 Hanna Świda-Ziemba, "The Shortsightedness of the 'Cultured'," *Gazeta Wyborcza*, April 6, 2001; Polonsky and Michlic(eds.), *The Neighbors Respond*, p.103 재인용.

68 Jan Nowak-Jeziorański, "A Need for Compensation," *Rzeczpospolita*, January 26, 2001; Polonsky and Michlic(eds.), *The Neighbors Respond*, p.78 재인용.

69 Joanna Tokarska-Bakir, "Obsessed with Innocence," *Gazeta Wyborcza*, January 13~14, 2001; Polonsky and Michlic(eds.), *The Neighbors Respond*, p.78 재인용.

70 Antoni Macierewicz, "The Revolution of Nihilism," *Głos*, February 3, 2001; Polonsky and Michlic (eds.), *The Neighbors Respond*, pp.94~95 재인용.

71 M. Melchoir, "Facing Antisemitism in Poland during the Second World War and in March 1968," *Polin: Studies in Polish Jewry*, Vol.21(2009), pp.187~203.

72 Kapralski, "The Jedwabne Village Green: The Memory and Counter-Memory of the Crime," p.187.

73 Pierre Nora, "Entre Mémoire et Histoire," in Pierre Nora(ed.), *Les Lieux de mémoire, I: La Republique*(Gallimard, 1984), pp.xviii~xix; Dominick LaCapra, "History and Memory: In the Shadow of the Holocaust," *History and Memory after Auschwitz*(Cornell University Press, 1998), p.19.

74 Bogdan Musiał, "The Pogrom in Jedwabne: Critical Remarks about Jan T. Gross's Neighbors," *The Neighbors Respond*, pp.315~319.

75 M. Kurkowska-Budzan, "Jedwabne: on Emotions, Power and Identity in Oral History Research," *Acta Poloniae Historica*, Vol.97(2008), pp.115~126; G. Feindt, F. Krawaztek, D. Mehler, F. Pestel and R. Trimçev, "Entangled memory: Toward a third wave in memory studies," *History and Theory*, Vol.53 (2014), pp.24~44.

76 LaCapra, "History and Memory: In the Shadow of the Holocaust," *History and Memory after Auschwitz*, p.11.

77 Michael Hebbert, "The Street as Locus of Collective Memory," *Environment and Planning D: Society and Space*, Vol.23(2005), pp.581~596; W. James Booth, "The Work of Memory: Time, Identity, and Justice," *Social Research*, Vol.75, No.1(2008), pp.237~262.

78 Jeffrey Blustein, *The Moral Demands of Memory*(Cambridge University Press, 2008), p.178.

79 '전이'는 프로이트가 1914년부터 사용한 정신분석학의 핵심 개념으로, 정신분석가에 대한 환자의 정서적 태도의 진행 과정을 말한다. 환자는 과거 자신의 경험이나 인간관계 등에서 파생한 기억과 감정의 앙금을 의사에게 옮겨 긍정적이거나 부정적인 반응 또는 애증을 표출하는데, 이는 원활한 치유를 방해하는 부정적 측면이 있지만, 의사가 환자의 고통스러운 과거에 개입할 기회를 제공하는 긍정적 측면도 있다. 육영수, 「기억, 트라우마, 정신분석학: 도미니크 라카프라와 홀로코스트」,

≪미국학 논집≫, 36권 3호(2004), 172~199쪽; 도미니크 라카프라 지음, 『치유의 역사학으로: 라카프라의 정신분석학적 역사학』, 육영수 엮음(푸른역사, 2008), 360쪽.

80 Domonick LaCapra, *History in Transit: Experience, Identity, Critical Theory* (Cornell University Press, 2004), p.135.

81 LaCapra, *History in Transit: Experience, Identity, Critical Theory*, p.140.

82 이때의 경험이 자명하고 진정한 경험이거나, 정반대로 오직 담론적 경험인 것은 아니고, 이전의 문화적 견본의 영향으로 굴절된 경험이다. Martin Jay, *Songs of Experience: Modern American and European Variations on a Universal Theme* (University of California Press, 2004), pp.6~7.

83 Patrick H. Hutton, *History as an Art of Memory* (University Press of England, 1993), pp.127~128.

84 LaCapra, "History and Memory: In the Shadow of the Holocaust," *History and Memory after Auschwitz*, pp.24~25.

85 Philippe Ariès, *L'enfant et la vie familiale sous l'Ancien Régime* (Seuil, 1973); 필리프 아리에스, 『아동의 탄생』, 문지영 옮김(새물결, 2003); Hutton, *History as an Art of Memory*, pp.91~105.

86 Saul Friedländer, *Memory, History and the Extermination of the Jews of Europe* (Indiana University Press, 1993), pp.16, 94.

87 Saul Friedländer(ed.), *Probing the Limits of Representation: Nazism and Final Solution* (Harvard University Press, 1992), p.xi.

88 Halbwachs, *Les cadres sociaux de la mémoire*, p.146.

89 David Miller, *On Nationality* (Oxford University Press, 1995), pp.39~40.

90 Ross Poole, "Memory, Responsibility, and Identity," *Social Research*, Vol.75, No.1(2008), pp.263~286.

91 Blustein, *The Moral Demands of Memory*, p.200.

92 Avishai Margalit, *The Ethics of Memory* (Harvard University Press, 2002, 2004), p.86.

93 Duncan Bell, "Agnostic Democracy and the Politics of Memory," *Constellations*, Vol.15, No.1 (2008), p.160.

94 Andrzej W. Tymowski, "Apologies for Jedwabne and Modernity," *East European Politics & Societies*, Vol.16(2002), pp.291~306.

제11장 로컬 경제와 지역주의: 이탈리아 '북부 문제'와 유럽연합의 지역 정책과 관련시켜

1 '지역(region)'과 '로컬(local)'은 상호 교환적으로 사용되는 경우가 많다. '로컬'이나 '지역'은 모두 국가의 하위공간 범주이지만, '지역'은 국가 경계를 넘어서도 성립이 가능하다. '지역주의'와 '로컬리즘'의 차이는 전자가 '분리주의', 후자가 '지방분권'을 지향한다는 점이다. Richard Briffault, "Localism and regionalism," *Buffalo Law Review*, Vol.48, No.1(2000), pp.1~30.

2 Antonio Gramsci, "Note on Italian history," *Selection from Prison Notebooks* (Lawrence and

Wilshart, 1978), pp.70~71.

3   Caterina Paolucci, "From Democrzia Christiana to Forza Italia and the Popolo della Libertà: partisan change in Italy," *Modern Italy*, Vol.13, No.4(2008), pp.465~480.

4   전진 이탈리아당은 2008년에 네오파시스트당 등과 통합해 자유국민당(Popolo della Liberta)을 성립시켰다. 다음을 참조. Paul Gisborg, *Silvio Berlusconi, Television, Power and Patrimony* (Verso, 2004); Alexander Stille, *The Sack of Rome, Media + Money + Celebrity = Power = Silvio Berlusconi* (Penguin Books, 2006); Michael E. Shin and John A. Agnew, *Berlusconi, Mapping Contemporary Italian Politics* (Temple University Press, 2008); Michele Prospero, *Il comico della politica, Nichilismo e aziendalismo nella comunicazione di Sylvio Berlusconi* (EDISSE, 2010).

5   Hans-Georg Betz, "Against Rome: The Lega Nord," in Hans-Georg Betz and Stefan Immerfall(eds.), *The New Politics of the Right: New populist parties and movements in established democracies* (Macmillan, 1998), pp.45~57; Benito Gordano, "Italian regionalism or 'padanian' nationalism-the political project of the Lega Nord in Italian politics," *Political Geography*, Vol.19(2000), pp.445~471; Benito Gordano, "'Institutional thickness', political sub-culture and the resurgence of (the 'new') regionalism in Italy-a case study of the Northern League in the province of Varese," *Trans Inst Br. Geography*, Vol.26(2001), pp.25~41; Giordano and Elisa Roller, "A comparision of Catalan and 'Padanian' nationalism: more similarities than differences?" *Journal of Southern Europe and the Balkans*, Vol.3, No.2(2001), pp.111~130.

6   득표율은 8.4%로 다섯 번째 정당인바 이는 75% 단순 다수제, 25% 비례제도라는 선거제도의 왜곡 효과였다. 즉, 북부동맹이 북부 지역 제1당이 되어 이 지역 단순 다수 대표를 장악한 결과였다. 그러나 1996년 선거에서는 비례대표 득표에서 역대 최고 득표율인 10.1%를 얻었지만, 의석은 59석에 불과했다.

7   주권을 지닌 연방주의 연합이 아니라 단일제 국가에 재정 자치 같은 연방제적 성격을 가미한 정도를 의미한다.

8   'Padania'는 라틴어로 포(Po)강 유역을 말한다. Danielle Albertazzi and Duncan Mcdonnell, "The Lega Nord in the second Berlusconi government: In a League of it's own," *West European Politics*, Vol.28, No.5(2005), pp.952~972; Danielle Albertazzi and Duncan Mcdonnell, "The Lega Nord back in government," *West European Politics*, Vol.33, No.6(2010), pp.1318~1340. 움베르토 보시는 지금도 여전히 베를루스코니 지지를 공언하고 있다.

9   하위문화 정당, 민족-지역주의 정당, 정치기업가 정당, 신민족주의 현상이라는 평가까지 다양하다. Anna Cento Bull and Mark Gilbert, *The Lega Nord and the Northern Question in Italian Politics* (Palgrave, 2001), pp.45~60; Margarita Gómez-Reino Cachafeiro, "La Lega Nord: mobilisation et revendication du 'nationalism padan," *Pôle sud*, Vol.20(2004), pp.133~146.

10 최근 연구는 특수한 길(sonderweg) 테제를 표명하는 관점과 실패를 강조하는 관점이 있다. 전자는 Michel Huysseeune, *Modernity and Secession: The Social Sciences and the Political*

Discourse of the Lega Nord in Italy (Berghahn Books, 2006), pp.80~124 참조. 후자는 Manlio Greaziano, *The Failure of Italian Nationhood: The Geopolitics of a Troubled Identity*, translated by B. Knowlton(Palgrave Macmillan, 2010), pp.167~176 참조.

11 여기서 '북부 문제'라는 말은 사실 '북동부 문제'라고 해야 하지만, '남부 문제'라는 오랜 명제와 선명히 대비시키는 목적에서 '북부 문제'로 서술한다. '남부 문제'에 관한 국내 연구로는 다음을 참조. 강옥초, 「이탈리아 남부 문제의 역사적 형성」, ≪서양사 연구≫, 24권(1999), 77~112쪽; 정문수, 「이탈리아 남부 문제의 발명과 해체」, ≪국제지역연구≫ 6권 2호(2002), 295~315쪽; 정병기, 「이탈리아 정치적 지역주의의 생성과 북부동맹당의 변천」, ≪한국정치학회보≫, 34권 4호(2001), 397~419쪽; 김시홍, 「이탈리아 지역주의의 사회적 기원」, ≪유럽연구≫, 17권(2003), 169~186쪽.

12 Thomas W. Gold, *The Lega Nord and Contemporary Politics in Italy* (Palgrave Macmillan, 2003), p.5.

13 여기서 북부 지역은 북서부와 북동부를 포함하는데 피에몬테(Piemonte), 롬바르디아(Lombardia), 리구리아(Liguria), 트렌티노알토아디제(Trentino-Alto-Adige), 베네토(Veneto), 프리울리베네치아줄리아(Friuli-Venezia Giulia), 에밀리아로마냐(Emilia-Romagna)를 포함한다. 북부동맹의 주요한 지역적 기반은 롬바르디아, 베네토, 프리울리베네치아줄리아이다. Adrian Lyttelton, "Shifting identities: nation, region and city," in Carl Levy(ed.), *Italian Regionalism, History, Identity and Politics* (Berg, 1996), pp.33~52.

14 Danielle Albertzzi, "'Back to our roots' or self -confessed manipulation? The uses of the past in the Lega Nord's positing of Padania," *National Identities*, Vol.8, No.1(2006), pp.21~39.

15 Gilberto Oneto, *L'invenzione della Padania* (Foedus, 1997), pp.84~85. 1176년 프리드리히가 론카글리아(Roncaglia)에서 개최된 제국의회에서 이탈리아 직접 통치를 선언하자, 롬바르디아 동맹이 교황 알렉산데르 3세의 지원을 받으며 싸운 전쟁이다.

16 D. Albertazzi, "'Back to our roots' or self-confessed manipulation?" p.31.

17 Martina Avanza, "Une histoire pour la padanie: La Ligue du Nord et l'usage politique du passé," *Annales HSS*, No.1(2003), pp.85~107.

18 Benito Giordano, "The contracting geographies of 'Padania': the case of Lega Nord in northern Italy," *Area*, Vol.33, No.1(2001), pp.27~37.

19 Damian Tambini, *Nationalism in Italian Politics: The Stories of the Northern League, 1980-2000* (Routlesde, 2001), p.12.

20 Daniele Albertazzi, "The Lega dei Ticinesi: The embodiment of populism," *Politics*, Vol.26, No.2(2006), pp.133~139.

21 북부동맹의 이념적 성격을 두고 지역주의적 포퓰리즘 정당으로 보는 입장과 급진 우익 포퓰리즘 정당으로 보는 입장으로 나뉜다. 전자는 Duncan McDonnell, "A Weekend in Padania: Regionalist populism and Lega Nord," *Politics*, Vol.26, No.2(2006), pp.126~132 참조. 반면 급진 우익정당 이념을 더 강조하는 입장은 Andrej Zaslove, "Alpine populism: Padania and beyond: A Response to Duncan McDonell," *Politics*, Vol.27, No.1(2007), pp.64~68 참조. 맥도넬의 반론은 다음을 참조. Duncan McDonell, "Beyond the radical right straitjacket: A reply to Andrej Zaslove's

critique of 'regionalist populism and the Lega Nord'," *Politics*, Vol.27, No.2(2007), pp.123~126. 맥도넬을 변호하는 입장은 다음을 참조. Daniele Albertazzi, "Addressing 'the people': A comparative study the Lega Nord's and Lega dei Ticinesi's political rhetoric and styles of propaganda," *Modern Italy*, Vol.12, No.3(2007), pp.327~347. 자슬로브의 종합적 반론은 다음을 참조. A. Zaslove, *The Re-invention of the European Radical Right: Populism, Regionalism, and the Italian Lega Nord* (McGuill Queens University, 2011). 필자는 지역주의 포퓰리즘이라는 차원에 더 방점을 두는바, 북부동맹은 지역주의만 확고한 요소이며 나머지 이념은 너무나 가변적으로 작용한다고 보기 때문이다.

22 Michel Huyssenune, "Landscapes as a symbol of nationhood: the alps in the rhetoric of the Lega Nord," *Nations and Nationalism*, Vol.16, No.2(2010), pp.354~373.

23 Anna Laura Lepschy, Giulio Lepschy and Miriam Voghera, "Linguistic Variety in Italy," *Italian Regionalism*, pp.69~80.

24 Paolo Coluzzi, "Endangerd minority and regional languages('dialect') in Italy," *Modern Italy*, Vol.14, No.1(2009), p.42; Massimo Cerruti, "Regional varieties of Italian in the linguistic repertoire," *International Journal of Social Language*, Vol.210(2011), pp.9~28.

25 Isabelle Fremeaux and Danielle Albetazzi, "Discursive strategies around 'community' in political propaganda: The case of Lega Nord," *National Identities*, Vol.4, No.2(2002), p.149. 이주민 문제에서 같은 우익정당이면서도 '북부동맹'과 포스트 파시스트 정당 '민족동맹'은 서로 입장의 차이가 있다. 전자는 국경 폐쇄를, 후자는 개방을 지지한다. Damian Spuruce, "Empire and Counter-Empire in the Italian far-right: Conflicting nationalism and the split between the Lega Nord and Alleanza Nazionale on immigration," *Theory, Culture & Society*, Vol.24, No.5(2007), p.101; Ted Ferimuter, "A narrowing gyre? The lega nord and the shifting balance of italian immigration policy," *Ethnic and Racial Studies*, Vol.38, No.8(2015), pp.1339~1346.

26 Manuel Castell, *The Power of Identity* (Blackwell, 1997), p.61.

27 종족적 지역주의는 이주민들을 자유롭게 허용하는 자유주의적 시민권이나 민주주의적 시민권이 아니라, 종족적 지역에 근거한 경제와 문화적 정체성의 정치를 옹호한다. Alberto Spektorowski, "Ethnoregionalism: The intellectual new right and the lega nord," *The Global Review of Ethnopolitics*, Vol.2-3 (2003), pp.55~70; Gold. *The Lega Nord and contemporary politics in Italy*, p.103.

28 김수진, 「이탈리아 지방자치와 분권화: 역사적 조망」, ≪EU학 연구≫, 13권 2호(2008), 79쪽.

29 Michel Huysseune, "A nation confronting a secessinist claim: Italy and the Lega Nord," in Bruno Coppieters(ed.), *Contextualizing sucession: normative studies in comparative perspective* (Oxford University Press, 2003), p.47.

30 특히 사회주의 모델의 붕괴 이후 앵글로아메리카 모델이 전면적으로 부상하면서 이탈리아 경제계에서도 경영자총협회(Confindustria) 의장을 역임한 조르조 포사(Giorgio Fossa), 안토니오 다마토(Antonio D'Amato), 루카 디 몬테제몰로(Luca di Montezemolo), 그 밖에 많은 정치학자들, 유럽위원회위원(EU Commitee commissioner)이자 이번에 총리로 지명된 마리오 몬티(Mario Monti)

같은 경제학자들이 대안 경제 모델이 없는 신자유주의 질서의 수용 불가피성을 강조했다. 이들은 국가 개입 약화, 고용 유연화, 모든 하부구조 개선, 재화와 자본의 제한 없는 이동 가능성 허용, 국가 재정지출의 감소를 요구했다.

31 Sarah Wild, "The Northern League: the self-representation of Industrial districts in their search for regional power," *Politics*, Vol.17, No.2(1997), pp.95~100.

32 에밀리아로마냐에 속하는 볼로냐의 경우 Henry Farrell and Ann-Louise Holten, "Collective goods in the local economy: The packing machinery cluster in Bologna," in Colin Crouch, Patrick Le Galès, Carlo Trigilia and Helmut Volezkov(eds.), *Changing governance of local economies: responses of European local production systems*(Oxford, 2004), pp.23~45.

33 Carlo Trigilia, "High-tech districts," *Changing governance of local economies: responses of European local production systems*, p.229~237.

34 F. Sforzi, "The industrial district and the 'New Italian economic geography'," *EPS*, Vol.10, No.4(2002), pp.439~447; Andrew Ross, "Made in Italy: The trouble with craft capitalism," *Antipode*, Vol.36, No.2(2004), pp.209~216; 권오혁, 「제3 이탈리아 산업지구 발전과정에 대한 비교연구-모데나와 미란돌라를 중심으로」, ≪한국경제지리학회지≫, 6권 1호(2003), 21~44쪽.

35 Colin Crouch, Martin Schröder and Helmut Voelzkov, "Regional and sectoral varieties of capitalism," *Economy and Society*, Vol.38, No.4(2009), pp.654~678; Jamie Peck and Nik Theodore, "Varigated capitalism," *Progress in Human Geography*, Vol.31, No.6(2007), pp.731~772; Neil Brennner, Jamie Peck and Nik Theodore, "Varigated neoliberalism: geographies, modalities, pathways," *Global Networks*, Vol.10, No.2(2010), pp.182~222.

36 이탈리아 사회학자 아르날도 바그나스코(Arnaldo Bagnasco)가 1977년에 처음 사용한 말이다. Anna Cento Bull and Mark Gilbert, *The Lega Nord and the Northern Question in Italian politics*(Palgrave, 2001), p.73.

37 Carlo Salone, "Institutional arrangements and political mobilization in the new Italian regionalism: The role of spatial policies in the Piedmont region," *European Planning Studies*, Vol.18, No.8 (2010), pp.1207~1226. 북동부에서도 아드리아해 연안은 지방정부가 주도하는 지금도 여전히 산업화에서 뒤떨어져 있다. Stefano Solari, "Decentralisation of competencies and local d-evelopment agencies in North-Eastern Italy," *Local Economy*, Vol.19, No.1(2004), pp.55~68.

38 Jaro Stacul, "Claiming a 'European ethos' at the margins of the Italian nation-state," in Jaro Stacul, Christina Moutsou and Helen Kopnina(eds.), *Crossing European Boundaries: Beyond Conventional Geographical Categories*(Berghahn Books, 2006), pp.210~228.

39 Bull and Gilbert, *The Lega Nord and the Northern Question in Italian Politics*, pp.73~78. 이 논문에서는 북부동맹을 지지하는 기업가들과 유권자들에 대한 좀 더 구체적이고 상세한 분석이 필요하지만, 거기까지는 미치지 못하는 한계가 있다.

40 Francesco Cavatora, "The role of the Northern League in transforming the italian political system: from economic federalism to ethnic politics and back," *Contemporary Politics*, Vol.7(2001), pp.29~38.

41 Carlo Trigilia and Luigi Burroni, "Italy: rise, decline and restructuring of a regionalized capitalism," *Economy and Society*, Vol.38, No.4(2009), p.639.

42 Huysseeune, *Modernity and Secession*, p.140.

43 Francesco Brioschi, M. S. Brioschi and Giulio Cainelli, "From the industrial district to the district group: An insight into the evolution of local capitalism in Italy," *Regional Studies*, Vol.36, No.9(2002), pp.1037~1052.

44 C. Trigilia, "The political economy of a regionalized capitalism," *South European Society and Politics*, Vol.2, No.3(1997), pp.52~79.

45 Luigi Burroni and Carlo Trigilia, "Italy: Economic development through local economies," in C. Crouch, P. Le Galès, C. Triglia and H. Volezkov, *Local production systems in Europe: Rise or demise?*(Oxford University Press, 2001), pp.46~78.

46 G. Beccatini and G. Dei Ottati, "The performances of Italian industrial district and large enterprise areas in the nineties," *European Planning Studies*, Vol.14, No.8(2006), pp.1147~1170; Marcello de Cecco, "Italy's dysfunctiinal political economy," *West European Politics*, Vol.30, No.4(2007), pp.763~783.

47 Trigilia and Burroni "Italy: rise, decline and restructuring of a regionalized capitalism," pp.643~645.

48 Claudio Gagliardi, "Supply-chain strategies and local roots of Italy's medium-sized industrial firms," *Review of Economic Conditions in Italy*, Vol.3(2006), pp.413~444; Costis Hadjimichalis, "The end of Third Italy as we knew it," *Antipode*, Vol.38, No.1(2007), pp.82~106.

49 관련 논의는 다음을 참조. Eve Hepburn, *Using Europe: territorial party strategies in a multi-level system*(Manchester University Press, 2010), pp.11~17.

50 여기서 지역과 로컬은 상호 교환적으로 사용된다. Luigi Burroni, "The new regional policies implemented in partnerships in Italy," in Mark Considine and Sylvian Giguère(eds.), *The Theory and practice of local governance and economic development*(Palgrave macmillan, 2008), pp.188~189; Frederik Söderbaum and Alberta Sbragia, "EU studies and the 'New regionalism': what can be gained from dialogue?" *European Integration*, Vol.32, No.6(2010), pp.563~582.

51 Michel Huysseune, "A Eurosceptic vision in a Europhile country: The case of the Lega Nord," *Modern Italy*, Vol.15, No.1(2010), pp.63~75.

52 Benito Giordano, "The politics of the Northern League and Italy's changing attitude towards Europe," *Perspectives on European Politics and Society*, Vol.5, No.1(2004), p.72.

53 Stephen George, "Multi-level governance and the European Union," in Ian Bache and Mattew Flinders(eds.), *Multi-level governance*(Oxford University Press, 2004), p.114.

54 Umberto Bossi con Daniele Vimercati, *La Rivoluzione*(Spering & Kupfer Editori, 1993), pp.192~193; Michel Huysseune, "Defending national identity and interests: The Lega Nord's asymmetric model of globalisation," *Studies in Ethnicity and Nationalism*, Vol.10, No.2(2010), pp.224~226.

55 Gilberto Oneto, "Un camino contro il mondialismo," November 2, 2002, www.giovannipadani. leganord.org/articoli.asp?ID=385

56 Heidi Beirich and Dwayne Woods, "Globalization, workers and the Northern League," *West European Politics*, Vol.23, No.1(2000), pp.130~143; Gold, *The Lega Nord and contemporary politics in italy*, p.127.

57 Asher Colombo and Giuseppe Sciortino, "The Bossi-Fini law: explicit fanaticism, implicit moderation, and poisoned fruits," in Jean Blondel and Paolo Segatti(eds.), *Italian Politics: The Second Berlusconi Government*(Berghahn Books, 2003), pp.162~179. 잔프랑코 피니는 이탈리아 하원의장을 역임했다.

58 Dwayne Woods, "Pockets of resistence to globalization: The case of the Lega Nord," *Patterns of Prjudice*, Vol.43, No.2(2009), p.166.

59 Raj S. Chari, Suvi Iltanen and Sylvia Kritzinger, "Examining and explaining the Northern League's 'u-turn' on Europe," *Government and Opposition*, Vol.39, No.3(2004), p.447; L. Quaglia, "The Ebb and flow of Euroscepticism in Italy," *South European Society and Politics*, Vol.16, No.1(2011), pp.1~29.

60 이어서 마테오 렌치(Matteo Renzi, 2014.2~2016.12 재임)는 상원을 지역 자문기구 정도로 위상을 약화하려는 개헌안 국민투표에서 패배하고 물러났다. 후임 총리는 파올로 젠틸리니(Paolo Gentilini)이다.

61 John Davis, "Perspectives on the 'Southern Problem'," *Italian Regionalism*, p.56.

62 Robert D. Putnam, *Making democracy work: Civic traditions in modern Italy*; 로버트 D. 퍼트넘, 『사회적 자본과 민주주의』; Claudio Celani, "Italy debates return to Mezzogiorno development," *Executive Intelligence Review*, August 14, 2009, pp.40~43.

63 P. Bevilaqua, "New and old in the Southern Question," *Modern Italy*, Vol.1, No.2(1996), pp.81~92; G. Gribaudi, "Images of the South. The Mezzogiorno as seen by insiders and outsiders," in R. Lumley and J. Morris(eds.), *The New history of the Italian South. The Mezzogiorno revisited*(University of Exeter Press, 1996).

64 Gianfranco Viesti and Giorgio Bodo, *La Grande svolta: Il Mezzogiorno nell'italia degli anni novnta*(Donzelli, 1997); Gianfranco Viesti, *Abolire il Mezzogiorno*(Laterza, 2003); Gianfranco Viesti, Guido Pellegrini and Giovanni Luzzolino, "Convergence among Italian Regions, 1861-2011," *Quaderni di Storia Economica*, 22(Banca d'Italia, 2011), p.93.

65 V. Aniello, "The competitive Mezzogiorno(southern Italy): some evidence from the clothing and textile industry in san Giuseppe Vesuviano," *International Journal of Urban and Regional Research*, Vol.25, No.3(2001), pp.517~536.

66 Ugo Rossi, "New regionalism contested: Some remarks in the light of the case of the Mezzogiorno of Italy," *International Journal of Urban and Regional Research*, Vol.28, No.2 (2004), pp.466~476.

67 Rossi, "New regionalism contested," p.471.

68 Vittorio Ferri, "Metropolitan cities in Italy. An institution of federalism," *Review of the Economic Conditions of Italy*, Vol.2(2009), pp.201~236.

69 Pierre Musso, *Sarkoberlusconisme la crise finale?* (l'aube, 2011). 그의 실각에 온갖 성 추문과 비리 의혹에 따른 여론 악화, 2011년 11월 8일에 치러진 2010년 예산 지출 승인안 투표에서 일부 연정 세력의 이탈과 핵심 동맹 세력인 북부동맹의 외면, 집권당 의원 탈당으로 지지 기반의 약화 현상이 작용한 것은 사실이다. 그러나 결정적 원인은 유럽의 그리스발 금융위기에 따라 이탈리아 금융위기가 가속화되면서 신자유주의적 경제개혁을 요청하는 금융시장과 유럽연합 국제기구의 압력이 강해진 점이다. 그 결과, 2011년 11월 12일 상원에 이어 하원에서 경제 안정화 법안이 통과되었으며, 베를루스코니는 유로존 부채 위기에 책임을 지고 사임했다. 이 문제는 후임 총리들의 여전한 당면 과제이다.

제12장 경계지대의 지정학과 밀입국의 기억: 미국-멕시코 국경지대 밀입국자

1 미국-멕시코 국경에 관한 연구사적 고찰은 Robert Alvarez, "Borders and bridges: exploring a new conceptual architecture for (U. S. Mexico) border studies," *Journal of Latin American and Caribbean Anthropology*, Vol.17, No.1(2012), pp.24~40. 2008년 기준 이민자의 30.1%(11,412,668/37,960,773명)가 멕시코계 이주민이며, 이는 멕시코 국민의 10%에 해당한다. 이들의 절반은 밀입국자이고, 1990~2000년대 초기 매년 미국에 들어온 50만 멕시코인의 80~85%가 밀입국자, 공식 용어로는 미등록 이주민이다. 미국-멕시코 국경에 관한 국내 연구로는 임상래, 「라틴 아메리카 국경과 이민: 멕스 아메리카와 치카노」, ≪라틴아메리카 연구≫, 16권 2호(2003), 199~233쪽; 임상래, 「미국 남서부의 문화·지리적 이해: 멕시코성과 국경성을 중심으로」, ≪라틴아메리카 연구≫, 22권 1호(2009), 75~98쪽; 김미경, 「세계화의 위기와 교차로: 미국/멕시코 국경지대」, ≪로컬리티의 인문학≫, 13권(2015), 89~120쪽 등을 참고하는 것이 바람직하다.

2 다음을 참조. Yves Lacoste, *Dictionnaire de géopolitique* (collectif) (Flammarion, 1993); Lacoste entretien avec Pascal Lorot, *La géopolitique et le géographe* (Choiseul, 2010); Yves Lacoste, *La question post-colonial Une analyse géopolitique* (Fayard, 2010); Philip Moreau Defarges, *Introduction à la géopolitique* (Seuil, 1994); 필립 모로 드파르지, 『지정학 입문: 공간과 권력의 정치학』, 이대희·최연구 옮김(새물결, 1997); 전종환 외, 『경계의 관점에서 권역을 보다』(사회평론, 2015).

3 Pascal Gauchon(ed.), *Le monde. Manuel de géopolitique et de géoéconomie* (Puf, 2008), pp.534~536.

4 David E. Lorey, *The U.S.-Mexico border in the twentieth Century: A history of economic and social transformation* (Scholary Resources, 1999); Joan B. Anderson, *Fifty years of change on the U. S.-Mexico border: growth, development, and quality of life* (University of Texas Press, 2008); Rachel C. St. John, *Line in the sand: A history of the western U. S.-Mexico border* (Princeton, 2011).

5 Peter Andreas, *Border Games: Policing the U.S.-Mexico Divide*, 2nd ed(Cornell University Press, 2009), p.21.

6 Ursula Bieman, "Performing the border: On gender, transnational bodies, and technology," in Claudia Sadowski-Smith(ed.), *Globalization on the Line: Culture, Capital, and Citizenship at U. S. borders*(Pagrave, 2002), pp.99~120; Howard Campbell and Josiah McC. Heyman, "The study of borderlands consumption: potentials and precaution," in Alexis MacCrosen(ed.), *Land of Necessity: consumer culture in the United States-Mexico borderlands*(Duke University Press, 2009), pp.325~332.

7 Julie Mostov, *Soft Borders: Rethinking Sovereignty and Democracy*(Palgrave Macmillan, 2009), pp.34~34; Magalî Murio Tuñon, "Enforcing Boundaries: Globalization, State Power and the Geography of Cross-Border Consumption in Tijuana, Mexico," Ph. D. dissertation, Department of Communication(University of San Diego, 2010).

8 Joseph Nevins, "Dying for a cup of coffee? migrants deaths in the US-mexico border region in a neoliberal age," *Geopolitics*, Vol.12, No.2(2007), pp.228~247; Philip Martin, "Recession and migration: A new era for labour migration," *IMR*, Vol.43, No.3(2009), pp.671~691; Scott Borger and Leah Muse-Orlinoff, "Economic Crisis vs. Border Enforcement: What matters most to prospective migrants," in Wayne A. Cornelius, David Fitzgerald, Pedro Lewin Fisher, Leah Muse-Orlinoff(eds.), *Mexican Migration and the U. S. Economic Crisis: A Transnational Perspective*(Center for Comparative Immigration, 2010), p.97; Michael S. Radall, Peter Brownell and Sarah Kupa, "Declining return migration from the United states to Mexico in the Late-2000s recession: A research note," *Demography*, Vol.48(2011), pp.1049~1058.

9 예컨대 2001년 5월 밀입국자 26명 가운데 12명만 생존했던, 애리조나 사막에서의 죽음을 기록한 것으로는 Luis Alberto Urrea, *The Devil's Highway: A true story*(Little, Brown & Co, 2001) 참조. 캘리포니아와 바하칼리포르니아 사이에서의 죽음을 다룬 것으로는 Wayne Cornelius, "Death at the Border: Efficacy and unintented consequences of U. S. immigration policy," *Population and Development Review*, Vol.27, No.4(2001), pp.661~685 참조. 텍사스로의 월경 과정에서 발생한 죽음을 다룬 것으로는 Karl Echbach, "Death at the border," *IMR*, Vol.33, No.2(1999), pp.430~454; K. Echbach, Jacqueline Hagan and Néstor Rodríguez, "U.S deportation policy, family separation, and circular migration," *IMR*, Vol.42, No.1(2008), pp.64~88; Maria Jimenez, *Humanitarian Crisis: Migrants deaths at the U.S-Mexico border* (ACLU of San Diego & Imperial Counties, 2009) 등이 있다.

10 미셸 푸코는 특정 시간과 장소에서 생명권력(biopouvoir)이 인구 전체 구성원에게 특정 시스템을 서로 다른 수준, 공간규모, 포함 영역, 도구 사용으로 작동시켜 삶과 죽음을 제공하는 비본질화된 통치 방식을 '생명정치' 개념으로 설명한다. Michel Foucault, *Naissance de la biopolitique: cours au Collège de France, 1978-1979*(Gallimard, 2004), pp.21~22. 푸코의 생명권력 개념의 비판경험론적 성격과 그것의 확장에 관해서는 다음을 참조. Colin Koopman, "Michel Foucault's critical empiricism today: Concepts and analytics in the critic of biopower and

infopower," in James D. Faubin(ed.), *Foucault Now: Currents Perspectives in Foucault Studies* (Polity, 2014), pp.88~111.

11 조르조 아감벤은 생명관리정치 개념을 확장해 주권이란 권리의 보호가 아니라 예외상태에 둠으로써 외부에 내놓은 공간이지만, 곧 법규에 의해 창조된 공간들 '안'에 버려두는 것이라고 말한다. 모든 정치적 삶을 개인에게서 박탈하고 연역적인 '벌거벗은 생명'으로 버려두는 이런 예외성의 상태가 사실은 주권을 진술하는 데 근본적이라는 것이다. Gorgio Agamben, *Homo Sacer: Sovereign Power and and Bare Life* (Stanford University Press, 1998); 조르조 아감벤, 『호모 사케르 주권 권력과 벌거벗은 생명』(새물결, 2008); Gorgio Agamben, *State of Exception* (University of Chicago Press, 2005); 조르조 아감벤, 『예외상태』(새물결, 2009). 안토니오 네그리와 마이클 하트는 푸코가 '가해성의 의무적인 격자(obligatory grid intelligibility)'라고 부른 것으로 보편화해 사회학적이고 철학적인 질문을 전개한다. Mathew Coleman and Kevin Grove, "Biopolitics, biopower, and the return of sovereignty," *Environment and Planning D Society and Space*, Vol.27(2009), pp.491~492.

12 Fernando Riosmena and Douglas S. Massy, "Pathways to El Norte: origins, destinations, and chracteristics of Mexican migrants to the United States," *IMR*, Vol.46, No.1(2012), pp.3~36.

13 Edward Casey, "Border versus boundary at La Frontera," *Environment and Planning D: Society and Space*, Vol.29(2011), pp.389~390.

14 Patricia Fernández-Kelly and Douglas S. Massy, "Borders for whom? The role of NAFTA in Mexico-U.S. migration," *The Annals of the American Academy of Political and Social Science*, Vol.610(2007), pp.98~118.

15 1993년 엘패소/시우다드후아레스를 중심으로 뉴멕시코 선랜드 파크(Sunland Park)부터 텍사스 파벤스(Fabens)에 이르는 동부 국경지대에서 봉쇄(Bloqueo, Blockade/Hold-the-Line) 작전, 1994년 샌디에이고/티후아나 지역에 수호자(Guardian) 작전을 전개함으로써 해변 지역 밀입국 경비를 강화했다. 1995년에는 소노라(Sonora)주와 접경한 애리조나주에서 구조(Saveguard) 작전, 1997년 8월에는 리오그란데(Rio Grande) 작전으로 멕시코만에서 텍사스를 거쳐 뉴멕시코까지 국경 순찰이 강화되었다. Timothy J. Dunn, *Blockading the border and Human Rights: The El Paso operation that remade immigration enforcement* (University of Texas Press, 2009), pp.50~67; Joseph Nevins, *Operation Gatekeeper and beyond: The war on 'Illegals' and the remaking of the U.S-Mexico Boundary* (Routledge, 2002, 2010), p.111.

16 국경 봉쇄는 1986년 이민개혁·통제법(The Immigration Reform and Control Act: IRCA)이 통제를 강화하고 불법체류자 고용주 처벌 조항을 만들면서 시작되었지만, 형식에 그치면서 '생쥐와 고양이' 게임으로 조롱받았다. Josiah McC Heyman, "Constructing a virtual wall; Race and citizenship in U. S. Mexico border policing," *Journal of the Southwest*, Vol.50, No.3(2008), pp.305~334; Katherine M. Donat, Brandon Wagner and Evelyn Patterson, "The cat and mouse game at the Mexico-U. S. border: gendered patterns and recent shifts," *IMR*, Vol.42, No.2 (2008), p.335.

17 Cynthia Weber, "Design, translation, citizenship: reflections on the virtual (de)territorialization of the US-Mexico border," *Environment and Planning D: Society and Space*, Vol.30(2012), p.485.

18 Michael Dear and Mat Coleman Roxanne L. Doty, "Responses to 'Border versus boundary at La Frontera'," *Environment and Planning D: Society and Space*, Vol.29(2011), pp.399~408.

19 국토안보부 산하기관 '관세 및 국경보호청(U.S. Customs and Border Protection)'은 국경 관리와 통제 보호의 업무를 담당하는 통합 국경보호기관이며, 국경에서 관세, 이민 등을 비롯해 테러리스트와 무기를 감시한다. '이주와 통관 집행국(Immigration and Customs Enforcement)'은 관세와 이민법을 집행하는 기관이다.

20 Kristen Parks, Gabriel Lozada, Miguel Mendoza and Lourdes García Santos, "Strategies for success in border crossing," in Qayne Cornelius, David Fitgerald, Jorge Hernández-Díaz and Scott Borger(eds.), *Migration from the Mexican Mixteca: a transnational community in Oaxaca and California* (University of California, 2009), p.48.

21 코요테를 도리어 문화적 자산으로서 긍정적으로 평가하는 관점은 David Spencer, *Clandestine Crossings: Migrants and Coyotes on the Texas-Mexico Border* (Cornell University Press, 2009), p.163 참조.

22 Jeffrey Kaye, *Moving Millions: How Coyote Capitalism fuels Global Immigration* (John Wiley & Sons Inc., 2010), pp.117~131.

23 David K. Androff and Kyoko Y. Tavassoli, "Deaths in the desert: The human crisis in the U.S.-Mexico border," *Social Work*, Vol.57, No.2(2012), p.167.

24 Wayne A. Cornelius, "Death at the border: Efficacy and unintended consequencies of US migration control policy," *Population and Development Review*, Vol.27(2001), pp.661~685; K. Brown and W. Marshall, "Deaths of Mexican and Central American children along the US border: The Prima County Arizona experience," *Journal of Immigration Minority Health*, Vol.10 (2008), pp.17~21.

25 Etienne Balibar, "Outlines of a topography of cruelty: citizenship and civility in the era of global violence," *Constellations*, Vol.8(2001), pp.15~19.

26 미니트맨은 독립전쟁 당시 시민군에서 선발된 자들로, 미국 애국심의 상징이며 화폐 도안에도 가끔 나온다.

27 Robert Lee Maril, *The Fence: national security, public safety, and illegal immigration along the U. S.-Mexico Border* (Texas Tech University Press, 2011), pp.272~273. 국경순찰대든 민간 조직이든 기본적으로 남성 중심 조직이다. 다만 전자의 경우에는 업무와 연관시켜 여성이 5% 정도 포함된다.

28 Alicia Schmidt Camacho, *Migrant Imaginaries: Latino Cultural Politics in the U.S.-Mexico Bordrlands* (New York University Press, 2008), p.296.

29 Lynn Stephen, *Transborder Lives: Indigenous Oaxacans in Mexico, California and Oregon* (Duke University Press, 2007), p.31.

30 Ramiro Martinez. Jr. *Latino Homicide: Immigration, Violence and Community* (Routledge, 2002),

pp.82~83; David G. Gutiérrez, "Politics of nationalism in greater Mexico," in Paul Spickard (ed.), *Race and Immigration in the United States: New Histories* (Routledge, 2012), p.264.

31 Pablo Vila, "The polysemy of the label 'Mexican'," *Ethnography at the Border* (University of Minnesota Press, 2006), p.12; Peter Schrag, *Not fit for our Society: Immigration and Nativism in America* (University of California Press, 2010), p.213.

32 Nevins, *Operation Keeper*, pp.198, 205, 212.

33 Aihwa Ong, "(Re)Articulation of citizenship," *PS: Political Science and Politics*, Vol.38, No.4 (2005), pp.697~699; A. S. Camacha, *Migrant Imaginaries*, p.290.

34 Joseph Nevins, "Dying for a cup of coffee? Migrant deaths in the US-Mexico border region in a neoliberal age," *Geopolitics*, Vol.12(2007), p.240.

35 IRCA가 이주민의 불법 취업을 자극해 열악한 노동조건과 임금 하락을 초래했다는 비판과, 임금 하락은 이 법의 탓이 아니라 그전부터 진행된 결과였다는 반론으로 나뉜다. Ivan Light, *Deflecting Immigration: Networks, Markets and Regulation in Los Angeles* (Russell Sage Foundation, 2006), pp.31~32.

36 Margaret Regan, *The Death of Josseline: Immigration stories from the Arizona-Mexico boder-lands* (Beacon Press, 2010).

37 GAO, "Illegal Immigration, Border-crossing deaths have doubled since 1995; Border patrol's efforts to prevent deaths have nat been fully evaluated"(United States Government Accountability Office, 2006), p.2.

38 Roxanne Lynn Doty, "Bare life: border-crossing deaths and spaces of moral alibi," *Environment and Planning D: Society and Space*, Vol.29(2011), pp.599~612.

39 Madleine J. Hinkes, "Migrant deaths along the California-Mexico border: A anthropological perspective," *Journal of Forensic Science*, Vol.53, No.1(2008), pp.17~18.

40 Tony Payan, "The drug war and the U.S.-Mexico border: The state of affairs," in Jane Juffer(ed.), *The Last Frontier: The Contemporary Configuration of the U.S.-Mexico Border* (Duke University Press, 2006), pp.863~880. '로스 세타스'라는 명칭은 1997년 특수부대 중위 출신으로서 걸프 카르텔 마약왕 오시엘 카르데나스(Osiel Cárdenas)의 경호원이 된 아르투로 구즈만 데세나 (Arturo Guzmán Decena)에 대한 멕시코 연방경찰 콜사인이 'Z-1'이었던 데서 기인한다. 특수부 대 출신 30명을 끌어들인 구즈만은 일 처리와 무력 분쟁에서 상대방의 신체를 절단해 전시하는 방법으로 유명했고, 많은 군소 카르텔이 이를 모방하면서 살육전이 더욱 치열해졌다. 구즈만은 2002년 식당에서 라이벌 카르텔의 공격을 받고 살해되었다. 2013년 7월에는 멕시코 경찰이 픽 업트럭에 설치한 공기 대포로 86파운드(38.25kg) 4만 2500달러짜리 깡통을 국경 너머로 발사하 던 세타스 두목 호세 트레비노 모랄레스(Jose Trevino Morales)를 체포했다.

41 Joseph Nevins and Mizue Aizeki, *Dying to live: A story of U.S immigration in the age of apartheid* (City Lights pub., 2008).

42 Jeremy Slack and Scott Whiteford, "Violence and Migration on the Arizona-Sonora border," *Human Oeganization*, Vol.70, No.1(2011), pp.11~21.

43 Julia E. Monarrez Fragoso, "Death in a transnational metropolitan region," in Kathleen Staudt, César M. Fuentes and Julia E. Monarrez Fragoso(eds)., *Cities and Citizenship at the U. S.-Mexico Border: The Paso del Norte Metropolitan Region* (Palgrave Macmillan, 2010), p.29.

44 Achille Mbembe, "Necropolitics," translated by Libby Meintjes, *Public Culture*, Vol.15, No.1 (2003), p.12.

45 Rosi Braidotti, *Posthuman* (Polity, 2013).

46 Mbembe, "Necropolitics," p.13.

47 슬라보이 지제크, 『신체 없는 기관』, 김지훈 · 박재철 · 이성민 옮김(도서출판 b, 2006), 55쪽.

48 임정훈, 「멕시코 마킬라도라 산업의 공급사슬 지배구조에 관한 연구」, ≪국제지역연구≫, 16권 3호(2012), 223~252쪽. 마킬라 공단이 멕시코에 고용 · 기술 · 달러를 제공하는 원천으로서 인정받는다면, 미국 입장에서는 저기술 · 저부가가치형 고용을 외국에 넘겨주되 고기술 · 고부가가치형 고용을 유지하는 생산 공유 정책 실현의 최적지로 부각되고 있다. 마킬라 산업은 임금 정액제가 아니라 작업량에 따라 결정되며, 회사가 책정한 생산성을 준거로 기본임금이 제공된다. 사실 마킬라 공단도 월경자 문제와 연관이 있다. 미국 입장에서 마킬라 공단 고용이 불법 이주민을 줄일 수 있는 계기라면, 멕시코 입장에서는 자국민에게 합법적 노동자라는 조건을 제공해 불법이민 노동자화를 저지할 수 있다. 다음을 참조. Alejandro Lugo, *Fragmented Lives, Assembled Parts: Culture, Capitalism, and Conquest at the U. S.-Mexico Border* (University of Texas Press, 2008), pp.132~134.

49 Ellen R. Hansen, "Women's daily mobility at the U.S.-mexico border," in Doreen Mattingly and Ellen R. Hansen(eds.), *Women and Change at the U.S.-Mexico border: mobility* (The University of Arizona Press, 2006), pp.42~44.

50 Katherine M. Donato and Evelyn Patterson, "Woman and men on the move: undocumented border crossing," in Jorge Durand and Douglas S. Massy(eds.), *Crossing the Border: Research from the Mexican Migration Project* (Russell Sage, 2006), pp.111~130.

51 멕시코인의 미국 이주는 대체로 1986년 이래 여성이 대폭 증가하는 인구통계적 경향을 보여준다. 1980년 조사에 따르면 멕시코 출신 여성의 미국 이주는 5년간 30만 명 정도였지만, 2004년에는 5년간 110만 명으로 보고되었다. 2005년 3월에는 미국 거주 미등록 멕시코인 성인 중 39%인 200만 명이 여성이었으며, 이주의 경험이 축적되었다. Douglas S. Massy, Jorge Durand and Nolan J. Malone, *Beyond Smoke and Mirrors: Mexican Immigration in an era of Economic Integration* (Russel Sage, 2002), p.134; Katherine M. Donato, Brandon Wagner and Evelyn Patterson, "The cat and mouse game at the Mexico-U. S. border: gendered patterns and recent shift," *IMR*, Vol.42, No.2(2008), pp.332~333.

52 Leslie Salzinger, "Reforming the traditional Mexican woman: making subjects in a border factory," in Pablo Vila(ed.), *Ethnography at the Border* (University of Minnesota Press, 2003), pp.46~72; Leslie Salzinger, *Gernders in Production: making Workers in Mexico's Global Factories* (University of California Press, 2003).

53 J. E. Monarrez Fragoso and Cynthia Bejarano, "The disarticulation of justice: precarious life

and cross-border feminicides in the Paso del Notre region," in K Staudt, C. M. Fuentes and Monarrez Fragoso(eds.), *Cities and Citizenship at the U. S.-Mexico Border: The El Paso del Norte Metropolitan Region*, p.44; Melissa Wright, "Necropolitics, nacropolitics, and femicide: Gendered violence on the Mexico-U.S border," *Signs: Journal of Women in Culture and Society*, Vol.36, No.3(2011), pp.707~732.

54 Rosa Linda Fregoso, "Toward a Planetary Civil Society," in Denise A. Segura and Patricia Zavella (eds.), *Women and Migration in the U. S.-Mexico Borderlands: A Reader* (Duke University Press, 2007), p.36.

55 Foucault, *Les Mots et les Choses*.

56 티후아나의 경우 2003년 1만 3340명의 여성 성 노동자가 존재했다. Steven W. Bender, *Run for the Border: Vice and Virtue in U.S.-Mexico Border Crossings* (New York University Press, 2012), p.73; T. L. Patterson et al., "Camparison of sexual and drug use behaviours between female sex workers in Tijuana and Ciudad Juarez, Mexico," *Substance Use & Misuse*, Vol.41 (2010), pp.1535~1549. 여성 성 노동자들의 HIV(후천성 면역결핍증) 감염이 증가해 혈액 검사자 6%가 양성반응을 보인 것으로 알려졌다.

57 Melisa W. Wright, "Public women, prifit, and femicide in Northern Mexico," *South Atlantic Quarterly*, Vol.105, No.4(2006), pp.681~698; Rosa-Linda Fregoso and Cynthia Bejarano(eds.), *Terrorizing Woman: Feminicide in the American* (Duke University Press, 2010).

58 여성 살해에 항의하는 운동이 전개되고 있다. 이에 관해서는 Melissa W. Wright, "Urban geography plenary lecture-femicide, mother-activism and the geography of protest in northern mexico," *Urban Geography*, Vol.28, No.5(2007), pp.401~425.

59 Fernando Riosmena, "Return versus settlement among undocumented Mexican migrant: 1980-1996," in Jorge Durand and Douglas A. Massy(eds.), *Crossing the Border: Research from the Mexican Migration Project* (Russell Sage, 2004), p.275.

60 W. Cornellius, "Controlling 'unwanted' immigration: lessons from the United States 1993-2004," *Journal of Ethnic and Migration Studies*, Vol.31(2005), pp.775~794.

61 Kris W. Kobach, "Arizona's S. B. 1070 explained," *UMKC Law Review*, Vol.79, No.4(2010-2011), p.815.

62 R. L. Doty, *Bare life: border crossing deaths and spaces of moral alibi*, p.605.

63 Michel Foucault, *Securité, Territoire, Population: Cours au Collège de france, 1977-1978* (Gallimard, 2004), p.22.

64 Foucault, *Securité, Territoire, Population: Cours au Collège de france, 1977-1978*, pp.6, 19.

65 Ivan Light and Elsa von Scheven, "Mexican migration networks in the United States, 1980-2000," *IMR*, Vol.42, No.4(2008), pp.704~728; Eileen Diaz McConnell, "The U.S. destinations of contemporary Mexican immigrants," *IMR*, Vol.42, No.4(2008), pp.767~802.

66 Edward E. Telles and Vilma Ortiz, *Generations of Exclusion: Mexican Americans. Assimilation, and Race* (Russell Sage, 2008), p.36.

67 Lisa M. Meierotto, "The blame game on the border: Perceptions of environment degradation on the United States-Mexico border," *Human Organization*, Vol.71, No.1(2012), pp.11~21.

68 미셸 푸코, 『사회를 보호해야 한다: 1976, 콜레주 드 프랑스에서의 강의』(동문선, 1998), 297쪽.

69 같은 책, 296쪽.

70 Etienne Balibar, "Difference, otherness, exclusion," *Parallax*, Vol.11(2005), p.20.

71 Leo Chavez, *The Latino Threat: Constructing immigrants, Citizens, and the nation*(Stanford University Press, 2008); R. L. Doty, *The Law into the their own hands: Immigration and the Politics of Exceptionalism*(University of Arizona Press, Tucson, 2009).

72 Henry López, Rob Oliphant and Edith Tejeda, "U. S settlement behavior and labor market participation," in Wayne A. Cornelius and Jessa M. Lewis(eds.), *Impacts of Border Enforcement on Mexican Migration: The view from sending communities*(San Diego: University of California Press, 2007), pp.82~83.

73 Nora J. Kenworthy, "Asylum's asylum: Undocumented immigrants. belonging, and the spaces of exception at a state psychiatric center," *Human Organization*, Vol.71, No.2(2012), pp.123~133.

74 Agamben, *Homo Sacer*, p.174.

75 Nicholas De Genova and Peutz Natalie(eds.), *The Deportation Regime: Sovereignty, Space and the Freedom of Movement*(Duke University Press, 2010), p.37.

76 Jamie Winders, "Bring back the (B)order: Post-9/11 politics of immigration, borderd, and belonging in the contemporary US South," *Antipode*, Vol.39(2007), p.929.

77 C. Weber, *'I am an American': Filming the fear of difference*(Intellect Books, University of Chicago Press, 2011).

78 대표적 조직으로 '인간의 국경(Humane Borders)', '사마리아인(Samaritans)', '더 이상 죽음은 없다(No Más Muertes, No More Deaths: NMM)'를 들 수 있다.

79 R. L. Doty, "Fronteras compasivas and the ethics of unconditional hospitality," *Millenium*, Vol.35(2006), pp.53~74.

80 Julie Whitaker, "Mexican deaths in the Arizona desert: The culpability of migrants, humanitarian workers, governments and business," *Journal of Business Ethics*, Vol.88(2009), pp.365~379.

81 C. Weber, "Reflections on the virtual (de)territorialization of the US-Mexico border," pp.490~492. 아르헨티나 출신 합법적 이주민 주디 베르테인(Judi Werthein)의 'Brinco(jump)' 기획은 구두끈에 야간용 및 구조 요청용 작은 전등과 나침반을 달며, 가볍고 두꺼운 밑창에 목이 높은 체육용 부츠를 월경자에게 제공하자고 제안했다. 리카르도 도밍게즈(Ricardo Domingez), 브렛 스탈바움(Brett Stalbaum), 미샤 카르데나스(Micha Cárdenas)의 '월경이주민 도구(Transborder Immigrant Tool)'는 위기의 시기에 GPS를 이용해 여행자들이 길을 찾고 의사소통이 가능한 휴대폰으로 안전한 통행을 확보하는 데 초점이 주어졌다. 로버트 랜식(Robert Ransick)의 '안전가옥(Casa Segura/ Safe House)'은 지주들의 집에서 멀리 떨어진 곳에 월경자들이 일시적으로 안락하게 은신할 수 있는 소규모 피신처를 제공한다.

82 Jonathan Darling, "Becoming bare life: asylum, hospitality, and the politics of encampment," *Environment and Planning D: Society and Space*, Vol.27(2009), pp.649~665.

83 구류 날짜는 평균 30일이며, 몇 달에서 심지어 몇 년에 걸치는 경우도 있다. 장기 억류의 경우에는 의료·법률 지원에서 열악하고 비인간적인 처우를 받는 양상이 전개된다. 2008년 보고는 2003년 이래 110명의 구류자가 사망했다고 밝힌다.

84 송환 정책은 가족 분리 송환, 곧 시민권이 있는 어린이와 미등록 이주민인 부모를 분리해 집행한다. 그러나 이는 결국 송환자가 다시 월경을 모색하는 순환 이주를 자극할 뿐이다. 여성과 어린이는 특히 밤에 본국으로 송환될 때, 국경에서의 범죄에 매우 취약한 양상을 보인다. 그리고 신분증, 돈, 옷 등이 잘 돌아오지 않는 경우가 많다. Scott Philipps, Jaqueline M. Hagan and Nestor Rodroguez, "Brutal borders? examining the treatment of deportees during arrest and detention," *Social Forces*, Vol.85, No.1(2006), p.105; J. M. Hagan, Karl Echbach and N. Rodriguez, "U.S. deportation, family separation, and circular migration," *IMR*, Vol.42, No.1(2008), p.76.

용어 찾아보기

인명 찾아보기

지은이 **장세룡** 張世龍

현재 부산대학교 한국민족문화연구소 인문한국(HK)교원(정교수 대우)이다. 1953년 경북 구미시 인동에서 태어나 인동초등학교와 인동중학교, 대구상업고등학교(현 대구상원고등학교), 영남대학교 사학과를 졸업하고, 경북대학교 대학원 사학과에서 서양사, 영남대학교 대학원 사학과에서 서양사(프랑스 정치사상)를 전공했다. 국내 최초로 프랑스 현대 지성 미셸 드 세르토와 앙리 르페브르에 관한 논문을 썼으며 일상생활과 도시 및 로컬리티 공간의 재구성 양상에 관심을 기울였다. 부산대학교에서 '로컬리티의 인문학' 과제를 집단연구로 수행하며 전 지구화와 로컬리티, 도시재생, 협동조합, 이주민 커뮤니티 등을 비롯한 도시정책을 연구했다. 지금까지 논문 85편, 저서 4권, 공저서 23권, 번역서 3권을 내놓았다. 저서로 『몽테스키외의 정치사상』(한울, 1995), 『프랑스 계몽주의 지성사』(2013), 『미셸 드 세르토: 일상생활의 창조』(2016)가 있고, 번역서로는 마르퀴 드 콩도르세의 『인간정신의 진보에 관한 역사적 개요』(2002), J. J. 클라크의 『동양은 어떻게 서양을 계몽했는가?』(2004), 아리프 딜릭의 『글로벌 모더니티: 전지구적 자본주의 시대의 근대성』(2016)이 있다.

한울아카데미 2060

도시와 로컬리티 공간의 지형도

ⓒ 장세룡, 2018

지은이 | 장세룡
펴낸이 | 김종수
펴낸곳 | 한울엠플러스(주)
편집책임 | 배은희

초판 1쇄 인쇄 | 2018년 2월 22일
초판 1쇄 발행 | 2018년 3월 10일

주소 | 10881 경기도 파주시 광인사길 153 한울시소빌딩 3층
전화 | 031-955-0655
팩스 | 031-955-0656
홈페이지 | www.hanulmplus.kr
등록번호 | 제406-2015-000143호

Printed in Korea.
ISBN 978-89-460-7060-8 93300 (양장)
      978-89-460-6450-8 93300 (반양장)

※ 책값은 겉표지에 표시되어 있습니다.